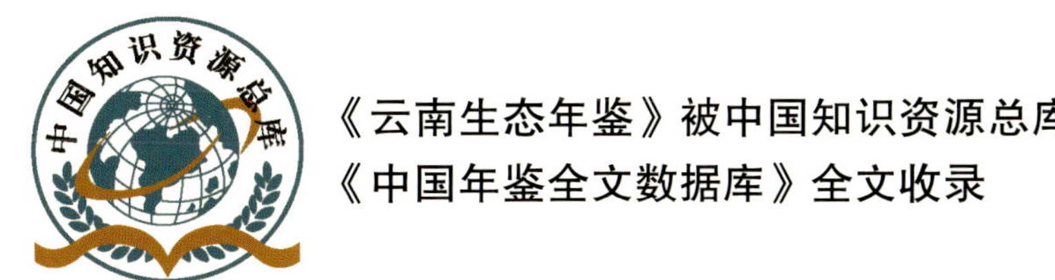
中国知识资源总库
《云南生态年鉴》被中国知识资源总库
《中国年鉴全文数据库》全文收录

★《云南生态年鉴》（2008）

获云南省第八届年鉴评比综合特等奖

★《云南生态年鉴》（2009）

获第四届全国年鉴编纂出版质量综合一等奖

获云南省第九届年鉴系列评奖综合一等奖

★《云南生态年鉴》（2010）

获第五届全国年鉴编校质量检查评比特等奖

★《云南生态年鉴》（2011）

获云南省第十届年鉴系列评奖综合一等奖

★《云南生态年鉴》（2012）

获第五届全国年鉴编纂出版质量评比综合一等奖

获云南省第十届年鉴系列评奖综合特等奖

★《云南生态年鉴》（2013）

获云南省第十一届年鉴系列评奖综合一等奖

★《云南生态年鉴》（2015）

获云南省第十二届年鉴系列评奖综合一等奖

★《云南生态年鉴》（2016）

获云南省第十二届年鉴系列评奖综合特等奖

★《云南生态年鉴》（2018）

获第六届全国年鉴编纂出版质量评比综合特等奖

云南生态年鉴

ANNUAL OF YUNNAN ECOLOGY

2019

主编 吴 松 许太琴

德宏民族出版社

图书在版编目（CIP）数据

云南生态年鉴 . 2019 / 吴松，许太琴编
-- 芒市 : 德宏民族出版社 , 2019.6
ISBN 978-7-5558-1197-8

Ⅰ . ①云… Ⅱ . ①吴… ②许… Ⅲ . ①生态经济 - 经济发展 - 云南 - 2019 - 年鉴 Ⅳ . ① F127.74-54

中国版本图书馆 CIP 数据核字 (2019) 第 088609 号

书名 云南生态年鉴 2019
主编 吴 松 许太琴

出版·发行	德宏民族出版社	责任编辑	方 萍
社址	云南省德宏州芒市勇罕街 1 号	责任校对	张家本
邮编	678400	封面设计	梁 鹏
总编室电话	0692-2124877	发行部电话	0692-2112886
汉文编室	0692-2111881	民文编室	0692-2113131
设计·制版	云南善影集文化传播有限公司	电子邮件	dmpress@163.com
印刷	昆明凡影图文艺术有限公司	网址	www.dmpress.cn
开本	889 × 1194mm 1/16	版次	2019 年 6 月第 1 版
印张	30.5	印次	2019 年 6 月第 1 次
字数	780 千字	印数	1-1000 册
书号	ISBN 978-7-5558-1197-8	定价	580.00 元

如出现印刷、装订错误，请于承印厂联系调换事宜。印刷厂联系电话：13700633225

《云南生态年鉴》（2019）编辑委员会

《云南生态年鉴》编辑部

编辑说明

一、《云南生态年鉴》以习近平新时代中国特色社会主义思想为指导，深入贯彻习近平总书记系列重要讲话精神，结合云南资源环境优势和建设环境友好型社会的需要，客观真实地承载年度生态文明建设、绿色发展的新情况、新成就；力求体现主题年鉴的科学性、权威性、学术性和实用性。

二、《云南生态年鉴》是一部以生态文明建设为中心内容的主题年鉴。全面系统收载云南省生态文明建设、生态经济发展等方面的重要资料信息，为社会各界人士了解云南省的资源环境状况、绿色发展、生态文明建设提供一个窗口；为宣传生态文明，提高公民的生态环境意识服务；为推动云南生态立省、环境优先发展战略服务；为构建生态云南、和谐云南、美丽云南服务。

三、《云南生态年鉴》（首卷）于2008年6月创刊，为更好地贯彻中共中央关于生态文明建设的决定和中共云南省委、省政府“生态立省”的战略部署，《云南生态年鉴》于2010年由《云南生态经济年鉴》更名为《云南生态年鉴》。本卷为第十一卷，主要收录2018年度内的生态文明建设、绿色发展资料、情况，也有少量2019年度的资料。本卷由特载、专文、生态大事记、省情概况、绿色发展、生态保护、污染防治与节能减排、生态文明建设、生态旅游、理论研究、人物、政策法规、年度报告、附录、索引等组成。本卷采用全彩四色印刷。

四、结合云南省生态文明建设和绿色发展实际，《云南生态年鉴（2019）》图片专辑设置特刊、数读云南、新闻剪辑、美丽乡村、生态云南、七彩云南等，以彰显年度特色和地方特色。

五、《云南生态年鉴（2019）》采用分类编辑法，由条目体和文章体构成。条目体主要以部类为单元，由类目、分目、条目组成，一般分为三个层次。条目是辑录资料、介绍情况的主要形式，条目标题用黑体字表示。除特载、专文、政策法规、年度报告、理论研究等采用文章体以外，其他均为条目体。

六、《云南生态年鉴（2019）》资料主要来自云南省生态、环保、大专院校等部门的专家、学者及媒体工作者。统计数据采自相关统计部门公布的权威数据。部分文献资料采自省内外权威机关、传媒。

七、为方便读者检索使用，本年鉴在卷首设有目录、英文要目，卷末附有索引。索引按主题分析法编制，以汉语拼音音序排列，读者可从主题入手，查找所需资料。

八、《云南生态年鉴（2019）》由云南省生态文明建设研究与发展促进会（原名：云南省生态文明建设研究会）主办，云南省杨善洲绿化基金会、云南省绿色发展研究院等单位协办。《云南生态年鉴（2019）》在编纂过程中，得到有关领导、相关单位、院校、社会各界人士的鼓励、支持、帮助，谨此一并致以深深的谢意！

《云南生态年鉴》编委会

2019年6月

中华人民共和国成立70周年

The 70th Anniversary of the Founding of
The People's Republic of China

庆祝中华人民共和国成立70周年

中华人民共和国万岁　　世界人民大团结万岁

共谋绿色生活，共建美丽家园

（在2019年中国北京世界园艺博览会开幕式上的讲话）

中华人民共和国主席 习近平

尊敬的各位国家元首，政府首脑和夫人，
尊敬的国际展览局秘书长和国际园艺生产者协会主席，
尊敬的各国使节，各位国际组织代表，女士们，先生们，朋友们：

“迟日江山丽，春风花草香。”四月的北京，春回大地，万物复苏。很高兴同各位嘉宾相聚在雄伟的长城脚下、美丽的妫水河畔，共同拉开2019年中国北京世界园艺博览会大幕。

首先，我谨代表中国政府和中国人民，并以我个人的名义，对远道而来的各位嘉宾，表示热烈的欢迎！对支持和参与北京世界园艺博览会的各国朋友，表示衷心的感谢！

北京世界园艺博览会以“绿色生活，美丽家园”为主题，旨在倡导人们尊重自然、融入自然、追求美好生活。北京世界园艺博览会园区，同大自然的湖光山色交相辉映。我希望，这片园区所阐释的绿色发展理念能传导至世界各个角落。

女士们、先生们、朋友们！

锦绣中华大地，是中华民族赖以生存和发展的家园，孕育了中华民族5000多年的灿烂文明，造就了中华民族

天人合一的崇高追求。

现在，生态文明建设已经纳入中国国家发展总体布局，建设美丽中国已经成为中国人民心向往之的奋斗目标。中国生态文明建设进入了快车道，天更蓝、山更绿、水更清将不断展现在世人面前。

纵观人类文明发展史，生态兴则文明兴，生态衰则文明衰。工业化进程创造了前所未有的物质财富，也产生了难以弥补的生态创伤。杀鸡取卵、竭泽而渔的发展方式走到了尽头，顺应自然、保护生态的绿色发展昭示着未来。

女士们、先生们、朋友们!

仰望夜空，繁星闪烁。地球是全人类赖以生存的唯一家园。我们要像保护自己的眼睛一样保护生态环境，像对待生命一样对待生态环境，同筑生态文明之基，同走绿色发展之路!

——我们应该追求人与自然和谐。山峦层林尽染，平原蓝绿交融，城乡鸟语花香。这样的自然美景，既带给人们美的享受，也是人类走向未来的依托。无序开发、粗暴掠夺，人类定会遭到大自然的无情报复；合理利用、友好保护，人类必将获得大自然的慷慨回报。我们要维持地球生态整体平衡，让子孙后代既能享有丰富的物质财富，又能遥望星空、看见青山、闻到花香。

——我们应该追求绿色发展繁荣。绿色是大自然的底色。我一直讲，绿水青山就是金山银山，改善生态环境就是发展生产力。良好生态本身蕴含着无穷的经济价值，能够源源不断创造综合效益，实现经济社会可持续发展。

——我们应该追求热爱自然情怀。“取之有度，用之有节”，是生态文明的真谛。我们要倡导简约适度、绿色低碳的生活方式，拒绝奢华和浪费，形成文明健康的生活风尚。要倡导环保意识、生态意识，构建全社会共同参与的环境治理体系，让生态环保思想成为社会生活中的主流文化。要倡导尊重自然、爱护自然的绿色价值观念，让天蓝地绿水清深入人心，形成深刻的人文情怀。

——我们应该追求科学治理精神。生态治理必须遵循规律，科学规划，因地制宜，统筹兼顾，打造多元共生的生态系统。只有赋之以人类智慧，地球家园才会充满生机活力。生态治理，道阻且长，行则将至。我们既要有只争朝夕的精神，更要有持之以恒的坚守。

——我们应该追求携手合作应对。建设美丽家园是人类的共同梦想。面对生态环境挑战，人类是一荣俱荣、一损俱损的命运共同体，没有哪个国家能独善其身。唯有携手合作，我们才能有效应对气候变化、海洋污染、生物保护等全球性环境问题，实现联合国2030年可持续发展目标。只有并肩同行，才能让绿色发展理念深入人心、全球生态文明之路行稳致远。

女士们、先生们、朋友们!

昨天，第二届“一带一路”国际合作高峰论坛成功闭幕，在座许多嘉宾出席了论坛。共建“一带一路”就是要建设一条开放发展之路，同时也必须是一条绿色发展之路。这是与会各方达成的重要共识。中国愿同各国一道，共同建设美丽地球家园，共同构建人类命运共同体。

女士们、先生们、朋友们!

一代人有一代人的使命。建设生态文明，功在当代，利在千秋。让我们从自己、从现在做起，把接力棒一棒一棒传下去。

我宣布，2019年中国北京世界园艺博览会开幕!

（资料来源：新华社）

数读云南

云南改革开放 40 年——数读云南

2018 年是中国改革开放 40 周年。40 年来，云南各族儿女同全国人民一道，在中国共产党的坚强领导下，用双手书写了国家和民族发展的壮丽史诗。

为庆祝改革开放 40 周年，充分展示云南 40 年来取得的巨大成就，中共云南省委宣传部联合中共云南省委全面深化改革委员会办公室，以“壮阔东方潮 奋进新时代”为总主题，分经济发展、对外开放、农业农村、民主法制、文教卫体、社会治理、生态文明、党的建设、综合成就等 9 个专题，举办云南省庆祝改革开放 40 周年系列新闻发布会。

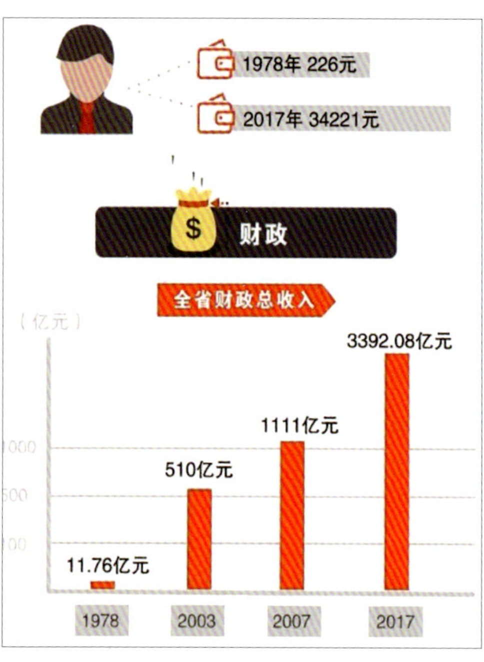

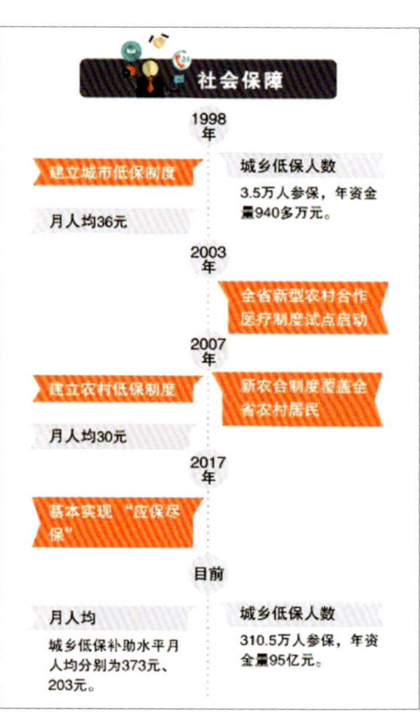

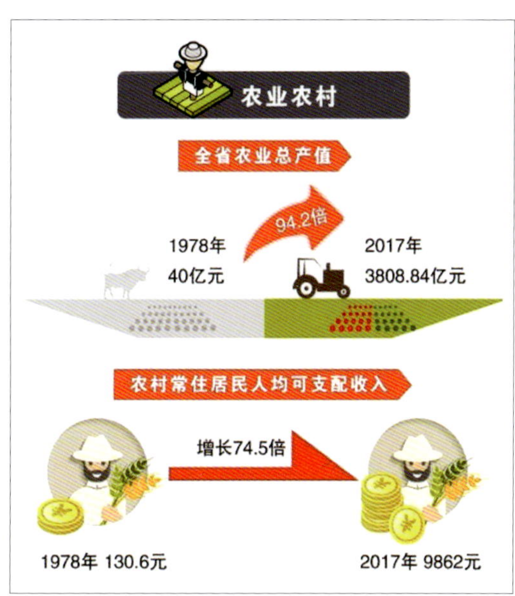

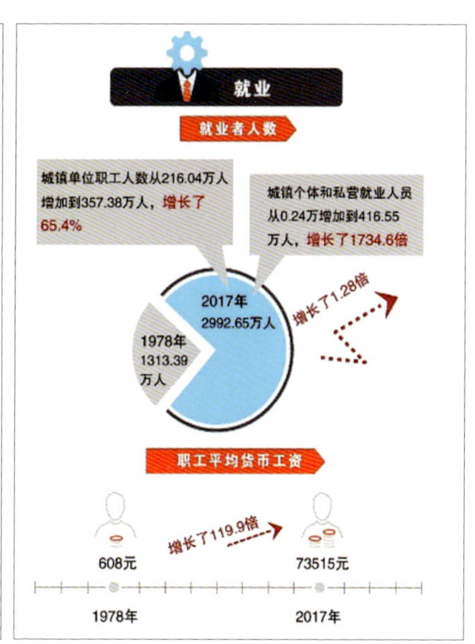

简　政

党的十八大以来，省级先后取消行政审批509项、下放280项，全省各级政府部门实现法外审批全部清零。2017年，全省共精简证明材料1868项，精简率达92%。

节　能

2016~2017年，全省累计压减生铁产能156万吨，压减粗钢产能426万吨，取缔“地条钢”600万吨，退出煤炭产能3876万吨；依法处置“僵尸企业”118户。2018年1~10月，退出煤炭产能873万吨，压减粗钢产能27万吨。

脱　贫

党的十八大以来，全省有556万贫困人口摆脱贫困。2017年全省贫困人口净减少115万人，实现1500个贫困村出列、15个贫困县脱贫摘帽，贫困发生率下降到9.89%，截至2017年年底，全省农村贫困人口332万人。

（江　云　整理）

数读云南

2018年10件惠民实事

一、农村公路建设

目标任务：抓好“四好农村路”建设，启动实施27个深度贫困县50户以上不搬迁的自然村“村村通硬化路”工程，继续推进“直过民族”地区、人口较少民族地区和沿边地区较大人口规模自然村通硬化路建设，新改建农村公路15000千米，建成10000千米

主办单位：省交通运输厅、民族宗教委，有关州、市人民政府

二、4类重点对象农村危房改造

目标任务：实施建档立卡贫困户、低保户、农村分散供养特困人员、贫困残疾人家庭4类重点对象农村危房改造40万套。

主办单位：省住房城乡建设厅，各州、市人民政府

三、农村劳动力转移就业

目标任务：新增农村劳动力转移就业150万人.

主办单位：省人力资源社会保障厅，各州、市人民政府

四、农村人口饮水安全巩固提升工程

目标任务：完成100万农村人口饮水安全巩固提升。

主办单位：省水利厅，各州、市人民政府

五、实施“关爱妇女儿童健康行动”计划

目标任务：贫困地区以县为单位农村妇女“两癌”检查项目覆盖率达到100%，妇女常见病筛查达到60%以上，按照《县级综合医院医疗服务能力基本标准》要求，推进40所县级综合医院提质达标。

主办单位：省卫生计生委，有关州、市人民政府

六、城乡社会养老服务设施建设

目标任务：新建或改扩建15个城市公办养老服务机构、60个农村敬老院、500个城乡社区居家养老服务中心和农村互助养老服务站，新增养老床位1万张。

主办单位：省民政厅，各州、市人民政府

七、“贷免扶补”、创业贷款扶持创业

目标任务：力争“贷免扶补”、创业担保贷款扶持10万人创业。

主办单位：省人力资源社会保障厅，各州、市人民政府

八、美丽宜居乡村省级重点村建设

目标任务：实施公共道路硬化、公共亮化工程、环境卫生整治、文体活动场地和村民活动室建设等村内公益项目，建设300个美丽宜居乡村省级重点建设村。

主办单位：省委农办，省财政厅，各州、市人民政府

九、实施“七彩云南全民健身工程”

目标任务：建设600千米“七彩云南全民健身步道工程”。实施5个县级、10个乡镇级和1000个村级体育场地设施建设。培训各级社会体育指导员5000人。打造“七彩云南全民健身活动示范工程”省级品牌3个、州市级10个、县级20个、乡镇级50个。

主办单位：省体育局，各州、市人民政府

十、全面改善贫困地区义务教育薄弱学校基本办学条件

目标任务：按照5年规划目标，实施校舍建设和设备采购，完成“全面改薄”任务。

主办单位：省教育厅、省财政厅，各州、市人民政府

（江　云　整理）

新闻简辑

第 5 届中国—南亚博览会暨第 25 届昆交会

2018 年 6 月 12 日 ~ 18 日，第 5 届中国－南亚博览会（下称：南博会）暨第 25 届昆交会在昆明滇池国际会展中心举行，展会主题为“融入‘一带一路’促进合作共赢”。

中国—南亚博览会已经成功举办了 4 届，中国昆明进出口商品交易会已成功举办了 24 届。作为“一带一路”建设中，国家予以重点培育的大型国际性展会，一直致力于深化中国与南亚东南亚乃至世界各国、各地区的政策沟通、设施联通、贸易畅通、资金融通、民心相通，努力促进与“一带一路”沿线国家和地区共商、共建、共享。

本届展会设置了主题国主宾国馆、南亚馆、东南亚馆、境外馆、境内馆、旅游馆、农业馆、新材料馆等 19 个展馆，标准展位约 8500 个，展览面积在第 4 届 18 万平方米基础上再增加 1 万平方米，达到 19 万平方米，参展参会国家和地区超过 80 个。

展会举办了各国商品展览展示活动和经贸投资推介活动，同期还举办了中国—南亚商务论坛、中国—东南亚商务论坛、中国—南亚东南亚智库论坛、中美省州合作论坛、澜湄合作昆明活动周等系列活动，邀请各国政府机构和商协会介绍各国投资政策、环境和投资项目，为各国开展招商引资和中国企业开展对外投资合作提供平台，推动达成更多共识，凝聚更多发展合力。

（王　新　撰文 / 摄影）

第十四届中国昆明国际农业博览会

2018年10月11日～15日，第十四届中国昆明国际农业博览会（下称农博会）在昆明滇池国际会展中心举办。

以“绿色发展 幸福生活”为主题的本届农博会，投入使用10个展馆，展览面积10万平方米，设4000多个展位，参展企业2800多家；设“绿色食品”品牌农业展区、坚果展区、农业文明、农耕文化展区等10个展区。同时，在呈贡区斗南国际花卉产业园、嵩明县晨农农博园分别设置分会场。

在为期5天的展会中，举行了绿色发展高峰论坛、农业保险高峰论坛、中国核桃产业高峰论坛、国际花卉产业高峰论坛、国际坚果大会、乡村振兴展演系列活动、优质农产品评选、专业买家对接会暨农产品推介活动等一系列活动，形成集论坛交流、展览展示、招商引资、线下线上销售于一体的档次高、规模大、智能化、市场化、影响深、特色鲜明的农业盛会。

据本届农博会组委会相关负责人介绍，本届农博会有以下特色：一是围绕云南“三张牌”决策部署，设立了“绿色食品”品牌农业展区，优选行业龙头集中展示宣传云南省茶叶、花卉、蔬菜、水果、坚果、咖啡、中药材、肉牛等八大产业；二是结合乡村振兴战略及农民丰收节，设置农业文明、农耕文化展示区，组织地方特色文艺表演；三是突出贫困地区、民族地区生态农产品展示，设置精准扶贫专区展。

本届农博会采取政府引导、企业参与、逐步市场化运作的组织形式办展。同时，通过国内知名电商平台“线上直播”等手段，打造“互联网线上展厅”，全方位展示参展商及其产品。从办展方式及内容来看，本届农博会联合州市、区域办展，结合昆明农博会优质农产品评选，不断提升参展产品质量及档次。同时设置农业科技及智慧农业展区。

（王　新　撰文／摄影）

中国（昆明）国际茶产业博览会

中国（昆明）国际茶产业博览会（下称茶博会）于2018年10月26～29日，在昆明国际会展中心举行。本届茶博会展览面积达30000平米，约1500个国际标准展位。展馆划分为：经典普洱馆、全国名茶区、茶器具展区、紫砂展区、茶包装/机械展区、港澳台展区、茶器美学馆。本届展会，集结了国内69个名茶产区以及海外800多家品牌茶企参加，展品类别丰富多样，涵括茶叶类、茶具、茶器、紫砂、机械、包装等产品，覆盖茶叶全产业链。

云南省作为茶产业大省经过多年的发展，普洱茶、滇红为代表的茶产业已初具规模。通过举办茶博会，不仅为云南省众多茶企业提供了对外展示的舞台，也给专家学者“问诊把脉”云南省茶产业发展提供了便利平台。展会以普洱茶为媒，邀约了云南本土茶企和国内外上千名专业买家，共同搭建起一个云茶产业宣传、贸易、交流、合作平台。展会从整合全产业资源以推进云南茶产业发展的高度，打通茶产业链上下游资源，把普洱茶放在更大的舞台上，让云南众多茶企在主场展现自身风采和品牌形象，将云南最优质、生态的茶叶资源推向世界。

云南省此次参展品牌主要有，云南中茶、陈升号、昌泰集团、勐库戎氏、龙园号、八角亭、书剑、廖氏普洱、吉普号、书院熟茶、勐傣、滇南古韵、龙润、昌宁红、俊仲号、龙马同庆号、老曼娥、茗纳百川、古树人家、芒嘎拉等品牌企业。

展会期间，主办方还精心组织了30余场茶文化主题活动。不仅有“一带一路”茶马古道经贸发展交流论坛、洞察仓储新势能、市场变革期普洱茶仓储价值创新论坛，还有“好茶仓”杯2018云南茶馆发展论坛暨茗星茶馆、2018首届全国评选大赛（云南）赛区颁奖典礼、茗星茶艺师第五届全国评选大赛云南分赛决赛等系列活动，以及云南茶旅线路发布等。此外，本届展会还吸引了一批茶叶包装与机械企业，以优选时代包装、华雅印务、大邦制罐等为代表的茶叶包装企业；以云南农业机械研究所、成飞机械、名盛机械西菱机械、中能达机械、南美机械、坤和机械、纵升机械为代表的机械类企业等。

（王　新　撰文/摄影）

中国（昆明）国际大健康暨养生养老产业博览会

2018 年 11 月 9 日 ~ 12 日，以“养生养老彩云南·健康生活目的地”为主题的中国（昆明）国际大健康暨养生养老产业博览会在昆明国际会展中心举办。展会分为以下区域：健康休闲旅游、国际养生养老产业发展论坛、养生生态食品、养生养老产业品牌、健康养老产业主题、中老年团体艺术大赛等。

本届博览会为绿色健康、养生养老企业搭建一个面向全世界的“健康生活·休闲养生·品味人生·幸福养老”的交流平台，进一步拓展应对老龄化、加快老龄产业发展的国际视野，展现云南省养老服务业的发展成果，吸引全世界人才资金积聚云岭大地，聚焦云南老龄产业发展，打造“世界知名、全国一流”的全领域养生养老基地。展会有来自美国、德国、马来西亚等国家和上海、山东、广西等省区市及云南省内 16 个州（市）360 多家企业参展。

近年来，云南省大健康产业规模不断扩大，质量和效益逐步提升，产业特色优势凸显，品牌产品和企业培育工程效果逐渐显现，新产品、新服务、新业态不断涌现。2016 年，云南省出台了《关于促进和规范健康医疗大数据应用发展的实施意见》，提出推进区域人口健康信息平台、医疗信息互联互通、居民健康卡、行业全要素监管平台和省级中医药大数据中心六大建设工程，为大健康产业发展拓展了新的空间。2018 年以来，中共云南省委、省政府提出全力打造世界一流的“绿色能源”“绿色食品”“健康生活目的地”，昆明市也加大“中国健康之城”城市品牌建设力度，将发展大健康产业作为建设现代化经济体系的重要抓手。

为进一步拓展应对老龄化、加快老龄产业发展的国际视野，展现云南养老服务业的发展成果，聚焦云南老龄产业发展，本届博览会推出了一个展览、两个论坛、三个大赛、四条考察线路、五个对接会。博览会设立主论坛和专业论坛，邀请到多位国际、国内大健康产业及养生养老专家参加，解读国内外大健康暨养生养老产业现状、发展趋势及国家相关新政策；设立中老年艺术大赛、“民族之星”推拿理疗按摩师技能大赛、大健康产业优质投资项目海选赛 3 个大赛。3 个大赛均由协办单位、各行业协会提前预选，选拔出优秀队伍，在博览会期间举行总决赛。其中，大健康产业优质投资项目海选赛是本次博览会新增设的项目，组委会在主论坛和专业论坛期间，征集评选并展示推介参展商提供的大健康产业优质投资项目。

值得关注的是，为让更多国内外养生养老企业深入了解云南省大健康产业的资源优势和巨大潜力，本次博览会新增了 4 条养生养老基地考察线路，分别为昆明、大理－丽江、腾冲和西双版纳 4 条养生养老基地线路。

本届博览会还举办了养生主题资源对接会、养老主题资源对接会、生物医药及民族医药资源对接会、健康旅游资源对接会、绿色食品资源对接会等 5 个资源对接会，为国内外大健康产业及养生养老专家、企业家等搭建了国际交流服务平台。

（王　新　撰文 / 摄影）

中国（昆明）国际绿色能源行业博览会

2018 中国（昆明）国际绿色能源行业博览会暨第十届“阳光·空气·净水”西南展于 10 月 27 ~ 29 日在云南省昆明国际会展中心举行。

本届会展由云南省绿色能源协会主办，大美会展有限公司、《热泵》杂志承办，中国节能协会、云南省节能协会、云南省能源研究会、昆明市能源研究会支持。云南格力、广东瑞星新能源等数十家国内知名企业参加了此次专业盛会。

随着国家节能减排工作的大力推进，开发利用新能源成为各地政府支持的重点。为了进一步促进绿色能源的发展，在相关部门的支持下，通过展览会展示企业品牌、先进技术、高科技设备和新营销模式等，打造太阳能光热、光电、热泵、水处理设备等产品及相关配套产品一站式采购、合作、交流、学习平台，推动经销合作商渠道和工程应用市场，扩展应用领域，提升市场发展空间，突出新技术创新的产品价值，促进行业发展。

（王 新 撰文/摄影）

中国·昆明国际绿色食品投资博览会

中国·昆明国际绿色食品投资博览会（下称“绿投会”）于2018年10月20～23日在昆明国际会展中心举办。本届绿投会经云南省政府批准，由云南省招商合作局、云南省城市建设投资集团有限公司共同主办，东方环球国际会展有限公司承办，展览面积达2.5万平方米。

本届绿投会以“打造绿色食品牌，共谋投资商机”为主题，旨在全力打造云南省“绿色能源”“绿色食品”“健康生活目的地”三张牌，发挥会展经济的新引擎作用，促进全省生态资源优势转化为绿色发展优势，推动云南经济的高质量发展。广泛吸引国内外投资企业参与打造绿色食品加工基地，积极组织云南具有特色的绿色食品“走出去”，建立贸易交流的渠道，扩大招商引资、经贸合作的范围，搭建一个国际性的产供销科研及学术交流、商品贸易的大平台。

在绿色食品投资合作馆内，展示了16个州市“绿色食品”的优势项目、优势资源和名优产品。云南省投资促进局共遴选了单个项目投资额5亿元以上的全省“绿色食品”招商项目55个，向参会企业宣传推介。邀请均瑶集团、大北农集团、上海来伊份公司、北京爱种网络科技公司等国内知名企业以及埃及艾尔德食品公司、墨西哥沙姆洛克食品公司、巴西达人食品公司、JBS公司等国际知名企业近400家参会。

本届绿投会系列活动之一的2018中国·昆明国际绿色农业高峰论坛上嘉宾们围绕“企业家精神与品牌匠心”“绿色农业品牌发展”“农业产业链融合与发展”三个主题开展了探讨。

（王　新　撰文/摄影）

美丽乡村

广南县八宝镇七彩河野村

广南县八宝镇河野村距镇政府约 10 千米，作为八宝河的源头，是一个拥有优美山水风光的小村庄。

为深入实施“天之广·云之南——原生态健康生活目的地”全域旅游战略，发展广南文化旅游产业和高原特色农业，借 2018 年第一届“中国农民丰收节”之机，广南县委、县政府举办了以“广南八宝·世界稻香”为主题的世界稻作文化旅游节。与此同时，在河野村进行的“五色村庄、七彩村落”彩绘工程，就是其系列活动之一。

河野村有 179 户人家。随着经济的发展，村里 98%（177 户）的人家都建盖了砖混结构的新房，原有本土民居大多已不复存在。由于新建的房屋没有进行统一规划，显得有些凌乱，一定程度上影响了河野村原有的山水田园自然和谐美。为此，河野村根据房屋的实际情况，开展了给房屋主体上色的彩绘工程，以海底世界、大树、功夫熊猫等具有 3D 艺术的彩绘，让原本的砖混墙体变得活色生香。

河野村的彩绘工程吸引了众多的游客慕名而来。游客们表示，彩绘工程很有创意，村子就像一个童话乐园。目前来河野村游玩的人越来越多。

（王　新　撰文／摄影）

中国少数民族特色村寨——楚雄紫溪彝村

紫溪彝村是楚雄市紫溪镇的一个彝族村落，位于国家级森林公园、省级风景名胜区紫溪山的入口处。紫溪彝村因支持楚雄市西静河水库建设、广大铁路复线及楚南一级公路建设而两度搬迁重建。全村84户365人，其中：彝族有340人。

2013年3月，紫溪彝村围绕打造“云南美丽乡村·中国第一彝村”目标，全面启动了以特色村庄、致富产业、彝族文化和乡村旅游为主的“紫溪彝村美丽乡村”项目建设。通过各级干部群众的努力，协调整合省级民族团结示范村、美丽乡村、移民新村、特色旅游村、农村环境综合整治、水利整村推进、生态园林绿化、配电网提升改造、特色产业、特色村庄等25个项目，共投入各级各类资金10900万元，完成了紫溪彝村特色村庄和民族文化产业等工程建设。

楚雄市充分挖掘紫溪彝村优美的人居环境、浓郁的民族文化、独特的彝家菜等资源，借助楚雄彝族火把节、彝族年等传统节日，大力发展乡村旅游业，目前已发展农家乐25家，彝家客栈8家，小商店4家，共接待游客42万人次，实现旅游经济总收入850万元。

紫溪彝村在建设发展中，始终不忘突出彝族特色，打好“彝族”品牌。无论是景观景点建设、还是房屋建筑等，都努力弘扬彝族文化，尽现彝族风情、彰显彝族魅力。在彝村内形成了“说彝话、穿彝衣、唱彝歌、跳彝舞、吃彝菜”的彝族风俗氛围。彝村广大村民从发展中得到了实惠，知恩、报恩的“感恩、公德、小康”三项教育深入到彝族同胞心里，群众感觉到了党的温暖，自发编

唱感恩主题的彝族敬酒歌、山歌、小品，在全村营造出“人人心存感恩、家家和睦相处、户户倡导文明，事事维护团结、处处体现和谐”的良好氛围。2018 年，紫溪彝村被国家民委授予“中国少数民族特色村寨”称号。

经过高起点、高规格建设，昔日落后的彝山小寨，如今已成为环境优美、特色突出、农民富裕的“云南美丽乡村·中国第一彝村”。先后荣获“全国生态文化村”“云南省民族团结示范村”“民族团结进步模范集体”等荣誉称号。

（王　新　撰文／摄影）

古老激情的三台乡赛装节

大姚县三台乡位于楚雄彝族自治州百草岭的崇山峻岭间，全乡海拔在1600米～3657米。三台乡境内的大白草岭为彝州第一高峰，海拔3657米。乡内居住着彝、汉、傈僳、傣等多种民族，其中彝族人口占总人口的90%。每年农历三月十八日，这里都要举行民族传统节日——赛装节。

赛装节期间，青山环绕的三台乡五彩斑斓、热闹非凡，熙来攘往的街道上，男女老少都身着节日盛装，欢庆节日。火一样的民族，火一样的热情，在这火一样的季节里，人们吹着号、弹着三弦、跳着左脚舞......，彝族服饰走秀、歌舞、杂技……精彩连连。现场掌声欢呼声不断。热情好客的彝族人民，用传统的表达方式，尽情地讴歌今天的美好生活，一首首歌唱不尽，一曲曲舞跳不歇。

在古树核桃林里的彝族青松长龙宴，用彝家最隆重的礼仪和风味美食，迎接远道来的宾客。长龙宴上摆满大碗的羊汤锅、大碗的腊肉和蔬菜，人们虽素不相识，但只要坐进这长龙宴中，即刻便融入彝族人热情、豁达的暖流里。

如火如歌的民族风情，丰富多样的节庆活动，展现了三台乡这个古老彝乡的激情与魅力。

（王　新　撰文／摄影）

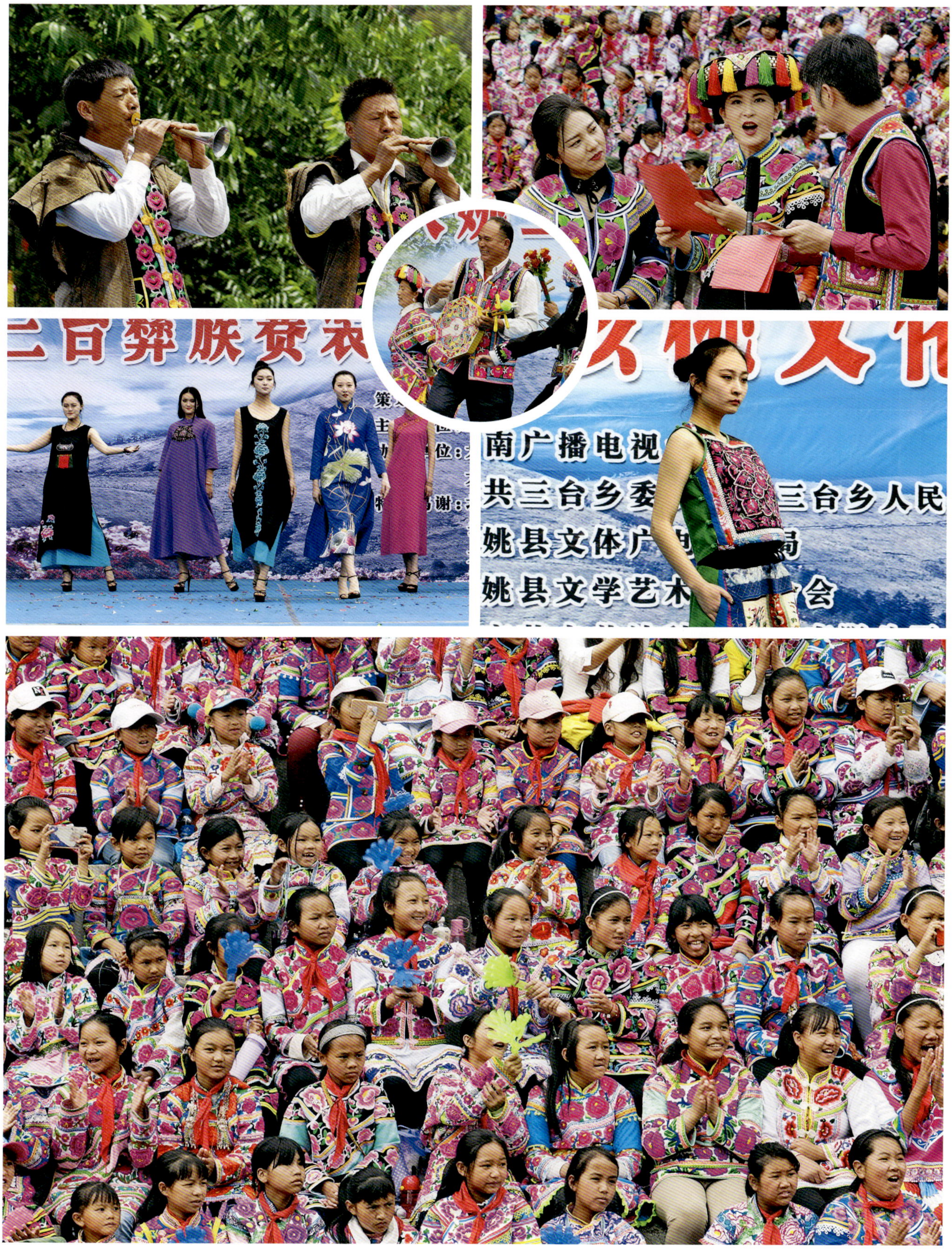
南广播电视
共三台乡委
三台乡人民
姚县文体广
局
姚县文学艺术
会

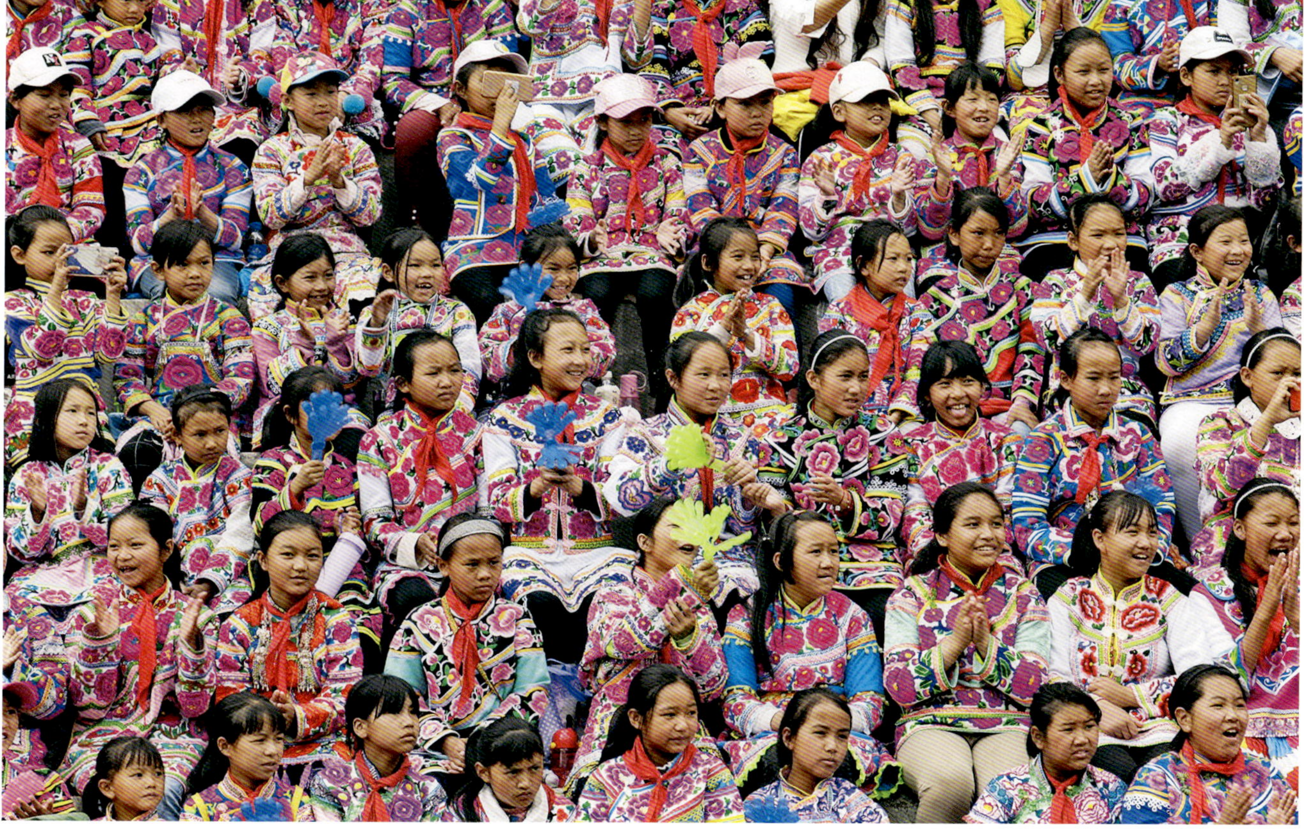

乡村休闲生态游——富源多乐原风景区

景区大门

景区漏斗餐厅

多乐原风景区位于云南省曲靖市富源县多乐屯，是集溶洞探秘、花卉鉴赏、住宿美食于一体的乡村休闲生态旅游景区。景区占地总面积约1.41平方千米，分为地上花卉、地下喀斯特溶洞景观两大部分。

目前已建成并对外开放的地上主要景观被称为花宫，包括馨园、丽园、秘园、幻园、梦园、恬园等。尤其值得一提的是丽园。丽园是月季大观园。园中除了国内的月季花品种以外，还引种了近千个欧州月季品种，如玛格丽特王妃、瑞典女王、抓破美人脸、薄荷冰糕等。花开时节，园中栈道、花田小道游人如织，人们在尽赏优质月季带来的美的震撼的同时，还能通过品读花牌，增长知识。

喀斯特地貌奇观——倒挂葫芦葫芦丝

喀斯特地貌奇观——孩儿面

地下喀斯特溶洞群有4层主洞、10余个支洞。洞内不同时代发育的洞穴沉积造型奇特。洞内景观主要为石灰岩中夹带钙、镁等矿物质及杂质的点状、线状、片状，经千万年沉积而成，其景观单体数量、景观密集度和奇特度为国内外罕见。其中，石乳、树枝状石钟乳等多种沉积景观，至今尚未揭其成因。

多乐原风景区建筑风格古朴，建筑主料为土基、老木及茅草。景区内的黄心楠木吧台、千年楠木景区大门、香柏木背景墙、榆木板大门、楠木秋千凳，老榆木茶儿、大磨盘餐桌、枝丫灯饰等，无一不彰显出亲近自然，环保健康的原生态建筑理念。人们在观花赏景的同时，既可穿越千年点燃想象，又能还原本真，在时光穿梭中看见青山，记住乡愁。

（栩　榕　撰文）

（本版图片摄影　许太琴）

民族团结 乡村振兴——腾冲清水乡中寨

中寨原名箐头寨，隶属于腾冲市清水乡三家村村委会，是一个有着500多年历史的佤族聚居村寨，共有赵、孟、金、李四大姓氏。全村有农户73户，人口301人，其中佤族达273人，占总人口90.7%。建档立卡贫困户18户74人。土地面积1680亩，农村经济收入以传统种养殖和外出务工为主，2018年全村人均可支配收入10048元。中寨保存了祭寨、答牛丛、供奉土主、祭拜树神等佤族民俗。

腾冲清水乡三家村中寨寨门

中寨司莫拉佤族民俗陈列馆

生态良好的中寨内有野生桫椤

林木繁茂的中寨

整洁的村道

近几年来，清水乡党委政府紧紧抓住民族文化繁荣、民族经济发展、民族关系和谐三大重点，通过持之以恒实施基石工程、品牌工程、共融工程、福祉工程等，让中寨这个佤族村寨频频出彩，唱响了民族团结进步、乡村振兴的最美和声。2017年，中寨被国家民委确定为“中国少数民族特色村寨”。

清水乡党委政府始终将加强基础设施建设作为中寨发展进步的“总钥匙”，通过整合项目、资源，筹措资金，为中寨的发展打下了坚实的基础。2013年开始，通过整合“民族团结示范村”“美丽乡村”、财政一事一议奖补、农危改、交通、旅游等项目，先后投入资金2200多万元，实施了危房改造、通畅工程、亮化工程，建设了佤王府议事厅、民族文化活动广场、民族文化展示中心、景观栈道、农耕文化观景台、寨中休息厅、木鼓屋、佤族特色寨门、大箐秘境体验区、寨前农耕文化体验区、停车场、旅游公厕、环卫设施等。

清水乡党委政府多措并举，着力挖掘、保护和传承民族文化，在中寨实现了基础设施建设和传统文化挖掘的同频共振。通过“寻找一段历史”活动，相继开展了古遗迹、古村落、古树名木和历史人文资源等收集整理工作，挖掘文化内涵、民俗风情，促进历史文化传承；通过“讲好一个故事”活动，征集有关历史典故、神话传说、风俗民情等，进一步挖掘文化内涵；通过“展示一个特色”活动，种植寨花、修建寨门、打造佤族文化巷道网络、坚持开展民族传统体育活动、举办民族传统节庆、再现传统佤族酿酒工艺，还原佤族风情，展示民族特色。同时，还通过编排寨歌、寨舞等方式，加强佤族歌曲、舞蹈、乐器的学习、交流、传承，助推文明乡风，激发佤族群众民族共同体意识和感恩意识。

乡村振兴，群众是主体。为提升群众综合素质，由乡劳保、农业等部门牵头，先后在中寨开展了厨艺、茶艺、电工、种养殖、乡村旅游等多期免费培训，参训人员达320人次。2019年以来，结合腾冲市“五美一最”工作的开展，中寨被列为全乡“最美庭院”示范点，通过发动群众开展爱国卫生大扫除、修订村规民约、落实“门前三包”、推行巷长制、开展主题党日活动、举行“最美庭院”评比表彰等措施，让佤族群众真正意识到“中寨是我家，建设靠大家”，进一步激发了佤族群众积极动手、扮靓家园、建设美丽村庄的热情。

（桐　榕　整理）

（本版图片摄影　许太琴）

高黎贡山环抱下的花园盆地——腾冲界头镇

千年银杏王

界头镇地处腾冲市东北部，沿高黎贡山西麓走向，被称为高黎贡山环抱下的“花园盆地”。界头镇辖28个社区、361个村民小组、679个自然村，2016年末有19342户，人口70911人。全镇土地面积864平方千米，分布有白、回、傈僳、汉等民族。

界头镇自然生态环境优良，森林覆盖率高达75%。龙川江发源于此并穿境而过。山青水美的界头镇，既是绿色生态农业生产的天赐宝地，腾冲市重要的烟、粮、油生产基地，有着“腾越粮仓”之美誉，又是极富诗情画意的生态田园。这里，春可赏花、夏可观绿、秋能品

烟田

万亩油菜花

果、冬能看雪；这里，白云悠悠、溪流淙淙、绿树环绕着村庄。在这片土地上，有着被誉为全世界最大的人工秃杉林——天台山人工秃杉林；有着早在60多年前就在英国皇家博物馆里轰动世界植物学界的大树杜鹃王；有着两株相依相偎了1600多年，至今依然枝繁叶茂的千年银杏王。这里的民风淳朴、文化底蕴深厚，位于界头镇黄花寨社区的丝绸古道——北斋古道，位于界头镇新华社区的中缅古道高黎贡山道——罗古城，以及位于界头镇顺河社区的顺河古桥等，都在默默地诉说着那些历史过往。如今，尤其是花海慢城特色小镇规划建设以来，界头镇依托良好的自然禀赋，大力发展以油菜为主的观光农业，不仅成为腾冲市最大的油菜种植乡镇，

万寿菊种植样板（许太琴摄影）

绿树黄花村庄万寿菊种植样板（许太琴摄影）

大树杜鹃王

高黎贡山怀抱下的花园盆地

而且打造出了高黎贡山下十万亩浩瀚花海组成的观光走廊。2014年被评为“中国最美田园风光”“中国最佳宜居示范小镇”，2015年被评为“全国休闲农业与乡村旅游示范点”。

（栩　榕　撰文）

（本版图片除署名者外，由界头镇政府提供）

古树名木保护

紫薇（植于明万历三十年）（公元1602年）（昆明市）

古树名木保护主要是对生长百年以上的古树和树种稀有、名贵或具有历史价值、纪念意义的树木（名木）的保护。从植物生态角度看，古树名木为珍贵树木、珍稀和濒危植物，在维护生物多样性、生态平衡和环境保护中有着不可替代的作用。古树名木被称为“活文物”“活化石”，蕴藏着丰富的政治、历史、人文资源，是一座城市、一个地方文明程度的标志。同时，古树名木又是中国森林和旅游的重要资源，对发展旅游具有重要的文化和经济价值。

古树名木分为国家一、二、三级。据云南省古树名木普查统计结果，云南全省约有古树名木3781株，分别隶属78科186属366种，其中一级保护（树龄500年以上）284株；二级保护（树龄300～499年）984株；三级保护（树龄100～299年）2513株。

1995年9月，云南省第八届人大常委会第十六次会议通过《云南省珍贵树种保护条例》，建立了古树名木档案，保护工作逐步得到落实。各公园陆续对古树名木挂牌保护，并采取各种保护措施。如：昆明黑龙潭公园给明代云南山茶实施换土、施肥、滤水等保护措施；玉龙县玉峰寺建起围栏保护万朵茶花古树等等。此外，各地还聘请专家对古树的植物种类和树龄进行鉴定、挂牌，采用水泥浇注堵洞、钢筋牵引、钢架支撑，采取病虫害防治等措施进行保护。

（栩　榕　整理）

梅树（树龄450年）
（昆明市）

大青树（树龄412年）
（大理州）

昆明柏（树龄300年以上）
（昆明市）

栓皮树（树龄250年以上）
（昆明市）

高山榕（树龄 210 年）（大理州）

鸡蛋花（树龄 150 年）（西双版纳州）

云南山茶（树龄 160 年以上）（昆明市）

铁刀木（树龄 100 年以上）（西双版纳州）

千果榄仁（树龄 100 年）（西双版纳州）

八宝树（树龄 100 年）（西双版纳州）

柽柳（500 多年）（丽江市）

（本版图片摄影　许太琴）

西双版纳国家级自然保护区

位于云南省西双版纳傣族自治州境内的景洪、勐海、勐腊三县市，由互不相连的勐养、勐仑、勐腊、尚勇、曼稿5片子保护区组成。国家级森林生态系统类型自然保护区。始建于1958年，是中国最早建立的20个自然保护区之一，也是云南省建立的第一个自然保护区。1986年升为国家级自然保护区，1993年加入联合国教科文组织世界人与生物圈保护区网络，是以保护热带雨林、季雨林和热带珍稀野生动物为主的大型综合性自然保护区，是中国热带生物多样性最丰富、热带重要生物类群分布最集中、热带森林生态系统最完整的自然保护区之一。

保护区内记录有维管束植物214科1012属2779种，其中，国家重点保护植物31种。记录有脊椎动物818种。其中哺乳动物10目35科72属130种，鸟类19目56科456种，两栖动物3目8科53种，爬行动物3目16科79种，鱼类100种。被列为国家重点保护的野生动物达114种。其中，国家一级重点保护野生动物24种，国家二级重点保护野生动物90种，占全国重点保护动物种总数的44.36%。主要保

热带雨林

望天树

绒毛番龙眼

热带雨林栈道

千果榄仁

护对象是以热带季节雨林、季雨林和季风常绿阔叶林森林生态系统为标志的森林生物多样性及热带珍稀濒危野生动植物种群与其生存环境，分布有热带季节雨林、亚热带季风常绿阔叶林、落叶阔叶林、暖性针叶林、竹林、灌木林、草丛等 8 个植被类型和 38 个群系，其中望天树林、版纳青梅林等是仅分布在本保护区的特有热性森林类型。

（许太琴　整理）

热带雨林板根现象

（本版图片摄影　许太琴）

高山兀鹫（国家二级保护）

剑嘴鹛（珍稀鸟类）

金喉拟啄木鸟（珍稀鸟类）

高黎贡山国家级自然保护区

高黎贡山国家级自然保护区地处云南省西北部的保山市和泸水县境内，怒江的西岸，位于北纬24° 56′ ~ 28° 23′，东经98° 08′ ~ 98° 53′之间。总面积405200平方米，是云南省面积最大的自然保护区。以其生物的多样性，被学术界誉为“世界物种基因库”，为世界生物圈保护区，保护区由北、中、南互不相连的三段组成，北段在贡山县境内，中段在福贡县、泸水县境内，南段（怒江片区）在泸水县境内。

高黎贡山山势陡峭，峰峦起伏，形成了独特的“一山分四季，十里不同天”的立体气候。谷地因焚风作用而形成干热气候，山顶部气候恶劣，温度偏低；年降水量东西坡虽有差异，但均在3000毫米以上，迎风面降水较多，两坡均随海拔高度的升高而递增，山顶降水最多可达3600毫米。已知有脊椎动物36目106科582种。其中兽类9目29科81属116种；鸟类18目52科另4亚科343种；两栖类2目2亚目7科28种及亚种；爬行类2目3亚目9科48种及亚种；鱼类5目9科28属47种及亚种。国家一级保护动物有戴帽叶猴、白眉长臂猿、熊猴、羚牛、豹、白尾稍虹雉等20余种；国家二级保护动物有小熊猫、穿山甲、鬣羚、黑颈鸬鹚、高山兀鹫、血雉、灰鹤、红瘰疣螈等47种；省级保护动物5种。此外，2011年还在保护区发现了金丝猴家族新成员——怒江金丝猴。

（王　英　整理）

保山高黎贡山保护区——百花岭

血雀（珍稀鸟类）

红翅薮鹛（珍稀鸟类）

紫色花蜜鸟（珍稀鸟类）

白眉长臂猿（国家一级保护）

小熊猫（国家二级保护）

羚牛（国家一级保护）

黑颈鸬鹚（国家二级保护）

保山高黎贡山保护区——百花岭

（本版图片摄影　王英）

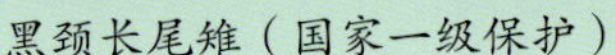
黑颈长尾雉（国家一级保护）

火尾希鹛

斑喉希鹛

临沧永德大雪山国家级自然保护区

永德大雪山国家级自然保护区位于云南省临沧市永德县境内东北部，澜沧江西岸，距县城直线距离 19 千米。永德大雪山主峰海拔 3429 米，为较为封闭的低纬度高海拔原始林区。大雪山海拔 3000 米以上地带，冬春两季有三四个月的积雪过程。景区有林海、杜鹃花海、瀑布、土林、温泉溶洞等。永德大雪山国家级自然保护区分布有西黑冠长臂猿（滇西亚种）、豚尾猴、熊猴、灰叶猴、云豹、金钱豹、豚鹿等哺乳动物 117 种；

熊猴

永德大雪山保护区

暗胸朱雀

棕胸竹鸡

红角鸮

有黑颈长尾雉、绿孔雀、白腹锦鸡等鸟类201种；有巨蜥、蟒蛇等两栖爬行类动物102种。分布国家一级保护野生动物14种，国家二级保护野生动物43种，哺乳动物中国特有种23种，两栖爬行类云南特有种29种，鱼类怒澜亚区的特有种9种和新种4种。

（王　英　整理）

黑鹳　白腹锦鸡　巨松鼠

永德大雪山保护区

（本版图片摄影　王英）

中国科学院西双版纳热带植物园

位于云南省西双版纳州勐腊县勐仑镇。国家AAAAA级旅游景区。1959年在著名植物学家蔡希陶教授领导下创建，是中国最大和保存物种最多的植物园。保存着大片的热带雨林，有引自国内外近1.2万种热带植物，分布在棕榈园、榕树园、龙血树园、苏铁园、民族文化植物区、稀有濒危植物迁地保护区等三十多个专类园区，是集热带科学研究、物种保存、科普教育为一体的综合性植物园。

（许太琴　撰文）

铁树王

箭毒木

董棕

龙血树

文心兰

跳舞草

珍稀植物——王莲

中国科学院西双版纳热带植物园

生物多样性景观——绞杀现象

生物多样性景观——空中花园

中国科学院西双版纳热带植物园内的榕树园

中国科学院西双版纳热带植物园内的奇花异卉园

（本版图片摄影　许太琴）

泸西黄草洲国家湿地公园

据泸西地方志《广西府志》记载，明清时期，泸西城东黄草洲片区，方圆十余里乃是有名的生态湿地——矣邦池，也称龙甸海，如今称黄草洲。明清时期，站在县城东的钟秀山公园山顶可以饱览矣邦池翠屏秋水等美景。矣邦池为泸西东河、西河南流交汇地，原来湖泊面积约为15平方千米，“九峰峦叠，飞来仙鹤，两水环绕，灵龟抬头，矣邦聚宝，文笔翠屏，石龙神显，百业兴旺”是这个片区的历史写照。

为抢救性保护高原喀斯特地区岩溶湿地资源，恢复黄草洲片区历史风貌，2015年6月，泸西县林业局委托规划单位编制总体规划，2016年6月先后向州、省、国家申报云南泸西黄草洲国家湿地公园建设项目，同年12月30日，《国家林业局同意天津蓟县州河等134处湿地开展国家湿地公园试点的通知》确定云南泸西黄草洲国家湿地公园为试点，泸西黄草洲国家湿地公园成为“徐霞客旅游线路标识地”之一。

泸西黄草洲国家湿地公园位于泸西县中枢镇黄草洲片区，北起坝心龙潭，南至黄草洲村以南城市规划路，西起文笔山，东至补衣山。规划总面积309.16公顷（4637亩），划分为湿地保育区、恢复重建区、宣教展示区、合理利用区、管理服务区5个功能区。功能定位为以抢救性保护高原喀斯特地区岩溶湿地为核心，以抢救性保护城市近郊生态湿地、湿地鸟类及其栖息地为重点，以展示典型的滇东南高原以岩溶涌泉为水源的岩溶湿地景观为特色，集生态系统保护和恢复、生物多样性保护和恢复、科研监测、科普宣教生态旅游及湿地文化体验于一体的生态系统健康、功能区划合理、基础设施完善、管理水平高效、社区协调共赢的城郊型国家湿地公园。

泸西黄草洲国家湿地公园一期项目，工程采用EPC（设计－采购－施工）模式建设，通过公开招投标确定施工单位为江苏澳洋园林科技发展有限公司，于2016年3月开工。截至目前，完成总工程量的98%，累计完成投资27400万元，占计划投资的82%。

湿地公园建设项目属于生态型社会公益项目，具有显著的生态和社会效益，经济效益良好。湿地公园通过开展保护和恢复工作，有效保护黄草洲湿地脆弱的生态系统，保障区域生态安全，产生良好的生态效应；通过开展科普宣教活动和生态旅游活动，激发民众生态环保意识，产生积极而显著的社会效益；周边区域通过销售绿色农产品、为生态旅游活动提供食宿服务等途径，可取得相应的经济效益。最终，湿地公园的建设将取得保护湿地生态环境、促进产业结构调整、造福周边居民的综合效益。

（王　新　撰文／摄影）

弥勒太平湖森林公园

太平湖森林公园位于弥勒市城区东部，其前身是太平水库。距市区中心约 9 千米，占地面积 42 平方千米，是弥勒市近年来启动实施的重大旅游综合体项目之一。

森林公园里的盘山公路掩映在或明或淡的马鞭草花海之间，从山谷到山顶，马鞭草紫色的波浪层层叠叠，美不胜收，与太平湖木屋森林酒店相映成趣。在公园生态艺术中心林下花海的核心区域，国际大地艺术家斯坦·赫德先生（Stan Herd）的亚州首秀作品《年轻的中国女性》大地艺术景观十分醒目，并以红河州珍稀植物园为配套。森林公园通过特色主题花田花海以及农作物绘画等，实现了一站式花海主题旅游模式。

森林公园内的高原体育运动训练基地里，有环湖全天候高原训练运动中心，围湖建有 21.10 千米环湖运动赛道，主要用作专业半程马拉松赛事及自行车训练、赛事等。此外，还建有环湖截污工程、湿地保护工程等，以保护水源、修复生态。

（王　新　撰文／摄影）

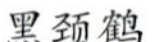

黑颈鹤

灰鹤（国家二级保护鸟类）

灰雁（云南省级保护鸟类）

会泽黑颈鹤自然保护区

会泽黑颈鹤自然保护区位于云南省曲靖市会泽县，由长海子、大桥两部分组成，海拔2400–2900米，是国家Ⅰ级重点保护鸟类——黑颈鹤的越冬栖息地。

会泽黑颈鹤自然保护区在冬季有大面积的沼泽，周围有大片以种植马铃薯为主的山坡耕作地，秋末冬初作物收获之后，地里残留的小马铃薯、草根和昆虫等是黑颈鹤和灰鹤等鸟类的觅食场所，也是黑颈鹤、灰鹤等鸟类的主要越冬栖息地。

湿地调查的鸟类记录中，有鸟类7目9科44种。黑颈鹤为国家一级重点保护鸟类；灰鹤、蓑羽鹤为国家二级重点保护鸟类；灰雁和斑头雁为云南省级保护鸟类。其余种类均属有经济价值、科研价值和观赏价值的保护鸟类。

（王　英　整理）

蓑羽鹤（国家二级保护鸟类）

斑头雁（云南省级保护鸟类）

（本版图片摄影　王　英）

昆明斗南湿地公园

昆明斗南湿地公园位于滇池东岸，毗临斗南国际花卉交易中心，距昆明主城区 15 千米。占地面积约 650 亩，其中绿化面积约 298.80 亩、水域面积约 297.64 亩、其他附属设施 53.41 亩。

昆明斗南湿地公园内塘渠相连，柳堤柳林相依。种植有菖蒲、芦苇、睡莲、美人蕉等水生植物以及成片的波斯菊、葱兰、茶梅等地被植物，水杉、喜树等高大乔木随处可见。还建有亲水平台、观鸟屋等旅游设施。

昆明斗南湿地公园以治理滇池、净化水质、修复生态为基本理念，同时兼具城市休闲功能。斗南湿地公园（一期工程）于 2015 年 12 月 31 日建成，2016 年 1 月 1 日对外开放。2017 年被评选为滇池最美湿地之一，2018 年荣获国际风景园林联合会亚非中东地区湿地管理类杰出奖。

（栩　榕　撰文）

（本版图片摄影　江云）

杜鹃花

杜鹃林 1

杜鹃林 2

轿子山国家级自然保护区

轿子山国家级自然保护区位于昆明市禄劝县、东川区境内的倘甸产业园区管委会范围内。总面积 16456 公顷。1994 年建立省级自然保护区，2011 年升为国家级自然保护区。属国家级森林生态系统类型自然保护区。主要保护对象是保存较为完整的以急尖长苞冷杉为主的原始寒温性针叶林及丰富的动植物资源。轿子山国家级自然保护区在滇中地区的生物多样性保护、生态建设中具有重要的科研和保护价值。

轿子山国家级自然保护区保存有完整的第四纪冰川遗迹与冰蚀地貌，是晓光河源头区及普渡河支流水源涵养地。森林植被是乌蒙山系中分布在滇中地区残留的以急尖长苞冷杉为主的寒温性针叶林生态系统，保护区内记录有野生维管植物 154 科 507 属 1600 余种。其中蕨类植物 15 科 31 属 94 种，裸子植物 7 科 11 属 20 种，被子植物 132 科 465 属 1497 种。其中，国家一级重点保护植物攀枝花苏铁、须弥红豆杉，国家二级重点保护植物异颖草、金荞麦、金铁锁、西康玉兰、丁茜、平当树、松茸等。记录有陆生脊椎动物 293 种，哺乳类动物 79 种，鸟类 167 种，两栖及爬行动物 47 种，国家一级保护动物林麝，国家二级保护动物豹猫、穿山甲、白腹锦鸡、蛇雕、红隼、红瘰疣螈、云南闭壳龟等。

（栩　榕　撰文）

飞来瀑布景点的杜鹃林

冷杉与杜鹃

大树杜鹃

缆车在杜鹃林上

杜鹃林 3

杜鹃林 4

高山杜鹃（大王杜鹃）

高山杜鹃（红毛杜鹃）

高山杜鹃（乳黄杜鹃）

花溪景点的冷杉林

（本版图片摄影　许太琴）

沾益海峰省级自然保护区

沾益海峰省级自然保护区位于沾益县境内金沙江流域牛栏江东部，地跨沾益县大坡乡和菱角乡。建于2002年，总面积26610公顷。2007年12月曾进行总体规划调整。属省级内陆湿地生态系统类型自然保护区。主要保护对象是喀斯特地貌、森林及野生动植物。

沾益海峰省级自然保护区内保存有较完好的喀斯特湿地生态系统和特殊的岩溶“天坑”森林，以及石芽、溶丘、峰林、峰丛、孤峰、落水洞、裂隙、竖井、地下河、地下溶洞等地貌，构成了海峰湿地的特殊地貌组合。记录有国家一级保护鸟类黑鹳，国家二级保护动物穿山甲、金猫、白腹锦鸡及云南珍贵种斑头雁和灰雁，国家二级保护真菌松茸等。

（栩　榕　整理）

（本版图片摄影　江云）

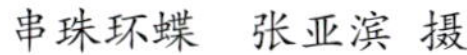

串珠环蝶　张亚滨　摄

翠蓝眼蛱蝶　张亚滨　摄

大白斑蝶　张亚滨　摄

波绿凤蝶　王英　摄

云南野生蝴蝶

红绶绿凤蝶　张亚滨　摄

据《中国蝶类志》(1994年)记载，中国蝴蝶近1300种，分属于12个科；云南蝴蝶700余种，居全国各省之首。在云南蝴蝶中，有不少种类具有鲜明的地方特色，或为国内外的珍稀种，或为古老原始种类，如喙凤蝶、云南尾凤蝶、燕凤蝶、香格里拉绢蝶、玉龙绢蝶、大丽蛱蝶、宾川棕蛱蝶、腾冲巨眼蝶，以及原始的喙蝶、以拟态著称的枯叶蛱蝶等。

云南蝴蝶的区系特征复杂多样，既有明显的水平分布区域性，又有强烈的垂直分布及过渡性等区系特色，故而形成了众多著名的蝶类多样性生态环境，如大理蝴蝶泉、西双版纳蝴蝶乐园、红河州金平县马鞍底“中华蝴蝶谷”、怒江峡谷的蝴蝶垂直分布带等。云南蝴蝶资源丰富，种类多，蝴蝶个体色泽鲜艳，极具特色。

（桐　榕　撰文）

凤眼蝶　王英　摄

钩粉蝶　张亚滨　摄

红珠凤蝶　王英　摄

虎斑蝶　张亚滨　摄

玉带黑斑蝶　张亚滨　摄

优越斑粉蝶　张亚滨　摄

蓝凤蝶　杨保纲　摄

金凤蝶　张亚滨　摄

红河哈尼梯田国家湿地公园

律动的田野

位于红河哈尼族彝族自治州境内的元阳、红河、金平、绿春等4县，共有8个片区。地处东经102°20′44″～103°14′50″，北纬22°47′59″～23°17′49″。海拔633.6米-2186.8米。2007年11月15日，被国家林业局批准为国家湿地公园试点，是云南省首个国家湿地公园，总面积13011.57公顷。2010年被联合国粮农组织批准为全球重要农业文化遗产。2013年6月，中国云南红河哈尼梯田文化景观被列入联合国教科文组织世界遗产名录。

哈尼梯田是以哈尼族为主的红河州各族人民历经1300多年，顺应自然开垦而成的山间田地，是人工湿地

元阳县老虎嘴梯田

红河县柳树梯田

哈尼梯田国家湿地公园

雾锁胜村

元阳多依树梯田

和世界农耕文明的典范，既为哈尼族生存、繁衍、发展提供了保障，又具有独特的传承价值、文化价值和生态价值。“江河、森林、村寨、梯田”“四度同构”的梯田农耕模式是哈尼族千百年来为生存而创造的人间奇观。2001年10月9日，《红河哈尼族彝族自治州红河哈尼梯田管理暂行办法》公布施行。2012年5月31日，云南省第十一届人民代表大会常务委员会第三十一次会议通过《云南省红河哈尼族彝族自治州哈尼梯田保护管理条例》，并于2012年7月1日起施行。

红河哈尼梯田国家湿地公园区内分布有植物（苔藓、蕨类、被子植物）59科322种，动物（含鱼类）65科228种，其中国家一级重点保护植物1种，国家二级重点保护植物32种；国家一级重点保护动物4种，国家二级重点保护动物14种。红河哈尼梯田湿地具有重要的历史价值和保护价值。

（栩　榕　撰文）

（本版图片摄影　许太琴）

七彩云南

在贝叶上弹上墨线，以便刻写

刻写时用一块木板垫于贝叶之下

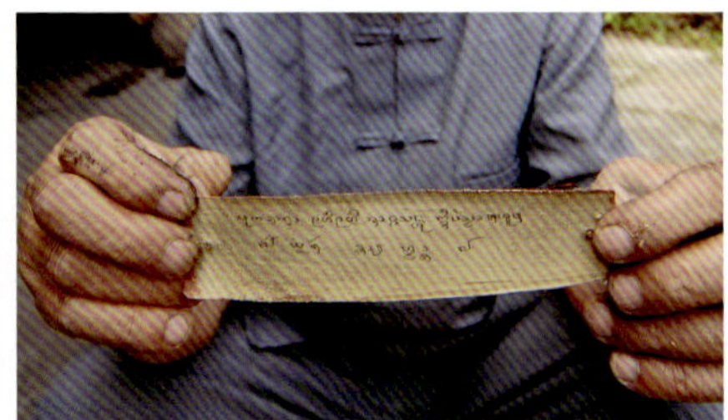
镌刻时光在树叶上的康朗叫 ★★★★

用布包蘸油墨整片抹匀，经过涂抹，油墨留在刻写的凹槽内

用推刨处理成册的贝叶经，使其每页大小基本一致

用自制的弯刀修整推刨未能处理的少量贝叶毛刺

贝叶经过水煮脱色晾干之后用麻线捆成卷，挂于通风阴凉处备用

国家级非物质文化遗产——贝叶经

贝叶经傣语称“坦兰”，南传上座部佛教的经典。是用民间制作的铁笔将文字刻写在经过特制的“戈兰”（贝多罗树树叶）之上而成。贝叶经最早起源于印度。一般认为贝叶经是在公元 7 世纪前后随南传上座部佛教传入斯里兰卡，再经缅甸、泰国传入中国云南省西南边疆地区。2008 年 6 月，贝叶经以其独特的傣族文化制作技艺被中国政府列入第二批国家级非物质文化遗产名录。

用铁笔将文字刻写在经过特制贝叶上的贝叶经，是“贝叶文化”中最古老、最核心的部分，是“贝叶文化”的主要载体，甚至，可以说是傣族文化的根 。大量的佛经故事、佛教经典、傣族民间故事、神话和传说，都是记载在贝叶经里。在西双版纳的 500 多座佛寺中，保存的贝叶经多达 5 万多部。至今，各处佛寺还沿用古老方法制作贝叶经。

变叶为经繁杂细致

贝叶经的制作十分复杂，先要将贝多罗树叶剪下，再用利刃将贝叶修割整齐，贝多罗树极为高大，采叶时需十分小心。修割整齐的贝多罗树叶，取若干片卷成一卷后，用麻线捆好防止松散，再放入锅中用清水煮，需要加入柠檬等酸性物质使表皮尽快脱落，一般煮的时间长达一天一夜，直至贝叶的绿色极淡，页面接近白色，才捞起来用细沙搓洗，将表皮杂质褪去，洗净之后摆在通风处晾干，待贝叶完全晾干之后多余的仍用麻线捆成卷，挂于通风阴凉处备用。即将使用的贝叶，则仍用利刃再修割一次毛边，然后将修过的五百片左右贝叶用两片厚木匣压紧，两端用绳子绑紧。或者在两片木匣上开孔，用螺栓代替绳子，效果也不错。两片木匣与贝叶同宽，压紧后还需用刀再次将压紧的贝叶修整一次，当然这道工序也可以在刻写之后第二次用木匣压紧贝叶的时候做。压制三五天之后，便可在贝叶上弹上墨线，以便刻写，根据叶片大小，大叶墨线 6 根，小叶则是 4 根。弹墨线的又有一个小木匣，墨线数目可调整，将一片贝叶置入匣中，拉一下便可弹一片贝叶。

刻写时所用的是铁笔，笔身长度约二十厘米，笔径一厘米见粗的木棍，一端镶入尖铁块。刻写时用一块木板垫于贝叶之下，依照经文原本缓缓刻写，因无墨粉，笔迹几乎看不见，为防两面相互干扰，一般一片贝叶只刻写一面。

等到刻写完成，就可以显墨了，用秘制的树油与菜油混合，再取锯木面若干备用，取一片贝叶，置于木板上，用布包蘸油整片抹匀，经过涂抹，油墨留在刻写的凹槽内，再用锯木面擦干贝叶表面多余的油即可，至此，淡绿色的贝叶上，刻写的经文变成黑色，十分显眼。一部完整

的贝叶经全部显墨之后，再次晾干，取两片与贝叶同宽同长的木板，其中一块上两端或一端带有木钉，另一块木板则在相同位置有孔，将晾干的贝叶经一片片按入木板固定，全部按入之后，顶上再夹入另一块木板，两端用线绑紧。固定好之后再用刀将贝叶边缘不整齐的地方做修割，便可给贝叶两边涂上彩漆和金粉用以装饰。涂完之后待漆晾干，便可取下用线穿孔将贝叶经装订成册，至此，一部贝叶经才算制作完成。

经过这一番繁复的工序制作出来的贝叶经，既耐虫蛀，也耐水湿，即便掉在水里，不但字迹不会消失，贝叶也不会在短时期内坏掉。制作一册十多页的贝叶经需要一周时间，通常制作几十页的，则需要花费一个月。

镌刻时光在树叶上的康朗叫

美丽的西双版纳，最让人向往的时候，除了泼水节，可能就是冬季了，虽然仍在北半球，但因地处北回归线以南，这里的冬季，彷如春夏之交，天气舒爽而且绿意盎然。

在景洪市勐罕镇曼降村贝叶经制作技艺的州级传承人康朗叫，尽管已是80多岁高龄的老人，一说起贝叶经，却是如数家珍，显得神采飞扬："1934年我出生在橄榄坝，12岁的时候，我按照傣家人的习俗到寺庙出家当小和尚，第一年先学习书写傣文，学会书写之后就开始学习制作贝叶经。"

抱着对佛教的无比虔诚之心，康朗叫学习傣文，刻苦念经，21岁时被晋升为佛爷，培养出众多的佛门弟子，并制作和刻写了很多贝叶经。按照傣族习俗，25岁时他还俗了，在娶妻立业的同时，依然从不间断地制作、刻写贝叶经。他的家目前也是国家级非物质文化遗产名录——贝叶经制作技艺传习所。

上了年纪的康朗叫每年制作约100板左右的贝叶经，一板少则5片，多则有十来片，每一板基本上是一段完整的经文。作为制作贝叶经有60多年历史的大师级人物，康朗叫的心愿十分简单而朴实。他说："希望这项技艺真的能够传承发展下去，那我也就心安了。"

传承贝叶经刻不容缓

今天，随着时代进步与科技发展，在西双版纳除了寺院里的部分僧人还坚持刻写贝叶经外，像康朗叫这样还俗之后仍致力于制作贝叶经的人已经是凤毛麟角。康朗叫有一个儿子和两个女儿，他们都没有继承父亲这门技艺，孙辈中也无人喜好。谈到这里，老人无奈地笑了："他们看着我干这么多年也会刻经。不过，他们不喜欢，都去干赚钱的工作了。"

据西双版纳州文化馆调查，现在全州能正常刻写贝叶经的艺人已不到10个。为此，近年来州政府投资200余万元出版《中国贝叶经全集》。还计划在中国佛教学院西双版纳分院挂牌成立贝叶经制作传习基地，为现在还在从事贝叶经刻写的艺人举行拜师仪式，给他们发放生活补助和带徒奖金。

为保护、利用这一珍贵的文化遗产，西双版纳州从上世纪80年代开始派专人在当地的傣族村寨和佛寺收集散落民间的"贝叶经"，并在2001年决定将贝叶经进行编译、整理，出版成《中国贝叶经全集》。2002年，西双版纳州政府与云南大学贝叶文化研究中心等共同合作，启动了"抢救树叶上的傣族文化"行动，着手翻译整理出版《中国贝叶经全集》。2003年，我国启动了有史以来最大的贝叶经整理出版工程，并将陆续出版多达百集的《中国贝叶经全集》。

傣族贝叶经传说共有8万多部，目前已收集到三千多部。为了整理和出版这些贝叶经，有关方面和西双版纳州政府计划投入资金600万元。《中国贝叶经全集》计划出版100卷，包括贝叶经文原件扫描、国际音标、新傣文、老傣文、汉语翻译等部分，以利于人们的学习和研究。

专家分析，作为一种地域性文化，中国贝叶经主要在傣族聚居地区传承，但其蕴涵的文化内容，是中国传统文化的重要组成部分。整理出版《中国贝叶经全集》，既又有利于保护少数民族文化、促进民族团结，又有利于中华文化的整体建设。

（王　新　撰文／摄影）

笔柄造型各异和笔尖粗细不一的铁笔

制作贝叶经的工具约十多种工具

经过这一番繁复的工序制作出来的贝叶经

省级非物质文化遗产——珐琅银器

缘起珐琅

珐琅最早出现在东罗马帝国的佛区，又称佛郎、法蓝。而国内闻名的景泰蓝，因其在明朝景泰年间盛行，制作技艺比较成熟而得名。关于景泰蓝的起源，考古界至今没有统一的答案。一种观点认为景泰蓝诞生于唐代;另一种说法是元代忽必烈西征时，从西亚、阿拉伯一带传进中国，先在云南一带流行，后得到京城人士喜爱，才传入中原。而关于珐琅银器的来源，则有考证称随着元军南下进攻大理国，珐琅工艺被随军匠人带到云南，并在当地少数民族中流传，元末明初“洪武调卫”使得数百万江南汉人移居云南屯垦守边，珐琅工艺便流传到了当地汉族居民身上，从此世代相传。

目前，丽江市的珐琅银器已进入省级非物质文化遗产名录。

七彩流光

一件普通的银器，就算辅以再多的纹饰，再独特的器形，再匠心独具的雕琢，仍然是一件银艺精品。掐丝珐琅的精髓，就是用800℃的高温，将点在银器上的矿物颜料烧结，珐琅如琉璃艳丽，亦似宝玉珠光，颜料因有掐丝作框，定在将滴未滴的瞬间。

珐琅银器最讲究的是掐丝和点琅，而银胎的制作则是一切的基础。一般容器用薄银皮烧软，再用胎范敲打成型，复杂器形需用多种模具敲打，而手镯或大型器具，则需要首先将银皮熔成银汁，再浇模成型。之后用铅笔在银胎上画好即将制作的花纹图案，如需雕刻，也在这一环节完成。

接下来便是核心工艺之一的掐丝，掐丝所用银丝，根据银器大小形制不同而粗细有别，用掐丝板，将统一标号的银丝拉制到所需程度，而拉丝板的好处，可以让银丝在变细的同时不会损失银丝的质量。掐丝时，除了需要胶水将其初步固定之外，还需辅以硼砂，使银丝在随后的焊接过程中更牢固，掐丝这一环节的作用，就是为点琅时将颜料圈定在位置上不至于四处流动。

完成后，就用喷灯将银丝固定在银胎上，由于焊接会使得原先用于固定掐丝的胶水和硼砂产生杂质，所以焊接之后并不直接点琅，而是需要酸洗，浸泡在酸液中约半小时后，用刷子将银器上下刷洗干净，晾干后即可点琅。

点琅又称填琅、上琅，常用矿物颜料颜色多达三十余种，人们常说七彩，而在谭志平这里，每一彩又根据深浅分有数色，将颜料兑水调和，用一金属小勺，将颜料分别按计划填入掐丝圈定的格子内，一开始还可用手端住银器，若是该银器周身都要点琅，到了后面，还需用专门的固定工具将其夹住，或等顶部掐丝内的颜料稍微干燥不至流动，再填底部，点上的颜料不经烧制，水洗即掉。

点琅之后，就是“点石成金”的烧结环节，所用炉具是敞口火炉，炭则使用木炭，烧制时将银器置于炭火顶部，为避免烧制不均匀，还需在炭火之外再用铁板围起一个圆圈，烧制时间也不需太长，一般半个小时即可，小件只需十几分钟，大件则不超过45分钟。

经过烧结，矿物颜料凝结于银胎之上，浮而不离，艳而透底。

薪火相传

珐琅就像一棵老树，孤独而顽强地生长在丽江永胜县三川坝的这个小镇上，一年又一年，有别于仅有花纹样式区分的普通银饰，珐琅银器仰仗着鲜艳且似乎刚刚凝固的流彩，凭借着马帮的一个个脚印、蹄印，远销海外，滇西北永北直隶厅（永胜县旧称）也开始声名远播。

《新纂云南通志·工业考》里明确记载：“永北厅

浮而不离，艳而透底的茶杯套件

精美的花型耳环成品

六狮祥瑞香炉

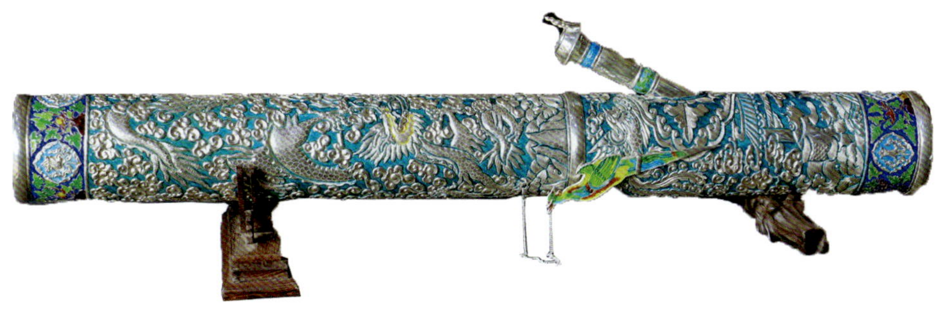

价值连城的水烟筒

珐琅银器，自来擅长，清代以前，妇女首饰以金银珠翠四者制成，翠者翠鸟之羽毛也”，“华艳夺目，与直省所出无异。”传说民国年间，龙云也在 1930 年前后，派人来永胜定做了多套珐琅银器，用白银在千两以上。珐琅银器在当时不但在省内、国内畅销，1936 至 1941 年间，还有法国人和英国人来订购了几桌西餐用具运往国外。

数百年来，是何人将这一技艺流传下来已不可考，但仅就近代以来而言，就是谭家。谭家有一个简单的谱系：第一代传承人谭其会（1888 年 5 月出生）传谭崇经（1919 年 11 月出生）；谭崇经传第三代传承人谭继成（1943 年 8 月出生）、谭继康（1954 年 11 月出生）；二人传授给第四代传承人谭志平（1976 年 2 月出生）。

四代传人

谭氏四代人，在超过一个世纪的时间里，守护着珐琅银器制作技艺这盏摇曳的灯火，照亮的却是中华文明的一朵奇葩。上个世纪的一场浩劫，犹如大浪淘沙，熬过来的，仅有谭家硕果仅存。浩劫之中，所有珐琅银器不允许制作、不允许买卖，然而谭志平的爷爷谭崇经宁愿到山上躲起来，搭起草棚，悄悄制作，也不容这门手艺有半点闪失。

祖辈与父辈的执着，让当时的谭志平看不懂也捉摸不透，直到他见证了这种跨越半个地球，恍如仙人点石成金的神奇技艺，将银与珐琅完美结合。像父辈一样，顺着压模、制坯、造型、掐丝、焊接、上琅、烤琅、洗亮、打磨一路下来，一次又一次的尝试，一次又一次的教训，掐丝的走向如蛛网扑朔迷离，填琅的颜料如魔方五彩斑斓，滚烫的银汁在模具里流动，叮当的敲打声中又是一年寒暑。

凭借着珐琅银器的传神技艺，2007 年 6 月，谭志平被云南省文化厅评为云南省非物质文化遗产传承人。

云南省非物质文化遗产传承人谭志平

2011 年 8 月，其制作的“纯银掐丝珐琅青龙牡丹火锅”在参加云南省工艺美术第五届“工美杯”精品评选时，获得银奖。这也是谭志平制作的珐琅银器中，第一件参与评选的作品，可谓一炮打响，而选择火锅这种独特的器形，更折射出当时谭志平为珐琅银器走出去所花的心思。

目前，发祥自永胜县三川镇上的技艺，如今已经走出了小镇，谭志平带着那份沉甸甸的历史来到了丽江，大研古城玉河走廊最显眼的位置上，两间明亮的铺面里，橱窗和柜台上摆放着一件件流光溢彩的器具。

（王　新　撰文 / 摄影）

滇菜非遗传承——花卉菜肴烹饪技艺

2018年，尚品书院文化艺术教育园区作为滇菜非遗传承人陈生合鲜花宴研发工作保护单位，将一项在官渡区流传多年，经过传承与发展，以鲜花为主要食材的“花卉菜肴烹饪技艺”成功申报为第五批官渡区级非物质文化遗产，为云南省委、政府打造绿色能源、绿色食品、健康生活目的地等“三张牌”，为“世界春城花都”名片作出积极探索。

一、重视挖掘花卉菜肴烹饪技艺历史及价值

食花，在中国已有2000多年的历史。国人最早食花的文字记载始于春秋战国时期，当时的人们会用桂花酿酒来祭祀神灵。两汉时期出现了菊花酒、兰花酒和芍药酱，当时的人们已经开始直接食用鲜花。到了唐朝，食用鲜花成为风尚。刘禹锡就曾用嫩菊苗做的菜招待大文豪白居易。宋代以后，花卉菜肴的品类迅速增多。

云南野生植物繁多，许多花卉都可食用。云南人自古就有“吃花”的习俗。云南26个民族都有关于花的菜肴，其所使用的食花植物种类和烹调方法均遵循自己本民族的传统文化和信仰，形成了独特的食花文化。

当前医学研究证明，可食性花卉植物含有可供人体吸收的物质有氨基酸22种、维生素14种，还有丰富的糖、脂类等。同时，食用花卉是我国传统中医重要的药材资源，《食疗本草》《本草纲目》等历代中医典籍皆有记载。国内外营养学的相关研究认为，菊花、百合、玫瑰、茉莉等常见食用花卉都具有抗氧化、抗肿瘤等生物功效。

昆明地处云贵高原中部，气候温和，四季如春，气侯宜人，是极负盛名的“春城”。悠久的吃花历史，丰富的民族美味花食，为云南打造了美味多滋的花卉盛宴，是滇味饮食文化打造“世界美食之都”独有的一张名片。陈生合先生的鲜花菜肴传承自云南四大名厨之一王富大师首创的“滇味百花宴”，采用生长在云南呈贡、安宁等地的食用花卉，经过一代代传承与不断探索创新，2018年9月，“鲜花宴”被评为“中国菜”之云南十大主题名宴。同年，鲜花宴的制作过程——“花卉菜肴烹饪技艺”被列入第五批官渡区级非物质文化遗产名录。2019年，鲜花宴在“‘舌尖记忆·寻味春城’——昆明美食甄选赛”上荣获“推荐宴席奖”，其中“野菌白花捞饭”还荣获菜品金奖。

鲜花宴宴席

桂花桃凝

鲜花野菌刺身

荷塘月色

花卉菜肴烹饪技艺教学

2019 鲜花美食研讨交流

东篱菊

玫瑰摩登粑粑

兰香桃仁

野菌百合

橙汁虾球

刺花鳕鱼卷

二、以生态文明发展理念促鲜花菜肴品牌建设

种花、赏花、吃花是云南人自古以来的生活习惯。但长期以来，花卉菜肴一直受时令、花期及目前尚未出台相关食用花卉的详细使用依据和标准等因素的影响，品牌较小，知名度较低，食用花卉的市场接受程度不高。随着绿水青山就是金山银山的生态文明发展理念不断深入人心，园区抓牢生态文明发展理念带来的绿色发展商机，抓牢食用花卉资源整合，以绿色发展理念促“花卉菜肴烹饪技艺”品牌发展，以绿色食品“花卉菜肴”为品牌，提升市场知名度和竞争力。

目前，尚品味道花园餐厅为滇菜的传承提供了用餐及学习场地，起到了推广的作用，提高了滇菜的受众群体。陈生合创办的花卉菜肴烹饪技艺非遗沿习工作室致力于培养更多的年轻人、让这项技艺在大众中间逐渐平民化、普及化，让更多的人参与到花卉菜肴烹饪技艺的传承中。

2019 年 3 月，为了推动“鲜花卉菜肴烹饪技艺”标准化、规模化发展，园区邀请了昆明市餐饮美食行业协会、关老师食学研修班、官渡区文产办主任向文、昆明市文化创意产业协会会长王铁军、原云南省文联副主席段斌、昆明尚品书院学校校长杨永炘、云南省营养协会创始人周玲仙、昆明大学旅游学院吴院长等数十位专家领导出席“2019 鲜花美食研讨交流会暨鲜花宴美食节”，解读花卉菜品的市场化发展，为云南的花卉美食菜肴探索一条切实可行的发展之路。

同年 4 月，园区携手昆明文化创意产业协会，首次提出将“花卉菜肴”作为 2019 第二届金茶花（云南）文化创意设计大赛的企业定制项目“尚品书院食用花卉产品设计”，邀请广大高校创意设计人才踊跃报名参赛，在促进文创设计与产业融合，提升文创产品的创新性、时尚性和市场性的同时，提升和巩固“花卉菜肴”的知名度和品牌价值，探索非遗保护项目绿色可持续发展的多维度空间。

（尚品书院　撰文 / 摄影）

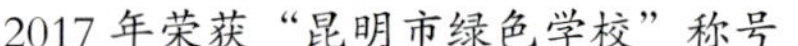
2017 年荣获“昆明市绿色学校”称号

2017 年荣获“官渡区文明校园”荣誉称号

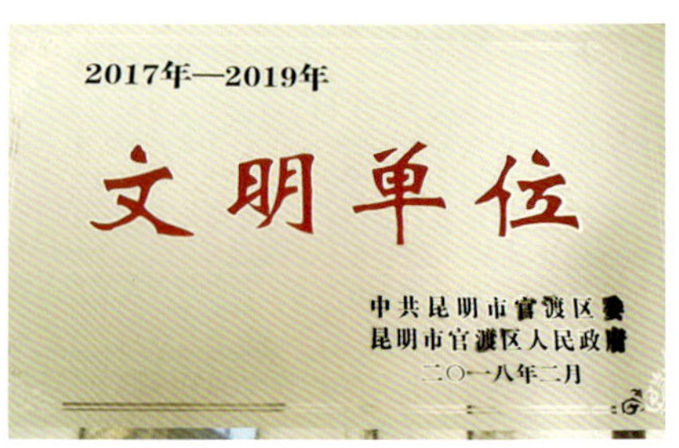

2017 年荣获“官渡区文明单位”荣誉称号

尚品书院践行生态文明理念 建设绿色文教园区

在“以人为本，共创和谐”的理念指导下，尚品书院文化艺术教育园区坚定不移地贯彻落实中央和省委、省政府关于推进生态文明建设有关战略部署，践行节能环保理念，推动精神文明有序发展，建设绿色文教园区，取得了良好成效。

一、建设特色文教园区，打造生态品牌形象

尚品书院文化艺术教育园区位于昆明中心城区，是官渡区区级文创园区。园区立志于打造具有动漫元素的文化、科技、体育、教育相结合的示范性园区。园区以优质教育为核心，在学生的学习过程中融入动手、动脑，实现科教创新。园区内有昆明市官渡区尚品书院学校、尚品味道花园餐厅、国家级非遗传承人杨健的民族音乐工作室、滇菜非遗传承人陈生合鲜花宴研发工作室、中国传统武术文化传承沿袭工作室等多家知名单位入驻。其中，昆明市官渡区尚品书院学校创建于 2009 年，经昆明市教育局批准，是一所由昆明市外国语学校领办的，集初中、高中、国际部为一体的优质民办学校。昆明市外国语学校坐落于昆明主城中心，是昆明市教育局直属的公办一级完全中学。

2017 年，昆外校尚品书院学校获得“昆明市绿色学校”“官渡区文明校园”“官渡区文明单位”等荣誉称号。

园区在 2015 年 6 月与董北社区共同联办“尚品·董

尚品书院学校践行“市民河长”职责

园区为社区残疾人朋友提供体育健身服务

爱心餐厅培养学生正确的人生观和世界观

尚品书院学校学生参与环保行动

学校组织学生自制垃圾分类回收筒

学生用易拉罐自制玩具实现垃圾再利用

世界环境日的学生手抄报

北爱心餐厅”，为辖区内的低保、残疾、孤独、三无、特困老人提供爱心就餐服务。通过活动使学生了解残疾人在生活中遇到的困难以及他们为生存是怎样克服各种意想不到的困难的，感受残疾人的艰辛生活和顽强意志，有助于学生学习残疾人身残志坚，勇敢拼搏的精神和自尊、自爱、自强、自立的顽强品质，树立正确的人生观和世界观，进一步弘扬中华民族扶弱助残的传统美德。

园区在2019年6月开始为社区残疾人朋友提供体育健身服务。大概30位残疾人定期在园区内开展各类活动，残疾人朋友们也加入到了我们的全民健身中来，通过该项服务，增强残疾人自尊、自信、自立、自强的信念，逐步形成全社会都来理解、关心、帮助残疾人的社会氛围，营造扶残助残的社会风尚。

二、采用师生喜闻乐见的方式让生态文明在学生心中扎根

开设生态文化讲座，学校在2017年5月份邀请“蓝色经济创始人”冈特·鲍利教授，为全校师生做了环境教育相关的演讲，让学生和老师都受益匪浅。

组建环保小组。学校内组建了专门的环保科技活动小组，有计划、措施及活动记录。学校专门组织学生到校外，去采集树叶、小草、小花等植物，做成标本。

扩大学校绿化面积。学校可绿化地均得到绿化，绿化覆盖率20%以上。同时在教室和办公室以及学校走廊，都会放置绿色植物布置环境，让绿色的氛围更浓厚。

开展丰富多彩的环保宣传活动。有长期性、固定性的环境宣传栏、宣传标语，定期更换内容，张贴节能标志。校内有长期性、固定性的环境宣传栏及宣传标语，同时在厕所，洗手间、寝室内都邀请学生发挥自己的想象力，自主设计，张贴节能标志和节能提示语，让节能深入人心。组织学生利用废旧的铁丝、易拉罐、塑料瓶、纸壳等，做成一件件艺术品，装饰教室和宿舍。每年植树节、地球日、世界环境日、国际生物多样日等，在校内外举行环保宣传教育活动，鼓励学生根据学科的特点，制作环境手抄报。

让生态环保理念进课堂、进思想。学校每年开展以环境教育为主题的竞赛或征文活动。各个年级的地理、生物、化学、政治、英语等学科中，都会适当引入环境教育相关话题。在课件、作业、考题等各方面体现，让学生学好初中、高中知识的同时，也学好与环境相关的知识。同时，学校开展了环保征文活动、“我是环保达人”环保知识竞赛、绿色校园环保论文比赛等活动。

担任“市民河长”。学校申请成为“市民河长”，履职期三年。定期组织全校师生巡查金汁河，开展“天更蓝水更清”的滇池环保系列活动。通过多项活动，使学生在思想、实践中形成良好的生态文明意识，把“绿水青山就是金山银山”的生态文明可持续发展理念外化为自觉的行动。

学校鼓励学生根据学科特点制作环境手抄报

邀请“蓝色经济创始人”冈特·鲍利教授，为全校师生做了环境教育相关的演讲

（尚品书院　撰文 / 摄影）

西南林业大学经济管理学院

西南林业大学经济管理学院的发展可追溯到1978年成立的林业经济管理教研室。2001年经济管理学院成立，2017年经学校院系调整分成经济管理和会计两个二级学院。目前，经济管理学院有管理学与经济学两个学科门类，设有农林经济管理、工商管理、电子商务、农村区域发展、经济学、经济与金融等6个本科专业，拥有农林经济管理、工商管理2个硕士一级学科和农业专业硕士学位授予权。现有教职工44名，其中博士12人，硕士29人，教授5人，副教授10人，硕士生导师34人，博士生导师1人，校外博士生导师2人，且拥有2名省级教学名师。

经济管理学院现有“云南省省级农林经济管理教学团队”“云南林业低碳经济创新团队”“云南林业经济研究智库”以及“云南森林资源资产管理及林权制度研究基地”，农林经济管理专业是国家级卓越农林人才教育培养计划改革试点项目、省级重点建设专业以及省级特色专业、复合应用型农林人才培养模式改革试点项目，以及省级虚拟仿真实验教学中心（经济管理虚拟仿真实验教学中心）。

近5年来，经济管理学院承担国家科技支撑课题、国家社科基金、国际合作项目、教育部及省厅级科研项目等共73项，其中国家级12项、省部级55项，研究经费579.09万元；出版专著10部，教材4部，省级“十二五”规划教材1部；发表学术论文300余篇，A类期刊1篇，SCI1篇，CSSCI14篇，CSCD和中文核心期刊发表论文94篇；获各级各类科研奖励29项，其中省级科研成果三等奖等奖5项，二等奖1项，省级教学成果奖2项。

农林经济管理学科为国家林业局重点学科、云南省博士点建设立项学科和校级重点建设学科（群），学科建设与发展注重区域特色和学科交叉，形成了农林业经济理论与政策、森林资源与环境经济、农林业项目管理

工程、农村区域经济、企业决策与管理等若干个稳定的研究方向。学科特色主要体现在：（1）林业改革及西部退耕还林理论与政策研究；（2）林业碳汇及林业效益评价研究；（3）企业经营决策；（4）市场营销研究。

经济管理学院始终立足于本科教育这一发展的根本，突出区位优势、彰显林业院校特色，本科教育发展迅速，“十二五”以来累计向社会输送各类专门人才约2200余人，本科教育已形成适度规模的专业培养格局。本科各专业招生就业情况良好，初步形成了招生规模稳定，学生生源质量好、毕业生就业率高的人才培养格局。近三年，学院毕业生初次就业率及年终就业率均在80%及90%以上。

农林经济管理一级学科群建设负责人彭志远教授简介

彭志远，1971年生，现任西南林业大学党委副书记。云南省政府特殊津贴专家。四川大学经济学博士、复旦大学理论经济学博士后，属2003年高层次引进人才。2005年破格晋升为教授，曾任云南财经大学省级重点学科“西方经济学”负责人，曾获得“中国博士后科学基金二等资助”。独立在《管理世界》《经济管理》《财经研究》《当代财经》等重要学术刊物发表论文30余篇，独立获得过省社科优秀成果二等奖1项，三等奖2项，其独立撰写的学术论文曾经入选过2006年第六届中国经济学年会论文，其主持的“国家社科基金项目”《调整投资与消费关系——基于动态效率的研究》（06XJL003）获得了“良好”等次，主持过云南的省院省校合作项目《云南高原有机农业发展的产业选择与市场培育研究》（2014）。

农林经济管理一级学科负责人罗明灿教授简介

罗明灿，1961年12月生，博士，教授。主要从事农林经济管理学科专业的教学和研究工作。现任西南林业大学经济管理学院院长、绿色发展研究院副院长、云南省经济管理学科评议组成员、中国系统工程学会林业系统工程专业委员会副主任委员、中国林业经济学会森林资源与环境经济专业委员会副主任委员、云南省社区林业与农村发展学会副理事长、云南省哲学社会科学研究基地－云南省森林资源资产评估及林权制度首席专家及首席专家召集人、云南高校新型智库－林业经济研究智库负责人、西南林业大学农林经济管理学科负责人、德国GTZ森林经营规划专家、德国复兴银行规划专家。曾任国家农业经济管理类专业教学指导委员会成员。出版著作《林业碳汇与林业经营管理专案研究》（科学出版社）等5部，在《Asia Agricultural Research》《林业资源管理》等学术期刊发表学术论文70余篇，主持和参加省部级以上科研项目20余项，获得省级科技进步二等奖1项、三等奖2项。指导博士生2名，硕士研究生60余名。

（西林经管院）

滇中高原森林生态站实验楼

滇中高原森林生态站主站点海口林场

滇中高原森林生态系统定位研究站

滇中高原森林生态系统定位研究站是由云南省林业和草原科学院作为建设单位、技术支撑单位和站长选派单位，昆明市海口林场作为合作单位，2015 年 8 月开建。2018 年 4 月正式成为中国森林生态定位观测研究网络成员。

滇中高原森林生态系统定位研究站采取一站多点的建设方式，主站点位于昆明市海口林场，辅助站点位于昆明市树木园。站区以昆明湖盆为中心，四周呈丘状高原山地特征。主要以滇中高原常绿阔叶林及云南松华山松油杉林等为观测对象，研究高原山地森林群落结构、功能、演变过程，为国家提供长期连续森林资源与环境基础数据和野外观测平台。现有固定研究和工作人员 24 名，现任站长为彭明俊研究员。

滇中高原森林生态站通过连续的定位观测，积累了森林水文、气象、生物 3 类 11 大项的观测数据。从 2017

林外自动气象站监测样地

麻栎 + 栓皮栎小气候监测样地

滇中高原森林生态站自动气象站观测场

滇中高原森林生态站室内实验室

年开始，滇中高原森林生态站在栎类林（锥连栎、滇青冈、滇石栎、高山栲、麻栎、大叶栎等）、华山松林、云南松林设置100多块固定样地，并完成了每木定位，积累相关研究数据。同时还承担着国家和省部级多项科研项目。

（李　洁　撰文/摄影）

云南松小气候监测样地

滇青冈小气候监测样地

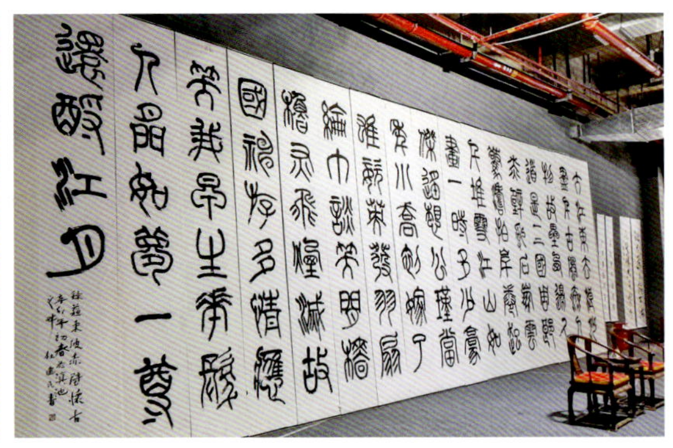

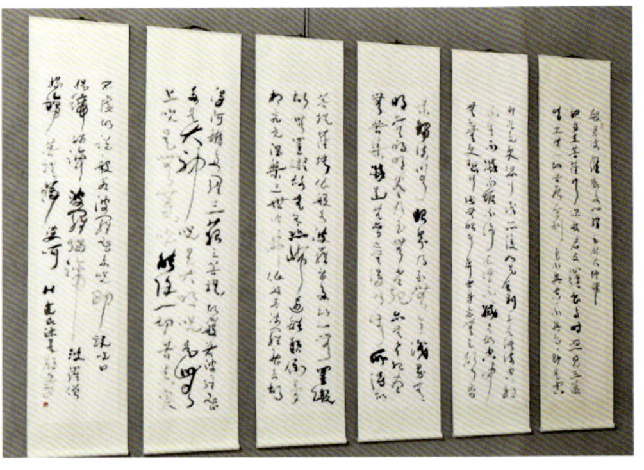

杜建民书画作品欣赏

杜建民，陕西省商洛市人。中国书法家协会会员、云南省书法家协会副主席、云南省美术家协会理事。2008 年在中国国家画院沈鹏书法工作室课题班进修，接受沈鹏先生书法指导。

杜建民勤奋博学，潜心研习书画四十余年，善博采众长，擅篆、隶、草等书体，其作品豪放洒脱，独具特色。1987 年作品入选中国书法家协会主办的“第二届中青书展”；1990 年 8 月，在云南省美术馆举办“杜建民书画个人展”；2000 年，出版《杜建民书法集》（云南美术出版社）；2004 年入选“中国书法百杰人物”；2005 年，作品收入《中国书法家作品集》；2005 年，由盛世艺术馆邀请，在云南省博物馆举办“杜建民个人专展拍卖会”；2007 年，参加韩国国际书法大赛入展；2008 年作品入选书协主办的“中国书法家走进奥运场馆”；2009 年 9 月，参加泰山国际书法邀请展；2009 年 10 月，参加“西部情怀——全国名家邀请十人展”。

2010 年，杜建民组织落实以沈鹏发起的抗旱书法作品，共计 160 件，先后在中国国家画院、云南图书馆等地召开新闻发布会，同时移交作品，共计义拍、义卖 313 万余元全部交给云南省委共青团、云南青省年基金会，用于抗旱救灾。

2011 年 8 月 21 日，云南省文学艺术界联合会在中国美术馆举办“杜建民书法展”，《春城无处不飞花》《温故知新》两幅作品被中国美术馆收藏。

（桐　榕　撰文 / 摄影）

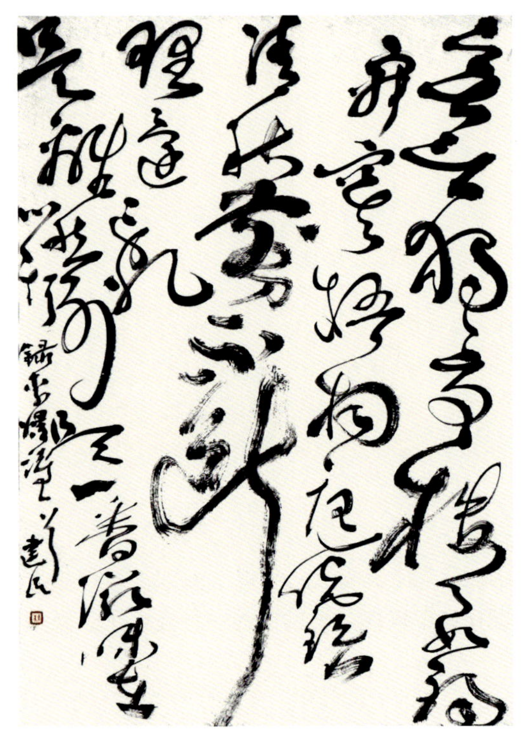

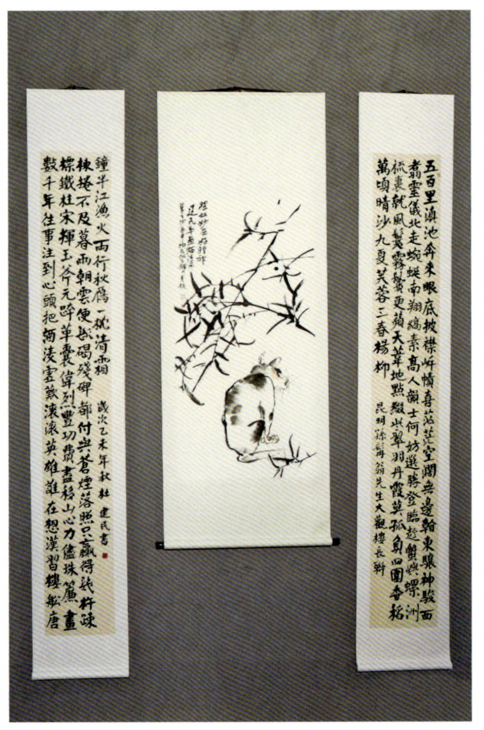

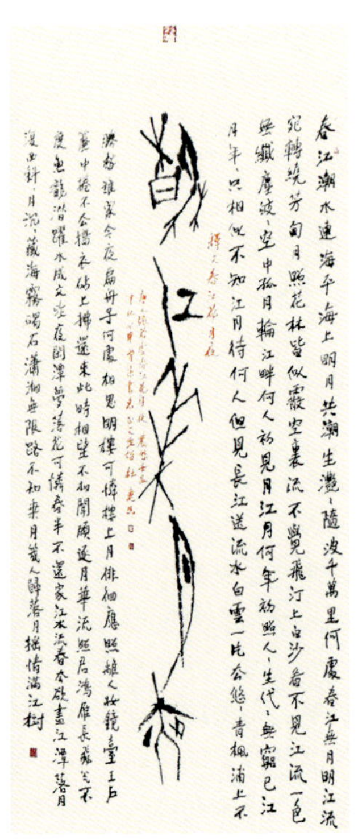

反笔奇书——大理市马洪成反笔书法技艺

在大理市上关镇的一个农家小院，我们见识了反笔书法技艺，进而认识了大理市民间艺术大师马洪成。农家小院不大但干净整洁，小院的客厅墙壁四周都是书法作品，客厅正中上方端挂着的一幅木制匾额“反笔奇书”四个大字尤其引人注目。

欣赏马洪成的一幅幅作品，确实令人惊叹！因为他挥毫泼墨一气呵成的不是我们在常态下所见的文字，而是反写的文字！在小院里，我们目睹了马洪成反笔书法的创作过程，只见他将宣纸旋转了九十度，然后横着挥毫，笔下流淌出的却是竖着的反写的文字！先别说去完成如此这般的书法创作有多难，就连我们在一旁观看时也会不由自主地侧过头去边看边想他的笔下是个什么字。写法独特、书法流畅，仿佛所有的文字在马洪成脑海里全是反转的字符！为此，人们不得不佩服马洪成独特的反笔奇书技艺。

马洪成祖祖辈辈在大理靠种田谋生。因为喜好书法，他自幼开始练习书法，至今已有40多年。为了不影响干农活，他基本上都是靠晚上在家练字。靠着对书法艺术的挚爱，靠着坚持不懈的努力，靠着长期的创作积累，马洪成实现了在书法艺术创作上的飞跃。他的反笔书法作品有的在北京获全国书法邀请赛优秀奖、有的被编入《中华百年国粹》等。2009年，马洪成被评定为大理市民间文化艺术大师。如今，书法创作已不仅仅是马洪成的一种爱好了，而是一种修心养性的生活方式。

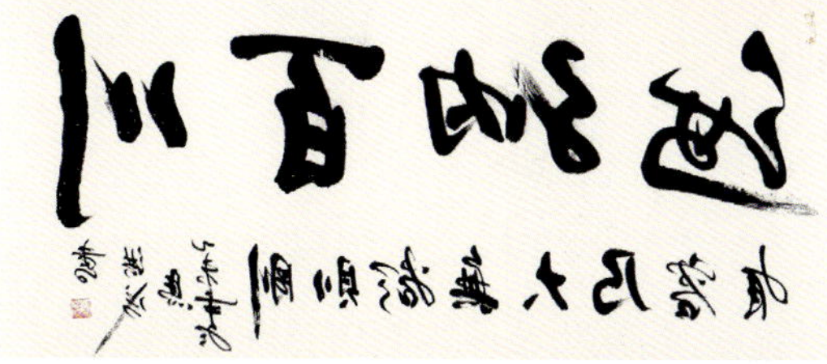

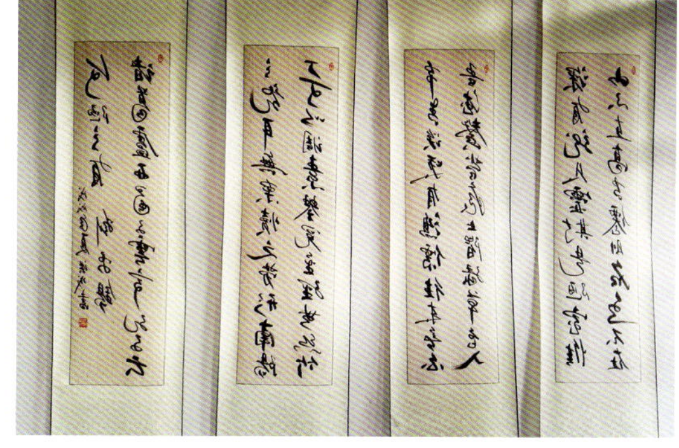

马洪成反笔书法作品

（栩　榕　撰文　许太琴　摄影）

引下横跨在龙江上，见证着古道的历史。

云龙县水城藤桥

位于云龙县白石乡水城村。藤桥是用本地所产的山葡萄藤编织成的吊桥，架在江两边对生的老栗树上，全长 25 米。桥架设在两根藤子扭编成的直径约 5 公分的长绳上，再在下面悬吊一张用藤子编织成的长圆形网，网底穿进一根宽 1 尺、厚 5 寸的木方作为行走的桥面，桥身两端紧系于作为桥墩的树干上，整座桥从远处看就像一张悬挂在江面上的渔网。

云龙县水城藤桥

永胜县盟川桥

又名永安桥，位于永胜县境内。始建于明朝，旧时是丽江、永胜、华坪三地来往必经的驿道桥梁。

全长 25 米，宽 3 米的木构风雨桥。近屯善士杨之梁修，并凿桥端石路及小坡路，后善士田金镶修善。年久桥将损，知府袁德达重修，改名盟川桥，有碑记。现盟川桥旁边虽修建了水泥石桥，但老桥仍存，成为名胜古迹之一。

永胜县盟川桥

禄劝县普渡河桥

又名“普渡河铁索桥”。位于禄劝县翠华乡头哨与沿河办事处之间的普渡河上。两岸悬崖笔立，河水奔腾咆哮，地势十分险要。该桥始建于 1928 年初。桥身由 8 根铁索并列，再铺上木板构成，长 36 米，宽 2 米，西端又再接长 10 米的木结构引桥，全长 46 米，是由寻甸县通往金沙江边的重要通道。

（王　新　撰文 / 摄影）

禄劝县普渡河桥

践行习近平生态文明思想
推进中国最美丽省份建设

——云南省第十二届社会科学学术年会主题专场在昆明举行

以庆祝改革开放40周年为主题，由中共云南省委宣传部、云南省社科联主办，西南林业大学、云南省生态文明建设研究与发展促进会承办的云南省第十二届社会科学学术年会分论坛“践行习近平生态文明思想，推进中国最美丽省份建设”主题专场，于2018年12月29日，在西南林业大学国际交流中心报告厅举行。

云南省社会科学学术年会，是中共云南省委宣传部、云南省社科联为进一步繁荣发展哲学社会科学的精神，更好地发挥哲学社会科学“认识世界、传承文明、创新理论、咨政育人、服务社会”功能而创办的学术盛会，是与“云南省社科专家基层行”“云岭大讲堂”并列的全省社科界“三大品牌”之一。“践行习近平生态文明思想，推进中国最美丽省份建设”分论坛是云南省生态文明建设研究与发展促进会第四次承办的社会科学学术年会主题专场。

年会主题专场由云南省生态文明建设研究与发展促进会会长、西南林业大学原党委书记吴松主持；西南林业大学校长郭辉军致辞；云南省人大常委会原副主任吴光范到会祝贺。省社科联副主席邹文红、省科协副主席向云出席会议并讲话。中国科学院院士孙汉董，云南省生态环境厅副厅长高正文，西南林业大学党委书记张昌山，国家林业和草原局昆明勘察设计院

（本版图片由西南林业大学宣传部　提供）

院长、国家公园管理局办公室副主任唐芳林等分别就绿色发展、建立国家公园体制等作了主旨演讲。云南省杨善洲绿化基金会秘书长安俊义、西南林业大学二级研究员郎南军、云南财经大学二级教授明庆忠、北京师范大学马克思主义学院副教授杨增岽、云南省园林行业设计分会理事长罗恒、云南省委党校决策咨询研究院院长谭鑫、西南林业大学地理学院副院长巩合德、云南省环境科学研究院正高工胡玉洪等专家学者分别围绕绿色发展、美丽云南建设、乡村振兴与文化自觉、森林养生理论与实践、环保产业发展、乡村旅游、园林城市创建等主题，作了精彩的专题演讲。云南省生态文明建设研究相关领域的专家、学者，云南大学、云南财经大学、西南林业大学等院校师生，共约 200 人参加会议。昆明日报、昆明信息港、新华网等媒体对会议作了宣传报道。

（桐　榕　撰文）

（本版图片由西南林业大学宣传部　提供）

目 录

图片专辑

特 载

专 文

生态大事记

省情概况

绿色发展

生态保护

污染防治与节能减排

生态文明建设

生态旅游

理论研究

人 物

政策法规

年度报告

附　录

索　引

The Catalogue

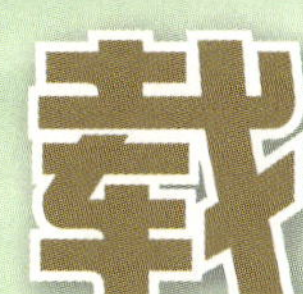

特载

SPECIAL ARTICLES

云南省人民政府工作报告（节选）

——2019 年 1 月 27 日在云南省第十三届人民代表大会第二次会议上

云南省省长　阮成发

一、2018 年工作回顾

2018 年，是贯彻落实党的十九大精神开局之年，也是党和国家事业发展极不平凡的一年。面对世界百年未有之大变局，以习近平同志为核心的党中央统揽伟大斗争、伟大工程、伟大事业、伟大梦想，统筹推进“五位一体”总体布局，协调推进“四个全面”战略布局，带领全党全国各族人民，坚定不移向着“两个一百年”奋斗目标奋力前行，推动党和国家各项事业取得新的重大成就。一年来，紧密团结在以习近平同志为核心的党中央周围，在省委的领导下，坚持以习近平新时代中国特色社会主义思想为指导，全面贯彻党的十九大和十九届二中、三中全会精神，深入落实习近平总书记对云南工作的重要指示精神，坚持稳中求进工作总基调，贯彻新发展理念，落实高质量发展要求，以供给侧结构性改革为主线，统筹推进稳增长、促改革、调结构、惠民生、防风险各项工作，保持了经济平稳健康发展和社会大局稳定。

——发展质量进一步提升。针对非税收入比重较高的问题，出台税收增收留用及奖补办法，激发各地减少非税收入、改善投资环境和谋划产业发展、培植财源的积极性，省级财政税收收入占比达到 70% 以上，县级税收收入占比全部提高到 50% 以上。在固定资产投资增长 11.6%、低于预期目标的情况下，实现地区生产总值增长 8.9%，地方一般公共预算收入增长 5.7%，经济转型升级初见成效。

——新动能正在加快形成。针对经济发展动力不足等问题，出台一系列政策措施，加快发展八大重点产业，全力打造世界一流“三张牌”，推动数字经济快速萌芽，落地了一批工业和农业精深加工大项目，“一部手机”系列项目有望成为云南数字经济的拳头产品，新动能不断增强。

——脱贫攻坚取得重大突破。针对脱贫攻坚任务艰巨繁重的现实情况，坚决扛起政治责任，突出抓好产业扶贫和易地扶贫搬迁，扎实推进精准扶贫、精准脱贫，首次实现贫困县数量减少，在 15 个县市正式退出贫困县序列的基础上，有望再实现 33 个贫困县摘帽、151 万贫困人口净脱贫。

——生态环境保护力度空前。针对中央环保督察“回头看”指出的突出问题，我们坚持生态优先、绿色发展，狠抓保护治理重点工作，严厉打击破坏生态环境违法行为，坚决打破“环湖造城”格局，推动九大高原湖泊保护治理进入新阶段，水质总体稳中趋好，地级以上城市空气质量优良天数比率达 98.9%，森林覆盖率提高到 60.3%，单位 GDP 能耗下降 3%。

——民生福祉不断改善。针对民生领域的突出短板，认真践行以人民为中心的发展思想，坚持尽力而为、量力而行，将财政支出的 70% 以上用于民生，聚焦重点群体和困难群众，把有限资金用到刀刃上，办成一批当前急需又利长远的好事实事，城镇和农村常住居民人均可支配收入分别增长 8%、9.2%，人民群众获得感、幸福感、安全感进一步增强。

（一）认真学习贯彻习近平新时代中国特色社会主义思想，不折不扣落实习近平总书记重要指示批示和党中央决策部署。把学习贯彻习近平新时代中国特色社会主义思想和党的十九大精神作为首要政治任务，坚定不移用习近平新时代中国特色社会主义思想武装头脑、推动实践、引领发展，确保各项工作始终保持正确的政治方向。把坚决做到“两个维护”作为最重要的政治纪律和政治规矩，始终在思想上政治上行动上同以习近平同志为核心的党中央保持高度一致，把增强“四个意识”、坚定“四个自信”、坚决做到“两个维护”切实体现在工作中行动上。以习近平总书记考察云南重要讲话作为做好新时代云南工作的“纲”和“魂”，经常对标对表，及时校准偏差，步调一致抓落实，推动新时代云南各项事业取得新进展。第一时间传达学习贯彻落实习近平总书记关于洱海保护治理、德宏柴油走私、脱贫攻坚、乡村振兴战略、自由贸易试验区建设等问题的重要指示批示和党中央决策部署，深入开展习近平总书记重要指示批示落实情况“回头看”，确保党的路线方针政策和党中央重大决策部署在云岭大地落地生根。

（二）坚持发展第一要务不动摇，全省经济平稳健康发展。深入推进供给侧结构性改革，不折不扣贯彻落实“三去一降一补”各项任务，压减粗钢产能

27万吨，淘汰炼铁落后产能107万吨，退出煤炭产能1275万吨，降低企业成本952.3亿元。有效发挥投资的关键作用，重点建设项目“四个一百”和工业转型升级“三个一百”加快推进，工业投资增长扭负转正，比上年增长11.3%。不断提高产业支撑能力，第一产业增加值增长6.3%；烟草产业稳中有进，电力、有色等行业发展势头良好，石油炼化突破1000万吨，规模以上工业增加值增长11.8%；全面实施服务经济倍增计划，第三产业增加值增长7.6%。加快创新型云南建设，新增高新技术企业123家，中国林业大数据中心和林权交易（收储）中心落户云南。深入实施消费升级行动计划，社会消费品零售总额增长11.1%。

（三）坚决打好三大攻坚战，重点战役初战告捷。压实地方政府属地责任，违规无序举债行为得到遏制，新增债券和年度置换存量债务提前完成。健全完善地方金融监管机制，持续深化互联网金融风险专项整治，银行不良贷款余额和不良率实现“双降”。严格投融资监管，省属非金融国有企业资产负债率同比下降1.8个百分点。启动打赢精准脱贫攻坚战三年行动，聚焦深度贫困地区，扎实推进“十大攻坚战”。围绕“搬得出、稳得住、能脱贫”，实施“50条措施”，累计完成54.5万建档立卡贫困人口易地扶贫搬迁任务，产业扶贫覆盖411.2万贫困人口，教育、医疗、住房“三保障”工作积极推进，完成40万户“4类重点对象”农村危房改造任务。启动建设中国最美丽省份，全面推进蓝天、碧水、净土“三大保卫战”，打响“八个标志性战役”。严格落实河（湖）长制，启动建设“抚仙湖生态圈”，打好洱海保护治理“八大攻坚战”，滇池水质好转。省级及以上工业园区污水集中治理设施建设、全省畜禽养殖禁养区限养区划定等任务全面完成，14.7万辆黄标车全部淘汰。保山市、华宁县成为国家生态文明建设示范市县。

（四）大力发展八大重点产业和打造世界一流“三张牌”，构建迭代产业体系初见成效。坚持“两型三化方向”，出台生物医药、信息、新材料和先进装备制造4个产业“施工图”和促进现代物流产业发展10条措施，信息、消费品工业成长为千亿级产业。绿色能源装机比重达84%，新增油气管道460千米，天然气消费量增长30%，一批水电铝材、水电硅材、纯电动汽车项目落地开工建设。新增销售收入亿元以上绿色食品龙头企业54户，“一部手机云品荟”电子商务平台上线运行，评选出首批“10大名品”和绿色食品“10强企业”“20佳创新企业”，新认证绿色食品428个、有机产品665个，茶叶等八个优势产业综合产值增长15.5%，农产品加工业产值与农业总产值之比由0.67：1提高到1.11：1。全面启动“旅游革命”，“一部手机游云南”成为智慧旅游的标杆，旅游市场秩序整治形成压倒性态势，接待海内外游客人次和旅游业总收入分别增长20%和22%。特色小镇建设成效明显。

（五）努力补齐基础设施短板，“五网”建设稳步推进。克服困难加快推进县域高速公路“能通全通”工程，累计82个县通高速公路、通车里程达5198千米，新建和改造提升高速公路服务区271个，怒江美丽公路建设加快推进。新开通动车线路3条，高铁运营里程达1026千米。昆明长水国际机场改扩建项目加快推进，新开和加密国际航线13条。滇中引水工程建设有序推进，在建水网工程超过330项。新建4G基站3万个，基本实现景区景点和高速公路沿线4G网络全覆盖。昆明、大理、河口、磨憨、瑞丽等物流枢纽建设扎实推进。

脱贫攻坚——陆良县生态养殖扶贫项目 （王 新 摄）

（六）深化改革扩大开放，发展活力和动力明显增强。坚持刀刃向内推动政府自身革命，深入推进以“六个一”为重点的“放管服”改革，“一部手机办事通”上线运行，“一颗印章管审批”“多证合一”“证照分离”等改革全面推行。深化财税体制改革，全面推进财政支持企业资金网上申请、网上办理、网上公示。创新财政资金奖补政策，树立“大干大支持、不干不支持”工作导向。启动深化国有企业改革三年行动。省级政府机构改革基本完成。制定加快建设面向南亚东南亚辐射中心15个实施方案等政策，中国（昆明）跨境电子商务综合试验区获批实施。跨境动物疫病区域化管理试点稳步推进。成功举办第五届南博会。通关便利化水平明显提高，外贸进出口总额增长24.7%。

第五届南博会场馆 （王　新　摄）

（七）加快推进城乡协调发展，新型城镇化建设取得明显进展。出台乡村振兴战略规划及实施意见，深化农业供给侧结构性改革。完成高标准农田建设243.9万亩，巩固提升645.6万农村人口饮水安全保障水平。“四好农村路”加快建设，新改建农村公路1.5万千米。新增农村劳动力转移就业315.2万人。加快推进以人民为核心的新型城镇化，农业转移人口市民化步伐加快。开工建设地下综合管廊122千米，建成海绵城市50.7平方千米。全力推动“厕所革命”，城镇生活垃圾无害化处理率和污水处理率分别达88%、91.3%。

（八）着力保障和改善民生，全省各族人民得到更多实惠。新增城镇就业51.9万人，城镇登记失业率为3.4%。全省中小学彻底告别C、D级危房，农村中小学标准化建设加快推进，支持高校推进“双一流”建设。新增4所三甲医院，40所县级公立医院提质达标。企业退休人员养老金再次提高，农村低保标准提高到每人每年不低于3500元。棚改项目开工13.9万套，基本建成城镇保障性安居工程9.5万套。启动新一轮兴边富民工程，普洱等11个地区和单位成为全国民族团结进步创建示范区和示范单位。国家禁毒大数据云南中心建设取得显著成效，立体化边境防控体系建设持续推进，扫黑除恶高压态势初步形成。启动实施6个重点行业领域安全工程三年行动计划，重特大事故总数和死亡人数实现“双降”。扎实抓好通海地震、金沙江干流白格堰塞湖等自然灾害抢险救灾和恢复重建。非洲猪瘟防控有力有效。全面完成10件惠民实事。

2018年，认真落实全面从严治党要求，不断加强政府自身建设，依法全面履行政府职能。坚决执行中央八项规定精神以及省委实施办法，坚决纠正脱贫攻坚工作中的形式主义、官僚主义，进一步规范统一全省机关单位工资、津补贴和奖励项目，强化审计监督，切实加强廉政建设。严格执行民主集中制，坚持“三重一大”事项集体研究，注重听取各方面意见建议，确保决策科学民主高效。认真学习宪法、遵守宪法，全面落实依法行政，坚持规范性文件合法性审核和备案监督，全面推进政务公开，提请省人大常委会审议地方性法规5件，制定和修改政府规章14件。主动接受监督，办理人大代表建议660件、政协提案695件。

各位代表！回望2018年，我们满怀信心谋发展，迎难而上求进取，坚定不移朝着习近平总书记指明的方向奋勇前进，在闯出一条跨越式发展的路子来，决战脱贫攻坚、决胜全面建成小康社会的道路上迈出了坚实步伐；在创建民族团结进步示范区，坚持以人民为中心的发展思想，推动各族人民和睦相处、和衷共济、和谐发展上迈出了坚实步伐；在争当生态文明建设排头兵，像保护眼睛一样保护生态环境，把云南建设成为中国最美丽省份上迈出了坚实步伐；在建设面向南亚东南亚辐射中心，主动服务和融入国家发展战略，努力把云南打造成为沿边开放的新高地上迈出了坚实步伐。

各位代表！这些成绩的取得，是以习近平同志为核心的党中央坚强领导的结果，是习近平新时代中国特色社会主义思想科学指导的结果，是省委团结带领全省各族人民奋力拼搏的结果。在此，我代表省人民政府，向全省各族干部群众，向各民主党派、各人民团体和各界人士，表示衷心感谢！向驻滇人民解放军和武警官兵，向关心支持云南发展的中央各部门、兄弟省市和港澳同胞、台湾同胞、海外侨胞、国际友人，表示衷心感谢！

在总结成绩的同时，我们也清醒地看到，云南省经济社会发展中还存在一些深层次结构性矛盾和问题，省政府工作还有不足，主要表现在：构建支撑高质量发展的现代化经济体系步伐不够快，新旧动能接续转换较慢，固定资产投资没有实现目标；城乡区域发展不平衡，基础设施欠账较多；营商环境不理想，民营经济发展不足，融资难、融资贵问题依然突出；生态环境保护形势严峻，九大高原湖泊保护治理任务十分繁重；重点领域风险防范压力较大；脱贫攻坚任务艰巨；教育、医疗、养老等公共服务供给不足，就业结构性矛盾突出；政府职能转变还不到位，部分领域行政审批环节多、时间长、效率低，少数干部担当意识不强，一些领域不正之风和腐败现象时有发生。面对这些问题和不足，我们将采取有力措施认真加以解决。

二、2019 年工作重点

2019 年是新中国成立 70 周年，也是云南决战脱贫攻坚、决胜全面建成小康社会的关键之年。今年政府工作的总体要求是：以习近平新时代中国特色社会主义思想为指导，全面贯彻党的十九大和十九届二中、三中全会精神以及中央经济工作会议精神，统筹推进“五位一体”总体布局和协调推进“四个全面”战略布局，坚持稳中求进工作总基调，坚持新发展理念，坚持推动高质量发展，坚持以供给侧结构性改革为主线，坚持深化市场化改革、扩大高水平开放，加快建设现代化经济体系，继续打好三大攻坚战，着力激发微观主体活力、增强内生动力、释放内需潜力，创造性贯彻落实党中央决策部署，统筹推进稳增长、促改革、调结构、惠民生、防风险工作，进一步稳就业、稳金融、稳外贸、稳外资、稳投资、稳预期，提振市场信心，增强人民群众获得感、幸福感、安全感，保持经济持续健康发展和社会大局稳定，为决战脱贫攻坚、决胜全面建成小康社会打下决定性基础，以优异成绩庆祝中华人民共和国成立 70 周年。

2019 年经济社会发展的主要预期目标建议为：全省地区生产总值增长 8.5% 左右，固定资产投资增长 12% 左右，地方一般公共预算收入增长 5% 左右，城镇调查失业率控制在 5.5% 以内，农村贫困人口减少 130 万，居民收入增长与经济增长基本同步，单位 GDP 能耗完成国家下达目标任务。

要实现各项主要预期目标，一定要做好打硬仗的准备，坚决做到“四个必须”。必须把讲政治摆在首位，增强“四个意识”，坚定“四个自信”，坚决做到“两个维护”，不折不扣地贯彻落实习近平总书记重要指示批示和党中央决策部署；必须牢牢把握战略主动，准确把握中国发展重要战略机遇期的新内涵，坚持辩证思维，抢抓战略机遇和科技革命、产业变革“窗口”，顺势而为推动跨越式发展；必须毫不动摇地坚持以保护生态环境为前提的绿色发展、高质量发展，彻底改变不合理的发展方式，构建符合生态文明理念的绿色经济体系；必须强化风险意识，坚持底线思维，着力防范化解重大风险，保持斗争精神，增强斗争本领，积极主动应对各种风险和挑战，切实把稳中求进工作总基调领会好落实好。

2019 年要重点抓好 10 个方面工作。

（一）坚持深化供给侧结构性改革，把“巩固、增强、提升、畅通”要求落到实处。深化供给侧结构性改革是改善供给结构、提高经济发展质量和效益的治本之策。要更多采取改革的办法，更多运用市场化、法治化的手段，把“八字方针”作为管总的要求切实落实到位，不断提高经济发展质量和效益。

巩固“三去一降一补”成果。保持破、立、降力度不减，积极化解煤炭、粗钢、水泥等过剩产能，完成 46 户“僵尸企业”出清，坚决遏制和淘汰不安全、不环保的产能，坚决不批、坚决不上污染环境的项目。落实好更大规模减税降费措施，再为企业降成本 900 亿元以上。完善重大项目储备和滚动接续机制，积极争取地方政府专项债券，精准用于支持省级重点项目建设。

增强微观主体活力。将 2019 年作为“营商环境提升年”，全面开展营商环境评价，启动“四个零”行动，持续深化“放管服”改革。负面清单之外“零门槛”，对所有涉及市场准入的行政审批事项按“证照分离”模式进行分类管理。收费清单之外“零收费”，专项治理对企业的各项乱收费，全面停止省级涉企行政事业性收费。对企业服务“零距离”，主动为企业解难纾困，构建亲清新型政商关系。对侵权行为“零容忍”，坚决制止对企业一切不必要的检查、督查和考核，依法保护企业家人身安全和财产安全。

提升产业链水平。大力推进创新型云南建设，持续提高全社会研发投入，完善科技成果转化体制机制。坚持“两型三化”，聚焦八大重点产业和“三张牌”，绘制产业链“全景图”，做大做优做强产业链，培育和发展产业集群，争取更多领域站在产业发展的制高点上。

畅通经济循环。大力发展服务经济，力争社会消费品零售总额增长11%，农村电商零售额增长30%以上。实施企业上市倍增三年行动，稳妥建设区域性股权市场。健全政银企协调沟通机制和融资担保体系，推动金融机构将更多信贷资源投向实体经济和民营企业。

（二）继续打好三大攻坚战，确保取得决定性进展。打好三大攻坚战不仅是经济发展问题，更是社会政治问题，是对我们驾驭风险、跨越关口的考验。要巩固已有成果，针对突出问题，精准施策、全力攻坚，稳扎稳打、务求实效。

继续打好防范化解重大风险攻坚战。完善金融监管和风险处置机制，防范风险交织叠加、相互转化，做到坚定、可控、有序、适度。防范化解企业信用违约风险，推进国有企业市场化法治化债转股，规范投资和大额资金使用行为。加强政府债务限额管理和预算管理，完成政府债务化解任务。

坚决打好精准脱贫攻坚战。紧盯目标任务，完善退出标准，确保130万贫困人口净脱贫、2457个贫困村出列、31个贫困县摘帽、7个“直过民族”整族脱贫。聚焦迪庆、怒江、昭通等深度贫困地区，着力解决“两不愁三保障”突出问题。大力推进产业、就业扶贫，新增转移就业贫困劳动力10万人以上。完成易地扶贫搬迁任务，确保搬迁一户、稳定脱贫一户。加强贫困地区义务教育控辍保学。切实保障贫困人口基本医疗需求。全面完成“4类重点对象”危房改造任务。做好兜底保障工作。建立健全稳定脱贫长效机制，研究解决收入水平略高于建档立卡贫困户的群体缺乏政策支持等新问题。做好脱贫攻坚与乡村振兴的衔接，巩固脱贫成果。抓好中央脱贫攻坚专项巡视和考核评估发现问题整改落实，做好沪滇、粤滇扶贫协作工作，加强对脱贫攻坚一线干部和驻村队员的关爱激励。

继续打好污染防治攻坚战。全力打好蓝天、碧水、净土“三大保卫战”和“八个标志性战役”。以革命性措施抓好九大高原湖泊保护治理，彻底转变“环湖造城、环湖布局”的发展模式，下决心先做“减法”再做“加法”；彻底转变“就湖抓湖”的治理格局，下决心解决岸上、入湖河流沿线、农业面源污染等问题；彻底转变“救火式治理”的工作方式，下决心解决久拖不决的老大难问题；彻底转变“不给钱就不治理”的被动状态，下决心健全完善投入机制。全面落实河（湖）长制，确保九湖水质稳定好转、以长江为重点的六大水系水质持续改善。启动城镇污水处理提质增效行动，加强公共治污设施建设。强化生态系统保护修复，新增水土流失治理面积4720平方千米，完成退耕还林还草和陡坡地生态治理300万亩以上。加快建立以国家公园为主体的自然保护地体系，深化长江流域生态补偿机制试点。建立健全生态环保常态化曝光、处理、问责机制，严守生态保护红线、永久基本农田红线和城镇开发边界“三条控制线”。下大力气解决群众反映强烈的生态环境突出问题，让各族群众享受到环境改善的成果。

（三）落实制造业高质量发展要求，推动八大重点产业发展迈上新台阶。坚持走以“两型三化”为方向的高质量发展路子，加快八大重点产业发展步伐，是推动制造业高质量发展的重要内容，是构建云南现代产业体系的重要抓手。要坚持创新驱动引领，加快实施制造业强省战略，推动以制造业为重点的八大重点产业集群发展、高质量发展。

加快构建“两型三化”现代产业体系。坚持质量第一、效益优先，改造提升传统产业，培育壮大重点支柱产业，加快发展战略性新兴产业，大力发展现代服务业，加快形成一批布局合理、重点突出、各具特色的全链产业、核心优势产业、产业集群，培育一批具有核心竞争力的大产业、大企业，加快建设实体经济、科技创新、现代金融、人力资源协同发展的现代产业体系。抓紧编制实施千亿级产业“施工图”，建设一批做优做强产业链的大项目，推动产业发展实现新突破。

加快制造业“存量变革”和“增量崛起”。实施千亿技改工程，推进50个重点技术创新项目，完成工业技术改造投资1500亿元。完成25家骨干企业数字化改造，实施20项智能制造示范项目，实现有色、能源、化工等行业节能降耗、提质增效，推动烟草行业智能制造走在全国前列。力争规模以上工业增加值增长11%以上，全部工业增加值迈上5000亿元台阶。

提升产业技术创新能力。构建开放、协同、高效的共性技术研发平台，健全需求为导向、企业为主体的产学研一体化创新机制。加快建设铝工业研究中心、硅工业研究中心等技术研发平台，高水平创建滇中自主创新示范区。落实稀贵金属材料基因工程、先进铝合金产品研发等重大科技专项。新培育认定高新技术企业100家、科技型中小企业500家、省级企业技术中心20家以上。

促进产业高效集聚发展。大力整合优化工业园区，缩减数量、突出特色、实体化运作，力争重点园区主营业务收入超千亿元，争创3个国家新型工业化产业示范基地。以昆明为工业创新核心区，推动滇中地区围绕产业上下游协调联动发展。突出考核工业发展重点地区的工业投资、工业增加值等指标，取消考核不适宜发展工业地区的相关指标。

（四）持续打造世界一流“三张牌”，做大做强优势特色产业。打造“三张牌”是加快发展八大重点产业的突破口，是实现高质量跨越式发展的关键一招。要保持战略定力，聚焦目标和突出问题，充分发挥州市和县市区的积极性、主动性，加大产业链和龙头项目建设力度，确保取得重大进展。

全力打造世界一流“绿色能源牌”，完成能源产业增加值1200亿元以上。统筹谋划推进绿色能源开发、就地消纳、全产业链发展。加快发展新能源，推动蓄能电站建设，着力解决丰枯问题。加快昭通页岩气勘探开发利用。深化电力体制改革，在服从国家大局前提下，大幅提高云电自用比例，争取年内市场化交易电量达到1000亿千瓦时，进一步调整完善优价满发电价政策，推进增量配电业务改革。建设清洁载能产业园区。加快水电铝材、水电硅材一体化发展，确保水电铝材一体化在建项目全部投产，大力引进技术装备先进、研发能力强的铝材、硅材加工企业。推动新能源汽车在建项目如期建成投产、签约项目尽快开工建设，引进电池、电控、电机企业，争取氢燃料电池项目落地。

全力打造世界一流“绿色食品牌”，确保农产品加工业产值与农业总产值之比达到1.6：1以上。按照“大产业＋新主体＋新平台”发展思路，努力做大做强做优绿色食品产业。抓有机方面，大力实施化肥农药减量行动，支持发展绿色有机生产基地，组建有机产业联盟，新增“三品一标”农产品1000个以上。

澜沧县景迈山生态茶园

（王　新　摄）

创名牌方面，健全特色农产品质量标准体系，强化农产品地理标志和商标保护，严格品牌评选、推介和管理，坚持每年在“中国农民丰收节”表彰“10大名品”和“10强企业”“20佳创新企业”，推动区域品牌、企业品牌、产品品牌集群发展。育龙头方面，力争再引进一批投资10亿元以上的企业，新增50家年销售收入超亿元的龙头企业，遴选20个县开展“一县一业”试点，依托县域形成农产品加工产业集群，尽可能把产业链留在县域，改变农村卖原料、城市搞加工的格局。占市场方面，创建2个出口农产品质量安全示范区，巩固扩大北上广深及港澳市场，大力开拓国际市场。建平台方面，高水平建设云南绿色食品国际合作研究中心，加快中国普洱茶中心建设，科学谋划建设一批绿色食品交易中心。解难题方面，切实解决企业用地难、融资难等问题，加快建设冷链物流配套设施。

全力打造世界一流“健康生活目的地牌”，真正使云南成为高层次人才创新创业和国内外游客休闲度假的聚集地。优化各州市城市化发展思路，进一步明确发展定位，明确不建什么、要建什么，在满足刚需前提下，惜地如金，把最好的生态空间和地理区位用于聚集高端人才，建设人才公寓，打造创新创业园区，努力把生态优势转化为发展优势。多点发力，协同推进，大力构建“大健康＋全域旅游＋康养＋特色小镇”链条。坚持重拳整治旅游市场秩序不放松，深化“旅游革命”，建设20个全域旅游示范区，建设32条精品自驾线，建成50个以上汽车营地。大力发展生物医药与大健康产业，重点发展

芒市遮放贡米

（王　新　摄）

昆明黑龙潭公园 （王 新 摄）

高端医养、生物制造、仿制药、生物化工等产业，支持中药材规范化种植加工和中药饮片发展。大力发展高端医疗产业集群，创新合作模式，引进国内外优质医疗资源，建设集临床服务、医疗教育、医学科研和成果转化为一体的医疗综合体，推动国际医疗健康城和昆明大健康产业示范区建设取得实质性进展。大力发展康养产业，规划建设一批集健康、养生、养老、休闲、旅游等功能于一体的健康养生养老基地。

（五）抢抓数字经济机遇，全力建设“数字云南”。数字经济是继农业经济、工业经济之后的主要经济形态，正在开启一次重大的时代转型，带动人类社会生产方式的变革、生产关系的再造、经济结构的重组、生活方式的巨变。大力发展数字经济，是全球共识，是中央战略部署。数字经济发展即将迎来爆发期，机遇千载难逢，机遇稍纵即逝，我们必须以强烈的历史责任感抓住它，积极、有序、稳妥推进“数字云南”建设，打造“七彩云南·云上政务”新窗口，把“云上云”行动计划落地落实。

科学谋划“数字云南”总体布局。强化顶层设计，抓紧制定五年发展规划和行动计划，以全省经济社会各领域全面数字化为目标，以资源数字化、数字产业化、产业数字化为主线，坚持特色化、差异化、协同化发展，加速推动信息技术与实体经济深度融合，大力打造数字经济、数字技术的试验场、聚集区。

科学构建数字经济体系。一是大力推进资源数字化。高质量建成全省人口、法人、宏观经济、自然资源、电子证照五大数据库。加快建设生态环境、市场监管、综合交通物流、公共安全大数据平台。加快公共数据采集与开发，促进跨部门、跨层级数据汇聚与共享。拓展中国林业大数据中心功能，继续完善国家禁毒大数据云南中心，争取更多国家级数据中心落户云南。二是加快推动数字产业化。支持鼓励各行各业和个人上云、用云，深化大数据和云计算的应用。提升电子信息、通信与网络等基础产业，做强云计算、大数据、物联网、人工智能等新兴产业，重点以区块链技术应用为突破口，把云南打造成为区块链技术应用高地。三是加快推动产业数字化。以世界一流“三张牌”为重点，探索数字化综合解决方案，打造产业发展的数字引擎。建设区域性国际电力交易平台、能源大数据平台，发展智慧用能、绿色能源交易等新模式新业态，延伸产业链条，打造绿色能源的数字引擎。逐步推进农业生产流程数字化升级，并向数字集成化、高度自动化和数字农业定制化方向发展，建设20个农业物联网应用示范基地，推广绿色产品电子身份证，打造绿色食品的数字引擎。推进健康生活数字化，推动生活性服务业数字化发展，加快发展智慧旅游产业，创建智慧旅游实验室，打造健康生活目的地的数字引擎。深化与国内外一流企业战略合作，大胆探索，以应用试验换产业。

把“一部手机”打造成“数字云南”的名牌。以全面提升“一部手机游云南”为抓手，加快线上线下高度融合，促进旅游产业全面转型升级。以高标准建设“一部手机办事通”为抓手，提升公共服务数字化供给能力，推进政务事项“应上尽上”“掌上办”“指尖办”，打造“办事不求人、审批不见面、最多跑一次”的政务服务环境。以打造“一部手机云品荟”为抓手，不断丰富功能，大力提升影响力，实现云南特色商品“一站购买”“诚信服务”。继续探索“一部手机”在政府服务、社会治理、公共服务、跨境贸易和金融等领域的深度应用，推动数字政府、智慧城市、智慧交通、数字乡村等建设，形成“一部手机”系列品牌，实现公共管理、社会服务和产业发展的数字化转型。

加快建设数字经济聚集区。高标准建设数字经济开发区。选择风景秀美、气候宜人、交通便利的州市县区，优先安排建设用地，积极引入有核心技术的团队、有发展前景的“独角兽”企业和有重大发展潜力的项目，营造“龙头聚集、平台多元、投资活跃、活动丰富”的产业发展环境，推动形成云南数字产业集群。选择一批自然条件好、工作积极主动的州市，开展“数字小镇”试点。

（六）加快基础设施建设，打牢跨越式发展基础。基础设施特别是交通基础设施滞后是制约云南发展的重要因素。要把以综合交通、水利、能源、信息、物流为主要内容的“五网”基础设施建设，作为全面建成小康社会的“支撑性工程”来抓，千方百计补短板、固底盘，力争全年基础设施投资增长20%以上。

加快综合交通基础设施网络建设。全力推进县域高速公路“能通全通”工程，使通高速公路的县超过90个、通车里程接近6000千米。开工建设渝昆高铁，加快玉磨、大瑞、丽香等铁路项目建设，确保成昆铁路扩能改造竣工、成贵高铁云南段建成通车。加快昆明国际航空枢纽建设，推进蒙自、昭通、大理、丽江等机场项目建设。

加快水利基础设施网络建设。全面推进滇中引水、德厚水库、阿岗水库等重大水利工程建设，新开工50件重点水源工程，完成100万农村人口饮水安全巩固提升任务。

加快能源基础设施网络建设。加快水电、输电工程等重大项目建设，加强农村电网改造，全面清理整顿5万千瓦以下的小水电站，加快推进乌东德、白鹤滩等大型水电站建设。推进天然气支线管网和成品油管道建设，推动中石油炼油一期项目达产，启动二期炼化项目前期工作，提高输气管道沿线用气比重。新建4万个充电桩，提高纯电动汽车保有量和使用便利性。

加快现代信息基础设施网络建设。扩容升级骨干网和城域网，加快提升高速宽带网络能力，实施“千兆光纤进小区、百兆光纤进乡村”工程。完善4G网络全覆盖，启动5G商用试点。继续抓好国际光缆、国际通信枢纽建设。

加快物流基础设施网络建设。积极推进昆明、大理等物流枢纽建设，加快15个省级重点物流产业园和129个县级物流集散中心建设，新增一批5A级物流企业。加快建设县乡村三级物流网，建设一批乡村新型商业中心和服务站点。抓好全省供应链创新与应用试点，稳步发展航空物流，加快口岸物流配套设施建设。

（七）扎实推进乡村振兴战略，促进城乡区域协调发展。实施乡村振兴战略，走城乡融合发展之路，是新时代解决城乡发展不平衡、农业农村发展不充分问题的战略性举措。要坚持农业农村优先发展，扎实做好乡村振兴各项工作，推动形成工农互促、城乡互补、全面融合、共同繁荣的新型工农城乡关系，促进城镇和乡村共生共荣、各尽其美，让各族群众共享现代化的美好生活。

深化农业供给侧结构性改革。毫不放松抓好粮食生产，增加优质绿色农产品供给，努力推动农业提质增效。因地制宜发展多样性特色农业，推进1000个“一村一品”专业村建设，每个有条件的村至少培育1个专业合作社，每个县培育几家带动力强的龙头企业，全省重点培育10家农业上市企业。创新发展具有民族和地域特色的乡村手工业，大力挖掘农村能工巧匠，培育一批家庭工场、手工作坊、乡村车间。

全面深化农村改革。深化农村土地制度改革，完善落实集体所有权、稳定农户承包权、放活土地经营权的政策体系，健全土地流转规范管理制度，发展多种形式农业适度规模经营，允许承包土地的经营权担保融资。坚持农村土地集体所有，防止非农化，保障农民土地权益，不得以退出承包地和宅基地作为农民进城落户条件。深入推进农村集体产权制度改革试点，推动资源变资产、资金变股金、农民变股东。推进集体林权、农业水价、农垦、供销社、农业科技体制等改革。

完善农业支持保护政策。认真落实新型农业补贴政策，优先保障“三农”资金投入。充分发挥“银、政、保、担”组合作用，打通金融服务“三农”各个环节，引导更多资金进入农业生产，实现普惠性涉农贷款增速总体高于各项贷款平均增速。扩大农产品保险范围，支持重点领域特色农产品期货期权品种上市。用好跨省补充耕地国家统筹、城乡建设用地增减挂钩节余指标跨省调剂等政策。深入推进“大棚房”问题清理整治。

加快推进新型城镇化。统筹推进乡村振兴与新型城镇化协调发展，促进各种资源要素在城乡之间合理高效流动，形成城乡共同繁荣的良好局面。进一步完善城乡规划，优化城镇布局，以昆明为核心，加快推进滇中、滇西和滇东南城市（镇）群建设，打造提升民族文化型、生态自然型、沿边口岸型等小城镇，形成“一核、多中心、网络化、开放型”新型城镇化体系。进一步提高新型城镇化质量，加强城镇基础设施和公共服务能力建设，提升城镇综合吸引力、承载力和可持续发展能力，推进农业转移人口就地市民化。

安宁市森林城市　　（王　新　摄）

（八）建设中国最美丽省份，争当生态文明建设排头兵。建设中国最美丽省份是争当全国生态文明建设排头兵的实际行动，是满足人民群众对美好生活向往的生动实践。要以实施“城乡环境提升年”为抓手，充分发动群众积极投身最美丽省份建设的火热实践，用勤劳的双手和辛勤的汗水，建设美丽家园、提高幸福指数，绘就美丽云南新画卷。

建设美丽县城和特色小镇，打造最美丽省份重要载体、全域旅游重要目的地，形成县域经济发展重要支撑。从规划抓起，从清洁做起，从群众意见最大的问题改起，决不允许搞形式主义、政绩工程、献礼工程，扎扎实实打造一批名副其实的美丽县城和特色小镇。重点围绕“干净、宜居、特色”三大要素，聚焦功能优化完善、环境美化亮化、管理服务提升、民族文化保护等，用3年时间对全省县城进行全面改造提升，每年评选表彰一批“美丽县城”。持续大力抓好特色小镇和康养小镇建设，每年评选表彰15个高质量示范特色小镇。

丽江市玫瑰小镇　　（王　新　摄）

建设美丽乡村，让农民群众过上文明舒适便捷的生活。深入学习浙江“千村示范、万村整治”工程经验，因地制宜、分类指导，扎实推进农村人居环境整治三年行动，重点做好农村垃圾污水治理、厕所革命、村容村貌提升等工作，努力实现村庄环境基本干净整洁有序，村民环境与健康意识普遍增强。以县为单位编制村庄布局规划，加强农村建房许可管理。鼓励将农村人居环境整治与发展乡村休闲旅游等有机结合。实施乡村绿化美化行动，启动建设一批“森林乡村”。开展美丽乡村和最美庭院创建活动，每年组织评选3000个美丽乡村。

狠抓“厕所革命”，让生活更文明更美好。认真组织、强力推进，确保“五一”前全面消除A级以上景区旱厕，年内实现重点旅游城市A级厕所全覆盖，新建改造城市公厕1000座以上，全部消除所有城镇建成区旱厕，实施学校卫生厕所标准化建设，因地制宜推动农村户用厕所无害化改造，农村卫生厕所普及率达到80%。建设美丽公路，打造最美丽省份的靓丽风景线。高标准打造昆明至丽江、昆明至西双版纳、昆明主城区至长水国际机场3条美丽公路，建好怒江美丽公路，通过大规模、高标准增绿，建设沿线高品质绿化带、景观带，提升服务区功能和品质，提高运营和管理水平，让人们在绿色长廊、鲜花大道、景点式服务区中时刻感到“路景交融、轻松舒畅”。建好“四好农村路”，完成新改建农村公路1万千米，让美丽乡村近在咫尺。

（九）深化市场化改革，扩大高水平开放。40年来改革开放历程充分证明，只有朝着改革这个历史前进的方向前进，顺应开放这个时代发展的潮流发展，我们的事业才能始终立于不败之地。要以更高标准、更大力度推动各项改革走深走实，主动服务和融入“一带一路”建设，加快建设面向南亚东南亚辐射中心，以改革开放新突破推动经济社会大发展。

坚持市场化方向深化改革。深化财税体制改革，进一步加快省与各地财政收入划分改革，实施全面预算绩效管理，健全涉农资金统筹整合长效机制。深入推进国资国企改革，完成国有股权运营管理公司和国有金融资本控股集团组建，加快国资投资公司改革试点和产业集团整合重组，分层分类推进混合所有制改革，实现省属国企审计全覆盖。大力发展民营经济，将中小微企业贷款风险补偿金规模增加至30亿元，建立金融机构对民营企业能贷、敢贷、愿贷的考核激励机制，整治排斥限制民营企业参与招投标，建立向民间资本推介项目长效机制。实施中小企业成长工程，滚动培育100家民营小巨人。建立省级信用中心，全面落实失信联合惩戒制度，着力解决政府部门和国有企业拖欠民营企业账款问题。

大力推动高水平开放。着力稳外贸稳外资，千方百计扩大出口，做大加工贸易规模，促进边贸转型升级，开展服务贸易创新发展试点，创建国家进口贸易促进创新示范区，力争进出口总额增长15%以上。强力推进“一把手”招商，力争引进省外到位资金1.1万亿元以上，实际使用外资增长10%以上。积极整合优化各类开发开放平台，统一授权，统一名称、规划编制和组织架构，集中力量做大做强一批重点开发开放试验区。深化通关便利化改革，积极申建中国（云南）自由贸易试验区。建成南亚东南亚进口商品展示交易中心，打造“永不落幕的南博会”。全力做好跨境合作这篇大文章，推动跨境动物疫病区域化管理试点工作取得重大突破，提升跨境园区和境外园区建设水平，探索设立边境旅游试验区和跨境旅游合作区，积极引进南亚东南亚大型银行来滇设立分支机构或合资机构，全力建设中国（昆明）跨境电子商务综合试验区。

（十）突出保基本兜底线，加强保障和改善民生。群众利益无小事，民生问题大于天。要抓住人民群众最关心最直接最现实的利益问题，坚持尽力而为、量力而行，完善制度、兜住底线，认真做好各项民生工作。要树立过紧日子思想，全省政府机关再压减行政经费5%以上，节余资金全部用于保障和改善民生事业。

把稳就业放在突出位置。扎实做好高校毕业生、下岗转岗职工、农民工、就业困难人员等重点群体就业工作，深入实施退役军人就业创业计划。打造“双创”升级版，加快创业孵化示范基地和示范园区建设。提高劳务输出组织化程度，全年完成农村劳动力培训300万人次，新增城镇就业50万人。

着力解决群众关心的教育突出问题。实施农村义务教育三年振兴计划，强化控辍保学，确保义务教育巩固率达到94%以上，全省实现县域内义务教育发展基本均衡。在迪庆、怒江等深度贫困地区启动寄宿制学校标准化建设，优先满足留守儿童“有学上、上好学”需求。多渠道解决学前教育资源短缺问题，实现“一村一幼”全覆盖，力争学前三年毛入园率达83%以上。实施高中阶段教育普及攻坚计划，力争高中阶段毛入学率达84%以上。创新职业教育发展。加快推进“双一流”建设，支持云南省高校与国内外高校合作办学。

促进为民惠民医疗卫生事业发展。深入推进“三医”联动和公立医院综合改革，推动10所县级公立医院晋升三级医院，推进40所县级公立医院提质达标，加快建设区域医疗中心，推进分级诊疗，全面提升基层医疗急救能力水平和疾病预防控制能力。制定健康云南人行动计划，实施全民健康提升工程。强化中医药传承创新。

织密民生保障网。全面实施全民参保计划，加快养老保险省级统筹，健全被征地农民基本养老保险制度。加快覆盖各阶层的养老服务体系建设，推进医养结合。深化医保支付方式改革，把更多救命救急的好药纳入医保。统筹完善城乡社会救助体系，切实保障困难群众基本生活。落实好个税专项抵扣政策。督促解决农民工工资拖欠问题。进一步完善住房市场体系和保障体系，促进房地产市场平稳健康发展。实施棚户区改造10万套以上，统筹推进农村非“4类重点对象”无力建房户危房改造。

大力加强文化建设。培育和践行社会主义核心价值观，推出一批有影响力的云南特色文艺精品。加大历史文化遗产保护力度。新建和改扩建一批图书馆、文化馆、基层综合性文化服务中心。加强对外人文交流。广泛开展全民健身运动。

推进民族团结进步示范区建设。深入贯彻落实民族区域自治法和即将出台的云南省民族团结进步示范区建设条例。深入实施兴边富民工程改善沿边群众生产生活条件三年行动计划，抓好新一轮“十县百乡千村万户”示范创建，促进示范区建设实体化、工程化、项目化。

全力维护社会和谐稳定。推进社会治理重心下移，打造共治共建共享的社会治理格局。深入推进扫黑除恶专项斗争，强化边境维稳管控，持续开展严打暴恐专项行动，打好禁毒防艾人民战争。持续推进安全工程三年行动计划。加强食品药品安全监管工作，切实保障疫苗质量和安全。完善公共法律服务体系，进一步提升公正文明执法水平。完善应急管理和防灾减灾体制机制，全力做好抢险救灾和灾后恢复重建等工作。

要科学谋划“十四五”规划前期工作，开展好第四次全国经济普查和第三次全国国土调查，做好信访、参事、文史、地方志、哲学社会科学、决策咨询研究、广播电视、港澳台侨、科普、测绘、地震、地质、气象、红十字等工作，切实保障妇女、儿童、老年人、残疾人合法权益，支持群团组织改革发展。推进军民融合深度发展，扎实做好国防动员、国防教育、人民防空、民兵预备役等工作，加强退役军人服务管理保障。

各位代表！完成全省改革发展稳定各项任务，需要各级政府更有作为，需要各级干部更加忠诚干净担当！我们要旗帜鲜明讲政治，增强“四个意识”，坚定“四个自信”，坚决做到“两个维护”，坚持把党对一切工作的领导贯穿到政府工作各个领域各个方面，确保中央重大决策部署和省委各项要求落地见效。我们要心存敬畏严守法纪，加快建设法治政府，提高行政立法质量，提升依法行政能力，加大政务公开力度，依法接受人大及其常委会的法律监督和工作监督，主动接受人民政协的民主监督，自觉接受监察委员会监督，重视司法监督和社会舆论监督，强化审计监督，让人民监督权力，让权力在阳光下运行。我们要一刻不停反腐败，始终保持惩治腐败高压态势，有腐必反、有贪必肃、违纪必纠，坚持无禁区、全覆盖、零容忍，坚持不懈推进廉洁政府建设，巩固发展反腐败斗争压倒性胜利。我们要驰而不息转作风，坚持不懈贯彻执行中央八项规定精神以及省委实施办法，严格执行廉洁从政各项规定，巩固拓展整治“四风”成果，坚决反对形式主义、官僚主义，严厉整肃不敬畏、不在乎、喊口号、装样子等问题，加强学习和调查研究，提高落实政策、破解难题的能力。我们要开拓创新勇于担当，切实为敢于担当的干部撑腰鼓劲，努力形成你追我赶、干事创业的生动局面，更好地担负起党和人民赋予的历史重任。

各位代表！推动高质量跨越式发展、谱写好中国梦的云南篇章，是新时代赋予我们的新使命。站在新的历史起点上，我们都是奋斗者，我们都是追梦人。我们坚信，只要凝聚同心筑梦的精神力量，激发接续奋斗的责任担当，就能在奔跑中拥抱梦想、实现梦想。让我们更加紧密地团结在以习近平同志为核心的党中央周围，高举中国特色社会主义伟大旗帜，以习近平新时代中国特色社会主义思想为指导，在省委的领导下，攻坚克难、埋头苦干，勇于创新、锐意进取，奋力开创云南改革发展稳定新局面，以优异成绩庆祝中华人民共和国成立70周年！

云南省人民代表大会常务委员会工作报告（节选）

——2019年1月29日在云南省第十三届人民代表大会第二次会议上

云南省人民代表大会常务委员会常务副主任　和段琪

2018年，是全面贯彻党的十九大精神的开局之年。省十三届人大一次会议以来，在中共云南省委的坚强领导下，省人大常委会深入学习贯彻习近平新时代中国特色社会主义思想和党的十九大精神，坚持党的领导、人民当家做主、依法治国有机统一，认真贯彻习近平总书记的指示要求，认真贯彻党中央决策部署和省委工作要求，积极回应人民群众重大关切，以新担当新作为实现了工作的良好开局。

一、坚持以政治建设为统领，夯实依法履职基础

面对新时代新要求，常委会着眼全面担负起宪法法律赋予的各项职责、保持同人民群众密切联系，树牢“四个意识”，坚定“四个自信”，坚决做到“两个维护”，自觉在全省大局中谋划工作，践行工作要实、作风要硬、纪律要严，为新一届省人大常委会依法履职打好基础。

坚持用新思想引领人大工作。把学习贯彻习近平新时代中国特色社会主义思想和党的十九大精神作为首要政治任务，把学习好、研究好、宣传好、贯彻好习近平总书记关于坚持和完善人民代表大会制度的重要思想作为强化理论武装的主要内容，常委会党组带头在学懂弄通做实上下功夫，精心组织专题学习，党组理论学习中心组集中学习，8次扩大到办公厅党组和各分党组成员，3次扩大到常委会全体委员，着力筑牢思想基础和政治基础，确保正确的政治方向。及时传达学习中央决策部署和省委工作要求，严格执行向省委请示报告制度，对人大立法、监督、代表工作、自身建设等方面的重大问题和重要事项，做到事前主动请示、事后及时报告，始终把党的领导贯穿于人大工作各方面和全过程。

坚持服从服务于大局。聚焦云南决战脱贫攻坚、决胜全面建成小康社会、实现高质量跨越式发展，紧扣“三个定位”和三大攻坚战，认真谋划人大工作。报请省委同意，制定本届人大常委会五年立法规划、

年度工作要点和立法、监督、代表工作计划，使人大工作紧紧扣住贯彻落实中央决策部署和省委工作要求，紧紧扣住回应人民群众重大关切，紧紧扣住厉行法治、推进全面依法治省。

坚持抓实自身建设。根据换届后新当选代表占74.2%、新任常委会组成人员占69.8%的实际，组织360名新任省人大代表参加履职培训班，首次组织常委会组成人员集中培训，2次邀请省政府领导结合云南实际作专题学习辅导，强化政治性，突出针对性和有效性，增强履职意识，提高工作本领。认真落实中央和省委的改革要求，调整常委会工作机构，开展完善省人大专门委员会设置的相关工作。重视发挥常委会机关的参谋助手作用，“立改废”工作制度84项，举办29期“学习教育讲堂”和2期机关干部培训班，突出严谨、严密、严格，提升政治业务素质和工作效能。坚决贯彻中央八项规定及实施细则精神和省委实施办法，认真落实省委精准脱贫工作部署，开展“双联系一共建双推进”和“挂包帮”“转走访”活动，积极投身脱贫攻坚主战场。

二、紧扣“三个定位”加强立法，保障云南改革发展

常委会围绕促进云南主动服务和融入国家发展战略，坚持慎立多修、注重质量，把立法保障“三个定位”建设放在突出位置。2018年来，共制定省的地方性法规3件、修改37件、废止7件，通过法规性决定2件；批准设区的市和自治州制定、修改地方性法规18件，废止1件；批准民族自治地方单行条例8件。

紧扣建设民族团结进步示范区立法。加快《云南省民族团结进步示范区建设条例》立法进程，2次审议条例草案，并依法提请本次代表大会会议审议，进一步明确国家机关和社会各方面的职责，为示范区建设提供有力法治保障。批准楚雄州彝医药条例、德宏州民族教育条例、元江县文化遗产保护条例、澜沧县水资源保护管理条例等一批单行条例，促进民族地区经济社会发展。

紧扣争当生态文明建设排头兵立法。在全国率先制定生物多样性保护条例，明确生物多样性保护的范围、职责、措施和法律责任，促进云南建设中国最美丽省份。认真落实中央环保督察组和全国人大常委会的要求，开展生态环境保护相关地方性法规专项自查和清理工作，制定大气污染防治条例，修改杞麓湖、滇池、阳宗海保护条例和昭通大山包黑颈鹤国家级自然保护区条例、省级自然保护区管理条例，着力用最严格制度最严密法治保护生态环境。制定水利工程管理条例，促进水生态环境保护。

昆明滇池　（王　新　摄）

紧扣建设面向南亚东南亚辐射中心立法。修改公路路政条例、道路运输条例，助力全省综合交通运输体系与南亚东南亚国家互联互通。修改禁毒条例、旅游条例、城市建设管理条例等法规，营造安全稳定的对外开放环境，提升辐射能力。批准昆明市建设区域性国际中心城市促进条例，助推对外开放新高地建设。

紧扣推进深化改革立法。对省政府机构改革涉及省的地方性法规规定的行政机关职责调整问题作出决定，确保行政机关履行法定职责的连续性、稳定性和有效性，保证中央和省委的机构改革部署依法落实。打包修改32件地方性法规，废止4件地方性法规，保障行政审批制度、商事制度、职业资格制度和投资体制等改革于法有据，保证“放管服”改革和“减证便民”专项行动依法推进。

紧扣提高立法质量完善工作机制。认真落实中央和省委的改革部署，在全国率先出台地方立法中涉及的重大利益调整论证咨询工作规范、争议较大的重要地方立法事项引入第三方评估工作规范，发挥社会力量在立法中的积极作用。修订常委会地方性法规立项、清理、评估办法和立法技术规范，加强科学立法、民主立法、依法立法制度建设。加大统筹指导力度，制定常委会审查批准地方性法规办法，修订民族自治地方自治条例和单行条例报批程序，召开全省地方立法工作座谈会、民族立法工作座谈会，采取暂缓表决、加强协商等方式，妥善解决审议中存在的意见分歧，有效促进各州市和民族自治地方提高立法质量。

三、聚焦三大攻坚战加强监督，推动落实重大决策

常委会着力推动落实中央决策部署和省委工作要求、回应人民群众关切，首次实行监督项目责任制，逐月检查工作进度，聚焦三大攻坚战加大监督力度。

一年来，共审议“一府两院”专项工作报告20项，开展执法检查3次，组织专题询问3次、视察2次，开展专项工作评议和满意度测评各1次、专题调研5次。同时，根据省委要求，牵头组织九大高原湖泊河（湖）长制工作督察。

聚焦防范化解重大风险加强监督。听取和审议省政府关于地方金融企业国有资产管理情况的报告，督促认真履行出资人职责，提高监管水平。出台关于加强政府债务监督的暂行办法，专题调研全省政府性债务管理情况，听取和审议省政府关于审计工作、审计查出问题整改情况的报告，推动政府有效化解债务。首次审议省政府关于国有资产管理情况的报告，建立省政府向省人大常委会报告国有资产管理情况制度，推动全省16个州市出台实施意见，加强人大对国有资产的监督。

聚焦精准脱贫加强监督。由常委会副主任分别带队，深入怒江、迪庆、昭通、红河、文山、丽江等6个州市及6个深度贫困县，检查云南省农村扶贫开发条例实施情况，针对部分地方产业扶贫支撑不够牢固、深度贫困地区整体性贫困问题突出、易地扶贫搬迁安置、充分发挥扶贫资金作用等提出意见建议，推动中央和省委关于脱贫攻坚的决策部署落地见效。听取和审议省政府关于健康扶贫工作情况的报告，并开展专题询问，及时推动解决工作中存在的问题。专题调研全省新型农业经营主体发展情况，推动发展高原特色现代农业，促进农村贫困群众稳定脱贫。专题调研全省散居困难归侨侨眷扶贫救助和归侨职工退休金落实情况，推动执行相关政策法规。

聚焦污染防治加强监督。组织工作评议和打分测评，把“筑牢长江上游重要生态安全屏障”，作为审议年度环境状况和环境保护目标任务完成情况报告的重要内容，客观评价省政府的环保工作，明确指出存在的问题，督促加大整改力度。根据省委的统一部署，贯通人大监督和党政监督，牵头督察九大高原湖泊河（湖）长制工作和保护治理情况，指出53个方面的问题，提出156条整改意见，加强保护治理工作。针对2017年城乡规划“一法一条例”执法检查和专题询问提出的问题，组织专项调研，听取和审议省政府整改落实情况报告，持续督促改善城乡人居环境。组织代表视察破坏环境资源和危害食品药品安全犯罪专项立案监督工作情况，促进发挥司法功能，打击违法犯罪。

大理州河湖长制公示牌　　（许太琴　摄）

聚焦高质量跨越式发展加强监督。听取和审议省政府关于年度国民经济和社会发展计划执行情况报告，并结合审议“十三五”规划纲要实施情况中期评估报告，由常委会副主任分别带队开展专题调研，助力推进“三个定位”“两型三化”“五网”基础设施、八大重点产业、世界一流“三张牌”等重点工作。审查批准地方财政决算、专项预算调整和年度预算调整方案，听取和审议省政府关于地方财政预算执行情况报告，跟踪监督部门预算编制和执行情况，出台人大预算审查监督重点向支出预算和政策拓展实施意见，完善人大预算审查前听取代表和社会各界意见建议工作机制，加强省级预算联网监督系统建设，指导16个州市和66个县实现预算联网监督。由常委会副主任分别带队深入基层，对民族区域自治法和云南省实施办法执行情况开展执法检查，推动落实党的民族政策和相关法律法规。对科学技术进步“一法一条例”实施情况开展执法检查，推动落实创新驱动战略。听取和审议省政府关于云南企业面向南亚东南亚“走出去”工作情况、全省旅游市场综合监管情况等专项工作报告，促进产业转型升级和扩大对外开放。

聚焦全面依法治省加强监督。修改云南省实行宪法宣誓制度组织办法，组织宪法宣誓，开展宪法日活动，激励和教育国家工作人员忠于宪法、遵守宪法、维护宪法。审议2017年规范性文件备案审查情况报告，加强备案审查信息化建设试点工作，对19件规范性文件进行审查，维护国家法制统一。专题调研全省公安改革工作情况，促进提升管理服务水平。听取和审议省高级人民法院、省人民检察院的专项工作报告，首次将专题询问拓展到“两院”工作，支持人民法院如期打赢“基本解决执行难”决胜仗，支持检察机关依法开展公益诉讼，维护国家利益和社会公共利益。跟踪监督常委会组成人员审议意见办理情况，推动落实司法责任制和法治宣传教育工作，促进增强全民法治观念。

四、认真履行法定职责，做好决定任免工作

常委会坚持科学决策、民主决策、依法决策，分别对年度财政决算和预算调整、昆明市部分行政区划调整、马龙撤县设区、水富撤县设市等 9 项重大事项作出决定，落实省委工作要求，保障经济社会发展和民主法治建设。

常委会坚持党管干部原则与严格依法任免有机统一，任免国家机关工作人员 173 人（次）。其中，决定省监察委员会代理主任 1 人、省人民检察院代理检察长 1 人，决定任命新一届省政府组成人员 23 人，圆满实现中央和省委的人事安排意图，为云南发展提供有力的组织保障。

五、围绕更好发挥代表作用，深化拓展代表工作

常委会坚持以人民为中心，把代表工作放在更加突出的位置，首次制定年度代表工作计划，完善保障机制，提升服务水平。

密切国家机关同代表的联系。建立新一届常委会组成人员联系代表工作档案，189 名基层省人大代表与常委会组成人员建立了经常性联系。及时向代表通报常委会工作情况，主任会议组成人员带头在基层调研时召开各级人大代表座谈会，先后邀请 38 名省人大代表、8 名全国人大代表列席常委会会议，邀请省人大代表参加常委会执法检查、立法调研、专题询问等工作 200 多人（次），重要法规草案通过网络平台征求代表意见，建立预算审查联系代表工作机制，有效拓展代表参与常委会工作的广度和深度。支持“一府两院”向代表通报重要工作情况，听取代表意见建议。

密切代表同人民群众的联系。建立新一届省人大代表履职档案、省人大代表联系群众工作档案，通过网络平台公布代表基本情况和履职情况，方便群众联系代表、监督代表。委托各选举单位组建新一届省人大代表小组 45 个，组织代表专题调研和集中视察。修订全省各级人大代表联系人民群众的指导意见，支持基层人大新建 485 个代表活动站（室），支持会泽县和禄丰县率先开展“聚力脱贫攻坚・人大代表在行动”活动，促进代表深入联系人民群众。目前，全省 10.62 万名各级人大代表与 35.93 万名群众建立了经常性联系。其中，省人大代表联系群众 1383 名。

提升代表议案建议办理实效。坚持召开代表建议统一交办会，由主任会议组成人员牵头督办重点建议。组织代表视察建议办理情况，审议“一府两院”办理情况的报告，及时通报办理进展情况，代表对办理结果不满意的，从严要求承办单位重新办理，有效提高办理质量。省十三届人大一次会议主席团交付审议和研究的 7 件议案，代表提出的 686 件建议、批评和意见，已全部办结并作了答复。其中，办理结果为 A 类的代表建议为 428 件，占建议总数的 62.4%，同比提高 7 个百分点。

一年来，常委会主动争取全国人大常委会的工作指导，积极配合开展基本医疗卫生与健康促进法立法调研和大气污染防治法执法检查等工作，加强与各省区市人大的工作交流，加强对各州市和县级人大的联系指导，加大对外交往力度，改进人大新闻宣传工作和理论研究，各项工作取得了新进展新成效。

各位代表，一年来，省十三届人大常委会的工作在继承中发展、在发展中创新，最根本的是在于习近平新时代中国特色社会主义思想的科学指引，在于中共云南省委的坚强领导，是省人大代表、常委会组成人员勤奋履职的结果，是省人大机关工作人员辛勤工作的结果，是“一府一委两院”密切配合的结果，是全省各级人大协同努力的结果，是全省各族人民和社会各界关心支持的结果。在此，我代表省人大常委会表示崇高的敬意和衷心的感谢！

同时，我们也清醒地看到，与服务云南改革发展稳定的新要求相比，常委会工作还有较大差距。主要是：立法质量需要进一步提高；监督实效需要进一步增强；代表工作需要进一步创新；常委会履职能力和水平需要进一步提升等，这些都需要在今后的工作中不断改进。

2019 年的主要任务：

2019 年是新中国成立 70 周年，是全面建成小康社会的关键之年，是云南省脱贫攻坚决战决胜关键之年。省人大常委会要以习近平新时代中国特色社会主义思想为指导，全面贯彻党的十九大和十九届二中、三中全会精神，坚持党的领导、人民当家做主、依法治国有机统一，深入贯彻落实习近平总书记对云南工作的重要指示精神，认真贯彻落实省委十届六次全会精神，在中共云南省委的坚强领导下，坚持稳中求进工作总基调，依法行使职权，积极开拓进取，助力保持经济持续健康发展和社会大局稳定，为云南决战脱贫攻坚、决胜全面建成小康社会打下决定性基础作出应有的贡献。

聚焦保持经济持续健康发展和社会大局稳定履职尽责。当前，云南高质量跨越式发展的基础正在形成，加快发展的态势正在形成。人大工作必须服从服务于大局，把依法履职的重点放在促进云南高质量跨越式

发展上来，围绕稳增长、促改革、调结构、惠民生、防风险、保稳定，依法行使立法权、监督权、决定权、任免权，更好发挥人大代表作用，保障中央的决策部署和省委的工作要求落地落实。

进一步紧扣“三个定位”加强立法工作。把握云南高质量跨越式发展的坐标，突出推进“三个定位”这一重点，发挥地方立法促进发展的重要作用。紧扣促进民族团结进步，制定和修改相关地方性法规，加大对民族自治地方立法工作的统筹力度，推动尽快出台《云南省民族团结进步示范区建设条例》实施细则。紧扣争当生态文明建设排头兵开展立法调研，制定气候资源保护和开发利用等条例，修改程海、星云湖、阳宗海保护条例，推动有关州市完善洱海、异龙湖、泸沽湖等高原湖泊保护法规。紧扣建设面向南亚东南亚辐射中心，开展相关领域的立法调研。同时，坚持立改废并重，健全工作机制，加强统筹指导，建成覆盖全省的地方立法和备案审查工作信息化系统，加强规范性文件备案审查工作，不断提高立法质量。

进一步紧盯三大攻坚战加强监督工作。关注云南高质量跨越式发展必须跨越的重大关口，突出打好三大攻坚战这一重点，实行正确监督、有效监督。紧盯防范化解重大风险，坚持底线思维，审议省政府关于2018年度国有资产管理情况的综合报告、行政事业性国有资产管理情况的专项报告，听取和审议审计工作等报告，对部分被审计单位审计查出问题整改工作进行满意度测评，加强政府债务监督，推进预算审查监督重点向支出预算和政策拓展，实现全省人大预算联网监督全覆盖，提高防控能力。紧盯精准脱贫，听取和审议省政府关于脱贫攻坚工作情况的报告并进行专题询问，组织开展相关执法检查，推动实施乡村振兴战略与打好精准脱贫攻坚战的有机衔接。紧盯污染防治，审议省政府关于落实中央环保督察“回头看”反馈意见整改进展情况报告并进行专题询问，听取和审议省政府关于2018年度环境状况和环境保护目标完成情况的报告，组织开展相关执法检查和九大高原湖泊河（湖）长制工作督察，推动建设中国最美丽省份。

进一步围绕更好发挥作用加强代表工作。根据云南高质量跨越式发展面临攻坚克难的实际，突出更好发挥代表作用这一重点，激发全社会投身跨越发展的积极性、主动性和创造性。围绕更好发挥代表来自人民、根植人民的优势，将主任会议组成人员到基层调研召开各级人大代表座谈会作为制度性安排，加强代表培训，继续邀请基层代表列席常委会会议，深化法规案征求代表意见和预算审查前听取代表意见的工作，提升代表参与常委会工作的质量，努力做到民有所呼、我有所应。围绕更好发挥代表为发展献策、为人民代言的作用，制定优秀代表建议和办理工作评比表彰办法，健全代表建议办理和督办工作机制，提升办理实效，促进代表深入群众，为云南改革发展稳定汇聚民意、集中民智。围绕更好发挥代表的桥梁纽带作用，制定省人大代表履职管理办法，实现代表活动阵地在全省乡镇和街道全覆盖，推动代表直接联系人民群众工作平台和网络平台的制度化建设，拓展发挥代表作用的有效途径。

进一步提高政治站位加强自身建设。立足推动云南高质量跨越式发展，着力加强自身建设。始终把政治建设摆在首位，毫不动摇坚持党的领导，坚决落实中央精神和省委要求，确保人大工作正确政治方向。加强理论武装，持续深入学习好、研究好、宣传好、贯彻好习近平总书记关于坚持和完善人民代表大会制度的重要思想，开展“不忘初心、牢记使命”主题教育，建立常委会组成人员参加常委会党组理论学习中心组专题学习制度，把学习成果转化为做好人大工作的精神动力。落实深化改革任务，完善议事规则，健全组织制度和工作制度，做好人大专门委员会、常委会工作机构调整设置的后续工作。坚持严字当头，锲而不舍加强纪律建设和作风建设。以纪念地方人大常委会设立40周年为契机，加大理论研究和宣传力度。加强人大干部培训工作，定期举办机关“学习教育讲堂”，努力造就忠诚干净担当的高素质人大干部队伍。

新的一年，常委会将继续围绕服务“一带一路”建设，加强地方人大对外交往工作。进一步争取全国人大常委会的工作指导，做好第二十五次全国地方立法工作座谈会的承办工作，加强与基层人大的工作联动。

各位代表，新时代呼唤新作为，新时代要有新担当。让我们高举习近平新时代中国特色社会主义思想伟大旗帜，更加紧密地团结在以习近平同志为核心的党中央周围，在中共云南省委的坚强领导下，站在改革发展稳定第一线、站在民主法治建设第一线、站在推进和保障高质量跨越式发展第一线，切实发挥好职能作用，以优异成绩迎接中华人民共和国成立70周年。

FEATURE ARTICLES

践行习近平生态文明思想推进中国最美丽省份建设

——在云南省第十二届社科学术年会分论坛主题专场会上的讲话

云南省人大常委会原副主任　吴光范

以庆祝改革开放40周年为主题，由中共云南省委宣传部、云南省社科联主办的云南省第十二届社科学术年会分论坛“践行习近平生态文明思想推进中国最美丽省份建设”主题专场，今天在西南林业大学隆重开幕，可喜可贺！

云南山奇、水异，自然资源丰富，尤其以独特的生态环境、生物多样性惊艳世界，生态是云南省的魅力所在，也是云南省最珍贵的品牌和资本。2003年党的十六届三中全会提出了科学发展观，2007年党的十七大提出建设生态文明，2012年党的十八大将生态文明建设作为五大建设重要内容进行总体布局，2017年党的十九大将其写入党章，2018年将其载入宪法，生态文明建设已经成为党和国家的执政纲领，中国共产党是当今世界第一个把生态文明作为执政理念的执政党。

值得一提的是，2015年习近平总书记到云南调研时对云南提出了“生态文明建设排头兵”的发展定位，显示出国家对云南省生态文明建设的关注及重视。云南省的生态文明建设处于全国的前列，我们可以从云南省推动生态文明建设的几大关键事件看出：2007年“七彩云南保护行动”全面实施，2008年“滇西北生物多样性保护行动”正式实施，2009年《中共云南省委云南省人民政府关于加强生态文明建设的决定》《七彩云南生态文明建设规划纲要（2009–2020年）》出台，2010年启动实施了生态文明建设十大重点工程，2011年《云南省环境保护十二五规划》颁布，2012年《云南省生物多样性保护西双版纳约定》发布，2013年《云南省湿地保护条例》出台，2014年《云南省生态文明先行示范区建设实施方案》编制，2015年《关于努力成为生态文明建设排头兵的实施意见》印发，2016年《关于贯彻落实生态文明体制改革总体方案的实施意见》《云南省生态文明建设排头兵规划（2016–2020年）》出台，2017年《云南省“十三五”节能减排综合工作方案》《关于贯彻落实湿地保护修复制度方案的实施意见》出台，2018年《云南省生物多样性保护条例》经云南省十三届人大常委会第五次会议审议通过，将于2019年1月1日起正式实施。

此外，云南全省推动生态文明建设示范区，这是云南省加快推进生态文明建设排头兵的重要载体。截至2016年年初，全省16个州（市）累计建成国家级生态示范区10个、国家级生态乡镇85个、国家级生态村3个。目前，全省各州市、县区都在积极构建生态文明示范区，为云南绿色发展、生态文明建设做出示范带头作用。2018年12月16日，在中国生态文明论坛南宁年会上，西双版纳州被授予“2018年美丽山水城市”称号，成为全国唯一荣获此荣誉的民族自治州，为云南省再添生态文明建设成果。还有，2018年5月《云南生态系统名录（2018版）》对外公开发布，这是迄今为止能够准确、系统、权威地反映云南生态系统多样性基本信息的一项重要的科研成果。如此等等，说明云南省生态文明建设取得了相当的成果！我们都是云南省生态文明建设的参与者、受益者、见证者。在云南省生态文明建设进程中，全省各级领导、专家学者、众多院校师生以及企事业单位实际工作者，包括在座的各位（云南省杨善洲绿化基金会、云南省生态文明建设研究与发展促进会）都付出了巨大努力。今后，我们要以习近平生态文明思想和党的十九大精神为指导，构建生态文化、生态经济、生态安全等生态文明体系，坚决打好蓝天、碧水、净土三大保卫战，实施好九大高原湖泊保护治理、以长江为重点的六大水系保护修复、水源地保护，实施好生态保护红线、环境质量底线、资源利用上线、环境准入负面清单“三线一单”，推动形成绿色发展方式和生活方式，为把云南建设成为中国最美丽省份作出应有的努力和贡献！

谢谢大家！

2018年12月27日

保护生态系统　确保生态安全

——《云南省生态系统名录（2018版）》新闻发布词（节选）

5月22日，是联合国确定的"国际生物多样性日"。经省政府新闻办同意，今天，云南省环境保护厅联合中国科学院昆明植物研究所在全国率先发布《云南省生态系统名录（2018版）》。下面，我向各位作一些情况介绍。

一、纪念生物多样性行动25周年

2018年是国际《生物多样性公约》生效25年，也是中国加入该公约25周年，今年的主题是"纪念生物多样性行动25周年"。25年来，中国作为《生物多样性公约》最早的缔约国之一，在履约方面做了大量卓有成效的工作，成立了由国务院副总理任主席的中国生物多样性保护国家委员会，出台了一系列法规、政策、规划和《中国生物多样性保护战略与行动计划（2011～2030年）》，实施了一大批重大工程，构建了保护网络体系等。2020年《生物多样性公约》第15次缔约方大会及其议定书缔约方会议将在中国举办，体现了国际社会对中国生物多样性保护工作的充分认可，也将推动中国相关工作的不断深化和拓展。

云南是中国生物多样性最丰富的省份，也是全球34个物种最丰富且受到威胁最大的生物多样性热点地区之一，在中国乃至全球占有十分重要的生态地位。25年来，省委、省政府高度重视，成立了云南省生物多样性保护委员会，各州（市）也建立了相应的工作协调机制，在各级各部门和社会各界的共同努力下，加强管理，加大投入，积极保护，取得了明显成效，为中国履行《生物多样性公约》作出了积极贡献，云南生物多样性保护工作走在全国前列。

*一是法规政策不断完善。*在全面贯彻执行国家有关法规、政策的基础上，结合云南实际，云南省初步建立了生物多样性保护法规政策体系。颁布了《云南省陆生野生动物保护条例》《云南省自然保护区管理条例》《云南省珍贵树种保护条例》《云南省湿地保护条例》《云南省国家公园管理条例》等地方性法规，在全国率先制定了《云南省生物多样性保护条例（草案）》。滇池、抚仙湖、洱海、泸沽湖等九大高原湖泊实现了"一湖一条例"。开展自然保护区专项立法，逐步推进"一区一法"。同时，还制定了一系列生物多样性保护相关政策，发布了生物多样性保护的丽江宣言、腾冲纲领和西双版纳约定。

*二是规划计划统筹推进。*2010年，《中国生物多样性保护战略与行动计划》印发后，云南省于2013年在全国较早发布了《云南省生物多样性保护战略与行动计划（2012～2030年）》，在全省划定了6个优先保护区域，提出了9大保护优先领域、34项保护行动，为当前和今后一段时期生物多样性保护和可持续利用确定了目标、任务和具体行动。为了加大保护力度，云南省先后制定了《云南生物多样性保护工程规划（2007～2020年）》《滇西北生物多样性保护规划纲要（2008～2020年）》《云南省生物物种资源保护与利用规划纲要（2011～2020年）》《云南省极小种群物种拯救保护规划纲要（2010～2020年）》《云南省实施生物多样性保护重大工程方案（2016～2020年）》《云南省生物多样性保护优先区域规划（2017～2030年）》《云南省生物多样性保护战略与行动计划（2012～2030年）》三年实施方案等一系列规

丽江就地保护的万朵山茶　　（许太琴　摄）

划计划，并不断加以实施。

三是保护体系基本建立。自 1958 年全省建立第一个自然保护区—西双版纳自然保护区以来，截至 2017 年底，全省共建立各级各类自然保护区 161 个，面积约 2.86 万平方千米，约占全省国土面积的 7.3%；建立风景名胜区 66 个、国家湿地公园 16 个、森林公园 45 个、世界自然与文化遗产地 5 个、水产种质资源保护区 21 个、农业野生植物保护点 12 个，各类保护地约占全省国土面积的 19.5%，使全省 85% 以上的典型生态系统和重点保护野生动植物得到了有效保护。科学开展迁地保护，建立了一批植物园、树木园、动物园、救助站、繁育中心和农作物遗传资源的收集和保存设施。全省已建立动物园、野生动物园 10 个，养殖物种达 200 多种；建立植物园、树木园 10 个，保存了近 2 万种（包括亚种、变种、栽培品种）植物，涵盖了大多数植物种类。与中国科学院昆明分院共同建立了全国唯一的“中国西南野生生物种质资源库”，截至 2017 年底，共收集并保存了全国野生物种质资源 21666 种、225522 份。其中，种子 9837 种，74738 份；DNA 样品 5642 种，49815 份；离体材料 1850 种，20810 份；细胞系 292 种，1685 份；脊椎动物 1155 种，26328 份；野生无脊椎动物 670 种，29946 份；微生物物种 2220 种，22200 份。目前，全省已基本建立以就地保护为主、迁地保护和离体保存为辅的生物多样性保护网络体系。

白马雪山自然保护区滇金丝猴　（杨　峥　摄）

四是保护恢复成效明显。全省全面实施了天然林保护、退耕还林、重点生态治理修复、自然保护区建设、湿地保护与恢复、滇西北滇西南重点区域生物多样性保护等工程，促进了退化生态系统和野生物种生境的恢复，有效保护了生物多样性。加强濒危物种的调查、保护、拯救和繁育，完成了滇西北和德宏州共 22 个县生物多样性本底调查；先后开展了两次野生动植物资源调查，基本查清了我省分布的国家重点保护野生动植物的分布、数量及栖息地状况。2012 年发表了新种怒江金丝猴；2017 年，命名了高黎贡白眉长臂猿，这也是中国科学家命名的唯一一种类人猿。通过开展濒危物种繁育、野外巡护、栖息地恢复、野外回归、增殖放流、执法检查等措施，对濒危野生动植物实施抢救性保护，实施了巧家五针松、华盖木、滇池金线鲃、大理裂腹鱼、黑颈鹤、双角犀鸟、亚洲象、羚牛、滇金丝猴、西黑冠长臂猿等 100 多个珍稀、濒危或特有物种的拯救、恢复和栖息地保护，一批野生动植物的人工繁育、种群恢复获得成功，种群数量明显增加。

五是科学研究成果丰富。依托有关科研院所或高校，相继建立了“西南生物多样性实验室”“国家高原湿地研究中心”“中国昆明高原湖泊国际研究中心”“云南生物多样性研究院”等一批生物多样性研究平台。新中国成立以来，蔡希陶、吴征镒等老一辈科学家，以及有关大专院校、科研院所在云南长期开展生物多样性研究工作，培养了大批优秀人才，形成了丰富的科研成果。出版了《云南植被》《云南植物志》《云南森林》《元江、怒江、金沙江、澜沧江干热河谷植被》《云南鱼类志》《云南两栖爬行动物志》《云南鸟类志》《云南大百科全书 · 生态卷》等系列专著。近 3 年来，每年在全国率先发布了省级名录—《云南省生物物种名录（2016 版）》《云南省生物物种红色名录（2017 版）》《云南省生态系统名录（2018 版）》，为云南省生物多样性资源保护和可持续利用奠定了坚实基础。

六是合理开发持续利用。在保护的前提下，积极开展可持续利用，着力培育生物优势产业。近年来，生物产业正成为各地竞相培育的重要产业和农民增收的重要来源，呈现出增长速度快、发展势头好的良好局面，经过多年的持续引导和强力推动，生物产业已经成为云南经济发展的重要支柱。继云南白药、三七、天麻、花卉、烟草、茶叶、橡胶等传统生物产业之后，咖啡、香料、水果、核桃、中药材等一批食用、药用及观赏等物种资源利用逐步深化，生物产业发展前景广阔。2017年，

腾冲市固东镇江东银杏村绿意盎然的夏天 （王 新 摄）

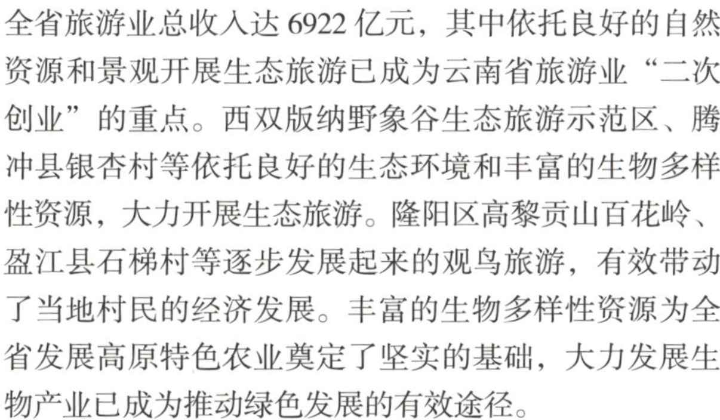

全省旅游业总收入达6922亿元，其中依托良好的自然资源和景观开展生态旅游已成为云南省旅游业“二次创业”的重点。西双版纳野象谷生态旅游示范区、腾冲县银杏村等依托良好的生态环境和丰富的生物多样性资源，大力开展生态旅游。隆阳区高黎贡山百花岭、盈江县石梯村等逐步发展起来的观鸟旅游，有效带动了当地村民的经济发展。丰富的生物多样性资源为全省发展高原特色农业奠定了坚实的基础，大力发展生物产业已成为推动绿色发展的有效途径。

七是民族文化得到弘扬。云南省民族众多，民族生态文化和相关传统知识十分丰富，如纳西族的东巴文化、傣族的贝叶文化、哈尼族的梯田文化、傣医药、藏药、苗药等，各民族的耕作文化、民族医药、饮食文化习俗、传统生产生活方式和宗教信仰文化与生物多样性紧密联系在一起，与自然和谐共生，有效地促进了云南生物多样性的保护与可持续利用。自20世纪80年代以来，云南省率先在全国开展民族文化与生物多样性保护研究，在国际上引起了高度关注和广泛响应，丰富和发展了云南省傣族、彝族、哈尼族、纳西族等民族的传统生态文化，取得了《民族文化与生物多样性保护》《民族植物学》等大量的研究成果。近年来，全省开展了自然圣境保护小区（社区）试点工作，实施了全球环境基金“建立和实施遗传资源及其相关传统知识获取与惠益分享的国家框架项目”，充分发挥民族相关传统知识在生物多样性保护中的作用。

勐罕镇曼降村贝叶经制作技艺的州级传承人康朗叫制作的贝页经 （王 新 摄）

八是执法监管不断强化。建立了公安、海关、边防武警、环保、林业、农业等部门或多部门合作的协调机制，不断加大对破坏生物多样性违法活动的打击力度和物种资源出入境的执法检查力度。先后组织开展了“候鸟行动”、“天网行动”、“绿剑行动”、打击象牙制品非法贸易行动等一系列严打行动，对走私、贩运遗传资源等违法活动进行专项整治，严厉查处非法销售、收购国家重点保护野生动植物及其产品的违法违规行为，查获了一批濒危物种重特大走私案件。通过开展中央环境保护督察、省级环境保护督察，有力促进了各级领导干部环境保护“党政同责”“一岗双责”的落实，强化了全省上下加强生态环境保护、推动绿色发展的意识，切实解决了一大批群众身边的突出环境问题。多年来，持续开展各级自然保护区遥感监测，组织实施了国家级、省级自然保护区遥感监测及核查整改。2017年，为认真贯彻落实中央关于甘肃祁连山国家级自然保护区生态环境问题督查处理情况及其教训的通报精神，组织开展了“绿盾2017”国家级自然保护区监督检查专项行动

和全省自然保护区专项督查，全面排查了全省各级自然保护区违法行为，对有关突出问题进行了查处，对相关责任人进行了追责问责，取得了阶段性成效。

九是合作交流不断深入。加强与英国、荷兰、德国等10多个国家和联合国环境署、亚洲开发银行、全球环境基金、美国大自然保护协会等国际机构和组织的交流合作，先后实施了亚行大湄公河次区域生物多样性廊道建设、中英合作云南环境发展与扶贫、中国和荷兰合作森林保护与社区发展等一批国际合作项目。积极推动云南省与毗邻的缅甸、老挝、越南的合作交流，实施了云南跨境生物多样性保护项目，分别与缅甸签订了中缅边境资源保护联防协议，与老挝开展边境生物多样性保护联合行动，与越南老街省建立了边境地区野生动物疫源疫病联防联控机制。结合推进“一带一路”建设，初步形成了以政府间合作为主的生物多样性保护多元化合作体系，为推动全省生物多样性保护和可持续利用发挥了重要作用。

十是宣传教育广泛开展。结合实施“七彩云南保护行动”“森林云南”、滇西北、滇西南生物多样性保护等工作，举办了“魅力三江·生态云南”—滇西北生物多样性保护大型主题活动、《云南省生物多样性大型图片展》、“5·22国际生物多样性日”系列宣传活动，开展爱鸟周和野生动物保护宣传月，举办了一系列野生动植物摄影比赛，组织拍摄《生物多样性保护—云南在行动》和《极小种群保护—云南在行动》等宣传片，出版了《云南野生珍稀动物》等宣传画册，通过电视、网络、报刊等多种形式和渠道加强宣传，公众的保护意识不断提高、自觉性和主动性不断增强，形成了全社会共同推进生物多样性保护和可持续利用的良好氛围。

二、生态系统名录编制

（一）背景和目的

云南地处北半球低纬度高原地带，境内高山耸立，峡谷深切，地势险峻，江河纵横，高原湖泊星罗棋布，最高海拔6740米，最低海拔76.4米。特殊的地理位置，复杂的地形地貌，独特多样的气候环境，孕育了云南丰富的生物多样性，各类群生物物种数均接近或超过全国的一半，云南国土面积仅占全国的4.1%，却囊括了地球上除海洋和沙漠外的所有生态系统类型。

所谓生物多样性是指生物（动物、植物、微生物）与环境形成的生态复合体以及与此相关的各种生态过程的总和，包括生态系统多样性、物种多样性和基因多样性。其中，生态系统是指“生物有机体与其环境相互作用的生态单元”。通俗来讲，就是指在自然界一定时间和空间内，生物与环境构成的一个有机整体。在这个整体中，生物与环境之间相互影响、相互制约，形成一定的结构，发挥一定的功能，并在一定时期内处于相对稳定的动态平衡状态。生态系统的范围可大可小，小到一滴湖水、一块草地、一个池塘、一条小溪、一片森林，大到由一切生态系统所组成的生物圈，我们日常所熟悉的生态系统有森林、草原、湿地、荒漠、海洋等。生态系统具有产品提供、固碳释氧、涵养水源、土壤保持、净化环境、养分循环、休闲旅游、维持生物多样性、文化和美学等方面的服务功能和经济价值。据测算，2017年，云南仅森林生态系统年服务功能价值就达1.68万亿元，高于全省1.65万亿元的生产总值。

摸清本底是生物多样性保护和管理的基础。物种名录和物种红色名录的发布，基本摸清了全省生物物种的家底和濒危状况，也引起了国内外的高度关注，得到了业内的一致认可。云南是“植物王国”、“动物王国”，而生态系统的类型和现状如何？是否也称得上“生态系统王国”？为此，云南省环境保护厅和中国科学院昆明植物研究所等单位共同组织开展了“云南省生态系统名录”评估工作。评估工作由昆明植物研究所牵头，云南大学、中国科学院西双版纳植物园、西南林业大学等单位组成课题组，成立了由熟悉云南植被的国内外相关专家组成的咨询委员会和由有关院士、知名专家组成的顾问委员，对该项工作给予指导、把关。

（二）评估方法和结果

国内外关于生态系统分类的方法和尺度有多种，本次评估是以《云南植被》关于植物群落的分类系统为基础，以群系作为生态系统编目的基本单位，根据收集和整理到的已出版的云南各类植被专著和有关文献，把云南的自然植被类型划分成生态系统类型，结合最新的研究成果和公众对生态系统的认知等情况作了适当的调整和归纳，最终形成《云南省生态系统名录（2018版）》。该《名录》收录了从热带到高山冰缘荒漠等各类自然生态系统，共计14个植被型38个植被亚型474个群系。（植被型是指建群种生活型相同或相似、对水热条件的生态关系一致的植物群落的集合，如雨林、季雨林、常绿阔叶林等；植被亚型是指植被型内优势层片或指示层片有差异的植物群落的集合，如热带季节性雨林、热带山地雨林、落叶季雨林、季风常绿阔叶林等；群系是指建群种或共建种相同的植物群落的集合，如厚皮树—香合欢林、四树木—常绿榆林、杯状栲林等）。

《云南省生态系统名录（2018版）》，是迄今为止能够最准确、最系统、最权威反映全省生态系统多样性基本信息的一项重要科研成果，研究表明：云南是全国生态系统类型最丰富的省份！该《名录》有以下方面的亮点：一是全国第一个系统、全面、深入的生态系统研究成果，也是全国第一个公开发布的生态系统名录，具有宝贵的创新性。二是进一步丰富了云南的自然植被类型，与《云南植被》相比，新增了2个植被型（季节性湿润林和荒漠）和5个植被亚型；与《云南植被》和《云南森林》相比，共新增200余个群系。三是对有关成果作了修正和补充，删除了《云南植被》中的“湿润雨林”亚型，同时对热带季雨林进行了重新梳理和订正。四是整合了沼泽化草甸和水生植被作为湿地生态系统，共计2个植被亚型和71个群系。五是评估分析了各类生态系统的重要性和受威胁程度，并提出了相应的保护措施和建议。

云南生态系统类型多样，但是系统空间分布一般都很小，并且在多样而独特的自然条件下形成了高度特化和变化幅度很小的系统组成和结构，抗干扰能力较弱，生态系统十分脆弱，一旦被破坏就很难恢复。本次评估反映出全省生态系统结构和质量总体保持稳定，但也面临生物多样性和天然林面积减少、城镇建设用地增加、橡胶林和桉树林等人工经济林面积扩大、石漠化问题严重、过度放牧造成草甸退化、外来物种入侵、热带经济作物种植和矿产资源开发、部分地区水源涵养和土壤保持功能下降、生态系统服务功能降低等问题。对此，必须区别情况，因地制宜，分类施策。一是对于集中连片而又具有全球或全国典型性、代表性的生态系统或组成成份极为复杂、物种十分丰富的生态系统要通过建立自然保护区加以保护，对面积较小的可建立保护小区等方式来保护。二是对斑块化、破碎化程度较高的生态系统类型要打通关键环节，连通生态廊道。三是对保存较好的原生植被或原始天然林要划入生态保护红线严格保护。四是对生态功能退化明显的生态系统要采取自然恢复为主的方针逐步开展生态修复。

需要指出的是，生物多样性调查和评估是一项渐进性、长期性的基础工作，不论是前两年发布的物种名录、物种红色名录，还是今天的生态系统名录，都只是一个阶段性的成果，随着调查研究的不断深入，今后，还需持续更新、不断完善。

三、下一步工作打算

今后，我们将进一步加大生物多样性保护力度，重点抓好以下工作：

*一是保护优先，持续利用。*坚持保护优先，把思想统一到“共抓大保护、不搞大开发”上来。着力加强生物多样性保护网络体系建设，划定并严守生态保护红线，提高生态产品供给能力和生态系统服务功能；实施生态系统保护重大工程，构建生态廊道和生物多样性保护网络，维护生态系统的完整性；建立以国家公园为主体的自然保护地体系，推动自然保护区从数量型向质量型转变，提高生物多样性维护能力。正确把握生态环境保护和经济发展的关系，探索协同推进生态优先和绿色发展新路子。在保护的前提下，积极开展生物多样性资源的可持续利用，统筹生物多样性保护与经济社会协调发展。

*二是统筹治理，系统修复。*遵循山水林田湖草是一个生命共同体的理念，坚持整体保护、系统修复、区域统筹、综合治理，按照生态系统的整体性、系统性及内在规律，健全耕地草原森林河流湖泊休养生息制度，大力开展退化生态系统修复。全面实施国土绿化行动，实施长江防护林体系建设、水土流失及岩溶地区石漠化治理、退耕还林还草、河湖和湿地生态保护修复等工程，增强生物多样性保护、水源涵养、水土保持等生态功能。

*三是严格法治，加强监管。*实行最严格的环境保护制度，建立最严格的源头预防、过程严管和后果严惩生态环境保护制度。严格环境准入，健全环境保护督察制度，完善环境执法联动机制，坚决落实好环境保护相关法律法规。健全生物多样性管理制度和监管机制，加强生物多样性监管基础能力建设，建立健全生物多样性保护法规体系，持续开展自然保护区“绿盾”监督检查专项行动。坚持县域生态环境质量考核，落实党政领导干部环境保护“党政同责”“一岗双责”、自然资产离任审计和终身责任追究制，建立生态环境损害赔偿和责任追究制，切实加强生态系统保护力度。

女士们、先生们，新闻界的朋友们，党的十九大报告提出“人与自然是生命共同体，人类必须尊重自然、顺应自然、保护自然。人类只有遵循自然规律才能有效防止在开发利用自然上走弯路，人类对大自然的伤害最终会伤及人类自身，这是无法抗拒的规律。我们要以习近平新时代中国特色社会主义思想为指导，全面贯彻落实党的十九大和全国生态环境保护大会精神，牢固树立“绿水青山就是金山银山”的理念，以生态文明建设排头兵为目标，积极采取措施，加大生态系统和生物物种保护力度，为人民提供更多优质生态产品和优美生态环境，切实保护好全国重要的生物多样性宝库，筑牢西南生态安全屏障。

（云南省环境保护厅）

学习宣传好　贯彻落实好《云南省生物多样性保护条例》

——在《云南省生物多样性保护条例》新闻发布会上的发布词

《云南省生物多样性保护条例》（以下简称《条例》）于2018年9月21日经省十三届人大常委会第五次会议审议通过，将于2019年1月1日起正式施行。

云南地处北半球低纬度高原地带，境内高山耸立，河谷深切，地势险峻，最高海拔6740米，最低海拔76.4米；金沙江、澜沧江、怒江、珠江、红河、伊洛瓦底江六大水系纵贯全省，高原湖泊星罗棋布。在南北间距不过900千米的土地上，有北热带、南亚热带、中亚热带、北亚热带、南温带、中温带和高原气候区等7个气候类型，气候的区域差异和垂直变化十分明显，呈现出“一山分四季，十里不同天”的立体气候类型。特殊的地理位置，复杂的地形地貌，独特多样的气候环境，孕育了云南丰富的生物多样性，使云南成为中国生物多样性最为丰富的省份，也是全球34个物种最丰富且受到威胁最大的生物多样性热点地区之一，在中国乃至全球生物多样性保护中具有十分重要的生态地位。

一、云南生物多样性的特点

一是丰富性。云南是世界上很多物种的起源中心，全省国土面积仅占全国的4.1%，却囊括了地球上除海洋和沙漠外的所有生态系统类型；2018年5月，在全国率先发布的《云南省生态系统名录（2018版）》收录了从热带到高山冰缘荒漠等各类自然生态系统，共计14个植被型、38个植被亚型、474个群系。云南分布的各类群生物物种数均接近或超过全国一半，享有“植物王国”“动物王国”“物种基因库”等美誉。2016年5月，在全国省级层面率先发布的《云南省生物物种名录（2016版）》记录有大型真菌、地衣、苔藓、蕨类、裸子植物、被子植物、鱼类、两栖类、爬行类、鸟类、哺乳类共11个生物类群25434种。其中，大型真菌2729种，占全国的56.9%；地衣1067种，占全国的60.4%；高等植物19365种，占全国的50.2%，包括苔藓1906种，蕨类1363种，裸子植物127种，被子植物15969种；脊椎动物2273种，占全国的52.1%，包括鱼类617种，两栖类189种，爬行类209种，鸟类945种，哺乳类313种。

二是特有性。云南还是世界物种的分化中心之一。物种地理分布狭窄，生物多样性特有现象十分突出，一些植被类型和众多生物物种只分布于云南，是全国特有物种分布最多的地区。如：仅在云南分布的“河谷型萨王纳植物群落”“河谷型马基植物群落”为全国特有的生态系统类型，在全国处于高度濒危状态的热带雨林生态系统也主要分布于云南。云南拥有大批孑遗种、特有种和古老种，共有特有物种3432种，特有比率为13.48%。其中云南特有的大型真菌物种55种，如鳞柄牛肝菌、云南鸡油菌、七妹羊肚菌、老君山线虫草、勐仑银耳、丽江块菌；特有地衣319种，如丽江松萝、西畴松萝、云南石耳；特有高等植物2716种，如玉龙缩叶藓、滇南黑桫椤、高山凤尾蕨、滇南苏铁、巧家五针松、蒙自猕猴桃、东川当归、贡山棕榈、腾冲秋海棠、景东十大功劳、山木瓜、高山红景天、版纳柿、德钦杜鹃、滇木姜子、玫红百合、华盖木、禄劝花叶重楼、勐海石槲、云南雀稗、元江花椒、野八角、云南枸杞、云南金花茶等；特有脊椎动物有344种，如滇池金线鲃、云南闭壳龟、贡山麂等。除云南特有种外，云南还分布有中国特有物种5682种，占云南省生物物种总数的22.3%。此外，在云南分布的非中国特有的脊椎动物中，有414种在中国仅分布于云南，占云南脊椎动物总数的18.1%；如冠斑犀鸟、灰孔雀雉、爪哇野牛、豚鹿、中国穿山甲、怒江金丝猴、西黑冠长臂猿、亚洲象等。

三是脆弱性。云南生物物种数量多，但大部分物种的种群规模小、个体数量少，特化程度高，适应性差，一旦被破坏就很难恢复。云南分布有国家重点保护的野生植物151种、野生动物242种，分别占全国的41.0%和57.1%；列入《中国植物红皮书》的珍稀濒危植物154种，列入濒危野生动植物物种国际贸易公约（CITES）附录的珍稀濒危动物192种；全省已有112种动植物被列入极小种群物种。2017年5月，云南以《云南省生物物种名录（2016版）》收录的物种为评估对象，按照世界自然保护联盟（IUCN）《物种红色名录等级和标准（2001年3.1版）》《物种红色名录等级和标准使用指南（2010年8.1版）》和《物种红色名录标准在地区和国家的应用指南（2012年4.0版）》的方法和标准，对11个类群的25451个物种进行了评估，在全国省级层面率先发布了《云南省生物物种红色名录（2017版）》。评估结果显示：

绝灭 8 种、野外绝灭 2 种、地区绝灭 8 种、极危 381 种、濒危 847 种、易危 1397 种、近危 2441 种、无危 16356 种、数据缺乏 2991 种、不宜评估 1013 种、不予评估 7 种。

二、《条例》的立法背景

良好的生态环境是云南可持续发展的核心竞争力，丰富的生物多样性资源是云南经济社会可持续发展的前提和保障。云南省委、省政府历来高度重视生物多样性保护，在各级各部门和社会各界的共同努力下，不断加强管理，加大投入，积极保护，云南生物多样性保护工作走在全国前列，取得了明显成效；同时，也面临认识不深、保护意识不强、投入不足、管理不力、法规体系不完善等突出问题。为进一步完善法规体系，加强生物多样性保护，2008 年出台的《云南省人民政府关于加强滇西北生物多样性保护的若干意见》《滇西北生物多样性保护行动计划（2008 ~ 2012 年）》《滇西北生物多样性保护规划纲要（2008 ~ 2020 年）》等文件，提出要开展生物多样性保护立法。2012 年 4 月，云南省生物多样保护联席会议发布的《云南省生物多样性保护西双版纳约定》，明确要“颁布施行《云南省生物多样性保护条例》”。2013 年 5 月，省政府批准实施的《云南省生物多样性保护战略与行动计划（2012 ~ 2030 年）》进一步将“制定《云南省生物多样性保护条例》”列入优先行动和优先项目。2014 年，《条例》立法工作被列入《省委全面深化改革领导小组工作要点》，省政府把开展《条例》立法作为生态文明制度建设的主要任务来抓。从 2011 年云南省环境保护厅着手起草《条例》，到 2018 年省人大常委会审议通过，历时 8 年，来之不易。

三、《条例》的重要作用

《条例》共 7 章 40 条，分别为总则、监督管理、物种和基因多样性保护、生态系统多样性保护、公众参与和惠益分享、法律责任、附则。《条例》的颁布将对保护中国乃至全球生物多样性宝库进一步提供法治保障。《条例》将在以下八个方面发挥重要作用：

（一）提升保护意识

生物多样性是指生物（动物、植物、微生物）与环境形成的生态复合体以及与此相关的各种生态过程的总和，包含生态系统、物种和基因三个层次。生物多样性具有涵养水源、保持水土、调节气候、防风固沙、维持生态系统平衡等生态服务功能。人类的生产生活与生物多样性密切相关，我们每天的衣食住行都离不开生物多样性。生物多样性是人类赖以生存的条件，是经济社会可持续发展的基础，是生态安全和食物安全的重要保障，也是环境的重要组成部分。国际社会普遍认为，谁拥有丰富的生物多样性，谁就拥有未来发展更多的选择权。随着《条例》的宣传贯彻落实，对全省上下了解什么是生物多样性、为什么要保护生物多样性、如何保护生物多样性，将发挥积极的促进作用。

（二）明确保护重点

现行不少法律法规都有涉及生物多样性保护方面的内容，但仅针对某一方面，保护对象单一，保护范围有限。例如，《野生动物保护法》规定的“野生动物”是指珍贵、濒危的陆生、水生野生动物和有重要生态、科学、社会价值的陆生野生动物，之外的其他野生动物的保护就不适用该法；《野生植物保护条例》所保护的“野生植物”是指原生地天然生长的珍贵植物和原生地天然生长并具有重要经济、科学研究、文化价值的濒危、稀有植物，之外的其他野生植物的保护不适用该条例；《自然保护区条例》等相关保护地法规规章只适用于依法划定的保护区域，之外的区域也不在相关法规规章的保护范围；现行相关法律法规对保护基因多样性等方面的立法十分薄弱，还有许多空白。对此，《条例》明确要通过建立健全保护地体系、保护网络、保护设施，加强监督管理，着力保护好国家和省重点保护动植物、特有物种、珍稀濒危物种、极小种群物种，以及重要的生态系统。强调要建立健全生物多样性保护的规划或计划编制、资源调查与监测评估、损害赔偿与保护补偿、外来入侵物种管理、行政执法、区域与跨境协作、公众参与、惠益分享、宣传教育等方面的制度。《条例》明确的生物多样性保护更全面、更系统，重点更突出。

（三）强化保护责任

针对生物多样性保护主体责任不明确，部门职能交叉重叠等问题，《条例》规定各级人民政府应当对本行政区域内的生物多样性保护负责，明确了保护的责任主体。结合各相关部门的职能职责，《条例》规定县级以上人民政府环境保护主管部门，对本行政区域内生物多样性保护工作实施综合管理，林业、农业、水利、住房城乡建设、国土资源、卫生等行政主管部门依照有关法律法规的规定，对生物多样性保护工作实施监督管理的体制，进一步明晰了环境保护部门和各有关部门在生物多样性保护工作中的职责分工。《条例》进一步强化了政府、企事业单位、公民、社会各界的保护责任，构建了政府主导、企业主体、全民参与的保护体系。对没有按规定编制、执行生物多样性保护规划或者计划的，在自然保护区擅自引入外来物种的，扩散、放生或者丢弃外来入侵物种的，擅自携带和邮寄物种出境的，将承担相应的法律责任。

（四）实行惠益分享

生物遗传资源是国家生态安全的重要物质保障。中国于2016年成为《生物多样性公约关于获取遗传资源和公平公正分享其利用所产生惠益的名古屋议定书》（以下简称《议定书》）缔约方，《议定书》明确获取生物遗传资源须得到提供国的事先知情同意，并在共同商定的条件下，公平公正地分享因利用生物遗传资源所产生的惠益。目前全国发布实施的与生物资源相关的法律法规主要针对部分物种或遗传资源的采集、捕猎、出境进行管理，普遍缺乏共同商定条件和惠益分享的规定，特别是在微生物资源、生物遗传资源相关传统知识等的获取与惠益分享方面存在立法空白，致使相关实践活动无法可依。《条例》要求各级行政机关要建立健全生物遗传资源及相关传统知识的获取与惠益分享机制，实行生态补偿、生态环境损害赔偿，公正分享其产生的经济效益，维护环境与社会的公平正义。

（五）保护遗传资源

生物遗传资源是经济社会可持续发展的战略资源，也是现代生物产业发展的基础，具有巨大的科研价值和商业开发价值，已成为各国研究机构和商业公司争夺的重要资源。云南生物遗传资源十分丰富，特别是在天然植物药、花卉及园艺绿化、绿色食品、生物化工等方面具有良好的开发条件和潜力。长期以来，由于缺乏保护意识，国内外一些科研机构和个人通过多种非正当手段大量获取云南丰富的生物遗传资源并携带出境，生物遗传资源流失严重，特别是野生药用遗传资源和农作物野生亲缘植物。例如，国家Ⅰ级保护植物红豆杉，因其树皮能提取昂贵的抗癌物质紫杉醇，美国、加拿大等国对红豆杉进行立法保护，药源地转向了中国等国家。中国80%的红豆杉集中在云南，国内外公司到云南大量收购红豆杉树皮，导致云南的红豆杉资源遭到严重破坏。《条例》规定对生物遗传资源进行收集、科学研究和生物技术开发等活动，不得影响野生生物种群的遗传完整性，造成损害的，应当依法赔偿；加强对境内外组织或者个人对野生生物物种进行采集、收购、野外考察或者携带、邮寄出境等行为的管理。

（六）防范入侵物种

复杂的气候条件、特殊的地理位置以及人为盲目引种、放生、携带等行为使得云南成为外来物种入侵的重灾区之一。根据原环境保护部联合中国科学院发布的《中国外来入侵物种名单》（第一批至第四批），云南已查明有紫茎泽兰、飞机草、薇甘菊、凤眼莲、非洲大蜗牛、克氏原螯虾、福寿螺、尼罗罗非鱼、巴西龟等入侵物种49种，占名单总数（71种）的69%。外来入侵有害物种对农林业生产造成了重大经济损失，同时对生态环境和生物多样性构成严重威胁。《条例》规定禁止扩散、放生或者丢弃外来入侵物种，要求对外来入侵物种和野生生物疫源疫病开展系统调查、监测、评估和预警等工作，并结合职责建立生态风险预警和应急响应机制，开展外来入侵物种和野生生物疫源疫病防治；对违反相关规定的将承担相应的法律责任。

（七）弘扬民族文化

云南多民族、多元文化和多种生态环境互为交织、相互融合，形成了天人合一、人与自然和谐的生产生活方式，创造了丰富多彩的民族生态文化，成为全省生态环境得以长期良好维持的重要基础，如纳西族的东巴文化、傣族的贝叶文化、哈尼族的梯田文化、傣医药、藏药、苗药文化等。各民族的耕作文化、民族医药、饮食文化习俗、传统生产生活方式和宗教信仰文化与生物多样性紧密联系在一起，与自然和谐共生，有效地促进了云南生物多样性的保护与可持续利用。早在现代自然保护地体系建立之前，各民族就以传统文化信仰为基础建立了民间自然保护体系，藏族的神山、傣族的竜山竜林、汉族的佛教圣地、佤族的色林、壮族的龙山等自然圣境，发挥着重要的“基因库”作用，有效保护了部分地带性生态系统、重点保护野生生物物种。随着工业、城镇化、基础设施建设进程的加快，加之旅游业的迅速发展，少数民族传统的生物多样性资源保护、利用方式和相关传统知识面临着前所未有的冲击，如西双版纳竜山自20世纪70年代之后持续大规模种植橡胶，竜山面积随之急剧锐减。对此，《条例》提出要加强与生物多样性有关的传统知识、方法和技能的调查、收集、整理，保护知识产权，申报民族传统文化保护区域、非物质文化遗产项目及其代表性传承人，弘扬和传承生态文化，充分发挥民族相关传统知识在生物多样性保护中的作用。

（八）促进绿色发展

近年来，云南在保护的前提下，合理开展可持续利用，着力培育生物优势产业，大力打造绿色能源、绿色食品、健康生活目的地“三张牌”，促进绿色发展。生物产业正成为各地竞相培育的重要产业和农民增收的重要来源，呈现出增长速度快、发展势头好的良好局面，经过多年的持续引导和强力推动，已经成为云南经济发展的重要支柱。继云南白药、三七、天麻、花卉、烟草、茶叶、甘蔗、橡胶等传统生物产业之后，咖啡、香料、水果、核桃、中药材等一批食用、药用及观赏等物种资源利用逐步深化，生物产业发展前景广阔。依托良好的自然资源和景观开展生态旅游已成为云南旅游业“二次创业”的重点。2017 年，全省旅游业总收入达 6922 亿元，其中丽江、西双版纳、大理、迪庆分别达 821 亿元、507 亿元、647 亿元、298 亿元。西双版纳野象谷生态旅游示范区、腾冲县银杏村等依托良好的生态环境和丰富的生物多样性资源，大力开展生态旅游。保山高黎贡山百花岭、盈江县石梯村等逐步发展起来的观鸟旅游，有效带动了当地村民的经济发展。丰富的生物多样性资源为全省发展高原特色农业、发展生态旅游奠定了坚实的基础，大力发展生物产业已成为云南推动绿水青山转变为金山银山的有效途径。《条例》要求行政机关要把生物多样性保护纳入重要议事日程，遵循保护优先、持续利用、公众参与、惠益分享、保护受益、损害担责的原则，科学

昭通大山包黑颈鹤 （王 英 摄）

高黎贡山百花岭生态保护区 （王 英 摄）

处理好保护与开发的关系。政府在制定有关规划时，要与生物多样性规划和计划相衔接；新建、改建、扩建建设项目以及开发自然资源的，要开展环境影响评价。这为生物多样性可持续利用和绿色发展提供了法律保障。

四、下一步的重点工作

下一步，云南省生态环境厅将重点抓好以下四项工作：

一是抓好学习宣传。在广播电台、报纸杂志等公共媒体和省环保厅官网和“两微”公众平台（微博、微信）、云南生物多样性保护网等网站刊发专家解读文章和学习材料供大家学习参考；利用“5·22国际生物多样性日”“六五”世界环境日等相关纪念日，以及干部培训等机会，开展讲座、知识竞赛等多种形式的宣传活动；以绿色创建工作为抓手，将生物多样性保护融入到绿色学校、绿色社区、环境教育基地等绿色系列创建活动中，营造良好的社会氛围，共同促进保护。

二是落实重点工作。完善云南省生物多样性保护委员会制度，组织实施《云南省生物多样性保护战略与行动计划（2012～2030年）》。建立健全保护地体系、保护网络、保护设施，保护好国家和省重点保护动植物、特有物种、珍稀濒危物种、极小种群物种，以及重要的生态系统。生态环境部门还要在规划编制、制度完善、数据共享、重点区域划定等方面积极发挥作用。

三是完善配套政策。结合生态文明体制改革，配合修订《云南省自然保护区管理条例》，研究制定《云南省生态红线管控办法》；开展生物多样性和生态系统服务价值评估试点，探索建立生物遗传资源及相关传统知识获取与惠益分享制度；积极协调自然资源、林草、住建、农业、水利、发展改革、财政等有关部门，推动有关政策措施尽早出台。

四是严格监督管理。组织制定各类自然保护地监管制度并监督实施，承担自然保护地、生态保护红线相关监管工作；监督对生态环境有影响的自然资源开发利用活动、重要生态环境建设和生态破坏恢复工作；强化生物多样性、生物遗传资源保护和生物安全管理，防范外来物种入侵；发挥综合管理作用，指导协调和监督地方履行生物多样性保护责任和义务。

《条例》是全国第一个生物多样性保护的单行法规，在生态保护事业中具有里程碑的意义。《条例》的颁布将对健全全国生物多样性保护法规体系、推动国家开展相关立法提供尝试。《条例》的施行标志着全省生物多样性保护和管理进入了规范化、法制化轨道。云南生物多样性保护工作责任重大、使命光荣、任务艰巨，我们将以《条例》颁布实施为契机，真抓实干，锐意进取，开拓创新，切实加强生物多样性保护，为把云南建设成为中国最美丽省份和全国生态文明建设排头兵作出新的努力和贡献！

（云南省环境保护厅）

碧水共蓝天一色　环保与经济齐飞

——“壮阔东方潮 奋进新时代”云南省庆祝改革开放40周年“生态文明”主题新闻发布词（节选）

中国的环保事业历时45年。40多年来，特别是改革开放以来，全国的经济得到了飞速发展，环保也得到了飞速发展，实现了两者的双赢。40多年来，环保在摸索中前行，在前行中改革，在改革中升华，实现了五个伟大的历史性转变。

一是在战略定位上，实现了从“三废”治理到环保国策和生态文明建设的转变。二战后，随着环境公害的加剧，世人的环保觉悟开始警醒。1972年联合国人类环境会议提出“人类只有一个地球”。1973年全国第一次环境保护大会召开，开始对废水、废气、废渣进行治理，标志着中国环境保护的新纪元。1983年环境保护成为基本国策。1987年后可持续发展成为全球共识。2003年党的十六届三中全会提出了科学发展观。2007年党的十七大提出建设生态文明，2012年党的十八大将其作为五大建设重要内容来总体布局，2017年党的十九大将其写入党章，2018年将其载入宪法，生态文明建设成为党和国家的执政纲领。中国共产党成为世界上第一个把生态文明作为执政理念的执政党。

二是在工作领域上，实现了从环境保护单一领域到融入政治、经济、社会、文化建设的转变。环境保护不仅要治理工业污染，还要整治城乡环境污染、保护生态系统，更要与政治、经济、社会、文化建设共融互进，坚持创新、协调、绿色、开放、共享五大发展理念，发展生态经济，建设资源节约型、环境友好型社会，传承并弘扬生态文化，改善生态环境，使经济高增长与污染高排放脱钩，实现了经济效益、社会效益与环境效益的协调统一，努力推动整个社会走上生产发展、生活富裕、生态良好的文明发展道路。

三是在治理方式上，实现了从工业上的点源、末端治理到区域流域、城市农村、自然生态全领域全过程防治的转变。过去，只就工业论环保，只就污染谈治理，而且治理工业污染只着力于烟囱的顶端和管道的末端，治理的难度大、代价高、效果差。《黄帝内经》早有告诫：上医治未病，中医治欲病，下医治已病。同理，环境保护必须坚持预防为主的原则，防治结合，综合治理；必须实行源头严防、过程严管、后果严惩，提高污染治理、生态保护的针对性、操作性、有效性；必须按照系统论、控制论、生态学理论，开展区域流域、城乡环境综合防治，实行山水林田湖草全面整治。

四是在责任主体上，实现了从企业主责到党政同责、一岗双责、人人有责的转变。环境保护不仅要坚持谁污染谁负责、谁破坏谁修复，还要实行党政同责、一岗双责，地方党委政府必须对当地的生态环境保护负责，党政有关部门及企事业单位必须实行管发展的要管环保、管行业的要管环保、管生产的要管环保。我们每个人既是优美环境的受益者和享有者，也是资源环境的消费者和干扰者，更是保护环境的践行者与捍卫者。保护环境，人人有责，我们绝不能只做空谈者和旁观者，必须从我做起、从小事做起、从现在做起。

五是在民生福祉上，实现了从求温饱到求环保、从求生存到求生态的转变。改革开放前，人们吃不饱、穿不暖、住不安、行不便，渴望着工业化，向往着城镇化，梦想着一夜致富，急功近利，竭泽而渔，为所欲为，不仅没有意识到环境污染和生态破坏所造成的严重危害，甚至为能够看到城中林立的烟囱、呼吸到异味的空气而倍感欣慰，因为这些代表着当时一味追求的“现代化”。而今，环境保护已深入人心，人们的价值观变了、幸福指数高了，社会的主要矛盾转化了。人们不仅仅只满足于丰厚的物质财富，更期望能呼吸到清洁的空气、喝上干净的水、吃上放心的食物、睡上安稳的觉，更企盼有更多的优质生态产品、在更优美的生态环境中生产生活。

40多年来，特别是改革开放以来，云南省采取行政、法治、工程、技术、管理、市场等一系列措施，全力推进生态文明建设和环境保护工作，在人口增加2倍多、地区生产总值增长40多倍的情况下，污染得到了有效控制，生态环境得到了明显改善。在国家公布的2016年各省绿色发展指数排名中，云南省排名第10位，其中生态保护指数排名第2位、环境质量指数排名第5位。

一是领导重视，高位推动。云南省历年来高度重视环保工作，各级党委、政府认真贯彻中央的决策部署，将生态文明建设和环境保护纳入重要议事日程，勇于担当，善于作为，研究并解决了一大批群众反映强烈的突出环境问题。近年来，成立了由省委书记、省长任组长的生态文明建设排头兵领导小组、环境保护督察领导小组、污染防治工作领导小组，形成了由省委、省政府高位推动，各级党委、政府上下联动，各相关部门横向协作的生态文明建设和环境保护工作格局。制定出台了云南省争当全国生态文明建设排头兵的决定、努力成为生态文明建设排头兵的实施意见、生态文明体制改革总体实施方案、各级党委政府及有关部门环境保护工作责任规定、环境保护督察实施方案、党政领导干部生态环境损害责任追究实施细则等若干政策，各项制度不断完善。同时，加大投入力度，5年来，全省财政节能环保支出681亿元。

二是深化改革，持续创新。40多年来，全省环保事业在探索、实践、改革中奋进。特别是2014年以来，省委成立了生态文明体制改革专项小组，全面推进各项改革。在列入2020年前完成的126项改革台账中，已累计完成99项，完成率78.5%，一批具有支撑性、全局性、关键性改革的四梁八柱已基本建立。由省环境保护厅牵头的43项改革事项有序推进，其中：环境保护督察制度得以实施。2016年、2018年分别接受中央环境保护督察及督察“回头看”。2017年，按照省委、省政的部署，完成了对全省16个州市的省级环境保护督察；生态保护红线划定工作圆满完成。2018年6月，省政府发布云南省生态保护红线，划定红线面积11.84万平方千米，使全省30.9%的国土面积得到保护；环境污染第三方治理取得突破。全省的重大环境污染治理项目均采取第三方治理方式推进，目前已有21个PPP项目作为污染防治领域重点推介项目，被纳入国家项目库，总投资319.33亿元；环评“放管服”改革扎实推进。近年来，云南省先后2次调整下放省级环评审批权限，下放审批的项目数约占下放前的三分之二。积极推行环境影响登记表备案管理，约占全省70%、环境影响轻微的建设项目不再审批，改由企业在生产运营前网上备案。取消了建设项目试生产环保审批、竣工环保验收行政许可，改由建设单位自主验收。

三是节能减排，防治污染。“十二五”期间，全省共淘汰落后产能2398.29万吨，累计单位GDP能耗下降20.7%。2015年削减化学需氧量排放量51.03万吨、氨氮5.49万吨、二氧化硫58.4万吨、氮氧化物44.9万吨，较2010年分别下降9.5%、8.5%、17.1%、13.5%，超额完成国家下达的“十二五”总量控制目标任务。通过污染物的大幅削减和强有力的环境监管，“十二五”全省河流水质优良率、达标率分别较“十一五”提高了14.5、15.5个百分点；全省11个国家级重点防控区域重金属污染物削减率均超过15%，铅、汞、镉、铬和类金属砷5种主要重金属污染物排放量大幅下降。2017年，全省环境空气质量平均优良天数比例为98.2%，居全国第一；九大高原湖泊水质总体保持稳定，抚仙湖、泸沽湖水质Ⅰ类，洱海、阳宗海Ⅲ类，程海（不含氟化物、pH）Ⅳ类，滇池草海、杞麓湖Ⅴ类，滇池外海、星云湖、异龙湖劣Ⅴ类；全省州市级以上城市集中式饮用水源水质、主要出境、跨界河流断面水质全面达标。

四是齐抓共管，保护生态。在各级各部门的共同努力下，全省建立了161个自然保护区、66个风景名胜区、11个地质公园、18个国家湿地公园、13个国家公园，森林覆盖率达59.7%，建立了以就地保护为主、迁地保护和离体保存为辅的生物多样性保护网络体系，使全省90%以上的典型生态系统和85%的重点保护野生动植物物种得到有效保护。颁布实施了全国首个生物多样性保护法规——《云南省生物多样性保护条例》。印发了《云南省生物多样性保护战略与行动计划（2012～2030年）》。2016～2018年，先后在全国省级层面率先发布了云南省生物物种名录、物种红色名录、生态系统名录。出版了云南植被、植物志、鱼类志、两栖爬行动物志、鸟类志等系列专著。建立了全国唯一的“中国西南野生生物种质资源库”，收集并保存了我国野生物种种质资源

昆明捞鱼河湿地公园（许太琴　摄）

2 万多种、20 多万份。实施了极小种群物种拯救保护行动，一批珍稀濒危物种得到了保护。

五是督企督政，严管彻查。2016 年中央环境保护督察向云南省反馈了“52+4”个问题（整改类 52 个，加强关注类 4 个），截至 2018 年 6 月，完成整改 21 个，基本完成 6 个，达到序时进度 9 个，未按时完成 10 个，未达到序时进度 6 个。2018 年，中央环境保护督察“回头看”及高原湖泊环境问题专项督察反馈了“42+6”个问题（“回头看”42 个，高原湖泊专项督察 6 个），目前整改方案已上报国务院。2017 年省级环境保护督察向 16 个州市党委、政府反馈整改落实类问题 484 个，移交生态损害责任追究案卷 81 个，目前各州市正在抓紧整改。加大对企业的监管和查处力度，严厉打击环境违法行为，2017 年全省查处各类环境违法案件 2073 件，共处罚款 1.43 亿元，行政处罚案件数、处罚金额和典型案件数与 2015 年相比分别增长 114%、309%、217%，罚款金额超过“十二五”期间 5 年的总和。到 2018 年 10 月，全省环境行政罚款已超过 3 亿元。2016 年至 2018 年 9 月，全省各级纪检监察机关共问责追究生态环境保护问题 800 余个，问责单位 98 个，问责领导干部 1554 人，其中，厅局级干部 11 人、县处级干部 153 人、乡科级 725 人、其他人员 665 人；给予党纪处分 134 人，政务处分 118 人，组织处理 1154 人。

六是固本强基，夯实基础。40 多年来，全省环保机构从无到有、从小到大、从弱到强，监测、监察、科研、宣教等队伍不断得到加强。先后颁布实施了《云南省环境保护条例》等 185 件环境资源保护地方性法规，占省人大及其常委会现行有效的地方性法规、自治条例和单行条例的三分之一；省政府发布了 27 件环境资源保护规章，占省政府现行有效规章的七分之一。建成了 152 个空气自动监测站、370 个地表水监测断面、224 个县级及以上集中式饮用水水源地监测点、1433 个土壤环境质量监测点位、913 家重点污染源监测、3498 个城市噪声监测点、35 个酸雨监测点和 14 个农村生态环境质量监测的生态环境监测网络。截至 2017 年底，全省建成覆盖所有县城城镇污水处理厂 154 座，投入运行 143 座，日处理能力 336.77 万吨，城镇污水处理率达 85.6%，再生水利用率达 26%；建成覆盖所有县城生活垃圾处理场 128 座，生活垃圾无害化日处理能力 1.9 万吨，城镇生活垃圾无害化处理率达到 85.6%。

七是强化宣教，全民参与。各级党委、政府把生态文明建设和环境保护纳入党组中心组学习内容，各级党校将其纳入党政领导干部培训内容，进一步提高领导干部的环保意识。通过广播、电视、报纸等传统媒体和新媒体，以报道、采访、培训、座谈、研讨、展览等方式，广泛开展环境宣传教育。在全国乃至全球，省环境保护厅牵头率先编纂完成了近 120 万字的《云南大百科全书 · 生态卷》；建立了例行新闻发布制度，每月召开 1 次新闻发布会；开通了政务微博、微信公众号，构建起国家、省、州市联动的“两微”宣传矩阵。扎实开展“美丽中国，我是行动者”主题实践活动，深入多个州市举行“环保千人大讲堂”活动。稳步推进生态创建，全省累计建成西双版纳州、保山市、石林县、华宁县 4 个国家生态文明建设示范州市县，腾冲市、元阳哈尼梯田 2 个“绿水青山就是金山银山”实践创新基地，10 个国家级生态示范区，85 个国家级生态乡镇，3 个国家级生态村；1 个省级生态文明州、21 个省级生态文明县、615 个省级生态文明乡镇、29 个省级生态文明村，建成各级各类绿色学校 3182 所、绿色社区 530 家、环境教育基地 70 个。

八是加强合作，扩大开放。学习借鉴国际环境保护、特别是生物多样性保护方面的先进理念和经验，主动服务和融入“一带一路”建设。实际利用世行贷款 2.4 亿美元，实施以滇池治理为重点的“云南环境项目”“云南城市环境建设项目”“云南省九大高原湖泊环境监测能力建设项目”，建成了一批生活垃圾处理、污水收集处理、供水等城市环境基础设施。先后与英国、

昆明石林生态文明示范县　　（刘江云　摄）

瑞典、荷兰、西班牙、意大利、加拿大等10多个国家，以及联合国环境署、联合国开发计划署、亚洲开发银行、欧盟、全球环境基金等国际组织开展双边和多边环境交流合作，引进赠款资金3000万美元，在环境国际公约履约、环境可持续发展和扶贫、生物多样性保护、清洁生产审计、低碳经济发展、可持续生产与消费、排污许可证管理、环境绩效评估、战略和规划环境评价、环境监察信息系统等领域开展试点示范项目。积极参与与越南、老挝、柬埔寨、泰国、缅甸等国家大湄公河次区域环境合作，组织实施了GMS“南北经济走廊战略环评”“金四角旅游开发战略环评”“环境绩效评估和机构能力建设”“生物多样性保护廊道建设示范”等项目。持续开展泛珠三角区域、滇沪、滇川、滇黔、滇台、滇澳、滇港等区域环保合作。

九是保护优先，绿色发展。党的十八大以来，全省为闯出一条绿色跨越发展的路子来，树立正确的政绩观，不以GDP论英雄，强调全面、协调、可持续发展，在领导干部政绩考核指标中增加了生态文明建设、环境保护权重，取消了对怒江、迪庆地区生产总值、工业增加值的考核，对西双版纳不再考核工业增加值。全面开展县域生态环境质量监测评价与考核，并将考核结果纳入各级领导干部年度绩效考核内容，同时作为生态转移支付的重要依据。把生态文明建设和环境保护的相关要求贯彻落实到重大决策、重大规划、重大项目建设中，优化产业布局和项目选址选线，提高清洁生产水平，发展绿色低碳循环经济。坚持“提前介入，突出重点，跟踪督办，强化服务”等措施，对符合国家产业政策和环保要求的全省“四个一百”、“八大产业”项目，开通“绿色通道”加快环评审批，确保重大项目尽早落地。助推发展方式转变和结构调整，在保护的前提下，大力发展生态农业、生态工业、生态旅游业，不断增加生物医药和大健康产业、旅游文化产业、信息产业、物流产业、高原特色现代农业产业、新材料产业、先进装备制造业、食品与消费品制造业等“八大产业”和绿色能源、绿色食品、健康生活目的地等“三张牌”的绿色含量，把绿水青山源源不断地转化为金山银山，推动高质量发展。

同时，我们也面临不少问题和困难，人们的环保意识还不够强，认识还不够高，措施还不够有力，执法还不够严格，加之发展方式粗放、资源利用水平不高，生态文明建设和环境保护还任重道远。今后，我们将以习近平生态文明思想和党的十九大精神为指导，构建生态文化、生态经济、目标责任、建章立制、生态安全等生态文明5大体系，认真贯彻落实好全省生态环境保护大会精神，真抓实干，开拓创新，锐意进取，坚决打好蓝天、碧水、净土三大保卫战，实施好九大高原湖泊保护治理、以长江为重点的六大水系保护修复、水源地保护、城市黑臭水体治理、农业农村污染治理、生态保护修复、固体废物污染治理、柴油货车污染治理八大标志性战役，加大工业、燃煤、机动车、重金属、城市扬尘、油烟等污染源治理力度，划（制）定并实施好生态保护红线、环境质量底线、资源利用上线、环境准入负面清单“三线一单”，改善完善生态治理体系，推动形成绿色发展方式和生活方式，为把云南建设成为中国最美丽省份、成为全国生态文明建设排头兵作出应有的努力和贡献！

（云南省环境保护厅）

富民县生态旅游　　（王　新　摄）

晋宁古滇王国生态旅游　　（王　新　摄）

凝心聚力共推绿色发展　发挥功能添彩美丽云南

——云南省杨善洲绿化基金会七年实践

建设美丽云南，当好生态文明建设排头兵，这是云南省委、省政府坚决贯彻习近平总书记考察云南时重要指示作出的重要抉择，在云岭大地吹响了走绿色发展之路、建生态美丽云南的号角，已成为全省各族人民的绿色之梦和自觉行动。云南省杨善洲绿化基金会，作为认真贯彻习近平总书记等中央领导同志对学习杨善洲先进楷模的批示精神，成立的一个具有政治定位、富有绿色内涵、激扬正能量的公益性社会组织，其使命和宗旨就是紧贴生态建设、聚焦绿色发展、弘扬善洲精神、唤起民众自觉，充分发挥组织功能，结起爱心桥梁纽带，凝心聚力致力于谱写建设美丽云南的篇章。

启示一：理念为本，思想领先，培育社会人们树立生态文明观是重要基础

“生态兴则文明兴，生态衰则文明衰”，这是生态文明的新理念、新要求。云南森林资源富聚，生态环境独特，是云南乃至国家的生态宝库。长期以来，因人们因循守旧，“靠山吃山”“小富则满”“坐井观天”的思维束缚，绿色发展步履行进缓慢，生态文明建设比较迟缓。要推进全省绿色发展，提升生态文明程度，实现美丽云南梦想，必须适应新时代新要求，更新观念，用新的生态文明观引领人们的思想，唤起行动的自觉。杨善洲绿化基金会自 2011 年 5 月成立以来，始终坚持以思想引领为先导，以弘扬善洲精神为动力，以培育民众共识为突破口，强化舆论宣传，打造浓烈氛围，唤醒行动自觉，广泛开展了系列宣传引领活动。充分利用新闻媒体，传播生态文明思想和杨善洲精神。基金会组建初期，与云南电视台等新闻媒体合作，举办了大型“永恒的坚守——杨善洲绿化基金会公募专题宣传晚会”，省主要领导、省直部门、各大、专院校、中小学校及幼儿园、大型企业及各界爱心人士等 1000 多人参加活动，有 10 个单位以文艺表演的形式送杨善洲精神，宣传美丽云南；有数位爱心人士登台讲演并爱心捐赠；有 27 家省内企事业单位现场举牌募捐，签订捐赠协议等等，赢得了各界的信赖和支持，取得了良好的社会反响。

为扩大对建设美丽云南和善洲精神的宣传，感召民众参与生态文明建设的自觉性，基金会多方协调搭建舆论宣传合作平台，与云南生态年鉴合作，向社会各界系统宣传“杨善洲纪念林”品牌造林绿化活动，扩大了在省内外的影响力；与昆明珍茗食品有限公司合作，以“森林云南・环保社区行”为宣传主题，相继进入昆明市 15 个社区开展“你种树，我买单”“你送书，我种树”送书支教活动；与云南中华小记者站联合，以颂扬“心中的善洲爷爷”为主题，组织绿色希望小记者参加“璀璨中国艺术才艺国际交流展演”活动；与省工信委、省环保厅、省循环经济协会、省环保宣教中心、环境云南网等单位合作，在南华县开展了“争当全国生态文明建设排头兵——百姓共话菌乡南华”和“清洁能源惠万家・节能减排环保宣传”活动；多次参加省社科学术年会绿色转型下的生态建设分论坛活动，积极传播“绿水青山就是金山银山”、云南省造林绿化、生态环境保护和基金会重要活动等信息，先后编写和报送 120 期工作简报、12 期内部工作活动专刊，在省委主办的《云南通讯》、省委政研室《云南调研》上进行报道，在国内省内报纸、电视、广播电台、网络等新闻媒体上报道基金会的活动达 100 多次。通过上述舆论宣传引领活动的开展，有效地激扬传播了建设美丽云南的正能量，扩大了走绿色发展之路、共建生态文明云南在社会各层面的影响力。

生态文明聚民心，爱心之火燃云岭。7 年多来，有近万名爱心人士伸出爱心之手捐赠绿色发展，100 多家爱心企业慷慨举善资助基金会开展绿化行动，有 30 多家省内外及国外公益慈善机构无偿援助云南生态保护及生态扶贫，有近百所大、中、小学、幼儿园的教师、学生、儿童等 10 万人次参加“绿色彩云南 - 杨善洲纪念林”“绿化进校园”“绿化进社区”“我种一棵树，留下一片绿”“我爱善洲爷爷”等公益宣传及植树活动。

启示二：多寻合作，谋用资源，营造群策群力同心共建的氛围是重要途径

推进绿色发展，建设美丽云南，要走政府主导、企业参与、全民行动的路子，这是生态文明建设新常态下的有力途径，也是整合资源、多方聚力、长远投入、资源共享的举措。杨善洲绿化基金会作为公益慈善性社会组织，担负着助推生态建设、绿化造林、环境保护、

生态扶贫的重任，面对资金短缺、人力匮乏、环境因素等困难，如何发挥作用、砥砺前行？7年多来，杨善洲绿化基金会不是坐等观景，而是积极思考，主动作为，用“金山银山”理念和“善洲精神”感召凝聚社会各界力量，用自身的形象力影响力寻求多方合作，发掘社会资源，积极协调搭建绿色发展及生态扶贫合作平台，链接群策群力、爱心支持的桥梁。一是充分发挥基金会理事的参与和纽带作用。基金会成立以来，有30多家省内爱心企业及单位作为副理事长、理事、特邀理事，有100多家爱心单位与基金会保持“爱心联络”，并通过平台链接拥有社会各层面近万名绿色文明志愿者队伍，有力扩大了建设美丽云南和“善洲精神”在社会上的影响力。二是充分协调并发挥省内有影响的企业参与绿色发展的积极性，先后与100多家爱心企业合作，在全省范围内因地制宜地开展营造“杨善洲纪念林”共建活动。三是精心细致地组织实施每个造林绿化及生态扶贫项目，并进行检查验收和跟踪监管，确保爱心单位支持合作共建的“生态林”“绿化项目林”“生态扶贫林”有质量、有效果，进一步获得社会的信赖和支持，并长期合作共推生态保护、绿色发展和生态扶贫。7年多来，为助推绿色发展与保护、美丽云南建设及生态扶贫等，杨善洲绿化基金会利用平台，共筹措社会爱心企业单位及人士、公益慈善机构捐赠合作共建项目资金4000多万元，实施项目100多个，涵盖了生态修复、废旧矿区生态恢复、水库区涵养林种植、荒山及采伐基地造林、林下产业种植及养殖、林下中草药种植、社区及校园绿化造林、景区景观特色林打造、生态扶贫及爱心助学等各层面。经过实践检验，基金会与爱心企业单位合作共建的每一个项目，都扎扎实实的落地生根，彰显了生态、社会、经济“三大效益”，在社会公众心目中展示出了良好的影响，得到了地方各级党委、政府和老百姓的信赖和拥护。

启示三：把好方向，明晰思路，科学选定实施项目确保质量效益是关键

7年多来，杨善洲绿化基金会坚持“政治领先，紧贴大局；服务中心，依法施策；勤俭办会，量力而行；求实有为，循序稳进”的思路，始终用习近平总书记关于“绿水青山就是金山银山”和“对待生态环境就像对待生命”的思想指导工作，用“争当生态文明建设排头兵”和“善洲精神”凝聚社会各界力量，把生态文明舆论宣传、森林生态保护、造林绿化、林下产业发展、山区生态扶贫、美丽乡镇建设等有机结合起来，坚持“保生态促发展惠民生”并举，充分发挥公益慈善社会组织的纽带桥梁作用，积极为全省绿色发展、提升生态文明、建设美云南增绿添彩。杨善洲绿化基金会先后动员组织社会各界近10万人次，广泛开展了以“学习杨善洲、绿化彩云南”为主题的“杨善洲纪念林”“公益示范林”“矿山废弃区植被恢复”“环保社区行”“绿化进校园”“扶贫济困示范种植”等系列活动81次，共募集资金及树苗达4500多万元，完成造林绿化面积4.45万亩，取得了生态、经济社会三大效益共赢，扩大了生态文明理念和杨善洲精神的传播力，得到了社会各界的肯定和好评。2013年11月经省民政厅考核评估并报民政部核准，授予基金会5A级资质，社会影响力、公众信任度和为民办实事等在省属社会组织中是靠前的。

——营造“杨善洲纪念林”。杨善洲绿化基金会一成立，就在杨善洲生前“大亮山林场”启动开展了“学习杨善洲、绿化彩云南”为主题的造林绿化行动，尔后有计划分批次在全省16个州、市（含滇中新区）范围内，与31个县市区党委、政府及林业部门共同倡导、募集资金及树苗，并积极协调100多家企事业单位合作共建，开展县级“杨善洲纪念林”共建活动，实现了16个州市营造“杨善洲纪念林”全覆盖。

——积极实施生态环境恢复行动。与昆明周边区、县合作，共同在松华坝水源保护区和云龙水库水源保护区，开展10次“水资源保护·杨善洲纪念林”植树造林和生态恢复活动，实施绿化造林2430亩，助推了水源保护区的植被恢复。

——开展矿山废弃区植被修复行动。先后在昆阳磷矿、海口尖山矿、兰坪凤凰山锌矿等矿山废弃区开展“矿山废弃区植被恢复·杨善洲纪念林”植树造林绿化工程，助推了矿山植被脆弱区造林绿化进程，达到固土保水的效果。

——携手开展环境美化爱心共建行动。先后在云南野生动物园和居民社区等10个小区，14次组织社会各界爱心人士开展“万家森林·杨善洲纪念林”植树造林绿化活动，向广大市民宣传“保护生态环境、建设绿色低碳生活家园”的理念，激发市民参与建设“美化园区社区环境，营造健康生活目的地”的自觉性。

——组织开展“造林绿化进校园”行动。为培育青少年生态环保意识，先后在西南林业大学、大理州鹤庆一中及松桂镇中心小学、省司法干部学校、保山学院、保山杨善洲干部学院、省林业高级技工学校等大、中、小学校区，开展了“绿化进校园·杨善洲纪念林”活动，共实施绿化造林265亩。

——开展绿色扶贫助困产业扶持行动。以少数民族地区林农增收致富为目标，积极推进林下资源开发利用，先后在马龙、云县、贡山、玉龙等县贫困乡村共种植滇龙胆草、珠子参、吴茱萸等绿色药材、草果等22375.2亩，以及林下养殖产业，助推贫困山区经济、生态协调发展。还向鲁甸“8・03”地震灾区开展“抗震救灾绿色捐助”活动；与昆明医药职业技术学校合作，由省外爱心企业无偿募集20万元资助西盟、镇雄贫困县的特困学生。

——积极争取中央财政资助社会服务行动。从2015年开始，基金会协调国家、省民政部门，争取中央财政支持社会组织开展社会服务示范项目，连续4年申报并实施完成了在禄丰县的“森林火灾迹地生态恢复和社区发展示范项目”、在马龙县马过河镇的“绿色发展与林农扶贫示范项目”、在玉龙县巨甸镇的“冷凉山区留守妇女关爱示范项目”、在怒江州贡山县实施林下种植草果和养殖土鸡扶贫等项目，引导山区群众走生态优先、绿色发展和增收致富之路。

——积极争取政府间国际组织及机构生态绿化援助项目。争取到为期两年的联合国全球环境基金小额赠款扶持禄丰县勤丰镇项目，示范效果明显，农民得到了实惠。2018又与日本宫胁公司初步达成5年合作协议，拟在昆明西山林场火烧基地实施植被恢复造林。此外，还与中国农科院椰子研究所、省种苗总站洽商，拟在云南干热河谷实施椰子种植实验等项目；还将与国际狮子协会中国分会、中投风丹产业控股（深圳）有限公司等机构合作，开展昆明城市面山景观绿化和云南储备林造林等项目。

启示四：打造亮点，建好品牌，发挥项目示范驱动效应是重措良方

“一枝独秀不是春，层林尽染方为美”。杨善洲绿化基金会在助推美丽云南建设的实践中，注重抓机遇造亮点扩影响，不断扩展“杨善洲纪念林”品牌的示范带动作用。要实现美丽云南的“绿色梦”，只有通过一步一个脚印耕耘奋斗、全社会人人参与绿色建设及环境保护，营造一片片一座座绿色山河，才能使云岭高原“天更蓝山更绿水更清”，才能打好省委省政府提出的“绿色能源、绿色食品、健康生活目的地”绿色发展“三张牌，不辜负习近平总书记的殷切嘱托。7年多来，紧紧抓住党和国家高度重视生态环境建设的重要机遇，积极响应省委、省政府提出的绿色发展“三张牌”“当好生态建设排头兵”号召，依靠云南森林资源大省和当前生态保护及绿色发展的政策优势，充分调动扩展地方和爱心企业参与生态建设、发展生态经济的传播力，努力搭建和探索基金会募捐平台，想方设法增强募资来源和增强造血功能，争取社会各界对造林绿化、改善环境、建设美丽家园的支持，多造林、造好林、管好林，力争种一片林就成一片林，使“杨善洲纪念林”燃遍云岭红土高原。到目前为止，基金会与地方党委、政府及爱心企业合作共建种植的31个县级“杨善洲纪念林”，已经成为当地的“亮点”，不仅传播了“善洲精神”，也在生态、经济、社会三个效益方面起到了示范辐射作用，受到了公众的认可和好评。如，积极筹措资金精心打造“善洲教育基地”亮点，在“善洲林场”实施了“党徽花园纪念林工程”和“善洲精神教育基地管委会暨善洲干部学院”“善洲樱花大道”等绿化项目工作；开展善洲精神书画捐赠活动，组织省内书画名家，先后向善洲陈列馆和干部教育基地、省政法干部学校和鹤庆一中等无偿捐赠书画作品共100多件。用心打造山区生态扶贫示范亮点，基金会先后在云县、马龙、玉龙、禄丰、贡山、隆阳、维西等贫困县区，实施了林下产业种植养殖，助推建档立户贫困农民发展林下经济，早日实现脱贫步入小康生活。通过打造一些生态扶贫示范亮点，产生经济驱动效应，有力地带动了县域内的产业链发展，当地党委政府和山区老百姓非常欢迎。

“雄关漫道真如铁，而今迈步从头越”。云南绿色发展独具优势、前景宽阔，写好美丽云南篇章使命重大、任重道远，生态文明建设永远在路上。杨善洲绿化基金会将不忘初心，牢记使命，胸装责任，砥砺践行，毫不动摇地遵循习近平总书记关于生态文明建设的重要思想，牢固树立生态文明观，强化“绿水青山就是金山银山”意识，认真贯彻省委、省政府关于打好绿色发展“三张牌”的决策部署，以杨善洲精神为激励前行，以争当“生态文明建设排头兵”奋发作为，在助推营造生态文明和谐家园、建设绿色富饶美丽云南的实践中，积极发挥公益慈善性社会组织的功能及平台作用，创新进取，积极有为，作出新的贡献。

（安俊义　云南省杨善洲绿化基金会秘书长）

生态大事记

ECOLOGICAL EVENTS

1月

4日

△5时35分，临沧市永德县大山乡玉华村（北纬23.93度，东经99.32度）发生4.6级地震，震源深度10千米，震中位于大山乡岩洞自然村，全市境内8县（区）均有不同程度的震感。该县大山乡玉华村、德党镇大出水村、永康镇海转村、崇岗乡龙竹洼村受灾较为严重。截至1月4日11时30分，全县受灾人口33698人，无人员伤亡，民房严重损坏52户156间，一般损坏279户727间，造成直接经济损失1147.59万元。

△2017年度云南省科协院士专家工作站工作会议在昆明举行，会上对2017年度全国示范院士专家工作站进行表彰并授牌。瑞丽市岭瑞农业开发有限公司尹伟伦院士工作站成为云南省首家获此殊荣的院士专家工作站。全国示范院士专家工作站由中国科协联合中国工程院组织评选，从全国4000余家院士专家工作站中评出100家。

5日

△国家质检总局发布2018年第一批获生态原产地产品保护公告。昆明市的云龙牌和云杉牌禄劝板栗、云子牌和云牌云子围棋、石林天外天牌碱性饮用天然矿泉水、“梦之草”保真花卉、“云盐”高原深井盐系列产品和昆明轿子山旅游目的地6个产品入选。实施生态原产地产品保护，有利于带动区域内产业和产品提质升级。昆明市质监局将生态发展理念融入地方经济发展，挖掘培育地方优质特色产品，促进地方经济发展。

11日

△西南种业联合商会在昆明市宜良工业园区成立，旨在充分发挥西南地区种业企业各自优势，进一步深化良种联合攻关，构建现代种业创新体系，加快品种更新换代，强化品牌建设和依法治种，促进种业转型升级和竞争力提升，激活西南地区农业发展动力，积极促进云南省高原特色农业发展。

△云南核桃产业创新成果发布会在云南农业大学举行。发布会上，公布“云南核桃产业创新行动计划”，“大理白族自治州核桃产业科技创新行动计划”的阶段性成果：核桃平衡酸奶系列新产品及核桃林下丹参原生态种植技术。

14日

△雨林文化弘扬与发展论坛在景洪工业园区举行。论坛以“生态文明建设、地球热带雨林文化恢复和保护、健康中国”为核心，以“生态印象文明之州”为主题。中国作家代表团的王山等作家与西双版纳本土的专家一起，就新时代的西双版纳如何抓住发展机遇、热带雨林恢复与保护的意义、生态文明建设之地球之肺与健康中国、打造中国红木医养小镇的雨林文化等4个议题展开探讨。

19日

△第三届资源环境与生命科技创新发展高层论坛在昆明举行。来自全国卫生、环境、农业、测绘地理信息等行业的专家学者以“加大创新要素供给、强化创新平台支撑”为主题，深入探讨资源环境和生命科技领域的创新发展模式。论坛由中国土地学会、中国环境科学学会、中国水利学会、中国医师协会、中华预防医学会、中国气象学会、中国海洋学会、中国地震学会、中国测绘地理信息学会和《中国学术期刊（光盘版）》电子杂志社有限公司联合主办。

△怒江傈僳族自治州第一个“公路+旅游”项目——跃进桥至片马红色旅游公路改建主体工程建成通车。该项目全长84.05千米，从泸水市跃进桥，经鲁掌镇、浪坝寨、双麦地、姚家坪、片马丫口、片马镇，止于中缅边境16号界碑。沿线设有9个观景台和4个旅游公厕。途中有著名的高黎贡山自然保护区、怒江金丝猴研究基地、风雪丫口、片马人民抗英胜利纪念馆和纪念碑、二战驼峰航线C—53运输机等丰富的旅游资源。

△云南省科普教育基地联合会成立大会暨第一次会员大会在昆明举行。云南省科普教育基地联合会的成立，旨在搭建服务平台，解决科普教育基地间合作协调难、共同面向社会开展科学普及不够等问题，更好地发挥云南省科普教育基地的作用。

2月

4日

△云南省人社厅正式发布“云岭青年人才”（引进）专项计划首批入选名单。首批100名“云岭青年人才”与云南省产业契合度高，紧扣云南重点产业发展需求，其中生物医药和大健康领域25人、新材料领域21人、高原特色现代农业领域9人、信息产业领域8人、生态环保领域7人。“云岭青年人才”是西南地区省级层面首个专门针对杰出青年人才的引进计划，精准支持40岁以下青年博士，在任职经历、论文成果等方面适当放宽条件，入选人才可获一次性50万元补贴，符合相关条件的可在随后5年内申请最高100万元项

目经费支持。

9 日

△ 22 时 58 分在西双版纳傣族自治州景洪市大渡岗乡（北纬 22.32 度，东经 100.89 度）发生 4.9 级地震，震源深度 12 千米。受灾较重的景洪市大渡岗乡关坪村委会和大荒坝村委会，部分房屋出现瓦片掉落和墙体开裂现象。

23 日

△由国家中药现代化（上海）创新中心、中国医药工业信息中心、保山市腾冲边境经济合作区管理委员会联合主办的“2018 创新中药及植物药国际峰会·大健康产业论坛”在腾冲举办。该峰会以“创新时代·健康中国”为主题，围绕创新中药、植物药以及大健康产业环境与政策，聚焦中医药在大健康领域内的实践及最新运作模式等展开专题研讨。

3 月

13 日

△楚雄市被国家林业局授予“国家森林城市”称号，标志着楚雄市坚持不懈的生态文明建设工作取得重大的阶段性成果。楚雄市大力实施中心城区绿化、集镇村绿化、森林长廊、生态屏障、种苗培育、特色经济林建设等造林绿化工程，全市共创国家级生态文明乡镇 2 个、省级生态文明乡镇 3 个，市域森林覆盖率已达 76.93%，中心城区绿化覆盖率达 40.15%。

22 日

△昆明学院咖啡教学研究中心挂牌成立。该中心由昆明学院、台湾岚山咖啡有限公司、普洱爱伲庄园咖啡有限公司共同组建。中心的成立旨在为云南咖啡产业服务，同时承担咖啡科研工作，致力于研究华人咖啡标准，并通过校企合作，进一步带动学生实现创新创业。咖啡教学研究中心将是昆明学院应用型转型发展阶段深度校企合作的典范，有助于高层次人才培养、有助于咖啡文化的传播、有助于服务地方经济社会的发展。

26 日

△由省教育厅、省环保厅、西南林业大学联合主办的“七彩云南 美丽校园”——云南省生态文明教育校园行活动在云大附中启动。活动期间，由西南林业大学云南生物多样性研究院一线青年科技工作者和教师组成的“美丽云南”青年科普宣讲团，走进全省近 40 所中小学，通过专题讲座、自然体验、互动游戏、科普图片展、科普电影展等形式，向广大师生介绍云南省生物多样性等自然生态知识，传播生态文明道德观念，宣传生态文明建设相关政策法规，将生物多样性、山水林田湖草等相关科研成果转化为科普知识向公众普及。

4 月

1 日

△由中国科学院昆明植物研究所与乌兹别克斯坦科学院植物研究所合作共建的世界首个“中—乌全球葱园（昆明中心）”对外开放。葱园内植有葱属植物品种 18 个 7 000 多株，以大花葱品种为主，处于盛开期。葱园位于昆明植物园东园，占地 5.5 亩，分为观赏葱属植物区、食用葱属植物区、药用葱属植物区和原生种收集区等四个区。

10 日

△云南省科学技术院、中科院昆明植物研究所、波顿集团在昆明签署香精香料产学研合作框架协议，由三方合作共建的云南波顿香精香料研究院正式揭牌成立。中国科学院院士孙汉董受聘为云南波顿香精香料研究院名誉院长。以新成立的研究院为依托，联合共建并积极申请国家香精香料技术创新中心，打造国家级香精香料创新研发平台，加强国际、国内香精香料学术交流，提升云南香精香料行业的国内外影响力。

14 日

△云南省科技扶贫示范推广现场会在澜沧拉祜族自治县召开。中国工程院副院长刘旭、省委副书记李秀领出席会议并讲话。云南省副省长董华主持会议，省政协副主席徐彬、中国工程院 17 位院士出席会议，国务院扶贫办有关领导到会指导。会上，省委、省政府向受聘院士颁发脱贫攻坚咨询专家证书。

中国工程院结合云南扶贫需求，进一步发挥院士专家工作站作用，大力开展咨询项目研究，继续加大职业教育投入，继续加大产业扶持，培育优质产业，助推云南脱贫攻坚。

5 月

1 日

△生态环境部对云南省的环境执法工作予以通报表扬。云南省紧紧围绕国家大气、水、土壤污染防治行动计划等重大部署，以改善环境质量为核心，以解决群众关心的突出环境问题为重点，全面推进环境执法工作，精准施策，查企督政双轨并行，持续加大执

法力度，严厉打击环境违法行为，环境执法成效显著。2017 年全省共出动执法人员 102 542 人次，检查企业 34 569 家次，对 2 073 家存在环境违法行为的企业实施行政处罚，全省 16 个州（市）本级、129 个县（市、区）环境保护局共办理典型案件 380 件，实现“全覆盖”。

11 日

△云南省环保厅在大理古生村打造的云南省首条生态环境文化长廊建成开放。该文化长廊长约 130 米，53 幅苍健有力的书法作品制成的展板整齐排列，贯穿长廊始终。文化长廊以习近平总书记关于生态文明建设新思想新理念新战略为引领，弘扬环境文化、传播生态文明。

△“2018 中国品牌价值评价信息发布暨第二届中国品牌发展论坛”在上海举行。保山市的昌宁红茶、龙陵紫皮石斛 2 个产品入选地理标志产品区域品牌前 100 排行榜，昌宁红茶位列第 66 名，龙陵紫皮石斛位列第 75 名。

16 日

△文化和旅游部公布第五批国家级非物质文化遗产代表性项目代表性传承人名单共 1 082 人，云南 56 人入选晋升为国家级代表性传承人。云南省该次入选的传承人涵盖了 9 个类别，其中民间文学类 2 人，传统音乐类 5 人，传统舞蹈类 15 人，传统戏剧类 8 人，传统体育、游艺与杂技类 1 人，传统美术类 3 人，传统技艺类 12 人，传统医药类 1 人，民俗类 9 人。

19 日

△大理市湾桥镇境内发生森林火情。截至当晚 21 时，共投入武警部队 200 人、森警部队 180 人、民兵应急分队 80 人、乡镇专业扑火队 130 人、公安消防部队 10 人、水罐车 6 辆，后勤保障人员 130 人，有 2 架 KM 直升机吊桶作业开展扑救工作。无人员伤亡报告。

△ 2018 年中国旅游日云南省分会场活动在昆明市西山区碧鸡广场拉开帷幕，主题为“美丽中国——2018 全域旅游年”。活动旨在倡导全民继承和弘扬旅游先贤们的学习与探索、发展与开放、修养与磨炼的旅游精神。活动启动仪式由省旅游发展委员会、省政协文史委员会、人民政协报社主办。

△中科院昆明动物研究所第十四届公众科学日活动在昆明动物博物馆举办，吸引 31 000 余人次前往体验科普盛会。该次公众科学日以“科技创新 富国强民”为主题，向公众展示现代生物化学与分子生物学技术等科研成果，还针对生物学专业人员、自然博物爱好者、研究生等安排面对面高端科普行活动。

23 日

△云南省高层次人才创新创业园在昆明市高新区揭牌成立。云南省省委常委、省委组织部部长李小三，副省长董华共同为“高创园”揭牌。“高创园”紧紧围绕人才强省战略，瞄准云南产业布局和发展方向，建设高层次人才聚集、体制机制灵活、承载能力较强、服务功能完善、产业特色突出、示范作用好的创新创业园，促进人才链、创业链、产业链深度融合，打造云南省高层次人才聚集、高新技术成果转化和产业转型升级新引擎、新平台，为全省经济社会发展提供强有力的人才保证和智力支持。

△国际风景园林师联合会公布 2018 年国际风景园林师联合会亚非中东地区奖获奖名单。昆明呈贡斗南湿地公园荣获雨洪管理类杰出奖，昆明晋宁东大河湿地公园荣获野生动物、生物多样性、栖息地改善或营建类杰出奖。这是国际风景园林师联合会规模最大的重要奖项，在行业内具有很高的含金量和认可度。

27 日

△中共云南省委办公厅、云南省人民政府办公厅印发《云南省农村人居环境整治三年行动实施方案（2018 ~ 2020 年）》，并发出通知，要求各地区各部门结合实际认真贯彻落实。

△昆明市城市管理综合行政执法局就《昆明市城市生活垃圾分类管理办法（征求意见稿）》举行听证，市民代表和来自相关行业企业、市人大、市政协等共 26 名听证代表参加听证会。

30 日

△大理白族自治州人民政府新闻办公室召开新闻发布会，公布《大理市洱海生态环境保护“三线”划定方案》。“三线”划定是洱海保护治理的迫切需要，对有效削减入湖污染负荷、构建健康湖泊生态系统具有重要作用。按照科学性、系统性、协调性原则，划定洱海湖区界线“蓝线、绿线、红线”。蓝线是以“2007 年环洱海数字化修测地形图”和 2014 年勘定的 1 966 米湖区范围界线划定。绿线是以蓝线为基准线外延 15 米划定。红线是以洱海海西、海北（上关镇境内）蓝线外延 100 米，洱海东北片区（海东镇、挖色镇、双廊镇境内）环海路道路外侧路肩外延 30 米划定。

6月

1 日

△“游云南”APP 正式上线，全面试运行。该应用程序是省政府与腾讯公司联合打造的国内首个省级

全域旅游智慧化平台“一部手机游云南”第一阶段成果，标志着“带手机游云南——说走就走，全程无忧”基本实现。

8 日

△云南青基会携全省各州（市）及县（市、区）团委、青基会、希望公益服务中心正式启动 2018 云南希望工程“爱心圆梦大学”公益活动。主要针对云南省家庭经济困难、品学兼优的全日制普通高等院校的 2018 年大学本科新生，给予不低于 4 000 元 / 人的资助。以“1 对 1”“1 对多”或设立专项“圆梦奖学金”等形式进行资助，助力云南省更多贫困学子圆梦大学。

△“稻属 AA 基因组种间杂种不育的遗传研究”的成果在线发表于国际顶级学术杂志《科学》。该项目由云南省农业科学院陶大云研究员主持、云南省农业科学院与南京农业大学合作承担，在世界上首次用自私基因模型揭示水稻的杂种不育现象。在实践上，该成果有助于克服杂种不育障碍，利用杂种优势和野生种质资源提高水稻单产，同时为控制杂草稻等入侵物种提供创新思路。

9 日

△ 2018 年云南省“文化和自然遗产日”主场活动启动仪式在临沧市临翔区沧江园广场举行。由省文化厅、临沧市政府共同主办，省非物质文化遗产保护中心、临沧市文体广电新闻出版局承办，活动主题为“多彩非遗 美好生活”。在云南大学、昆明市官渡区官渡古镇、云南民族大观园等地设分会场同时进行。包括 8 项系列活动，即“启动仪式”“民族民间歌舞乐、传统戏剧展演”“传统技艺展示”“文物鉴赏”“法律宣传咨询”“文化遗产知识讲座”“中国（昆明）官渡第八届全国非遗联展系列活动”“云南民族大观园非遗展演展示活动”。

20 日

△云南省绿色能源产业对接洽谈会在上海举办，重点推介和洽谈新能源汽车产业合作项目。舍弗勒、博世、库卡、睿服工业、艾斯姆国际、巴哈斯—桑索霍芬、戈海姆、傲朋贸易、动线网络设计咨询等 16 家新能源汽车及相关产业的德资企业共 20 名中国区域负责人受邀参加。省招商合作局、滇中新区、嵩明杨林经开区管委会相关负责人围绕云南打造世界一流“绿色能源牌”带来的投资机遇及重点招商项目做介绍。

28 日

△云南代表团在香港“一带一路”国际食品展上举办云南绿色食品招商引资推介会，省委农办主任、省农业厅厅长王敏正向来自金融、投资、农业、食品加工和贸易行业的 80 余家企业作“品味自然，追求健康，共享世界一流绿色食品牌精彩魅力”的主题推介。

29 日

△ 2017 年度云南省科学技术奖励大会在昆明举行。云南省委书记、省人大常委会主任陈豪出席大会并为云南省科学技术最高奖项杰出贡献奖获得者颁奖，省委副书记、省长阮成发讲话，省委副书记李秀领主持会议。会议强调，要深入学习贯彻习近平新时代中国特色社会主义思想和党的十九大精神以及习近平总书记考察云南重要讲话精神，聚焦力争 2020 年进入创新型省份行列的奋斗目标，深入实施创新驱动发展战略、人才强省战略、科技兴滇战略，凝聚起更为强大、更为持久的科技创新力量，为全省高质量跨越式发展提供强有力的支撑。

△云南省政府发布《云南省生态保护红线》，云南省生态保护红线面积 11.84 万平方千米，占国土面积的 30.90%。基本格局呈“三屏两带”。“三屏”即：青藏高原南缘滇西北高山峡谷生态屏障、哀牢山—无量山山地生态屏障、南部边境热带森林生态屏障。“两带”为：金沙江、澜沧江、红河干热河谷地带，东南部喀斯特地带。生态保护红线区内的重点保护物种包括滇金丝猴、云豹、绿孔雀、云南红豆杉、珙桐、华盖木、桫椤等珍稀动植物。

1 日

△ 8 时 12 分，时速 200 千米的 D8660 次动车组列车从昆明火车站首发，满载 556 名乘客，一路向西驶向大理。经过 5 年半的建设，昆（明）楚（雄）大（理）铁路动车正式开通运营，昆明至大理间实现动车直达，以大理为中心的滇西地区正式接入全国高铁网。

9 日

△ 2018 中国云南蔬菜种业博览会在武定县举行。以瓜豆类、茄果类、叶菜类等蔬菜品种田间展示为主题，展示各类蔬菜品种近 2 100 个。博览会旨在加快蔬菜良种推广运用步伐，筛选、推荐适合云南省种植的蔬菜品种，促进蔬菜产业健康平稳发展。

13 日

△“第九届中国民族植物学大会暨第八届亚太民族植物学论坛”在昆明召开，来自中国、英国、美国、泰国、缅甸、韩国、巴基斯坦、南非等国家 90 多所大学、

研究所、学会、企业和民间机构等的305位代表围绕“民族植物学与‘一带一路’跨区域交流发展”主题进行深入交流。形成并发布《一带一路生物多样性与传统知识保护昆明宣言》。

18日

△第二届南亚东南亚农业科技创新研讨会在保山市召开。来自孟加拉国、保加利亚、柬埔寨、埃塞俄比亚、法国、日本、印度等国家农业部或农业科研单位相关人员，国际生物多样性中心等国际机构代表，中国农业科学院、中国热带农业科学院及新疆、陕西、西藏、四川、重庆、贵州、安徽、江苏等省级农科院和相关部门的200多名代表参会。期间还举办第九届大湄公河次区域农业科技交流合作组理事会、第四届中国—南亚农业科技交流合作组理事会，以及现代化农业科研院所建设与现代农业发展、跨境农业产业经济带建设等专题研讨与活动。

21日

△云南省人民政府颁布《中共云南省委云南省人民政府关于全面加强生态、环境保护坚决打好污染防治攻坚战的实施意见》，其是为深入学习贯彻习近平新时代中国特色社会主义思想和党的十九大精神，根据《中共中央、国务院关于全面加强生态环境保护坚决打好污染防治攻坚战的意见》和全国生态环境保护大会精神，结合云南实际而提出。

25日

△第二届长江上游地区省际协商合作联席会议在成都召开。随着长江上游地区省际协商合作机制的深入推进，云南、四川、重庆、贵州四省市在生态环境联防联控、基础设施、互联互通、公共服务共建共享等方面合作取得新成果。

26日

△云南省旅游规划设计协会在昆明成立。主要工作是贯彻落实关于旅游产业发展的方针政策和法规，倡导会员单位依法依规开展旅游规划设计工作；参与旅游规划设计领域标准和规范的制定、修订；开展与国内外相关机构专业技术、管理经验等交流合作；推广旅游规划设计领域的先进经验与优秀成果等业务，共有52家会员单位。

30日

△高黎贡山国家级自然保护区保山管护局腾冲分局在对保护区开展生物多样性调查监测过程中，在保护区发现疑似大理铠兰的野生植物居群，经专家鉴定，明确大理铠兰在高黎贡山南段有分布。该居群主要分布于保护区海拔2 491米至2 680米之间，生长于岩石和山地的苔藓之上，分布于长约1 000米、宽约10米的范围，目测总面积超过1万平方米，总数超过1万株，为所发现的大理铠兰最大野生居群。

8月

3日

△第三届昆明国际新能源汽车展览会在昆明国际会展中心开幕。展览面积达5万平方米，吸引300家知名企业参与，集中展示包括新能源商用车、新能源物流车、智能网联汽车、充电站（桩）及配套产品、人工智能在新能源汽车领域的应用等全产业链的最新产品与技术解决方案。展会同期举办2018中国（昆明）国际绿色物流发展高峰论坛，围绕产业政策、整车技术、电池技术、充电技术、新能源汽物流车运营模式等话题展开。

△11时，云南省气象局启动重大气象灾害（暴雨）Ⅳ级应急响应，应对强降雨过程，昭通、文山、红河、普洱、临沧、德宏6州（市）气象局也同时进入Ⅳ级应急响应状态。强降雨致使以上地区面临较高地质灾害气象风险。

9日

△创意云南2018文化产业博览会在昆明国际会展中心开幕。以“文化创造财富·创意提升价值”为主题，国内外1200余家文产企业参展，由省文产办主办，云南日报报业集团承办。同时在丽江古城艺术集市、云纺文化创意产业园、871文化创意园设分会场。

13日

△1时44分，玉溪市通海县（北纬24.19度、东经102.71度）发生5.0级地震，震源深度7千米，震中位于通海县四街镇一带。震中距离最近县城为通海县，约9千米。震区总人口约28万人。

25日

△“思茅有机茶”产业联盟成立。旨在把“思茅有机茶”品牌与区域内地域商标、企业商标共同组成三级商标体系，使其成为思茅区茶叶的公共品牌和一级商标。

9月

1日

△昆明市正式启用“旅游电子合同示范文本”，从而进一步规范旅行社和旅游者的合同签订行为，规范旅游市场秩序。旅游电子合同将配套与电子行程单、

电子发票共同使用，实现对旅游团队行程的全闭环监管，也进一步完善提升旅行社经营企业的信息化管理能力。

△云南省食用菌协会野生菌烹饪美食分会在昆明市盘龙区挂牌成立，有210家会员单位，致力于挖掘整理传统野生菌烹饪技艺和传统野生菌特色菜。

8日

△首届“一带一路”生态文明科技创新论坛在昆明举办。国内外生态领域专家学者、“一带一路”沿线国家代表、科研院所及企业代表等200余人参加论坛，就推进生态文明科技创新进行研讨交流。十一届全国政协副主席、中国生态文明研究与促进会会长陈宗兴，省老领导陈勋儒致辞。中国工程院院士尹伟伦、魏复盛发表主旨演讲。泰国驻昆总领事妮媞瓦娣·玛尼绲出席论坛。

△10时31分，普洱市墨江哈尼族自治县（通关镇）（北纬23.28度、东经101.53度）发生5.9级地震，震源深度11千米。震中距离鱼塘乡约11千米，距离墨江县城约24千米，距离普洱市城区约80千米，震中50千米范围内的人口约55万人。

9日

△根据“绿盾2018”自然保护区监督检查专项行动总体部署，国家巡查组即日起对云南省开展为期一周的自然保护地巡查。

△首届石林农民丰收节暨2018中国石林人参果文化旅游节在石林彝族自治县西街口镇路花人参果交易基地开幕。活动现场举行民族民间文艺展演、人参果优秀种植户表彰、人参果王评选、吃人参果比赛、参观人参果种植标准化示范基地、经销商表彰等活动。

13日

△8时到14日8时，丽江市普降阵雨或雷雨，玉龙县中西部和华坪县中部部分地区降暴雨或大暴雨。国道G353线丽江至巨甸K3695+082处泥石流坍方约2100立方米，造成交通中断。

17日

△2018年云南省优秀绿色食品加工业企业评选活动在昆明启动初评。评选活动旨在打造“绿色食品牌”，促进云南省食品工业企业发展壮大。参评的企业共有121户。

19日

△广南八宝——世界稻作文化发源地论坛在广南县举行。来自中国、法国、缅甸、埃及、孟加拉国等国家的20位知名稻作文化学者和近60位企业家围绕稻作经济贸易、稻作科技发展、稻作文化传承展开讨论，共同探讨稻作行业的发展前景。该活动标志着中国·广南2018世界稻作文化旅游节正式开始。

21日

△云南省十三届人大常委会第五次会议表决通过《云南省生物多样性保护条例》，在全国率先出台生物多样性保护地方性法规。

27日

△以“创新引领绿色发展，科技支撑楚雄跨越”为主题的第八届云南省科学技术协会学术年会在楚雄彝族自治州举行。来自贵州、广西、重庆等省区市和云南省16个州市科协的有关人员共1 800多人参加年会。

10月

6日

△云南省政府办公厅通报2018年度森林防火目标管理责任状考核情况，玉溪市、保山市、丽江市、昆明市、普洱市、曲靖市考核评定为优秀。德宏州、红河州、怒江州、楚雄州、迪庆州、临沧市、文山州、西双版纳州考核评定为合格，大理州、昭通市考核评定为基本合格。

11日

△2018中国云南绿色发展高峰论坛举行。论坛由第十四届中国昆明国际农业博览会组委会主办，云南大学和云南省特色产业促进会承办。论坛深入剖析云南走绿色发展之路的优势和短板、路径和建议，商讨云南绿色经济发展的未来方向。

18日

△“生态文明与人类命运共同体——首届普洱（国际）生态文明暨第四届普洱绿色发展论坛”在北京举行。全国人大常委会原副委员长许嘉璐，全国政协原副主席陈元，中央社会主义学院党组书记、第一副院长潘岳，全国政协常委、云南省政协副主席高峰等300余人出席论坛。分别围绕“绿色经济与高质量发展”“生态文明与健康生活”“‘一带一路’与人类命运共同体”三大核心议题进行研讨。

20日

△首届中国·昆明国际绿色食品投资博览会在昆明国际会展中心启幕。以“打造绿色品牌，共谋投资商机”为主题。全国人民代表大会农业与农村委员会副主任委员李春生、云南省副省长陈舜出席开幕式。同期举行由全国工商联农业产业商会主办的绿色农业高峰论坛。

31 日

△云南省文化和旅游厅正式挂牌。根据党中央、国务院正式批准的《云南省机构改革方案》，新组建的云南省文化和旅游厅将原云南省文化厅、原云南省旅游发展委员会的职责整合，作为省政府组成部门，加挂省文物局牌子。云南省省委常委、省委宣传部部长赵金，副省长陈舜为云南省文化和旅游厅揭牌。

△ 2018 年西南四省（区、市）自然资源督察联席会议在普洱召开。国家自然资源督察成都局在会上通报 2018 年重点督察工作进展情况，对下一步例行督察整改、督察“挂账”问题的整改、农村土地制度改革试点及其他重点工作提出意见建议。重庆市、四川省、云南省、西藏自治区政府分别在会上作交流发言。

11 月

1 日

△由水利部主办，省政府协办，水利部国际经济技术合作交流中心、澜湄水资源合作中心承办，以“水伙伴合作，促永续发展”为主题的首届澜湄水资源合作论坛在昆明开幕。中国水利部副部长田学斌在开幕式上作主旨讲话。云南省副省长和良辉、老挝自然资源与环境部副部长本坎・沃拉吉，泰国自然资源与环境部常务秘书威占・西马查亚出席论坛开幕式并致辞。

9 日

△云南省林业和草原局在原省林业厅挂牌。根据《云南省机构改革方案》，省林业和草原局作为省政府正厅级直属机构，副省长王显刚出席挂牌仪式，并对林业和草原工作进行调研。

15 日

△云南省政府办公厅发布《关于推动云茶产业绿色发展的意见》，从古茶树保护、茶园改造、严格品控、产业融合等方面提出 10 条意见。

18 日

△英国驻重庆总领事馆、云南省林业和草原局共同在昆明举办“野生动物保护主题电影沙龙”，号召公众减少对野生动物制品的消费，从而更积极地为保护濒危野生动物贡献力量。

22 日

△ 2018 年全国农产品产销对接行（云南）暨云南省绿色食品推介会在保山举行。由商务部市场体系建设司等主办，旨在加强农产品产销对接、助力脱贫攻坚，为云南企业与全国优质农产品经销商、采购商搭建沟通桥梁。

25 日

△列为中国科学院战略性先导项目“美丽中国”研究示范基地的“高原湖库水生态修复研究中心”在通海县举行揭牌仪式。

28 日

△云南省在昆明举行云南省 2018 年“10 大名品”和绿色食品“10 强企业”“20 佳创新企业”表彰大会。云南省委副书记、省长阮成发出席大会并为获奖企业颁奖，省委副书记李秀领主持大会并为获奖企业颁奖。

29 日

△《云南省大气污染防治条例》由云南省第十三届人民代表大会常务委员会第七次会议审议通过，自 2019 年 1 月 1 日起施行。

△《云南省杞麓湖保护条例》由云南省第十三届人民代表大会常务委员会第七次会议修订通过，自 2019 年 3 月 1 日起施行。

30 日

△云南省森林草原防灭火工作电视电话会议召开。12 月 1 日起，云南省进入森林防火期。省政府要求，各级相关部门坚持以防为主，防范第一，切实做到火患早排除、火险早预报、火情早发现，坚决防范遏制各类重特大森林草原火灾事故发生。

12 月

23 日

△ 21 时 40 分，位于保山市隆阳区至怒江州泸水市金六公路漕涧路段突发泥石流灾害，导致 3 处交通中断，2 处通行困难，现场滞留 100 余辆车辆。

29 日

△由云南省委宣传部、省社科联主办，西南林业大学、云南省生态文明建设研究与学术促进会承办的云南省第十二届社会科学学术年会分论坛“践行习近平生态文明思想，推进中国最美丽省份建设”主题专场于 2018 年 12 月 29 日在西南林业大学国际交流中心举行。

PROVINCIAL OVERVIEW

行政区划

位置面积

云南省位于中国西南边陲，地跨东经 97° 31′ ~ 106° 11′，北纬 21° 8′ ~ 29° 15′ 之间，北回归线贯穿南部，属低纬度内陆省份。东与贵州省及广西壮族自治区接壤，北与四川省相连，西北隅紧依西藏自治区，西与缅甸交界，南与老挝、越南毗邻。东西横跨 846.9 千米，南北纵距 990 千米，总面积 39.4 万平方千米，占全国总面积的 4.1%，位居全国第八位。全省山区、半山区面积占 94%，耕地面积 9349.28 万亩，其中常用耕地 6882.6 万亩。云南省自古就是中国连接东南亚各国的陆路通道，国境线长达 4060 千米。其中：中缅边界 1997 千米，中老边界 710 千米，中越边界 1353 千米。有 8 个州市 25 个县（市）与缅甸、老挝、越南 3 个国家的 9 个省（邦）、32 个县（市、镇）接壤。其中 11 县（市）与邻国隔江（界）相望。国境线上有 16 个国家级口岸、7 个省级口岸、97 个边境主要通道和边民互市点。

历史沿革

云南省简称“滇”，是东方人类的发祥地之一。早在 170 万年前元谋猿人就在这里生息繁衍。夏商周时期为中国九州之一的梁州的一部分。历史上古滇国、南诏国、大理国都曾建在这块土地上。云南之名始于西汉。公元 1276 年，元朝在云南设立行中书省，为全国 10 个行省之一。从此，云南正式成为全国省级行政区划的名称。公元 1381 年（明洪武十四年），明朝在云南设“三司”（即承宣布政使司、提刑按察使司和都指挥使司），统辖府、州、县。清朝沿袭明制，设承宣布政使司，下辖道、府、州、县。民国 2 年（1913）“废府改县”。1950 年 2 月云南全境解放。3 月云南省人民政府成立。云南省会昆明市。2018 年，云南省有 8 个省辖市（昆明市、曲靖市、玉溪市、保山市、昭通市、丽江市、普洱市、临沧市），8 个民族自治州（楚雄彝族自治州、红河哈尼族彝族自治州、文山壮族苗族自治州、西双版纳傣族自治州、大理白族自治州、德宏傣族景颇族自治州、怒江傈僳族自治州、迪庆藏族自治州），129 个县（市、区）。

民族人口

云南是一个多民族的省份，少数民族人口居全国第二位。除汉族外，人口在 6000 人以上并有一定聚居区域的少数民族有 25 个。其中：白族、哈尼族、傣族、傈僳族、佤族、拉祜族、纳西族、景颇族、布朗族、阿昌族、普米族、德昂族、怒族、基诺族、独龙族等 15 个民族为云南省特有少数民族，是特有民族最多的省份。少数民族人口超过 100 万的有彝族、白族、哈尼族、傣族、壮族、苗族 6 个；超过 10 万不到 100 万的有傈僳族、回族、拉祜族、佤族、纳西族、瑶族、景颇族、藏族、布朗族 9 个；1 万 ~ 10 万的有布依族、普米族、阿昌族、怒族、基诺族、蒙古族、德昂族、满族、水族 9 个；超过 1000 人不到 1 万人的有独龙族、仡佬族、土家族、侗族等。云南少数民族分布为大杂居与小聚居交错，多居住在山区和边疆，全省没有一个县是单一民族的自治县。云南各族人民世代和睦相处，安居乐业，在漫长的历史进程中创造了丰富多彩、独具特色的民族文化，有古滇文化、滇东爨文化、大理南诏文化以及纳西族东巴文化、傣族贝叶文化、彝族太阳历文化、哈尼梯田文化等，在国内外均有较大影响。众多民族、多种语言、多样歌舞、多种民俗、多姿服饰、构成绚丽多彩的民族多元风情，为云南增添神秘色彩。

峨山县彝族始祖阿普笃慕雕像　（王　新　摄）

云南省行政区划表

州市	州市辖县区	合计
昆明市	盘龙区　五华区　官渡区　西山区　东川区　呈贡区　安宁市　晋宁县　富民县　宜良县　嵩明县　石林彝族自治县　禄劝彝族苗族自治县　寻甸回族彝族自治县	6个市辖区 1个市　7个县
曲靖市	麒麟区　宣威市　马龙县　陆良县　师宗县　罗平县　富源县　会泽县　沾益县	1个市辖区 1个市　7个县
玉溪市	红塔区　江川县　澄江县　通海县　华宁县　易门县　峨山彝族自治县　新平彝族傣族自治县　元江哈尼族彝族傣族自治县	1个市辖区　8个县
保山市	隆阳区　施甸县　腾冲县　龙陵县　昌宁县	1个市辖区　4个县
昭通市	昭阳区　鲁甸县　巧家县　盐津县　大关县　永善县　绥江县　镇雄县　彝良县　威信县　水富县	1个市辖区　10个县
丽江市	古城区　永胜县　华坪县　玉龙纳西族自治县　宁蒗彝族自治县	1个市辖区　4个县
普洱市	思茅区　宁洱哈尼族彝族自治县　墨江哈尼族自治县　景东彝族自治县　景谷傣族彝族县　镇沅彝族哈尼族拉祜族自治县　江城哈尼族彝族自治县　孟连傣族拉祜族佤族自治县　澜沧拉祜族自治县　西盟佤族自治县	1个市辖区　9个县
临沧市	临翔区　凤庆县　云县　永德县　镇康县　双江拉祜族佤族布朗族傣族自治县　耿马傣族佤族自治县　沧源佤族自治县	1个市辖区　7个县
楚雄彝族自治州	楚雄市　双柏县　牟定县　南华县　姚安县　大姚县　永仁县　元谋县　武定县　禄丰县	1个市　9个县
红河哈尼族彝族自治州	蒙自市　个旧市　开远市　弥勒市　建水县　石屏县　泸西县　元阳县　红河县　绿春县　屏边县　金平苗族瑶族自治县　河口瑶族自治县	4个市　9个县
文山壮族苗族自治州	文山市　砚山县　西畴县　麻栗坡县　马关县　丘北县　广南县　富宁县	1个市　7个县
西双版纳傣族自治州	景洪市　勐海县　勐腊县	1个市 2个县
大理白族自治州	大理市　祥云县　宾川县　弥渡县　永平县　云龙县　洱源县　剑川县　鹤庆县　漾濞彝族自治县　南涧彝族自治县　巍山彝族回族自治县	1个市 11个县
德宏傣族景颇族自治州	芒市　瑞丽市　梁河县　盈江县　陇川县	2个市 3个县
怒江傈僳族自治州	泸水县　福贡县　贡山独龙族怒族自治县　兰坪白族普米族自治县	4个县
迪庆藏族自治州	香格里拉市　德钦县　维西傈僳族自治县	1个市 2个县
云南省	8个地级市，8个自治州，13个市辖区，12个县级市，75个县，29个自治县，共129县（市、区）级行政单位。	

2016年末，全省人口4770.50万人，其中少数民族人口1592.96万人，占总人口的33.4%。

边境口岸

云南省地处祖国西南边陲，与东南亚、南亚国家毗邻，具有独特的区位优势，是中国通往南亚、东南亚重要的桥头堡。全省陆地边境线长4 046千米，约占全国陆地边境线总长的18.7%，其中：中越段1 353千米，中老段710米，中缅段1 997千米。有8个边境州（市）的25个边境县（市）与缅甸、老挝、越南3个国家9个省（邦）32个县（市）接壤。

截至2014年末，云南省经国务院批准对外开放口岸16个。其中空运口岸3个，分别是：昆明空运口岸、西双版纳空运口岸、丽江空运口岸；铁路口岸1个，即河口陆运（铁路）口岸；公路口岸10个，分别是：瑞丽陆运（公路）口岸、畹町陆运（公路）口岸、孟定清水河陆运（公路）口岸、腾冲猴桥陆运（公路）口岸、打洛陆运（公路）口岸、磨憨陆运（公路）口岸、勐康陆运（公路）口岸、河口陆运（公路）口岸、天保陆运（公路）口岸、金水河陆运（公路）口岸；水运口岸2个，分别是：景洪水运（河港）口岸、思茅水运（河港）口岸。经云南省人民政府批准，开放口岸7个。分别是：田蓬公路口岸、孟连公路口岸、沧源公路口岸、南伞公路口岸 、章凤公路口岸、盈江公

泸水县片马口岸　　（王　新　摄）

马关县都龙口岸　　（王　新　摄）

瑞丽口岸　　（许太琴　摄）

路口岸、片马公路口岸。

在全省23个口岸中，中越边境口岸5个（河口铁路、河口公路、天保公路、金水河公路、田蓬公路），中老边境口岸2个（磨憨公路、勐康公路），中缅边境口岸11个（瑞丽公路、畹町公路、孟定清水河公路、猴桥公路、打洛公路、孟连公路、沧源公路、南伞公路、章凤公路、盈江公路、片马公路）。云南省与邻国地方政府签署协议和云南省政府批复对双方边民开放通道97条（在中越26条、中老7条、中缅64条）。

（栩　榕　整理）

经济发展

概述

2018年，是贯彻落实党的十九大精神开局之年。一年来，在省委的领导下，坚持以习近平新时代中国特色社会主义思想为指导，全面贯彻党的十九大和十九届二中、三中全会精神，深入落实习近平总书记对云南工作的重要指示精神，坚持稳中求进工作总基调，贯彻新发展理念，落实高质量发展要求，以供给侧结构性改革为主线，统筹推进稳增长、促改革、调结构、惠民生、防风险各项工作，保持了经济平稳健康发展和社会大局稳定。

发展质量进一步提升。2018年，出台税收增收留用及奖补办法，激发各地减少非税收入、改善投资环境、培植财源的积极性，省级财政税收收入占比达到70%以上，县级税收收入占比全部提高到50%以上。在固定资产投资增长11.6%、低于预期目标的情况下，实现地区生产总值增长8.9%，地方一般公共预算收入增长5.7%，经济转型升级初见成效。

脱贫攻坚取得突破。突出抓好产业扶贫和易地扶贫搬迁，扎实推进精准扶贫、精准脱贫。启动打赢精准脱贫攻坚战三年行动，聚焦深度贫困地区，扎实推进“十大攻坚战”。围绕“搬得出、稳得住、能脱贫”，实施“50条措施”，累计完成54.5万建档立卡贫困人口易地扶贫搬迁任务，产业扶贫覆盖411.2万贫困人口，教育、医疗、住房“三保障”工作积极推进，完成40万户“4类重点对象”农村危房改造任务。

生态环境保护力度空前。2018年，坚持生态优先、绿色发展，狠抓保护治理重点工作，严厉打击破坏生态环境违法行为，坚决打破“环湖造城”格局，推动

抚仙湖生态圈　　（刘江云　摄）

九大高原湖泊保护治理进入新阶段，水质总体稳中趋好，地级以上城市空气质量优良天数比率达 98.9%，森林覆盖率提高到 60.3%，单位 GDP 能耗下降 3%。启动建设中国最美丽省份，全面推进蓝天、碧水、净土“三大保卫战”，打响“八个标志性战役”。严格落实河（湖）长制，启动建设“抚仙湖生态圈”，打好洱海保护治理“八大攻坚战”，滇池水质好转。省级及以上工业园区污水集中治理设施建设、全省畜禽养殖禁养区限养区划定等任务全面完成，14.7 万辆黄标车全部淘汰。保山市、华宁县成为国家生态文明建设示范市县。

民生福祉不断改善。2018 年，认真践行以人民为中心的发展思想，坚持尽力而为、量力而行，将财政支出的 70% 以上用于民生，聚焦重点群体和困难群众，把有限资金用到刀刃上，办成一批当前急需又利长远的好事实事，城镇和农村常住居民人均可支配收入分别增长 8%、9.2%。

推进供给侧结构性改革。2018 年，贯彻落实“三去一降一补”各项任务，压减粗钢产能 27 万吨，淘汰炼铁落后产能 107 万吨，退出煤炭产能 1275 万吨，降低企业成本 952.3 亿元。重点建设项目“四个一百”和工业转型升级“三个一百”加快推进，工业投资增长扭负转正，比 2017 年增长 11.3%。不断提高产业支撑能力，第一产业增加值增长 6.3%；烟草产业稳中有进，电力、有色等行业发展势头良好，石油炼化突破 1000 万吨，规模以上工业增加值增长 11.8%；全面实施服务经济倍增计划，第三产业增加值增长 7.6%。加快创新型云南建设，新增高新技术企业 123 家，中国林业大数据中心和林权交易（收储）中心落户云南。深入实施消费升级行动计划，社会消费品零售总额增长 11.1%。

构建迭代产业体系。2018 年，坚持“两型三化方向”，出台生物医药、信息、新材料和先进装备制造 4 个产业“施工图”和促进现代物流产业发展 10 条措施，信息、消费品工业成长为千亿级产业。绿色能源装机比重达 84%，新增油气管道 460 千米，天然气消费量增长 30%，一批水电铝材、水电硅材、纯电动汽车项目落地开工建设。新增销售收入亿元以上绿色食品龙头企业 54 户，“一部手机云品荟”电子商务平台上线运行，评选出首批“10 大名品”和绿色食品“10 强企业”“20 佳创新企业”，新认证绿色食品 428 个、有机产品 665 个，茶叶等八个优势产业综合产值增长 15.5%，农产品加工业产值与农业总产值之比由 0.67∶1 提高到 1.11∶1。全面启动“旅游革命”，“一部手机游云南”成为智慧旅游的标杆，旅游市场秩序整治形成压倒性态势，接待海内外游客人次和旅游业总收入分别增长 20% 和 22%。特色小镇建设成效明显。

基础设施建设

2018 年，加快推进县域高速公路“能通全通”工程，累计 82 个县通高速公路、通车里程达 5198 千米，新建和改造提升高速公路服务区 271 个，怒江美丽公

昆明高海高速公路　　（王　新　摄）

丽江拉市海景区收费站服务区　　（王　新　摄）

利用牛栏江引水入滇工程而形成的瀑布公园，为目前中国最大的人工瀑布 （王 新 摄）

跨境电子商务综合试验区获批实施。跨境动物疫病区域化管理试点稳步推进。成功举办第五届南博会。通关便利化水平提高，外贸进出口总额增长 24.7%。

路建设加快推进。新开通动车线路 3 条，高铁运营里程达 1026 千米。昆明长水国际机场改扩建项目加快推进，新开和加密国际航线 13 条。滇中引水工程建设有序推进，在建水网工程超过 330 项。新建 4G 基站 3 万个，基本实现景区景点和高速公路沿线 4G 网络全覆盖。昆明、大理、河口、磨憨、瑞丽等物流枢纽建设扎实推进。

改革开放活力增强

2018 年，推进以"六个一"为重点的"放管服"改革，"一部手机办事通"上线运行，"一颗印章管审批""多证合一""证照分离"等改革全面推行。深化财税体制改革，全面推进财政支持企业资金网上申请、网上办理、网上公示。创新财政资金奖补政策，树立"大干大支持、不干不支持"工作导向。启动深化国有企业改革三年行动。省级政府机构改革基本完成。制定加快建设面向南亚东南亚辐射中心 15 个实施方案等政策，中国（昆明）跨境电子商务综合试验区获批实施。跨境动物疫病区域化管理试点稳步推进。成功举办第五届南博会。通关便利化水平提高，外贸进出口总额增长 24.7%。

新型城镇化建设

2018 年，出台乡村振兴战略规划及实施意见。完成高标准农田建设 243.9 万亩，巩固提升 645.6 万农村人口饮水安全保障水平。新改建农村公路 1.5 万千米。新增农村劳动力转移就业 315.2 万人。加快推进以人为核心的新型城镇化，农业转移人口市民化步伐加快。开工建设地下综合管廊 122 千米，建成海绵城市 50.7 平方千米。城镇生活垃圾无害化处理率和污水处理率分别达 88%、91.3%。

改善民生

2018 年，新增城镇就业 51.9 万人，城镇登记失业率为 3.4%。全省中小学彻底告别 C、D 级危房，县一中和农村中小学标准化建设加快推进，支持高校推进"双一流"建设。新增 4 所三甲医院，40 所县级公立医院提质达标。企业退休人员养老金再次提高，农村低保标准提高到每人每年不低于 3500 元。棚改项目开工 13.9 万套，基本建成城镇保障性安居工程 9.5 万套。启动新一轮兴边富民工程，普洱等 11 个地区和单位成为全国民族团结进步创建示范区和示范单位。国家禁毒大数据云南中心建设取得显著成效。启动实施 6 个重点行业领域安全工程三年行动计划，重特大事故总数和死亡人数实现"双降"。非洲猪瘟防控有

安宁市螳螂川乡村公路 （王 新 摄）

曲靖南片区金秀生态园民居 （王 新 摄）

力有效。全面完成10件惠民实事。

立法保障建设

2018年，共制定省的地方性法规3件、修改37件、废止7件，通过法规性决定2件；批准设区的市和自治州制定、修改地方性法规18件，废止1件；批准民族自治地方单行条例8件。

紧扣建设民族团结进步示范区立法。加快《云南省民族团结进步示范区建设条例》立法进程，2次审议条例草案，并依法提请本次代表大会会议审议，进一步明确国家机关和社会各方面的职责，为示范区建设提供有力法治保障。批准楚雄州彝医药条例、德宏州民族教育条例、元江县文化遗产保护条例、澜沧县水资源保护管理条例等一批单行条例，促进民族地区经济社会发展。

紧扣争当生态文明建设排头兵立法。在全国率先制定生物多样性保护条例，明确生物多样性保护的范围、职责、措施和法律责任，促进云南建设中国最美丽省份。认真落实中央环保督察组和全国人大常委会的要求，开展生态环境保护相关地方性法规专项自查和清理工作，制定大气污染防治条例，修改杞麓湖、滇池、阳宗海保护条例和昭通大山包黑颈鹤国家级自然保护区条例、省级自然保护区管理条例，着力用最严格制度最严密法治保护生态环境。制定水利工程管理条例，促进水生态环境保护。

紧扣建设面向南亚东南亚辐射中心立法。修改公路路政条例、道路运输条例，助力全省综合交通运输体系与南亚东南亚国家互联互通。修改禁毒条例、旅游条例、城市建设管理条例等法规，营造安全稳定的对外开放环境，提升辐射能力。批准昆明市建设区域性国际中心城市促进条例，助推对外开放新高地建设。

紧扣推进深化改革立法。对省政府机构改革涉及省的地方性法规规定的行政机关职责调整问题作出决定，确保行政机关履行法定职责的连续性、稳定性和有效性，保证中央和省委的机构改革部署依法落实。打包修改32件地方性法规，废止4件地方性法规，保障行政审批制度、商事制度、职业资格制度和投资体制等改革于法有据，保证“放管服”改革和“减证便民”专项行动依法推进。

（栩　榕　整理）

地形地貌

概述

云南省以山地和高原地貌为主，山地占全省面积的84%，高原占10%，山间盆地（中国西南地区称“坝子”）占6%。地势西北高，东南低，呈阶梯状逐级下降，最高点是滇西北与西藏交界处的梅里雪山主峰卡瓦博格峰，海拔6740米，最低点在滇东南河口县南部南溪河与红河交汇处，海拔76.4米，两地直线距离约900余千米，高差6663.3米。云南以元江河谷和大理坝一玉龙雪山一线为界分为两大地貌区，东部为滇东高原区，西北为横断山纵谷区。

山地

云南山地占全省总面积的84%。其中，低山丘陵（海拔在1000米以下）面积3万余平方千米，约占山地总面积的10%，低山丘陵多呈浑圆形，地势起伏和缓，谷地浅而开阔，气温高，降水丰富，植被覆盖良好。中山（海拔为1000～3500米）面积约25万平方千米，约占山地总面积的77%，多位于亚热带气候区内，水土流失比较严重。高山和极高山（海拔3500米以上）面积约5.8万平方千米，约占山地总面积的13%。山地多呈锯齿形，山高谷深，山地垂直带谱发育，动植物及水资源十分丰富。

坝子

云南省面积在1平方千米（包括1平方千米）以上的坝子约1445个，自然面积24157.68平方千米，坝子周围由山地环绕，两者相对高差一般都大于200米，大的可达2000余米。云南的坝子，历史上多有成湖阶段，多数有河流通过，主支流交汇于坝内，河网密布，水利条件好，土壤肥沃，是省内各种地貌类型中利用充分、开发得较早的一种地貌类型。

滇东高原

滇东高原是云南省两大地貌区之一。位于元江河谷—大理坝—玉龙雪山一线以东，由高原和山原为主体构成。包括六个地貌区。一是滇西北中山山原区。金沙江与其主要支流之一雅砻江的分水岭，是滇西横断山纵谷向滇东高原的过渡景观带。内部起伏较和缓，平均海拔 2000 米左右，西部和南部地形起伏较大，相对高差 1500 米左右。二是滇东北中山山原区。以莲花峰山景观为基本骨架，平均海拔 1800 ~ 2500 米，最高峰药山，海拔 4040 米。在分水岭上，地势起伏和缓，分布有大面积的湿地草场和旱地。山原上分布着大小不等的断陷坝子、河谷平原和阶地。三是滇中湖盆喀斯特高原区。位于金沙江、元江和南盘江三江分水岭地带。地势北高南低，平均海拔 1900 ~ 2400 米，以完整高原面景观为主，其中镶嵌着一系列由南北向构造控制的断陷湖泊盆地和坝子，是云南省高原湖泊最为集中的地区，包括滇池、抚仙湖、阳宗海、星云湖、杞麓湖、异龙湖等。北部有一组由拱王山和轿子山组成的高大山地，最高峰为拱王山主峰，海拔 4247 米，这也是滇东高原的制高点。有轿子山、小江峡谷、东川红土地、九乡溶洞群以及众多的高原湖泊等。四是滇中红色（层）高原区。位于金沙江与元江的分水岭上，地势北高南低，平均海拔 2000 米左右，高原面比较平坦，广泛发育有中生代紫红色地层景观，主要山地有百草岭、鸡足山、三台山等，最高峰为百草岭主峰，海拔 3657 米，是云南省坝子最集中的地区之一。五是滇东喀斯特高原区。是中国西南喀斯特海拔最高的分布区。地势北高南低，平均海拔 1800 ~ 2500 米，地表起伏和缓，石灰岩广布，崎岖不平，广泛发育峰林、峰丛、石芽、溶洞、溶蚀洼地、漏斗、地下河等喀斯特景观。最高峰为乌蒙山西支主峰大牯牛寨山，海拔 4016 米。六是滇东南喀斯特溶蚀山原区。位于元江和南盘江的分水岭地带，地势西北高东南低，是滇东喀斯特高原区向两广（广西、广东）倾斜的喀斯特斜面过渡地带。区内石灰岩广布，峰林、峰丛、孤峰、石芽、漏斗、溶洞、溶蚀洼地、溶蚀盆地、地下河十分发育。

昆明滇池之秋　　（许太琴　摄）

滇西横断山纵谷区

滇西横断山纵谷区是云南省两大地貌区之一。位于元江河谷 - 大理坝 - 玉龙雪山一线以西。主要由山地、峡谷、河流构成。包括横断山北段高山峡谷区（怒山高黎贡山高山峡谷景观亚区和云岭高山山原景观亚区）和

昆明轿子山　　（王　新　摄）

澜沧江（云县段）　　（许太琴　摄）

南段中山峡谷区（滇西中低山宽谷盆地亚区、腾冲火山地貌亚区、滇西南中山宽谷盆地亚区、无量山中山山原亚区和哀牢山中山峡谷亚区）。横断山北段高山峡谷区由高大并行的山脉和深邃的江河，以及蚀余山原地貌构成。“三江并流”世界自然遗产就位于此。横断山北段地区由西到东分布着担当力卡山、独龙江、高黎贡山、怒江、怒山、澜沧江、云岭和金沙江等高大而狭窄的山脉和深邃峡谷。横断山南段属横断山余脉区，向南水系间距逐渐增大，具有帚状水系特征，将山地切割成梁状和箱状。山体高度降低，主要山脉有云岭余脉哀牢山和无量山，怒山余脉临沧大雪山、邦马山和老别山，高黎贡山的西部分支姊妹山和尖高山等。

喀斯特地貌

云南的喀斯特类型齐全，各具特点。石林以高石芽（俗称石林）为魁；峰丛、峰林主要分布在文山壮族苗族自治州境内。洞穴发育的层次丰富，一般都有2～3层，最多可达5层。全省已知洞穴1000多个，主要集中在滇东、滇中和滇西南地区，多为溶洞，有少量火山溶洞及砂岩岩洞。

罗平多依河喀斯特滑板　（许太琴　摄）

火山地貌

云南的火山主要集中分布在腾冲，为中国西南最典型的第四纪火山。

丹霞地貌

滇西大理、丽江广泛分布中新生带陆相碎屑岩地层，形成了不少造型奇特的丹霞地貌，较为典型的有丽江黎明、黎光一带和剑川石宝山的丹霞地貌。

土林地貌

云南土林分布较为广泛，主要分布于元谋、陆良、永德、南涧、建水、元江等地。

元谋物茂土林　（许太琴　摄）

元谋物茂土林　（许太琴　摄）

陆良彩色沙林　（郭增强　摄）

峡谷

峡谷是由于新构造运动抬升，流水下蚀作用形成的谷底狭深、两壁陡峭的地质形态。根据峡谷的断面形态可分为三类：一是嶂谷。峡谷中最幽深的一种，两坡陡峭，谷底狭窄，宽从几米到几十米不等。二是V形谷。通称峡谷。由嶂谷发展而来，谷坡稍开阔，云南是世界上峡谷景观最为集中的区域。三是隘谷。俗称“一线天”。一线天有大有小，有长有短，大的接近嶂谷，小的犹如一道裂痕，如会泽地缝。峡谷多分布在河流的上游地区。具有岸壁陡峻、河道狭窄、纵坡比降大、河水湍急、滩险浪大、沉积物粗大、心滩和边滩景观不发育等特征。

云南现在的地貌形态是在第三纪以前的准平原被抬升破坏后形成的。在准平原被抬升过程中，河流沿着断裂侵蚀，同时受到岩性的一定影响，随着河床与侵蚀基准面的落差愈来愈大，河流下切愈加强烈，形成了世界著名的横断山“三江并流”高山峡谷景观区。此外，在滇东高原的蚀余高原面边缘地带、地形阶梯的陡坡转换地带、盆地的山前地带等区域，由于河流的强烈下蚀，形成了众多的峡谷景观。云南的峡谷相对高差巨大，最大的可达4000米左右。云南金沙江流域著名的峡谷有金沙江虎跳峡、奔子栏大转弯、维西其宗石门关峡谷、威信扎西两合岩峡谷、小江峡谷、牛栏江峡谷等；澜沧江流域著名的峡谷有梅里雪山大峡谷、营盘街峡谷、巴迪燕子峡谷、漾濞石门关峡谷等；怒江流域著名的峡谷有长达310千米的怒江大峡谷，峡谷内最有名的是青纳桶峡谷、双腊瓦底嶂谷，其支流河床多为峡谷形态，如老窝河峡谷等。另外还有元江的裴脚深谷、大盈江的虎跳石峡谷、独龙江峡谷等。

盐津县豆沙关　　（王　新　摄）

溶洞

溶洞属于地下喀斯特地貌的一种类型。换言之，地下喀斯特主要包括溶洞、洞穴化学沉积物（石钟乳、石笋、石柱、石帘、石花、滴管、边石坝等）、地下河、地下瀑布等。

云南由于新构造活动强烈，具有间歇抬升的特点，故洞穴发育的层次丰富，一般都有2～3层，最多可达5层。云南省已知有洞穴1000多个，几乎遍布全省，但具有一定旅游价值的主要集中在滇东、滇中和滇西南地区。云南省知名度较高的溶洞主要有建水燕子洞、泸西阿庐古洞、宜良九乡溶洞以及曲靖多乐乡溶洞等。其中，宜良九乡溶洞群面积约140平方千米。主要分布在南盘江一级支流麦田河及其支流两岸，河谷以优

曲靖多乐乡形态各异的喀斯特溶洞景观（许太琴　摄）

美壮观的侵蚀、溶蚀峡谷（局部为嶂谷）为主。在地壳间歇式抬升运动中，完成了多层溶洞的演化过程，造就其巨大、奇特的洞穴系统景观。已发现溶洞近百个，这在中国乃至全球已发现的溶洞中实属罕见，洞穴中石钟乳、石笋、石柱、鹅毛管、石花、卷曲石、边石坝（神田）、瀑布、暗河等喀斯特景观比比皆是。因此，宜良九乡溶洞群被誉为“洞穴博物馆”。

河流

云南省的河流分属于金沙江、澜沧江、红河、珠江、怒江、伊洛瓦底江六大水系。金沙江、珠江属国内河流，澜沧江、红河、怒江、伊洛瓦底江属国际河流。金沙江、澜沧江、红河、珠江注入太平洋，怒江、伊洛瓦底江注入印度洋。珠江、红河源于云南省境内，

怒江春水　　（许太琴　摄）

金沙江、澜沧江、怒江、伊洛瓦底江为过境河流。

据《云南省志·水利志》，云南全省流域面积在100平方千米以上的1～5级支流298条。其中，流域面积1万平方千米以上的有6条，均为一级支流。云南的河流多属于山区雨季型河流，年径流补给来源仅滇西北高山地区有少量冰雪融水，大部分地区均为降雨补给。河流汛期大多集中在6～10月，径流量约占全年的80%以上。

湖泊

据不完全统计，云南全省湖水面积1140平方千米，集水面积9000多平方千米，分别占全省面积的0.29%和2.31%，蓄水总量近300亿立方米。

云南省湖泊的形成主要受地质构造因素的控制。按成因，分为断层陷落、构造岩溶、构造侵蚀3种类型。按成分，全部为淡水湖泊。按分布，分为滇东湖群、滇中湖群、滇南湖群、滇西北湖群。滇东湖群主要包括会泽的者海，路南的月湖、长湖等。滇中湖群主要包括昆明的滇池、澄江的抚仙湖、江川的星云湖、宜良的阳宗海、寻甸的清水海等。滇南湖群主要包括石屏的异龙湖、蒙自的南湖、丘北的普者黑等。滇西北湖群主要包括宁蒗的泸沽湖、永胜的程海、大理的洱海、洱源的茈碧湖、剑川的剑湖、鹤庆的草海、丽江的拉市海、香格里拉的纳帕海和碧塔海等。

丽江市泸沽湖　　（王　新　摄）

泉水

俗称潭、池、塘、箐等。云南地质条件复杂，泉水分布广泛，遍及全省各地，据不完全统计，全省有冷泉600余处，温泉700余处，温泉占全国1／4强。有“泉水王国”“温泉之乡”之称。

云南泉水类型十分复杂。从形成机理上看，既有上升泉，又有下降泉，还有喀斯特泉、溢出泉、接触泉以及侵蚀泉、断层泉等。从泉水的性质上看，有普通泉（淡水泉）、矿泉，其中还有碱泉、毒泉和哑泉等。从泉水的温度上看，有低温泉（25～40℃，占51%）、中温泉（40～60℃，占33%）、高温泉（60～100℃，占15%）、过热泉（＞100℃，占1%）等。每年从温泉中流出热水约三亿六千多万立方米，仅次于西藏，位居全国第二，热量相当于燃烧一百多万吨标准煤。从泉水的水质上看，以重碳酸泉为主，其次为碳酸泉及硫酸泉，极少数温泉含有有害气体，一些怪泉在全国罕见。从分布上看，冷泉主要分布在高原边缘破碎地带、河谷地带、沟箐地带和湖泊盆地边缘，喀斯特地区分布尤其广泛；温泉主要分布大致以香格里拉——下关——个旧一线为界分为东西两个区，即西部为滇西高温热水活动区，具有水温高但流量较小的特点；东部为中低温热水活动区，具有水温低而流量较大的特点。

云南丰富的地热资源，为开展以温泉、矿泉为中心的旅游度假提供了得天独厚的条件。目前，安宁天下第一汤、丽江黑龙潭、昆明黑龙潭、腾冲蛤蟆泉、

澄江抚仙湖　　（许太琴　摄）

腾冲热海旅游区　　（许太琴　摄）

大理蝴蝶泉、禄劝转龙缩泉已成为知名旅游景区，腾冲、安宁、弥勒、水富西部大峡谷、洱源等地的温泉热水已被开发利用。

瀑布

俗称叠水、跌水、标水、彪水、滴水等。瀑布景观由造瀑层（河谷中急坡地段）、瀑下深潭、潭前峡谷三部分组成，具有形、声、色三态变化。已知云南瀑布共有500余条，落差大于50米的有100余条，仅贡山怒江一个支流上就有10条以上，数量之多，高差之大，居全国前列。云南省内高差最大的瀑布为泸水县的滴水河瀑布，高差为400余米。云南瀑布众多与云南阶梯状地势和层状地貌发育有着密切关系。

云南的瀑布具有以下特点：一是云南山地高原所占比例较大，山高谷深，高原边缘切割强烈，瀑布景观分布广泛，堪称“瀑布王国”，但是一般单个瀑布落差大，宽度不大，大多数瀑布的宽度在10米以内，罗平九龙河瀑布瀑幅最宽也只有112米。这是由于云南大地一直处于抬升过程中，河流下蚀力量强，而侧蚀力量较弱所致。二是瀑布景观分布相对集中，地区分布不均匀。由于受岩性构造等因素控制，从空间上看，瀑布多分布在滇西横断山区及北部、南部边缘地带；从地貌位置上看，主要集中在地形阶梯陡坡带、盆地和高原边缘强切割地带，山区河流干流上游和一、二级支流上。三是瀑布周边环境较好，往往与瀑布、峡谷、茂密森林形成丰富多彩的组合。

云南的瀑布主要有罗平九龙河瀑布群、罗平多依河瀑布群、大关黄连河瀑布群、石林大叠水、瑞丽扎朵瀑布、大姚双沟瀑布等。

（江　云　整理）

宣威市尼珠河大峡谷瀑布　　（王　新　摄）

资源环境

环境质量概述

2017年，全省环境保护工作围绕争当全国生态文明建设排头兵的目标，以改善环境质量为核心，以加快整改中央环保督察问题为契机，全面开展省级环保督察、深化生态文明体制改革、强化污染防治和生态保护、严格环境监管执法，优化环境管理，拓展交流与合作，较好地完成了各项环境保护任务。

水环境质量。2017年，主要河流国控省控监测断面水质优良率达到82.6%，比2016年提高0.9个百分点；主要出境、跨界河流断面水质达标率为100%；湖泊、水库水质优良率为86%，与2016年相比提高2.2%。九大高原湖泊水质总体保持稳定，地级城市集

泸沽湖水环境质量优良　　（许太琴　摄）

中式饮用水水源地水质达标率为 100%，县级城镇集中式饮用水水源地水质达标率为 97.7%，地下水水质保持稳定。

大气环境质量。2017 年，全省环境空气质量总体保持良好，16 个城市优良天数比例在 95.3% 至 100% 之间，全省平均优良天数比例为 98.2%，根据中国环境监测总站发布的 2017 年全国城市环境空气质量状况，全省优良天数比例在全国 31 个省（区、市）中位居第一。其中，丽江优良天数比例为 100%。

城市声环境质量。2017 年，全省城市声环境质量总体为好，其中，全省城市道路交通声环境质量总体为好；22 个城市的区域声环境总体为较好；21 个城市各类功能区昼间达标率 96.2%，夜间达标率 84.6%。

自然生态环境质量。2017 年，全省森林质量得到明显提升，森林面积 2273.56 万公顷，森林覆盖率 59.3%，森林蓄积 18.95 亿立方米，活立木蓄积 19.13 亿立方米。与 2016 年完成的第三次森林资源二类调查结果相比，全省森林面积增加 117 万公顷，森林覆盖率从 56.24% 提高到 59.3%。年内，全省有 4 处国际重要湿地，15 处省级重要湿地，申报建设国家湿地公园 18 个，建立各种级别的湿地类型自然保护区 17 处。已建各种类型、不同级别的自然保护区 161 个，总面积约 286 万公顷，占全省国土总面积的 7.3%。

辐射环境质量。2017 年，全省辐射环境质量保持稳定，重点辐射污染源周围辐射环境水平正常。

（江　云　整理）

世界自然遗产

截至 2013 年，全世界共有世界遗产 981 项，其中文化遗产 759 项，自然遗产 193 项，文化与自然双重遗产 29 项；中国有世界遗产 45 项，其中自然遗产 10 项，文化遗产 29 项，文化与自然双重遗产 4 项，文化景观 2 项，仅次于意大利成为世界第二大世界遗产国。云南省有三江并流、中国南方喀斯特片区之一石林喀斯特、澄江化石地 3 项世界自然遗产。

云南省于 2003 年开始申报世界遗产。2003 年，三江并流景观区因符合世界自然遗产的四项提名标准（vii、viii、ix、x）而被列入《世界遗产名录》。2007 年，云南石林喀斯特、贵州荔波喀斯特和重庆武隆天坑地缝喀斯特因符合世界自然遗产的两项提名标准（vii、viii），作为中国南方喀斯特第一批提名地被列入《世界遗产名录》。2012 年，澄江化石地因符合世界自然遗产提名标准而被列入《世界遗产名录》，填补了中国化石类自然遗产的空白。其中石林喀斯特和澄江化石地分布在滇东高原，三江并流景观区分布在滇西横断山纵谷区。

三江并流世界自然遗产

2003 年被列入世界遗产名录。位于云南省青藏高原南部横断山系的纵谷地区，由怒江、澜沧江、金沙江及其流域内的山脉组成。整个区域面积 3.2 万平方千米，其中自然遗产地面积 1.78 万平方千米。①三江并流是全球奇异景观的集大成地。怒江、澜沧江和金沙江在云南省境内自北向南并行奔流 170 多千米，穿越担当力卡山、高黎贡山、怒山和云岭等崇山峻岭之间，形成世界上罕见的“江水并流而不交汇”的奇特自然地理景观。②三江并流景观具有壮观的自然美特征。三条大江并行深切的峡谷与两岸耸立雪峰形成巨大的高差，怒江、澜沧江和金沙江咆哮奔流构成谷底的银色风景线，梅里雪山、白马雪山和哈巴雪山等构成壮观的空中风景线。③三江并流自然景观具有重要的地球历史和地质特征。三江并流地处东亚、南亚和青藏高原三大地理区域的交汇处，展示了 5000 万年印度板块与欧亚板块碰撞的地质历史、古特提斯海的闭合遗迹喜马拉雅山和西藏高原的隆起，这些曾是亚洲地表演变的主要地质事件。④三江并流区域是世界上生物物种最丰富的地区。这一地区处于东亚、东南亚和西藏高原的生物地理区的汇合处，是植物和动物运动的南北通道，是地球上生物多样性资源保护区中的最重要的残留区之一，也是大量的稀有和濒危动植物的最后残留的栖息地。三江并流是云南省自然景观和人文景观禀赋最优越的地区。

高黎贡山石月亮　（许太琴　摄）

中国南方喀斯特世界自然遗产（云南）

2007 年被列入《世界遗产名录》。由云南石林、贵州荔波和重庆武隆联合申报。中国南方喀斯特世界自然遗产由云南石林的剑状、柱状和塔状喀斯特，贵州荔波的锥状喀斯特（峰林），重庆武隆的以天生桥、地缝、天坑群等为代表的立体喀斯特，三地共同组成，形成于距今 50 万年至 3 亿年间，总面积达 1460 平方千米。遗产中的云南石林是中国南方喀斯特自然遗产最具代表性的景观。

石林景观位于昆明市石林县，距昆明城区 70 余千米。石林由形态丰富的高石芽成群分布而成，高石芽包括了剑状、柱状、塔状、蘑菇状、锥状、不规则状等形态，几乎囊括了所有剑状喀斯特石柱形态，具有典型的石牙状喀斯特地貌特征和较高的游览观赏价值，是世界闻名的自然奇观。石林是热带—亚热带喀斯特地貌的典型代表。石林经历了复杂的地质演化，其独特的塔状、剑状、蘑菇状、锥状喀斯特景观是地球喀斯特地貌的典型形态，是大陆热带—亚热带喀斯特发育演化重要痕迹，反映了正在进行的地貌演化地质作用，石林碳酸盐岩地层中丰富而特殊的化石是地球生命的重要记录。石林是自然景观与人文景观完美结合的典范，石林景观地处石林彝族自治县，阿诗玛的传说与石林景观相得益彰，石林景区与彝族风情相辅相成，赋予石林深厚的文化底蕴和神秘的吸引力。石林是云南最著名旅游区之一。

石林国家级风景名胜区阿诗玛景观 （许太琴 摄）

澄江化石地世界自然遗产

2012 年 7 月被列入《世界遗产名录》。位于玉溪市澄江县东部帽天山，距澄江县城 5 千米。澄江化石地是迄今发现的分布最集中、保存最完整、种类最丰富的早寒武纪地球生命大爆发的化石遗迹景观，中国唯一化石类自然遗产地。

澄江化石地是地球生命演化史重要阶段的著名范例。地球上存在着三个重大生命演化历史事件：一是生命起源，二是寒武纪生命大爆发，三是二叠纪末期生物绝灭事件。澄江化石地代表了寒武纪生命大爆发时期生物迅速多样化的重要化石记录，是早期复杂海洋生物系统的化石例证。澄江化石地是重要的生命演化记录。澄江化石地是动物界各个门类多样性起源的直接证据，是迄今已知最完整的寒武纪早期海洋生物群落，化石类群繁多，其化石标本揭示了大量生物种类（包括无脊椎动物和脊椎动物）的硬体和软组织精美的解剖学细节特征。澄江化石对回答生命演化中的基本问题产生了重要影响，如后生动物身体基本构造的起源演化、形态演化革新的遗传学背景。澄江化石的特异埋藏方式赋予其一种罕见的美感，即澄江化石保存在黄色的泥岩内，化石本身主要以红色的氧化铁或黑色的碳质形式保存，以及特殊的生物个体形态在黄色的背景映衬下极具质感和美感。因此，澄江化石不仅具有重大科学价值，也具有特殊的美学景观价值。澄江化石地位于澄江抚仙湖畔，在化石产地和澄江县城内已建成的两个博物馆和部分化石地层剖面景观，是澄江化石地景观展示和科普教育的重要基地。

（江　云　整理）

自然保护区

云南是全球生物多样性最丰富的地区之一。云南省自然保护区集中保存了全省最为原始、完整的森林生态系统和最为丰富的生物多样性。云南省 1958 年开始筹建第一个自然保护区——西双版纳自然保护区。1980 年 9 月全国自然保护区区划工作会议后，云南省人民政府分别于 1983 年、1984 年、1986 年批复建立了 30 个自然保护区。20 世纪 80 ~ 90 年代期间，相继制订了一系列地方性条例、办法和细则。主要有《云南省森林和野生动物类型自然保护区管理细则》《云南省自然保护区管理条例》《云南省珍稀动物保护名录》等。20 世纪 80 年代以来，自然保护区事业蓬勃发展，数量和面积增长很快。截至 2013 年底，全省已建各种类型、不同级别的自然保护区 162 个，总面积 281.4 万公顷，占全省国土总面积的 7.1%。位居全国自然保护区数量第 6 位，总面积第 9 位。其中，国家级 21 个，省级 38 个，州市级 57 个，县级 46 个。按类型分：森林生态系统类型 110 个，湿地生态系类型 18 个，野生动物类型 15 个，野生植物类型 10 个，地质遗迹 7 个，古生物遗迹 2 个。基本形成了类型齐全、布局合理、结构科学并发挥重要生态保护和生物多样

高黎贡山自然保护区 （许太琴 摄）

性保护功能的自然保护区网络。西双版纳和高黎贡山两个国家级自然保护区被联合国教科文组织列入“人与生物圈保护区网络”，成为云南第一批联合国人与生物圈自然保护区。

（桐 蓉 整理）

湿地

指位于陆生和水生生态系统之间的过渡性地带。湿地是地球上一种重要的、独特的、多功能的生态系统，在全球生态平衡中扮演着极其重要的角色，有着“地球之肾”的美名。据2014年公布的云南省第二次湿地资源调查结果，云南湿地总面积56.35万公顷，占全省国土总面积的1.47%，自然湿地总面积占全省国土总面积的1.02%。调查结果显示，全省湿地有4类14型（不包括水稻田），其中河流湿地24.18万公顷，湖泊湿地11.85万公顷，沼泽湿地3.22万公顷，人工湿地17.10万公顷。调查范围内发现湿地植被型12个，湿地植物群系189个。记录到湿地高等植物2274种，其中国家重点保护野生植物12种，云南特有植物116种。记录到湿地脊椎动物1006种，其中国家重点保护野生动物67种，云南特有种237种。

昆明滇池南岸湿地公园水环境明显向好 （王 新 摄）

截至2017年底，云南省有纳帕海、碧塔海、拉市海、大山包4处国际重要湿地；滇池湿地、抚仙湖湿地、异龙湖湿地、洱海湿地、拉市海湿地、泸沽湖湿地、碧塔海湿地、纳帕海湿地、大山包湿地、会泽黑颈鹤栖息区湿地、程海湿地、巧家马树等15处湿地被认定为省级重要湿地；申报建设国家湿地公园18个，保护范围达5.96万公顷。建立各种级别的湿地类型自然保护区17处。

湿地公园

兼有湿地保护与利用、湿地研究等社会公益性作用，以湿地的科普宣教、湿地功能利用、弘扬湿地文化等为主题，可供人们旅游观光、休闲娱乐的生态型主题园林。中国国家湿地公园是指经国家湿地主管部门批准建立，在完成试点建设并验收合格后的湿地。截至2017年底，云南省已建成国家湿地公园18个，包括红河哈尼梯田国家湿地公园、洱源西湖国家湿地公园、普者黑喀斯特国家湿地公园、普洱五湖国家湿地公园、盈江国家湿地公园、鹤庆草海国家湿地公园、蒙自长桥海国家湿地公园等，总面积约1.98万公顷。

晋宁县古滇王国湿地公园 （王 新 摄）

鹤庆草海湿地公园 （江 云 摄）

生物物种资源

据《云南省生物物种名录（2016 版）》，云南有 25434 个物种。其中，大型真菌 2729 种，占全国的 56.9%；地衣 1067 种，占全国的 60.4%；高等植物 19365 种，占全国的 50.2%，包括苔藓 1906 种，蕨类 1363 种，裸子植物 127 种，被子植物 15969 种；脊椎动物 2273 种，占全国的 52.1%，包括鱼类 617 种，两栖类 189 种，爬行类 209 种，鸟类 945 种，哺乳类 313 种。

云南省有国家重点保护野生植物 153 种，约占全国的 41.6%。其中大型真菌 2 种，蕨类 25 种，裸子植物 40 种，被子植物 86 种；国家一级重点保护野生植物 45 种，包括蕨类 3 种、裸子植物 28 种、被子植物 14 种；国家二级重点保护野生植物 108 种，包括大型真菌 2 种、蕨类 22 种、裸子植物 12 种、被子植物 72 种。有国家重点保护野生脊椎动物 242 种，约占全国的 57.1%。其中，国家一级重点保护野生动物 60 种，包括鱼类两种、爬行类 3 种、鸟类 26 种、哺乳类 29 种；国家二级重点保护野生动物 182 种，包括鱼类 4 种、两栖类 4 种、爬行类 5 种、鸟类 145 种、哺乳类 24 种。

生物物种红色名录

是全面系统地评估云南生物物种濒危状况的最新记录。云南省是目前在全国省、市、自治区中率先发布此类名录的省份。

据《云南省生物物种红色名录（2017 版）》（2017 年 5 月 22 日，云南省环境保护厅会同中科院昆明植物研究所和昆明动物研究所联合发布），主要依据国际公认的世界自然保护联盟（IUCN）制定的《物种红色名录等级和标准（2001 年 3.1 版）》《物种红色名录等级和标准使用指南（2010 年 8.1 版）》和《物种红色名录标准在地区和国家的应用指南（2012 年 4.0 版）》的方法和标准，确定 11 个等级（绝灭、野外绝灭、地区绝灭、极危、濒危、易危、近危、无危、数据缺乏、不宜评估、不予评估）对生物物种进行绝灭风险评估，并参考《中国生物多样性红色名录——高等植物卷》《中国生物多样性红色名录——脊椎动物卷》，本着客观全面、科学审慎、循序渐进的原则，以《云南省生物物种名录（2016 版）》（以下简称《物种名录》）收录的 25434 个物种为评估对象，另外增加了《物种名录》发布以来发表的具有明确评估等级的新物种或新记录物 17 个，总计评估了 11 个类群的 25451 个物种。其中，大型真菌 2759 种、地衣 1067 种、高等植物 19333 种（苔藓植物 1912 种、蕨类植物 1363 种、裸子植物 115 种、被子植物 15943 种）、脊椎动物 2285 种（鱼类 619 种、两栖类 190 种、爬行类 211 种、鸟类 949 种、哺乳类 316 种），另外鱼类有 7 个亚种按评估标准列为“不予评估”。评估结果为，①绝灭物种 8 种：小叶橐吾、干生铃子香、小叶澜沧豆腐柴、单花百合、云南刺果藓、大鳞白鱼、异龙鲤、滇池蝾螈，占评估物种总数的 0.03% 多。②野外绝灭物种 2 种：三七、杜仲，约占评估物种总数的 0.01%。③地区绝灭物种 8 种：心叶猴耳环、闭壳柯、白背兀鹫、黑兀鹫、蓝冠噪鹛、斑嘴鹈鹕、双角犀、爪哇犀，约占评估物种总数的 0.03% 多。④极危物种 381 种：巧家五针松、水松、贡山三尖杉、滇南苏铁、爪哇野牛、豚鹿、虎、林麝、金钱豹、西黑冠长臂猿、双角犀鸟、绿孔雀、赤颈鹤、蟒、凹甲陆龟、斑鳖等，占不到评估物种总数的 1.50%。⑤濒危物种 847 种：红豆杉、多歧苏铁、高黎贡羚牛、马来熊、滇金丝猴、眼镜王蛇等，约占评估物种总数的 3.33%。⑥易危物种 1397 种：岩羊、小熊猫、黑熊、灰孔雀雉、黑颈鹤、冬虫夏草、松茸等，约占评估物种总数的 5.49%。⑦近危物种 2441 种：赤麂、果子狸、白腹锦鸡等，约占评估物种总数的 9.59%。⑧无危物种 16356 种，约占评估物种总数 64.26%。⑨数据缺乏物种 2991 种，约占评估物种总数的 11.75%。⑩不宜评估物种 1013 种，约占评估物种总数的 3.98%。⑪ 不予评估物种 7 种，占不到评估物种总数的 0.03%。

（吴学灿　李　颖）

森林资源

2017 年，云南省森林质量得到明显提升。森林面积 2273.56 万公顷，森林覆盖率 59.3%；森林蓄积 18.95 亿立方米，活立木蓄积 19.13 亿立方米。与 2016 年完成的第三次森林资源二类调查结果相比，全省森林面积增加 117 万公顷，森林覆盖率从 56.24% 提高

香格里拉天然林　（许太琴　摄）

到 59.3%；森林蓄积由 16.02 亿立方米增加到 18.95 亿立方米；活立木蓄积由 16.12 亿立方米增加到 19.13 亿立方米。

水资源概述

2017 年，全省水资源总量 2203 亿立方米，较多年平均偏少 0.3%。全省产水模数为 57.5 万立方米 / 平方千米，人均水资源量 4588 立方米。全年全省入境水量 1684 亿立方米，较多年平均增加 2.1%；从邻省入境水量 1659 亿立方米，从邻国入境水量 24.31 亿立方米；出境水量 3822 亿立方米，较多年平均减少 0.3%，流入邻省 1614 亿立方米，流入邻国 2208 亿立方米。

2017 年，全省年平均降水量 1351.5 毫米，折合降水总量 5179 亿立方米，较多年平均偏多 5.7%，属平水年。其中，怒江州年降水量最大，为 2422.2 毫米；楚雄州最小，为 909.4 毫米。有 11 个州（市）年降水量较多年平均偏多：迪庆、文山和西双版纳 3 个州（市）分别偏多 17.7%、17.2% 和 16.4%；怒江、玉溪、红河、曲靖、昆明、昭通、普洱和楚雄 8 个州（市）偏多 1.8% ～ 13.0%。有 5 个州（市）年降水量较多年平均偏少：大理、丽江、德宏、保山和临沧 5 个州（市）分别偏少 7.4%、5.6%、5.5%、5.4% 和 0.5%。

2017 年，全省地表水资源量 2203 亿立方米，折合径流深 574.8 毫米，较多年平均偏少 0.3%。其中，怒江州年径流深最大，为 1608.9 毫米；楚雄州最小，为 185.6 毫米。有 8 个州（市）年地表水资源量较多年平均偏多：昆明、西双版纳和玉溪 3 个州（市）分别偏多 18.4%、15.5% 和 11.6%；文山、红河、曲靖、怒江和迪庆 5 个州（市）偏多 1.9% ～ 8.9%。有 8 个州（市）年地表水资源量较多年平均偏少：丽江、大理和楚雄 3 个州（市）分别偏少 22.5%、20.2% 和 16.5%；临沧、保山、德宏、普洱和昭通 5 个州（市）偏少 2.0% ～ 10.8%。

2017 年，全省地下水资源量 762.0 亿立方米，较多年平均偏少 1.2%。地下水径流模数 19.9 万立方米 / 平方千米。其中，怒江州地下水径流模数最大，为 45.2 万立方米 / 平方千米；楚雄州最小，为 4.9 万立方米 / 平方千米。有 9 个州（市）年地下水资源量较多年平均偏多：昆明市和红河州分别偏多 35.1% 和 20.4%；文山、西双版纳和玉溪 3 个州（市）分别偏多 17.5%、14.7% 和 12.9%；曲靖、普洱、怒江和迪庆 4 个州（市）偏多 2.2% ～ 5.1%。有 7 个州（市）年地下水资源量较多年平均偏少：大理州和丽江市分别偏少 26.8% 和 24.9%；临沧、保山和楚雄 3 个州（市）分别偏少 17.4%、14.6% 和 13.0%；昭通市和德宏州分

广南县八宝镇三腊瀑布　　（王　新　摄）

别偏少 5.9% 和 3.6%。

2017 年，全省供河道外用水的 11 座大型水库、235 座中型水库以及小型水库和坝塘的年末蓄水总量 89.08 亿立方米，比 2016 年增加 1.6%，完成年度蓄水任务的 111%，为 2011 年以来蓄水最多的一年。其中，大型水库蓄水量 18.48 亿立方米，比上年减少 2.3%；中型水库蓄水量 40.66 亿立方米，比上年增加 2.8%；小型水库及坝塘蓄水量 29.93 亿立方米，比上年增加 2.7%。

2017 年，云南九大高原湖泊年末容水量 293.9 亿立方米，比 2016 年增加 0.3%，为 2011 年以来容水量最多的一年。各湖泊中，滇池、星云湖、洱海和程海年末容水量较上年减少，泸沽湖与上年持平，阳宗海、抚仙湖、杞麓湖和异龙湖较上年有不同程度增加。

2017 年，全省河道外供水量 156.6 亿立方米，比 2016 年增加 4.3%；其中，地表水源供水量 151.1 亿立方米，比 2016 年增加 4.0%；地下水源供水量 3.679 亿立方米，比 2016 年减少 1.4%；其他水源（污水处理回用及雨水利用）供水量 1.838 亿立方米，比 2016 年增加 51.0%。地表水源为主要供水水源，占总供水量的 96.5%，地下水源供水量占 2.3%，其他水源供水量占 1.2%。

2017 年，全省用水消耗量 96.66 亿立方米，其中，农业用水消耗量 75.52 亿立方米，工业用水消耗量 8.098 亿立方米，生活用水消耗量 9.970 亿立方米，生态环境用水消耗量 3.071 亿立方米。全省综合耗水率 61.7%。

2017 年，全省水利工程供水量 164.6 亿立方米，水资源开发利用率 7.4%，其中河道外供水量 156.6 亿立方米，河道内的河湖生态补水换水量 7.982 亿立方米。全省河道外人均综合用水量 326 立方米，万元国内生产总值（当年价）用水量 95 立方米，万元工业增加值（当年价）用水量 55 立方米，农田亩均灌溉用水量 360 立方米，城镇居民人均生活用水量 130 升 / 日，农村居民人均生活用水量 77 升 / 日。

（江　云　整理）

河流水质

2017 年，全省监测评价河流 20730.3 千米，其中Ⅰ～Ⅲ类水河长 18748.8 千米，占评价总河长的 90.4%，较上年上升 0.6%；Ⅳ类水河长 747.6 千米，占 3.6%；Ⅴ类水河长 306.2 千米，占 1.5%；劣Ⅴ类水河长 927.7 千米，占 4.5%。

长江流域评价水功能区 153 个，按水质管理目标全因子评价达标率为 58.8%；珠江流域评价 103 个，达标率为 52.4%；红河、澜沧江、怒江、伊洛瓦底江流域评价数分别为 61 个、78 个、29 个和 30 个，达标率分别为 70.5%、83.3%、75.9% 和 83.3%。按水质管理目标双因子评价，长江流域达标率为 88.2%；珠江流域达标率为 82.5%；红河、澜沧江、怒江、伊洛瓦底江流域达标率分别为 91.8%、93.6%、89.7% 和 96.7%。

九大高原湖泊水质

程海水质为劣Ⅴ类，营养状态属中营养；泸沽湖水质为Ⅰ类，属贫营养；滇池水质为Ⅲ～劣Ⅴ类，属轻度富营养；阳宗海水质为Ⅲ类，属中营养；抚仙湖水质为Ⅰ类，属贫营养；星云湖水质为劣Ⅴ类，属中度富营养；杞麓湖水质大部分为Ⅴ类、局部为劣Ⅴ类，属中度富营养；异龙湖水质局部为Ⅴ类、大部分为劣Ⅴ类，属中度富营养；洱海水质为Ⅲ类，属中营养。

水库水质

2017 年，参加评价的水库 192 座。全年总体水质为Ⅰ～Ⅲ类的有 182 座，Ⅳ类有 6 座，Ⅴ类有 2 座，劣Ⅴ类有 2 座，总体达标率为 94.8%，主要超标项目为总磷、五日生化需氧量、高锰酸盐指数。192 座水库中有 176 座水库营养状态处于中营养，13 座处于轻度富营养，3 座处于中度富营养。其中，松华坝水库、独木水库水质为Ⅰ类，营养状态处于中营养；柴石滩水库、德泽水库、小中甸水库、云龙水库、清水海、毛家村水库、渔洞水库、景洪电站、麻栗坝水库水质均为Ⅱ类，营养状态均处于中营养。

集中式供水水源地水质

2017 年，全省监测评价 55 处州市所在地集中式供水水源地，总体达标率为 85.5%。未达标的水源地主要超标项目为总磷、铁、锰、pH 值、溶解氧及五日生化需氧量。

（江　云　整理）

土地资源概述

云南全省土地总面积 38.32 平方千米，折合 57481.50 万亩。居全国第八位。山地、高原约占全省总面积的 94%，山间盆地约为 2.4 万平方千米，占全省总面积的 6%。云南全省土地类型可划分为北热带、南亚热带、中亚热带、北亚热带、南温带、中温带、北温带等 7 个类型。以地面坡度为依据，可划分为 8

元阳哈尼梯田　（许太琴　摄）

度以下、8 ~ 15 度、15 ~ 25 度、25 ~ 35 度、35 度以上等 5 个量级。

据《云南省志 · 土地志》，云南省北热带土地类型面积占 1.23%、南亚热带土地类型面积占 19.29%、中亚热带土地类型面积占 16.69%、北亚热带土地类型面积占 20.81%、南温带土地类型面积占 16.36%、中温带土地类型面积占 16.39%、北温带土地类型面积占 8.50%、主要水面等占 0.73%。

云南全省土地的土壤由 7 个土纲、18 个土类组成。在自然土壤中，红壤系列中的红壤、黄壤、赤红壤、砖红壤等面积较大，占全省土壤总面积的 55.32%。按土壤类型划分，全省自南向北 4 个大的土区分别为：一、砖红壤为主的地带，主要分布在西双版纳和红河州东南边缘海拔 1000 米以下的地区，约占全省土地面积的 16.20%。二、砖红壤性红壤地带，主要分布在北纬 23 ~ 24 度，是云南省经济作物和经济林木发展基地，约占全省土地面积的 24.90%。三、山原红壤和紫色土为主的地带，主要分布在北纬 24 ~ 26 度，海拔 1500 ~ 2500 米的山地、高原、丘陵区，是云南省粮、油、菜、果、烟的主要产区，约占全省土地面积的 31.50%。四、棕壤为主的地带，主要分布在北纬 26 度以北，海拔 2000 米以上的土区，约占全省土地面积的 22.80%。

（江　云　整理）

景观资源概述

云南省的景观资源具有多样性特点。景观多样性是指不同类型的景观在空间结构、功能机制和时间动态方面的多样化和变异性。景观要素可分为斑块、廊道和基质。斑块是景观尺度上最小的均质单元，它的大小、数量、形态和起源等对景观多样性有重要意义；廊道成线状或带状，是联系斑块的纽带，不同景观有不同类型的廊道；基质是景观中面积较大，连续性高的部分，往往形成景观的背景。云南的景观多样性主要由云南复杂、独特的自然地理环境和极其多样化的地貌类型和生态系统所决定。从生物多样性保护与研究角度看，景观多样性主要是指生物地理景观的多样

翠堤鸥潮似云行　　（王　新　摄）

罗平油菜花　　（黄家驹　摄）

圣洁梅里雪山　　（许太琴　摄）

白水江润泽的土地　　（柴峻峰　摄）

性。云南景观多样性包括 7 种类型。

一是横断山系高原面以上的高耸山地温性－寒温性生物地理景观。主要有滇西北的梅里雪山（海拔 6740 米）、玉龙雪山（海拔 5596 米），白马雪山（海拔 5429 米）、哈巴雪山（海拔 5396 米）、山体高出附近的高原面达 2500 ~ 3000 米，成为云南第一梯雄伟险峻的极高山景观。

二是高原面亚热带生物地理景观。通过构造抬升的古夷平面，分为丘陵状高原面和分割高原面两种形态，占据云南大部分地区。

三是剥蚀面河谷阶地、盆地边缘台地及低山缓丘热带亚热带生物地理景观。分布在古夷平面以下，在河谷两侧及盆地周围最为常见。通常在下切河谷和盆地周围形成多级剥蚀阶地、台地与低山缓丘。

四是河谷热带、亚热带生物地理景观。云南河流水系发达，河流强烈的下切作用形成了纵横交错、宽窄与深浅不一的多样化河谷地貌景观。

五是盆地热带亚热带农业生物地理景观。云南盆地众多，全省面积大于 1 平方千米的盆地有 1442 个，大多为小型的山间盆地。面积大于 1001 平方千米的盆地有 49 个，以滇池坝和陆良坝最大，面积均超过 7001 平方千米。形成盆地的主导成因包括构造、剥蚀和岩溶三类。

六是水系河川生物地理景观。云南河流众多，径流十分丰富。在云南境内的河流分属六大水系，包括南盘江、红河、金沙江、澜沧江、怒江和独龙江。六大水系干流在云南境内长约 5000 千米，全省多年平均河川径流总量达 2009.16 亿立方米。六大水系总体上呈西北向南、南东和南西三个方向帚状散开。此外，还有河流的多层次发育与巨大的落差以及岩溶地下暗河发育等特点。

七是高原湖泊湿地生物地理景观。云南面积大于 1 平方千米的湖泊有 27 个，湖泊总面积 1164 平方千米，总蓄水量 290 亿立方米。主要特点是分布海拔高，以金沙江与红河、南盘江水系的分水岭高原部分湖泊最为发达。湖泊湖盆的形成大都受断裂构造的控制。在岩溶区还有许多小型溶蚀湖分布，在滇西北横断山有不少冰蚀湖分布。

景观资源是云南绿色发展的重要支撑，保护、研究和有序开发景观资源，对于云南社会经济的可持续发展具有重要意义。

（江　云　整理）

气象气候资源概述

云南省特殊的地理位置，古老复杂的地质演化历史，得天独厚的地理环境，使得气象因素和气候特征复杂多样，形成了不同类型的气象气候资源。云南特殊的地形条件，对北来冷空气形成一个天然屏障。地势北高南低，由西北向东南倾斜。在西部，云岭、怒山和高黎贡山为云南的三大主要山脉，海拔一般在

圆通花潮　（许太琴　摄影）

乌蒙山云海　（柴峻峰　摄）

3000～6000米之间。在东部，大凉山在北部，乌蒙山在东北，高度都在2500米以上。这种地形特点，使得云南受冷空气侵袭的概率较小，故而冬季较温暖，夏季无酷暑，四季比较温和。另外，较大的海拔落差，形成了“一山有四季，十里不同天”的景象。千变万化的各种气象与山水景象有机结合，形成了诸如在高山地区的鸡足山金顶、轿子山山顶常能观看到佛光，在高原湖泊上常见“彩云南现”，在山区常有变化莫测的云雾以及玉带云、望夫云等等生动的景象。按最冷月气温5℃，最热月气温22℃及其雨日等要素，可以把云南分为三个旅游气象气候区。

一是滇北旅游气候区。包括滇西北、滇东北两片。以香格里拉为代表，年平均气温5.4℃，最热月平均气温为13.3℃，最冷月平均气温-3.8℃。大于等于5毫米的雨日，全年38.1天，雨季各月不超过10天，年雨量612.4毫米。气候温凉，春夏秋三季皆适宜旅游，以春末夏初为最佳。春季杜鹃花盛开，繁花似锦；夏日晴天，看三江并流峡谷以及垂直地带性植被、现代冰川，滇金丝猴等珍贵动、植物。

二是滇中旅游气候区。包括昆明、曲靖、玉溪、大理、宝山、临沧和文山的一部分地区。以昆明为代表，年平均气温14.7℃，最热月平均气温19.8℃，最冷月平均气温7.7℃。大于等于5毫米的雨日，全年50.7天，年降水量1000毫米左右。全年适宜旅游，以冬夏为佳。“天气常如二三月，花枝不断四时春”的昆明，已建成为国际旅游城市。

三是滇南旅游气候区。包括西双版纳、普洱以及德宏、红河、文山的一部分地区。以景洪为代表，年平均气温21.9℃，最热月平均气温25.6℃，最冷月平均气温15.7℃。大于等于5毫米的雨日，全年61.6天，年降水量1193.9毫米。气候温热，冬春秋季适宜旅游，以冬夏为佳。热带雨林、季雨林风光及林中奇花异卉、珍禽异兽是该区域的特色。

（桐　榕　整理）

绿色发展

GREEN DEVELOPMENT

云茶

普洱整合古茶山资源

2018 年 3 月，普洱市向市场推出宁洱普洱山和墨江凤凰山普洱茶品牌，通过打造一批发展生态化、产品特色化、生产标准化、经营规模化、品牌高端化的普洱茶名山品牌，提高消费者对普洱区域品牌和企业品牌的认知认可。

普洱市紧紧围绕打造“千亿云茶”产业目标，通过整合普洱 26 座古茶山资源，建设优质基地、强化标准建设、塑造知名品牌、培育龙头企业、完善物流体系，让“绿水青山”变成“金山银山”，全面推进茶产业稳定健康发展。建立“有标识、有标准、有检测、有监控、可识别、可查询、可追溯、可信任”的产业联盟，将众多小企业集中到一个区域品牌下，创建“责任承担、共享价值、人人捍卫”产业联盟利益共同体，打造普洱市名山普洱茶全家福系列产品。

景迈山古茶林

2018 年 3 月 21 日，普洱景迈山茶文化景观保护与发展研讨会召开，30 多位国内权威的世界遗产专家齐聚澜沧，为保护和利用好景迈山古茶林进行广泛讨论，推进普洱景迈山古茶林申报世界文化遗产工作。

景迈山古茶林　　（王　新　摄）

按世界遗产分类标准，景迈山古茶林属于文化景观类遗产，是人类在和自然交互过程中有机演进的景观，至今演化过程仍在继续。景迈山保留稳定高效的生态系统，在全世界范围内都极具研究价值。古茶林平面空间上，在森林间有限度的斑块状开发古茶林，形成村庄、茶林、森林的林间种植圈层；古茶林立体空间上，形成乔木层、灌木层、草木层的林下种植立体生态。古茶林的物种数、丰富度指数、多样性指数和均匀度指数与天然林极为相似。

凤庆万亩滇红茶

截至 2018 年初，凤庆全县茶园面积达 30.6 万亩，通过认证的有机茶园达 3.9 万亩。毛茶总产量 3.7 万吨，农业产值近 9.3 亿元，茶农人均茶叶收入 2486 元。精制茶产量 3.16 万吨，工业产值达 19 亿元。

凤庆县推行“龙头企业 + 基地（合作社、初制所）+ 农户”模式，形成茶企、小龙头、合作社、茶农之间利益共享、风险共担的合作关系，实现茶叶初加工标准化、清洁化、规范化。以工业聚集区、城市开发新区、新家园建设示范区、商贸物流基地“三区一基地”为核心，凤庆县完善滇红生态产业园区建设，累计入园企业 122 户，其中茶产业类 40 户，规上茶叶企业 14 户，入园企业累计完成固定资产投资 95.8 亿元，企业销售收入 70.8 亿元，实现税收 4.79 亿元。是全国唯一红茶产业园区，生产的红茶出口 100 多个国家和地区。

老乌山春茶开采庆典

2018 年 4 月 8 日，镇沅老乌山祭茶祖大典在按板镇罗家村上村小组举行，标志着镇沅老乌山茶区万亩春茶全面进入采摘期。

庆典活动突出“探寻乌山茶韵”主题，以“缘聚乌山·茶和天下”为目标，体现镇沅茶叶与地理、民族、文化交融特点特色，搭建平台，打响品牌。其间，对斗茶比赛获得一、二、三等奖的 6 家地方茶企业共计 20 千克古树晒青茶进行拍卖，累计成交价为 3.34 万元；除此之外，老乌山 2 号古茶树、老乌山紫茶树王 1 年的认养权也分别拍到 6 万元、10.5 万元的好价格。

4 月 9 日下午，来自按板本土的迎春茶业、年乌倮吉茶业分别与罗家村、文立村部分建档立卡户进行茶企业助推脱贫攻坚承诺书签约仪式。三方合作采取“公司 + 服务部 + 贫困户”的模式。按板镇老乌山茶叶年产量可达 370 吨，古茶园面积 2870 亩，年均产值 2000 余万元，每年为罗家、文立、那布 6000 余名村民搭建稳定增收渠道，为 127 户建档立卡户提供固定用工，助力脱贫。

（甜　江）

云　药

贡山调整种植结构

2018 年 5 月，结合怒江、独龙江两岸生态保护和产业扶贫建设实际，贡山县创新农业产业发展思路，利用退耕还林还草政策，充分挖掘山地资源优势，以公司＋合作社＋农户的模式，根据市场需求，因地制宜，种植优质水稻、发展林下魔芋、牧草及白芨、重楼等中草药，加大蔬菜和羊肚菌、金耳、草莓、山药等特色产业种植。逐步优化种植业结构，培育壮大特色产业，提升全县农业和农村经济发展整体水平，助力脱贫攻坚。

丙中洛镇秋那桶村石普小组 11 户建档立卡户，加入“贡山县互惠种植农民专业合作社”。种植百合、魔芋、当归。中药材都是订单农业，由公司负责定价回收，种植户的利益有保障。2018 年，贡山全县种植业结构调整总规模达 3.395 万亩。截至 2018 年 5 月，完成种植调整 2.8352 万亩。

西双版纳石斛　　　　（王　新　摄）

西双版纳打造傣药谷

2018 年 1 月，景洪市政府与中国东方资本投资集团举行中国 · 西双版纳傣医药谷—傣医药集中发展区项目签约仪式，投资 100 亿元打造中国 · 西双版纳傣药谷。

傣药谷项目位于景洪市勐养镇保健品园区，规划面积约为 19 平方千米。根据规划，项目集合加工、种植、研发、医养、旅游、国际贸易和金融资本 7 大产业布局，主要建设内容包括贝叶硅谷、药王古寨、素可傣雅解小镇、云中药林、健康工园和智慧新苑 6 大功能板块。

“云药之乡”云龙县

截至 2018 年初，“云药之乡”云龙县建成百亩以上的重楼基地3个，红豆杉、金银花、纹党参、独定子、附子、白芨、珠子参、油用牡丹等各1个，规范示范种植基地达12个，推广示范种植17个中药材品种。中药种植面积达12.8万亩，总产值达15亿多元，辐射带动两万多户群众发展中药材。在政府的扶持引导和企业、合作社、大户的牵引带动下，中药材形成遍地开花的发展态势。丰富的药材资源，为云龙县发展提供坚实基础。

云龙县地处大理、保山、怒江3州市结合地，澜沧江、怒江、沘江跨境而过，广袤的土地上，阳光充足、生物多样、资源富集。全国药普办审定的356种中药材中，云龙就达138种，占38%以上。从2005年开始，云龙县将药材作为重点的林下产业开发列入规划。2011年至今，蝉联省级“云药之乡”荣誉。

“昭通天麻”产业

截至2018年初，昭通天麻种植面积达8.05万亩，实现总产值39.7亿元，其中种植产值25.4亿元，加工产值14.3亿元；天麻种植区域贫困人口人均纯收入4450元以上，均创历史新高。

昭通市委、市政府高度重视天麻产业的发展，把天麻产业作为昭通最具特色、最有潜力的高原特色生物产业来培育和推进，并先后制定出台一系列政策措施。在此基础上，成立昭通市天麻特产局、昭通市天麻研究院，在7个天麻种植县单独设立天麻产业办公室，在基地乡镇成立天麻产业技术服务站，在基地村选配天麻产业专职辅导员。

先后引进和扶持好医生集团、世彭汇股份有限公司、云南永孜堂制药有限公司等天麻种植、加工、销售及“两菌”生产企业22家，组建市天麻生物产业协会等4个天麻产业协会、100余个专业合作社，基本形成“公司+协会+合作社+基地+农户”的发展模式。与中国科学院、云南大学等省内外科研院所合作建立陈凯先院士工作站、昭通天麻两菌中心等研究平台6个，研制《昭通乌天麻》10项地方标准、《昭通乌天麻道地药材标准》；先后获得“国家地理标志产品—昭通天麻”专用标识和“昭通天麻”证明商标认证，主产区彝良荣获“国家林下经济及绿色特色产业示范基地”及“有机产品认证示范县”等称号，昭通被国家中医药管理局授予“中国乌天麻之乡”称号。

乌天麻地方标准获奖

2018年9月，在2018年中国标准创新贡献奖评选中，昭通乌天麻地方标准获2018年中国标准创新贡献三等奖。

昭通乌天麻标准化工作由昭通市政府牵头，昭通市天麻特产局提出申请、昭通市天麻研究院起草、昭通市质量技术监督局、昭通市药品检验所等单位协作完成。2015年，云南省质量技术监督局批准发布《昭通乌天麻》10项地方标准后，国家标准化管理委员会依法对10项地方标准进行备案。

昭通乌天麻10项地方标准对昭通乌天麻的质量要求、产地环境、生产技术规程、初加工技术及萌发菌、蜜环菌质量要求等作出详细规定，对昭通天麻产业标准化、科学化发展提供了明确的依据。在昭通天麻流通经营领域、种质资源保护环节、昭通天麻粗加工规范方面得到有效利用，也为把昭通建设成为全国最优的有机天麻产品基地、全国最大的天麻加工基地、全国最大的天麻交易市场奠定重要的技术基础。

丽江中药材产业

截至2018年9月，丽江全市各类中药材种植面积达23.4万亩，1区4县均被认定为省级“云药之乡”。丽江市坚持以科技创新为支撑，通过组建专家团队，发挥智力支持，加强中药材产业科技推广体系、科研机构和企业科技建设。结合实施农业农村部职业农民培训云南省项目专题，通过与专家、院校共同办学，聚焦中药材产业发展中存在的种植与初加工规范化等问题，采取针对性和实效性较强的教学培训，逐步解决中药材种植技术落后、水平低、经验不足、标准化程度不高、分散等问题，进一步提升中药材种植的标准化、规范化和绿色生态意识。

海拔2000米至3200米的山地暖温带，以种植滇重楼、云木香、云当归、附子等为主；海拔1500米至2000米的河谷亚热带，以种植红花、白芨、天冬、金铁锁等为主的中药材种植区域布局形成。中药材种植区域覆盖30多个乡镇，占全市乡镇总数的半数以上。建成一批设施配套的滇重楼、珠子参、云当归、云木香、白芨等规范化种苗繁育基地。全市共有从事中药材种植养殖加工企业71户，其中从事中药材加工企业6户。涌现出中药材产业行业协会18个、农民专业合作组织231个、中药材产业家庭农场28个、专业大户286户，从事中药材产业从业人数4万多人。

坚持以滇重楼、云木香、云当归等具有道地药材影响力品种为基础，丽江市依靠科技创新驱动，突破道地中药材产品及衍生产品研发与生产、质量控制等一系列关键技术。丽江得一、映华、华丽等企业，取得 GSP 证书和中药材经营许可证。建立滇重楼、云木香、云当归系列优质品种选育质量标准体系。玉龙县云鑫公司的滇重楼基地、华利药业公司的云木香基地，分别通过国家 GAP 认证，玉龙县滇重楼通过国家“地理标志产品”认证。全市共获得省级中药材良种繁育基地、中药材种植养殖基地科技示范园、中药材加工型企业等“三项认定”35 个，居全省首位。

同时，丽江市取得“滇重楼良种繁育及三段栽培方法研究与应用示范”“云南道地中药材病虫害防控技术研究与示范”等一批技术成果和“一种多芽滇重楼地下块茎进行切块繁育的方法”“云木香油提取方法”等数十项发明专利和实用新型专利。

辣木加工技术研发

2018 年 9 月底，云南农业大学申报的“国家辣木加工技术研发专业中心”获得农业农村部批准，成为云南农业大学首次获批的国家农产品加工技术研发中心。“国家辣木加工技术研发专业中心”凝聚一支多学科交叉融合的科研创新团队，围绕辣木精深加工领域的核心科学问题进行攻关，打造辣木全产业链的创新支撑体系，联合辣木生产企业加速辣木产品成果转化及产业化开发，推动辣木产业健康快速发展。

云南省从 20 世纪 60 年代开始对辣木进行系统研究。2014 年，云南农业大学等多家单位联合绘制完成世界首个辣木基因组精细图谱，为辣木应用研究及产业化开发打下基础。2014 年 9 月，云南农业大学成立“云南辣木研究所”，组建辣木科研队伍，围绕辣木栽培育种、功效研究、产品精深加工等领域进行全产业链的科学研究。

云南省中药材种植

11 月 18 日，云南省第四届中药材产业科学发展交流会暨云南省中药材种植养殖行业协会年会在昆明召开，2018 年全省中药材种植面积达 756 万亩，比上年同期增长 8.8%，种植面积继续保持全国第一。

云南省立足独特的立体气候资源和多样性生物环境优势，把中药材产业列为全省打造世界一流“绿色食品牌”的八大重点产业之一，编制《云南省中药材产业三年行动计划（2018 ~ 2020 年）》，引导中药材产业科学发展，着力打好“云药”牌。2017 年全省中药材农业产值达 351.8 亿元，同比增长 8.2%。其中三七、天麻、重楼等 8 个中药材品种农业产值分别达到 10 亿元以上，中药材产业产值过亿元的产业重点县（市、区）达 40 余个。

同时，云南省把中药材产业发展和精准扶贫相结合，在贫困地区全面推广中药材产业。目前，全省有 10 万多户农户参与中药材产业，中药材种植覆盖 88 个贫困县，种植面积突破 600 万亩。

工业大麻全雌品种在滇成功研发

由云南省农业科学院经济作物研究所杨明为首的研究团队完成的“工业大麻全雌品种选育阶段性成果”9 月 28 日通过专家组现场鉴评。该成果采用自主创制的雌雄同株和雌雄异株作为亲本形成杂交制种技术，在世界上率先实现低纬度地区工业大麻全雌种子研发，达到国际先进水平，对于推动中国工业大麻综合利用，特别是在生物医药领域的应用，从而促进产业发展具有重要意义。

工业大麻是通过遗传改良，四氢大麻酚含量低于 0.3% 的大麻品种类型，是无毒品利用价值的经济作物。工业大麻的自然属性是雌雄异株，雌、雄株各占一半，雄株完成散粉后提前干枯，对一次性收获特别是机械收获或花叶收获造成较大困难。工业大麻全雌品种是指种子播种后长出的植株近 100% 是雌性的品种，由于存在于工业大麻雌株花叶中的大麻二酚等大麻素成分可作为抗癌、抗癫痫等药物的重要成分，因此工业大麻全雌品种成为 CBD 等大麻素药用的理想品种。

工业大麻全雌品种的成功研发，将加速推进工业大麻在生物医药和大健康领域的应用，特别对花叶用（即 CBD 医药用途）和籽用工业大麻的生产起到颠覆性的影响。全雌品种花叶增产幅度大，因性状整齐一致可实现全田一次性收获，大幅降低生产成本，提高了种植和加工的经济效益。同时，由于工业大麻全雌品种种植不产生种子，避免私自留种带来的安全风险，有利于禁毒监管。

（甜　江）

云 果

迪庆冰葡萄产业

截至 2018 年初，迪庆州年生产加工葡萄酒超过 3000 吨，实现年产值 9.9 亿元，年销售收入达 6.4 亿元。全州葡萄种植面积达 1.8 万亩，葡萄产量 6900 多吨，一批专门从事葡萄生产、加工、经营的市场主体快速发展，生产能力和加工水平不断提升，葡萄产业正朝着规模化、集约化、专业化、市场化、产业化方向发展。酩悦轩尼诗香格里拉（德钦）酒业有限公司生产的红酒，已出口到法国、美国、日本、新加坡等国家和地区，标志着云南葡萄酒出口从一般市场走向高端市场。

维西是全球公认的“三大冰酒产区”中纬度最低、海拔最高、综合自然条件最好的冰酒产区，可种植冰葡萄的土地资源达 3 万多亩。其按照“携手共进、互利共赢、共同发展”的合作原则，不断推进集冰酒、文化、旅游、休闲等于一体的特色产业，做大产业、做出特点、做强品牌。采取土地流转的形式，从 2018 年开始连续 3 年每年至少种植 1000 亩葡萄。

广南油茶良种

经过云南省林业科学院及林业部门的多年协同攻关，广南县共选育出 5 个油茶新品种，成为全省唯一通过审定的油茶新品种，并被国家林业局确定为云南省主栽品种。云油茶 3、4、9、13、14 号 5 个油茶新品种，相互组合栽培，在盛产期亩产油可达 50 千克以上。该系列品种先后通过省林木品种审定委员会新品种审定，成为全省唯一通过审定的油茶新品种，结束云南省无审定油茶品种的历史。

芷村镇枇杷文化旅游节

2018 年 2 月 5 日，蒙自市芷村镇首届枇杷文化旅游节开幕。开幕式上，“枇杷王”评比捧出 73 克的“长红”、109 克的“五星”和 115 克的“解放钟”。旅游节开幕后，芷村镇以“枇杷”为主题，组织采风，并在一年的时间里接受征文、宣传文案、摄影作品等的投稿进行评比。

芷村镇以市场为导向，以农业增效、农民增收为目标，大力调整产业结构，积极引进“长红三号”“大五星”“解放钟”等枇杷品种进行示范种植，并取得成功。截至 2017 年底，全镇枇杷种植面积发展到 4.7 万亩，其中挂果面积 3.5 万亩，平均每亩产值达 6000 余元，最高亩产值 3 万余元，种植区域主要集中分布在芷村、老芷村、白石岩、扎租白、黑拉冲、岩蜂窝等村委会。

云南红梨创新发展

云南省农科院园艺所红梨专家舒群科研团队经过 10 多年来的创新研发和科技推广，先后培育出获得国家植物新品种保护授权的地方特色品种“云红梨 1 号”以及“美人酥”“早白蜜”“彩云红”等一系列优质杂交红梨新品种；“滇之红”品牌红梨获中国绿色食品 A 级认证，安宁红梨示范基地获“欧盟良好农业”认证和“中国良好农业”认证，并带动全省种植优质红梨 20 多万亩。

漾濞入选林产业品牌建设试点

2018 年 5 月初，国家林业和草原局公布全国经济林产业区域特色品牌建设试点单位名单，漾濞县凭借区域特色品牌“漾濞核桃”成功入选。

漾濞县把核桃产业作为推进农业产业化、加快群众增收步伐、建设绿色经济强县的支柱产业。截至 2017 年底，全县核桃种植面积达 107 万亩，年产量近 5.1 万吨、产值近 11.37 亿元。漾濞以建设中国优质核桃产品精深加工基地为依托，延伸了核桃发展产业链，建立核桃种质资源保存库，将漾濞打造成为全国优质核桃产品交易基地和优质核桃培育基地，树立核桃发展产业标杆。

漾濞核桃（王 新 摄）

核桃加工　　（王　新　摄）

漾濞核桃节　　（王　新　摄）

漾濞核桃产业——核桃树　　（王　新　摄）

古树咖啡林

截至 2018 年初，被誉为中国咖啡“活化石”的宾川县平川镇朱苦拉自然村全村有 360 多亩古咖啡林，620 多亩新种咖啡林，每年产值可达 700 多万元。全村 96 户人家，通过发展咖啡种植等产业已有 88 户脱贫。

朱苦拉村位于楚雄、大理、丽江三个州市的交界地，被金沙江支流渔泡江环绕，拥有 13 亩 100 多年树龄的古咖啡林，属于云南小粒波邦铁皮卡品种，十分稀有，且品质优异，保留百年前的植物基因。

2010 年，宾川县引进宾川高原有机农业开发有限公司，开始发展朱苦拉咖啡。朱苦拉发展的核心是咖啡一二三产业融合，即在保护好古咖啡树的同时，企业正积极引导村民种植第三代咖啡树；围绕朱苦拉一号梦庄园品鉴中心的建设，进一步推进农业与旅游、教育、文化、康养等产业深度融合；同时，以朱苦拉古咖啡林休闲观光园为核心，打造房车营地、帐篷酒店、咖啡博物馆的计划已提交。

华宁柑橘产业发展论坛

2018 年 9 月 10 日，华宁县举办 2018 柑橘产业发展论坛，邀请国内知名柑橘专家学者共谋华宁柑橘产业创新发展之计。柑橘是华宁最具特色产业之一，截至 2018 年初，华宁县柑橘种植面积达 10.58 万亩，产量达 25 万吨，产值 7.59 亿元，占农业总产值的 28.9%。

论坛期间，专家组一行来到华宁县亚热带水果示范园、玉溪市柑橘科学研究所、华宁县新村柑橘有限责任公司，实地查看、了解柑橘生产情况。主题报告会以“名特优新发展，品牌市场融合”为主题，专家学者结合实地考察从柑橘生产形势、发展前景和市场行情、品种和绿色防控技术、标准化生产、品牌打造、“三棵树”布局等角度开展交流探讨。在论坛中，华宁县政府与云南农业大学、云南高原特色农业产业研究院签订县校科技合作战略框架协议，通过合作助推华宁柑橘产业持续健康发展。

坚果产业发展高峰论坛

10 月 12 日，2018 云南 · 昆明坚果产业发展高峰论坛开幕。来自国内外知名专家学者、企业家，共商坚果产业发展大计，研究探讨产业发展问题和对策。

论坛期间，中国工程院院士曹福亮深入分析云南坚果产业发展现状，并为云南省坚果产业发展提出构建云南坚果质量安全标准体系、建立市场及品牌建设激励机制等诸多良策。多位来自省内外的林业专家及坚果生产企业负责人分别围绕核桃深加工与新技术、澳洲坚果产业发展展开深入探讨。

国家林业和草原局相关负责人表示，此次高峰论坛的举办，对促进中国坚果产业以及经济林产业高质高效发展具有重大意义。

第八届国际澳洲坚果大会

2018年10月16日第八届国际澳洲坚果大会开幕。大会以"加快绿色发展，实现生态富民"为宗旨，以"绿色·希望·健康·共享"为主题，由临沧市政府、省林业厅、云南坚果行业协会主办，是参会国家和地区最多、参会人员最多、发言人最多的一次国际澳洲坚果大会。澳大利亚、柬埔寨、缅甸等国驻华使领馆官员，柬埔寨白马省等国际友好城市政府官员、全球32个国家和地区坚果行业协会的代表，国家有关部委及国内外知名企业和赞助商等共计800余人参加开幕式。

同时，国际澳洲坚果大会委员会成立，委员会秘书处永久落户临沧。选举出首届国际澳洲坚果大会委员会主席、副主席、秘书长。

云南省委、省政府高度重视坚果产业发展，把以核桃、澳洲坚果为主的林业坚果产业列为高原特色农业八大产业之一给予重点扶持。全省核桃种植面积已达4300万亩，澳洲坚果种植面积已达262万亩，产量均居全国第一。临沧市把澳洲坚果作为一项生态产业、富民产业、扶贫产业来谋划，已建成澳洲坚果基地15万公顷，培育龙头加工企业13个。临沧澳洲坚果还先后获得国家农产品保护地理标志认证、标准化体系建设欧盟认证。

（甜　江）

云　菜

富锌马铃薯新品种

2018年3月15日，由云南省农业科学院经济作物研究所和德宏傣族景颇族自治州农业科学研究所联合选育的"云薯304"通过专家组综合鉴评，"云薯304"成为中国第一个富锌薯片加工型马铃薯新品种。"云薯304"块茎外观和内在品质符合薯片加工要求，经加工企业多年试炸生产，薯片片色淡黄，口感酥脆，薯香味浓，薯片含油量比"大西洋"低2～3个百分点。

"云薯304"高抗晚疫病，无空心褐斑等生理性病害，耐贮藏，显著优于云南现在薯片生产中使用最多的马铃薯加工品种"大西洋"和"合作88"，是薯片加工企业的首选品种。而且"云薯304"含锌量高，每千克鲜薯平均含锌量为4.22毫克，比"大西洋"高一倍以上，每千克薯片含锌量为9.5毫克，高于"大西洋"的每千克薯片含锌量5.6毫克。

在现场测产中，"云薯304"实收700平方米，总产量为3 830千克，折合亩产3 649千克，其中大薯率38%、中薯率52.6%、小薯率9.4%。按照企业田间收购价，亩产值为5 547元，对促进农民增收有显著作用。

此外，"云薯304"还实现品种使用权转让，形成由原料供应商组织生产、加工企业保护价收购、育成单位和推广部门技术服务的成果转化模式。

保山腊倮鸡

2018年5月，金宝腊倮鸡专业合作社保山专营店正式开业。金宝腊倮鸡专业合作社是珠街乡实施脱贫攻坚亮点之一。合作社以"电商平台＋公司＋合作社＋基地＋农户"的模式，带动贫困群众养殖当地土鸡，并在保山、大理、昆明建立专营店销售。截至2018年初，共养殖腊倮鸡10万羽，带动入社的183户贫困户户均增收8 000元。此外，培养种植致富带头人10人、养殖能手5人、创业青年党员1人、党员施工队1支，通过种植、养殖、务工3个增收支柱，带动群众特别是贫困人口实现共同发展。

腊倮鸡来自昌宁县最边远的珠街彝族乡金宝村。全村共有12个村民小组312户1169人，彝族占总人口的99%。2017年实现村集体经济收入25.9万元。针对生态环境、人居环境较差的实际，金宝村全力实施生态修复和人居环境治理提升，已绿化弃土50亩、绿化矿山10亩，拆除公路沿线两违建筑2 300多平方米。

特色农产品畅销粤港澳

截至2018年中，昭通市鲁甸县龙树镇古寨社区滇粤供港澳蔬菜基地建成蔬菜育苗大棚100亩、露天蔬菜基地580亩。基地涉及农户380户，其中建档立卡贫困户132户，覆盖贫困人口385人。通过标准化蔬菜基地建设，解决务工150天、每天60人左右，吸引大量的贫困户进入基地务工，年务工收入人均在1万元以上。基地采取东莞平台（东莞市润丰果菜有限公司）+当地龙头（昭通昌宏信达农贸有限公司）+党支部+合作社（鲁甸县益农蔬菜专业合作社）+农户的基本运行模式，打造产业扶贫品牌“莞昭果蔬供应链”。通过党支部组织发动群众组建合作社，实现组织化全覆盖，引导当地农民通过土地流转、就地务工、入股等形式深度参与，促进农民增收；通过统一种植品种，统一生产资料，统一技术标准，统一冷链运输，统一销售渠道，促进贫困户增收、产业增效、两地共赢。

昭通、东莞、中山3市自开展东西部扶贫协作以来，始终坚持“优势互补、互利共赢”的原则，按照“昭通所需、东莞中山所能、企业所愿”的要求，以创新的思维、多元化的方式，分阶段推进农业产业协作。东莞市、中山市鼓励和引导农业产业化龙头企业到昭通市投资，探索建立优质农产品生产基地，积极抓好支持企业在昭通建设农产品贸易平台以及在东莞、中山打造昭通农产品宣传推介平台“两个农产品平台”建设，健全农产品产销对接机制，畅通农产品流通渠道，强化优质农产品保障供应能力。

昭通市引进东莞中山企业资源，促成12个项目签约，签约资金达到30.58亿元。昭通市先后组织105家农业企业生产的苹果、天麻、苦荞等166个特色农产品进驻广东省扶贫办、广东省移动公司合作建设的“岭南优品”线上销售平台。采取“送出去、请进来”的方式，开展东莞市对口帮扶昭通农业农产品质量安全检验检测技术培训118人次，有效提升了昭通市农产品质量安全检验检测水平。

元阳稻花鱼丰收节、蒙自石榴节被纳入“中国农民丰收节”

2018年9月23日举行的“元阳稻花鱼丰收节”和9月下旬至10月上旬举行的“蒙自石榴节”，分别被纳入首届“中国农民丰收节”分会场和系列活动。

“元阳稻花鱼丰收节”活动由农业农村部渔业渔政管理局、全国水产技术推广总站主办，元阳县委、县政府承办。活动以“哈尼梯田鱼米香，农耕文化代代传”为主题。

蒙自石榴种植面积超过12.5万亩，拥有甜绿籽、甜光颜、甜沙籽等80多个品系，其连片规模、产量、品质居全国前列。

云海肴创造“云南菜奇迹”

2018年9月5日，北京金融街购物中心的云海肴·云南菜餐厅开业。云海肴·云南菜是中式正餐连锁品牌，因其健康、时尚、美味、价格适中等特点，深受都市年轻消费者喜爱。北京金融街购物中心店是其第147家直营连锁餐厅。2015年被云南省餐饮与美食协会评为滇菜“进京入沪下南洋”首席示范企业、最具活力成长型企业，2017年上榜央视财经频道“最受消费者欢迎十大餐厅”，2018年营业收入约11亿元，位列中式正餐连锁品牌第一梯队。

陇川稻花鱼

陇川县充分依托气候湿润、降水集中、土质良好、水利基础条件较好的优势，积极推广在稻田里放养生态鱼。2018年陇川县为养殖户免费发放鱼苗7 000多千克，全县养殖稻花鱼达到1000亩，养殖的稻花鱼种类多为鲤鱼、鲫鱼、罗非鱼，收获时稻花鱼每千克可卖至40至50元；同时稻花鱼捕食田里的害虫，不仅能使稻谷增加产量，而且提高稻谷品质，实现稻鱼双丰收。脱贫攻坚以来，陇川县借助农业补贴、旅游开发、扶贫项目等优惠政策，积极推广稻+鱼种养模式，免费提供鲤鱼、鲫鱼、罗非鱼等稻花鱼苗扶持农户进行稻田养鱼，并对养殖方法和田间日常管理进行技术指导，取得“一水两用、一田双收、粮鱼双赢”的效果，有效带动农民群众脱贫增收。

绿色云菜计划

2018年11月21日，由美团点评举办的“助力高远”美食扶贫公益项目在昆明启动首期“绿色云菜计划”。美团点评携手合作伙伴，共同助推云南绿色食材“走出去”，助力云南打好“绿色食品牌”。

启动仪式上，参加该扶贫项目的首批24家上海餐厅承诺，每家餐厅每年将购买包括云南等上海对口帮扶地区的农特产品，每家每年采购金额达10万元以上，积极帮扶云南等贫困地区群众脱贫。

“助力高远”美食扶贫公益项目致力于将“高远”贫困地区的绿色食材和美食文化从山野田间推广到城

市餐桌。其中，“高远”泛指以云南、新疆、西藏等深度贫困地区，重点关注上海对口帮扶的“高远”地区，即云南、新疆喀什、西藏日喀则、青海果洛、贵州遵义、重庆万州、湖北夷陵等7个省（区、市）20个地州市101个县（市、区），涉及贫困人口近300万。

高海拔水稻纪录

2018年10月22日，在宁蒗彝族自治县永宁乡，由云南省农业厅主持并邀请以中国农业大学教授、水稻专家李自超为组长的省市水稻科研及农业专家组成的专家组，对云南省现代农业水稻产业技术体系“丽粳9号高海拔‘极量创新’百亩（150亩）、千亩核心区（1030亩）”进行现场测产验收。结果表明，百亩连片示范和千亩连片示范都创造世界最高海拔水稻高产纪录，农户张文芳种植的田块创造世界高海拔稻区最高单产纪录。永宁乡海拔2670米，是世界水稻最高海拔种植地区。百亩和千亩连片示范平均亩产分别达536.46千克和497.83千克，农户张文芳种植的田块亩产达621.2千克，是中国高寒粳稻育种取得的一个重大突破。

（甜　江）

云　菌

羊肚菌栽培

为实现羊肚菌高产稳产种植，中国科学院昆明植物研究所赵琪高级工程师等研究人员选育获得优异栽培种质20余株，借助基因手段解决羊肚菌菌种质量和稳产菌株检测难题，突破羊肚菌大田种植产量不稳定的技术瓶颈。同时，研究人员创新羊肚菌标准化大田生产关键技术，研发出一系列“标准化栽培模式”和“幼菇标准化管护技术”，实现羊肚菌大田四季高效栽培，将种植周期由传统的120天至180天缩短至60天至100天，成菇率提高20%至30%。此技术在云南、新疆等7省区累计示范推广1万余亩，单季每亩纯收入达8000余元。

楚雄州发布两个野生菌地理标志产品地方标准

2018年5月，由楚雄彝族自治州质监局、州林科所起草的《地理标志产品——楚雄牛肝菌》《地理标志产品——南华松茸》两个地理标志产品地方标准获云南省质监局批准发布，于2018年6月1日起开始实施。

为了维护楚雄牛肝菌、南华松茸的质量、声誉，加强品牌建设，楚雄州人民政府向国家质检总局提出申报楚雄牛肝菌、南华松茸地理标志产品保护申请，并于2016年12月获国家质检总局批准保护。

松茸　（江　云　摄）

牛肝菌　（江　云　摄）

野生菌分会成立

2018 年 4 月 16 日，云南省特色农产品流通行业协会第三次会员大会暨野生菌分会成立大会在大理白族自治州祥云县举行。旨在通过会员制模式，坚持“立标准、树品牌、建体系、扶产业”的 16 字方针，学习西方涉农协会的管理方法，将技术、理念与会员分享，共建市场、共创消费文化。

（甜　江）

云　花

通海盆景产值近亿元

通海县盆景远销山东、江苏、安徽等地，年总产值接近一亿元，从事培育经营者多达千余人，且均拥有自己的盆景基地或苗圃。盆景主要以桃梅桩和清香木为主，中大型盆景超过十多万盆。

花卉产业“两展一会”

2018 年 7 月，“第十九届中国昆明国际花卉展、2018 中国国际家庭花卉园艺展览会和第十八届中国花卉零售业交流会”（以下简称“两展一会”）在昆明举办。展期内成交订单 6189 笔，成交金额达 3 亿元，刷新展会历史数据。来自越南、缅甸、柬埔寨等东南亚国家和荷兰、以色列等国家的驻华使领馆代表，以及日本岩手县农林水产部等外方机构参加本次展会。展会共接待参观洽谈人员 6.5 万人次，其中专业客商入场人数达 2.7 万人次。展会以专业展会为切入点，首次把“零交会”和家庭园艺展与昆明国际花展同期举办，旨在整合优势资源，搭建最有影响力的平台，让花卉生产者能便捷地找到销售途径，让专业采购商能找到最优质的花卉，让技术能高效服务于生产，让消费者能体验到最美丽的鲜花，从而推动花卉产业提质增效、转型升级，实现全面发展。

同时，世界各地的花商带来最新的产品和技术。其中，以色列专家和生产企业重点推荐散光棚膜和多功能膜产品和技术；大丰田温室公司引入美国新型大棚设施，首次推出方便拆卸、可调节的不锈钢碟型大棚。来自厄瓜多尔的超级玫瑰、安祖公司的多枝蝴蝶兰、德国 EMSA 首次推出的超轻型花盆受到众多花商追捧。

斗南花卉交易中心　（王　新　摄）

斗南花市　（许太琴　摄）

强农惠农暨花卉产业论坛

2018 年 10 月 11 日，“绿色食品牌”强农惠农暨花卉产业论坛在昆明滇池国际会展中心举行。论坛旨在推进云南省打造世界一流“绿色食品牌”工作，促进昆明花卉产业健康发展，打造“世界春城花都”城市品牌。

论坛上，多名花卉行业专家及企业家围绕“云南鲜切花提质增效的思考和实践”“云南鲜切花市场发展趋势”“提高昆明花卉质量，改善花农生产和生活水平”“云南省花卉产业转型升级发展探讨”“花卉产业人才培养模式”五大专题进行分享，与现场嘉宾共同探讨如何做强做大昆明花卉产业进行讨论。

（甜　江）

昆明花之城　（王　新　摄）

农业资讯

云南赴港澳推介绿色食品

2018 年 8 月 16 日至 20 日，第 29 届香港美食博览会在香港会议展览中心举行。其间，云南省商务厅、云南省质量技术监督局组织云南绿色食品生产经营企业赴香港参展，并在香港、澳门举办相关对接会和招商推介会活动。云南龙云大有实业有限公司等 18 家云南企业，精心准备一批高品质的“云菜”“云茶”“云花”“云果”“云菌”“云咖”等云南绿色食品参展，现场成交金额为 400 万港币。

同时，在香港与澳门分别举行的“2018 云南绿色食品（香港）商企对接会”“2018 澳门云南绿色食品招商推介会”上，围绕云南自然资源优势、产业发展特色等，省商务厅负责人以及有关企业代表向港澳企业家进行推介。云南高原特色农业有限公司、云南咖啡厂等企业分别与中国国货公司（澳门）签订贸易合同。

2018 年度云南省绿色食品十大名品——芒市遮放贡米　（王　新　摄）

优化农业生产布局

2018年1月，云南省政府出台《关于建立粮食生产功能区和重要农产品生产保护区的实施意见》，以推进粮食产能稳定提升和保障重要农产品有效供给为目标，深入推进农业供给侧结构性改革，优化云南省农业生产布局，聚焦主要品种和优势产区，实行精准化管理，力争用5年时间建立粮食生产功能区和重要农产品生产保护区。

在优势产区划定粮食生产功能区3750万亩。其中，水稻生产功能区1500万亩、小麦生产功能区350万亩、玉米生产功能区1900万亩。重点在红河州、文山州、普洱市、西双版纳州、保山市、德宏州、临沧市、昆明市、楚雄州、玉溪市、大理州划定水稻生产功能区；重点在昭通市、曲靖市、红河州、文山州、昆明市、楚雄州划定玉米生产功能区；重点在昭通市、曲靖市、丽江市、怒江州、迪庆州划定小麦生产功能区。全省17个粮食生产大县为粮食生产功能区划定的重点。

在优势产区划定重要农产品生产保护区1450万亩。其中，天然橡胶生产保护区900万亩、糖料蔗生产保护区350万亩、油菜籽生产保护区200万亩。重点在西双版纳州、普洱市、临沧市、红河州、德宏州划定天然橡胶生产保护区；重点在德宏州、临沧市、保山市、普洱市、西双版纳州、玉溪市、红河州、文山州划定糖料蔗生产保护区；重点在昭通市、曲靖市、玉溪市、大理州、保山市、普洱市、临沧市、文山州划定油菜籽生产保护区。

打造高原农产品

2018年《云南省政府工作报告》明确提出打造“绿色食品牌”，也更加明确“特”和“绿”的着力方向：把产业兴旺作为乡村振兴的重点方向，把高起点发展高原特色现代农业作为今后一个时期传统产业优化升级的战略重点，用工业化理念推动高质量发展，突出绿色化、优质化、特色化、品牌化，走质量兴农、绿色兴农之路，在确保粮食生产能力稳中提质的基础上，力争到2020年形成若干个过千亿元的产业。

昆明9个产品获生态原产地保护

2018年3月中旬，国家质检总局发布2018年第一批获生态原产地产品保护公告。昆明市的云龙牌和云杉牌禄劝板栗、云子牌和云牌云子围棋、石林天外天牌碱性饮用天然矿泉水、“梦之草”保真花卉、“云盐”高原深井盐系列产品和昆明轿子山旅游目的地6个产品获批。

生态原产地产品保护对具有原产地特征和特性的良好生态型产品实施区域化管理。实施生态原产地产品保护，有利于带动区域内产业和产品提质升级。昆明市质监局将生态发展理念融入地方经济发展，挖掘培育地方优质特色产品，促进地方经济发展。至此，包括白象牌高原深井盐、青美源牌蔬菜、国辉神农牌普洱茶在内，昆明市有9个产品获得生态原产地保护。

云南波顿香精香料研究院成立

2018年4月9日，云南省科学技术院、中科院昆明植物研究所、波顿集团在昆明签署香精香料产学研合作框架协议，由三方合作共建的云南波顿香精香料研究院正式揭牌成立，中国科学院院士孙汉董受聘为云南波顿香精香料研究院名誉院长。

云南是我国天然香料的主产区之一，已发现和引种的天然香料作物近400种，香料产量及出口量占全国总量近3成，产品远销20多个国家和地区。波顿集团是中国最大的香精香料企业之一，与省科学技术院、中科院昆明植物研究所签署合作框架协议，积极发挥各自在产学研用领域的优势，继续深入挖掘和开发云南天然香精香料资源，做强做大云南香精香料品牌。同时，三方以新成立的研究院为依托，联合共建并积极申请国家香精香料技术创新中心，打造国家级香精香料创新研发平台，加强国际、国内香精香料学术交流，提升云南香精香料行业的国内外影响力。

必胜客扶业计划

2018年5月15日，百胜中国在云南启动“必胜客扶业计划”，依托线下2200多家必胜客门店资源和百胜中国旗下包括必胜客品牌在内的、拥有众多活跃用户的APP，为符合质量标准的云南特色农产品提供稳定、持续的电商销售平台，推动云南绿色产业为全省脱贫攻坚发挥更大作用。

百胜中国“必胜客扶业计划”对于推动丽江松露产业发展、助推丽江脱贫攻坚起到较好的示范带动作用。同时，百胜中国成规模采购云南咖啡、蔬菜等特色农产品，开展云南公益土豆等售卖活动，推进云南省绿色食品发展。

高标准农田建设

云南省大力实施高标准农田建设，2018年全省上半年共投入资金23.68亿元，完成高标准农田建设148.84万亩，完成省政府下达的220万亩高标准农田建设目标任务的68%。

为进一步贯彻落实好《云南省人民政府关于进一步加快高标准农田建设的意见》要求，督促全省高标准农田建设各项措施落实到位，确保2018年目标任务的全面完成，省水利厅组织相关人员对全省今年上半年高标准农田建设工作开展督促检查。8个督查组分别对16个州（市）上半年高标准农田建设工作开展督促检查，专项督查工作取得初步实效。从各督查组反馈的情况来看，昆明市、昭通市、曲靖市、玉溪市、保山市、红河州、文山州、普洱市、西双版纳州、大理州、德宏州等11个州（市）完成情况达到全年建设任务的60%以上。

上半年云南省共建设机耕道路2426千米，修筑沟渠、铺设管网6330千米；完成坡改梯、土地平整18.6万亩，实施生物农艺措施4.29万亩，新增耕地面积2.41万亩，新增高效节水农业面积28.8万亩。

元谋灌溉高效节水

2018年3月，高效节水灌溉项目竣工，建立起完善的运行体制机制，11.4万亩大型灌区建成。高效节水项目的实施和节水灌溉的推广应用，提高高原特色现代农业发展的能力和水平。农户只需刷卡放水，然后刷卡关水，每亩地每次灌溉平均节水85立方米以上，节约水费、劳动力等成本1500元。

“精品云南·一县一品”项目

2018年5月，总面积达1500平方米的“云南之窗·一县一品”体验店在丽江束河开业，两个月的营业额超过200万元。店依托云品展销平台，通过线上线下同价、严格产品质量管理、具有体验感的购物环境和丰富的产品体验品鉴活动，打造具有代表性的云南特色产品。店里展销的产品来自全省各地，均是具有云南特色并具备相关质量体系认证的产品，包括云茶、云花、云果等品类的农产品和预包装食品。

为把云南的产品优势转化为市场优势，拓展线上与线下广阔的贸易空间，2014年4月，由云南省政府提出，在省商务厅的支持下，并由云南省商务研究院和云南省国际贸易学会联合实施的“精品云南·一县一品”项目正式启动，整合云南省16个州市129个县（市）区的特色产品和代表品牌，构建一个串联线上线下，打通国内国外的采供服务平台。

项目组委会根据各州市的资源特色和人文优势，在突出地域化特征的同时，从品牌建设、质量体系保障、物流仓储等环节提升“云品”竞争力，切实打通云南省特色产品流通环节的各个难点，加快推动云南绿色食品走向全国、走向世界。尤其是在质量管理体系方面，组委会已经与SGS、色瑞斯、神谷科技等国际质量管理机构达成合作，将进一步指导云南绿色食品企业完善质量管理体系建设、认证认可提升，并开展“互联网＋农业＋追溯体系”试点推广。后续组委会将对符合入驻条件和经过评定的优质产品提供“精品云南·一县一品”品牌专属追溯防伪码，通过一物一码的管理体系，打造强有力的质量保障体系和区域品牌公信力。

云南“舌尖上的安全”行动

2018年，云南省食品药品监管局进一步推进食品生产企业实施危害分析和关键控制点（HACCP）管理体系认证工作，全省新增通过HACCP认证的食品生产企业达到150家，云南省通过该体系认证的食品生产企业达到260余家。通过以点带面、示范引导、逐步推广的方式，持续提升全省食品生产企业质量安全管理水平和风险防控能力，促进食品产业转型升级和持续快速健康发展。

保山市则依托大数据建立起农产品溯源系统平台，采取二维码和互联网视频监控的方式，建立市级和县级网销农产品二维码数据库，并提供该产品产地及农药化肥使用情况、日常管护情况等详细视频记录，开展保山小粒咖啡、核桃、甜柿、杧果、黄山羊等高原特色农产品溯源，建设农产品品质管理体系，开展农产品质量认证。

普洱市在全省率先发起成立企业诚信联盟，制定诚信联盟章程和企业标准，建立普洱茶可追溯平台。消费者扫描二维码即可追溯、查询从茶园到茶杯的生产流程等相关信息。

玉溪“绿色食品牌”建设

2018年7月中旬，玉溪市提出推进绿色农业发展思路和举措，以七项措施积极打造“绿色食品牌”。

推进粮、烟、菜、花、果、药等优势产业提质增效。持续推进山地林农生态经济带、烟畜果生态循环产业带、低热河谷特色优质经果产业带、“三湖”环湖绿色高效休闲农业观光产业带“四带”建设。

扩量提质生态畜牧业。划定禁养区、限养区和禁牧区，调整优化畜牧业结构，转变畜牧业生产方式，加快推进畜禽标准化、规模化生产，每年建设生态循环种养结合示范场10个、畜禽标准化规模养殖场20个、创建20个人畜分离示范村。

做精做优生态水产业。建设冷水性鱼类健康养殖示范基地100亩，优质水产品基地（吨鱼塘）1万亩，建设特色水产基地5000亩，改扩建华宁县高原特色渔业养殖基地，达到健康养殖基地标准。

培育壮大经营主体。发展多样化的联合与合作，提升小农户组织化程度，鼓励农业庄园、农业企业、合作社、家庭农场、种养大户等新型经营主体创新经营模式，实现小农户和现代农业发展有机衔接。

打造特色农产品品牌。以玉溪高原特色现代农业产业为依托，以发展外向型农业为方向，以开发绿色农产品为重点，全力推进“一县一业”“一村一品”工作，加快培育一批具有较高知名度、美誉度和较强市场竞争力的玉溪高原特色农产品品牌。

持续推进开放农业。加快蔬菜、水果、花卉、畜禽等外向型生产基地建设，推动市农林投资公司与农业企业合作取得新突破。聚力促进产业融合。进一步提升农业规模化、标准化、品牌化水平，做强做大通海蔬菜、华宁柑橘、褚橙等“玉系”绿色农产品，争创高原特色农业产业强县，加快高效农业发展。

绿色食品亮相莫斯科食品展

2018年9月中旬，云南省经贸投资促进代表团赴俄罗斯参加第26届莫斯科国际食品展。云南代表团团长、省政协副主席黄毅率团参展，代表团由来自怒江、保山、临沧、西双版纳等州市的15家企业和科研单位组成，产品包括茶叶、咖啡、坚果、核桃和水果等15个品种，是历届参展规模最大的一次。展会期间，省贸促会、云南国际商会还将组织中俄工商企业项目对接洽谈合作会，进一步推进云南与俄罗斯工商界的商务合作。

莫斯科国际食品展自1992年以来每年举办一届，是企业打开俄罗斯及欧洲市场的重要平台和渠道。2010年以来，省商务厅和省贸促会连续9年组织企业参加莫斯科国际食品展，将云南产品推向俄罗斯及其周边市场。

绿色食品走向澳门市场

2018年8月21日，“云南澳门2018绿色食品招商推介会”在澳门贸易投资促进局商务促进中心举行。30多家澳门酒店采购商、餐饮业采购商、商超业采购商参会，云南3家企业与澳门方签订贸易合同。

云南省聚焦茶叶、花卉、蔬菜、水果、坚果、咖啡、中药材、肉牛等8个重点产业，加快推动形成一批综合产值上千亿元的大产业。截至2018年8月，云南共建成10个出口食品农产品质量安全示范区，获得国家驰名商标农产品21个，有效认证“三品一标”农产品2049个，斗南花卉、普洱茶、文山三七等一批区域性品牌初步形成。

2017年11月27日，澳门“云品”连锁专卖店在国货公司设立，至今共在澳门当地完成咖啡、茶叶、火腿、民族刺绣等66个品种云南本土产品的展示和销售。2018年上半年，云南省对澳门出口2511万美元，比上年同期增长224%。澳门百佳超市、八佰伴、来来超市售卖的西生菜、油麦菜、娃娃菜50%以上由云南农垦集团供应。

推介会期间，“云品”同时在澳门中国国货公司“云品”连锁专卖店进行展示展销。“云品”澳门店作为云南连通澳门及葡语系国家的一个重要枢纽，为加强滇澳双方长远经贸往来，促进云南绿色食品通过澳门逐步走向世界奠定坚实基础。

推介会由省商务厅、省质量技术监督局、云南农垦集团主办；云南省餐饮与美食行业协会、昆明市商务局承办，云南品游科技有限公司、中国国货公司（澳门）、云南农垦高原特色农业有限公司进出口贸易分公司等单位协办。

云南省绿色食品“十大名品”

按照云南省打造世界一流“绿色食品牌”工作领导小组第7次专题会议、云南省人民政府第21次常务会议精神，省农业农村厅进一步健全完善评选机制，强化宣传发动，组织全省符合申报条件的企业等主体自愿申报，经县级农业行政主管部门会同当地人力资源社会保障、工商、税务、环境保护、食品药品监管等有关部门初核，州（市）农业主管部门核实推荐，按照公开公平公正原则，委托第三方社会机构，综合各省级单位评审意见和邀请专家现场评审打分情况，评选出2018年绿色食品“十大名品”。

2018年云南省“十大名茶”依次为：勐海茶业有限责任公司“大益”牌经典7542普洱茶（生茶）、

云南省绿色食品“十大名品”之一“大益”牌经典7542普洱茶（王 新 摄）

云南双江勐库茶叶有限责任公司“勐庫”牌本味大成普洱茶（生茶）、云南龙润茶业集团有限公司“龍潤”牌润家号普洱茶（生茶）、云南天士力帝泊洱生物茶集团有限公司“帝泊洱”牌茶珍、安宁海湾茶业有限责任公司“老同志”牌9978熟饼、云南滇红集团股份有限公司“凤”牌经典58红茶、普洱澜沧古茶股份有限公司“岩冷（图形）”牌春億金瓜普洱茶（生茶）、勐海陈升茶业有限公司“陳升號”牌陈升一号普洱茶（生茶）、腾冲市高黎贡山生态茶业有限责任公司“高黎贡山”牌普洱古树茶、普洱祖祥高山茶园有限公司“祖祥”牌无量翠环有机绿茶。

云南省绿色食品“十大名茶”之一——高黎贡山牌普洱古树茶　（许太琴　摄）

2018年云南省“十大名花”依次为：云南锦苑花卉产业股份有限公司“锦苑”牌玫瑰鲜切花、昆明虹之华园艺有限公司“虹華園藝”牌菊花种苗、云南云秀花卉有限公司“云秀”牌月季鲜切花、通海锦海农业科技发展有限公司“锦海”牌月季种苗、云南玖香鲜花生物科技股份有限公司“花知道”牌重瓣玫瑰、昆明杨月季园艺有限责任公司“杨月季”牌绣球鲜切花、云南英茂花卉产业有限公司“英茂”牌康乃馨种苗、云南欣绿茶花股份有限公司“芊云”牌茶花、云南丰岛花卉有限公司“丰岛”牌菊花鲜切花、云南利鲁环境建设有限公司“梦之草”牌保真花（满天星）。

2018年云南省“十大名菜”依次为：云南宏斌绿色食品集团有限公司“宏斌”牌小米辣、通海高原农产品有限公司“高原绿洲”牌高山娃娃菜、云南龙云大有实业有限公司“龙云大有”牌西红柿、云南万兴隆生物科技集团有限公司“云姜”牌姜粉、砚山县松南农业开发有限公司“云松南”牌奶白菜、昆明盛世晨农农业发展股份有限公司“晨农”牌甜豆、元谋县蔬菜有限责任公司“元绿”牌洋葱、石林禾泽蔬菜速冻加工厂“禾泽”牌速冻甜玉米、云南青美农业科技发展有限公司“青美源”牌上海青、云南广汇种植有限公司“GH（图形）”牌马铃薯。

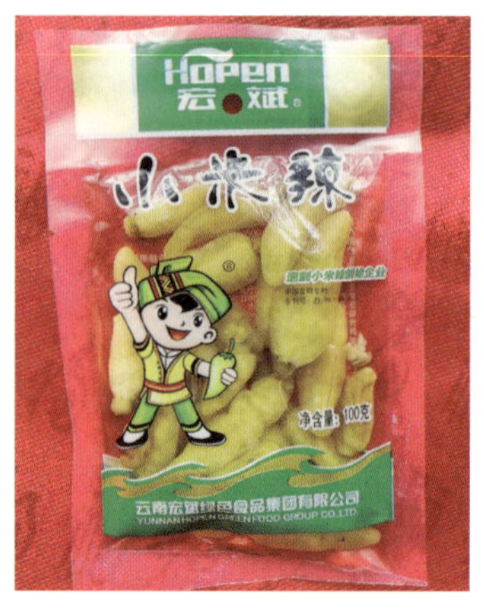

云南省绿色食品“十大名菜”之一——“宏斌”牌小米辣　（王　新　摄）

2018年云南省“十大名果”依次为：昭通绿健果蔬商贸有限公司“满园鲜”牌苹果、元谋县果然好农业科技有限公司“果先锋”牌葡萄、丽江华坪金杧果生态开发有限公司“丽果”牌杧果、红河州和源农业开发有限公司“和源”牌石榴、新平金泰果品有限公

蒙自石榴　（王　新　摄）

司“褚橙”牌褚橙珍品果、宾川县华侨庄园农业科技开发有限公司“七彩云秘”牌阳光玫瑰葡萄、云南云澳达坚果开发有限公司“云澳达”牌澳洲坚果、南涧县红云核桃加工销售有限责任公司“无量山跳菜核桃”牌核桃果、曲靖佳沃现代农业有限公司“佳沃”牌云南山地蓝莓、河口云山农业科技有限公司“云河”牌香蕉。

2018 年云南省“十大名药材”依次为：云南三七科技有限公司“云三七”牌三七、彝良县农副产品加工厂“徐美德”牌天麻、丽江云全生物开发有限公司“云全 1 号”牌滇重楼、云南金九地生物科技有限公司“南

云南省绿色食品“十大名药材”之一——三七
（王 新 摄）

云南省绿色食品“十大名药材”之一——天麻
（王 新 摄）

草堂”牌铁皮石斛金条、宣威市龙津生物科技有限责任公司“龙津”牌灯盏细辛、云南福滋农业科技开发有限公司“滇奇”牌茯苓、云南香格里拉兰草药业有限公司“维西当归”牌云当归、丽江华利生物开发药业有限公司“华桂牌”云木香、泸水市农业生产资料有限责任公司“雪黎”牌草果、普洱良宝生物科技有限公司“滇及”牌白及。

第十四届中国昆明国际农业博览会

2018 年 10 月 11 日，第十四届中国昆明国际农业博览会在昆明滇池国际会展中心启幕。以“绿色发展·幸福生活”为主题，设 8 个展馆、3200 个标准展位，展览面积达 8 万平方米，邀请 19 个国家和香港、台湾地区，国内 16 个省（区、市）以及云南省各州市的 2800 余家企业参展。农博会还在呈贡区斗南国际花卉产业园、嵩明县“晨农农博园”设置分会场。展会旨在通过开展贸易洽谈、论坛研讨等系列活动，全面展示云南高原特色现代农业品牌优势，推进地区农业供给侧结构性改革，促进一二三产业融合发展。

同期举行的招商引资合作项目签约仪式上，共签约 32 个项目，签约资金达 241.2783 亿元。其中，昆明市参加签约项目 22 个，签约资金 231.91 亿元，项目内容包括太平新城智慧型国家级旅游度假区项目，云南航空职业学院、航空技术服务基地及科创中心项目等；临沧市参加签约耿马中蜂养殖 10 万群基地建设项目 1 个，签约资金 1 亿元；曲靖市参加签约绿色蔬菜全产业链项目 1 个，签约资金 1.2 亿元；玉溪市参加签约生物资源科学处理中心项目 1 个，签约资金

第十四届中国国际农业博览会展馆 （王 新 摄）

0.8亿元；文山壮族苗族自治州参加签约文山市城南片区都市休闲农业庄园建设项目1个，签约资金1.2亿元；昭通市参加签约水富猕猴桃产业发展等项目4个，签约资金1.66亿元；迪庆藏族自治州参加签约香格里拉区域公用品牌商品推广推动项目1个，签约资金3.5亿元；德宏傣族景颇族自治州参加签约竹笋加工项目1个。

签约项目涉及科技创新、农产品种植、农业基础设施建设、农产品精深加工、休闲农业观光旅游等领域，并引入智慧农业、生态养殖、高科技种植与加工、农业园区产业化等，对促进云南省乡村振兴战略，打造绿色食品牌，产业精准招商具有重要意义。

全国人大农业与农村委员会副主任委员李春生，中国农业国际合作促进会会长翟虎渠，云南省委常委、昆明市委书记程连元，云南省人大常委会副主任李培，云南省政协副主席李正阳，国家林业和草原局林业和草原改革发展司副司长王俊中等出席开幕式。

91个优质农产品获奖

2018年10月11日，第十四届中国昆明国际农业博览会优质农产品颁奖仪式在昆明举行，全省范围内共评出优质农产品91个。

全省共有11个州市78家单位的102个农产品参加此次评审，参评产品分为粮油产品类、畜禽水产腌制品类、蔬菜瓜果类、茶叶类、其他产品类5大类，农博会组委会组织25位专家分成5组对申报的优质农产品进行公开评选。

根据专家组评审及推荐意见，经农博会组委会决定，对会泽高老庄农业庄园有限公司“黑籽石榴”、云南滇红集团股份有限公司“琥珀金针”、云南双柏妥甸酱油有限公司“妥甸酱油”等91个产品授予第十四届中国昆明国际农业博览会“优质农产品”称号。

德宏蚕桑产业发展计划

2018年10月，德宏傣族景颇族自治州出台《德宏州蚕桑产业发展五年行动计划》，规划2018/2019年度～2022/2023年度，在已建成5.82万亩基本桑园的基础上，全州每年发展桑园3万亩左右，到2023年建成基本桑园20万亩，产鲜茧2.2万吨，带动4万农户实现现金收益9.24亿元。境外在现有3万亩的基础上，发展到10万亩。以30万亩桑园基地为基础，巩固好缫丝加工环节，延伸织造、漂练、印染、服装制造等茧丝绸全产业链，努力打造综合产值近100亿元的蚕桑产业集群。

德宏拟打造面积300亩以上种桑养蚕科技示范基地7个、打造种桑养蚕专业乡10个、打造种桑养蚕专业村50个。龙头企业要配套建设工厂化小蚕共育基地40个；建设鲜茧收烘站20座。

从2019年到2023年，州级财政将连续5年每年安排1000万元蚕桑产业发展专项扶持资金，其中900万元用于扶持农户发展种植，每种植并验收合格1亩桑园补助种苗费300元。各县市按种植一亩杂交桑配套补助300元、种植一亩嫁接桑配套补助500元的标准进行扶持。截至目前，全州桑园面积达到5.82万亩。

云南民族农耕文化博物馆

10月20日，云南民族农耕文化博物馆在云南农业大学揭牌。该馆是云南省首个系统介绍云南边疆民族农耕文化的博物馆。其依托2016年中央支持地方高校发展专项、云南百项少数民族文化精品项目建设而成的重要文化平台，承载着农耕文化遗产的保护传承、农耕文化知识的传习研究、生态文明理念的挖掘提升等重要功能。该博物馆历时13个月建成，分为集美天成、豳风基础、琼林碧珍、江湖渔捕、三迤牧歌、民淳俗厚、观往知来、传承共享八个部分，系统展示云南民族农耕的原始生态理念、农业思想、农耕技术、民俗节庆、文化艺术等方面。同时，博物馆还以地域为单位，全面展示云南16个州（市）的代表农产品，以及云花、云菜、云果、云茶、云咖、云药等享誉海内外的特色产业。

（甜　江）

学习杨善洲　绿化彩云南

概述

2018年，云南省杨善洲绿化基金会在云南省林业草原局的领导下，以习近平总书记新时代生态文明思想为指导，坚决贯彻省委、省政府“把云南建设成为中国最美丽省份”的决策部署，紧紧围绕“绿色发展、生态优先”和“扶贫攻坚”要务，坚持“政治领先、紧贴大局，服务中心、依法施策，勤俭办会、量力而行，求实有为、循序稳进”的思路，大力传播“绿水青山就是金山银山”“争当生态文明建设排头兵”的理念和“杨善洲精神”，充分发挥公益慈善组织的纽带作用，积极为助推绿色发展、提升生态文明、建设美丽云南增绿添彩。一年来，基金会在森林保护、造林绿化、产业发展、生态扶贫等方面有新的作为，在营造“善洲纪念林”、生态恢复补造、助农林业产业等方面，先后组织实施10个项目，项目覆盖全省6个县区（其中维西、贡山两个国家级深度贫困县），完成年度造林绿化5018亩，实现了生态、社会、经济三个方面效益共赢。

建设美丽家园植树活动

2018年年初，云南省杨善洲绿化基金会与省森林自然中心、云南野生动物园合作，在云南野生动物园开展了“建设美丽家园·爱心植树”活动。有幼儿园的小朋友、小学生、70多岁的离退休干部、绿化志愿者等400多人，参加了植树活动。此次活动共种植云南樱花大树370棵。

2018·万家森林年植树活动启动仪式现场
（和雪屏　摄）

云南省林业老科协、省林业厅机关、云南艺都园林绿化有限公司、盘龙区拓东一小、盘龙区启梦丽水雅苑幼儿园、昆明医药职业技术学校、省孕婴童用品协会、昆明鑫燎文化传播有限公司和中国绿色时报云南记者站等爱心单位参加了此次植树活动。

维西县杨善洲纪念林植树活动

2018年4月中旬，云南省杨善洲绿化基金会与维西县委、县政府联合合作，在省林业高级技工学校、省林业会计学会、云南山河园林股份有限公司、中国人民财产保险有限公司维西支公司、维西叁疆植物保护抢救有限公司的支持下，在维西县攀天阁国有林场采伐迹地开展“绿化彩云南·杨善洲纪念林暨党员示范林”植树活动，种植云杉2000亩。

道旁绿化种植活动

2018年4月，结合美丽乡村建设，云南省杨善洲绿化基金会基金会与云南山河园林股份有限公司合作，在维西县攀天阁乡村公路两边种植彩叶树3000棵。让绿色发展理念与杨善洲精神在滇西高原落地生根。

宜良县杨善洲纪念林植树活动

2018年5月下旬，云南省杨善洲绿化基金会与省林业科学院、昆明市林业局和宜良县委、县人民政府、县政协合作，在省林业会计学会、云南哈尼轩旅游开发有限公司的支持下，在宜良县禄丰村国有林场开展了“学习杨善洲、绿化彩云南·宜良县杨善洲纪念林”植树活动，种植美国红杉100亩、云南松108亩，有力地助推了“美丽宜良、绿色宜良”创建工作。

隆阳区杨善洲纪念林植树活动

2018年6月底，在保山市、隆阳区党委和政府的支持下，云南省杨善洲绿化基金会与云南程盈森林资源开发控股集团有限公司合作，由云南省设计院集团工程公司、保山东盟构树林业科技发展有限责任公司、云南保龙食品集团有限公司和云南山河园林股份有限公司、昆明顺泉苗木种植有限公司等爱心企业共捐资110万元，在隆阳区金鸡乡荒山坡地上开展“杨善洲纪念林及党员示范林”植树活动，共种植构树500亩，既让荒山坡地增了绿，又带动了山区产业发展。

玉龙县杨善洲纪念林植树活动

2018年7月上旬，云南省杨善洲绿化基金会与玉龙县委和政府联合主办，由玉龙县林业局、巨甸林业局和丽江森龙实业有限公司爱心支持，共捐赠40万元的苗木，在鲁甸乡安乐村开展了“学习杨善洲、绿化彩云南·玉龙县杨善洲纪念林”植树活动，种植国家珍稀植物红豆杉、榧木6300棵共500亩，森工企业由昔日的砍树人变成为种树人。

云县杨善洲纪念林种植活动

2018年7月下旬，在临沧市云县县委、县政府及市、县林业部门的支持下，云南省杨善洲绿化基金会与临沧耀阳生物药业科技有限公司合作，筹集捐资72万元种苗费，在云县4个乡镇实施“杨善洲纪念林·林下中草药种植”项目，林下种植800亩中草药吴茱萸，深受当地干部群众欢迎。

实施生态产业扶贫惠民项目

云南省杨善洲绿化基金会不忘初心，牢记宗旨，主动紧贴打好绿色能源、绿色发展、健康生活目的地绿色发展“三张牌”，坚持“保生态促发展惠民生”并举，把营造“善洲纪念林”同生态扶贫助困紧密结合起来，充分发挥森林资源优势，积极依靠地方党委政府，主动协调各方力量，帮助地方发展林业经济，带动山区农民脱贫致富。2018年，在生态扶贫方面，认真调研论证，科学选定项目，严格组织实施，组织完成了5个扶贫惠农项目。

一是实施林下特色产业培育项目。基金会紧盯国家实施“三区”特困地区扶贫攻坚的机遇，主动申报并获批“2018年支持基金会开展贡山县绿色发展与林农扶贫示范项目”，在争取地方党委政府支持、协调爱心企业参与的基础上，利用支持的25万元和筹措的扶贫绿化资金共40万元，从5月份开始到8月份，在项目实施地贡山县普拉底乡腊咱村，帮扶特困建卡25户农民，在植造的1000亩旱冬瓜树林下种植当地最具特色的绿色食品草果，并作为示范产业带动。经测算，仅草果项目，可实现每户每年15万元以上的稳定经济收入。同时，还积极争取省民政厅省级福彩

扶贫项目签字仪式　　　　（和雪屏　摄）

公益金5万元支持，由专业合作社牵头、以帮扶25家特困户为重点，发展林下土鸡养殖业，并向村民捐赠科普书籍140册，做到产业种植、技术培训、科技支撑、跟踪监管“四到位”。两项产业带动，既能让农户及早脱贫摘帽，也为全县林业产业发展起到了示范作用。

二是实施生态绿色产业发展项目。遵循政府主导、企业参与、干部拥护、群众自愿的原则，创新运用公司+基地+专业合作社+农户的模式，充分发挥地方政府、爱心企业、百姓群众三个积极性，多方寻求各方爱心帮扶及支持。基金会将云南程盈森林资源开发控股集团有限公司等多家企业的捐资，用于营造“善洲纪念林”的同时，开展生态产业扶贫，将筹措的110万元绿色发展资金，在隆阳区金鸡乡下大寨种植16万亩构树，带动当地农民脱贫致富，实现了地方受

中央财政支持扶贫项目落地（和雪屏 摄）

走访农户（和雪屏 摄）

与农户座谈（和雪屏 摄）

中央财政支持扶贫项目启动仪式（和雪屏 摄）

对贫困户进行种植项目现场培训　（和雪屏　摄）

基金会捐助的苗木　（和雪屏　摄）

扶贫项目培训　（和雪屏　摄）

益、企业发展、群众得惠等多方共赢。

三是实施林下发展中草药产业项目。云南省杨善洲绿化基金会紧紧抓住国家和云南省大力推进发展中草药产业的机遇，在前几年帮扶马龙等县种植龙胆草等中草药的基础上，2018 年又与云县耀阳科技有限公司开展合作共扶，将企业捐赠和基金会筹措的 72 万元、云县林业局自筹的 52.73 万元的投工投劳资金，在云县四个乡镇 4 个村实施种植中药材吴茱萸 60000 棵扶贫示范项目，并做到“种、产、管、销、利”一体化，助推当地农户尽快实现脱贫致富的目标。

四是实施“绿色饮品·茶树种植”产业扶贫项目。11 月上旬，经过云南省杨善洲绿化基金会组织协调，由云南润民农业科技有限公司和云南鑫燎文化传播有限公司两家爱心企业，共同向省杨善洲绿化基金会捐赠 6 万多株、价值 24 万元人民币的云清 1 号茶树苗，会同云县林业局在该县茂兰镇拔黄河村实施了“云县杨善洲纪念林·茶树种植扶贫项目”，种植 100 亩生态茶园，为该村村民脱贫致富蹚开了一条路。

五是开展绿色“扶贫助学、功在千秋”行动。基金会与昆明医药职业技术学校合作，引进厦门市上李人才交流服务有限公司捐赠人民币 20 万元，为西盟、镇雄两个贫困县建档立卡户的 110 名贫困学生进行绿色捐资扶贫助学，受助学生都十分感激。

合作共建生态文明

云南省杨善洲绿化基金会，作为贯彻习近平总书记等中央领导同志对杨善洲先进楷模的批示精神而成立的一个具有政治定位、富有绿色内涵、激扬正能量的公益慈善性社会组织，其使命和宗旨就是紧贴生态建设、聚焦绿色发展、弘扬杨善洲精神、唤起民众自觉，充分发挥组织功能，结起爱心桥梁纽带，凝心聚力致力于谱写建设美丽云南的篇章。生态文明聚民心，爱心之火燃云岭。一年来，有 30 多家爱心企业慷慨举善资助杨善洲绿化基金会开展绿化行动，有十几家省内外及国外公益慈善机构慕名合作援助云南生态保护及生态扶贫，有近百名爱心人士伸出爱心之手捐赠绿色发展，有数万名大、中、小学、幼儿园的教师、学生及绿色志愿者、干部群众等参加“绿色彩云南·杨善洲纪念林”“我种一棵树，留下一片绿”等公益宣传及植树活动。特别是一直关心并加入基金会的会员企业单位，立大局之本，怀公德之心，慷自身所力，举爱心之手，矢志不移地支持基金会助推绿色发展、生态文明事业，并通过自身的感召和影响，共同链接起绿色爱心桥梁。此外，从 2015 年以来连续四次争取和省级福彩公益金支持社会组织开展生态扶贫项目。如，按照中国桉树研究中心的捐赠意向，由云南山河园林股份有限公司支持，在该公司苗木基地实施蓝花楹种质对比试验示范项目，已示范种植了 1000 株蓝花楹，同时完成 3000 株蓝花楹试验比对项目示范。

（安俊义）

生态保护

ECOLOGICAL CONSERVATION

野生动物保护

"禄丰恐龙"一新属种被认定

2018 年 9 月，"孙氏彝州龙"的认定论文在全球最权威的自然科学领域专业期刊——英国《科学报告》上刊发。"孙氏彝州龙"为"禄丰恐龙"的一新属种，属基干蜥脚型类。以纪念为禄丰及中国古脊椎动物研究做出杰出贡献的中国著名科学家孙艾玲而命名。

"孙氏彝州龙"恐龙化石早在 2002 年便由禄丰县国土资源局发现并组织挖掘，后一直装架陈展于"禄丰世界恐龙谷"博物馆。2014 年，在国家自然基金资助下，中国科学院古脊椎动物与古人类研究所尤海鲁研究员课题组对其展开研究，至 2018 年初形成研究成果，在提交国内外相关权威审核修订后，最终在英国《科学报告》刊发研究论文。

"孙氏彝州龙"化石标本发现于毗邻禄丰盆地的川街盆地，化石点位于禄丰组张家坳段最上部。通过对化石的分支系统学分析结果显示，"孙氏彝州龙"属蜥脚型类，较禄丰目前已知的所有其他基干蜥脚型类更为进步。其头骨化石保存非常完整，形态特殊。如上颌开始出现唇侧齿板、眶前孔和外下颌孔缩小、泪骨垂直等特征，都与蜥脚类更为接近。

"孙氏彝州龙"的发现，不仅提供非常难得的较为完整立体的头骨形态学信息，也丰富禄丰及中国基干蜥脚型类的多样性。头骨的镶嵌式演化，在蜥脚型类恐龙不同属种间的差异，比人们以往认识的更为复杂，"孙氏彝州龙"代表向蜥脚类起源演化过程中的重要一环，对早期恐龙的进化史以及中晚期恐龙的演化过程，都具有重要的研究意义。

30 万尾土著鱼放流滇池

2018 年 1 月，在古滇艺海湿地，30 万尾滇池土著鱼被投入滇池，其中包括 20 万尾滇池金线鲃和 10 万尾云南光唇鱼。云南光唇鱼为首次向滇池放流，意味着上世纪 80 年代曾在滇池一度绝迹的云南光唇鱼重新回归滇池。至此，向滇池进行人工增殖放流的滇池土著鱼达 3 种。

云南光唇鱼作为一种杂食偏植性鱼类，主要以丝状藻（青苔、水绵等）、有机碎屑为食。它独特的营养生境具有净化水体环境的作用，对促进滇池水质改善具有重要作用。所投放的 10 万尾云南光唇鱼中，有 10% 的鱼苗被打上荧光标记，便于科研机构对云南光唇鱼的生长及对滇池水质的净化作用进行科研跟踪。

滇池土著鱼是滇池水体生态的一个重要组成部分，无论从生活习性、水域环境，都对滇池的水生态有促进作用，弥补滇池中其他物种起不到的作用。在物种相互控制过程中，达到生态平衡和稳定。

据统计，在历年来的滇池土著鱼增殖放流活动中，截至 2017 年，已经投放高背鲫数十亿尾，滇池金线鲃 200 万尾，云南光唇鱼 10 万尾。

云南土著鱼类保护

云南省江河湖泊众多，分属 6 大水系、流域面积超过 100 平方千米的大小河流共有 908 条。复杂多样的自然地质条件，使云南省成为位居全国之首的淡水鱼类种质基因库。截至 2017 年云南共记录淡水鱼类 619 种及 7 个亚种，其中 365 种为中国特有种，272 种为云南特有种。

云南鱼类资源虽然丰富，但只有 80 种鱼类分布于两个或两个以上的水系中，其余的鱼类仅分布于单个水系甚至是某段狭窄的江河区域中。这一特点，极大地增加保护难度和保护压力。据中科院昆明动物所《云南省生物物种红色名录——鱼类》显示，处于灭绝、极危、濒危和易危四个受威胁等级的土著鱼类有 138 种，占云南特有种的 50.7%。

云南土著鱼类在历史上对全省全国渔业发展曾经发挥过重要的种质资源贡献，如全国各种杂交鲤鱼的父本多来自元江土著鲤，滇池高背鲫曾一度占据全省水产养殖品种的 10% 以上等。近 10 多年来，云南人工驯养成功的 30 多个土著鱼类，为云南省渔业结构调整和核心竞争力打造注入新的强劲活力，如抗浪鱼、胡子鲶、金线鲃、丝尾鳠、程海白鱼等濒临灭绝的土著鱼类，通过保护与开发，如今正成为供不应求、每斤数百元至上千元不等的水产新贵。

香格里拉土著鱼类恢复和保护协会

金沙江独特的高原生态环境和水文地质条件，孕育出长江源头独有的诸多高原鱼类。据统计，金沙江水系共有鱼类 151 种，其中仅裂腹鱼 9 个亚种中的 6 个就属于长江特有种。金沙江上游云南段地处三江并流核心区，海拔高自然条件恶劣，脆弱的生态环境及较为缓慢的生长速度，使这里的水生生物抗干扰和自我恢复能力极低。过度捕捞、环境破坏等带来的水生生态系统恶化，正在使金沙江上游的土著鱼面临前所未有的威胁。

2015 年 11 月，香格里拉企业家屈天文牵头成立“香格里拉土著鱼类恢复和保护协会”。协会与迪庆、丽江两州市的渔政、公安部门和乡村组织、当地群众密切配合，积极开展土著鱼类保护的宣传动员、土著鱼类增殖放流和全天候巡逻活动，在金沙江两岸开展土著鱼类恢复和保护工作。香格里拉土著鱼类恢复和保护协会通过企业出资方式配备 4 艘专业巡逻艇，有 21 名专职人员。在护鱼工作中，日常巡护由各小分队在自己的管护范围分时分段开展，通过电话、微信群等方式联系，主要巡查江面有无违法捕捞行为、查看沿江水情等。一旦发现电鱼者或违法捕捞者在江面作业，就会第一时间与附近沿江派出所联系，第一时间对违法行为进行处理。此外，协会工作人员和志愿者还在两州市流域内进村入户广泛宣传，使流域内群众对保护土著鱼类的重要性家喻户晓，流域内群众积极参与土著鱼类保护的监管举报活动。在保护金沙江土著鱼类的同时，协会还积极引导百姓改变生产生活方式，帮助群众发展林业产业和人工养殖土著鱼类，让群众在保护中获利，使保护与开发逐渐步入良性互动。

至 2018 年中，协会自筹资金 60 万余元组织 12 次增殖放流，累计放流短须裂腹鱼、鲈鲤、裸鲤、裂腹细鳞鱼和光唇鱼等金沙江土著鱼类 80 余万尾。

丽江形成生物多样性保护网络体系

丽江市坚持全面规划、积极保护、科学管理、永续利用的方针，以生物多样性和生态系统保护为根本，以建立和完善保护地体系为重点，不断提高生物多样性保护的科学化、规范化，截至 2018 年中，丽江基本形成生物多样性保护网络体系。

丽江市建成以自然保护区为骨干，包括风景名胜区、国家公园、森林公园、重要湿地等不同类型保护地的保护网络体系，各类保护地面积达 20 多万公顷。其中，建成省级自然保护区 3 个，丽江老君山国家公园 1 个，正在建设宁蒗青龙海省级森林公园 1 个，玉龙雪山、三江并流国家级风景名胜区 2 个。此外，程海、泸沽湖、拉市海和青龙海等湿地 5 处，使得 85% 的陆地生态系统和野生动植物得以有效保护。

丽江市紧密结合《滇西北生物多样性保护规划纲要》的目标和要求，实施天然林保护、退耕还林和封山育林工程，对金沙江沿岸生态脆弱区实施生态恢复；同时，以自然保护区为骨干，科学推进保护地体系建设，目前共建设各类保护地面积达 20 多万公顷，使得全市绝大部分珍稀动植物资源和生物多样性富集区域得到有效保护；大力实施珍稀濒危物种保护，开展国家重点保护和珍稀濒危动植物资源调查，实施以滇金丝猴、玉龙蕨为代表的极小种群巡护监测、人工繁育、迁地保护和回归自然，对濒危植物集中分布区域实施挂牌保护。滇金丝猴监测巡护项目实施以来，其种群数量由 180 只增长到目前的 350 只；并开展生物安全监测防控，已建立完善以拉市海、泸沽湖和程海等候鸟频繁活动区域为重点的野生动物疫源疫病监测防控体系；积极支持鼓励人工驯养和培育野生动植物产业，大力推进龙头企业、专业合作社和林下精品庄园体系建设，促进林下经济向集约化、规模化、标准化和产业化发展；此外，还不断创新生态保护模式，积极开展国际交流与合作，目前已与全球环境基金、世界银行、美国大自然保护协会等合作实施“丽江生态有偿服务试点研究项目”和“长江流域自然保护与洪水控制老君山示范项目”，在老君山示范建立综合生态系统管理机制。

洱海封湖禁渔

为有效保护和恢复洱海的渔业资源、实现渔业经济可持续发展，大理市政府从 2018 年 1 月 1 日起全湖实行全年封湖禁渔。

大理市《关于 2018 年洱海全湖封湖禁渔的通告》指出，兴盛大桥至西洱河天生桥段两岸作娱乐垂钓区只许岸钓，禁止船只和网具作业；其他洱海湖区禁止一切形式的捕捞作业。封湖禁渔期间，设立银鱼可控性捕捞期，对银鱼实行专业化捕捞，捕捞时间、捕捞

洱海封湖禁渔　　（江　云　摄）

区域及捕捞方式由市洱海保护管理局根据洱海生态环境监测情况制定捕捞方案经市政府批准后执行。禁止在洱海湖区 1966 米界桩范围内放置一切捕捞渔具；禁止在集市、水产品加工厂储存、晾晒、加工和收售洱海鱼虾或用人工养殖鱼类冒充洱海鱼欺诈消费者，一经查获，予以没收；禁止在集市、道路两旁粘贴、悬挂加工销售洱海鱼广告，一经查获，按有关规定给予处罚。

蒙自发现白眉田鸡

2018 年 2 月，红河州林业部门工作人员在蒙自市长桥海湿地发现中国罕见鸟类——白眉田鸡。是云南省继 2016 年 11 月在鹤庆县草海湿地首次发现白眉田鸡以来的第二次记录。

白眉田鸡又名白眉秧鸡，属鸟纲鹤形目秧鸡科鸟类。白眉田鸡因其眼的上方有一道显著的白眉而得此名。白眉田鸡体长约 20 厘米，属于小型涉禽，栖息于沼泽、草地、水稻田、水塘等湿地，常在早晨和傍晚活动，白天多躲藏于水草丛中，以水生昆虫和水生植物种子为食。

白眉田鸡主要分布在东南亚至澳大利亚北部等地区，中国则比较罕见，有学者推测白眉田鸡在近几十年来很有可能呈现出由南向北、快速扩散的趋势。

野生动物集聚

2018 年 3 月，科研人员在西双版纳国家级自然保护区人工栖息地硝塘安装的红外相机，自动拍摄下一群群亚洲象、麂子、野猪和猕猴扎堆来到硝塘活动的画面，是西双版纳自 1958 年建立国家级自然保护区以来，首次在同一地点，同一时间段监测到种类和数量最多的野生动物场景。

西双版纳自然保护区管护局于 2017 年底在勐养子保护区选取了一个原始森林密布的天然硝塘，扩大改造成一个人工栖息地硝塘。由于硝塘形成的咸水池，能够满足各类野生动物补充盐分的需求，成为野生动物的经常到访的地方。

8 万尾珍稀鱼类放流牛栏江

2018 年 9 月，云南水投牛栏江珍稀特有鱼类增殖放流仪式在德泽水库举行。这是牛栏江—滇池补水工程建设以来第 7 次开展增殖放流活动。

此次放流活动，在德泽水库下游的沾益、宣威两县交界的牛栏江江边和坝前码头，共放流 8 万尾滇池金线鲃和短须裂腹鱼鱼苗，放流的鱼苗全部由德泽水库鱼类增殖站培育。云南水投牛栏江滇池补水工程有限公司已向牛栏江投放滇池金线鲃与短须裂腹鱼共计 50 余万尾。

为有效保护工程建设区域的水生态环境，云南水投牛栏江滇池补水工程有限公司委托云南省渔业科学研究院就放流鱼苗进行品种鉴定，委托中国科学院昆明动物研究所对放流鱼苗进行标记。此次放流共标记鱼苗 36000 尾，其中耳石标记滇池金线鲃 30000 尾、短须裂腹鱼 5000 尾，荧光标记短须裂腹鱼 1000 尾，用于检测放流效果。

禄丰发现恐龙新属种

2018 年 8 月，中国科学院古脊椎动物与古人类研究所考古人员在楚雄彝族自治州禄丰县对恐龙化石开展研究时发现蜥脚型类新属种，取名为“程氏星宿龙”。

中科院古脊椎动物与古人类研究所、中国地质大学研究人员此次在禄丰发现的是 3 具埋藏在一起、相互补充的骨架标本。经拼装后，骨骼标本构成一具几乎完整保存的蜥脚型类恐龙：其后部背椎神经棘顶部具有横向扩展的板状顶，骶骨存有 4 块荐椎，拥有相对宽阔的肩胛骨，延长的耻骨板约占耻骨总长的 40%。

经考古人员研究后确认，此次在禄丰发现的恐龙化石为蜥脚型类新属种，并取名为“程氏星宿龙”。它的发现，既丰富了禄丰组中基干蜥脚型类的多样性，也表明了蜥脚型类早期的演化过程要比先前的认知更加复杂。

3 具恐龙化石完整度达 80% 以上，有头有尾，四肢都保存得比较完整，且同一个时期死在一起是比较罕见的，其对于研究禄丰恐龙的进化史，以及恐龙从早期过渡到晚期的演化过程都极具科研价值。

国家植物博物馆选址通过专家论证

2018 年 7 月 27 日，昆明市关于《国家植物博物馆盘龙区茨坝片区选址研究》通过专家论证。

经过近一年的调研、对比、分析，昆明市相关部门对盘龙茨坝及双龙片区、旅游度假区大渔七星山片区、西山彩云湾片区、呈贡马金铺片区、五华厂口片区、呈贡关山水库、嵩明青年水库、晋宁大湾等 9 个片区进行梳理和筛查。

专家组认为，盘龙区茨坝片区地形、土壤、生境多样，水文、气候适宜，森林覆盖率高，植物研究历史深厚，迁地保育的植物种类丰富。把传统博物馆的展陈与活植物的收集、展示与研究，传统文化和大健康产业相结合，建设综合性大型植物博物馆在国内外属首创。同时，专家组指出，该区域在周边城市形象、内部公共服务设施等方面与建设国家植物博物馆的需要存在一定差距。提出加快国家植物博物馆建设运维机制体制的调研与创新，以及展陈大纲等研究，强化统筹领导，整合资源，通过“馆、库、园”建设，促进“研、业”聚集，实现“五位一体”融合发展的切实建议。

龙陵小黑山首次拍摄到野生黑熊

2018 年 3 月，龙陵小黑山省级自然保护区管护局技术人员在收集整理野外红外线照相机视频资料时，发现一头国家二级保护野生动物黑熊的“踪影”，是龙陵县首次使用红外线照相机拍摄到野生黑熊活动“踪影”。

根据自控红外线相机数字显示，2017 年 12 月 10 日 20 时左右和 11 日凌晨 1 时至 5 时两个时间段，在保护区拍摄到野生黑熊活动的“踪影”。从视频画面来看，这只在镜头前摇摇晃晃、走来走去的黑熊应该刚成年，胸部有一块“U”型白斑，体格健壮。

保护区工作人员根据自然地理位置和动物生活习性，布设野生动物监测点 40 余处，加大对保护区各种野生动物的生活习性、生存质量、种群变化等情况的监测。保护区共拍摄到各种野生动物视频 300 余段、照片 1000 多幅。

黑熊活动频繁时期是每年的 3 月至 11 月。野生动物保护部门提醒广大市民，进出保护区要注意防范黑熊出没，建议结伴而行。同时要加强对野生动物的保护，禁止私自设猎捕黑熊等各种野生动物。

盈江鸟类

德宏州盈江县分布有 550 多种鸟类，使其获得“中国鸟类资源第一县”“中国犀鸟谷”等美誉。如黄嘴河燕鸥在春节前后从伊洛瓦底江迁徙而来，在江畔繁殖、捕鱼、嬉戏。黄嘴河燕鸥身长 40 厘米，黄色大嘴，腿红或橘黄色，尾深叉而长，是国家二级保护动物。

滇池湿地鸟类增加

随着滇池治理的力度加大，湖滨生态变好，引来不少野生鸟类在此栖息，如白鹭、灰鹭、天鹅、红嘴鸥、白鹳、黑嘴鹳、灰雁、彩鹮、白眉鸭、黑翅长脚鹬、棉凫、董鸡、小田鸡、钳嘴鹳、白眼潜鸭等近百种野生鸟类，其中不少是新发现的物种。

东大河湿地、河口湿地、六甲塘湿地等滇池周边新建恢复的湖滨生态湿地成为鸟类的集聚地，也成爱鸟者、鸟类保护者、研究者的观鸟圣地。

普洱亚洲象入城

2018 年 4 月 7 日，一头野生亚洲象闯入普洱市中心城区，在城区行走近 5 个小时，然后返回原始森林。普洱市、思茅区两级政府第一时间启动应急响应机制，对大象进行全程监控、实时预警、疏导交通、疏散人员。该次野生亚洲象入城未造成人员伤亡。

亚洲象从南屏镇曼连社区进入市区，沿途经过 6 个居民小区以及普洱客运南站、万人体育场等城市公共区域，对小区栅栏和城市道路基础设施造成一定的损坏，未造成人员伤害。8 日凌晨 4 时许，在现场工作人员的引导和无人机的护送下，野生亚洲象离开普洱城区，从野鸭湖附近返回森林。

长期在思茅区范围内活动的野生亚洲象一共有 96 头，之前其活动的区域都在离市区较远的乡镇，但 2018 年初以来，其中一群共 14 头野生亚洲象的活动范围离市区仅有十几千米。

绿孔雀种群及栖息地调查

2018 年 3 月 20 日至 5 月 15 日，云南省启动绿孔雀种群及栖息地调查。调查活动在全省有绿孔雀分布及有绿孔雀潜在分布的 11 个州市 53 个县市区开展。

开展调查活动的目的在于准确掌握绿孔雀目前在云南省的实际分布及种群状况，评估栖息地状况，为绿孔雀保护提供科学翔实的数据支撑。项目的实施对拯救国内野生绿孔雀种群具有重要意义。调查活动由林业厅组织，中国科学院昆明动物研究所提供技术支撑，11 个州市 53 个县市区 122 名技术人员参与，采用访问、样线、红外相机调查相结合的方法展开。

据 2014 至 2016 年中国科学院昆明动物研究所调查显示，中国绿孔雀仅分布在云南 8 个州市 22 个县市，估计野外种群数量不足 500 只。

候鸟环志工作开展

2018 年 9 月 5 日起，巍山彝族回族自治县林业局组织鸟类环志工作人员到国际鸟类环志巍山站鸟道雄关开展为期 30 天的鸟类环志工作。自 1997 年开展鸟类环志工作以来至 2018 年 9 月中旬，鸟道雄关累计环志鸟类 205 种 43978 只。

钳嘴鹳栖息蒙自

至 2018 年初，钳嘴鹳连续 7 年迁徙到蒙自市长

钳嘴鹳　（李俊敏　摄）

桥海国家湿地公园越冬。钳嘴鹳属于世界濒危物种，主要分布于印度、缅甸及越南南部。2006 年首次在大理发现，此后相继出现在云南多地。钳嘴鹳主要栖息于热带湿地，包括水田、浅海滩等地，水田往往是农业区和稻田，长桥海的生态环境符合钳嘴鹳的生活习性，一同出现在该地的还有彩鹮、赤麻鸭、白鹭鸶等野生鸟类。

亚洲金猫现身

2018 年 7 月 16 日，高黎贡山国家级自然保护区贡山管护分局丙中洛管护站安装的红外线触发式相机首次拍到亚洲金猫的照片。拍摄地点为保护区海拔 4280 米处，接近已知金猫生存最高海拔 4500 米。

高黎贡山国家级自然保护区贡山段保护区里生活着国家一级保护动物 18 种，二级保护动物 44 种，贡山特有野生动物 17 种。亚洲金猫是中国二级保护动物，世界自然保护联盟濒危物种红色名录已将其列为近危物种。

贡山独龙族怒族自治县大力实施生态修复工程，积极推进退耕还林还草工程，保护森林，为许多国家级野生动物提供良好的生存环境。

野生亚洲象资源调查

2018 年 8 月，国家林业和草原局在北京召开评审会，对云南省林业厅实施的“中国（云南）野生亚洲象资源本底调查项目”进行评审。专家组认为，该成果达到同类调查的国际领先水平，同意通过项目评审。

专家组认为，该项目调查方法科学、技术先进、数据准确、内容翔实，具有创新性。项目查清云南野生亚洲象种群数量、分布、栖息地现状，掌握近 5 年野生亚洲象迁移路线，分析人象冲突、亚洲象受威胁因素、保护管理和亚洲象分布区社会经济状况，对中国野生亚洲象种群、亚种群、象群及独象的分类体系提出建议，获取大量珍贵数据资料，为中国野生亚洲象科研监测、保护管理提供基础数据，对实施野生亚洲象及其栖息地保护、缓解人象冲突提供重要参考。

拉市海湿地监测到 3 个新物种

截至 2018 年初，到拉市海越冬的候鸟种类达 28 种 93664 只。其中，新监测到 3 个新物种，分别是彩鹮、钳嘴鹳、灰椋鸟。

2017 年冬天大量候鸟到达拉市海的时间为 11 月初，12 月达到顶峰，2018 年 3 月中旬开始北迁，4 月 16 日全部北迁完毕。最早到达拉市海的候鸟是灰鹤，最晚离开拉市海的候鸟是赤麻鸭。并多次在拉市海监测到一级保护动物黑鹳及二级保护动物大天鹅。

拉市海湿地包括拉市海、文海、吉子水库、文笔水库等 4 个片区，总面积 6523 公顷，是云南省第一个以湿地命名的保护区。经过多年的环境整治和生态修复，如今拉市海湿地候鸟成群，记录在册的来此越冬的候鸟达 235 种，水禽 96 种，其中属于国家一、二级保护的候鸟有 37 个品种。

拉市海湿地监测到 3 个新物种　（王　新　摄）

寒武纪抚仙湖虫类

2018年8月，云南省古生物研究重点实验室与剑桥大学研究人员共同完成的抚仙湖虫类综述快讯，最新在线发表在美国《细胞》子刊《当代生物学》上。

抚仙湖虫类是具特定形体构建的真节肢动物，仅生存于寒武纪早期的海洋，至今只发现于扬子地台的滇东地区。抚仙湖虫类具有特定形体构建，未发现呈全球性分布，是生存在5亿多年前寒武纪的海洋原始节肢动物，被普遍认为是现生昆虫类、蛛形类、多足类和甲壳类远祖的近亲。

抚仙湖虫类成虫体长可达10余厘米，有15～31个体节，外骨骼分头、胸、腹三部分，腿肢数目众多，不与背甲分节一一对应。消化道内充满泥沙，表明它们是食泥动物。云南大学云南省古生研究重点实验室张喜光、杨杰与剑桥大学学者根据3类保存精美的抚仙湖虫标本发现，系统研究节肢类群的形体、组构特征、生活模式，肯定尚无先例的内部解剖学构造，如实体保存的腹神经节，以及由特化腿肢基节组合形成的原始取食口器等。从分类学看，抚仙湖虫类处于系统发生的基础位置，可如实再现真节肢类的祖先形态。这些化石库为重塑寒武纪真节肢动物的躯体构建、起源、早期辐射分异与系统演化提供新的思路和关键证据。

昆明动物博物馆布展孔雀知识角

2018年4月，昆明动物博物馆开展爱鸟周活动，在一楼大厅特设绿孔雀和蓝孔雀辨识知识角，向前往参观的市民普及相关知识，倡导保护鸟类，维护自然生态平衡。

1992年经国务院批准的《陆生野生动物保护条例》，将“爱鸟周”以法规的形式确定下来，由相关部委向国务院提出请示报告，建议在每年4～5月初（具体时间由省、市、自治区规定）确定一个星期为“爱鸟周”。

绿孔雀是国家一级重点保护野生动物，被世界自然保护联盟列入濒危物种红色名录，全世界预估数量为2～3万只，主要分布在东南亚及其毗邻地区。其主要栖息于海拔2000米以下的热带、亚热带常绿阔叶林和针阔混交林中，喜欢在疏林草地、河岸、林中开阔地带活动。

麻栗坡开展野外科考

2018年4月，由中国科学院昆明植物研究所标本馆、西南林业大学、河南信阳师范学院部分专家教授联合组成的生态环境部科考队，赴麻栗坡县开展第4次野外科学考察。

考察期间，科考队重点调查天保镇的药王谷、八宋、大丫口和老君山自然保护区，以及麻栗镇的南峰、盘龙糯谷冲，下金厂乡老山自然保护区等区域。采集蕨类植物和种子植物标本共计2800余号，拍摄植物生境和物种照片1.2万余张，且每号标本均留存分子材料。

“麻栗坡县生物多样性本底调查及评估”项目，是国家“生物多样性本底调查和评估”项目中的一个子项目，第一批涉及全国10个试点县。2016年以来，科考队先后组织专家、教授、讲师4次共40余人，对麻栗坡县高等植物物种多样性进行野外科学考察。截至2018年初，共采集包括菌类、苔藓植物、蕨类植物和种子植物标本3200余号，拍摄植物生境和物种照片超过4万余张，且每号标本均留存分子材料。

印度野牛现身

2018年4月，一头印度野牛造访西双版纳国家级自然保护区野生动物食物源基地时，被科研人员安装的红外相机拍下清晰的图像。自2017年底该食物源基地建成后，首次拍到有野牛到访。西双版纳野生动物食物源基地建成不到半年的时间里，已先后有亚洲象、印度野牛、水鹿等10余种野生动物到访，并被安装在现场的红外相机拍摄下影像资料。

印度野牛属国家一级重点保护动物，是世界上野生牛类中体型最大的种类，也是西双版纳热带森林生态系统的代表性物种。2013年1月至2014年8月，西双版纳国家级自然保护区管护局对全州印度野牛分布范围及种群数量展开调查。结果表明，印度野牛的分布区域和数量正逐渐减少，由1988年的605～712头减少到152～167头之间。该次拍摄到野牛的影像，证明这一区域尚有印度野牛分布，同时表明西双版纳野生动物食物源基地建设成效初显。

爱鸟周摄影展

2018年4月下旬，由西双版纳州热带雨林保护基金会、西双版纳州观鸟协会和西双版纳州摄影家协会联合西双版纳报社“1920”艺术馆共同举办的以“同在蓝天下、人鸟共家园”为主题的西双版纳雨林飞羽爱鸟周摄影展，在西双版纳报社“1920艺术馆”开展。

摄影展共展出邱开培、薛云、罗爱东等16位摄影师的120幅鸟类摄影作品。摄影师们用独特视角，对美丽西双版纳热带雨林中的鸟类品种、习性、分布、

云南启动绿孔雀种群及栖息地调查　（江　云　摄）

鸟类栖息地及生态环境进行全方位的记录和捕捉。

举办西双版纳雨林飞羽爱鸟周摄影展旨在大力宣传保护鸟类资源的重要性，宣传普及鸟类知识，引导公众贯彻“保护动物就是保护人类自己”的理念，积极参加环境保护公益活动，主动加入到爱鸟、护鸟的行动中来，形成全社会关心鸟类、爱护鸟类的浓厚氛围。

生态系统名录发布

云南省环境保护厅联合中国科学院昆明植物研究所，于2018年4月22日在全国率先发布《云南省生态系统名录（2018版）》（以下简称《名录》）。其是迄今为止最准确、最系统、最权威反映云南省生态系统多样性基本信息的一项重要科研成果，也是全国第一个公开发布的生态系统名录。

《名录》收录从热带到高山冰缘荒漠等各类自然生态系统，共计14个植被型，38个植被亚型，474个群系，进一步丰富云南的自然植被类型。与《云南植被》相比，新增2个植被型（季节性湿润林和荒漠）和5个植被亚型；与《云南植被》和《云南森林》相比，共新增200余个群系。《名录》评估分析每一类生态系统的重要性和受威胁程度，并提出相应的保护措施和建议，为开展生态系统的保护、利用、研究和管理提供科学依据，对保护云南省生物多样性具有重要意义。《名录》的编研汇集以云南为主的全国50余位专家学者参与，参考论著150余篇（部），是云南省在生态系统编目中覆盖最广、信息最全、参与编研人数最多的一次。

云南省是全国生物多样性最丰富的省份，也是全球34个物种最丰富且受到威胁最大的生物多样性热点地区之一，在中国乃至全球占有十分重要的生态地位。云南省委、省政府历来高度重视生物多样性保护工作，成立云南省生物多样性保护委员会，各州（市）也建立相应的工作协调机制，全省生物多样性保护体制机制逐步完善。

昆明动物博物馆标本作品获奖

2018年5月26日举行的第四届中国动物标本大赛上，昆明动物博物馆罗文寿团队创作的标本作品“捞月”获赛事兽类专业组一等奖。

获奖作品展示的是两只猕猴“捞月”的情景，作品构思独特有趣，配景精致。作品中使用了昆明动物博物馆标本制作团队研发的灵长类皮张处理和染色工艺（该技术目前正在申请国家发明专利）。该作品因标本制作技艺精良，获得大赛最高奖项“兽类专业组一等奖”。

本届大赛汇集全国标本制作行业共计60多家单位参加，共计257件精美的标本作品进行展示，是全国动物标本大赛创办以来规模最大的一次。

元江鲤放流阳宗海

2018 年 6 月 8 日，在阳宗海 2018 年“六五世界环境日”暨第二届全国“放鱼日”增殖放流活动上，40 万尾元江鲤鱼苗被放流进入阳宗海。

来自阳宗海流域 3 个乡镇的干部职工、群众，受聘的 11 名企业河长和群众志愿者，聚集在阳宗海南岸烟雨村将元江鲤鱼苗投放到江水中。自阳宗海风景名胜区管委会成立以来，已累计向阳宗海投放各类渔业种苗近 400 万尾。

响古箐滇金丝猴家园

截至 2018 年 6 月，响古箐的滇金丝猴猴群有 70 多只猴子，由 11 个家庭和 1 个“全雄家庭（全是雄猴）”组成，11 个家庭都因雄猴的名字命名：“红点家”“兴盛家”“春光家”等。

滇金丝猴群体讲究等级，最强大的雄猴组成的家庭成员一般最多，在猴群中的地位也最高。猴群等级最高的是“红点”家庭，成员最多的雄猴“红点”拥有 6 只母猴和 9 只小猴。每个家庭的雄猴都很有个性，勇敢的，体贴的，严厉的，温柔的，但是它们的共性是能保护家人，足够聪明，能找到足够的食物，制定安全的行走路线。

（甜　江）

野生植物保护

“世界森林日”活动

2018 年 3 月 21 日，由中国科学院昆明动物研究所、省林业厅主办，中国科学院昆明动物研究所昆明动物博物馆承办的“一叶一树一世界”主题活动在昆明动物博物馆举行。

中国科学院昆明植物研究所的植物科普工作者，就“森林里的植物”专题开展科普讲座。博物馆推出“生态保护”主题展览，通过图片、文字、创意画、仿真环境等展现方式，提升公众对生态环境保护的认知度。

勐海野生茶树资源科考

2018 年 9 月 5 日，勐海县野生茶树资源科学考察工作启动会，在云南省农业科学院茶叶研究所举行。勐海全县茶叶种植面积达 71 万亩，采摘面积 62 万亩，茶叶综合产值达 110 亿元。勐海县境内分布着大量的野生茶树，为全面准确掌握勐海野生茶树资源现状、加强县域内野生茶树资源保护和合理利用，经勐海县政府研究，决定开展勐海野生茶树资源科学考察工作，对勐海巴达、帕真和滑竹梁子等野生茶树群落进行全面系统地调查。此次科考活动由勐海县政府主办、省农业科学院茶叶研究所承办。

金平县发现伯乐树种群

2018 年 1 月，金平分水岭国家级自然保护区管护局科研人员在开展野外调查时，在金平县大寨乡水尾村蓝天冲发现被誉为“植物中龙凤”的国家一级保护树种伯乐树一个 20 余株的种群。

伯乐树为落叶乔木，罂粟目，又名钟萼木或山桃花。伯乐树是中国特有、古老的单种科和残遗种的国家一级保护树种。云南省 2010 年颁布的《云南省极小种群拯救保护规划纲要（2010 ~ 2020）及紧急行动计划（2010 ~ 2015）》中，规定对伯乐树等 62 种极小种群野生植物进行拯救保护，被国家列为一级保护植物。该树种分布范围比较零散，中科院昆明植物研究所调查发现，其零星散布于海拔 500 米至 2000 米的亚热带温暖湿润的季风气候区，云南省广南分布 4 株、砚山分布 6 株、文山分布 5 株，绿春、河口等县也有分布，而在金平发现成片的伯乐树种群，实属罕见。

东亚植物区系是年轻植物区系

2018 年 1 月，中科院昆明植物研究所孙航研究组利用分子系统学和分子生物地理学数据，结合古气候、古地质、古植被等方面的证据对东亚植物区系在时间和空间上的演化进行整合分析后提出，东亚植物区系是年轻的植物区系，这一观点为更好地理解东亚乃至北半球植物区系的时空演变提供新依据。

1996 年，中国著名植物学家吴征镒先生提出“东亚植物区作为一个独立的植物区，与泛北极和古热带植物区并列”的观点，是世界植物区系分区系统重大突破。然而，由于东亚植物区系残存有大量的新生代孑遗植物，长期以来，许多植物学家认为该区系是一个古老的植物区系，甚至很有可能是现存被子植物的起源或分化中心。

孙航研究组在前人划分的中国—日本森林植物亚区和中国—喜马拉雅森林植物亚区的基础上，进一步将以古特有或孑遗植物集中分布的中国—日本森林植物亚区（华中—华东地区为核心）界定为“水杉植物区系”，将中国—喜马拉雅森林植物亚区核心区域（横断山—东喜马拉雅地区）命名为“杜鹃植物区系”，更为客观地反映东亚植物区系的核心范围。在此基础上，通过整合分析发现，东亚植物区系并不是一个古老的植物区系，而是在中新世以后伴随着季风气候的形成与发展而形成的，是一个相对比较年轻的植物区系；东亚是许多古老孑遗植物的避难所，而非起源地；水杉植物区系与杜鹃植物区系有着相似或者相同的起源时间，二者皆为中新世之后发展起来的；两个区系物种多样性不均衡分布，一方面与青藏高原的隆升在杜鹃植物区系形成了大量的异质性环境相关，另一方面可能还与这两个区系内山脉的不同走向有关。

大围山发现印度宽距兰

2018 年 1 月，经云南省林科院专家蒋宏反复鉴定，最终确定在大围山保护区内发现的兰科植物为宽距兰属植物印度宽距兰，分布于印度东北部、不丹、越南等地，是首次在保护区内被发现并采集到标本，被确认为大围山新记录种。

2016 年 5 月 30 日，科研人员在对大围山的考察活动中，于海拔 2000 米处的苔藓常绿阔叶林内发现了一种此前从未见过的正在开花的腐生兰科植物，科研人员立即采集标本和分子材料予以保存。

兰科植物分为地生、附生、腐生 3 大类，是地球上有花植物中最大的家族之一。在全世界已知的 800 属、20000 余种兰科植物中，中国约有 190 属、1500 种；具有“植物王国”之称的云南有 1000 余种，是中国乃至世界兰科植物最为丰富的地区之一。全世界所有野生兰科植物均被列为《野生动植物濒危物种国际贸易公约》的保护范围。

飞机草的入侵性和环境适应性

中科院西双版纳热带植物园群落构建与物种共存课题组科研人员对世界范围内分布的飞机草进行谱系地理学及居群遗传学研究，揭示出西非生物型飞机草、南非生物型飞机草的来源可能是古巴和牙买加，入侵性和环境适应性是这两种生物型飞机草在其分布区域成功入侵的主要原因。该研究结果为入侵地区飞机草生物防治天敌的引入提供科学依据，也为飞机草入侵机制的研究提供遗传学基础。

飞机草原产于美洲，现已入侵至非洲、亚洲、西太平洋和大洋洲岛屿湿润的热带和亚热带地区，其快速生长和繁殖对当地农业、牧业和林业等产业造成了极大的破坏，已被列为全球危害最严重的前 100 种入侵生物之一。

在入侵地区分布着两种在形态学上具有明显差异的飞机草。一种分布在西非、中非、亚洲、西太平洋和大洋洲岛屿，被称为亚洲西非生物型；另一种分布在南非地区，被称为南非生物型。为探究入侵地这两种生物型飞机草的遗传多样性和来源，中科院西双版纳热带植物园群落构建与物种共存课题组科研人员对世界范围内分布的飞机草进行谱系地理学及居群遗传学研究。科研人员共获取原产地中、南美洲 16 个居群 92 个个体，入侵地亚洲、西太平洋、大洋洲、西非和南非 15 个居群 48 个个体。运用 1 个核基因片段、2 个叶绿体 DNA 片段及 6 个微卫星位点，对这两种生物型飞机草的来源和遗传多样性进行分析。研究表明，原产地飞机草遗传多样性高，而入侵地两种飞机草遗传多样性极低，两者的基因型不同。综合单倍型和微卫星 DNA 的分析结果，确定 AWAB 飞机草的来源很可能是西印度群岛的特立尼达和多巴哥岛屿，SAB 飞机草的来源很可能是古巴和牙买加。根据研究结果推测，强的入侵性和环境适应性是这两种生物型飞机草在其分布区域成功入侵的主要原因。

中缅联合发表两种海岛木属植物

2018 年 2 月，中科院西双版纳热带植物园东南亚中心通过对中缅联合科考采集到的 10 余号海岛木属植物标本研究后，确定其中两种为海岛木属植物新种，分别命名为红花海岛木和狭叶海岛木。这两种植物的命名，丰富了缅甸地区海岛木属植物的记录，有利于增加对缅甸植物多样性的认识。

番荔枝科是早期分化的被子植物木兰目最大的科，是热带植物区系的主要科之一，海岛木属是该科中的小属。世界番荔枝科名录数据库收录该属仅 6 种，主要分布在中南半岛及东南亚地区，缅甸记载该属仅有大叶海岛木和海岛木两种。

东南亚中心自 2014 年在缅甸北部葡萄地区开展

中缅联合科考以来，采集到不同花果期10余号海岛木属植物标本，通过细致的文献和模式标本研究，确定其中两种为海岛木属植物新种。其中一种花瓣形态和大小近似于海岛木，叶近似于大叶海岛木，但花瓣为粉红色明显区别于其相似种，因而将该种命名为红花海岛木。另外一种则以东南亚中心英文名全称缩写命名为狭叶海岛木。

早期陆地植物起源之谜

2018年2月，国际著名学术期刊《美国国家科学院院刊》在线发表中国科学院西双版纳热带植物园宏观进化研究组的一篇研究论文，揭示早期陆地植物起源之谜。

该研究通过分析103个物种的转录组数据和几十个化石证据，通过多种计算机模型分析，较为准确地解答关于早期陆地植物的起源问题。研究结果显示，最早的陆地植物起源于大约5亿年前的寒武纪（距今约5.7 ~ 5亿年前），约寒武纪中期至早奥陶纪（距今约5.15 ~ 4.73亿年前），该起源时间较过去化石估测的时间提前约1亿年，维管植物的冠群则出现在奥陶纪晚期至志留纪晚期；早期陆地植物的类群关系（如苔藓植物是否为单系）和数据矩阵的大小对于起源时间的估算影响不大。该研究对于理解早期陆地生态系统中植物和动物类群的演化关系，及对于生物地球化学研究领域也具有较为深远的影响。

乌头属植物新种

2018年4月，中科院昆明植物研究所研究人员通过分子证据确定在云南禄劝轿子山开展植被调查中采集的乌头属植物为一个新种，并以该新种的发现地禄劝乌蒙乡将其命名为乌蒙乌头。

乌头属植物是有毒植物，具有重要的药用价值，该属植物全球约有400种，分布于北半球温带地区。中国已记录211种，其中166种为特有种，西南山区是国产乌头属植物的多样性中心。

2009年，由刘恩德博士带队在对云南禄劝轿子山开展植被调查过程中，在海拔约4000米的石缝中采集到一种乌头属植物，从形态上看与以往在该地区所采集的乌头属物种有所不同。在进一步的研究中，中国西南野生生物种质资源库何俊博士、王红研究组、标本馆刘恩德博士组成的研究团队基于前期乌头属植物DNA条形码研究基础，结合分子证据确定该种为一个新种，命名为乌蒙乌头，并在国际植物分类学杂志上发表相关论文。

铁刀木项目启动

2018年5月23日，由中国高山植物系护肤品类开创者DRPLANT植物医生联合“云南生物与文化多样性保护中心”共同发起的“中国高山植物保护行动”一行40余人，走进景洪市勐罕镇曼远村，为实施退胶还林保护生态计划种植200棵傣族村寨最为传统的铁刀木。

曼远村是西双版纳傣族村寨文化保留最完整的乡村之一。自2014年开始与中科院昆明植物研究所开展合作、共同挖掘高山植物卓越护肤效用后，DRPLANT

景洪曼听公园内的铁刀木古树群　（江　云　摄）

植物医生一直积极推动高山植物多样性的保护工作。继2017年11月在曼远村建成中国高山植物保护行动民族生物文化示范园后，DRPLANT植物医生又推出“退胶还林”的生态保护项目，在曼远村种植万棵原始森林代表树种——铁刀木，用以帮助恢复当地的生态环境。

南卯湖公园科普示范教育基地

南卯湖公园位于瑞丽市区，占地395.6亩，绿化面积122亩，种植有50余万丛仿生石斛，是一个名副其实的石斛公园。公园还有240多种珍稀濒危植物，除了供科研外，还可以让市民近距离了解石斛的种类、濒危植物的种类等。2018年，在瑞丽市委、市政府支持下，相关部门共同努力把南卯湖公园打造成为瑞丽市科普示范教育基地。

从2014年起，在瑞丽市林业局的组织领导下，先后在南卯湖公园内选择胸径15厘米以上适宜的树种仿生种植石斛，主要种植兜唇石斛、鼓槌石斛、杯鞘石斛、流苏石斛、球花石斛等。瑞丽市野生种质资源丰富，有野生石斛资源20多种，是全国石斛资源保存、利用、发展种植的最适宜区域，为南卯湖发展石斛种植提供较多可供选择的宝贵资源。南卯湖已经种植50余万丛仿生石斛。

瑞丽市林业局还组织干部职工在公园里种植珍贵植物，有干果榄仁、云南七叶树、云南桫椤双、东京龙脑香、望天树、天竹桂、竹柏、黑黄檀、金丝楠、海南黄花梨、印度紫檀、印度黄檀、合果木（黑心楠）、大果紫檀、格木、拐枣、红皮铁树等物种，而红木类和本地乡土树种的搭配栽培，更突出公园本地物种的特色。

在南卯湖公园里，每一棵树上都挂有标识牌，通过扫描就可以进入相关网站，通过视频、图片、文字等信息了解植物的种类和相关背景资料。为了加强公园建设，瑞丽市林业局、市城建局、市科技局、瑞丽市弘协物业管理有限公司等单位组成项目领导小组，整合资源、分工合作，开展项目计划、组织管理等各项工作。业务部门提供技术服务，组织专家技术人员成立项目实施技术组，开展石斛仿生种植技术指导和石斛仿生种植日常管理技术培训，做好病虫害防治和科普宣传等日常工作。

为了更直观、有效地普及和宣传生物多样性知识，促进本地乡土树种和珍稀植物资源的保护与发展，瑞丽市林业局、瑞丽市科技局组织专业技术人员，对南卯湖公园内种植成功的植物进行物种鉴定工作。公园共鉴别植物240多种，悬挂植物标示牌3800个。作为瑞丽市科普教育基地，南卯湖公园植物种类丰富，充分展示生物的多样性，为中小学生、社会团体开展科普教育活动提供了较好平台。

红豆杉属植物地理身份证

中科院昆明植物研究所植物多样性演化和生态适应团队的高连明团队、植物多样性与基因组学团队的李德铢团队通过多年来对红豆杉属物种形成演化和保护遗传学研究，为全球已知的15种红豆杉属植物构建DNA条形码标准数据库和精准的物种分布地图，确定该属全部物种的分子和地理身份证。

红豆杉属隶属于红豆杉科，其枝叶和树皮中含紫杉醇，该化合物对乳腺癌、卵巢癌等癌症具有良好的疗效。但自20世纪90年代起，由于人为过度砍伐利用，红豆杉属的野生资源急剧下降，部分地方的野生群体甚至已经灭绝。

研究人员在确定trnL–trnF是红豆杉属理想的DNA条形码基础上，通过整合全球红豆杉属的遗传和分布数据，综合运用DNA条形码、物种分布区模拟和谱系地理学等多学科交叉的研究方法，首次提出全球红豆杉属共有15种，中国有10种，并将其成功运用到法医鉴定中，构建标准的物种鉴定体系。红豆杉属植物DNA条形码标准数据库和物种分布地图已成功应用于三例法医鉴定案中，其中，两个未知样品被准确鉴定到种级水平，第三个样品被成功鉴定为杂交种。研究成果在红豆杉属植物的物种监管、多样性保护管理和打击非法贸易等方面发挥重要作用。

构建丰富次生植物群落

中国科学院西双版纳热带植物园一项研究发现，原始热带雨林转变为次生林、干扰林后，其枯落物产量、养分归还量均显著升高，但转变为纯橡胶林后则均显著下降。该研究结果表明，在退化土地上构建和人工抚育多层多种的次生植物群落或在老龄橡胶林中引进适宜的本土植物，是一种行之有效的可持续利用和管理模式。

中科院西双版纳植物园热带森林生态学重点实验室科研人员对生态站的森林枯落物和养分动态长期基础监测数据（热带雨林、热带次生林、人工干扰林、橡胶林等植被类型）进行了挖掘、整合与深入分析。研究结果表明：与林冠郁闭度、叶面积指数等指标相一致，热带次生林的枯落物年产量显著高于其他林型，而降水量和气温对多层多物种的热带雨林、次生林枯落物产量的影响更为明显，且枯落物产量的高峰期均出现在雾凉季；各林型的枯落物现存量大小依次为干扰林、橡胶林、热带雨林、次生林，然而与枯落物产量相似，其向土壤归还的总碳、氮、磷、钾大小次序为次生林、干扰林、热带雨林、橡胶林；养分利用效率随着矿物元素的不同而变化，且各林型间差异显著。该结果表明，原始热带雨林转变为次生林、干扰林后，其枯落物产量、养分归还量均显著升高，但转变为纯橡胶林后则均显著下降。因此，从热带森林资源维持和恢复的角度而言，在退化土地上构建和人工抚育多层多种的次生植物群落或在老龄橡胶林中引进适宜的本土植物，则不失为一种行之有效的可持续利用和管理模式。

古荔枝树群落被发现

2018 年 6 月，由中国科学院昆明植物研究所、麻栗坡县林业局和麻栗坡县森林公安局联合组成的古树名木普查组，在对麻栗坡县境内古树名木进行资源普查时，发现一个百年以上的古荔枝树群落，且树上结满荔枝。

古荔枝树群落位于麻栗坡县天保镇城子上行政村城子上村民小组和岩脚村民小组之间，分布在两村间的房前屋后和田间地头。普查组共在城子上行政村辖区选取 18 棵 100 年以上具有代表性的古荔枝树建档立卡。其中最大的一棵荔枝树高达 38 米，树龄在 500 年以上，胸围达 5.4 米，是云南发现最大的荔枝树。

《云南省生态保护红线》发布

2018 年 7 月 2 日，云南省政府发布的《云南省生态保护红线》明确，云南省生态保护红线面积 11.84 万平方千米，占国土面积的 30.90%。

云南省生态保护红线基本格局呈“三屏两带”。“三屏”即：青藏高原南缘滇西北高山峡谷生态屏障、哀牢山—无量山山地生态屏障、南部边境热带森林生态屏障。“两带”为：金沙江、澜沧江、红河干热河谷地带，东南部喀斯特地带。

云南省生态保护红线包含生物多样性维护、水源涵养、水土保持三大红线类型。包括滇西北高山峡谷生物多样性维护与水源涵养生态保护红线、哀牢山—无量山山地生物多样性维护与水土保持生态保护红线、南部边境热带森林生物多样性维护生态保护红线、大盈江—瑞丽江水源涵养生态保护红线、高原湖泊及牛栏江上游水源涵养生态保护红线、珠江上游及滇东南喀斯特地带水土保持生态保护红线、怒江下游水土保持生态保护红线、澜沧江中山峡谷水土保持生态保护红线、金沙江干热河谷及山原水土保持生态保护红线、金沙江下游—小江流域水土流失控制生态保护红线、红河（元江）干热河谷及山原水土保持生态保护红线 11 个分区。

生态保护红线区内的重点保护物种包括滇金丝猴、云豹、绿孔雀、云南红豆杉、珙桐、华盖木、桫椤等珍稀动植物。

中科院西双版纳植物园发现两个新种

中科院西双版纳热带植物园研究人员发现卫矛科的 1 个新种，该新种被命名为“勐腊五层龙”。卫矛科约有 97 属 1200 种，主要分布于热带及亚热带地区。五层龙属是卫矛科里的一个大属，主要分布于世界热带地区，世界上约有 200 余种，中国产 10 种。2015 年 5 月，西双版纳植物园园林园艺部工作人员在对藤本园植物清查过程中，发现 1 种五层龙属植物存在错误鉴定。通过对该物种花果解剖，文献查阅以及相似种的模式标本核对后，最终确认为五层龙属新种。2017 年 8 月，在寻找西双版纳“零灭绝”植物的过程中，研究人员意外地在勐腊县瑶区乡回都村发现该物种，已知两个居群。根据其模式产地，命名为“勐腊五层龙”。

另还发现秋海棠科的 1 个新种，该新种被命名为“中缅秋海棠”。秋海棠科秋海棠属是被子植物中的一个大属，全世界超过 1800 种，广泛分布于热带和亚热带地区，中国记载的超过 200 种。西双版纳植物园标本馆的高级工程师李剑武在 2017 年底对西藏墨脱地区进行植物考察时，在雅鲁藏布江流域发现一秋海棠属二室组植物。经后续的研究，确定该植物为秋海棠属新种。此种在中科院东南亚中心研究员权锐昌、高级工程师谭运洪等带队于 2016 年底对缅甸北部克钦邦葡萄县的科考中也发现有分布。因模式标本采自西藏墨脱，因此定名为“中缅秋海棠”。

铜壁关马兜铃被发现

2018 年 6 月，中科院西双版纳热带植物园园林园艺部工作人员研究确认 1 个马兜铃属新种，并将其命名为铜壁关马兜铃。

2017 年 8 月底至 9 月初，西双版纳植物园园林园艺部工作人员在德宏州铜壁关省级自然保护区开展“中国西南地区极小种群野生植物调查”工作的过程中，发现 1 个马兜铃属疑似新种。通过查阅文献和相近种模式标本对比，最终确认该物种为新种。最后以其发现地德宏州铜壁关省级自然保护区命名为铜壁关马兜铃。

在德宏州共发现 3 个居群，每个居群都不超过 3 个个体。根据世界自然保护联盟的评估标准，评估该种的受威胁等级为濒危。西双版纳植物园园林园艺部已成功繁育出 7 棵植株。

生物多样性保护地方性法规出台

2018 年 9 月 21 日，云南省十三届人大常委会第五次会议表决通过《云南省生物多样性保护条例》（以下简称《条例》），将于 2019 年 1 月 1 日起施行。在全国率先出台生物多样性保护地方性法规。

云南属于全球 34 个物种最丰富的地区之一，生物多样性资源位居全国之首，多年来云南省生物多样性保护工作一直走在全国前列。

《条例》明确“生物多样性”的概念，即生物（动物、植物、微生物）与环境形成的生态复合体以及与此相关的各种生态过程的总和，包含生态系统、物种和基因 3 个层次。《条例》规定，生物多样性保护应当遵循保护优先、持续利用、公众参与、惠益分享、保护受益、损害担责的原则。

在具体保护措施方面，《条例》明确由环境保护主管部门实施综合管理和其他行政主管部门分部门管理配合的管理机制，环境保护主管部门将在规划编制、制度完善、数据共享、重点区域划定等方面起统筹牵头作用，并依照环境保护法、环境影响评价法及相关法律法规对生物多样性保护实施综合监管。

《条例》以“就地保护”“迁地保护”“离体保护”3 种最有效的保护措施为切入点，围绕建立保护网络、编制物种名录、规范生物遗传资源收集研发活动、避免生物多样性资源流失、规范外来物种管理等方面提出要求并设定管理制度，其中专门强调，对云南特有物种和在中国仅分布于云南的物种实施重点保护。同时，严禁擅自向自然保护区引进外来物种，如有违反最高可处以 15 万元罚款。

《条例》明确，各级政府应支持在生物多样性保护领域开展国际合作，加强生物多样性保护政策、科学研究与相关技术的交流，建立跨境保护合作机制，鼓励开展有利于生物多样性保护的项目合作和人才培养。

“森林迪庆”建设

为深入推进“森林迪庆”建设，迪庆州实施城乡一体绿化的“身边增绿”工程，扩大城市建成区绿地规模，搞好城市面山、公路沿线、河道绿化等，推进水库库区绿化和乡村绿化。计划从 2018 年起至 2025 年，完成义务植树 1300 万株、极难造林地造林绿化 5000 亩、人工造林 50 万亩、低效林改造 150 万亩、封山育林 250 万亩。到 2025 年，全州将完成 3 个县城的面山绿化、“两江”流域生态治理、10 条主干河流的两岸绿化、3 大国家公园景区建设、4 个自然保护区和两个国际重要湿地保护、4 大水库库区绿化、5 大交通干道绿化、所有校区校园绿化、寺院绿化、乡村道路绿化、191 个村（居）委会全面绿化，以及矿区、岩石裸露地、干旱河谷等极难造林地造林绿化，森林面积由 2600 万亩增加到 2800 万亩，森林覆盖率达到 77%。初步实现城镇园林化、城郊森林化、道路林荫化、庭院花园化、农田林网化、村镇林果化、国土生态化的绿色幸福美好家园建设。

香格里拉天然林　（江　云　摄）

蓝果树保护

云南蓝果树又名毛叶紫树，是蓝果树科蓝果树属植物。20 世纪末在全国首次开展的国家重点保护野生植物调查过程中，仅西双版纳州发现野生植株 8 株，且全部分布于景洪市普文镇，数量极其稀少。为扩大该物种在西双版纳的分布数量，西双版纳国家级自然保护区科研人员开展历时 9 年的云南蓝果树野外回归保护工作。截至 2018 年中，野外回归存活达 1600 余株。

云南蓝果树对生长环境要求高，主要分布在植被保存良好的沟谷雨林低洼潮湿处，通常沿溪流或沟塘分布，加之雌雄异株，结实率极低，在自然条件下很难繁殖。保护区先后 5 次在西双版纳的关坪、野象谷等 8 个点开展该物种的相关回归保护工作。科研人员通过野外采种、人工育苗的方式来保证苗木供应。并对回归云南蓝果树植株全部实行挂牌管理和日常监测，定期监测掌握其生长情况，掌握大量该物种回归第一手基础数据。

据 2018 年 8 月底监测数据显示：保护区关坪管护站附近 2009 年种植回归的云南蓝果树 150 余株，现尚存 109 株，成活率达 70% 以上。

（甜　江）

湿地保护

传统村落环境整治建湿地

2018年上半年，昆明市晋宁区双河彝族乡双河营村传统村落环境综合整治，建成莲藕、茭蔞、芦苇覆盖的30余亩湿地。双河乡湿地原为荒地，由于地势低洼，三乡河与九村河在此交汇，导致常年被水淹。2018年，双河乡把生态旅游打造、发挥特色优势融入到传统村落保护当中，依托传统村落环境综合整治项目打造污水处理+水产农业的一体化人工湿地，既有效处理生活污水，又发展水生农作物种植，提升人居环境的同时也增加村民收入。

双河乡计划以打造生态旅游为目标，生态农庄、滨水连廊、文化广场等景观将逐步呈现，在为人们提供集水利、生态、休闲为一体的滨水空间的同时，逐步改善村民生活环境、提高村民生活质量。

洱海保护治理

大理白族自治州全力实施洱海保护治理“七大行动”以来，大理各族各界全力以赴投入治理行动，勇当生态文明建设排头兵。通过持续加强对老城区管网改造强度，农田面源污染治理，多区域水面监测监控，强化雨期管网污水溢流控制等，洱海保护治理取得阶段性成效。

截至2018年初，洱海已遏制水质下降趋势，湖体和入湖河道水质发生积极变化。2017年，全湖水质有6个月为Ⅱ类，29条入湖河流中有18条达到Ⅱ至Ⅳ类水质，比2016年增加了5条。此外，还控制蓝藻水华发生态势，湖内水生态发生积极变化。全年没有发生规模化的蓝藻水华，全湖水生植被面积达到32平方千米，占湖面的12.7%，为近15年来最大面积。

洱海保护治理　　（江　云　摄）

东大河湿地 （王 新 摄）

捞鱼河湿地 （江 云 摄）

东大河湿地

位于晋宁区滇池南岸的东大河湿地，是滇池湖滨面积最大的湿地，东至大湾山项目边界，西至中河，南至环湖南路，北至滇池。

湿地建设改善周边的环境，使其成为一个天然的“鸟窝”，东大河湿地常年生活着 20 多种野生鸟类，鸟类协会定期都会到东大河湿地观测鸟类活动情况。

东大河是国家林业局批准建设的晋宁南滇池国家湿地（试点）的重要组成部分，湿地规划面积 5400 亩，分两期建设。在滇池湖滨整个生态湿地中，其特点和优势十分显著。项目保留东大河湿地建设前的良好生态基底、自然景观，充分利用区域地形，对岸线进行生态处理，对紫茎泽兰等外来入侵有害物种进行梳理和替换，形成水上森林、自然滩涂、芦苇荡、海菜花、天然湖湾、鱼虾产卵保护场所等各类生态景观，使该湿地成为滇池湖滨野生动植物品种和数量最为丰富的区域之一。

古城河河口湿地

古城河河口湿地是人工干预最小化的原生态湿地，推行滇池治理“四退三还”行动中，周边农户退出的 380 多个鱼塘，现已长满菖蒲、莲藕等水生植物，成为湿地的一部分，当滇池水漫延到湿地时，起到过滤、净化的作用。

截至 2018 年初，古城河河口湿地完成湿地生态建设 423.64 亩，与周边湖滨湿地共同形成 1277.22 亩的生态湿地范围，种植两万多株柳树、速生杨、中山杉等乔木，以及芦苇、菖蒲、荸荠等水生植物，有效恢复湖滨生态，延伸湿地自然观光等功能。

滇池治理

经过近 20 年的治理，滇池水体水质日益改善，滇池治理成效初显。滇池治理已从单一治污向污染治理与生态恢复并重转变。经过 10 余年的生态修复，滇池湖滨已初步构筑起一条平均宽度约 200 米、面积约 33.3 平方千米、区域内植被覆盖率超过 80% 的闭合生态带，形成一条以自然生态为主、结构完整、功能完善的湖滨生态绿色屏障。

东大河湿地、古城河河口湿地、永昌湿地、海东湿地、捞渔河湿地、王官湿地、斗南湿地等环滇池湿地经过提升改造，为市民提供一个清肺养生的优良环境。

昆明市全面深化河长制，建立“四级河长五级治理体系”，设立河长 3489 名，实现河道、管网清淤常态化，滇池污染存量不断削减。海洪、大湾、西华等 6 个湿地项目正在加快建设中，湿地净化水质效果日益显现。昆明市全面推行滇池流域河道生态补偿机制，生态补偿金达 4.86 亿元。2017 年全年实施滇池保护治理项目 100 个，完成投资 36.3 亿元，25 条入湖河道水质达标，滇池全湖水质稳定保持在 V 类。

2018 年 3 月，昆明市政府办公厅印发的《滇池保护治理三年攻坚行动 2018 年重点目标任务分解》提出，2018 年，昆明市实施 62 个市级保护治理项目及 147 个区级保护治理项目，使滇池草海全年水质达到Ⅳ类，滇池外海全年水质达到Ⅴ类。并着重抓好主要入湖河道及支流沟渠治理、面源及内源污染治理、湿地生态环境效能提升等工作。

昆明两湿地获奖

2018 年 7 月，国际风景园林师联合会公布 2018 年国际风景园林师联合会亚非中东地区奖获奖名单。昆明呈贡斗南湿地公园荣获雨洪管理类杰出奖，昆明晋宁东大河湿地公园荣获野生动物、生物多样性、栖

斗南湿地 （江 云 摄）

息地改善或营建类杰出奖。

国际风景园林师联合会于1948年在英国剑桥大学成立，总部设在法国凡尔赛，现有57个国家的风景园林学会成为其会员。2005年中国风景园林学会正式加入，成为代表中国的国家会员。2018年国际风景园林师联合会亚非中东地区奖是国际风景园林师联合会每年规模最大的重要奖项，在行业内具有很高的含金量和认可度。本届共有115个项目获奖，奖项分为杰出奖（86分以上）、优秀奖（76～85分）和荣誉奖（65～75分）三个等级。

昆明呈贡斗南湿地位于滇池东岸斗南社区环湖东路面湖一侧，占地面积约650亩。湿地完整保留湿地范围内的柳堤的历史原貌，传承昆明记忆。昆明晋宁东大河湿地是滇池流域面积最大的湿地，湿地位于滇池南岸，规划面积5400亩，是滇池湖滨野生动植物品种和数量最为丰富的区域之一。

金沙江流域生态保护

2018年8月9日，云南省政协与省环保厅在昆明举行重点提案《进一步加强金沙江流域生态环境保护与绿色发展的建议》办理面商会。

省政协十二届一次会议期间，省政协人口资源环境委员会提交的该提案被省政协确定为重点提案，交由省环保厅主办，省交通运输厅、省林业厅、省水利厅、省发展改革委、省财政厅等单位会办。提案针对金沙江流域生态环境保护与发展面临的问题与挑战，提出制定出台健全自然资源资产产权制度、开展资源有偿使用和交易、环境污染第三方治理、开展生态扶贫等政策措施，加快推进落实《云南金沙江开放合作经济带发展规划（2016～2020年）》，建立健全全流域五级河长制组织体系，合理开发水运通道发展航运事业等建议。

三江并流遗产地保护管理

2018 年 8 月，云南省公布《云南省加强三江并流世界自然遗产地保护管理若干规定》，要求加快推进三江并流世界自然遗产地生态环境保护工作，严格控制开发强度，严禁污染环境。“三江并流遗产地”指已列入《世界遗产名录》，经联合国教科文组织世界遗产中心审议通过的 2010 年边界细化后的特定区域，包括高黎贡山、白马 – 梅里雪山、老窝山、云岭、老君山、哈巴雪山、千湖山、红山 8 个片区。

《规定》明确，三江并流遗产地所在州、市、县、区政府是生态环境保护管理的责任主体，要严格控制三江并流遗产地内开发强度，防止过度开发建设。在三江并流遗产地内，除必需的保护设施和公共服务设施外，严禁增建其他工程设施。经过批准的各类建设活动应当与三江并流遗产地保护内容相协调，严禁破坏世界自然遗产资源、环境景观，严禁污染环境。

《规定》要求，严禁在三江并流遗产地内进行开山采石、挖砂取土、毁林开荒、围湖造田、建墓立碑、勘查开采矿产资源等破坏自然遗产资源和环境的活动。严禁在三江并流遗产地内新设置探矿权、采矿权，对三江并流遗产地内已设置的探矿权、采矿权，依法限期退出。三江并流遗产地内已划入生态保护红线的，要按照国家生态保护红线有关规定从严管理。严禁在三江并流遗产地内进行改变水资源、水环境自然状态的活动。三江并流遗产地所有新增中小水电规划及项目核准审批均应上报省政府批准同意。对遗产地内符合规划、已核准建设的中小水电项目，当地政府和主管部门应加强事前事中事后监督管理，做好水土保持、生态修复、环保验收等工作。

草海湿地

鹤庆县先后投入 1.2 亿元资金，通过实施草海湿地退耕还泽还草、退塘还海还湖，开展以取缔饲料水产品养殖，人为造埂、围海等为主的专项治理，把草海湿地打造成为风光秀丽、人鸟和谐的湿地。

鹤庆县先后制定出台《鹤庆县草海湿地自然保护区管理办法》和《关于切实加强草海湿地保护管理工作的实施意见》，促进草海湿地保护进入法治化轨道。

鹤庆草海湿地　　（许太琴　摄）

通过开展重点以退塘、退耕、退渔还湿地为主的保护，促进草海湿地生物多样性得到进一步恢复；通过以“三清洁”为抓手，认真落实“河长制”，促进湿地周边人居环境日益提升。

截至2018年8月，草海湿地共有鸟类80余种，包括国家一级保护鸟类黑鹳；国家二级保护鸟类小天鹅、黑翅鸢、普通鵟、乌雕、白尾鹞、白头鹞、褐耳鹰等。在草海湿地核心区发现的300至500只被誉为“世界最美水鸟”和“水上绿宝石”的紫水鸡，是迄今为止中国发现的最大紫水鸡种群。

丽江黑龙潭复水

2018年8月7日，丽江黑龙潭公园泉群在断流1298天之后再次出水。水文专家认为，这是丽江市开展生态环境建设、水资源保护，促进水生态环境进一步改善的结果。

丽江古城位于黑龙潭下游，黑龙潭断流直接影响到丽江古城的水生态环境。据记载，自1988年以来，黑龙潭泉群断流出现过11次。2010年以来，几乎每年都出现断流，甚至出现连续近4年跨年断流的现象。2015年1月17日，泉群又全部断流，断流天数达1298天，为有记载以来断流时间最长的一次。

丽江市通过实施天然林保护工程、玉龙雪山景区护林防火及白沙束河片区抗旱应急工程、面山生态修复工程和创建国家园林城市，改善生态环境。2017年以来，通过认真开展丽江坝区地下水专项整治，填封城镇区地下水深水井518口。

黑龙潭泉群出水量大小与玉龙雪山周边及坝区降水量有直接关系，丽江市通过狠抓生态环境建设、水资源保护，促进水生态环境进一步改善。2018年以来，黑龙潭主要补给区九子海降水量较常年增加较多，1月至7月，九子海降水量达到1030毫米。同时，2018年丽江坝区降水也较常年偏多，1月至8月，坝区降水达到811毫米。

滇池设保育区

为了进一步规范滇池湖滨湿地的设计、建设、监测和管护，昆明市滇池管理局于2018年8月起草《滇

丽江黑龙潭复水 （江　云　摄）

池湖滨湿地建设规范》《滇池湖滨湿地监测规程》，并向社会公开征求意见。

昆明已建成湖滨生态湿地 5.4 万亩，增加滇池水面面积 11.51 平方千米。昆明市明确，湿地进水主要接纳低污染水，出水水质应达到 GB3838–2002（地表水环境质量标准）规定的Ⅳ类水质标准（总氮除外），可作为湖泊、河流生态用水。

《建设规范》指出，湿地内拟设置生态功能区和湿地服务管理区；在生态功能区内应设立生态保育区和湿地体验区。其中，生态保育区应根据保护对象的生活习性，建立浅滩、鸟岛、鱼类及其他生物的栖息和繁殖地，不应布设开放式道路和观景设施，并应在外围设置禁入标志。湿地体验区允许进行限制性的旅游、科学观察和探索。区域内应设立标识、标示、标牌、解说牌或展板等设施，并可设置湿地体验设施。

《建设规范》提出湿地水系的要求，即将湿地周围来水引入湿地，并通过合理布设塘库、导流及布水设施，塘、库和布水沟渠，使其水力负荷及水力停留时间满足要求，以保证湿地的净化功能。同时，湿地内不宜大量采用扩繁能力强的植物，应在《滇池湖滨生态带植物物种推荐名录》中选择，合理配置陆生、湿生、水生植物，宜选择维护简便、易于成活的本地土著物种。扩繁能力强的植物不宜大量采用。沉水植物以自然恢复为主，根据水体透明度、水深等适量选择适宜物种。

《监测规程》对滇池湖滨湿地的水文、水质、土壤及沉积物、生态监测作出规定。水文监测项目应包括：流出状况、积水状况、水位、水深、蓄水量、停留时间、流速、流量等。生态监测则包括植被、植物、鸟类、鱼类、两栖类、外来入侵物种等的监测。其中，鸟类监测项目包括湿地范围内鸟类种类，水鸟、保护物种、极小种群物种种群数量。

官渡区湿地建设

2008 年以来，官渡区全面实施“四退三还一护”工程，积极推进滇池湖滨生态建设，先后投资 19.62 亿元，建成五甲塘、西亮塘、宝丰、王官、海东、星海半岛湿地（一期）6 个湖滨生态湿地，老盘龙江、大清河、海河 3 个入湖口湿地以及海东湖内湿地，湿地建成面积共计 4750 亩，已建成湿地占湖岸线长约 7 千米，为全区湖岸线长的 39.77%。

截至 2018 年中，该区共完成“退田退塘”5902 亩，“退人”1298 人，拆除建筑物 27.18 万平方米，累计种植乔木 44.92 万株、灌木 50.75 万株、水生植物 230.76 万丛、芦苇 141.5 万丛，为滇池新增水域面积 108.82 万平方米，新增绿地面积 6690 亩，逐步恢复滇池湖滨的生态平衡和生物多样性，已有 30 余种鸟类在湿地内栖息。

该区已建成的 10 个湿地无统一管理机构和管理模式，湿地管理中项目建设方自行管理、辖区街道管理等多种模式并存。为进一步加强湿地管理和保护，该区在全市率先探索实施将湿地纳入环卫一体化 PPP 项目管理。该区已将宝丰湿地、星海半岛湿地、海东湖内湿地以及老盘龙江、大清河、海河 3 个入湖口湿地统一移交 PPP 项目中标公司进行运营管理，并对系统不完善、设施设备老化的湿地进行全面提升改造，以充分发挥湿地的生态效益。同时，按照“日常检查、月考评、季度考核”的方法，加强湿地管护考核，湿地管护经费按季度核拨管护单位，季度考评总分在 90 分以下不合格的，按 10000 元 / 分（90 分以下至 85 分）、20000 元 / 分（85 分以下至 80 分）、40000 元 / 分（80 分以下）的不同标准扣减相应的管护费。

（甜　江）

污染防治与节能减排

POLLUTION CONTROL AND ENERGY-SAVING & EMISSION REDUCTION

污染防治

水土流失综合治理概述

云南省水土保持综合治理工程以实施坡耕地综合治理、重点小流域、石漠化治理等水土保持工程为抓手，以小流域为单元，山水田林路统一规划，在全省范围内有重点、有计划地推进水土流失综合治理。2010年至2018年，全省共治理306条小流域，治理水土流失面积1730.07平方千米，完成投资61361万元。

1989年云南省开始实施长江上游水土保持重点防治工程，拉开水土流失综合治理的序幕。水土流失综合治理工作开展以来，实施“长治”工程、“珠治”工程、“国债”项目、坡耕地水土流失综合治理（试点）工程、水土流失重点治理工程，并利用世界银行贷款和欧盟赠款，开展水土保持综合治理工程等项目。通过项目的实施，提高土地生产力，减轻自然灾害，推进土地利用和农村产业结构的合理调整，配套建设机耕道路、田间排灌沟渠等设施的完善，有效改善当地农业生产条件。同时，有效减轻洪涝、泥石流、干旱等自然灾害造成的损失，减少泥沙对下游的危害，保护下游的耕地和坝地。促进群众安居乐业，维护社会安定。治理区总受益人口约12.92万人，农业人均产粮稳定提升，农民人均收入增加1500元以上。

根据2015年云南省第4次土壤侵蚀遥感调查，全省水土流失面积10.47万平方千米，占国土面积的27.33%，与2004年调查相比，全省水土流失总面积减少2.95万平方千米。

2010年云南省启动实施坡耕地水土流失综合治理试点工程，相继在全省14个州（市）、42个县（市、区）共110个项目区实施坡耕地水土流失综合治理工程，共完成坡改梯41.53万亩，完成投资12.95亿元。云南省坡耕地水土流失综合治理模式以“梯田+田间生产道路+坡面水系”为主，围绕“田地治理成型、水系布局合理、道路连接成网、产业规模发展、农民收入提高、社会和谐稳定”的目标，坚持“山、水、田、路”综合治理。以梯田建设为重点，以田间道路为骨架，合理布置配套配水措施，做到灌溉自如，并与农村产业结构调整、当地特色产业综合生产能力相结合，促进项目区农民增收和农村经济社会发展。截至2018年底，共完成坡改梯41.53万亩，完成灌溉渠道、管道等输配水工程1430.75千米，项目区生态环境和农业生产条件得到明显改善。

昆明市环保问题整改

自2016年11月23日中央第七环境保护督察组向云南省反馈督察意见以来，昆明市积极落实问题整改工作，截至2017年12月25日，涉及昆明市的47个问题已完成38个，其中立行立改有15个，已完成15个；整改时限在2017年12月底前有19个，已完成19个；整改时限2018年至2020年12月有13个，已完成4个，其余9个达到时序进度。

昆明市委、市政府高度重视中央环境保护督察反馈意见问题整改落实工作。为全面落实反馈意见，制定《昆明市贯彻落实中央环境保护督察反馈意见问题整改方案》。提出“零容忍、全覆盖、严执法、全公开”的工作要求，主动回应群众关切，接受社会监督，确保整改责任到人，整改到位，效果明显。

在整改工作中，昆明市抓住水质保护、空气质量改善、城市环境综合整治、自然保护区保护存在的重点问题全面整改。坚持“六个不放过”，一是责任不明确不放过，涉及全市的47个问题，市、县两级均有明确的责任单位和责任人；二是措施不具体不放过，针对每个问题都制定了针对性的措施；三是整改不到位不放过，专门成立专项督察组对每个问题进行督察检查；四是机制不长效不放过，对整改问题进行拓展，严防整改问题反弹；五是群众不满意不放过，主动公开整改落实情况，回应群众关切，接受社会监督，以整改实效让群众满意；六是台账不规范不放过，对整改工作实行台账式管理，要求一个问题一套台账，建立规范的台账，由督察组定期不定期对台账进行检查。

为确保整改工作落到实处，昆明市严格落实《昆明市环境保护“一岗双责”问责办法》《昆明市大气污染防治问责办法》，严肃责任追究。2016年，共查处生态环境保护方面违纪问题88件，处理人员94人。2017年1月至10月，共查处生态环境保护方面违纪问题11件，处理人员35人。

星云湖加快污染底泥疏挖

截至2018年初，玉溪市和江川区累计投入约11亿元人民币用于星云湖的治理，制订和编制《云南省

星云湖保护　　（刘建明　摄）

星云湖保护条例》《星云湖流域水环境保护与水污染防治规划》等相关政策法规，星云湖治理按照“外源与内源治理并举、工程项目与管理措施并重、重点突破与整体推进结合”的思路，投资27.06亿元，实施星云湖环湖截污治污、污染底泥疏挖及处置、水体置换、农业高效节水减排、两污建设等15项治理工程，同时推进产业结构调整，发展生态旅游业，持续抓好抓实星云湖流域水环境保护治理。积极争取山水林田湖生态保护修复试点支持，开展矿山修复等工作，确保2020年实现Ⅴ类偏好，力争达到Ⅳ类水质。

云南省第二次全国污染源普查

2018年2月5日，云南省第二次全国污染源普查领导小组办公室召开新闻发布会，对《云南省第二次全国污染源普查实施方案》进行深入解读，重点介绍第二次全国污染源普查的实施背景以及目的、意义、范围、内容、技术路线、主要任务、组织实施和保障措施等。

该次普查的工作目标是：摸清全省各类污染源基本情况，了解污染源数量、结构和分布状况，掌握全省、区域、流域、行业污染物产生、排放和处理情况，建立健全重点污染源档案、污染源信息数据库和环境统计平台，为加强污染源监管、改善环境质量、防控环境风险、服务环境与发展综合决策提供依据；普查标准时点为：2017年12月31日，时期资料为2017年度资料；普查对象为：全省行政区域内有污染源的单位和个体经营户；普查范围包括：工业污染源、农业污染源、生活污染源、集中式污染治理设施，移动源及其他产生、排放污染物的设施等五类污染源；普查技术路线是：根据国务院第二次全国污染源普查领导小组发布的各类污染源普查报表制度、技术规范、污染物核算方式，在现有环境管理的基础上充分利用相关部门提供的数据信息，结合入户登记调查的方式开展普查工作。

该次污染源普查分阶段分层级组织实施。2017年为前期准备阶段，2018年为全面普查阶段，2019年为总结发布阶段。在普查质量管理方面，将建立普查数据质量溯源和责任追究制度，依法开展普查数据核查和质量评估，严厉惩处普查违法行为。

云南省公开中央环保督察整改情况

2018年2月8日，云南省对外公开中央环境保护督察整改情况。

2016年11月23日，中央第七环境保护督察组向云南省反馈督察意见后，省委、省政府高度重视，迅速研究制定《云南省贯彻落实中央环境保护督察反馈意见问题整改总体方案》（以下简称《整改方案》）。2017年8月31日，省委、省政府正式向国务院报送《中共云南省委云南省人民政府关于云南省贯彻落实中央环境保护督察反馈意见问题整改情况报告》（以下简称《整改情况》）。

《整改情况》正文与《整改方案》对应，分为三个部分：第一部分高位统筹、全面部署，狠抓整改任务落实。分别从高度重视、建立机制、强化督导、全面调度、公开信息、严肃问责等6个方面表述了全省抓好中央环境保护督察整改落实开展的主要工作，系统回答了《整改方案》中保障措施的落实情况。第二部分抓铁有痕、踏石留印，积极推进整改。参照《整改方案》中5大类整改措施，详细总结了把环境保护摆在更加突出的位置、加强污染综合防治、加强自然保护区和重点流域保护区管理、改善提升城乡人居环境、实行最严格的环境保护制度等5个大类、20个方面整改工作进展情况。

截至2017年12月底，督察组反馈的“46+4”个问题108项整改事项已完成79项，正在整改29项。其中，“立行立改类”34项全部整改完成、“2017年6月底前完成类”33项全部整改完成、“2017年底前完成类”16项已完成12项，2017年底前应完成整改事项完成率为95.2%，“中长期类”25项整改工作正在有序推进。第三部分持之以恒、整改提高，推动环境保护再上新台阶。分别从坚决落实政治责任、坚决完成整改任务、坚决防止问题反弹、加强生态环境保护、加强污染综合治理、推动形成绿色发展、着力提升城乡人居环境、落实生态环境保护制度等8个方面提出进一步贯彻落实党中央、国务院关于加强生态文明建设和环境保护的决策部署，建立完善整改落实长效机制。

滇池保护治理三年攻坚行动实施方案

2018年初，昆明市政府下发的《滇池保护治理三年攻坚行动实施方案(2018～2020年)》(以下简称《方案》)明确，全市通过实施滇池保护治理三年攻坚行动，把滇池打造成生态之湖、景观之湖、人文之湖。2018年滇池草海水质（含雨季）消除劣Ⅴ类，全年水质达到Ⅳ类。

实施滇池保护治理“三年攻坚”行动，是打赢污染防治攻坚战的有力举措。《方案》提出滇池保护治理“三年攻坚”的水质目标为：2018年滇池草海水质达到Ⅳ类水标准，2020年滇池外海水质稳定达到Ⅳ类水标准。其中，2018年滇池草海水质（含雨季）消除劣Ⅴ类，滇池草海旱季逐月水质优于Ⅳ类水标准，雨季（5-10月）逐月水质优于Ⅴ类水标准，全年水质达到Ⅳ类；滇池外海全年水质达到Ⅴ类。2019年滇池草海水质稳定达到Ⅳ类；滇池外海水质稳定达到Ⅴ类。2020年滇池草海和外海水质均稳定达到Ⅳ类。

2016年，滇池草海、外海水质全年由劣Ⅴ类提升为Ⅴ类，成为近20年来水质最好的一年。2017年，滇池全湖水质继续保持在Ⅴ类，同时，昆明市在全省率先出台《关于全面深化河长制工作的意见》，全面构建起“四级河长五级治理体系”。2018年，昆明启动实施滇池保护治理“三年攻坚”行动，采取控制城市面源和雨季河流污染、治理主要入湖河道及支流沟渠、完善流域截污治污系统、优化流域健康水循环、提升湿地生态环境效能等一系列措施，努力实现滇池水质目标与总量削减目标。

《方案》明确4项重点任务：入湖污染负荷削减、河道双目标控制管理、科技支撑、实施评估；明确治理路径：以“科学治滇、系统治滇、集约治滇、依法治滇”为指导，通过调查研究、量化分析，综合

治理后的滇池水质向好　（江　云　摄）

运用工程技术、生物技术、信息技术、自动化控制等各种技术手段，实施污染源头控制、河道综合整治、河口末端治理以及河道、管网、污水处理厂、环湖截污系统、雨污调蓄系统联动运行，实现精准治污和科学治滇。

62个滇池保护治理项目实施

2018年，昆明实施62个市级滇池保护治理项目，各区县同步实施100余个区级滇池保护治理项目。通过水质目标与污染负荷削减目标双控制，实现滇池草海全年水质达到Ⅳ类，滇池外海全年水质达到Ⅴ类。

城镇污水处理厂及其配套设施方面，2018年8月31日前，昆明主城南片排水管网完善工程（二环路外度假区）市级自建完成2.45千米管网，度假区梳理整合并承建完成雨污水管网建设60.98千米等一批工程建设项目完成。

内源污染治理方面，通过实施滇池外海主要入湖河口及重点区域底泥疏浚工程，完成底泥疏浚70万立方米。实施草海及入湖河口清淤工程，完成清淤50万立方米。

生态恢复与湿地建设方面，实施滇池外海环湖湿地建设“四退三还”工程，建设完成海洪湿地；实施滇池流域面山植被修复建设工程，实施未成林造林补植和幼林抚育10000亩；王家堆湿地建设工程完成一期工程前期工作并启动实施；滇池斗南湿地建设工程完成前期工作；草海北片区湖滨生态湿地修复建设工程完成草海4号地块湿地建设工作总工作量40%。

农业农村面源污染治理方面，实施滇池流域及牛栏江补水区（昆明段）集镇、村庄污水治理设施物联网管理工程。在流域20个集镇、885个村庄的污水治理设施中，选择基本具备实施条件的点，开展物联网建设试验示范；实施滇池流域及牛栏江补水区（昆明

捞鱼河湿地 （江 云 摄）

斗南湿地建设工程 （江 云 摄）

五家堆湿地 （王 新 摄）

段）农村生活污水收集处理设施运行维护项目，推进20个集镇、885个村庄的污水治理设施修缮、提升改造。

3家单位环保设施向公众开放

在环境保护部、住房城乡建设部联合公布的全国第一批142家向公众开放的环保和城市污水垃圾处理设施名单中，云南省的云南省环境监测中心站、昆明滇池水务股份有限公司第七水质净化厂、三峰环境昆明空港垃圾发电厂环保教育基地3家单位入选向公众开放。

云南省环境监测中心站拥有气相色谱 / 质谱联用仪、气相色谱仪、高效液相色谱仪、电感耦合等离子体发射光谱仪、离子色谱仪、原子吸收光谱仪等现代化大型分析仪器，具有完善的质量保证体系和较强的监测技术能力；昆明滇池水务股份有限公司第七水质净化厂总日设计处理水量30万立方米；三峰环境昆明空港垃圾发电厂环保教育基地于2017年6月建成投用，由接待展厅、多功能会议室和现场参观通廊组成。

省环境监察执法取得成效

2018 年 3 月 21 日，云南省环境保护厅召开新闻发布会，公布 2017 年全省环境监察系统严肃惩处各类环境违法违规行为，妥善处理处置环保投诉、突发环境事件，如期完成各项目标任务。

全省环境监察系统实现环境监察稽查全覆盖、环境监察人员培训全覆盖、移动执法系统全覆盖。实施工业污染源全面达标排放计划，组织开展长江经济带地级以上城市饮用水水源地，环保执法及化工生产企业和化工园区的摸底排查、纳污坑塘环境排查整治、地下水环保执法、砖瓦行业环保执法、抚仙湖专项督察排查等专项执法监察，督促当地政府及相关部门对发现问题进行整治。

2017 年，全省共检查污染源双随机监管重点排污单位 5504 家次，一般排污单位 8670 家次，特殊监管对象 1134 家次，其他执法事项监管 2425 家次，信息公开 3768 篇。共对 2073 家存在环境违法行为的企业实施环境行政处罚，共处罚款 1.43 亿元，适用新《环境保护法》及配套办法典型案件 380 件，其中责令 130 家企业限产停产，对 163 家企业生产设施进行查封扣押，11 起案件涉嫌环境污染犯罪移送公安机关，62 起案件适用行政拘留移送公安机关，14 起案件按日连续处罚。行政处罚案件数、处罚金额和典型案件数较 2016 年同比增长 62.1%、98.8%、177.4%。全年妥善处置 3 起一般环境突发事件，未发生较大、重大、特大环境突发事件。全省“12369”环保举报管理平台共接到群众举报 4333 件，已全部办结，办结率为 100%。全省共征收排污费 3.83 亿元，为历年之最。

洱海环湖截污

大理州从 2018 年 3 月 2 日启动洱海流域截污治污工程“百日攻坚大会战”。

“百日攻坚大会战”把洱海流域划分为 15 个片区，实行“厂网一体”整体推进。全面排查污水收集、处理和尾水排放 3 个体系；排查农户化粪池“四水全收”、农户化粪池与污水收集支管、污水收集支管与主干管、主干管与污水处理厂、污水处理厂与尾水库塘 5 个互联互通关键节点。采用倒排工期、挂图作战等措施，苦战实干 100 天，按质按量完成各重点工程建设任务，确保 2018 年上半年实现洱海流域截污治污工程全覆盖。

洱海水质　　（江　云　摄）

洱海环湖截污工程一期完成投资 26.75 亿元，铺设污水收集管网 167 千米、干渠 2.21 千米，双廊、挖色、上关、喜洲污水处理厂完工并完成清水调试，湾桥、古城污水处理厂正在进行设备安装。洱海环湖截污工程二期完成投资 8.3 亿元，完成 166 个村内管网铺设，建成 22 座生态库塘。

五级河（湖）长制

截至 2018 年 3 月，云南省明确 67928 名河（湖）长，7127 条河流、41 个湖泊、7103 座水库、7992 座塘坝、4549 条渠道纳入河长制保护治理范围。2017 年以来，各级河（湖）长共巡河巡湖 403755 人次。

曲靖沾益区河长公示牌　　（江　云　摄）

洱海保护治理　　（江　云　摄）

2018 年从 3 月 23 日起，滇池流域河长制公示电子屏正式投入使用。每天上午 9 时到晚上 9 时，电子屏滚动播出滇池治理公益宣传片、河长名单、水质达标情况、监督举报电话等内容，使昆明成为全国率先公开河长履职及河道水质情况，接受公众监督的城市。

云南省全面贯彻中央要求，出台全面推行河长制行动计划（2017 年～2020 年），增强河长制六大任务责任落实的考核和追责。省委书记、省长、省委副书记除分别担任总河长、副总河长、总督察之外，还担任治理保护任务艰巨的抚仙湖、洱海和异龙湖 3 个湖泊的河长，并增设村级河长，使全省河湖库渠全面覆盖到位。全面建立省、州（市）、县（市、区）3 级督察体系，省人大常委会、省政协领导带头履行督察职责。

全省各地因地制宜，积极推进河（湖）长制各项工作，按期完成省委、省政府确定的目标任务。昆明市在滇池流域河道率先实行生态补偿机制，大理白族自治州启动全民保护洱海等“七大行动”，玉溪市统筹抚仙湖保护治理方案实施“四退三还”，昭通市采取无人机参与河湖监控，德宏傣族景颇族自治州具有民族特色的河长公示牌成为河湖库渠边的一道亮丽风景，丽江、保山、普洱等州市引入“企业河长”“民间河长”“学生河长”等方式参与落实河长制。

抚仙湖径流区耕地休耕轮作

玉溪市于 2018 年 2 月 23 日启动抚仙湖径流区耕地休耕轮作，全力推进耕地流转休耕轮作，完成 5.35 万亩土地流转。抚仙湖径流区 5.35 万亩土地流转后，严格按照农业产业规划布局和种植标准发展生态苗木、荷藕、蓝莓、水稻、烤烟等节水节药节肥型农业，进行生态化、标准化、规模化、产业化、品牌化经营，结合乡村振兴战略，以生态 + 种植标准 + 龙头企业 + 合作社 + 农户的模式，推进田园综合体建设，在保护抚仙湖的同时，促进农业供给侧结构性改革和农村一、二、三产业融合发展，实现农业产业绿色转型升级，把抚仙湖流域打造成绿色农业经济示范区。

抚仙湖径流区共有 26 万亩耕地，靠近抚仙湖坝区 5.35 万亩水田常年种植大水大肥蔬菜，复种指数达 400%。据专家测算，抚仙湖污染 70% 为农业面源污染，通过对坝区 5.35 万亩蔬菜种植耕地实施土地流转和种植结构调整优化，预计每年可以就地削减纯氮约 4500

抚仙湖湖滨生态修复 （许太琴 摄）

吨、减少 78%，削减纯磷约 700 吨、减少 63%，极大地减少抚仙湖径流区农业面源污染。

澜沧实施河长制

澜沧拉祜族自治县加大对南朗河综合治理工作，全面落实河长制，由县长担任南朗河河长，按照“一河一策”制订方案并组织实施，开展南朗河水资源保护、水环境治理、水污染综合防治，以及河道巡查保洁、水生态修复和水域岸线管理工作。

治理工程首先对南朗河流经县城的 4.8 千米河道进行清淤工作，在河两岸设置两个底泥堆场，堆放疏挖清除的底泥 2.3 万立方米。堆场上种植柳树、金红叶石楠、樟木等树木，构成良好的景观效应。其次，对 7000 米河岸进行生态修复，增加建成区绿化面积，在南朗河一侧修建近两千米长的栈道。

另外，有关部门在沿河村庄建设污水处理系统，建成处理规模为 1 万吨 / 日，配套建成城市污水管网 24.62 千米。经过治理，南朗河的水质已从Ⅳ类转变为Ⅲ类。

怒江州开征首笔环境保护税

2018 年 4 月 7 日，泸水市地方税务局为怒江昆钢水泥有限公司开出第一张环境保护税税票 56684.88 元，标志着怒江傈僳族自治州环境保护税顺利开征。

2018 年 1 月 1 日起，中国首个以环境保护为目标的绿色税种——环境保护税正式施行，取代施行近 40 年的排污收费制度。为确保平稳顺利开征环保税，怒江州地方税务局与怒江州财政局、环保局联合制定下发《怒江州环境保护税改革工作方案》，成立贯彻环境保护税法工作领导小组，梳理征前工作，厘清部门职责。

怒江州地税局把环境保护税法及相关问题解答在云南地税网站群怒江站上公布，并充分利用税企互动平台、办税服务厅、怒江地税微信公众号开展宣传。联合环保部门辅导纳税企业掌握环境保护税相关技术规范和计税方法，填写环境保护税基础信息采集表、纳税申报表，帮助企业准确进行纳税申报。

水质自动监测站覆盖入滇河道

截至 2018 年 6 月底，昆明市建成 63 个水质自动监测站，覆盖各条入滇河道，实时监测氨氮、总磷、化学需氧量水质和阴离子表面活性剂指标，及时掌握各条河道最新水质情况、净水厂污染物削减量、区域和流域水质评价等情况。

县级城市饮用水环保行动

为贯彻落实党的十九大精神，坚决打好污染防治攻坚战，加快解决饮用水水源地突出环境问题，按照生态环境部、水利部《关于印发全国集中式饮用水水源地环境保护专项行动方案的通知》的安排部署，云南省全面启动饮用水水源地环境保护专项行动，认真排查整治县级城市集中式饮用水水源地环境问题。

云南省委、省政府高度重视饮用水安全，在2016年、2017年云南省开展长江经济带地级以上城市饮用水水源地环境保护执法专项行动，对排查发现问题整改并销号的基础上，2018年继续对全省县级城市集中式饮用水水源地组织开展环境保护专项行动，全面排查划定饮用水水源地保护区、设立保护区边界标志、保护区内环境违法问题等情况，并对存在的问题进行整治。截至2018年4月中旬，全省共排查出78个县（市、区）126个饮用水水源地存在341个不同程度的环境问题，其中：涉及排污口问题1个、工业企业问题4个、旅游餐饮问题16个、交通穿越问题59个、农业面源污染问题95个、生活面源污染问题72个、其他问题94个。云南省集中式饮用水水源地环境问题清单可登录云南省人民政府门户网站查阅。

昆明建成17座调蓄池

截至2018年4月中旬，昆明建成17座调蓄池，累计蓄水3235次，蓄水总量达2884.7万立方米，有效地拦截、收储、转输合流制区域的雨污合流水。

调蓄池建设是滇池流域污水全面收集处理的重要措施，是昆明市在滇池保护治理中借鉴国外经验的创新之举。调蓄池可把雨水径流的高峰流量暂存其内，待最大流量下降后再从调蓄池中将雨水慢慢地排出，既能规避雨水洪峰，实现雨水循环利用，又能避免初期雨水对承受水体的污染，还能对排水区域间的排水调度起到积极作用。2014年5月，昆明市第一座调蓄池（海明河调蓄池）建成投运。

跨界河流水污染联防联控

2018年4月，云南省和广西壮族自治区的省（区）、州（市）、县（区）三级执法人员齐聚文山壮族苗族自治州，开展2018年滇桂跨界水污染环境联合执法活动。双方就进一步推进跨界河流水污染联防联控的思路和方法进行深入探讨。执法组逐一查看生化污水处理站、水膜除尘器、固废堆场、在线监测系统等主要污染治理设施。滇桂双方按照2014年双方签订的《滇桂两省（区）跨界河流水污染环境联合执法协议》，开展重点污染源联合执法交叉检查等，逐步建立健全了预防和处置跨界环境污染纠纷省（区）际联动工作机制、信息共享制度、后督察和定期工作交流等机制。

滇池水务污水处理技术行业领先

2018年4月7日，云南省污水处理规模最大的企业——昆明滇池水务股份有限公司（下称“滇池水务”）在香港召开2017年度业绩发布会，该公司实现总收入12.24亿元，同比增长约33.8%，公司污水处理设计规模增加到每天228万立方米。

2017年4月，昆明滇池水务在香港联交所主板上市，成为云南省第4家在香港主板上市的企业。这是昆明滇池治理对投融资体制进行创新的又一重要举措。上市以来，公司通过持续完善治理结构，加快管理创新和科技创新，加速人才培养引进，进一步夯实污水处理主营业务，积极拓展市场投资业务，达成年初“做强主业、稳存量、保增量”的既定目标。

公司污水处理规模占全省设计污水处理能力的34.0%，实际处理量的44.2%，占昆明市设计污水处理能力的93.7%，污水实际处理量的95.0%。

滇池水务稳步推进科技创新成果落地，进一步提升生产经营管理的精细化、标准化、信息化水平，污水处理技术和运营管理继续保持行业先进。2017年，公司平均吨水耗电量低于全国平均水平约23.33%；氨氮、COD（化学需氧量）、TP（总磷）和TN（总氮）等主要出水指标分别比国家一级A标准排放限值低90.64%、76.02%、54.42%和34.27%。再生水销售增长强劲，全年实现再生水经营收入2005万元，同比增长53.64%。年内获得两项发明专利、两项实用新型专利、两项软件著作权。

滇池水务通过提升国内外市场资源整合能力，丰富项目储备，与昆明市五华区、度假区、西山区、石林彝族自治县、寻甸回族彝族自治县等，以及老挝金三角经济特区签订投资合作框架协定，未来五年计划投资150亿元，开展水资源、水环境、水文化等项目合作。

文山盘龙河治理

文山市委、市政府投入5212万余元对盘龙河文山城区段进行河道清淤治理，着力改善文山城区河流环境，盘龙河文山城区段清淤工程长16.7千米。文山壮族苗族自治州由州长任河长，制定盘龙河管理措施。制定并印发盘龙河文山市城区段河道内乱垦乱植行为专项整治实施方案，严禁电鱼、毒鱼、炸鱼等违法行为的通告和盘龙河文山城区段保洁方案等，按照政府组织、部门社区联动、市民参与、层层落实、全面推进的要求狠抓各项措施落实。先后搬迁城区的造纸厂和水泥厂，州烟叶复烤厂已列入搬迁计划，关闭盘龙河沿岸的州化工厂。

文山州切实加大巡查和管护力度，强化执法监察工作，教育和查处55起在河道河滩上乱垦殖、乱捕鱼的行为，已全面制止文山市花桥以上干支流采砂现象。组织人力每天清扫沿河两岸绿化带上的垃圾和对两岸绿化带进行养护，专门聘请5人每天对州政府新区至巴厘岛河段的常态化河道杂物、漂浮物进行清理打捞。同时加强对盘龙河文山段水质环境的监测监控，分别在盘龙河入城上游依仁河段面和盘龙河出口东方红电站段面设置2个监测点，每月监测一次。

昆明生活垃圾分类管理办法听证

2018年4月27日，昆明市城市管理综合行政执法局就《昆明市城市生活垃圾分类管理办法（征求意见稿）》（以下简称《办法》）举行听证，市民代表和来自相关行业企业、市人大、市政协等领域的共26名听证代表参加听证会。

《办法》拟规定，将昆明市生活垃圾分为可回收物、易腐垃圾、有害垃圾、其他垃圾四类，并且为每类垃圾投放标准进行规定。在分类投放实现后，生活垃圾也将实行分类收集、分类运输、分类处理。无论是单位还是个人应当按照规定的时间、地点，用符合要求的垃圾袋或者容器分类投放生活垃圾，不得随意抛弃、倾倒、堆放生活垃圾。对于一些体积大、整体性强或者需要拆分再处理的家具、家电等大件垃圾，应当预约或者委托物业服务企业预约再生资源回收经营者，或者环境卫生作业服务单位上门收集搬运。再生资源回收经营者或者环境卫生作业服务单位应当按照规定公布预约电话和收费标准。

《办法》明确，昆明市主管部门将会同相关部门制定本市生活垃圾分类收集容器设置规范，并向社会公布。设置规范应当包括收集容器的类别、规格、标志色、标识以及设置要求等内容。其中，在住宅区、集中供餐单位、易腐垃圾产生量较多的公共场所应当设置可回收物、易腐垃圾、有害垃圾、其他垃圾四类收集容器。

生活垃圾分类投放拟实行管理责任人制度。无论是生活小区还是单位，实行物业管理的区域，物业服务企业为管理责任人。管理责任人对生活垃圾分类投放工作进行宣传、指导，对不符合分类投放要求的行为予以劝告、制止。

听证会之后，《办法》征求意见稿将根据听证代表们的观点建议，综合各方意见，对《办法》做进一步修改后，根据相关流程再对外正式公布。

福贡水污染防治执法检查

2018年5月，福贡县人大常委会组织部分县人大常委会组成人员和人大代表对全县贯彻落实《中华人民共和国水污染防治法》情况进行执法检查。

执法检查组认真听取县人民政府和有关职能部门工作汇报，实地查看架科底乡污水处理系统、大理石厂、县城污水处理厂、石月亮乡饮用水源地等，详细了解《中华人民共和国水污染防治法》在该县的贯彻实施情况。

针对执法检查中发现的学习宣传不够深入、基础设施建设滞后、饮用水源地存在安全隐患、水污染防治保障机制不健全、水污染防治整体形势不容乐观等问题，执法检查组提出建议：一是进一步加强学习宣传，提高思想认识，强化责任落实；二是进一步加大“一水两污”基础设施投入，加快基础设施建设进度；三是进一步加大饮用水源地保护力度，确保广大群众饮水安全；四要进一步采取有力措施，严格制度落实，强化污染源源头控制；五是进一步加强队伍建设，完善部门联动执法机制，加大违法行为处罚力度。

云南省完成21个环境问题整治

为贯彻落实党的十九大精神，坚决打好污染防治攻坚战，加快解决饮用水水源地突出环境问题，按照生态环境部、水利部《关于印发全国集中式饮用水水源地环境保护专项行动方案的通知》的安排部署，云南省印发《云南省集中式饮用水水源地环境保护专项行动实施方案》，对全省县级城市集中式饮用水水源地环境保护专项行动进行全面部署，明确专项行动目标任务和工作步骤，提出具体的进度安排和工作要求。全省共排查出78个县（市、区）126个饮用水水源地存在341个不同程度的环境问题。各地按照“一个水源地、一套方案、一抓到底”的原则，认真推进环境问题的整治工作。截至2018年4月30日，已整治完成21个环境问题，涉及8州（市）11个县（市、区）的13个水源地，占341个环境问题的6.16%。

长江经济带化工污染专项执法检查

2018年2月，云南省环境保护厅印发《关于印发开展长江经济带（云南区域）化工污染专项整治工作方案的通知》，对重点工作任务进行分工。

4月，省环境监察总队制定实施方案，要求全省各地环境保护部门对16个州市区域内的所有化工园区、化工企业和在建、拟建项目等进行专项执法检查，对配套设施不完善、运行不正常的化工企业开展整治工作，并于2018年年底前完成整改任务。整治过程中发现利用暗管、渗井、渗坑等方式排放污水或污水处理设施尚未建设的，依法依规予以严惩。

智能环保渣土车交付使用

2018年6月，60台新型智能环保渣土车交付使用，标志着以“三一”品牌为代表的新一代新型智能环保渣土车正式在昆明启用。三一重工推出的新型智能环保渣土车，包含航天舱门充气密封、尾门无滴漏、车载新型智能管控系统，可实现对渣土车进行车辆定位、货厢监测等多项高科技，均为行业首创。

2017年11月，《昆明市智能环保渣土车推广使用工作实施方案》正式公布。该方案要求从2018年起，昆明市主城区将逐步有序推广使用智能环保渣土车，要求到2020年底，昆明市主城区范围内建筑垃圾运输车辆全部使用智能渣土车，原有渣土车退出昆明市主城区建筑垃圾运输市场。

禁止环境保护“一刀切”

2018年6月18日，云南省委办公厅、省政府办公厅联合印发《关于禁止环境保护“一刀切”的通知》（以下简称《通知》），坚决防止中央环境保护督察“回头看”期间出现“一律停工停业停产”的做法，确保人民群众生产生活正常稳定及“回头看”工作有序推进。

《通知》指出，各地区、各有关部门建立立行立改、边督边改工作机制，切实推动突出生态环境问题整改落实。在问题整改过程中，制定方案，坚持依法依规，注重统筹推进，严禁采取“一律关停”“先停再说”等敷衍应对做法，坚决禁止紧急停工停业停产等简单粗暴行为。对人民群众环境信访反映的问题“一事一办”。

《通知》指出，环境保护“一刀切”是典型的环境保护乱作为，也是生态环境领域形式主义、官僚主义的表现形式，必须坚决反对，严格禁止。《通知》要求，各地区、各部门要加强组织领导和统筹协调，并将有关要求向社会公开；在问题整改阶段，禁止层层加码；要加强政策配套，强化工作统筹，做到因事施策与综合施策相结合，确保督察整改取得预期效果，确保群众生产生活稳定；要及时回应社会关切，省和州市的主要媒体要加强对督察整改、边督边改情况的宣传报道；要加强对环境保护“一刀切”问题的查处力度，发现一起查处一起，坚决严肃问责。

“六五环境日”宣传活动

2018年6月5日，由云南省环保厅、省文明办、玉溪市政府联合举办的“美丽中国我是行动者——保护抚仙湖我们在行动”云南省2018年“六五环境日”主场宣传活动，在澄江县抚仙湖畔举行。

在抚仙湖北岸澄江县已拆除的原水苑宾馆生态修复区上，新时代“仙湖卫士”代表王燕发言。玉溪市环保形象大使蒋俊华带领小学生共同宣读“保护抚仙湖倡议书”，志愿者们一起把近百棵树苗栽在抚仙湖岸边。来自全省各级相关部门的干部职工，以及环保志愿者、绿色社区和社会团体代表、绿色学校学生代表，约300人参加活动。

生态环境损害责任追究

2018年6月，云南省纪委通报曝光5起生态环境损害责任追究典型问题。分别是：丽江市永胜县政府和有关部门对程海镇辖区内企业违法排污问题监管不到位、查处不力；红河州蒙自市住建局弄虚作假，人为干扰环境空气质量检测活动正常进行；大理州大理市环境保护局副局长杨少川对大理市双廊镇北入口污水处理设施出现污水排入湿地流入洱海现象，双廊镇污水排入洱海的问题监督检查不到位；楚雄州禄丰县第一人民医院副院长胡宗瑜对该院在未取得排污许可证的前提下，擅自将医疗废物收集后，安排专人于夜间进行焚烧；迪庆州维西县巴迪乡林业工作站站长曹国新对维西县康普乡一单位超过采伐许可数量采伐林木，造成国家财产损失的问题监管不力。

环境违法建设项目曝光

2018年6月5日，云南省环境保护厅召开新闻发布会，对全省发现的涉及房地产、工业企业、旅游开发、畜牧养殖等方面的79个建设项目环境影响评价“未批先建”环境问题进行公开曝光，接受社会监督。

“未批先建”违法建设项目，违反《中华人民共和国环境保护法》第十九条、《中华人民共和国环境影响评价法》第二十五条的规定，依据《中华人民共和国环境保护法》第六十一条、《中华人民共和国环境影响评价法》第三十一条的规定，各级环保部门对全省 79 个建设项目中的 57 个环境违法行为予以行政处罚，共处罚金 940.939 万元，其余环境违法项目已立案。省环保厅对发现“未批先建”的环境违法问题实行“零容忍”，坚决予以查处，对负有监管责任、存在失职的相关部门和人员按照相关规定严格执纪问责。

全省环境质量总体优良

2018 年 8 月，云南省环保厅发布的《2017 年云南省环境状况公报》显示，全省环境质量总体保持优良，生态保护指数居全国第二，空气质量优良天数比例居全国第一。

从水环境质量状况看，主要河流国控省控监测断面水质优良率达到 82.6%；主要出境、跨界河流断面水质达标率为 100%；湖泊、水库水质优良率为 86%。在大气环境质量方面，全省环境空气质量总体保持良好，16 个城市优良天数比例在 95.3% 至 100% 之间，全省平均优良天数比例为 98.2%。从城市声环境质量状况看，全省城市声环境质量总体为好，其中，全省城市道路交通声环境质量总体为好。从自然生态环境质量状况来看，全省森林质量得到明显提升，森林面积 2273.56 万公顷，森林覆盖率 59.3%，森林蓄积 18.95 亿立方米，活立木蓄积 19.13 亿立方米。辐射环境质量状况方面，全省辐射环境质量保持稳定，重点辐射污染源周围辐射环境水平正常。

洱海水质

大理州全力推进洱海流域“两违”整治、村镇“两污”治理、面源污染减量、节水治水生态修复、截污治污工程提速、流域综合执法监管和全民保护洱海“七大行动”，全面统筹与重点推进相结合，流域治理与湖体水质管控相结合，盯住点、连成线、护出面。2018 年 1 至 5 月，洱海水质达Ⅱ类，全湖水生植被面积达 32 平方千米，占湖面的 12.7%。

星云湖保护

2018 年，为贯彻落实星云湖流域“十三五”保护治理工作要求，削减星云湖沿线农业面源污染，江川区采取政府主导的方式流转土地，制定《江川区关于进一步加快沿湖农业产业结构调整的实施意见》《江川区 2018 年荷藕种植工作方案》，并通过招商引资引导企业和大户种植荷藕，加快推动沿湖农业产业结构调整，加大星云湖保护力度，2018 年种植荷藕 3000 亩。

同时，江川区在全区河湖库渠全面推行区、乡、村、组四级河长制，编制下发《玉溪市江川区全面推行河长制考核问责和激励机制》等十项制度，责任明确、协调有序、监管严格、保护有力的河湖库渠管理保护机制基本建成，全区河湖库渠河湖长制实现管理全覆盖。全面推进河湖长制信息化管理和湖泊保护治理工程项目，全区河湖长制信息化系统钉钉软件平台安装率达 83%，完成注册河长 323 人，各级河长已通过软件平台开展巡河 168 次。

星云湖水质持续好转，2018 年星云湖水质综合评价为 V 类。

滇池水质保持Ⅳ类

2018 年 1 ~ 8 月，滇池水质总体保持Ⅳ类，滇池蓝藻水华发生的频次、持续时间、分布范围和发生程度均显著降低。

2018 年 2 月，昆明市出台《滇池保护治理三年攻坚行动实施方案（2018 ~ 2020 年）》，通过实施滇池保护治理三年攻坚行动，大力削减流域污染负荷，实现滇池保护治理取得新突破。同时，昆明市已完成 35 条入湖河道三年攻坚“一河一策”实施方案的编制，各市级河长分别与区级河长签订目标责任书。各区均已成立区级滇池保护治理三年攻坚指挥部及办公室，对辖区内滇池保护治理三年攻坚项目进行统筹管理。

迪庆州河长制

截至 2018 年底，迪庆州设置由党委和政府主要领导担任州、县（市、区）、乡（镇）三级总河长、副总河长 71 个，设置四级河长 992 个，州、县（市、区）、乡镇三级河（湖）长累计巡河 900 多人次，四级河长清河行动累计投入 1.88 多万人次、整治车辆和机械 300 多车次，资金 64.5 万元，整治面积约 200 多万平方米，清理河道 800 多千米，清理垃圾 350 多吨，河道垃圾清理及保洁成效明显。

乌蒙山片区国土整治工程获批

2018 年内 9 月底，云南省乌蒙山贫困地区国土综合整治重大工程近日已获自然资源部批复。工程计划实施规模达 46.4 万亩，实施后将惠及 876.9 万人。

乌蒙山贫困地区国土综合整治重大工程预算投入资金 9.09 亿元，实施规模 46.4 万亩，预计建成高标准农田 21.8 万亩、新增耕地面积 2.4 万亩、修复林草地面积 7.55 万亩、复垦土地面积 1.03 万亩、治理水土流失面积 21.99 万亩、整治村庄面积 0.38 万亩，实施周期为 1 年。

乌蒙山贫困地区国土综合整治重大工程涉及昭通、曲靖、昆明、楚雄4个州（市）的昭阳、鲁甸等15个县（市、区）。实施后将进一步补齐农田基础设施短板，增强防灾抗灾能力，引导培育特色产业发展，推动生态文明建设，为贫困地区农业农村发展注入活力，促进区域和谐稳定发展，助推脱贫攻坚。

饮用水水源地环境整治

2018年，云南省各州（市）人民政府积极履行饮用水水源地环境问题整治主体责任，在政府安排部署、有关部门合力推动下，通过召开约谈会、工作推进会、现场检查等方式，加快饮用水水源地环境问题整治工作。

按照“一个水源地、一套方案、一抓到底”的原则，各州（市）政府正抓紧推进水源地环境问题整治工作，截至2018年8月31日，全省集中式饮用水水源地341个问题整治完成189个，占比55.4%。

昆明建成分散式再生水设施

截至2018年6月底，昆明建成分散式再生水利用设施514座，总设计日处理规模约15万立方米。广泛分布在住宅小区、城市公交停车场、大专院校等地，再生水用于项目内绿化浇灌、道路清洁、观赏性景观用水、公共卫生间冲洗等。形成市水务局、节水办、水政支队，区（县）水务局、节水办、水政大队及开发（度假）区水行政主管部门，乡镇（街道）、村（社区）、再生水利用设施运行管理单位分级分类负责、上下联动、齐抓共管的格局，全面准确掌握滇池流域内所有再生水利用设施运行情况，保障设施安全稳定运行。

实施控制污染物排放许可制

2018年8月23日，云南省环保厅召开新闻发布会，公布截至8月15日，对15个行业430家企业核发排污许可证。涉及火电、造纸、水泥、焦化、有色金属、平板玻璃、氮肥、印染、原料药制造、制革、电镀、农药、制糖、石化、钢铁共15个行业。在应提交执行报告的393家企业中，382家已提交，提交率达97.2%。

加强农村“两污”治理

2018年8月28日，云南省政协召开民主监督协商会，围绕“推进农村生活垃圾和污水处理存在的问题与建议”深入协商建言。省政协主席李江出席并讲话；副省长王显刚到会通报有关情况，并听取委员意见建议；省政协常务副主席杨嘉武，副主席何波，秘书长刘建华出席。

云南省治理农村“两污”工作力度不断加大，农村人居环境得到明显改善。同时，云南省农村“两污”治理还存在规划缺失、治理水平低和“重建轻管”等问题。何云葵、刘卫红、解丽平、张星梓、刘丽萍、陈异晖、杨艳、祖艳群、卿小燕、邓聪等委员和专家学者，在发言中建议开展全省农村“两污”处理设施建设运营情况调查和评估，将“两污”设施正常运行管理纳入省级监督考核体系；加紧制定云南省农村“两污”处理相关技术指南、排放标准及设施验收等规范性文件；加紧研究并合理简化农村人居环境改善工程项目审批程序，提高项目审批管理效率，确保工程质量；放开村镇“两污”处理设施建设和运营市场，吸引社会各类资本投资建设和运营维护村镇“两污”处理设施等。

国际先进环保印刷技术

2018年8月29日，“自来水胶印系统”创新技术新闻发布会召开，由云南报业传媒（集团）有限责任公司印务中心携手云南卓印科技有限公司共同推出的世界首创环保创新印刷技术——报纸轮转机自来水胶印系统已投入使用并大批量印刷报纸、杂志。专家评审组认为，该成果总体达到国内领先、国际先进水平。

传统的胶印工艺需用大量酒精或异丙醇等易燃物，生产过程中的“飞墨”损害人体健康，废液污染环境。云南卓印科技有限公司通过20年的实践、10年的技术探索和研发，于2015年成功研发出全球首创零醇类报纸轮转机自来水胶印系统，俗称“自来水胶印系统”创新技术。其具有改装便捷、质优降耗、环保清洁、节约成本4个优点。

云南报业传媒（集团）有限责任公司印务中心应用该设备共印刷《云岭先锋》《湄公河》等10多种杂志150万对开张；印刷《春城晚报》《云南政协报》等8种报纸，印量超过2000万对开张。运用该技术印刷出来的刊物、报纸等印刷品的整体质量较好。

（甜　江）

节能减排

沼气清洁能源

丽江市玉龙县洪门村委会向林业局、农业局等部门申请能源建设项目，通过“政府补助＋村民自筹”的方式筹集项目资金，动员村民投工投劳，实施太阳能、热水器、沼气池等建设，让村民用上清洁能源，有效减少薪柴消耗。同时，根据沿江一线日照充足、气候适宜的优势条件，发动村民在荒坡荒地上种植油橄榄。

能源建设项目的全覆盖，使村民烧柴取火的问题得到解决，不仅让每户村民每年节约3000多元的薪柴成本，还杜绝乱砍滥伐的现象保护沿江生态植被。除了抓好能源建设外，村委会还与村民签订护林防火责任书，安排护林员，并通过发放防火宣传单，提升村民们保护生态环境、共建美丽家园的责任意识。

新能源汽车项目建设

2018年以来，云南省大力推进新能源汽车项目建设，建立新能源汽车项目库和项目管理信息化平台，制定重点工作和重点项目推进办法。

全省共有3个在建新能源汽车重大项目及1个汽车测试基地项目，总投资127.4亿元，3个项目新能源汽车产能共30万辆/年，预计2020年可形成产能21.5万辆/年。其中：北汽昆明新能源汽车项目总投资50.4亿元，规划产能15万辆/年，2016年12月开工建设，已完成投资19.2亿元，2019年产能达10万辆/年；东风云汽搬迁技改项目总投资30亿元，规划产能15万辆/年（含新能源汽车5万辆/年），2016年12月开工建设，已完成投资4.4亿元，预计2019年新能源汽车产能可达1.5万辆/年；江铃集团新能源汽车昆明基地项目总投资24.5亿元，规划产能10万辆/年，2018年4月11日正式开工建设，预计2020年产能可达10万辆/年；中汽中心云南高原汽车测试基地项目总投资22.5亿元，2019年内正式运营。

云南省工信委积极跟进省委、省政府确定的重大招商引资项目，对全省装备制造业重大招商引资项目进行认真梳理，狠抓新能源汽车产业招商引资工作。并会同相关州市和园区，主动对接奇点电动智能汽车、香港周大福收购昆明五龙搬迁建设新能源汽车项目、华晨宝马新能源汽车、润丰能源氢燃料电池、协鑫动力电池、宁德时代动力电池、卡耐新能源动力电池等有合作意向的企业，争取签约。

沼气池建设成效

西畴县莲花塘乡德者村以沼气池建设为突破口，加快生态文明创建，改善农村人居环境。因为建设沼气，全村森林覆盖率达到80%以上，建沼气池前户均养猪2～3头，2009年以来户均存栏都在12头以上，年收入不低于3万元。自推广“猪－沼－果”的循环经济模式后，全村果园面积发展到460多亩，水果亩产达4000多千克，亩收入达9000多元，成为生态村、文明村、和谐平安村。

一口沼气池年产气800～1500立方米，相当于12～15桶液化气。一口沼气池年节约群众砍柴工150个，西畴全县累计年节约劳动力515.82万个，节约的劳力投入其他经济活动，可获得经济效益5158.2万元。一口沼气池可减少薪柴采伐3立方米，全县43603口沼气池相当于每年增加130809立方米的森林蓄积量，也相当于每年保护1万余亩的森林资源。

大理试运行生物天然气工程

2018年1月19日，大理经济技术开发区全国特大型生物天然气工程国家试点项目开始进行单机调试，设备装置运行良好，全面进入单机试车阶段，于2018年3月正式投入生产。

项目由云南顺丰洱海环保科技股份有限公司承担实施，国家发展和改革委员会、农业部重点支持。项目总投资3.3亿元，包含生物天然气生产线、液态有机生物菌肥生产线、固态有机肥生产线、微生物菌剂生产线、生物天然气出租车、天然气加气站及其附属设施。

该项目在国内是一种创新的引领模式，不但能对废物进行综合性利用，还将打通废弃物资源利用的全产业链。投入生产后，每年可处理洱海流域畜禽粪便、农作物秸秆、洱海水葫芦等废弃物35万吨，年产车用燃气1050万立方米，日供1500辆生物天然气出租车使用。投产可实现近5亿元销售收入、近3000万元的利税，解决近150人的就业问题。

5家单位入选第二批国家绿色制造名单

2018年2月，工业和信息化部公布第二批绿色制造名单，云南省华润水泥（鹤庆）有限公司、华新水泥（丽江）有限公司、云南永昌硅业股份有限公司、鑫联环保科技股份有限公司个旧分公司4家企业和呈贡工业园区被列入示范名单。

绿色制造工程是《中国制造2025》五大工程之一。2016年，工信部启动绿色制造体系建设示范单位、产品的创建工作，此次工业和信息化部确定的第二批绿色制造名单中有：绿色工厂208家、绿色设计产品53种、绿色园区22家、绿色供应链管理示范企业4家。

节能宣传周活动

2018年6月，“2018年全国节能宣传周云南省节能宣传活动启动仪式”在玉溪市澄江县举行。2018年全国节能宣传周时间为6月11日至17日，主题是“节能降耗保卫蓝天”。在全国节能宣传周期间，云南省开展节能技术研讨会、万名党员进社区开展“争当节能志愿者，共建和谐七彩云南”、云南省节能知识竞赛等一系列内容丰富、形式多样的活动，宣传节能降耗。活动由省工信委、省发展改革委、省科技厅、省住建厅、省交通运输厅、省商务厅、省机关事务管理局等部门联合举办。

绿色智能化烤房

昆明市晋宁区为让山区烤烟种植户实现科学化烘烤烟叶，2018年全区农村新增70座绿色烤房。烤房的燃料用农户废弃的秸秆制成的生物质燃料，专门供应绿色烤房，为农户节约近一半的烤烟成本。且只需在智能烘干控制仪上调好时间，便可自动烘烤烟叶。

省绿色能源推介会

2018年6月中旬，云南滇中新区、省能源局、嵩明杨林经开区等单位在上海举办云南省绿色能源产业对接洽谈会，重点推介和洽谈新能源汽车产业合作项目。

舍弗勒(Schaeffler)、博世(BOSCH)、库卡(KUKA)、睿服工业（REIFF）、艾斯姆国际（ASM）、巴哈斯—桑索霍芬（BHS）、戈海姆（GRAMMER）、傲朋贸易（Alpenpartner）、动线网络设计咨询（Mediaman）等16家新能源汽车及相关产业的德资企业共20名中国区域负责人受邀参加。省招商合作局、滇中新区、嵩明杨林经开区管委会相关负责人围绕云南打造世界一流“绿色能源牌”带来的投资机遇及重点招商项目做了介绍。库卡柔性系统（上海）有限公司首席执行官王江兵、德国戈海姆公司副总裁UlrichSelig、睿服工业零部件（上海）有限公司中国区总裁韩义、上海纳恩汽车技术有限公司副总经理张伟琼等企业代表，以未来云南新能源汽车产业发展合作机遇为主题进行了交流，为进一步加强新能源汽车配套产业项目合作奠定了良好基础。

活动期间，省招商合作局、滇中新区与上海天英微系统科技有限公司董事长李忠平举行了会谈，就MEMS传感器、智能硬件研发和生产、传感谷（智能传感器产业基地）、智慧产城融合试验基地等方面合作进行了洽谈；嘉茨商务顾问（上海）有限公司与滇中新区就打造产业新城项目方面进行了交流。

新能源汽车推广

2018年9月中旬，云南省政府办公厅印发《云南省加快新能源汽车推广应用工作方案》，提出2018年全省推广新能源汽车5万辆，使全省新能源汽车保有量占全省汽车总量的1%，达到全国平均水平，充电基础设施满足新能源汽车使用需求。昆明等滇中城市群及城际高速公路新增公共充电桩1.5万个，集中式充电站新增140座以上。

云南省除全面落实国家对新能源汽车的购置税、车船使用税减免政策外，省财政将按照中央财政同期补贴标准，对省内上牌的新能源汽车配套补贴25%，州、市财政再配套补贴25%；对公共充电桩按直流桩500元/千瓦、交流桩200元/千瓦进行补贴，省财政和州、市财政各补贴50%。

第三届昆明国际新能源汽车展览会

2018年8月3～5日，第三届昆明国际新能源汽车展览会在昆明国际会展中心举行。新能源物流车、充电站（桩）及电池、电机、电控配套产品等集中展示，北汽新能源、开瑞新能源、昆明客车、一汽红塔、中能锂电等300多家知名品牌参展，5.2万人次参观。交易额达到10亿元，成交1.28万辆车，物流车占其中的80%左右。展会同期举办的中国（昆明）国际绿色物流发展高峰论坛，行业专家学者和企业负责人共同为云南绿色物流产业发展把脉支招。

（甜　江　整理）

生态文明建设

ECOLOGICAL CIVILIZATION CONSTRUCTION

生态文明建设大家谈

人大代表谈生态文明建设

来自普洱市澜沧县的云南省人大代表左应华表示：澜沧拉祜族自治县是全省深度贫困县之一，脱贫攻坚任务非常重，打好脱贫攻坚战是2018年的重点工作。澜沧县通过文化扶贫，以酒井乡勐根村老达保乡村音乐小镇为主要平台，帮助村民通过表演歌舞带动民宿、农家乐等旅游收入。科技扶贫方面，依托中国工程院帮扶澜沧县，大力发展林下三七、蔬菜种植、中草药种植、畜禽养殖等产业，通过产业促进群众脱贫。突出规划引领，引入专家团队的思路，科学有序推进景迈山保护和申遗进度。

来自西双版纳州的白玲代表表示：西双版纳州委、州政府曾提出将西双版纳打造成北方人过冬的好地方，东南亚傣民族寻根的好地方，国内外游客追求自然、享受健康的好地方。“三张牌”中的健康生活目的地和西双版纳提出的“三个好地方”非常契合。将打造景洪市热带雨林、避寒胜地、美好家园三大品牌，让景洪真正成为人民健康生活的向往之地。

来自怒江州的刘雪松代表表示：怒江兰坪坚持“两不愁，三保障”的目标，调动贫困群众内生动力，积极支持农村产业发展，大力扶持农村交通、健康、教育等基础设施建设，缩小城乡差距，将绿色发展与脱贫攻坚相结合，合理统筹城乡协调发展。以河长制为基础，改善生态环境脆弱问题，建设美丽、健康、和谐的社会主义新农村。

来自企业的唐玉生代表表示：要从高速度发展向高质量发展转变，打好“绿色食品”牌，将特色资源转化成产业优势，使农产品加工享受到云南供给侧结构性改革带来的红利。

来自临沧的张之政代表表示：临沧进行“五网”建设，2018年底高速公路建成通车，到“十三五”末期，临沧“县县通高速”的目标将会实现。

来自德宏州的排金芬代表表示：德宏州边疆民族教育的发展，通过加大投入、改善办学条件，家乡的教学质量得到明显提高。同时，利用地方性法规培养一批民族地区经济发展需要的本土人才。此外，在少数民族聚居的地方发展双语学校，在贫困地区加大教育扶贫力度，也促进该地区教育事业的发展。

来自玉溪的陈浩代表表示：由于过度开发等因素影响，异龙湖水质一度为劣Ⅴ类，当地开展异龙湖水体达标三年行动，从2016年至2018年，投资12.5亿元，对异龙湖进行治理，使水质达到Ⅴ类水标准。通过开展补水工程，增加异龙湖蓄水量；实施截污工程，最大限度防止污染物入湖；实施生态修复工程，退田还湖等一系列工作，异龙湖治理取得显著成效。2018年1月，异龙湖水质初步达到Ⅴ类水的标准；生态功能初步得到恢复，各种鸟类迁徙回归，湖边湿地景观优美。

来自普洱的卫星代表表示：普洱最有基础、最有条件、最有优势打造“绿色能源”“绿色食品”“健康生活目的地”三张牌，普洱按照“两型三化”“五链统筹”要求，以绿色有机为主攻方向，坚定不移抓标准、抓品牌、抓“互联网+”、抓融资、抓庄园、抓整合，加快建设全国知名大健康食品供应基地，把

怒江州的农村公路建设　（王　新　摄）

资源优势变成品牌优势、竞争优势，努力在打造云南“三张牌”上走在前列。

来自沧源佤族自治县的佤族代表周平表示：沧源县持续加快交通、酒店、景区等基础设施建设，打造一流特色小镇，加快培育开发旅游产品，为将来的发展打下基础。沧源县已被列入省级18个全域旅游示范县、30个省级旅游度假区之列。开通更多的旅游航线，进一步培育客源，2018年争创3个AAAA景区，加快跨境旅游审批，助推临沧生态文化旅游。

来自迪庆州维西县的代表和文花建议，政府和相关部门要有计划、有步骤、有重点地加强边远地区教育事业建设，推动乡村教师培训常态化发展；广大乡村教师也要坚持以训促教、充电蓄能，不断提高自己的能力素质和教学水平。如此同心协力、共谋发展，“教育之花”定会在乡村美丽绽放。

许虹代表建议，加大垃圾分类意义和垃圾如何分类的宣传力度，使全体居民自觉做到“垃圾分类；借鉴香港、澳门的做法，将公共区域和社区废物回收箱直接按“塑胶”“金属”“废纸”“玻璃”“果蔬”等不同类型以不同颜色标示，提高公众垃圾投放的准确率。垃圾车也根据垃圾箱的颜色分为若干种，分类收集垃圾。定时、定点开展废物回收，培养公众良好的垃圾排放习惯；在每个社区设立废品回收站，垃圾管理员兼废品回收员，鼓励居民事先将垃圾分类出售给废品回收站，也鼓励垃圾管理员分类垃圾变废为宝，创收所得归个人；设立不同类型的垃圾处理厂。

王喜良代表建议，加强顶层设计，尽快出台支持昆明大健康产业示范区建设的指导意见；应对严峻的融资形势，尽快出台相关政策措施，帮助支持各级政府、平台公司融到资、融好资，确保省政府确定的重点基础设施项目建设的资金链衔接。建设健康生活目的地和中国健康之城，是昆明转型升级需高举的旗帜、明确的道路和坚定的方向。

李立代表呼吁，加强对养生养老等健康产业的支持和引导；加强对昆明市级医院的政策、资金支持，进一步做好“一带一路”中的医疗外交。

李玉明代表建议，搭建中医养生小镇平台，聚集民间名医，健全完善中医药产业链。

邱德齐代表呼吁，支持大中专、职业院校合理开办大健康相关专业，如社区康复医疗、老年服务与管理等，为大健康产业发展培养储备人才。

李绍俊代表建议，省政府加强指导，打好污染防治攻坚战，支持昆明实施蓝天计划，加大项目治理，把主城核心区老工业企业搬出去，腾出发展空间。

长江上游生态屏障

全国人大代表、昭通市市长郭大进代表表示，云南省位于长江经济带上游，建设西南生态安全屏障的责任重大。昭通市作为云南融入长江经济带的重要门户、金沙江进入长江的最后一道生态屏障，建设和维护好金沙江流域的自然生态系统，地位特殊。保护生态环境工作要点，一是大力推进金沙江流域生态环境保护。昭通市以建设长江上游重要生态安全屏障为引领，先后实施“七彩云南·昭通保护行动”和“山水昭通、森林昭通、清洁昭通”等生态文明建设工程，切实加大天然林保护、退耕还林、石漠化治理、长江

水富县张窝电站　　（陈忠平　摄）

流域防护林体系等重点工程建设力度。建成各级各类自然保护区16个。全面推进“河长制”，实现金沙江昭通境内流域水系河长制全覆盖。坚持“生态优先、绿色发展”的理念，依托溪洛渡、向家坝、白鹤滩等水电站，努力建设清洁能源基地、清洁载能产业基地和绿色产业开发带。二是积极推进金沙江黄金水道建设。在通航能力提升、综合交通网络构建、产业规划布局上下功夫推进建设。打造宜宾至巧家500千米金沙江航线，提高金沙江的通航能力。着力构建港口、高速公路、铁路、机场无缝衔接的综合交通运输网络，抓好综合物流枢纽建设，支撑和助推黄金水道建设，服务地方和流域沿线省区市发展。三是坚决打赢脱贫攻坚战。在抓好生态环境保护的同时，积极推进生态扶贫、易地扶贫搬迁等，攻克深度贫困堡垒。

自然文化遗产保护

全国人大代表、云南省澄江化石地世界自然遗产管理委员会澄江化石科学研究博物馆副馆长郭进，向大会提交《关于加强中国唯一化石类世界自然遗产保护利用的建议》。澄江化石地是迄今为止地球上发现的分布最集中、保存最完整、种类最丰富的早寒武纪地球生命大爆发记录，2012年被正式列入世界遗产名录，是中国乃至亚洲唯一的化石类世界自然遗产。

为保护澄江化石地，玉溪市、澄江县对周边14个磷矿采点实施关停禁采，关闭企业20家，退出田地345.29亩、林地160.97亩，地方政府和群众为此付出大量努力。同时，开展一系列化石地保护、科研、科考、科普工作，启动澄江动物群古生物国家地质公园和澄江化石地自然博物馆建设。

郭进认为，在有效保护的前提下，把自然遗产地打造为一个集科普、教育和观光游憩为一体的文化品牌，有助于对其的永续保护。希望国家有关部委将澄江化石地世界自然遗产列入“十三五”时期文化旅游提升工程项目库，并给予相应资金支持；对澄江化石地世界自然遗产数字化保护、新媒体展示技术研究和应用等方面给予技术项目和资金支持。

生态文明体制改革

中共云南省委党校中国特色社会主义理论体系研究中心专家盛世兰撰文提出：加快生态文明体制改革。文中谈到，党的十九大报告提出“加快生态文明体制改革，建设美丽中国”，并作许多顶层设计。对于云南而言，最重要的是把党的十九大关于生态环境保护和生态文明建设的蓝图落实为路线图、施工图，以成为中国生态文明建设排头兵为关键，进一步加快生态文明体制改革，强化生态文明建设的制度保障。

一、体制改革和制度建设是推进生态文明排头兵建设的根本保障

党的十八大以来，云南秉持“绿色”这张发展名片，牢记习近平总书记关于“一定要像保护眼睛一样保护生态环境”的嘱托和“努力成为全国生态文明建设排头兵”的战略定位，以构建系统完善的生态文明制度体系、努力成为生态文明建设排头兵为目标，积极推动生态文明体制改革，生态文明体制改革的总体方案和实施意见、主体功能区规划、环境污染第三方治理、河长制、环境监管执法、生态环境损害责任追究等具有支撑性、全局性、关键性改革的“四梁八柱”已初步建立，为成为生态文明建设排头兵提供坚强的制度保障，生态文明建设取得阶段性的成果，但与中央要求，与云南特殊生态地位和人民群众期盼相比，尚存在差距。当前，云南面临的生态环境问题依然突出，中央环保督察反馈意见指出的主要问题有：对生态环境保护工作要求不严，高原湖泊治理保护力度仍需加大，重金属污染治理推进不力，自然保护区和重点流域保护区违规开发问题时有发生。形成这些问题的最根本原因是没有处理好生态环境保护与经济发展的关系，体制不完善、机制不健全、责任不落实、改革不到位等则是问题发生发展的深层次因素，需要在深化改革中加以解决。

二、扎实推进生态文明体制改革，完善生态文明制度体系

云南省委书记陈豪在主持2017年11月22日省委理论学习中心组学习时强调，要把贯彻落实党的十九大关于生态文明建设的重大决策部署同深入贯彻习近平总书记考察云南时关于推进生态文明建设和生态环境保护的重要指示精神紧密结合，牢固树立正确政绩观，处理好经济发展和生态保护的关系，坚持节约优先、保护优先、自然恢复为主的方针，做到生态环境治理与保护并重、城乡环境治理并重、深化改革与示范创建并重，切实加强系统保护治理。

因此，要以习近平新时代中国特色社会主义思想的生态文明观为指导，以解决制约生态文明建设的体制机制问题为导向，以强化地方各级党委、政府及其有关部门环保责任和企业环保守法责任为主线，以整合提升生态环境质量改善效果为目标，建立与新时代新要求相适应的生态文明制度体系。

制度建设上推进生态文明体制改革总体方案的落实。按照中央和省委部署，继续细化改革重点，实行

时间、任务倒逼，督促各项改革项目落实、改革事项落到实处。建立反映市场供求和资源稀缺程度、体现生态价值的资源有偿使用和生态补偿制度，完善生态资源、自然资源资产产权制度、利用制度和保护制度，整合形成系统的生态修复、环境治理制度，建立健全严格可实施的生态环境破坏责任追究、赔偿制度。特别是要抓住领导干部这个关键少数，强化和压实环境保护主体责任，落实“党政同责”“一岗双责”和领导干部任期生态文明建设责任制，加快推进绩效评价考核、党政领导干部生态环境审计和终身责任追究制度，坚决保护好云南的绿水青山、蓝天白云。

实现路径上推动形成政府、企业、公众共治格局。必须在营造绿色发展方式和生活方式方面下功夫，加快建立绿色生产和消费的法律制度和政策导向，切实解决行动自觉问题，构建政府为主导、企业为主体、社会组织和公众共同参与的环境治理体系。一要发挥政府整体规划、监管的作用。二要加强政府问责并利用市场机制，为生态文明建设的各类主体提供适当激励，建立市场化、多元化生态补偿机制，健全生态环境保护引导激励机制，将环境保护专项资金分配与生态环境质量改善成效挂钩。三要提高全社会生态文明的意识，推动实现生态环境的全民共治。

工作重点上划定并严守生态保护红线。建立生态保护红线硬约束机制，将生态功能保障基线、环境质量安全底线、自然资源利用上线“三大红线”作为综合决策的前提，作为编制空间规划的基础，作为制定和修订各地产业结构调整指导目录的依据，在全省各县（市、区）全面推进“多规合一”工作，强化空间“一张图”管控。严守生态功能保障基线，实现一条红线管控重要生态空间，确保生态功能不降低、面积不减少、性质不改变；坚守环境质量安全底线，确保生态环境质量只能更好、不能变坏；严控自然资源利用上线，实现能源、水资源、建设用地总量和强度双控管理。

组织体系上要加快推进生态环境监管体制改革。按照国家关于生态环境监管体制改革的安排部署，完成省以下环保机构监测监察执法垂直管理制度改革工作，完善省级环境保护督察体系，加强生态环境保护考核与责任追究，强化生态环境监管执法。要按照党的十九大报告的要求，设立国有自然资源资产管理和自然生态监管机构，秉承依法、公开、专业、程序化、可问责的原则，统一行使全民所有自然资源资产所有者职责、所有国土空间用途管制和生态保护修复职责、监管城乡各类污染排放和行政执法职责，对自然资源资产实施有效管理，对生态环境实施有效监管。

生态系统保护力度

中共云南省委党校中国特色社会主义理论体系研究中心专家丁玮撰文提出：加大生态系统保护力度。文中谈到，习近平总书记在党的十九大报告中将“坚持人与自然和谐共生”纳入新时代坚持和发展中国特色社会主义的基本方略，明确要求加大生态系统保护力度。云南拥有良好的生态环境和自然禀赋，要完成国家赋予云南保护生态的光荣使命，就要把贯彻落实党的十九大关于生态文明建设的重大决策部署同深入贯彻习近平总书记考察云南重要讲话精神紧密结合，优化生态安全屏障体系，促进生态系统各要素的有机协调，提升生态系统质量和稳定性，在美丽中国建设中作出云南贡献。

一、加大生态系统保护力度是建设美丽中国的客观需要

党的十八大以来，中国大力推进生态文明建设，全党全国不断增强贯彻绿色发展理念的自觉性和主动性，天然林资源保护、河湖与湿地保护修复等一批重大的生态保护与修复工程稳步实施，忽视生态环境保护的现象明显改变，生态安全状况不断改善。但是，从生态脆弱区域占比和荒漠化、石漠化程度来看，中国生态系统退化的形势依然严峻，生态保护和修复存在碎片化状况，生态系统的质量和稳定性遭受挑战。随着中国特色社会主义进入新时代，中国社会的主要矛盾已经转化成为人民日益增长的美好生活需要和不平衡不充分的发展之间的矛盾。人民对美好生活的需要，内在地包含着人民群众对于良好生活环境的向往，对于食品健康安全的关注，对于优质生态产品的需求。加强美丽中国建设，就是要着力解决人民日益增长的优美生态环境需要与生态资源承载力有限、优质生态产品有效供给不足的矛盾，通过进一步加大生态系统保护力度，增强生态系统自我调节、自我修复的能力，从根本上扭转生态环境恶化的趋势，坚定地走生产发展、生活富裕、生态良好的文明发展道路，实现中华民族的永续发展。

二、加大生态系统保护力度是推动云南绿色发展的内在要求

云南被称为中国生物多样性的天然宝库和资源基地。2017 年 6 月发布的云南省环境状况公报显示，全省森林面积 2273.56 万公顷，森林覆盖率 59.3%，具有国际重要湿地 4 处，建有不同级别、不同类型的自然保护区 161 个，云南省在全国率先编制并发布的《云

南省生物物种名录（2016年版）》共收录云南25434个物种，生物物种及特有物种均位于全国之首。但是，云南生态环境敏感脆弱，发展不足和保护不够并存，生态建设和环境保护存在很多薄弱环节，生态系统保护工作兼具紧迫性与艰巨性。2017年11月22日，省委理论学习中心组开展以生态文明建设为主题的集中学习时，云南省委书记陈豪指出："当前云南面临的生态环境问题依然突出，中央环保督察反馈意见整改落实任务依然很重"。加强生态系统建设，加强生物多样性保护，是云南成为中国生态文明建设排头兵的题中应有之义。

三、多措并举加大生态系统保护力度

成为中国生态文明建设排头兵，是云南全面落实党的十九大确立的各项目标任务，开启新时代云南跨越式发展新征程的关键。把加大生态系统保护力度作为生态文明建设的重大举措，就要以广阔的视野和系统的思维引领发展，真正实现生态系统各要素的协调统一。

一是实施重要生态系统保护和修复重大工程，加大以滇西北、滇西南为重点的生物多样性保护力度，建设以青藏高原东南缘生态屏障、哀牢山－无量山生态屏障、南部边境生态屏障、滇东－滇东南喀斯特地带、干热河谷地带、高原湖泊区和其他点状分布的重要生态区域为核心的"三屏两带一区多点"的生态安全屏障。二是完成生态保护红线、永久基本农田、城镇开发边界三条控制线划定工作。进一步调整优化空间结构，加强开发强度管控，加强生态系统保护和恢复。三是积极开展国土绿化行动，大力推进荒漠化、石漠化、水土流失综合治理，强化湿地保护和恢复，进一步完善防灾减灾体系，加强地质灾害防治。四是深入推进"森林云南"建设，大力实施退耕还林还草、防护林建设、天然林保护等工程，完善相关保护制度，构建稳定的天然林生态系统。五是严格保护耕地，始终坚守耕地保护红线，扩大轮作休耕试点，健全耕地

鹤庆黄龙潭水上森林　（许太琴　摄）

昆明环滇池人工林　（江　云　摄）

香格里拉天然林　（江　云　摄）

草原森林河流湖泊休养生息制度，建立市场化、多元化生态补偿机制。通过全社会共同行动，真正实现生态系统的良性循环，以生态底色绘就未来发展蓝图，为子孙后代留下天蓝、地绿、水净的美好家园。

创新绿色发展路径

中共云南省委党校中国特色社会主义理论体系研究中心专家赵思旭撰文谈创新绿色发展路径。文中提出：把节约资源作为保护生态环境的根本之策，深入推动全社会节能减排，推进节能、节水、节地、节矿，节约一切资源。必须全面贯彻落实习近平总书记关于绿色发展的思想，坚持节约资源的基本国策，综合运用市场、法律、经济等手段，全面推进工业、建筑、交通运输、商业、公共机构、农业和农村等各领域节能降耗与资源综合利用，加快建设资源节约型、环境友好型社会，确保到2020年，构建覆盖全面、科学规范、管理严格的资源总量管理和全面节约制度，着力解决资源使用浪费严重、利用效率不高等问题。按照节水优先、空间均衡、系统治理、两手发力的方针，健全用水总量控制制度，保障水安全。完善基本农田保护制度，划定永久基本农田红线，按照面积不减少、质量不下降、用途不改变的要求，将基本农田落地到户、上图入库，实行严格保护。建立健全矿产资源集约开发机制，提高矿区企业集中度，鼓励规模化开发。

建立健全绿色低碳循环发展的经济体系，培育更多绿色产业市场主体和新的增长点。必须坚定“绿水青山就是金山银山”信念，牢固树立“生态立省、绿色发展”理念，积极探索实践具有云南特色的绿色产业发展路径，实现经济跨越式发展与生态文明建设的双赢。在产业部署方面，第一产业要深化农业供给侧结构性改革，推进高原特色农业现代化，大力发展生态农业，提高农产品质量和效益，推进农产品绿色营销，着力打造云南高原特色农产品的“金字招牌”。第二产业要坚定不移走新型工业化道路，转变经济发展方式，发展集约、特色和多元工业经济。坚持实施以信息化带动工业化、以工业化促进信息化的发展道路，保证工业发展沿着科技含量高、经济效益好、资源消耗低、环境污染少、人力资源优势得到充分发挥的发展思路顺利进行。第三产业要积极探索现代服务业发展新模式，加强自然环境保护、基础设施建设，提高旅游服务质量，并通过挖掘历史文化资源突出地方旅游特色，优化游客旅游体验，重塑云南旅游业的良好形象。同时，加大对绿色科技创新的支持力度，对具有前沿性、应用性、创新性的绿色科技，给予政策倾斜和资金帮助；将目前分头设立的环保、节能、节水、循环、低碳、再生、有机等产品统一整合为绿色产品，建立统一的绿色产品标准、认证、标志等体系；进一步完善绿色财政、税收政策，大力推行建立绿色信贷、绿色发展基金、绿色担保机制等绿色金融体系，为绿色发展提供政策支撑。

发展壮大循环经济，促进生产、流通、消费过程的减量化、再利用、资源化，提高全社会资源产出率。积极鼓励与支持社会组织和民间团体参与促进循环经济发展的各项活动，使全民能够理解、支持和自觉参与节约资源、爱护资源、合理利用资源和循环经济事业的发展，从而使循环经济步入良性发展的轨道。加快研究制定与国家促进循环经济发展、固体废弃物回收处理和再资源化、废旧家电和电子产品回收处理和再资源化法、推进清洁生产、城市生活废弃物分类处理和再资源化等法律法规相配套的地方法。充分发挥税收、金融、财政等经济政策对循环经济的导向、推动作用。突出抓好省级工业园区循环化改造，逐步实现园区土地集约利用、能源梯级利用、废物交换利用、废水循环利用。探索建立促进资源高效利用考核指标体系，推进传统产业转型升级，积极开展工业产品生态（绿色）设计示范企业创建工作，总结推广示范企业推进模式和成功经验，引导工业走绿色低碳循环发展道路。

九大高原湖泊保护治理

中共云南省委党校中国特色社会主义理论体系研究中心专家王晶撰文谈九大高原湖泊保护治理。文中提出：九湖水污染综合防治是云南生态文明建设中最为复杂和艰巨的系统工程，九湖保护治理工作全面反映着生态文明建设方面的认识和成效，也是云南生态

“保护滇池巾帼行动”启动仪式现场（江　云　摄）

文明建设的一面镜子。

云南是一个天然高原湖泊众多的省份，湖泊面积30平方千米以上的有9个：滇池、阳宗海、抚仙湖、星云湖、杞麓湖、洱海、泸沽湖、程海、异龙湖，故称九大高原湖泊。九湖流域占全省面积的2.1%，人口约占全省人口数的11%，其所在区域大多是云南开发较早、利用强度较大、人口特别密集的重要功能区，也是全省城市化发展最迅速、人湖关系最突出、保护与发展矛盾最集中的敏感地带，要在支撑区域经济社会发展的同时，保护和改善湖泊水环境质量，确实是一个世界性的难题，巨大的挑战是不言而喻的。20世纪90年代以来，九湖水体污染加剧。经过近20年的治理，九大湖泊正在从“救命阶段”转向“治病阶段”，从工程治理转向生态修复。“加法添绿，减法节能，乘法增效，除法遏制”，在经济生态化和生态经济化之间找到平衡点和突破点，实现两者融合的最大效益，做生态与发展协调共赢的排头兵。2014年来，云南省委、省政府始终把九湖治理作为头等大事来抓，采取有力措施，坚持“一湖一策”、分类施策，九湖水质总体保持稳定，主要污染物稳中有降，部分湖泊水环境有所改善，综合防治工作初见成效，总结形成了两类治理保护模式：典型富营养化初期湖泊，“洱海保护治理模式”；重度污染湖泊，“滇池治理模式”。

扎实推进九大湖泊的保护与治理，一要坚持保护与治理相结合的方针，对于水质良好的湖泊要按预防为主、保护优先、发展优化的思路，对于其他污染型的湖泊，必须采取工程与管理措施并举，内源和外源共治、存量和增量共减，加大综合治理力度，确保入湖污染负荷得到有效削减并逐步控制到流域环境承载力范围内，逐步恢复水环境功能并最终建立湖泊健康生态系统。二要按照“精确定污、精准治污、精致配水、精细管理”的治理思路，突出流域管控与生态系统恢复，划定并严守湖泊生态红线，强化建立九湖流域部门联动，建立和完善省级巡查、州市县区检查的环境监督执法机制，大力推进湖泊生态圈建设。坚持“水清、岸绿、景美”为目标，建设高原湖泊生态圈。三要筑牢“绿水青山就是金山银山”理念，加强组织领导，建立完善的治理长效机制，营造全民参与、监督的社会氛围。以治理成效，切实改善城乡人居环境，提升群众生态获得感。四要加快形成绿色生产方式和生活方式，坚持发展与保护并重，走“两型三化”的产业发展路子，推动经济绿色、循环、低碳发展，提升绿色发展水平，构建绿色产业体系。发展壮大旅绿色经济，通过九大湖泊治理保护，形成环保产业集群，为降低治理成本提供开创性实践。

推进农业绿色发展

云南省委农办主任、省农业厅厅长表示，云南省农业厅将切实厚植发展优势、强化发展举措，以深入实施乡村振兴战略为总抓手，以打造“绿色食品牌”为目标，全力推进农业绿色发展。

坚持一个“绿”字，以绿色理念引领农业绿色发展。深刻理解绿色发展的内涵和要求，凸显生态环境的重要价值，形成“绿色”价值取向，培育“绿色”创新思维，形成绿色发展模式，推进产前、产中、产后紧密衔接，构建产加销一体化的产业体系，实现三产融合发展。

抓好一个“改”字，以改善环境支撑农业绿色发展。加快构建粮经饲协调发展的种植结构，改善农业生产结构，按照“人畜分离、厨卫入户，集中建圈、科学养殖”的要求，改造农村牲畜养殖圈舍，大力发展畜禽规模化养殖。

突出一个“养”字，以养护资源保障农业绿色发展。加快建设高标准农田，实施耕地质量保护与提升行动，开展草原保护建设，推进草原资源养护。加快推进标准化水产健康养殖，加大水生生物增殖放流力度，严厉打击非法捕捞、经营、运输水生野生动植物及其产品的行为。

着力一个“减”字，以减量行动推进农业绿色发展。坚持减量优先，推进农业清洁生产。严格控制农业用水总量，大力发展节水农业。继续开展化肥农药零增长行动，持续深化养殖业污染防治，加快畜牧生产方式转变。

狠抓一个“禁”字，以禁用禁限强化农业绿色发展。加大农业行政执法力度，严厉打击非法使用禁用兽药

昆明安宁八街镇玫瑰花食品街　（许太琴　摄）

及化合物、超范围超剂量使用兽药等行为，从源头上强化治理农业面源污染。科学合理划定禁养区范围，划定禁牧区、草畜平衡区、水生生物保护区。

做好一个“用”字，以资源利用促进农业绿色发展。探索畜禽粪污资源化利用模式，着力解决大规模畜禽养殖场粪污处理和资源化问题。实施秸秆机械还田、腐熟还田等，推进农村沼气转型发展，至2020年，秸秆综合利用率达85%以上。

加强一个“推”字，以推广科技推动农业绿色发展。集成推广种肥同播、化肥深施等高效施肥技术，积极探索有机养分资源利用有效模式。

叫响一个“牌”字，以农业品牌提升农业绿色发展。大力发展“三品一标”经济，着力推进无公害农产品产地认定与产品认证一体化，推进行政区域和生产区域的一体化认证。围绕优势主导产业，加快发展无公害农产品、绿色食品和有机农产品。

探索完善生态脱贫新路子

中共云南省委党校韩斌、刘小龙、谭鑫教授撰文提出探索完善生态脱贫新路子。文中提出，习近平总书记用“绿水青山就是金山银山”的重要理念，生动形象地阐明经济发展与环境保护的辩证关系。绿水青山就是金山银山的理念，具有重大理论价值和实践价值。对于生态环境资源丰富而又相对贫困的地区，尤其需要牢固树立和践行“绿水青山就是金山银山”理念，通过改革创新，探索生态脱贫的新路子，让贫困地区的土地、劳动力、资产、自然风光等要素活起来，在促进绿水青山变成金山银山的具体实践中，摆脱贫困，走上绿色发展之路。为了充分发挥生态保护在精准扶贫、精准脱贫中的作用，2018年1月，国家发展改革委、国家林业局、财政部、水利部、农业部、国务院扶贫办共同制定《生态扶贫工作方案》，强调要通过生态建设、生态补偿、生态产业等实现脱贫攻坚与生态文明建设“双赢”。云南省的深度贫困地区大部分既是重点生态功能区，又是生态脆弱区，实施生态扶贫为贫困地区脱贫发展提供可行的路径。

建立和完善生态补偿机制。加大对生态脆弱地区生态补偿的力度，明确转移支付范围，将符合条件的区域纳入重点生态功能区重点补助范围。加大转移支付的力度，特别是要完善生态补偿、财政转移支付、生态环境和自然资源税收等相关制度，出台实施细则来明确生态补偿的补偿主体、补偿对象和范围、补偿标准、补偿方式等。加快开展重点功能区生态价值评估，推行生态环境损害赔偿制度，出台补偿资金使用绩效考核指标体系和绿色考核方法。建立生态补偿标准动态调整机制。同时，通过建立国家公园试点区、国家生态文明示范区，争取区域性的整体补偿。争取扶持政策，加快发展生态旅游、特色生物产业，加快传统村落和特色小镇建设等。

多功能开发现代农业。一是促进单一农业产业链向一二三产复合型产业链转变，通过农业带动观光体验、休闲度假等旅游服务业和精深加工业，拓展农业由原有的传统种植养殖向生产、加工、销售一体化发展，让农民有更多的机会能够参与到农产品生产、加工、流通、营销等多环节的相关行业中，从而实现更多农村人口就业，提升产业附加值和农民收益。二是加快建立和完善行业协会、专业合作社，集中农村闲置分散的人力、资金等，通过协会和合作社与外部市场对接，降低产业发展的市场风险。三是加快培育农业职业经理人，通过专业培训，将农村致富带头人、种植养殖大户培育为农村职业经理人，对其在农机购置、信用贷款、农业保险等方面给予补贴，发挥其典型示范作用，由其带动农户脱贫。四是加快建设互联网和电商平台，发展电子商务，鼓励外出务工农民通过发展电子商务返乡创业，增强产品的市场竞争力和农民抵御市场风险的能力，让农民不离开土地就能脱贫致富。

发展生态旅游带动更多农户就业。一是出台资金支持政策。政府通过建立旅游发展专项担保基金，为贫困群众参与旅游项目建设提供一定数额的贷款担保。二是出台资产参与分配政策。将贫困地区旅游资源产权界定清楚后转化成股本，同时也可将财政投入建设的基础设施以股份形式入股，收益方式实施按股分红，确保企业、集体和个人都可在旅游开发中按股份获得相应的股息和红利。三是开辟新的旅游线路、拓宽服务市场，鼓励和引导更多的群众参与到旅游服务中。四是强化教育培训，包括旅游经营方式、餐饮服务、旅游商品开发、家庭旅馆的经营以及普通话等多方面的能力素质培训。

构建政策体系解决移民后续发展问题。把保护生态和移民可持续发展作为切入点，将移民安置与城镇化、旅游业、生物产业等紧密结合，同时将工作重点从住房安置转移到就业、教育、卫生和医疗等民生问题，实现经济效益、社会效益和生态效益的统一。

打造“绿色食品牌”

新形势催生新目标，新举措培育新动能。2018年云南政府工作报告提出，“全力打造世界一流的‘绿色能源'‘绿色食品'‘健康生活目的地'这‘三张牌'，形成几个新的千亿元产业。”捏紧拳头、聚焦重点，扬长避短、彰显特色，云南省将把产业兴旺作为乡村振兴的重点方向，把高起点发展高原特色现代农业作为今后一个时期传统产业优化升级的战略重点，用工业化理念推动高质量发展，突出绿色化、优质化、特色化、品牌化，走质量兴农、绿色兴农之路，打造好“绿色食品牌”。

刘薇薇提出，持续走好“一村一品”之路。打造“绿色食品牌”，走好高原特色现代农业发展之路，必须善用并盘活本地资源，着重培育一项到几项最突出、最有特色、最有发展潜力的优势产业，如此才能促动县域经济全面突围。“一村一品”是日本农业产业化的成功模式，其基本理念已逐步为亚洲、非洲的许多国家和地区所认识、接受并得以推广。“一村一品”作为新农村建设的重要措施之一，经由多年的推动与实践，云南省培育并涌现出一批市场潜力大、区域特色明显、附加值较高的主导产品和产业，如普洱茶和咖啡、文山三七、罗平黄姜、元谋蔬菜、元江杧果、呈贡鲜花、富源魔芋等等，享誉海内外的“云茶”“云菜”“云花”“云咖”“云果”，成为云南省持续推动“一村一品”“一乡一业”战略最突出的实践成绩。应当以供给侧结构性改革为契机，研究消费升级的趋势，并相应地在产品供给、市场推广、品牌建设及标准化建设方面进行创造与调整，在品相、品质与品牌上做足做好“品”字文章，不断提高“云品”的信誉度、知名度和市场竞争力。

余国鹏提出，在发展精深加工上求突破。大力发展高原特色现代农业，打造好“绿色食品牌”，云南省所面临的一个现实瓶颈就是绿色农产品精深加工不足。2018 年云南政府工作报告提出力争将全省农产品加工业产值与农业总产值之比提升到 1 ∶ 1 以上。

云南省发展农产品精深加工要转变思想，坚定不移朝着构建全产业链、全价值链的方向努力。与传统农业的自给自足、相互隔离不同，现代农业时时刻刻都在与外界发生着各式各样的联系，从配土、选种、种植到收获、运输、加工，每一个环节都很难独立完成，所以必须转变观念，树立开放性、整体性、系统性思维，尽快在设施、技术、产品等方面与国际国内接轨。云南省一些地方的高原特色现代农业初具规模，产业链也得到一定的延伸，比如华坪县转换思维、着眼整体，扶持成立一批杧果加工企业，所生产的杧果汁、杧果醋、杧果干等很有市场，当地杧果全产业链开发正走向成熟，给广大果农带来实惠。

农产品精深加工的目的在于延伸产业链、打造品牌、提高绿色附加值，所有的技术和生产工艺都应该围绕保持特色、突出特色来做文章，而不是相反。让经过加工的食品依然保留着“高原阳光的味道”，需要符合实际的技术创新和应用，需要运转流畅的交通和信息网络配套；此外，质量标准体系要跟得上，监督检测也要一刻都不放松，确保不符合生产标准的不能投产，不符合质量规格的产品不能售出，坚定不移地高起点、高标准、高质量推进云南高原特色现代农业发展，打造好绿色食品牌。

朱婧提出：把特色融入到生活方式中。云南农产品的优势是“绿色”。但是，多样的气候类型、良好的自然环境、良好的市场口碑，只是产业发展的基础之一，并不因有了这些资源禀赋，就能自然形成产业优势和竞争优势。要让品质好的产品有市场，需要以人们生活方式的变化为切入点，让产品与人们的生活方式深度融合，意味着要关注消费者的价值认同、审美水平，以及这些因素带来的消费趋势变化，让产品体现出某种生活态度和价值取向。从慢节奏生活到快节奏生活，人们需要便捷的生活，也追求精致让生活多点情调和乐趣。生活节奏变快，生活方式多样，消费也在升级。如果“云系”产品在满足健康需求的同时，努力融入这些生活细节中，默默无闻的好“山货”才能升级成为有鲜明特色的好产品。产品与生活融为一体，才会成为消费者的第一印象和第一选择，品牌建设才有稳固基础。随着消费升级，紧跟绿色生活方式的趋势与变化，绿色食品才能在瞬息万变的市场竞争中赢得一席之地，让“云品”创造更大价值。

塑造乡村美

西南林业大学马克思主义学院副院长马军撰文谈塑造乡村美，助推最美丽省份建设。文中提出，为深入学习贯彻习近平生态文明思想和全国生态环境保护大会精神，以及习近平总书记对云南提出的努力成为我国生态文明建设排头兵的发展定位，全面提升云南生态文明建设和环境保护工作，2018 年 7 月 23 日，云南省委、省政府召开全省生态环境保护大会，根据云南进入新时代后，人与自然关系所呈现的新矛盾、新特征，省委、省政府作出“把云南建设成为中国最美丽省份，实现生态美、环境美、山水美、城市美、乡村美”的重大决策部署，体现切实扛起时代使命，以更有力的担当作为在生态建设和环境保护、绿色发展、制度建设等方面勇于创新、探索经验、走在全国前列，为建设美丽中国作出新的更大贡献的决心和信心。实现省委、省政府把云南建设为中国最美丽省份重大决策部署，努力塑造和做到乡村美，是其中的重要内容和关键点。

一、明确新方向

乡村美是生态美、环境美、山水美、城市美的空间载体和基础支撑。塑造乡村美，要以习近平新时代中国特色社会主义思想为指导，全面贯彻党的十九大精神和习近平总书记考察云南重要讲话精神，紧紧围绕统筹推进“五位一体”总体布局、协调推进“四个全面”战略布局，牢固树立和贯彻落实新发展理念，实施乡村振兴战略，坚持绿水青山就是金山银山的理念，坚持人与自然和谐共生的基本方略，坚持农业农村优先发展，统筹城乡发展，统筹生产生活生态，按照产业兴旺、生态宜居、乡风文明、治理有效、生活富裕的总要求，明确新方向，以建设新村寨、发展新产业、共享新生活、形成新环境、实现新发展为目标，提供新保障，动员社会各方力量，整合各种资源，在坚决打好打赢脱贫攻坚战的同时，强化建设美丽宜居乡村各项举措，加快补齐短板，为把云南建设成为中国最美丽省份夯实根基。

二、建设新村寨

抓住国家、云南省实施乡村振兴战略和农业农村优先发展的历史机遇，以农村危房改造和抗震安居工程建设、易地扶贫搬迁为突破口，集中人力、财力、物力，整体提升云南村寨建设水平，把建设新村寨作为塑造乡村美的重要抓手。

强化规划统领作用。按照全域理念，编制和完善县域村镇体系规划，科学布局重点镇、一般镇、中心村、一般村。遵循“有利生产、方便生活、尊重自然、体现特色、保护文化”的原则，修编完善村庄布点规划。依据《云南省农村人居环境整治三年行动实施方案（2018 ~ 2020 年）》，坚持问题导向，划分旅游特色型、美丽宜居型、提升改善型、自然山水型、基本整洁型 5 种类型村庄，分步分类推进新村寨建设。

全面改善农村住房条件。按照“政府引导、科学规划、连片推进，精确实施、突出特色”的原则，以抗震设防高烈度地区、地震活跃地区、连片贫困地区、边境地区等为重点，抓住农村危房改造、抗震安居工程、棚户区改造、易地扶贫搬迁等项目的机遇，集中力量解决农民安居问题。在深入推进城乡“四治三改

个旧加级寨梨花盛开的村庄 （王 新 摄）

丽江玉龙雪山下的玉湖村 （许太琴 摄）

瑞丽银井寨 （许太琴 摄）

阳宗海畔的绣球花海 （王 新 摄）

一拆一增”、村庄“七改三清”行动的基础上，结合云南省实际，针对突出短板，全面推进农村生活垃圾和生活污水治理，加大农村“厕所革命”的力度，切实改善村容村貌。

突出民族和田园特色。充分发掘和保护传统村落、传统民居、古树名木及古建筑、民俗文化等历史文化遗迹遗存，建设体现民族特色、地方特点的标志性公共建筑，保护民族语言、文字、服饰、习俗等传统文化，优化院落布局，尊重生活习俗及传统模式，顺应地形、植被、水体等自然因素，建设“望得见山，看得见水，记得住乡愁”、充分彰显地方特点和民族特色的美丽宜居乡村。

三、发展新产业

坚持产业强村、产村相融，转变农业发展方式，不断优化产业结构，以促进产业提质增效作为主攻方向，着力培育扶贫产业、致富产业，把培育致富产业作为乡村美建设的首要任务。

实施产业兴村强县行动。聚焦各地优势特色产业，因村制宜，鼓励各地开发特色突出、农民增收明显的产品，形成“一村一品、一村一特、一村一业”的特色产业发展格局。突破以往单一的农业功能，延长产业链、提升价值链、完善利益链，采取就业带动、保底分红、股份合作、利润返还等多种形式，让农民合理分享全产业链增值收益。实施农产品加工业振兴行动，大幅提升农产品加工水平。培育新型现代农业产业技术体系，加快农业技术成果的创新、转化和推广服务。

实施质量兴农战略。把优化农业生产结构和区域布局摆在突出位置，推动农业由增产导向转变为提质导向，加快农业绿色化、优质化、特色化、品牌化发展，按国际标准提升农产品的加工水平，打造世界一流“绿色食品牌”，最大化提升农产品的附加值。

加快乡村旅游业发展。拓展农业多种功能，培育休闲、观光为主的农业新业态，促进农村产业融合发展，在农村的田园风光、村落民俗、山水资源、民族文化等方面做足文章，创建“滇味”田园综合体，打造乡村健康生活目的地，提升乡村旅游的“农家乐”模式，发展休闲、康体养生、度假的模式，把农村的资源、生态优势转化为经济优势。

培育新型农业经营主体。培育新型职业农民、专业大户、家庭农场、农民合作社、农业企业等新型农业经营主体，鼓励个体农户和现代农业发展有机衔接。支持发展基层供销合作社、专业服务公司、专业技术协会等服务组织，为农业从业者提供政策、农资、科技、金融、信息等服务。引导农村土地承包经营权有序流转，增加农民承包土地的经营权出租、转让、入股等收入。

四、共享新生活

对于新建村寨、改造提升村寨和永久保留村寨、边境村寨，应该集中配套建设公共服务设施，培育服务载体，把提升公共服务水平作为乡村美建设的关键举措。

推进基础设施建设。重点解决农村饮水安全巩固提升工程，尤其是集中连片规模化供水工程，同时加快推进通村油路建设、农村班线客运站网络建设，以及经济规范、安全可靠的农村电网建设，确保村村有安全饮用水、通电、通路，广电网、电信网、互联网通村到户。改善农村生活燃料结构，加快农村“以电代柴”“以气代柴”改造。

加强公共服务体系建设。整合农村基层公共服务资源，统筹推进村级公共服务中心建设，通过新建、改建、扩建，完善村寨综合服务设施，以及文化、教育、卫生、社保等农村公共服务设施，健全幼儿园、中小学校、卫生室、综合活动室、农家（社区）书屋、农贸市场。

加强农村文化阵地建设。推进农村文化建设，实施边疆解“五难”文化活动、文化信息资源共享、农村电影放映、基层“两馆一站”免费开放等文化惠民工程。完善便民超市、社区公共管理合作社、乡村金融服务网点及电子金融设备等。

五、形成新环境

实施“改路、改房、改水、改电、改圈、改厕、改灶”综合行动，实行人畜分离、厨卫入户，切实改善农村人居环境，把环境整治作为推进乡村美建设的重要切入点。

开展村庄环境综合整治。推进村庄道路硬化工程，采取铺装水泥、石板、沥青、弹石等不同方式，开展村内户外道路硬化。探索符合各地实际的垃圾、污水处理方式，逐步提高资源化利用与无害化处理水平。扎实推进农村“厕所革命”，推广水冲式卫生厕所改造模式，加快旅游村寨等旅游厕所改造建设。

治理农业面源污染。实施残膜污染综合治理工程，提高各行业用膜标准，推广厚地膜、可降解地膜和适时揭膜技术，规范市场监管，培育资源化利用市场，从地膜生产、销售、使用和残膜回收利用等环节，合力消除“白色污染”。

改善农村生态环境。开展村庄绿化工程，利用乡土树种、本地花木对村庄路、渠、塘、院等进行绿化，注重保护湿地和古树名木，推进湿地保护小区和乡村多用途湿地示范区建设，形成道路河道乔木林、房前屋后果木林、公园绿地休憩林、村庄周围护村林的村庄绿化格局。

六、实现新发展

全面提升农民素质能力，充分发挥农民的主体作用，使其对乡村美建设真正参与、认同、满意，让美丽宜居乡村建设成为农民的自发行动，把实现农村的新发展作为乡村美建设的主要目标。

坚持以绿色发展引领乡村全面振兴，通过新村寨的建设、新产业的发展、新生活的共享、新环境的形成，实现云南美丽乡村的新发展，城市功能不断向农村延伸，城乡一体化取得明显进展，城乡居民收入、基础设施、公共服务等差距不断缩小，“三农”发展水平全面提高，农业农村现代化进程明显加快。

七、提供新保障

坚持党管农村工作，把塑造乡村美和实施乡村振兴战略合二为一，摆在优先位置，落实领导责任制，发挥农村基层党组织战斗堡垒作用，确保塑造乡村美措施的有效实施。

强化党组织领导核心地位。健全完善各级党组织对乡村美建设的领导工作责任机制，明确五级书记为乡村美建设的第一责任人，抓好各级党建工作，尤其是基层组织和农村合作组织的党建工作，发挥基层党组织在乡村美建设中的核心作用。抓好干部队伍建设，选优配强领导班子。

创新投入保障机制。加大财政资金整合力度，按照“渠道不乱、用途不变、各司其职、各记其功”的原则，以县级单位为平台，以美丽宜居乡村规划为主导，将各类涉农资金集中投入，推动乡村美建设。完善农村金融组织体系，探索建立市场化、社会化投入机制，鼓励不同经济成分、各类投资主体以多种形式参与农村产业和基础设施等项目开发，建立村企结对、多方筹资、共建共享的投入机制，吸引社会资金参与乡村美建设。

强化农民主体作用。塑造乡村美的行动，需要农民群众广泛参与。建什么村寨、怎样建村寨，从规划到实施，都要充分保障农民群众自主选择、自主参与、自主评判的权利。必须严格执行“一事一议”制度和村务公开制度，最大程度激发农民群众建设美丽家园的内生动力。

加大考核督查力度。加强美丽宜居乡村建设的考核验收工作，研究制定乡村美建设的内容和方案，提出考核验收标准。把乡村美建设和“三农”综合考核合二为一，列入各级党政干部政绩综合考核，作为干部选拔任用和拨付扶持资金、以奖代补资金的主要依据。加大督查力度，确保建设成效。

金沙江绿色经济走廊建设

永胜县委副书记、县长冯忠撰文谈金沙江绿色经济走廊建设。文中谈到，《中共云南省委云南省人民政府关于全面加强生态环境保护坚决打好污染防治攻坚战的实施意见》在明确要突出重点，打好九大高原湖泊保护治理攻坚战、打好以长江为重点的六大水系保护修复攻坚战等 8 个标志性战役，坚决打赢蓝天碧水净土三大保卫战的同时，对推动形成绿色发展方式和生活方式，作出详细部署。永胜县所在的金沙江流域是国家生态安全的重要屏障，永胜县委、县政府围绕“一江一湖”（金沙江、程海）发展战略，坚持在发展中保护、在保护中发展，推进金沙江绿色经济走廊建设，让绿色成为促进高质量跨越式发展的基本底色。

坚持脱贫攻坚与金沙江绿色经济走廊建设相结合。主动融入和服务于长江经济带发展战略，以加快推进金沙江绿色经济带建设为重要抓手，以促进贫困地区发展和贫困群众脱贫致富为重点，瞄准金沙江沿线“直过民族”傈僳族贫困群体，推进脱贫攻坚。一是实施易地扶贫搬迁。按照“应搬尽搬”的原则，对居住在生存条件恶劣、生态环境脆弱等“一方水土养不起一方人”六类地区的贫困群众实行整村整组搬迁。二是发展持续稳定产业。根据金沙江沿线贫困村海拔、气候、资源禀赋、市场前景和农户需求，采取以短养长、长短结合的方式，在每个贫困村选择 1 至 2 项主导产业进行重点扶持，确保经济合作组织覆盖所有深度贫困村、产业覆盖所有建档立卡贫困户。三是做好退耕还林工作。按照“人要下山，树要上山；人要输出，树要输入；人要搬出，树要搬入”的总体要求，实施退耕还林和生态补偿工程。

坚持产业发展与金沙江绿色经济走廊建设相结合。发挥永胜县生态环境、清洁能源、乡村旅游等优势，打好绿色能源、绿色食品、健康生活目的地“三张牌”。绿色能源方面，在招商引资上狠下功夫，推动清洁能源与硅、铝产业的融合，建设绿色能源基地。绿色食品方面，以热带水果发展为重点，打好“绿色食品”永胜品牌。健康生活目的地方面，高起点、高质量做好金沙江沿线绿色经济走廊的规划设计，打造万亩花海、万亩石榴、万亩沃柑、万亩绿色蔬菜等现代农业生态休闲观光庄园，推动涛源移民特色小镇和涛源田园综合体建设。

坚持程海保护与金沙江绿色经济走廊建设相结

合。一是抓好项目建设。推进程海水环境保护治理“十三五”规划项目建设，做好项目的储备、申报工作。二是抓好“五退四还”工作。有序退出一级保护区内的农田、鱼塘、房屋、抽水泵房，全面完成螺旋藻养殖企业一级保护区内建筑物的退出任务。三是抓好农业产业结构调整。科学合理规划种植、养殖区域，发展绿色生态农业、观光休闲农业、生态高效农业，开展高效生态农业示范区、农业面源污染防治示范区创建工作，打造农旅融合田园综合体。四是抓好生活污水垃圾收集清理。规范整治流域餐饮住宿服务行业，健全完善流域垃圾收集清运处理一体化机制，实施沿湖47个村落污水收集处理系统提升改造项目。五是抓好流域空间管控。严控湖周新增建筑，强化水资源管理，加快程海沿湖螺旋藻养殖池外迁工作。六是抓好生态修复。加大程海流域生态环境治理力度，实施退耕还林、入湖河道综合治理、面山生态修复和水生态系统恢复工程。

坚持基础设施建设与金沙江绿色经济走廊建设相结合。支持配合华丽、宾永、宁永三条高速公路建设，稳步推进金沙江中游航运基础设施建设，实施永胜县金沙江沿线“直过民族”贫困人口通村公路建设，加快“四好农村公路”建设。抓好永胜通用机场、丽攀铁路项目建设。推进小米田水库、龙开口水资源综合利用一期配套灌渠工程，争取开工扎实德水库和小坪水库引蓄灌溉工程。实施永胜县金沙江贫困人口节水灌溉项目，推进乡（镇）重要脱贫基础支撑水利项目“五小水利”工程，解决金沙江沿线贫困村产业发展及灌溉用水困难问题。加快农村通信和电网改造，提升乡村4G网络质量，实现10千伏以上动力电“村村通”。

坚持城乡融合发展与金沙江绿色经济走廊建设相结合。实施乡村振兴战略，围绕“产业兴旺、生态宜居、乡风文明、治理有效、生活富裕”的总要求，打造顺州迪里、涛源和谐、期纳谷宇等15个乡村振兴示范村。加快移民新村建设，做实移民库区后期扶持项目，带动干渠沿线65千米的绿色经济走廊。主动融入丽江全域旅游，做好以程海、金沙江为重点，以边屯文化为核心的旅游文化产业发展规划，提早谋篇布局永胜旅游产业。推进省级园林城市创建工作，深入开展城乡“四治三改一拆一增”和村庄“七改三清”环境综合治理，加快实施农村饮用水安全集中供给、污水集中处理、垃圾无害化处理等设施建设。

（甜　江）

龙开口电站　　（许太琴　摄）

生态文明建设资讯

云南农大发布科研成果

2018 年 1 月 11 日，云南农业大学召开 2017 年科技工作会暨创新成果发布会，公布包括“基因编辑与体细胞克隆技术”“三七林下有机种植技术”在内的 9 大科技研究新成果。

2017 年，学校新增各类科研项目 402 项，在研项目 1579 项，在研项目经费 6.3 亿元。其中，杨生超教授牵头的国家重点研发计划项目“三七生态种植技术与大健康产品研发及产业化”获准立项公示，实现学校“十三五”以来国家级重点研发计划项目的首次突破。该校 2017 年获国家级、省部级奖 14 项，申请专利 326 件，授权专利 137 件，7 种植物的 12 个新品种及 1 个动物新品种通过审定或登记。学校植物与动物科学首次进入了 ESI 全球排名 1% 的学科，成为云南省 4 个进入 ESI 全球排名 1% 学科的高校之一。此外，通过团队平台带动创新创业人才培养，学校 3 位教授成功入选国家农业产业技术体系岗位专家，3 位教授新增为省现代农业产业技术体系首席科学家。新增 4 个院士专家工作站和 1 个省级重点实验室，新增动物基因编辑和体细胞克隆技术省级创新团队。

魏红江教授研究团队与美国科学家合作建立了以猪为主的高效且稳定的动物基因编辑和体细胞克隆技术体系，开展异种器官移植、人类重大疾病小型猪模型、基因功能验证等研究，成功克隆出世界首批内源性逆转录病毒活性灭活猪。

云南发布核桃产业创新成果

2018 年 1 月 11 日，云南核桃产业创新成果发布会在云南农业大学举行。发布会上，公布“云南核桃产业创新行动计划”“大理白族自治州核桃产业科技创新行动计划”的阶段性成果：核桃平衡酸奶系列新产品及核桃林下丹参原生态种植技术。

云南省作为世界深纹核桃（泡核桃）的原产地，有 120 多个县（市・区）有核桃分布或引种。核桃产业是云南省覆盖面最广、带动性最强、受益面最大的富民产业。为推进云南省核桃产业健康、可持续发展，同时带动其他特色农业产业以更高质量发展，2017 年，省政府印发实施了《云南省核桃产业发展行动方案》。随后，大理州与云南农业大学、云南省高原特色农业产业研究院聚焦核桃产业科技创新驱动、精深加工，共同实施《大理州核桃产业科技创新行动计划》。农大和产业研究院充分发挥在高原特色农业生产、加工、销售、文化传播等方面的专业学科、科技和人才优势，组建核桃科技智囊团队及科研课题小组，开展核桃全产业链整体策划和研究，在“核桃平衡酸奶系列新产品”研发、“核桃林下丹参原生态种植技术”方面取得阶段性成果。

资源环境与生命科技创新发展论坛举行

2019 年 1 月 19 日，第三届资源环境与生命科技创新发展高层论坛在昆明举行，来自全国卫生、环境、农业、测绘地理信息等行业的专家学者以“加大创新要素供给、强化创新平台支撑”为主题，深入探讨资源环境和生命科技领域的创新发展模式。

专家分别作《生态文明建设与土地科技创新》《加大创新要素供给、强化创新平台支撑——“十三五”期间国家创新支持政策解读》主题报告，从不同角度阐述科技创新对中国经济社会发展的引领作用和对生态文明建设的促进作用，解析资源环境与生命科学领域的创新战略、创新方向、步骤安排和国家创新支持政策，并从全球科技发展视角，介绍国内外资源环境与生命科学领域创新发展的情况。

整合国内外科技学术资源基础，追踪利用大数据与人工智能技术，为资源环境与生命科技领域的各类机构开发知识管理与知识发现平台、科研成果统计分析与评价平台和协同创新支撑平台尤为重要。

论坛由中国土地学会、中国环境科学学会、中国水利学会、中国医师协会、中华预防医学会、中国气象学会、中国海洋学会、中国地震学会、中国测绘地理信息学会和《中国学术期刊（光盘版）》电子杂志社有限公司联合主办。

云大云南生态文明建设智库入选中国核心智库

中国社会科学院发布的《中国智库综合评价 AMI 研究报告（2017）》及核心智库榜单中，云南大学云南生态文明建设智库入选中国核心智库。

《中国智库综合评价AMI研究报告（2017）》按照综合性智库、专业性智库、企业智库和社会智库四大类对中国现行智库进行评价，最终选出166家智库进入“中国智库综合评价核心智库榜单”，云南大学主持建设的云南生态文明建设智库作为高校智库A类（211高校其他领域）入选中国核心智库。

云南生态文明建设发展智库是由云南大学生态学与环境科学学院段昌群教授领衔创建并持续发展起来的。在北京大学、中国环境科学院、云南环境科学院等高校和科研院所的支持下，历经10余年，从2007年启动作为智库性质的云南生态建设与可持续发展研究基地建设以来，持续关注云南省环境保护、生态建设、绿色发展等重大社会经济问题，2015年发展为云南省高校生态文明建设智库，2016年作为云南生态文明建设发展智库，入选首批云南省重点新型智库。

云南启动农村综合改革试点工作

2018年6月底，云南省财政厅印发《关于组织开展2018年农村综合改革“美丽乡村+文化”试点项目申报的通知》，决定在云南省选择一批具有典型代表意义的乡村，开展农村综合改革“美丽乡村+文化”试点工作。

该试点旨在进一步丰富和提升云南省美丽乡村建设的内涵和品质，打造美丽中国的乡村样板村和乡村振兴的示范村。试点工作以建设美、经营美、传承美“三美”同步推进为重点，注重美丽乡村建设与文化的融合，推动乡村文化事业和文化产业繁荣发展，建成一批能够带动当地经济社会发展、宜居宜业的品牌名片村，打造美丽中国的乡村样板，为实施乡村振兴战略提供文化支撑。

在确定试点对象中，综合考虑区位优势、资源禀赋、产业基础等因素，围绕红色文化、民族风俗、历史文化等，优先在全省选择一批最能代表云南特色的基础条件较好、民族特色鲜明、红色文化资源丰富、发展成效突出、示范带动作用强的自然村或连片自然村开展试点工作。试点内容包括：保护利用乡村传统文化，处理好乡村规划建设与历史文化保护传承的关系，实现美丽乡村和文化的完美结合。同时探索建立农村可持续发展机制和农民持续增收的长效机制，盘活地方和民族特色文化资源，推进建立农村环境治理与保护长效机制，促进乡村传统文化与生态文明建设融合发展。加强农村社区公共服务能力建设，激发农村农民自我发展的内生动力。

该办法由党委、政府牵头负责，财政部门具体实施，有关部门协调配合，构建政府、市场、社会协同推进试点的参与机制。充分尊重农民意愿，采取“县级自愿申请、州（市）推荐上报、省级审核备案”的方式确定试点项目。

首家生态环境文化长廊

2018年5月11日，云南省环保厅在大理古生村打造的云南省首条生态环境文化长廊建成开放。

该文化长廊长约130米，53幅苍健有力的书法作品制成的展板整齐排列，贯穿长廊始终。文化长廊以习近平总书记关于生态文明建设新思想新理念新战略为引领，弘扬环境文化、传播生态文明。文化长廊建设旨在深入宣传习近平总书记新时代生态文明新思想、新理论，弘扬环境文化，传播生态文明。以丰富多彩的形式，传播绿色发展理念，倡导建设美丽和谐家园，拓展云南省生态环境文化建设内涵，提升公众环境素养。

楚雄市获“国家森林城市”称号

2018年3月底，楚雄市被国家林业局授予“国家森林城市”称号，标志着楚雄市坚持不懈的生态文明建设工作取得重大的阶段性成果。

自2016年启动国家森林城市创建工作以来，楚雄市大力实施中心城区绿化、集镇村绿化、森林长廊、生态屏障、种苗培育、特色经济林建设等造林绿化工程，全市共创国家级生态文明乡镇2个、省级生态文明乡镇3个，城市森林覆盖率已达76.93%，中心城区绿化覆盖率达40.15%。

楚雄市深入贯彻落实绿色发展理念，以生态文明新理念为引领，加强组织领导、科学规划布局，坚持工程推动、广泛宣传动员，不断推动国家森林

楚雄市街景　（王　新　摄）

城市创建取得新进展，改善城乡人居环境，传播生态文明理念，促进城市绿色发展，有效助推了造林绿化进程。

此外，在2018年2月中央文明办公布的2018～2020年创建周期全国文明城市提名城市名单中，楚雄市也榜上有名。

云南大学生态文明研究生暑期论坛举行

2018年7月21日，“转型与创新：云南生态文明建设与区域模式研究”暨第二届云南大学生态文明研究生暑期论坛在云南大学东陆校区科学馆举行开幕仪式，来自全国各地高校及科研机构的专家、青年学者齐聚一堂，共同探讨云南生态文化建设、生态制度建设、生态建设路径的转型与创新。

该论坛分设云南的绿色发展、生态旅游、高原特色农业、生态城市、美丽乡村建设、高原湖泊保护、少数民族生态文化、野生动植物保护与生态文明建设等专题。在为期3天的会议中，国内长期从事生态文明研究的著名专家学者对参会学员进行理论和方法指导，开展多学科、多视角研讨和交流，并围绕“转型与创新:云南生态文明建设与区域模式研究”主题，探讨云南生态文明建设乃至中国生态文明建设的新路径、新方法、新视野，激发青年学者关注现实的情怀，拓宽青年学者学术思维，促进国内外生态文明学术交流，提升学术研究水平，力图让国内外有志于从事生态文明研究的青年学者接触生态文明研究前沿问题，为未来生态文明建设之路提供新思考、新见解。

论坛由云南大学服务云南行动计划“生态文明建设的云南模式研究”项目组主办，云南大学西南环境史研究所承办。

红河州“清水、净土、蓝天、国土绿化”行动

红河州委、州政府将生态文明建设贯穿到经济社会发展全过程，全面实施“清水、净土、蓝天、国土绿化”行动，抓实13个县（市）城市森林公园、湿地公园的巩固完善提升，全面落实河（湖）长制，加强重点区域重金属污染综合治理和滇南中心城市核心区大气联防联治，形成节约资源和保护环境的空间格局、产业结构、生产方式、生活方式。

红河州把城市面山和通道绿化作为推进国土绿化、加强生态建设、推进生态文明的重要抓手，着力构建滇南绿色生态屏障，累计投入林业建设资金40.8亿元，带动社会投入30余亿元，完成营造林322万亩、通道面山绿化28万亩，全州森林覆盖率上升到50.9%。哈尼梯田、异龙湖、长桥海成功申报为国家湿地公园，红河州被评为“2017年度中国绿色发展优秀城市”。

红河州把城市森林公园和湿地公园建设与产业培植、扶贫开发、旅游发展、基础设施建设、城乡规划建设相结合，在全州13县（市）城市规划区范围内建设11个森林公园、3个湿地公园，总面积5066公顷，蒙自文澜公园、启园森林公园，弥勒东风韵、太平湖森林公园，建水五龙湖森林公园，石屏异龙湖湿地公园，开远凤凰山森林公园，泸西黄草洲湿地公园等，成为城市客厅、市民休闲活动的好去处。

（甜　江）

保山、华宁获国家生态示范市县称号

2018年12月15日至16日，中国生态文明论坛年会在广西壮族自治区南宁市召开。此次会议以“生态文明 绿色发展——深入学习贯彻习近平生态文明思想 建设天蓝、地绿、水清的美丽中国”为主题。会上，

红河哈尼梯田湿地　（许太琴　摄）

生态环境部对第二批45个国家生态文明建设示范市县进行了授牌命名。其中，云南省保山市、华宁县获第二批国家生态文明建设示范市县称号。

（李　洁）

腾冲、元阳获“两山”实践创新基地称号

在2018年12月16日南宁中国生态文明论坛年会上，云南省腾冲市、红河州元阳哈尼梯田遗产区获第二批“绿水青山就是金山银山”实践创新基地称号。

（李　洁）

绿树碧水腾冲市　　（许太琴　摄）

生态文明实践

大理生态宜居新乡村建设

大理市把学习贯彻党的十九大精神和实施乡村振兴战略摆在突出位置，按照产业兴旺、生态宜居、乡风文明、治理有效、生活富裕的总要求，以统筹城乡发展、留住美丽乡愁为抓手，立足地域特色，科学规划、统筹推进美丽乡村建设，以坚持和实现生态美、环境美、城市美、乡村美、山水美。

一、突出重点，夯实美丽乡村基础

从自然生态环境来看，大理市“七分为山、一分半为洱海、一分半为平坝”，保护与发展的矛盾十分突出。加快乡村振兴，是大理市加强洱海保护治理、推动高质量跨越式发展的必然选择。大理市坚持政府引导、规划先行，以问题为导向，以制度为根本，激发广大村民积极性、主动性、创造性，激活乡村振兴内生动力。

政府引导。村民是促进乡村全面振兴和美丽乡村建设的主体。大理市深入学习宣传贯彻习近平新时代中国特色社会主义思想和考察大理重要指示精神，成立白族“大本曲宣讲团”，用群众喜闻乐见的白族传统艺术形式，开展遵守村庄规划、保护生态环境、保护历史文化等宣传活动，寓教于乐，让“绿水青山就是金山银山”理念家喻户晓、深入人心。不断完善村规民约，增强村民节约意识、环保意识和生态意识，推进垃圾、污水集中处理，培育文明乡风，激发村民共建美丽家园的内在愿望和行动自觉。

规划编制。按照城乡统筹发展的思路，致力保护洱海流域生态环境、保护恢复村落古朴形态、保护传统村落及民族历史文化，全面梳理城乡规划体系，加快城乡规划编制与村庄规划修编，力求做到城乡环境、空间和产业布局“一盘棋”、规划“一张图”。抢抓国家“多规合一”试点机遇，完成《大理市城乡总体规划》《大理市城市总体规划》等重点规划编制工作，确立村落空间控制原则，划定村庄禁建区、限建区、适建区和村庄增长边界，实现村庄发展与洱海保护、基本农田保护、传统建筑风貌保护、历史文化保护等多方面的协调。

环境整治。持续加大“清洁家园、清洁水源、清洁田园”环境整治力度，建立“户保洁、村收集、镇转运、市处理”的城乡垃圾收集清运处置一体化机制，全市城乡垃圾实现全收集、全处理，生活垃圾无害化处理

大理喜洲新貌　（江　云　摄）

大理喜洲严家大院博物馆　（许太琴　摄）

大理樱花谷乡村文化旅游　（江　云　摄）

大理白族扎染工艺　（许太琴　摄）

率达100%。建成由11个污水处理厂、3100千米管网、29座分散式村落污水处理设施构成的城乡生产生活污水截污治污体系，实现农村生活污水全收集处理。

建章立制。以制度建设为突破口，根据洱海保护治理和保护传统民族建筑的需要，制定《大理市城乡规划委员会工作规程》《大理市农村个人建房联审联批制度（试行）》等规章制度，全面加强洱海周边城乡规划建设管理，促进村庄规范有序发展。建立健全控制性详细规划动态维护机制，理顺完善规划审批管理工作流程，严格执行专家评审、部门初审、规委会审查、批前公示等程序规定，抓实抓牢规划验线、过程监管、规划核实等重点环节，项目建设审批管理服务得到进一步加强。建立村庄建设现场公示制度、违法建设举报奖励制度，全面实行农村建房监管、巡查、验收制度，分级负责，严格把关，构建部门监督指导、乡镇主体责任、公众全面参与的村庄规划建设监督管理网络，形成齐抓共管的良好局面。

二、从严管控，留住乡村传统风貌

从下关龙尾关沿苍山之麓往北到太和城遗址，到大理古城，到喜洲古镇，再到龙首关，是一条绚丽的历史文化长廊。大理市把留住乡村传统风貌、传承历史文化底蕴，作为促进乡村全面振兴、建设美丽宜居乡村最为宝贵的资源来保护和利用。

农户建房严审查。2015年以来，大理市打响洱海流域环境综合整治攻坚战，叫停全市4691户农村个人房屋在建户，按照“全面叫停、乡镇初审、市级复核、交叉审核、分类处置”的程序和方法，对所有在建户的土地、规划、建设等审批情况进行逐户清理检查、建档立卡、分类造册。

提升设计严标准。大理传统乡村民居建筑风格是苍洱大地一道独特的景观。为保证农村个人建房传承好传统建筑风格，大理市将农村建房设计作为审批的必备条件，所有农村建房设计必须符合传统建筑风格，建筑物总高不超过12米，建筑面积严格控制在450平方米以内。由大理市规划设计研究院在乡镇设立分院，参与乡镇开展农村个人建房规划报建图设计、地形测绘、放验线、竣工验收等工作。2015年以来，完成3000余户农村个人建房规划报建图设计，有效保障洱海流域乡村传统民居风格的延续。

建强队伍严监管。围绕洱海流域规划建设网格化管理全覆盖的目标，建立健全市级领导包镇、镇领导及市级部门包村、村组干部包组的巡查管理机制，每个乡镇均建立15人以上的综合巡查执法队伍，形成强有力的巡查执法队伍保障。每年市级财政预算600万元资金，专项用于实行村庄土地规划建设专管员制度，513个自然村全部配备专管员，专门负责宣传教育、巡查监督、协调服务三项职责，实现了洱海流域村庄规划建设网格化精细管理。

铁腕拆违严执法。按照“管住当前、消化过去、规范未来”原则，以“零容忍”的态度，整治违章建设行为。发挥全市513个自然村土地规划建设专管员作用，专管员每天巡查一次，发现违章建筑，以照片形式，通过微信直接发给乡镇国土规划负责人，实现对违章建筑第一时间发现、第一时间制止、第一时间报告、第一时间拆除，大大降低拆违成本，使违章建筑整治走上制度化、规范化道路。

三、多措并举，促进乡村振兴发展

实施乡村振兴战略是一项系统工程，是一个长期任务，涉及方方面面的工作。大理市以发展的实绩惠民，坚持把改革创新作为突破发展瓶颈的有力抓手，多措并举做实做强乡村产业，全力推动乡村振兴发展，让乡村更加宜居、宜业、宜人，让老百姓生活得更加体面，更加幸福。

深化农村改革添活力。抓住国家级新型城镇化综合试点、国家级农村土地制度改革三项试点、国家级农村集体产权制度改革试点机遇，破除城乡二元结构的体制障碍，激发释放乡村发展新动能。扎实推进农民住房财产权抵押贷款试点，开展农民住房财产权抵押登记、抵押物处置、住房财产权评估等工作。

依托乡村旅游助增收。依托环洱海周边交通便利、旅游文化资源富集的优势，完善城乡基础设施配套建设，保护和修复古镇、古村、古民居，传承和弘扬传统建筑的造型式样、建筑技术、文化因素，打造一批“记得住乡愁”的旅游特色镇、特色村，推动旅游产业与民族文化、生态农业、传统村落融合发展。依托境内“三房一照壁、四合五天井、走马串角楼”的典型白族古民居建筑资源，以大理张家花园、喜洲严家大院博物馆为代表的白族古民居建筑景点和以喜洲白族扎染制作体验为代表的民族特色工艺旅游项目等为重点，做深做精白族乡村文化旅游，不断拓展乡村旅游的新业态、新领域，促进乡村旅游的规模化和产业功能多元化。2017年，大理市接待海内外游客达1674.27万人次，增长11.05%；实现旅游总收入292.58亿元，增长18.59%。

发展生态农业促转型。立足大理空气优，水质清，四季蓝天白云，农业发展具有“生态环保、安全优质、四季飘香”的优势，打响生态农业品牌。划定洱海流域农业生态种植区，完成洱海流域水生态保护区核心区土地流转1.57万亩和高效节水灌溉区土地流转2.55万亩，组建大理市环洱海生态农业投资有限责任公司，引进11家经营主体对集中流转的土地进行规模经营和生态种植，实现农业生产附加值大幅提高。大力支持农业龙头企业，引导发展农产品深加工，促进一二三产业融合发展，欧亚乳业、来思尔乳业、立佳农牧公司被列入云南省农业小巨人和规模以上农产品加工企业，大理农业企业知名度和产品竞争力不断提升。2017年，大理市农业总产值完成47.03亿元，同比增长3.65%。

打造特色小镇树品牌。坚持把打造特色小镇作为加快新型城镇化、推进乡村振兴的重要突破口，在分析研究各集镇的自身特点、经济基础、历史延续和辐射功能上下足功夫，积极向上申报特色小镇建设，大理古城作为国际水平特色城镇、喜洲古镇作为全国一流特色小镇、大理龙尾关小镇和双廊小镇作为全省一流特色小镇，列为省级特色小镇创建名单。按照“企业主体，政府服务，政企合作，联动建设”的思路，政府负责小镇的定位、规划、基础设施和审批服务，引进云南城投、深圳九洲梧桐等知名企业参与特色小镇建设。在保留特色小镇原汁原味的自然风貌基础上，从功能定位出发，强化建筑风格设计，系统规划产业发展、品牌打造、市场营销，建设一批有大理特色和人文底蕴的美丽小镇，实现以点带面，推动乡村振兴发展，让洱海流域成为记得住乡愁的美丽地方。

突出重点项目强基础。针对城乡基础设施差异大、资源共享性不足的问题，把重点项目作为推进乡村振兴发展的载体。根据“十三五”规划纲要确定的目标任务，结合“五网”建设、脱贫攻坚和全面加强生态环境保护等重点工作，围绕乡村振兴战略的重点领域，策划一批带动强、利长远、增后劲的基础设施重大项目，大力实施农村改造提升，全面完成城乡电网改造，实现100%行政村道路硬化和100%自然村通公路，城乡差距不断缩小。按照“城乡一体化、全域景区化、建设特色化、管理精细化”的工作思路，以国家新型城镇化综合试点为统领，争取农发行32亿元政策性贷款支持，实施农村环境连片整治、农村危房改造、农村公路建设、传统村落保护四大工程，让农村面貌得到改善、农民得到实惠。

（云南省中国特色社会主义理论体系宣传调研组）

布朗村寨新思路新发展

施甸县木老元布朗族彝族乡以群众路线为宗旨，以村规民约为切入点，以“八星评定”为载体开展“自强、诚信、感恩”主题实践活动，通过家庭“评星定级”、项目“群众申请”、集体事务“村民小组决议”，将群众思想认识转化为实际行动，变“要我脱贫”为“我要脱贫”，激发群众的内生动力，形成行之有效的乡村社会治理机制。

一、评星定级

木老元乡围绕脱贫攻坚工作开展的活动，把村规民约制定与农户争当“星级户”有机结合，将村规民约内容列入农户“评星定级”的相关条款，在全乡全面推广普遍挂星、一年评比摘星加星一次的“八星评级”。

村规民约内容紧紧围绕如何运用评星定级的结果制定，将“自强、诚信、感恩”主题实践活动倡导的内容细化分为“敬老星”“教育星”“环卫星”“文明星”“诚信星”“公益星”“感恩星”“勤奋星”，每颗星的内容紧扣七改三清、基础设施、殡葬改革、产业发展、社会事业、生态环保、教育文化等各项工作。如“环卫星”里包含七改三清行动提升城乡人居环境，村庄干净整洁门前卫生三包；“文明星”里包含公共基础设施的维护和殡葬改革等内容；“诚信星”则包含脱贫攻坚产业发展中群众不能随意将扶持的种牛卖掉等方面。

有“基础星”的农户，优先申请教育扶持；一票否决星被摘单星的农户，不予申请任何扶持；有“创优星”的农户，优先申请任何扶持。通过把评星定级的结果运用和脱贫攻坚有机结合起来，促使群众形成竞争发展的意识，彻底转变群众“等、靠、要”的思想。

在“八星评级”的激励下，贫困群众自强不息、诚实守信、脱贫光荣的思想观念和感恩意识逐渐树立，对美好生活的向往、对党的感恩之心正在转化为辛勤劳动、艰苦奋斗的自觉意愿和行动。

二、转变观念

全乡以提升基础教育水平、资助家庭贫困学生就学为重点，对在读大学生、高考新录取学生、中考学生、高中在读生、义务教育阶段优秀生实行重奖，表彰优秀教师、新录取大学生道喜、把品学兼优的大中小学生光荣榜张贴到每个村民小组等举措，营造“尊重教师、读书光荣”的社会氛围，全乡没有一户村民因不重视教育而被摘下“教育星”。

在农村环境整治中，该村按照“干与不干群众说了算、干什么群众说了算、如何干群众说了算、出了矛盾纠纷怎么办群众说了算”的思路，群众从最初的“事不关己”变为积极融入，主动拆除临时违章建筑3000多平方米，建成了风格统一、布局合理的美丽家园。

三、提振信心

坚持党委、政府引导、村组主体实施、村民参与自治的理念，通过实行所有扶贫项目“群众申请”制，把自主权交回给群众，引导群众形成竞争发展的意识，彻底转变群众“等、靠、要”的思想。贫困群众逐步树立起自强意识、感恩意识、进取意识和勤劳致富意识，充分激发起脱贫的内生动力。

所有项目优先向没有一票否决摘星户的自然村或一票否决摘星户数较少的自然村倾斜，发挥村规民约社会治理轴心联动作用，促进群众个体之间相互督促、相互帮助、紧密协作，让项目实施和脱贫政策中的难题通过“评星定级”得到有效化解。在群众中形成“听党话，跟党走”的氛围，让群众共享发展成果。

哈寨村2017年被国家民委授予中国少数民族特色村寨，也是民族团结示范村，下一步以“党建＋文化”发展乡村旅游，带动更多群众走出大山，走向小康。

（甜　江）

曲靖市林业改革发展

曲靖市认真践行“绿水青山就是金山银山”发展理念，坚定不移地走绿色发展道路。通过创建“国家文明城市”“国家森林城市”，不断改善生态环境。

2018年底，全市森林蓄积量达5950万立方米，森林覆盖率达44.3%，林业产值达87亿元。珠江源头生态屏障基础进一步夯实，全市生态建设品质不断提升。

一、造林绿化

2018年，曲靖市大力推进“国家森林城市”创建。全市重点实施造林绿化“三大工程”，完成城区绿化

珠江源生态保护　　（江　云　摄）

645.77 公顷，城区绿化覆盖率达 38%；新增城区公园绿地面积 187.11 公顷，人均公园绿地面积达 11 平方米；新增水岸绿化 839.47 千米，林木绿化率达 80% 以上；新增道路绿化 1134.75 千米，新增集中型村庄绿化面积 2242 公顷、分散型村庄绿化面积 1238 公顷。全市创建“国家森林城市”的 40 项评价指标达标 34 项，取得阶段性成果。

同时，全市加快国土绿化步伐，夯实林业生态基础。通过实施以天然林保护、新一轮退耕还林、陡坡地生态治理等重点生态脆弱区域治理工程，重点生态脆弱区域植被恢复效果明显。全市全年完成营造林 45.28 万亩，义务植树 1862.3 万株，参加人数 328.14 万人次。

二、改革国有林场

国有林场改革以来，为实现因养林而养人的改革目标，曲靖市将所有国有林场全部定性为以生态保护为主的公益一类财政全额供养事业单位，兜底解决改革成本。改革实现“政事分开、事企分开”和“公益性质明确到位、事业编制落实到位、财政预算保障到位、基础设施建设资金安排到位”。由此，林场发展活力被全面激发，林区森林资源得到有效保护、职工人心稳定、工作责任心增强。

国有林场改革中，曲靖市共有 9 个林场纳入改革，经营总面积 101.09 万亩，其中林地面积 96.75 万亩，森林蓄积量 382 万立方米，森林覆盖率 82%。与自然保护区重叠面积 5.08 万亩。截至 2018 年中，8 个国有林场和曲靖面店坡联营林场均定性为公益一类事业单位，共核定事业编制 500 人。2018 年全市安排 50 万元国有林场改革工作经费。通过改革理顺管理体制、优化岗位设置、健全社会保障体系，资源监管得到加强、资金投入进一步加大。全市国有林场职工改革满意度调查问卷统计，职工满意率达 100%。

三、林业产业惠民富民

全市各地依托森林、湿地、自然保护区，秉承在保护中利用、在利用中保护的原则，积极引导村组农户发展森林康养、休闲观光、森林运动等为主的森林生态旅游业，打造出一批上规模、上档次的“森林人家”、生态庄园、林家乐等，真正实现“山增绿、林增效、人增收”的目标。

在林业产业发展中，曲靖市依托林地资源和森林生态环境，引导和组织企业、合作社、农民参与林下经济开发，实现森林资源的保值增值。全市累计发展林下经济 39.1 万亩，产值达 22.91 亿元。同时积极引导林农组建林业专业合作社，并推动林农合作社实现由数量扩展向质量提升转变。截至 2018 年中，共发展林业专业合作社 128 个，入社成员 2890 户，合作经营面积 16.5 万亩，其中 12 个林业专业合作社被评为省级示范社。积极引导各类企业与合作社、家庭农场、专业大户等经营主体深度融合，建立利益联结机制，提高自主创新能力，共发展省级龙头企业 49 家。坚持市场导向，突出区域特色，全市发展起核桃 406 万亩，投产 126.5 万亩，产量达 7149.16 万千克，产值达 15 亿元；发展花椒产业 16.7 万亩，产值 1.3 亿元。同时，引进企业规划发展油茶、油橄榄产业，已初见成效。林业产业迈入“生态建设产业化、产业发展生态化”的良性发展轨道。

（甜　江）

保护与发展的“丽江模式”

一、建立保护模式

1997 年 12 月 4 日，丽江古城申遗成功，此后，“古城不再只是丽江人居住生活的场所，而是丽江人的精神家园，是全人类共同的文化遗产，是丽江今后赖以发展的宝贵资源”成为丽江人的共识。市委、市政府把遗产保护摆到事关丽江长远发展、事关全市人民发展权益的高度进行谋划和保护。

20 年来，丽江市秉持“在保护中发展、在发展中保护，在传承中利用、在利用中传承”的理念，促进古城保护发展。丽江古城的保护可以浓缩为 8 个字：修旧如旧、维持原貌。为此，丽江市编制规划，点线面结合，先后颁布实施《云南省丽江历史文化名城保护管理条例》《世界文化遗产丽江古城保护规划》《云南省丽江古城保护条例》《世界文化遗产丽江古城管理规划》等保护古城的地方性法规、规章、规定和办法，为古城实现依法和科学管理、持续发展提供法律保障和管理支撑。

20 年来，丽江市累计投入 37 亿元资金，实施以改善古城卫生、通讯、供电、供水、交通、旅游等基础设施为重点的丽江古城恢复性修建及环境整治工程，开展古城户内外电气线路改造、电力电信有线电视三线和供排水两管入地、文化广场修建、黑龙潭扩容、消防管网铺设和设施完善、道路修复、供配电网络配置、灯光亮化、增加绿化用地、厕所改造等基础设施工程。

2012 年 5 月，国家文物局正式将丽江古城列入“中国世界文化遗产监测首批试点”，并于同年开始着手数字古城建设。截至 2018 年初，完成网络管网改造的全部工程内容，工程共开井 499 个，埋管 960.56 米，

丽江束河古镇（江　云　摄）

逐年快速增长。1995年全市游客总数为84.5万人次，2005年达到404.23万人次，增长3.8倍；1995年全市旅游总收入为3.26亿元，2005年达到38.58亿元，增长10.8倍；2016年全市游客总数为3520万人次，旅游业总收入达到609亿元。

20年来，丽江市将收取的丽江古城维护费全部用于丽江古城的保护，其间，拆除保护区域内不协调建筑，增加古城内环境卫生、消防、绿化等公共基础设施，提高古城水体洁净度、环境清洁度，改善古城整体环境质量；并对古城内的大街小巷逐一整治，铺设供电、通讯以及上水、下水管网，古城生活质量不断改善。

对原有管网进行开挖改造铺设管道，路面按原貌恢复。新建光缆共计26.431千米、光支箱73个、分支箱110个，古城共建设完成7个业务区，具备完全承载3000个监控摄像头的能力，整个古城内90%以上的用户的业务都具备完全接入的能力。实现全城免费wifi，为古城游客和居民提供方便、快捷、实惠的服务。

二、探索文化传承新路

从2009年开始，丽江市每年安排1000万元民族文化保护传承资金，用于整理挖掘文化遗产、修复历史遗存等。

20年来，丽江市逐年将公房院落用于民族文化项目的开发，支持从事东巴文化、纳西古乐、民间手工艺、传统建筑工艺的单位和个人，在古城内从事民族文化传承、弘扬、展示活动，吸引文化名人回归古城项目。古城内民族文化体验展示点达16处，形成如“手道丽江”“方国瑜故居”“天地院”等为代表的民族文化示范窗口和历史文化遗存，营造良好的人文环境，增强游客的文化体验感。

三、丽江模式

申遗成功后，丽江借助“世界文化遗产丽江古城”名片，在保护中发展旅游业，促进遗产保护和旅游业实现双赢。丽江市设立专门的古城保护机构——世界文化遗产丽江古城保护管理局，并建章立制、制定遗产保护资金管理机制和在核心区鼓励传统文化的开展，从战略高度经营民族文化，从而使民族文化和经济成功对接，促进旅游业的发展。

通过品牌的驱动和引领，丽江市游客人数及收入

2001年10月，在联合国教科文组织亚太地区文化遗产管理第5届年会上，丽江古城“以世界遗产保护带动旅游业、以旅游业发展反哺遗产保护”的成功实践和经验，被确定为遗产保护与旅游发展的“丽江模式”，从而形成在亚太遗产地加以推广的决议。

（甜　江）

沾益着力推动绿色生态发展

曲靖市沾益区围绕打造“绿色能源”“绿色食品”“健康生活目的地”三张牌的新要求，挖掘新潜能、转换新动能、拿出新举措，用绿色发展、生态发展的战略定位和理念建设新沾益，努力推动产业结构提档升级，追求高质量发展。

2017年底，沾益区三次产业结构比为20∶39∶41，第三产业占比达41%，约占沾益经济社会发展的一半。同时，沾益牢固树立生态立区、绿色崛起的发展理念，大力推进“森林沾益、生态沾益”建设，截至2018年初，该区森林覆盖率达47.08%，居曲靖市第二位。全区发展银杏3.6万亩、红豆杉8万亩、核桃13.5万亩，为沾益的绿色发展打下坚实的生态基础。

针对工业发展，通过研究论证，沾益选择把铝产业作为工业转型升级的突破口。将沾益工业园区白水片区建成绿色水电铝产业园区，力争到2020年，实

生态沾益建设　　（许太琴　摄）

现产值200亿元，形成涵盖原料、电解铝、铝合金、铝深加工为一体、全产业链的新型产业集群。

针对农业发展，沾益将着力实施建基促农、质量兴农、品牌强农和项目助农“四大工程”。沾益确立了农业发展“3811”的战略发展时间表和路线图，即：用3年时间打造8大产业，到2020年，巩固发展畜牧业，着力推进银杏、红豆杉、一年生当归、蔬菜、蚕桑等产业，每个产业示范基地面积达10万亩，每个产业农业产值达10亿元。努力把“珠源蚕茧”打造成全省业界的翘楚，把“珠源当归”品牌传播到全国各地，把“珠源蔬菜”打造成港澳及东南亚等国家和地区的招牌菜。

沾益着力建设“大珠江源”旅游品牌，确立将珠江源景区创建为国家5A级旅游景区，把珠江源高原体育旅游度假区建设成省级旅游度假区，把沾益建设成为珠江源生态文化旅游新区的新目标。全区致力于构建以高原运动为引擎、生态养生为重点、乡村文化相联动的全域游览体系。

（甜　江）

牟定县护航生态文明建设

楚雄州牟定县人大常委会以促进经济建设和生态文明建设协调发展为切入点、着力点，依法履行好重大事项决定权和监督权，为牟定生态文明建设保驾护航。

依法行使重大事项决定权。县人大常委会于2015年审查批准《牟定生态县建设规划（2015 ~ 2020）》，该规划为牟定生态文明建设指明方向，生态文明建设制度保障体系初步形成。2016年，县人大常委会审查牟定县政府关于创建省级园林城市工作报告，要求县人民政府及其相关职能部门把园林城市创建作为建设生态牟定的重要举措来抓，查找问题，补齐短板，进一步统一干部群众的思想认识，不断提高全民参与生态文明创建的自觉性、主动性。

依法监督人与自然协调发展。县人大常委会紧盯县政府关于生态文明建设的重大决策部署和工作安排，依法开展监督工作。一是对本县贯彻实施《中华人民共和国环境保护法》进行执法检查，坚持用法律制度保护生态环境，实现经济发展和环境保护双赢。二是每年听取县人民政府关于环境保护工作情况的报告，召开县人大代表和基层干部参加的座谈会，及时掌握全县环境保护工作中存在的问题，提出改进建议。通过人大监督，矿冶化工污染、沙石场开采、食品加工污水排放等人民群众反映突出的环保问题得到解决。

人大代表为生态文明建设发声。每年县人代会期间，基层的人大代表都会提出许多和生态文明建设相关的议案建议。习兰芳等代表提出的“关于修建城乡公厕，提升城乡人居环境”、杨菊萍等代表提出的“关于县城下水道清淤”的问题、罗琼美等代表提出的“关于建设乡镇集镇污水处理设施，改善农村生态环境”的问题均被列为议案得到及时解决。县乡两级人大代表共提出关于生态文明建设的议案建议46件，促进生态环境保护问题落到实处。

环保世纪行力推发展。县人大常委会通过开展环保世纪行活动，大力挖掘典型，向全县人民倡导筑牢绿水青山就是金山银山的理念，号召广大人民群众积极做好实践者、推动者、促进者，保障生态文明建设向前发展。全县有省级生态文明乡镇6个、省级绿色社区3个、省级绿色学校6所、省级环境教育基地3个，州级生态文明村84个、州级绿色学校15所、州级环境教育基地1个，生态文明建设水平位于全州前列。

牟定县人大常委会切实履行工作职责，为牟定生态文明建设保驾护航，为建设美丽牟定贡献力量。

（甜　江）

生态文山——城乡建设新面貌

文山州坚持绿色发展，不断增强生态文明意识。建立由州长挂帅的生态文明建设领导小组，编制实施《文山州生态文明建设规划（2015 ~ 2025年）》，出台一系列政策性指导文件，加强顶层设计，进一步细化和明确工作目标、职责任务。广泛开展生态文明建设宣传活动，鼓励公众积极参与，提高各族群众特别是各级领导干部的生态文明意识，绿色发展正成为文山各族干部群众的自觉追求。到2017年底，创建省级生态乡（镇）42个、州级生态村227个；参加义务植树人数累计达535.25万人次，义务植树3014.8万株。

优化国土空间，建设天蓝地绿的宜居文山。截至2017年底，全州共有国家、省、州级自然保护区8个，面积141万亩，占全州总面积的3%；完成石漠化综合治理面积177万亩，探索出“山顶戴帽子、山腰系带子、山脚搭台子、平地铺毯子、入户建池子、村庄移位子”的石漠化治理“六子登科”模式；“十五”以来，共投入林业生态项目资金35亿元，全州森林覆盖率达50.8%，森林蓄积量6018万立方米，生态文明建设成效显著，林业在扶贫攻坚中带动77.49万人增收致富。

发展生态经济，推动产业培育向绿色转型。大力发展生态型、优质高效型现代农业，三七、烤烟、辣椒、甘蔗、木本油料等具有文山高原特色的农业现代产业培育壮大。妥善处理好旅游开发与环境保护的关系，强化自然保护区、湿地、草场、水源地、江河湖泊、喀斯特溶洞等保护，合理布局生态旅游基础设施，旅游业发展与生态环境保护协调推进。充分发挥资源优势，加大水电、风电、光伏发电、生物质能发电等新能源建设力度，大力发展绿色能源。“十二五”期间，全州单位GDP能耗累计下降率达18.52%，超额完成“十二五”节能降耗下降12%的目标，累计淘汰落后和过剩产能47.8万吨。

广南坝美喀斯特景观　　（许太琴　摄）

强化环境治理，建设山清水秀的美丽文山。2017年文山市城市空气质量优良天数比例为99.18%，其余7县空气质量达二级标准；国家、省考核地表水优良水体比例达100%；县级以上集中饮用水水源地水质达标率为97.2%；乡（镇）政府和村委会驻地实现免费公厕全覆盖，12458个自然村实现垃圾有效治理，城市污水、生活垃圾无害化处理率分别达到88%、95%；设立各级河（湖）长4242名，实现全州境内所有河流、湖泊全覆盖，“河长制”体系全面建立。

（甜　江）

永胜县发展特色林果产业

永胜县深入学习贯彻落实习近平新时代中国特色社会主义思想和中共云南省委的决策部署，在发展有利于植被恢复改善，具备生态价值和经济价值的绿色经济林果产业上，进行积极的实践探索。

一、立足地理气候特征，找准产业振兴抓手

永胜县根据乡村产业发展需要和地理气候特征，把软籽石榴产业作为打造金沙江绿色经济走廊、加快发展绿色产业的重要抓手，将软籽石榴列入绿色重点产业，制定产业发展规划，在金沙江沿线的顺州、涛源、片角等乡镇的适宜区域率先栽种。截至2018年初，永胜县种植软籽石榴41500亩，2017年实现产值6000万元。

永胜县在软籽石榴产业发展过程中，坚持重质量、树品牌，注重软籽石榴品牌塑造，积极组织企业、专业合作组织开展有机认证。一方面，着力鼓励龙头企业、农民专业合作社等经营主体积极培育品牌。10年前，期纳镇的江海专业合作社从河南荥阳引进优质软籽石榴种苗，进行栽种试验示范、品种选育和推广种植，选育出成熟早、果实大、味道甜、着色全面、颜色红艳漂亮、籽粒特软、耐储运的“滇胜红”软籽石榴。2015年10月，“滇胜红”软籽石榴参加全国石榴评选，获得全国金奖。2016年，“滇胜红”软籽石榴通过云南省名牌农产品认证。2016年10月，丽江市金樱园软籽石榴庄园有限公司等7个企业、专业合作组织与南京国环有机食品认证中心签订有机认证协议，开展有机认证。2017年，这7个企业、专业合作组织获得软籽石榴有机产品转换证书，专业合作组织3900亩基地取得认证转换资质，进入有机转换期。目前，正在组织规模以上连片种植企业、专业合作组织推进有机认证工作。另一方面，实行“统一品牌、统一包装、统一标志”发展绿色产品，强化软籽石榴品牌宣传推广。由永胜县软籽石榴产业发展办公室牵头，加快推进“三统一”工作，目前正组织开展品牌、包装、标志设计及制定品牌、包装、标志的管理使用办法等工作。

二、结合水电开发，发展移民后续生计产业

永胜县所在的金沙江流域，先后建设金安桥、龙开口、鲁地拉、观音岩4个大型电站，移民搬迁32319人。为了支持和融入国家水电建设，同时也为了让移民搬得出、稳得住、能致富，永胜县委、县政府积极出思路、想办法，努力通过发展以软籽石榴产业为主的后续产业，确保库区经济繁荣社会稳定。

涛源移民建镇后，当地党委、政府主动融入“金沙江百里绿色生态经济走廊”建设，因地制宜调整产业结构和生产区域布局，立足发挥比较优势和后发优势，着力打造特色支柱产业。涛源镇发展软籽石榴1.5万亩，沃柑1.3万亩，建成4个农村集体经济示范基地。

在以涛源镇、片角镇移民村为重点，推进以软籽石榴产业为主的后续产业发展中，通过给予移民种苗、基地补助，着力建设移民库区万亩软籽石榴种植基地。在具体的举措上，主推成熟技术，开展“1+X”培训和实行定点包村联户技术服务，育苗110万株，以鲁地拉电站移民库区为重点规划发展软籽石榴1万亩，创建移民库区万亩软籽石榴产业基地，同时在库区重点打造10个百亩以上连片的软籽石榴产业示范园区，打造10个60%以上的农户参与自行种植的产业示范村。对于示范园区、示范村外的移民区农户，有种植石榴意愿的，无偿提供种苗。

按照“资金跟着项目走，项目跟着方案走，方案跟着规划走”的原则，一级提水工程使库区灌溉高程从海拔1224米上升至1400米，保证自然灌溉区农业用水，此区域以水稻、蔬菜、红花种植为主；二级提水工程保证海拔1500米以上灌区农业用水，以栽种软籽石榴等经济生态林为主；海拔1500米以上无水资源保障的区域退耕还林还草，发展畜牧业和形成库区保护生态屏障。

三、围绕精准扶贫精准脱贫，培育具有潜力的经济林果产业

永胜县委、县政府把产业精准扶贫作为打赢脱贫攻坚战的重要举措，围绕贫困群众的增收目标精准施策，着力把以软籽石榴为主的经济林果产业，培育为具有潜力的脱贫产业。2016年以来，永胜县把软籽石榴为主的经济林果产业作为重点扶持的产业，制定一系列扶持发展的政策措施，为产业发展提供资金保障和政策支持。整合农业、水利、国土、财政等农业基础设施建设项目，重点向片角、涛源、期纳、程海、三川等软籽石榴适宜区倾斜，加快建成软籽石榴发展的硬件设施。鼓励县内适种区农户种植软籽石榴，采取先建后补的方式，对新植软籽石榴在种苗、基础设施建设等方面给予补助。在发展方式上，采取“企业+合作社+建档立卡贫困户”的产业扶贫模式，在适宜区带动建档立卡贫困户1398户5312人发展软籽石榴产业。加强科技服务，突出软籽石榴产业开发中的科技创新，整合农业科技推广资源，成立科技服务团队，加大科技推广经费投入，开展重大课题攻关，开展科技服务。

鲁地拉镇是省级重点扶贫攻坚贫困乡之一，为加快该区域移民群众发展，县移民局通过积极争取项目资金，结合配置给安置点移民的生产用地，在米汤地安置点实施省级软籽石榴基地建设项目121亩，并扶持该村成立鲁移园种养专业合作社，经营管理软籽石榴基地。

永胜龙开口电站　　（江　云　摄）

四、发展高原湖滨乡村旅游度假观光产业，拓宽乡村振兴产业路子

永胜县注重金沙江绿色经济走廊建设，大力发展高原湖滨乡村农业旅游观光产业。除了深入挖掘、提炼、宣传、打造边屯文化、毛氏文化、他留文化品牌之外，特别重视沿金沙江、沿程海湖、沿公路的平地和面山生态环境恢复再造。发展以软籽石榴为主，包括沃柑、桂圆、杧果、褚橙等在内，极具观赏价值和经济价值的经济林果产业，既是对地理气候特征的充分挖掘运用，又为开发高原湖滨乡村农业旅游观光产业提供有力支撑支持。每年精心筹办“永胜软籽石榴节”，以节招商、以节促销、以节扩大知名度。与此同时，还到北京、上海等大城市组织“永胜软籽石榴展销会”，把软籽石榴推介到全国更多地方，让大众知晓、喜爱、接受“滇胜红”品牌。

（调研组成员：杨文江　李宝银　张鸿祥　李　祥　马丽红　苏永清　王大林　李建宏）

普洱市的绿色发展之路

一、推行“绿色新政”

普洱市是全国首个绿色经济试验示范区，在无经验可借鉴、无样板可学习的情况下，牢牢把握“立足自身资源优势发展绿色经济，为西部地区生态文明建设、绿色循环低碳发展探索路子”的宗旨，形成一系列普洱原创、普洱首创的做法和经验。

2013 年，普洱市被国家发改委批准为全国首个绿色经济试验示范区以来，先后制定普洱市建设国家绿色经济试验示范区发展规划、实施方案和行动计划。在绿色发展的进程中，普洱市在全国率先推行绿色考核，制定绿色经济考评体系和考评办法，由绿色经济发展、资源利用效率、环境与生态效率、工作开展与评价四部分构成的 29 个二级指标，并将其纳入县（区）综合考核的重要内容。同时，出台加强生物多样性保护的决定和行动方案，全面实施生物多样性和生态系统服务价值评估工作，完成云南省首张自然资源资产负债表，实践“绿色检察”。探索绿色金融，建立金融支持绿色经济发展评估制度，成立绿色金融服务中心，组建绿色经济融资担保公司，成功发行全国首支总规模 50 亿元的绿色经济发展基金。

普洱市出台 31 项茶叶、咖啡、生物药等重点领域、重点行业、重点产品绿色评价标准。建立茶叶质量可追溯机制，出台景迈山、普洱山、凤凰山等名茶名山古茶林普洱茶产品标准，确保每一片古茶林都有身份证、有履历、有检测、有监控，可识别、可查询、可追溯、可信任。为有效保护澜沧景迈山千年万亩古茶林，还通过人大立法禁止开采埋藏在景迈山下储量达 22 亿吨的铁矿，摒弃了长江以南最大的铁矿资源和经济短期迅速发展的 GDP 诱惑，实实在在用制度确保青山常在、碧水长流、永续发展。

二、打造特色产业

在推进国家绿色经济试验示范区建设的过程中，全市坚持发展与生态两条底线一齐守、两个成果一起要，全力打造“绿色能源、绿色食品、健康生活目的地”三张牌，推进绿色农业、绿色工业等八大类 67 项试验示范工程，推动存量经济绿色化改造、增量经济绿色化构建，努力构建以绿色发展为主题、绿色经济为主流、绿色产业为主体、绿色企业为主力的绿色发展新格局。

茶叶、咖啡、生物药、高原特色农产品是普洱市绿色农业发展的重心，坚定不移地走绿色生态有机化的发展路子，抓标准、抓品牌、抓“互联网 +”、抓融资、抓庄园、抓整合。普洱雅咪红公司是普洱众多茶企中的一家，该公司大力种植有机茶叶，万亩茶叶基地中 8848 亩达到有机茶园标准，更有 2400 亩获得中国、欧盟、美国、日本有机认证。有机茶出口利润是常规茶的 10 倍。随着公司 40% 的茶叶出口欧洲市场，茶农收入也以每年 10% 的速度递增。

生态茶园改造，是普洱市农业发展中的一个创新，通过采取每亩台地茶留养 160 株茶树，模仿景迈山人工栽培型古茶园野生树种品种，在台地茶园里每亩套种 8 ~ 10 株覆荫树，仿照实施生态茶园改造，进而引领生态咖啡园、生态生物药园发展以及有机茶园改造方向，引领绿色农业高端化发展。截至 2018 年初，全市建成生态茶园 165 万亩、咖啡 79 万亩、生物药 38 万亩，30 万亩茶园通过有机认证和进入转换期，无公害、绿色、有机农产品种植面积比例达 30.4%，居全省首位，获得有机认证证书 165 张。

普洱山区面积占 98.3%，大力推广上面核桃、坚果，中间茶叶、咖啡，下面白芨、黄精、食用菌的立体生态种植模式，推动林业三次产业融合发展。随着有机铁皮石斛、滇重楼、滇黄精等林下生态种植面积不断扩大，林下经济收入占到农民总收入的三分之一，实现不砍树也能致富的目标。

2017 年，全市实现绿色 GDP588.29 亿元，占 GDP 比重达 94%；绿色产业增加值 246.11 亿元，占 GDP 的比重达 39.2%；绿色产业信贷余额 576.67 亿元，占全市信贷余额的比重达 84.3%。农民绝大部分收入来自绿色产业，绿色产业收入占农民收入和财政税收的比

例分别达到50%以上。绿色经济成为富民强市的有力支撑，为保持经济持续快速健康发展发挥重要作用。

三、建设生态家园

2013年，普洱市正式启动实施生态移民工程，用5年左右时间将30万贫困人口从生态脆弱区和重要的生态功能区搬迁出来，以期实现既保护自然资源和生态环境，又改善贫困人口生存条件的双赢目的。生态移民工程明确划分7个移民范围：自然保护区、水源保护区、公益林区、森林公园风景名胜区、地质灾害区、脱贫致富困难地区和保护生态改善民生需搬迁地区。仅2012年试点和2013年正式实施两年间，全市实施36个生态移民工程，安置8034人，探索出一条实施生态移民与脱贫攻坚相结合，同时为环境保护让路的生态文明建设之路。

普洱市在抓住气候优势，实施全域旅游战略，围绕普洱茶文化、民族文化、边地文化、生态体验、健康养生、康体运动等主题，积极打造集文化旅游、养生养老为一体的国际性旅游休闲度假养生基地。普洱国家公园、西盟勐梭龙潭、北回归线标志园成功创建4A级景区，普洱开元梅子湖度假酒店、佤山秘境精品酒店、景迈山柏联精品酒店等一批具有代表性的休闲度假养生产品既赢得市场，又赢得口碑。

四、发展清洁能源

普洱市着力打造以水电为主，风能、太阳能、光伏发电为互补的清洁能源基地。一大批水电站投产发电，建成风电场2座、光伏发电站1座，全市电力装机规模922.24万千瓦，是“西电东送”“云电外送”的重要基地。2017年全市清洁能源总产值达到86.01亿元，境内的华能糯扎渡水电站是世界第七大水电站，有“花园式电站”美称。电站累计发电量突破1000亿千瓦时，相当于减少标煤消耗4180万吨，减排二氧化碳7850万吨。为保护周边生态，糯扎渡电站投入数亿元建设野生动物拯救站、珍稀鱼类增殖流放站和珍稀植物园“两站一园”。

通过整治，全市农药使用量下降40.5%、秸秆综合利用率87.1%、畜禽粪污处理利用率达83%，完成66户企业清洁生产审核，淘汰7条水泥生产线143万吨落后产能，整合关闭6对、转型升级11户煤矿，11家制糖企业、10家制胶企业、5家水泥企业完成减排改造，主要污染物总量减排目标责任制考核连续三年优秀。

普洱全市建成自然保护区14个、国家森林公园

澜沧县景迈山　　（王　新　摄）

3 个、国家湿地公园 1 个，受保护地区占国土面积的 20.1%，保存的物种接近全国的 1/3，黑冠长臂猿数量占全国 2/3 以上，野生亚洲象从 2010 年的 34 头增至目前的 104 头。全市森林面积 304.87 万公顷，森林蓄积量 2.8 亿立方米，位居云南省第一；水环境质量达标率保持在 100%，二级以上空气质量占比达 97.26%。

（甜　江）

芒市迈进生态田园城市

德宏州芒市致力率先打造宜居宜业的生态田园城市，以高标准、严要求全力以赴推进城市建设，探索城镇化建设发展新路。

芒市生态田园城市规划以芒市镇芒晃村为未来城市中心，建设成四周公园和绿地环绕的一片片稻谷田园城市。田园城市规划定位后，严格取消原来规划的西南部工业用地，原工业用地按照保护坝区农田资源的原则调整为非城镇建设用地，划为基本农田，切实保护坝区的农田资源。

芒市按照城乡统筹发展思路，以生态环境保护为核心、田园城市为目标，建设“经济富裕、社会和谐、生态优良”的区域性中心城市，努力实现以芒市城区为重点，形成遮放镇宜居小镇、轩岗乡特色小镇、咖啡小镇、高铁小镇、健康小镇“一城五镇”为主的生态田园城市大格局。

生态田园城市的核心是建设兼具城市功能和乡村风情、促进城乡协调发展的宜居宜业家园。德宏州把山林、田园、水域、河道、绿地、湿地、滨水区等生态基础设施的建设和保护摆在突出位置，充分考虑生态环境保护、大气污染防治、山水田园格局部署、生态基础设施建设等问题，实施好城市基础设施生态化设计、建设和改造，使城市建设既具备现代化城市的功能，又能留住独有的生态环境、田园风光、山水格局，形成城市与田园相互融合、交相辉映的城镇化建设新格局，努力实现城乡建设一盘棋谋划、一体化发展。

芒市整体生态环境基本保留白鹭齐飞、稻花飘香的田园景色，在全国率先打造生态田园城市，取得了阶段性成果。“人在田中，田在城中”的理念已深入人心，转变发展方式，推动经济社会全面协调可持续发展正在形成干部群众的自觉行动。全州着力提升城市综合治理能力、精细化管理和人居环境质量，推动“沿边特区、开放前沿、美丽德宏”建设的热潮方兴未艾。

德宏州推进大力保护城市的山水林田湖草等生态细胞，全州城市人均公共绿地面积达 12 平方米，形成乔木与灌木合理搭配，生态与景观有机结合的城市绿化体系。芒市先后被评为中国特色魅力城市、中国优秀旅游城市、国家卫生城市、国家园林城市，被誉

芒市民族风情街　　（许太琴　摄）

为“孔雀之乡”“黎明之城”。瑞丽成功创建成省级园林城市，梁河南底河国家湿地公园申报成功，陇川森林宜居城市、盈江生态口岸城市建设取得重大进展。

在推进生态文明建设和新型城镇化进程中，德宏州坚持绿色发展理念，突出生态特色，依托山水田园格局，正以新作为探索一条符合新时代发展要求、具有边疆民族地区特点的城镇化之路。

（甜　江）

景谷多举措推进生态扶贫项目

景谷县充分发挥生态保护和林业产业的独特优势，通过选聘贫困护林员、争资立项、发展特色产业、“一对一”帮扶等途径，全面推进生态精准扶贫。

为进一步加大森林资源保护力度，景谷把98.5万亩生态公益林纳入补偿项目，补偿费标准为每亩每年10元。2015年至2017年全县每年兑现补偿资金为631.9万元，其中建档立卡贫困户1564户5869人，兑现补助金39.424万元；实施非天保工程区天然商品林停伐管护补助项目，全县非天保工程区天然商品林停伐面积368.74万亩，涉及建档立卡贫困户5392户，补助资金95.96万元。

同时，根据“管、补”分离政策，整合管护资金实行统一管护。公益林管护项目的补助标准每亩每年3元，2017年全县共聘请公益林管护人员378人，发放管护劳务补助费295.5万元；生态护林员管护项目的补助标准，为每人每年8006元，全县每年发放管护费共530万元，有662户建档立卡户从中受益。

在营林造林帮扶项目方面，该县先后实施中央财政补贴造林项目和市级森林植被恢复等项目，累计造林2万多亩，项目优先覆盖建档立卡户；通过实施新一轮退耕还林工程和完善政策退耕还林工程，累计为1043户建档立卡贫困户兑现补助资金380余万元；通过实施陡坡地治理项目，130户建档立卡户共获得补助资金101.97万元。

此外，该县通过连续3年实施农村新能源建设帮扶，省柴节煤炉灶推广项目累计覆盖1320户建档立卡贫困户，太阳能热水器建设项目累计覆盖3152户建档立卡贫困户。

9个生态扶贫项目的实施，有效地调动建档立卡贫困户参与生态文明建设的积极性，很好地带动贫困人口的增收脱贫，实现脱贫攻坚与生态文明建设“双赢”。

（甜　江）

迪庆建设最美藏区

为牢固树立“绿水青山就是金山银山”的理念，深入贯彻习近平总书记“共抓大保护，不搞大开发”的重大战略思想，以及省委、省政府明确提出“把云南建设成为中国最美丽省份”的决策部署，迪庆州深入开展“最美城市、最美集镇、最美村庄、最美家庭”创建活动，有力推进“蓝天行动、青山行动、绿水行动、净土行动”，扎实打好污染防治攻坚战，勠力同心争当藏区生态文明建设排头兵，努力把迪庆建设成为全国最美藏区。

一、严守生态底线，开创致富门路

天然林禁伐后，为让全州回归绿色生态本底，历届州委、州政府始终坚持“生态立州”发展战略不动摇，围绕生态抓保护、上项目、促发展，走“鱼与熊掌兼得”的生态路。

党的十八大以来，被列为首批国家级生态保护与建设示范区的迪庆州，始终坚持最大的资源是生态，最大的优势就是有好山好水好空气的思路，将山水资源禀赋转化为发展的持续优势。随着“生态立州”战略的不断推进，该州严守资源消耗上限、环境质量底线、生态保护红线，通过持续开展退耕还林、退牧还草、天然林保护、土地整治、小流域治理和防污治污等一批生态环境治理工程，实施“森林迪庆”“生态村”建设和“七彩云南香格里拉保护行动”“滇西北生物多样性保护工程”等，推进“两江”流域生态安全屏障建设和保护，落实湿地生态保护、水土保持、饮用水源地保障等生态效益和资源开发生态补偿试点，启动“环境综合整治、建设美丽迪庆”行动等生态文明建设，使生态环境保护能力明显提升。

森林覆盖率已超过75%的迪庆州，坐拥190多万公顷青山仍播绿不止，一直在努力探索和建立健全生态环境保护与建设的长效机制，将生态环境保护与各民族生产生活条件改善和增收有机结合起来，实施生态富民工程，使每个人的绿色意识和绿色理念在植树、管树、养树的熏陶中得到持续提升，让生态文明建设的绿色种子真正变成迪庆行动。

二、铁腕治理环境

2017年11月，云南省委、省政府第三环境保护督察组向迪庆州反馈督察意见，并移交环境保护督察问题清单。州委、州政府对此高度重视，州委主要领导强调，追责一定要体现严肃性和警示作用，特别要防止失之于宽、松、软的情况。州纪委及时成立迪庆州环境保护责任追究综合调查组，迅速展开核查问责工作。

香格里拉草甸 （许太琴 摄）

松赞林寺 （王 新 摄）

根据核查的事实，并依据《党政领导干部生态环境损害责任追究办法（试行）》等有关规定，对3名分管副县（市）长、6名局长、1名党委书记、4个主责单位进行追责；共计约谈5人次、问责6人次、对1个单位责令作出书面检查、由州监委对3个单位下达整改《监察建议书》。

为吸取深刻教训，该州各级纪检监察机关认真履行职能职责，强化监督执纪问责，运用监督执纪“四种形态”，严格生态环境保护责任追究，对各类环境违纪行为实行“零容忍”，对责任不落实、监管不到位等失职失责行为，依纪依规严肃追究责任，典型问题及时通报和曝光。

该州为压实各级各部门环保责任，在推行河（湖）长制和城乡环境综合整治，狠抓环保督察反馈问题整改，并把问题整改到位的同时，出台《各级党委、政府及有关部门环境保护工作责任规定》和《党政领导干部生态环境损害责任追究实施办法（试行）》等措施，坚持节约优先，保护优先，自然恢复为主的方针，扎实抓好生态环境问题的整改，全方位、全地域、全过程抓好生态环境保护工作。

在深入推进农村环境综合整治工作中，该州强化农村山水林田路综合治理，加快农村危旧房改造，支持农村环境集中连片整治，实施以“改路、改房、改水、改圈、改厕、改灶”等为主要内容的村容村貌整治工程，因地制宜采用科学合理技术处理生活污水、垃圾，发展乡村生态旅游业和农家乐等，改善农村人居环境。

为把迪庆建成全国最美藏区打下坚实的基础，该州立足“把云南建设成为中国最美丽省份”这个新时代命题，切实增强紧迫感和责任感，严格按照“最高标准、最严制度、最硬执法、最实举措、最佳环境”的要求，以打好蓝天、碧水、净土三大保卫战和8个标志性战役的“铁腕”举措，坚决打好污染防治攻坚战，让迪庆的天更蓝、山更绿、水更清、环境更优美。

三、传承民族文化

为加强城乡环境基础设施建设，努力补齐短板，留住美丽乡愁，该州将生态文明建设摆在突出位置，逐年加大投入力度，强力推进生态文明建设。该州生态功能区转移支付补助资金，从2016年的4.1亿余元增加到去年的5.4亿余元。该州还落实生态文明建设项目资金和工作经费4.87亿余元，进一步夯实全州生态环保工作基础。

为全面开展生态文明系列创建工作，该州累计创建州级生态文明村123个、省级生态文明乡（镇）16个，评选出“最美村庄”10个，维西省级生态文明县的申报工作正在加快推进。2018年以来，该州全面推进香格里拉、德钦两县（市）及所辖乡镇、村的创建和申报工作，绿色学校、绿色社区等创建工作也在有条不紊地开展。

四、“四美”活动提升人居环境

为把迪庆建设成为全国最美藏区，迪庆州各级各部门扎实开展“最美城市、最美集镇、最美村庄、最美家庭”的“四美”创建活动，使迪庆的最美城镇与最美乡村交相辉映、最美高原与最美人居有机融合、最美时代与最美家庭相得益彰。

“四美”创建是一项系统性工程，迪庆州各级党委和政府高度重视、精心组织、全力推进、务求实效。一是明确责任机构和责任人，成立“四美”创建工作领导小组，由州委、州政府相关负责人任组长、副组长，州级有关部门为成员，下设办公室承担具体日常工作。领导小组按“四美”创建设立4个专项小组，相关副州长分别兼任各专项小组组长，并制定完善责任清单，列出详细的责任人和责任事项、时间表、路线图，把任务层层分解到部门、到个人。二是各县（市）和开发区结合本地实际，进一步细化责任、量化指标、精准措施，把“四美”创建的每一项工作做实做细到每一个村、每一个家庭、每一个落脚点上。三是各级组织部门把“四美”创建的成效作为考核评价、选拔使用干部的重要标准，优先选拔使用善于推动工作，在“四美”创建中有思路、有激情、有办法、有成效的干部。

迪庆州严守生态保护红线、环境质量底线、资源利用上线，坚定走生产发展、生活富裕、生态良好的文明发展思路更加清晰，通过一点一滴的积累，努力争当藏区生态文明建设排头兵，把迪庆建设成为全国最美藏区。

（甜　江）

绿春创建省级生态文明教育基地

为进一步发挥黄连山国家级自然保护区在生态文明教育中的积极作用，红河州绿春县大力挖掘、保护、利用保护区的生态环境资源，实施生态文明建设行动，多措并举加快推进省级生态文明教育基地创建，普及生态文化知识，全面提升全民生态文明意识。

绿春县不断完善黄连山宣教中心及周边的科普宣教设施，更新、增添展览厅内容，投资23万元在黄连山管护局和丫口宣教中心各安装一台触控一体机，加载包括VR全景、宣传短片、数据库管理等功能的数字服务系统，全方位、多层次、多角度展示保护区乃至全县生态文明建设成果；给200余种野生植物佩戴“身份证”，来往人员可通过扫描“身份证”上的二维码详细了解每一种植物的基本信息；投资10余万元分别在宣教中心、二甫村委会建立科普宣传长廊。通过开展一系列生态科普宣传活动，进一步增强群众保护野生动植物的意识，全面展示生态建设的工作措施及所取得的成果、效益。

自开展省级生态文明教育基地创建工作以来，绿春县深入开展“生态文明教育进机关、进企业、进校园、进乡村、进社区、进家庭”等“六进”活动。县林业局、教育局、团县委、黄连山管护局等部门联合组织青少年学生和青年志愿者，深入到黄连山国家级自然保护区开展科普教育、义务植树、捡拾垃圾等生态文明教育实践活动，使省级生态文明教育基地创建工作做到家喻户晓。

和谐共享是推动保护区发展和社区建设的重要保障，也是创建生态文明教育基地的重要组成部分。黄连山管护局积极争取并筹措资金近300万元，帮助社区完善基础设施建设，发展绿色产业。邀请畜牧、林业等部门专家，到挂钩扶贫村开展农村实用技术培训，使当地群众自我脱贫能力得到提升；在挂联村委会实施文体、卫生、产业等项目，改善和促进当地乡风文明、生产发展；帮助解决杯倮村委会基础设施建设、杯倮村小组活动室建设和搬迁至保护区外的牛孔镇新华山村活动场所建设问题；为积极响应“生态补偿脱贫一批”的号召，在保护区内安排51名生态护林员。通过一系列帮扶措施，广大社区群众充分认识到支持和参与自然保护区建设与管理、支持生态文明建设带来的实惠，同时，拉近保护区与社区的距离。

保护区在黄连山丫口片区规划打造近2000亩以红河木莲、红花木莲、长蕊木兰、喜马拉雅红豆杉等保护植物为主的近地保护园建设，在小黑江、骑马坝、大平掌等地分区、分类打造绿春苏铁、东京龙脑香、伯乐等野生植物保护园，为创建省级生态文明教育基地建设打下良好基础。

（甜　江）

独龙江跨越式发展

贡山独龙族怒族自治县独龙江乡是一个地处高山峡谷深处的贫困乡，全乡4100多名独龙族群众生活在海拔1000米至3000米的山坡上。受地理环境等因素制约，独龙族群众曾一度过着刀耕火种的生活，经济社会发展滞后。

随着社会主义建设的推进，独龙族群众从原始社会跨越数千年，进入社会主义社会，生产生活实现翻天覆地的变化。党的十八大以来，在全面打赢脱贫攻坚战号角的催动下，独龙江乡迎来历史上从未有过的帮扶政策和发展机遇，短短几年中，其发展日新月异，独龙江实现跨越发展。

在整乡推进、扶贫开发等措施扶持下，在海拔数百米至数千米的独龙江流域，修通长达200多千米连接村、组、户和田间地头的公路网、电力网和通信网络。1100多个家庭的住房从简陋的杈杈房变成分设有客厅、卧室、厨房、储藏室等结构的新楼房。在山势平缓、气候条件适宜的区域，除优质水稻、玉米等粮食作物外，草果、花椒、重楼、核桃和养鸡、养羊、养牛等特色种植养殖业得以发展。

独龙江国家公园 （许太琴　摄）

在连接村寨较多的交通要道旁，融汇农产品加工、货物贸易、商旅接待、文化交流、休闲娱乐、金融服务等功能的旅游小镇兴起，加速推动着独龙江流域经济、社会、文化的发展进程。

2016年以来，独龙江乡先后引（投）入1.25亿元资金，实施一批桥梁、隧道、公路、电网和通信基础设施等新建、扩建提升工程；彻底解决数十户困难群众的住房问题，将900多名特困群众纳入农村最低生活保障范畴，遴选聘用800多名建档立卡贫困人员担任河道管理员和生态护林员；培育提升一批蔬菜、林下药材、特色畜禽、独龙蜂等特色产业，激发独龙族群众追求美好生活的内生动力，全乡呈现出脱贫提速、发展提效、民生提质的良好局面。

“两不愁、三保障”目标已实现；因病致贫、因病返贫现象从根源上得到缓解；所有人参加医保，大病保险全覆盖；从幼儿园到高中，享受14年教育全免费。除基本粮食作物外，独龙江乡发展各类香料、药材、坚果生产基地85300多亩，养殖牲畜2.4万多头。

（甜　江）

生态旅游

ECO-TOURISM

生态旅游资讯

泸西城子古镇特色小镇

2018 年 1 月初，红河哈尼族彝族自治州特色小镇建设推进会暨重点项目集中开工仪式举行，泸西县城子古镇特色小镇作为项目之一同步开工。

该项目计划总投资 10.72 亿元，2018 年到位资金 4.42 亿元，已完成项目总体规划的编制评审工作，收购土掌房 82 幢，完成村内巷道改造、张冲故居、将军第等房屋修缮及部分旅游基础设施建设。项目计划新建酒店、湿地、游客服务中心，并将进行古河道恢复、古民居修缮等。

泸西城子古镇　　（王　新　摄）

盈江县下勐劈村乡村旅游

德宏傣族景颇族自治州盈江县苏典傈僳族乡下勐劈村，傈僳族农户通过发展乡村旅游实现脱贫致富。

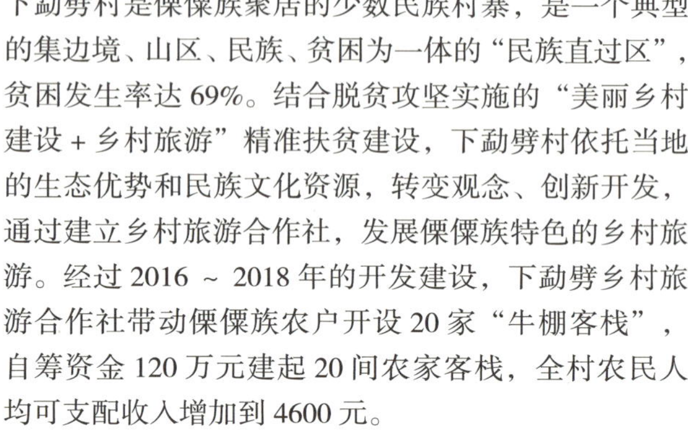

下勐劈村是傈僳族聚居的少数民族村寨，是一个典型的集边境、山区、民族、贫困为一体的“民族直过区”，贫困发生率达 69%。结合脱贫攻坚实施的“美丽乡村建设 + 乡村旅游”精准扶贫建设，下勐劈村依托当地的生态优势和民族文化资源，转变观念、创新开发，通过建立乡村旅游合作社，发展傈僳族特色的乡村旅游。经过 2016 ~ 2018 年的开发建设，下勐劈乡村旅游合作社带动傈僳族农户开设 20 家“牛棚客栈”，自筹资金 120 万元建起 20 间农家客栈，全村农民人均可支配收入增加到 4600 元。

盈江下勐劈村　　（王　新　摄）

“自驾 +”旅游

2017 年 9 月，2017 中国自驾游路线评选 72 条提名路线揭晓，云南有 10 条线路入选，数量位列全国第二。

2017 年第四届中国汽车（房车）露营大会上，云南7家特色营地被国家体育总局评为“全国具备体育运动休闲主题的复合型汽车（房车）营地”。随着大批旅游投资商相中云南，旅游营地项目的数量正慢慢增多。云南房车企业已从早期的“抢滩设点”开发线路，发展到全面强化线路，用完善的线路产品牵引出房车露营地的概念。房车露营地就是设立一块综合性场地，提供车辆补给、游客休息、相关娱乐等服务。房车露营地能够延长游客停留时间，对餐饮、住宿、购物、娱乐进行综合性消费，对旅游产业的收益等方面都有很大的促进作用。

据《云南省露营地与自驾游专项规划·说明书（2016–2030）》，其中提出全省范围内，优先构建10条特色突出、吸引力强、沟通内外，能够代表云南省地域特色的跨境、跨省精品自驾旅游线路，在规划期优先发展514个露营地。

大理 兰林阁自驾车营地 （王 新 摄）

弥勒太平湖自驾车营地 （王 新 摄）

“体育+”旅游

在2017中国国际旅游交易会上，体育旅游馆共吸引44家企业参展。其中，既有西双版纳太阳鸟深度旅行这样的传统旅游企业，也有来自健康、户外运动、咖啡、汽车租赁、潜水、遥控模型、场馆建造等领域的新企业。体育旅游是新时代旅游产业发展的新趋势和新亮点，是解决人民日益增长的美好生活需要和不平衡不充分的发展之间矛盾的重要抓手。体育旅游是一项既传统又充满活力，同时又最能体现现代高科技成果，集娱乐、时尚、健身及科技性等特点于一体的新兴旅游方式及旅游产品。

2017年12月14日，“中国交建杯”2017中国怒江皮划艇野水国际公开赛在贡山独龙族怒族自治县丙中洛镇开赛。这场参赛选手包括奥运冠军、世锦赛冠军、欧锦赛冠军在内的比赛，精彩程度堪比奥运会单项决赛，是2017年国内举办的水平最高的皮划艇公开水域赛事。依托皮划艇野水国际公开赛，怒江正打造“世界顶级野水竞速胜地”新名片。

2017年7月6日，国家旅游局、国家体育总局在全国体育旅游产业发展大会上，为云南等省区15家“国家航空飞行营地示范单位”授牌。省旅发委、省体育局完成《云南省低空旅游专项规划》编制工作。云南力争旅游通用飞机达30架以上，并新开辟6条左右的短途旅游运输航线和建设10个以上低空旅游体验项目。

2017年7月，弥勒浩翔科技有限公司自主设计生产的轻型载人飞机在文山机场首飞成功。该机型飞机是西南地区首款完全由民营企业自主设计生产，并按照国内最新适航标准制造的轻型载人飞机，具有完全自主知识产权。该公司发力旅游装备制造业，同时研发生产水上动力滑板等旅游装备，极大地拉动云南旅游装备制造业的发展。

山地自行车马拉松比赛 （王 新 摄）

“健康+”旅游

2018年上半年《“健康云南2030”规划纲要》和《云南省“十三五”卫生与健康规划》相继出台。《纲要》提出的六项战略任务中，明确发展健康产业，加强供给侧结构性改革，创新特色健康服务新业态，发展特色健康养老、医养结合及中医药健康旅游等服务产业。

晋宁七彩云南古滇名城度假区 （许太琴　摄）

云南地处低纬度高原，地理位置特殊，主要以受南孟加拉高压气流影响而形成的高原季风气候为主，形成了舒适宜人的康乐气候，是世界上最适宜人类居住与休闲度假的区域之一；云南省丰富的森林资源、物种资源、草甸湿地、田园风光等，为养老旅游者提供“天然氧吧”的良好条件；在生态环境、民族迁徙、文化交往等多因素的综合作用下，云南成为众多少数民族的聚集地及其民族文化资源的富集地；云南还有多样的养生资源、良好的医疗服务、适宜的生活成本、便利的交通条件。云南省旅游客源市场的老龄游客比例正在逐渐增长，云南养老旅游市场初步形成。

养老旅游作为融合度假、观光、疗养、保健等多个旅游形式于一体的新型养老方式，具有覆盖面广、产业链长的特点。《云南养老旅游发展专项规划（2016年–2030年）》提出到2020年，云南省基本建立布局合理、配套完善、服务齐全的养老旅游体系，候鸟型养老旅游目的地形象基本形成，并在优选区中提升改造60个优选项目，启动新建10个优选项目，实现资产超5000万以上企业达30家。昆明一批围绕大健康发展的项目随之启动，包括原昆明发电厂改造升级打造养生小镇、安宁太平片区的智慧社区医疗计划、晋宁片区七彩云南古滇名城滇池国际养生养老度假区项目等。

杏林大观园

截至2018年初，杏林大观园园区累计完成投资8亿多元人民币，先后完成杏林禅寺、樱花峪医药生态园、石海温泉等的建设。此外，国药博览园、养生养老度假区、杏林古镇、影视拍摄基地、水幕情景剧场等一批建设项目正有序推进。打造云南典型的“中医药+”旅游发展模式。

立体花卉景观

西山区以“世界春城花都”为主题的20组街头立体花卉，在辖区10个重点路段上精彩亮相。为打造“春城·花都”城市形象，营造“四季有彩、季季飞花”的昆明城市花卉景观，西山区于2017年6月8日启动辖区街头立体花卉植物造型布置工作。截至2018年1月初，立体花卉植物造型布置工作已经完工，

昆明城市立体花卉景观 （王　新　摄）

分别在西苑立交桥、西园路、西福路等10个道路节点布置20组立体花卉植物造型。在前兴路隧道口左右两侧，《海埂记忆》主题花卉展现过去滇池边渔民出海打鱼、满载而归的景象；二环南路与西福路交叉口则以一幅《画卷》展开，立体体现“文化之乡”人杰地灵；西华园下穿隧道口采用云南民族特色的竹背篓来点缀花带，展现云南民族的田园之趣。“一路一景一特色”的城市风貌，不仅在城市绿化品质上得到提升，还展现现代城市特色和都市活力。

特色小镇建设

为推动云南全省特色小镇发展，2017 ~ 2018年，由省政协委员和省发改委、省住建厅、省旅发委等部门人员组成省政协联合视察组，赴文山、大理、丽江等州市，就“云南特色小镇建设情况”开展视察，对全省特色小镇建设工作进行视察监督。根据视察中发现的问题和困难，视察组建议把特色小镇建设作为云南省贯彻落实党的十九大精神，实施乡村振兴战略的重要工作来抓，放在全省发展全局统筹考虑，切实发挥规划引领作用，突出特色挖掘特色小镇灵魂内涵，加强主导产业培育扶持，妥善处理开发和保护之间的关系，有效增强特色小镇可持续发展能力，助推新型城镇化建设。

跃—片旅游公路通车

2018年1月19日，怒江傈僳族自治州第一个“公路+旅游”项目——跃进桥至片马红色旅游公路改建主体工程建成通车。

该项目全长84.05千米，从泸水市跃进桥，经鲁掌镇、浪坝寨、双麦地、姚家坪、片马丫口、片马镇，止于中缅边境16号界碑。沿线设有9个观景台和4个旅游公厕。途中有著名的高黎贡山自然保护区、怒江金丝猴研究基地、风雪丫口、片马人民抗英胜利纪念馆和纪念碑、二战驼峰航线C–53运输机等丰富的旅游资源。

跃片红色旅游公路的建成通车，有助于国家级开放口岸片马发展红色旅游产业，带动沿线乡镇群众脱贫致富

全域旅游推动转型升级

据云南省旅游发展委员会通报：2017年，云南全省累计接待海外旅游者667.69万人次，同比增长11.21%；接待国内旅游者5.67亿人次，同比增长33.29%；实现旅游业总收入6922.23亿元，同比增长46.46%。

云南省按照“云南只有一个景区，这个景区就叫云南”的理念大力发展全域旅游，以旅游产品开发、公共设施建设、管理服务提升、城乡环境美化、社会治理强化为主要内容，推动各级旅游目的地全域开发和转型升级。

主动适应旅游需求的新变化，立足优势和特色，突出规划引领，坚持实施大项目带动战略，统筹整合各级各部门资金，不断加大招商引资和政府引导性资金投入力度，推动融合发展，促进旅游业提质增效。全省特色旅游城市、旅游强县、旅游名镇、旅游名村、旅游生态农庄、旅游度假区、全域旅游示范区等项目建设启动，为海内外游客提供满足观光旅游、休闲度假、体验探访、健康养生等不同需求的旅游目的地。

努力提升公共服务水平，加快建设省内干线公路与旅游区、镇、村的连接道路以及高速公路匝道口、火车站、码头、机场、节点城镇的路网建设，先后建设一批主要旅游线路、旅游目的地和旅游景区（点）的游客服务中心、休息站、自驾车营地等。

加快推进旅游信息化进程，推动A级景区旅游全攻略语音导览上线运行，在携程、去哪儿、同程、途牛等网站开展旅游电子商务，先后与云南3大通讯运营商、腾讯公司、猪八戒网等签署战略合作协议；运用VR、AR等新技术，推出云南旅游“自驾旅游攻略APP”；建设完善云南旅游行业网上信息报送系统、云南旅游市场监管系统等行业管理应用系统；加快推进“一部手机游云南”建设工作。

以问题为导向，推进综合管理体制改革，提高旅游行业监管和服务水平。云南省政府下发《云南省深入开展旅游行业整治规范旅游市场秩序工作方案》和《云南省旅游市场秩序整治工作措施》，推行“1+3+N+1”旅游综合监管模式，即：建立健全集中统一的综合监管指挥平台，强化旅游警察、旅游巡回法庭、工商和市场监管局旅游市场执法3支队伍，发挥多个涉旅执法部门的职能作用，建立旅游监管履职纪检监察机制。通过严管严查严惩，力促旅游市场健康持续发展。

怒江旅游扶贫行动

2018年1月中旬，国家旅游局、国务院扶贫办印发《关于支持深度贫困地区旅游扶贫行动方案》（下称《方案》），针对深度贫困地区开展旅游精准扶贫，有效发挥旅游产业在深度贫困地区脱贫攻坚中的带动和促进作用。《方案》明确指出：要切实加大旅游扶贫支持力度，争取到2020年，“三区三州”（指西藏、

六库怒江美丽公路起点 （王 新 摄）

怒江流域扶贫新村 （王 新 摄）

四省藏区、新疆南疆四地州和四川凉山州、云南怒江州、甘肃临夏州）深度贫困地区旅游扶贫规划水平明显提升，基础设施和公共服务设施明显改善，乡村旅游扶贫减贫措施更加有力，乡村旅游扶贫人才培训质量明显提高，特色旅游产品品质明显提升，乡村旅游品牌得到有效推广，旅游综合效益持续增长，旅游扶贫成果不断巩固，乡村旅游在带动和促进“三区三州”等深度贫困地区如期脱贫中发挥有效作用。

作为国家贫困“三区三州”之一的云南怒江傈僳族自治州，地处“三江并流”世界自然遗产地、国家级风景名胜区和高黎贡山国家级自然保护区，地理位置给予怒江优质旅游资源的同时，也在一定程度上，限制了怒江其他产业经济的发展。

云南省委、省政府非常重视怒江州的旅游扶贫工作。按照全域旅游发展理念和方式，将怒江州的旅游建设发展布局为“一城一极两园五区两带”，即“着力建设泸水旅游特色城市；重点培育兰坪县旅游增长极；着力建设怒江大峡谷国家公园和独龙江国家公园；重点建设丙中洛旅游区、老姆登—知子罗旅游区、罗古箐—大羊场旅游区、石月亮—亚坪旅游区、片马旅游区五个复合型旅游区；积极培育怒江大峡谷旅游带和澜沧江旅游带。力争用10年左右的时间，把怒江大峡谷国家公园、独龙江国家公园打造成世界知名旅游品牌，把怒江州建成国内外知名的生态文化旅游目的地和面向南亚东南亚的旅游集散地，把旅游业培育成全州脱贫攻坚的主导产业、带动贫困群众脱贫致富的民生产业、拉动全州经济社会发展的战略性支柱产业（简称“一品二地三业”）。

为满足更全面的旅游需求，怒江推出“1113221”工程。即：规划重点建设1个旅游城市和12个旅游景区项目，着力打造10个旅游小镇、30个旅游特色村和200个民俗客栈，积极培育250个乡村旅游示范户和150个特色旅游商品生产户。在完善基础设施建设的同时，着力于旅游服务设施建设。力争在国家相关优惠政策指导下，发挥好旅游产业带动和促进怒江全面脱贫的作用。建成结构合理的多层次旅游住宿体系，高、中、低档相结合的旅游餐饮体系，集设计、生产、加工、销售和物流于一体的旅游购物体系。补齐怒江州旅游景点、旅游娱乐设施薄弱的短板，全面提升旅游服务的质量和水平，更好地满足人们的旅游消费需求。

滇源茶花展系列文化活动

2018年1月30日，2018昆明茶花节滇源茶花展系列文化活动在云南丰泽源植物园拉开序幕，举办舞龙舞狮、茶花展、书画展、文艺演出、游园、茶艺表演等精彩文化活动。当日参与游客达到1.1万余人次。

茶花系列书画展，展出著名画家喻继高作品“早春二月”、孙建东作品“云岭风采”，以及书法家冯国语、劳伟、王志奇等50余位名家作品，参展的朱仲元等10余位书法家现场为游客们写春联送祝福。由盘龙区滇源街道群众自编自演的《江南水乡》《厉害了我的国》《左邻右舍》等37支节目先后登台。

“一部手机游云南”平台

2018年3月1日，“一部手机游云南”平台上线试运行；3月2日，上线试运行产品推介会在北京举行，云南省政府和腾讯公司向全球推介说明“一部手机游云南”，成为在京出席全国两会的云南代表委员关注的热点。

“一部手机游云南”具有鲜明的时代导向：顺应信息化、数字化发展潮流，利用云计算、大数据、人工智能等技术，打造一个智慧、健康、便利的全域旅游新业态，推动旅游业高质量发展。

实现游客到云南旅游“吃住行游购娱养”，都能用手机进行查询、预订、支付、投诉、评价，以“政府管理服务无处不在”推动实现“游客旅游自由自在”，是“一部手机游云南”的出发点和落脚点。

丽江入选中国十佳旅游目的地

2018年3月20日，旅游规划和预订平台猫途鹰（TripAdvisor）公布2018年“旅行者之选”全球最佳目的地榜单，丽江首次入选中国十佳目的地榜单，排名第八。

丽江白沙壁画景区　（许太琴　摄）

猫途鹰“旅行者之选”全球最佳目的地榜单评选客观公正，在旅游界具有一定的影响力。该榜单是基于过去12个月内猫途鹰全球旅行者对于目的地的酒店、餐厅、景点的评分、点评的数量和内容，以及预订意向数据综合计算得出，客观反映全球各大旅游目的地的受欢迎程度。丽江从众多目的地中脱颖而出，得益于其丰富多样的历史文化底蕴、引人入胜的风景以及给游客的深度文化体验。

2018年“旅行者之选”中国最佳目的地依次为：香港、北京、上海、澳门、成都、广州、西安、丽江、杭州、苏州。

昆明与安顺旅游合作

2018年4月2日，2018年昆明市盘龙区全域旅游品牌新闻发布会暨与安顺市旅发委缔结战略合作签约仪式在安顺市西秀区举行。安顺之行是盘龙区高铁沿线全域旅游品牌推荐的第一站，双方达成全域旅游战略合作伙伴关系，立足各自优势，促进两地旅游共融共拓、共享共赢、抱团发展。

中国最大连片哈尼梯田

2018年4月21日，上海大世界基尼斯总部授予红河县撒玛坝梯田“中国最大连片哈尼梯田”认证牌。

撒玛坝万亩梯田位于红河县境内，有着一千多年历史，“撒玛坝”在哈尼语中意为宽阔的田地。万亩梯田集中连片，4300级首尾相连，从海拔600米至1800米，依山开垦，顺势造田，经纬纵横，大至三四亩，小的不足两三平方米。撒玛坝梯田气势

撒马坝哈尼梯田　　（许太琴　摄）

磅礴、逶迤壮观，充分体现了人与自然高度和谐，集中展示出哈尼梯田“森林—村寨—梯田—水系”“四素共构”的农业生态系统和各民族和睦相处的社会体系，是中国梯田文化的一颗明珠，也是农耕文明的典范。

雪域赏花游

2018年4月，迪庆州以“香格里拉五月杜鹃花之旅，开启迪庆藏区2018年全域旅游”为主题，面向全球广发“雪域赏花游”的邀请函。

“高山杜鹃赏花游”七个最佳观赏景点为普达措国家公园、白马雪山、碧沽天池、千湖山、十里花溪·阳塘曲、巴拉格宗大峡谷风景名胜区、小中甸花海。景区大部分汇聚高山地貌、草原湖泊湿地、河谷溪流牧场、飞禽走兽森林等高原生态环境特色，同时又是观赏杜鹃花的最佳圣地。不同景点的杜鹃花陆续绽放，观赏期可持续到7月初，被誉为“北温带植物区系的摇篮”的白马雪山，10月里杜鹃花依旧盛开。

以高山杜鹃赏花游为起点，迪庆围绕“香格里拉”品牌，精心打造一批户外、自驾、探秘、低空、饮食、藏医药养生等高品质的旅游业态和品牌产品，在吸引国际国内高端旅游人群的同时，优化消费结构，提升消费水平。

香格里拉江坡村　　（王　新　摄）

香格里拉狼毒花　　（王　新　摄）

斗南花卉旅游

2018年云南昆明的“斗南鲜切花”，直达亚太的46个国家和地区。借助“斗南”花卉的品牌效应和市场优势，昆明斗南依托国家AAAA级旅游景区规划，推出以花卉产业为根基，花卉消费体验、旅游体验、文化体验为特色的花卉主题休闲体验区、花卉康体养生中心、24小时游憩式艺术商业街区，更面向经销商和游客推出花卉旅游系列产品。其融入旅游元素，成为鲜花观赏、休闲娱乐、花卉知识等商旅游憩的新地标，发展成为集吃、住、娱、购、行、游于一体的体验式花卉旅游文化产业。

丽江金龙村九色玫瑰小镇3D墙　（王　新　摄）

斗南花卉　（江　云　摄）

丽江金龙村九色玫瑰小镇彩色屋　（王　新　摄）

丽江九色玫瑰小镇

地处丽江市古城区七河镇金龙村的九色玫瑰小镇，由彩色房屋、3D画面外墙、芬香扑鼻的玫瑰田构成，是亚洲第一个玫瑰爱情主题小镇，也是一个由九个民族聚居形成的村落，442户村民均是从金安桥电站和龙开口电站库区迁移过来。玫瑰小镇最开始从租农民土地种植玫瑰花的传统农业起步，进而发展旅游业。

丽江金龙村九色玫瑰小镇　（王　新　摄）

九色玫瑰小镇开发商——云南九色玫瑰集团，在小镇内建起各式游乐项目，为游客提供了多样的娱乐方式。通过“村委会+公司+农户”的方式，九色玫瑰小镇以旅游扶贫，在做好玫瑰业种植促农增收的同时，利用玫瑰花开展鲜花饼、饮用水、面膜等深度精加工，延长产业链，赋予玫瑰花更多价值。

大理马鞍山梨花旅游

马鞍山三胜村依托独特的地理气候环境和资源优势，以“党支部＋企业＋合作社＋贫困户”的模式发展梨花经济，引导广大农民发展红雪梨为主的林果业，并打造红雪梨品牌，通过举办节庆活动打响知名度、发展乡村旅游。同时，注重红雪梨的销售渠道：线下方面，红雪梨不仅面向大理州，还运往楚雄、临沧、玉溪、曲靖等地，打开更宽阔的省内市场；线上方面，红雪梨进驻阿里巴巴、淘宝、苏宁易购等电商平台，拓展品牌连锁机构、打通电子商务营销新渠道，为果农带来可观的经济效益。

禄丰侏罗纪新村

禄丰县侏罗纪新村位于世界恐龙谷西侧2千米处。村貌系采集三叠纪、侏罗纪、白垩纪岩层、地层天然黄底元素，再配以彝族黑红色系，绘成葫芦（寓意福禄）、喜上眉梢、翼龙腾飞、凤舞凌霄等图案构成。村中彝族刺绣、恐龙文化体验馆和民宿客栈对外开放。中国禄丰恐龙文化研究所、云南民族大学乃苏颇研究中心侏罗纪新村研究基地、云南省民族理论政策研究基地滇中调查点和禄丰县乡村旅游实训基地落地于此。

“游云南”APP体验官活动

“一部手机游云南”全球体验官体验活动于2018年5月1～16日举行。来自世界各地的50名体验官分成5路，前往大理、丽江、西双版纳、普洱、红河、香格里拉、腾冲、芒市等地，通过“爱在一起”亲子游、“云香四溢”小资游、“无问·芳华”电影游、“世外桃源”摄影游、“行走国境线”边境游5个主题旅行，率先对“游云南”APP进行深度体验。

体验官们除了体验刷脸入园、导游导览、AI识景识花、智慧厕所、景区慢直播和事件直播等特色产品功能外，还重点试用“一部手机游云南”的全域旅游智慧化服务，通过“游云南”APP自行制定线路、找导游、购买机票和景区门票，感受“一机在手、说走就走”的便利。

中国旅游日云南省分会场活动

2018年5月19日，2018年中国旅游日云南省分会场活动在昆明市西山区碧鸡广场拉开帷幕。其是第八个中国旅游日，主题为“美丽中国——2018全域旅游年”，旨在倡导全民继承和弘扬旅游先贤们的学习与探索、发展与开放、修养与磨炼的旅游精神。

云南省分会场活动以“全域旅游，美好生活”为主题，以“新时代，新旅游，新获得；全域旅游，全新追求”为宣传口号。其间，全省各州市陆续组织开展90余项主题宣传活动，推出门票减免等110多条旅游惠民措施。当日，云南省腾冲市、宜良县、大姚县、嵩明县以及浙江省桐庐县等全国5个县市被认证为第四批“徐霞客游线标志地”并授牌。

启动仪式上，优秀导游和旅游公益大使分别宣誓发言并宣读《文明旅游倡议书》，主办方为6名“文明旅游公益大使”颁发聘书。同时，“寻踪徐霞客大美彩云南——媒体重走霞客路”云南旅游文化宣传活动、昆明旅游行业2018服务质量提升月等活动正式启动。

活动启动仪式由云南省旅游发展委员会、省政协文史委员会、人民政协报社主办。

云南3景区入选“网民最喜欢的旅游目的地”

2018年5月19日在北京举行的2018年“中国旅游日”主题宣传活动中，西双版纳野象谷、中国科学院西双版纳热带植物园、大理剑川沙溪古镇3个景区，入选央视网现场发布的“30个网民最喜欢的旅游目的地”名单，分别荣获“网民最喜欢的十大生态旅游目的地”“网民最喜欢的十大研学旅游目的地”“网民最喜欢的十大乡村旅游目的地”称号。

西双版纳野象谷　（王　新　摄　影）

云南特色小镇建设

截至2018年中，据国家住建部公布的全国特色小镇名单，云南省特色小镇有105个。其中，76个是“旅游特色小镇”，约占72.4%。其余29个小镇的建设类别为民族手工艺小镇、口岸小镇、双创小镇、农业小镇、工业小镇、物流小镇借助民族文化、自然生态、气候环境等独特优势的云南特色小镇。其正借助“旅游＋”

丽江金龙村特色小镇（王 新 摄）

昆明温泉镇街道一隅（许太琴 摄）

寻甸凤龙湾阿拉丁特色小镇（许太琴 摄）

形式，融合医疗、养老、康体、工业、体育等相关产业，积极发挥和释放着旅游产业的综合带动功能。

根据国家四部委2017年12月4日发布的《关于规范推进特色小镇和特色小城镇建设的若干意见》，特色小镇是指在几平方千米土地上集聚特色产业、生产生活生态空间相融合、不同于行政建制镇和产业园区的创新创业平台。

对于特色小镇建设，云南省人民政府明确提出要突出“特色、产业、生态、易达、宜居、智慧、成网”七大要素，要避免成为新一轮的房地产开发。要把特色小镇打造成云南产业升级的一个聚焦点，打造成云南后现代生活方式的集中展示平台。对滥竽充数、变相搞房地产开发、突破生态红线等不符合政策要求的，要坚决淘汰。坚持“两不”原则，即：不滥竽充数、不搞房地产开发。要把特色小镇打造成为云南城镇化建设的一个新亮点。

无量山樱花谷5A级景区暨特色小镇项目签约

2018年7月6日，南涧彝族自治县珍珑文旅投资有限公司与上海光禹国际数位娱乐开发股份有限公司、大理华庆茶业有限公司，在南涧县城举行无量山樱花谷5A级景区暨特色小镇项目具体投资协议签约仪式。

该项目范围为樱花谷、华庆茶庄园、无量山镇和平新区，围绕国家5A级旅游景区标准和国家级特色小镇标准，打造集旅游度假、娱乐观光、康体养生、民俗体验、科教等为一体的度假型森林公园。项目计划建设度假酒店、主题商业街区、演艺剧场、观光农场、健身康养、野外拓展游乐区等旅游度假相关配套设施。

项目规划分两期开发建设，一期投资5亿元，开发建设规模约310亩，二期为无量山镇和平新区开发。首期项目计划于2018年樱花节期间投入运营，

无量山樱花谷（王 新 摄）

2020年完成酒店、山庄、商业街等其他配套设施建设，2021年樱花节以前全面完成首期项目建设，力争成功创建国家5A级景区。

云南省旅游规划设计协会成立

2018年7月26日，云南省旅游规划设计协会在昆明成立，共有52家会员单位。

该协会的主要工作是贯彻落实关于旅游产业发展的方针政策和法规，倡导会员单位依法依规开展旅游规划设计工作；对旅游规划设计领域发展、促进技术进步和科学管理等方面问题开展调查研究，为政府主管部门提供建设性意见，参与旅游规划设计领域标准和规范的制定、修订；开展与国内外相关机构专业技术、管理经验等交流合作；推广旅游规划设计领域的先进经验与优秀成果等业务。

昆明获评最佳避暑旅游城市

2018年9月，中国旅游研究院发布《2018全国避暑旅游城市发展报告》，昆明市连续4年获评中国最佳避暑旅游城市。

2018年6至8月间，昆明市共接待游客4031.14万人次，占1至8月游客接待总数的40.02%，同比增长11.98%；实现旅游收入609.75亿元，占1至8月旅游总收入的43.35%，同比增长36.55%。昆明推出的高端游、小众游、亲子游、研学游、休闲游等产品受到市场青睐。

昆明晋宁古滇王国旅游区　　（王　新　摄）

禄丰县举行水果文化旅游节

2018年9月15～16日，禄丰县和平镇第四届水果文化旅游节举行，包括“梨王”“桃王”评选、本土特色优质农产品展销、特色风味小吃品尝、果园体验式采摘、篝火晚会、自驾露营以及“红色之旅”主题参观等活动。

广南稻作文化旅游节

2018年9月19日，广南八宝——世界稻作文化发源地论坛在广南县举行。

来自中国、法国、缅甸、埃及、孟加拉国等国家的20位知名稻作文化学者和近60位企业家围绕稻作经济贸易、稻作科技发展、稻作文化传承展开讨论，共同探讨稻作行业的发展前景。

中国·广南2018世界稻作文化旅游节系列活动，旨在通过发掘稻作文化提升稻作产业价值。论坛上，学者们肯定了广南壮族在水稻文化发展传承中的作用，以及八宝米生产的优良生态环境，提出让稻田成为生活场景、让耕作成为文娱方式、让稻草成为游乐产品、让贡米成为艺术作品、让稻乡成为诗意栖息地的新理念。

该旅游节从9月19日持续到10月6日。其间举行贡谷拍卖、八宝贡米新品订货会、句町王宴等活动，以及河道漂流、稻花香露营音乐节、参观五色村庄七彩村落及稻草人、宝莲蹬公路自行车赛、勇士敞篷越野车百里绿道游等系列活动。

宜良烤鸭美食节

2018年9月22～28日，2018昆明首届“中国农民丰收节”暨宜良烤鸭美食节开幕。活动有烹饪技艺表演、烤鸭技艺大赛、千人吃烤鸭食神大赛、千人捉鸭子大赛、农耕农具展览等17项。

同时，在被评选为全国首届“中国农民丰收节”100个特色村庄之一的宜良县耿家营乡河湾村分会场，举行河湾首届彩色稻田文化旅游节

优化“游云南”APP

2018年9月29日，云南省委副书记、省长阮成发在“一部手机游云南”工作领导小组第12次专题会议上强调，紧紧围绕“智慧、诚信、严管”，努力实现云南旅游最权威、最全面、最方便、最实惠平台的功能定位，持续优化“游云南”APP，加快推进云南旅游产业全面转型升级。

“一部手机游云南”是加快云南智慧旅游发展、推动旅游转型升级的重要抓手和全新探索。一是把“带手机游云南，说走就走、全程无忧”落到实处。完善智慧导游，加快景区智慧化建设，推广人脸识别应用，规范智慧厕所建设；建设诚信体系，健全完善诚信指数、商家诚信码、电子发票等管理措施，保持价格优

势，提升游客体验的满意度；做好纠纷化解工作，健全完善平台购物退货和退款机制，加强旅游投诉处理，确保绝大多数旅游投诉案件24小时内办结。二是把“政府管理服务无处不在”落到实处。建立完善高效的旅游投诉处置、综合执法、综合智慧管理、应急救援指挥管理、游客智慧服务等体系，以及可视化管理、旅游综合经济分析等平台；完善“一键投诉”功能，整合投诉渠道，对投诉数据科学分析处理，自动生成管理指令；加快数字景区建设，全面提升云南旅游管理智慧化水平。三是运用好“游云南”APP平台。各地各部门按照全省统一部署，认真做好景区全覆盖、优质旅游资源和商品上线工作，定期研究解决“一部手机游云南”建设中的突出问题，全力推进各项工作措施落地落实。四是发挥好省“一部手机游云南”工作领导小组办公室作用，强化主体意识，组织工作专班，加强对平台建设的领导、指导、协调、督办力度，切实把“一部手机游云南”建设成为云南智慧旅游发展的平台和窗口。五是深入推进旅游革命。各州市把旅游发展放在经济社会发展大局中谋划推动，把发展旅游作为助推脱贫攻坚的重要举措，充分用好“一部手机游云南”平台，紧紧围绕“市场整治、品质提升、产品供给、管理创新”推动旅游革命，推进各地旅游产业发展。

首届古滇火把节

2018年8月3～5日，2018中国·昆明彝族国际狂欢节暨首届古滇火把节在七彩云南·古滇名城举办，以“彝火传情狂欢古滇”为主题。分别由8月3日《迎火》、8月4日《颂火》、8月5日《送火》三部分构成。活动期间还举行中国彝族文化与中华文明学术研讨会等丰富多彩的活动，包括火把节开幕式暨点火仪式，民族时尚赛装大会、民族音乐汇，啤酒狂欢音乐节，民族特色相亲大会，秧佬鼓大赛，学术研讨会，送火仪式、火把节音乐狂欢之夜和万人篝火狂欢等。活动由云南省彝学学会、昆明市民族歌舞剧院主办，七彩云南·古滇名城承办。

云南旅游革命

2018年8月2日，云南省委副书记、省长阮成发在全省推进旅游革命动员大会上强调，深入贯彻落实习近平新时代中国特色社会主义思想和党的十九大精神，紧紧围绕把云南打造成为世界一流旅游目的地的目标，进行“旅游革命”，推进云南旅游业全面转型升级。

推动“旅游革命”，必须坚持以问题为导向，着力推动解决制约和影响旅游产业高质量发展的主要矛盾、旅游者和从业人员反映强烈的突出问题，对传统的发展理念、发展方式和发展模式进行根本变革和颠覆创新。一是在“市场整治”上进行一场革命。以“零容忍”的态度，坚决铲除“零负团”生存土壤；充分运用现代信息手段，对旅行团进行全程监管；充分运用法律武器，坚决打击“不合理低价游”的违法行为。二是在“品质提升”上进行一场革命。建立“云南标准”体系、开展诚信评价、实施动态管理，不断完善旅游领域失信联合惩戒机制，让失信者在云南旅游行业寸步难行。三是在“产品供给”上进行一场革命。变景点开发为全域开发，用精品线路串联旅游要素，完善公共服务设施，加快推进智慧旅游建设。四是在“强化管理”上进行一场革命。强化属地管理、高效管理、专业管理、综合考评和责任追究，加快构建旅游投诉快速处置机制，为游客提供自由自在的良好旅游体验和无处不在的政府管理服务。

推动“旅游革命”，必须突出重点，精准发力，抓好三大关键性要素。一抓项目，集中精力抓好一批具体项目的开发建设，以项目化方式对各重点工作加强指导管理，形成一级抓一级、层层抓落实、合力推动的良好局面。二抓招商，引进更多有实力、有经验、有社会责任感的大企业大集团，积极参与云南省涉旅国有企业改制，培育壮大一批本土品牌旅游企业。三抓政策，用足用好现有政策，针对项目审批、用地支持、税费优惠等环节，细化出台一批配套政策，切实加大对旅游业的支持力度。

旅游行业诚信体系建设

2018年7月29日举行《云南旅游行业诚信体系建设方案》调研座谈会，省内相关部门、企业、协会的代表以及研究机构的专家就云南旅游行业诚信体系建设的目标、内容、措施等进行讨论。与会人员认为，建立健全旅游行业诚信体系，有助于云南营造诚信、规范、理性的旅游经营环境和旅游消费环境，为云南旅游产业高质量发展提供有力支撑。

云南旅游与途牛中智游共谋发展

2018年8月1日，途牛旅游网、中智游集团与云南省旅游发展委员会共商合作事宜。

与途牛旅游网有四个方面的合作意向：一是借助“一部手机游云南”平台，充分发挥途牛旅游网在产品和服务质量方面的管理优势，各取所长，建立共赢共享的合作机制和体制；二是开展市场监管机制领域的合作，通过借鉴途牛成熟的供应商管理机制，完善云南旅游监管机制；三是目的地营销合作，双方共同宣传和推介云南旅游的合作模式；四是途牛旅游网结合云南旅游产业转型升级的实际，把景区投资和托管紧密地结合起来，进一步提升云南旅游产品品质和管理水平。

与中智游集团就中智游在海外宣传推广云南旅游达成共识：继续开展云南旅游海外营销工作，努力实现入滇海外旅游者比重提高到1.5%以上的目标；有针对性地科学制定并实施海外营销计划；加强沟通协调，与“一部手机游云南”工作结合起来，整合优势资源、优势企业，全力开展海外营销工作。

第十届丽江华坪杧果文化节开幕

2018年8月18日，华坪县庆祝改革开放40周年暨第十届丽江华坪杧果文化节开幕。华坪县通过连续10年举办杧果文化节，既打响华坪杧果的品牌，又促进杧果产业转型升级。

杧果文化节包括长江上游绿色产业发展华坪论坛、文艺晚会、云旅四季论坛——“中国杧乡绿色华坪”全域旅游推介会、杧果王评选、吃杧果比赛、中国杧乡民族音乐展演、杧果飘香的地方——百名艺术家进华坪绘画和摄影作品展、中国杧乡华坪农特产品展销暨美食文化节等活动，集中展示华坪杧果产业发展、品牌建设、转型升级的历程。

截至2018年中，全县杧果种植面积达20.7万亩，初步形成集种植、加工、销售为一体的杧果全产业链。全县有杧果精深加工企业4家，加工量每年达8000吨至10000吨，精深加工的杧果汁、杧果干、杧果酒、杧果醋、杧果酵素等系列产品推向市场。杧果产业成为华坪助农增收的支柱产业，并在长江上游构筑起生态安全屏障，成为长江上游一颗璀璨的绿色明珠。

丽江华坪杧果丰收　　（王　新　摄）

特色小镇创建工作现场推进会

2018年8月16～17日，云南省特色小镇创建工作现场推进会在红河哈尼族彝族自治州弥勒市召开，云南省委副书记、省长阮成发强调，要提高定位、解放思想、选好主体、突出特色、完善政策、加强领导，高标准高质量加快推进特色小镇建设，充分发挥特色小镇在助推实施乡村振兴战略、打赢脱贫攻坚战、打造健康生活目的地中的重要作用。

加快推进特色小镇建设，一是定位要高，瞄准中国唯一、世界一流的目标，充分发挥比较优势，让特色小镇有水准、有竞争力，打造成为传世之作。二是投资主体要强，加大招商引资和统筹协调力度，敞开胸怀欢迎国内外有情怀有实力的企业投资建设特色小镇。三是思想要解放，树立“不发展是最大的吃亏、最大的风险”思维，吸引国内外一流投资主体参与特色小镇建设。四是特色要突出，找准特色、坚持特色，因地制宜、精准发力，全力打造田园牧歌、民族风情、历史文化、特色产业、绝妙景观等类型特色小镇，做到风格独特、不可复制。五是政策要完善，加强考核评比，对创建成效明显、带动力强、产业支撑好的特色小镇加大支持力度，进一步强化要素保障。六是领导要加强，省政府加大高位推动和协调督办力度，省级部门积极参与支持，州市主要领导亲自抓，同时建立工作推进常态化机制，形成推动特色小镇建设的强大合力。

丽江东巴秘境度假区开业

2018年8月17日，丽江东巴秘境玉龙雪山大峡谷国际康养度假区开业。该项目是丽江市2016年66个重点项目之一，整体投资5亿元，以免门票的新模式为游客提供内容丰富、体验性强的个性化康养度假产品。

该康养度假区由怡美实业控股集团、丽江玉龙旅游股份有限公司和丽江东巴谷生态文化旅游股份有限公司历时3年建成，是康养旅游的新业态新产品。主要包括GF健康养生酒店和竹墟ART。GF健康养生酒店为宾客提供健康风险评估，制定系统的营养膳食、户外活动、养生、健康锻炼方案。竹墟ART则集合生活用品、文创用品、家居用品、设计师饰品等，旨在传承创新云南民族文化。

旅游发展论坛举行

2018年10月12日，云南省首届“传播家乡美快乐文明行”旅游发展论坛在昆明举行。来自不同行业的旅游从业者齐聚一堂，共话云南文明旅游发展。

来自政府管理部门、行业协会、旅游企业以及法律事务所的代表从各自角度探讨了不文明旅游行为的产生原因以及各行业今后应该如何助力文明旅游。来自云南旅游行业的数十位企业和机构负责人在活动中发起联合倡议，成立“传播家乡美快乐文明行”文明旅游联盟。

元阳梯田自然学校

2018年10月13日，元阳梯田自然学校正式开课。在经过专业培训的本地导师带领下，20位省内外旅行社负责人与孩子们一起，领略世界文化遗产的魅力。

该项目在传统的自然体验课程基础上，根据游客的时间和需求，推出2小时、4小时、半天、1天等不同时间的森林、水系、村落、农耕、美食、民俗等浸入式课程和玩法。活动全程由专业导师带队，包含解说、互动、任务、评价等内容。

元阳梯田自然学校由元阳县旅游发展委员会、北京天使和坚果派教育咨询有限公司等创办，致力把项目发展成为创新性的旅游产品，推动当地旅游、教育、扶贫、环保、文化发展，把元阳梯田打造成特色化研学基地和都市孩子的第二课堂。

澜湄水资源合作论坛

2018年11月1日，由水利部主办，云南省政府协办，水利部国际经济技术合作交流中心、澜湄水资源合作中心承办，以“水伙伴合作，促永续发展”为主题的首届澜湄水资源合作论坛在昆明开幕。

云南省副省长和良辉、老挝自然资源与环境部副部长本坎·沃拉吉，泰国自然资源与环境部常务秘书威占·西马查亚出席论坛开幕式并致辞。来自中国、柬埔寨、老挝、缅甸、泰国、越南澜湄合作6个成员国政府部门、科研机构、学术团体、企业以及相关国际组织近150名代表参加论坛。与会代表将围绕大会主题和水资源可持续开发利用与保护、洪旱灾害管理、水—能源—粮食纽带关系等议题进行深入交流，并通过《首届澜湄水资源合作论坛昆明倡议》。

曹璟获“三八红旗手”称号

2018年3月22日，云南省三八红旗手表彰会议召开，由云南省旅游发展委员会组织推荐的昆明景程国际旅行社有限公司导游曹璟被省妇联、省人力资源和社会保障厅联合评为“云南省三八红旗手”，石林景区电动车游览观光有限公司荣获“云南省三八红旗集体”称号。

昆明市景程国际旅行社有限公司导游曹璟，工作中本着“游客为本、服务至诚”的行业核心价值观，爱岗敬业、甘于奉献，在带团服务中获得游客的一致好评。2014年荣获云南省高等职业院校学生技能大赛导游技能一等奖、2015年荣获云南省“中经杯”高等职业院校技能大赛一等奖、2017年荣获昆明市导游技能大赛一等奖、2017年荣获云南省“石林杯”导游技能大赛一等奖、2017年荣获第三届全国导游大赛优秀奖、被评为“中国好导游”、2017年荣获云南省技能大赛一等奖、被评为“云南省技能能手”。

杨进平获全国“金牌志愿讲解员”称号

2018年11月27日至12月3日，由中宣部和文化旅游部主办的全国红色故事讲解员大赛在上海举行。来自云南大理的杨进平闯进决赛，以94.62的高分夺得全国红色故事讲解员大赛决赛“金牌志愿讲解员”称号。

大赛以“讲好红色故事、传承红色基因、弘扬革命精神”为主题，来自各省、自治区、直辖市和新疆生产建设兵团及军队系统的130名讲解员参加比赛，集中展示全国爱国主义教育示范基地、红色经典景区和军队系统军史馆等的建设管理水平和工作队伍的风采。

大理特色旅游亮相旅交会

2018 年 11 月 16 日，在上海举办的 2018 中国国际旅游交易会上，大理展区通过展示自然风光、民族风情、美食特产的图片，播放宣传视频，发放宣传资料，产品推介，扫“一部手机游云南”二维码送小礼品等方式，向公众介绍大理特色旅游景区景点，自驾游新线路，大理州智慧旅游，以及在旅游产业转型升级等方面取得的新成效、打造的新产品和新业态。

昆明获“最佳优质旅游城市”奖

2018 年度《中国国家旅游》榜单评选活动于 9 月启动，评选遵循“至所未致”的宗旨，以“旅业头条”的互联网监测数据为支撑，以读者意见及资深旅游人提名为基础，以年度为单位，对旅游行业各个维度的客观数据加以分析总结，按照大众投票、第三方机构调研数据、专家评审相结合的方式，最终评选出年度人物、旅游主题、旅业品牌、智慧旅游和目的地 5 大类别 20 余个奖项。昆明荣获《中国国家旅游》年度榜单“最佳优质旅游城市”奖。

昆明加大对“不合理低价游”的整治力度，积极采取一系列标本兼治的措施，加强对旅行社监管，加大诉转案力度，依法依规、从重从快、顶格处理，并实施旅游红黑榜制度，全面规范旅行社的经营行为和导游人员的从业行为，引导旅游企业依法经营、诚信经营，形成旅游经营者依法经营、信守合同、公平竞争等优质服务的诚信经营秩序，提升游客满意度和社会公信力。

云南旅游促销团赴罗马推介会

2018 年 7 月 18 日，由云南省旅游发展委员会组织的云南旅游文化交流促销团在意大利首都罗马举行“七彩云南旅游宣传推介活动”，来自罗马的 60 多家旅行商及新闻媒体近 100 人参加推介活动。

推介活动从旅游线路、特色产品、旅游目的地和投资环境等方面，全面地介绍云南旅游的发展情况。昆明滇池旅游度假区、大理州旅发委等单位也分别进行宣传介绍。

28 名台湾师生赴滇研学

2018 年 5 月 23 日 ~ 28 日，来自台湾高雄餐旅大学观光学院的 28 名师生在云南参加“华夏文明 · 薪火相传”台湾青年研学交流考察活动。观美景赏民俗、品美食学历史、促交流建友谊。五天时间，研学团在昆明、大理、丽江开启一场七彩云南研学之旅。

“华夏文明 · 薪火相传”台湾青年游学交流考察活动走进云南活动，是滇台两地民间交流活动的一项重要内容。未来，云南省旅游发展委员会还将结合云南实际情况，开发不同研学旅游线路产品，通过实地参观、互动交流等多种形式开展此类活动，促进两岸师生及旅游业界之间的交流。

（李甜江　整理）

昆明大观楼公园　（许太琴　摄）

生态古村落

太岳村

太岳村风貌 （张卓亚 提供）

太岳村隶属于云南省红河州石屏县异龙镇松村村委会。距异龙镇9.50千米，国土面积0.51平方千米，海拔1430米。鸡石高速公路从村前的坝田中穿过。

太岳村地处亮碑后山和大箐塘后山的山麓地带，属于坝区。村落属亚热带高原山地季风气候，夏季温暖，冬季凉爽，干湿季分明。年平均气温25℃，年平均日照为2176小时，最冷月（1月）月均气温11.6℃，最热月（6月）月均气温22.2℃。无霜期317天，年降水量1000毫米，偶有降雪，年均相对湿度75%。植被茂密。

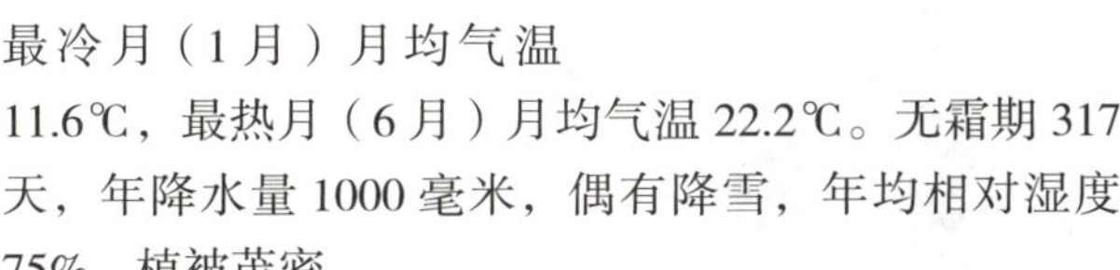

太岳村原名“小五亩”，据史料载，三世祖明成公统族从孙家营始迁至此后，改名“太岳村”。明洪武十四年（1381年）九月，傅友德、兰玉、沐英奉旨征云南。太岳始祖许大郎公为沐英麾下左军护卫骁将，军令在身，带兵随征，始入滇。明洪武十六年（1383年），傅友德、兰玉班师回京，留西平候沐英镇云南。许大郎公随沐英留镇云南，被封为平南昭武将军、临安卫屯田使。明洪武十七年（1384年），四川巴县岁贡生言平公专亲护送其季女即许大郎之妻言氏入滇。许大郎领受军田和坟山。许大郎公卸职后定居于石屏西城外孙家营。传至明成公始移居于小五亩，嘱以忠厚传家，朴耕，秀外慧中。历时六百多年，至今繁衍子孙数百人，历二十四代。

太岳村有耕地262.50亩，人均耕地0.70亩；有林地300.00亩，其中经济林果180亩，人均经济林果0.30亩。太岳村后山林木茂密，林间野生菌种类繁多。全村辖1个村民小组，有农户112户，有乡村人口426人，其中从事第一产业人数152人。2015年全村经济总收入473.00万元，农民人均年纯收入7749.00元。

（石屏县太岳村 供稿）

塔城一、二组

塔城一、二组隶属于迪庆州维西县塔城镇塔城村委会。位于迪庆州府香格里拉市南面，维西县城保和镇东北部。东以金沙江为界与香格里拉市五境乡隔江相望，东南与玉龙县毗邻，西及西南与维西县康普乡、白济讯乡、攀天阁乡接壤，北与德钦县霞若、拖顶为邻，有“鸡鸣四县”的美称。镇政府驻地距县城68千米，距州府120千米，距昆明720千米。海拔2020米。

塔城一、二组地处横断山脉的云岭纵谷地区，区内地势起伏变化大，地形支离破碎，山体狭窄，河流纵横交错，河谷深切，山峰高峻。地势南高北低，整个区域绝大部分是高山深切割及中山深切割地貌；山地层重，流侵蚀强，谷地十分发育，致使支脊狭窄，沟谷片嶙。沿主脊两侧分出的支脊和支谷纵横交错、逆冲、倒转，呈“爪”形展布。其中有山间盆地、中山裂谷沼泽和沿河谷的沉积台地及冲积扇。镇政府所在地地处腊普河中下游坝区，属维西县最大且平整的河谷坝区。

塔城一、二组属中温带低纬度季风气候。气候主要特征是夏秋雨热同期，冬春光照充足，四季分明，气候温和，雨量充沛，年平均气温在15℃左右，年平

塔城一、二小组村落　　（张卓亚　提供）

珍稀动物——滇金丝猴　　（李　森　摄）

均降雨量850毫米。乡境地处金沙江流域，金沙江支流——腊普河由南向北转东贯穿全境，至其宗村汇入金沙江。地势平缓开阔。腊普河干流发源于永春乡云岭山脉栗地坪，往北流向，至柯那村与柯公河汇合，右转东流，全流程76千米，汇集山溪100余条，在塔城镇其宗小河口村东南角注入金沙江。腊普河流经塔城一、二组地段的长度为1341米。除了腊普河外，村域范围内还有其他几条小溪和沟渠。

塔城一、二组周边山地动植物资源丰富，原始生态保护较为完整。境内原始森林茂密，植被保护完好。森林覆盖率达97%以上。全镇可供利用的草山草场有4万多亩。塔城是白马雪山国家级自然保护区维西萨玛阁保护区的核心区域，境内绵延起伏的山岭，蕴藏着众多的宝物。一望无际的原始森林木材蕴藏量可观，其中有云杉、秃杉、红豆杉、榧木、珙桐、金铁锁、冷杉、铁杉、长苞杉等名贵树种。此外，山间奇花异卉、山货药材名目繁多，蕴藏丰富。林中生长着众多的野生动植物，有国家保护动物29种，其中滇金丝猴、雪豹、云豹、黑颈长尾雉为国家一级保护动物，其余25种为国家二级保护动物。滇金丝猴在国内仅有1000只左右，塔城镇境内拥有11群800多只。该地产茯苓、当归、天麻、木香、贝母、松茸、木耳、生漆、漆蜡等山货药材；干鲜果品产量丰富，尤以板栗、核桃、柿子著名。矿藏有铁、钨、铜、锰、大理石等，大理石已经开采。

据史料记载，唐初吐蕃

设铁桥节度，建东西二城，其西城在今其宗村一带。元世祖忽必烈进军云南，其大将兀良合台率大军由旦当（今中甸）渡金沙江，其宗为当时的渡口之一。明代，乡境大部分地方属丽江木氏土知府用兵征战的五大地域之一的“照可”，其宗、喇普之名见于文献记载。清代多以“其喇”合称，为维西厅属之一。民国年间，先后称过其喇区、第四区、宗普乡。中华人民共和国成立后大多数时间称第五区，公社化时曾先后以“腊普”“卫东”“塔城”命名设人民公社。

塔城是维西旅游开发的前沿，是香格里拉旅游景区的重要组成部分。香格里拉滇金丝猴国家公园位于此处。乡境可追溯的历史比较悠久。塔城一、二组是以和姓家族为主的多民族聚居地，以藏族人口居多，其次是纳西族、傈僳族、汉、白、彝等民族。全组共有户籍人口677人。

塔城一、二组为县内粮食主产区之一，有耕地450.66亩，其中人均耕地0.67亩；有林地13342亩。农民收入主要以种植业为主。2014年末，全镇农村经济总收入8255万元，农民人均纯收入4627元。

（张卓亚）

白帕塘村

白帕塘自然村隶属于迪庆藏族自治州维西傈僳族自治县保和镇永春行政村。位于维西县城边，距离村委会2千米，距离维西县城2.3千米，国土面积1.4平方千米。白帕塘村地势南高北低，北面为拉考各山脉。村庄位于两山之间的峡谷处，东西狭长1200米，地形狭窄，地势由北到南呈阶梯状台阶，三面环山，村子与周边的自然环境相融共生。

白帕塘村地处山地季风气候带，气候温凉，雨量适中。年平均气温10.9℃，年降水量938.1毫米，海拔2480米。有利于各种农作物的生长，适宜种植玉米等农作物。白帕塘村附近被天然水塘包围，整个村寨依山傍水，水资源十分丰富。白帕塘村有耕地面积117.5亩，人均耕地1.26亩，主要种植粮食等作物，拥有林地1900亩。

白帕塘村为傈僳族村落，村境在汉代属越嶲徼外地。唐宋时期，先后为吐蕃、南诏、大理国等地方政权的属地。元至元十四年建临西县，此为设治之始。清雍正五年设维西厅，民国后废厅设县，沿革至今。自设治以来七百年间，随着政权的更迭，历史的演变，形成了现在的村域范围。自2012年10月1日起，撤销了永春乡政府对兰永、永春、拉河柱、拉日、高泉、腊八底、罗马7个村民委员会的管辖权，正式移交保和镇政府，自此白帕塘村属于保和镇管辖。

白帕塘村农民收入主要以种植业、养殖业为主，村集体年收入为32.91万元，村民人均年收入为2376元，因为村内水资源丰富，该村以鱼塘为依托，开始发展农家乐休闲娱乐，并通过经营农家乐带动其他种植、养殖业的发展，摆脱贫困的局面，成为周边著名的富裕村。白帕塘村现有农户25户，总人口110人，其中纳西族66人，傈僳族31人，其他民族13人。

（张卓亚）

白帕塘村周边植被　（张卓亚　提供）

鲁史镇

鲁史镇隶属于临沧市凤庆县，位于凤庆县东北部，地处北纬 24° 44′ ~ 24° 58′，东经 99° 48′ ~ 100° 06′。海拔 970 ~ 2970 米，总面积 347.871 平方千米。镇政府驻鲁史街，海拔 1850 米，距县城 80 千米。东连新华乡，南与小湾镇、大寺乡隔澜沧江相望，西接昌宁县，北与诗礼乡毗邻，东北以黑惠江与巍山县为界。气候温和，雨量充沛，资源丰富。

鲁史古镇历史悠久，从 1598 年设地方行政管理机构辟街场至 2018 年已有 400 多年历史，由于地理位置险要，南有澜沧江之阻，北有黑惠江相隔，是滇西茶马古道的重要驿站和要塞。

明万历二十六年（1598 年）设阿鲁司巡检司，地址在古镇四方街，史称“衙门”，为明代顺宁府设在夹江地区（澜沧江、黑惠江之间）的行政管理和军事管理机构。清乾隆三十五年（1770 年）设里、约。民国时期分别设区团、区、镇。中华人民共和国成立后，鲁史先后设第一区人民政府、人民公社、区公所、镇人民政府。并曾改称为红旗乡跃进人民公社、汇江区、汇江人民公社。另外，诗礼片区于 1962 年 8 月划出，新华片区于 1970 年 1 月划出，永新片区于 1972 年 12 月划出。2005 年 11 月，原永新乡复并入鲁史镇。

鲁史是正宗的大叶茶的产地及交易地。明清以来，鲁史的大多数人以茶为生。现在鲁史镇的金鸡村尚遗留有百株连片的古茶树野生群落。古平村、永发村海拔 2400 米左右的山野上，生长着近万株野生茶树。沿河村一带还有大量人工移植的野生茶树群。据初步统计，鲁史野生古茶树群落现有 1 万多亩，人工栽培的古茶园有 5000 多亩。骆英才是鲁史历史上第一个人工规模化种茶和加工茶叶的人，先后种植发展茶园 400 多亩，并开设“俊德昌商号”茶庄，长期从事茶叶的初精制和茶叶贸易。骆英才带领研制的鲁史名茶“明前春尖”和“雨露谷花”，是民国时期云南茶叶的极品之一。

2012 年末，全镇辖 17 个村，总人口 29885 人，居住着汉、彝、苗、回等 10 个民族，少数民族人口 6620 人，占总人口的 22.15%。

（云南省临沧市凤庆县人民政府）

朵那阁村

朵那阁村隶属于迪庆藏族自治州维西傈僳族自治县塔城镇。距离塔城镇 45 千米。位于东经 99° 32′ 06″ ~ 99° 32′ 42″、北纬 27° 33′ 16″ ~ 27° 33′ 58″。地处横断山脉的云岭河谷地带，属中温带低纬季风气候，气候特征呈夏秋两热同期，冬春光照充足，四季分明，气候温和，雨量充沛。海拔 2700 米，年平均气温 13.10℃，年降水量 1000 毫米，村寨四面环山，森林资源丰富，森林植被覆盖率达 90% 以上。境内国家级保护植物品种繁多，有秃杉、红豆杉、榧木、珙桐、冷杉等。

公元三世纪左右，傈僳族先民已居住在雅砻江、金沙江两岸的广大地区。公元 794 年（唐贞元十年），南诏异牟寻夺取神州都督府，占领大桥上下十六城池，施蛮王及大量百姓被俘往内地。余下的大部分迁往维西境内，聚居在澜沧江上游，成为维西傈僳族的先民。后有部分迁到腊普河一带。史料记载，唐宋时期先后为吐蕃、南诏、大理国等地方政权的属地。元至元十四年建临西县，此为设治开始。清雍正五年设维西厅，属之。民国后设县废厅，沿革至今都属于维西县。自设治七百年来，随着政权的更迭历史的演变，疆域一直没什么太大变化，在元明清时期一度被土司势力范围控制。朵那阁村国土面积 21.97 平方千米，适宜种植粮食、蔬菜、水果等农作物。有耕地 356.26 亩，有林地 24601 亩。朵那

鲁史镇村　（张卓亚　提供）

朵那阁村外观　（张卓亚　提供）

阁全村辖 1 个村民小组，有农户 77 户，有乡村人口 302 人，其中傈僳族 302 人。

格固村

格固村隶属于云南省迪庆藏族自治州香格里拉市金江镇吾竹村委会，地处北纬 26° 52′ ~ 27° 21′，东经 99° 39′ ~ 100° 01′。海拔 1900 米，年平均气温 14.3℃，年降水量 609.30 毫米，雨量充沛，日照充足。格固村地域特点为由西南向东北倾斜，四周为山地，植被茂密，古树名木众多。森林覆盖率很高。由于格固村附近地形比较复杂，地势起伏比较大，河流等水系穿插其村庄，村庄受到河网和高差等因素的分割，形成若干个相对独立的组团。安乐河流经玉皇山和开文山之间，并冲积形成相对平坦的山间坝地，在玉皇山下有大龙潭，出水量大，为附近居民的重要饮用水源，开文山下有小龙潭，两个龙潭的出水汇入安乐河，并入金沙江。

格固村国土面积 8.80 平方千米。有耕地面积 1083.00 亩，人均耕地 1.63 亩，主要种植小麦、玉米、水稻等作物。拥有林地 9342.00 亩，其中经济林果地 125.00 亩，人均经济林果地 0.19 亩，主要种植花椒、核桃等经济林果。

全村辖 3 个村民小组，现有农户 163 户，人口 693 人，到 2015 年底，全村人畜混居的农户有 69 户。2015 年农村经济总收入 670.25 万元，农民人均纯收入 5340.00 元。

（张卓亚）

腊八底村

腊八底村隶属于云南省迪庆藏族自治州维西傈僳族自治县保和镇，距镇政府所在地 18 千米。地处东经 99° 16′ 09″ ~ 99° 17′ 06″、北纬 27° 15′ 51″ ~ 27° 16′ 51″。距乡政府所在地 17 千米，东邻塔城乡，北邻攀天阁乡。森林植被保存完好种类繁多。主要品种有云杉、红杉、冷杉、红豆杉、高山松、云南松、扁桓、珙桐、山楸、樟、油桐及种类繁多的杜鹃、山茶等。森林覆盖率达 94%。

2012 年 10 月以前，腊八底村属永春乡管辖，之后归属保和镇管辖。村落形成于清代年间，自然聚居而成。是全县较为典型的傈僳族聚居村落，民族姓氏以余、蜂两姓为主，被誉为维西县傈僳族文化的传承宝库。

格固村落全景（张卓亚　提供）

腊八底村全景（张卓亚　提供）

格固村民居（张卓亚　提供）

腊八底村居民建筑（张卓亚　提供）

全村耕地面积1658亩。全村辖11个村民小组（9个傈僳族村民小组和2个彝族村民小组），全村545户，人口3560人，2010年全村年经济收入720.28万元，农民人均纯收入2859元。由于海拔高、气温低、土地贫瘠，居民均以玉米、小麦、马铃薯为主要食粮。

（张卓亚）

木鲁村

木鲁村隶属于云南省迪庆藏族自治州香格里拉市格咱乡木鲁村委会，是一个具有古朴厚重传统文化的古村落，属于偏远山区，距离格咱乡政府70千米。村子被群山包围，四周都是海拔较高的大山，地形复杂多变，地势崎岖，是亚欧板块和印度洋板块挤压形成的喜马拉雅山系的附属产物。村子坐落在尼吉崩松雪山和当热面布山之间峡谷相对靠底端的位置，整个村子都在尼吉崩松雪山的下山腰的坡地上，是典型的山野村庄。

根据当地的自然环境条件，木鲁村山地聚落的村寨形式，以山势的隆升坡度纵横交错而成。沿着山地等高线形成带状聚落，聚落两端都有零散人家，街巷格局十分不完善。

木鲁村平均海拔2700米，年均气温6.6摄氏度，年降水量600毫米，属于寒温带大陆性气候，夏季温暖湿润，冬季寒冷干燥。气温垂直变化较为明显，日照时数2203小时，日温差较大。

四周山体植被覆盖较好，植物茂密，森林覆盖率为84%。村中水源主要是来自村域范围内的尼吉崩松雪山和尼思雪山，水源相对丰富，能够满足村里的农业和生活用水。

木鲁村民居　　（张卓亚　提供）

木鲁村寨　　（张卓亚　提供）

木鲁村地处青藏高原南缘，横断山脉腹地，是滇、川及西藏三省区交汇处，也是举世闻名的“三江并流”风景区腹地。自古隶属于香格里拉市格咱乡。格咱乡在南宋时，属巴塘管辖。明正德十五年（1520年）后为木氏土司所占领。清康熙年间为蒙古和硕特部占领，称其地为“扎咱”。

据史料记载，清雍正二年中甸归属云南后设格咱境，民国改为第五区，民国29年改为宜旺乡，辖格咱、东旺、尼西。1950年设立格咱区，1959年初成立格咱人民公社，1962年改为区，1968年复称公社，1984年复改区，1988年改为乡，木鲁村经由这些变革并在村民世世代代的修缮和建设中，村落慢慢扩大。地势南高北低，受地理环境和历史传统的影响，房屋一直保留典型的藏族传统建筑风格，是格咱乡最大也是保存比较完好的传统聚居村落。

全村耕地面积 792.81 亩，林地 197020 亩。林地资源非常丰富。木鲁村现有农户 55 户，乡村人口 335 人. 绝大多数都是农业人口，少数青壮年劳动力选择外出打工，村里的男女青壮年是农业生产主要的劳动力。

汤堆村

迪庆藏族自治州香格里拉市尼西乡汤满行政村汤堆村地处国道 214 线和香维路交叉地段，是历史上茶马古道必经之地，交通极为便利。距香格里拉市 30 千米，距尼西乡政府驻地崩书塘 8 千米。汤堆村四周群山环绕，经尼西境内的河流主要有金沙江、冈曲河、汤满河，汤堆村地下暗河极为丰富，主要水源由香格里拉纳帕海湖水经落水洞补给。汤堆村依山而建，自然环境良好，森林资源丰富，森林覆盖率达到 95% 以上，林木种类繁多。

汤堆村是一个历史文化悠久、人与自然和谐发展的土陶之村，是现存的集自然景观、民族宗教文化为一体的和谐藏族村落，其土陶文化、尼西情舞等非物质文化遗产具有十分重要的保护价值。尼西黑陶有几千年的历史，从 20 世纪 70 年代至 90 年代，先后在德钦永芝、纳古、石底，香格里拉县尼西、奔东等地发掘 300 余座石棺墓葬，出土大量的黑陶随葬品。其中出土器物的典型器大鉴耳陶罐，与尼西汤堆烧制的黑陶罐有众多相似之处，说明在春秋战国时期，迪庆土著先民就已经熟练掌握黑陶制作烧制技艺。在最近的一次考古发掘中，尼西附近的开香村发现距今三千多年的陪葬黑陶制品。

尼西干热河谷地区民居为典型的纯藏式土墙碉房，顶平，墙倾斜度不明显，房屋用材尺寸一般结构多为三层建筑，高者达四至五层，层次重叠，房子三面多窗，采光较好，门窗上端彩绘斗拱作檐，风格别致。汤堆村房屋每层都有土站，再加铺地板，可保冬暖夏凉。底层天井作畜厩，家中经济条件好的，一般将畜厩和天井分开。一楼房间通常作仓库，房间多者，可将粮食和肉类分开存放。二楼则是卧室和客厅（正屋），客厅的陈设与高原居民略有不同，进门右侧同样是雕龙画凤的水亭，水亭对面是火塘，佛龛设在火塘上方，摆有供品和水。水用铜制碗装，摆设数量必须为单数，或 5 个，或 7 个。水亭对面墙壁左右各开一扇窗，其余三面墙皆为橱柜，摆放食品和碗具，水亭里侧还有一间房，可作仓房也可作卧房。这类房屋中，主人待客、用餐、休息时并不坐在火塘周围，而是坐在水亭斜对角的墙壁两侧，以靠窗一面为尊，这类客厅面积仅为二楹，不如前者宽敞。三楼的房间设二侧，将正面围

汤堆村全景　　（张卓亚　提供）

成一块天台，天台靠左一侧设有一土砌的午坛，家人每天清晨要在此烧香敬佛；每家屋顶上都竖有一面玛尼旗，屋顶平台可用于晒粮、脱粒或散步、远眺。

汤堆自然村共有农户 155 户，村占地 850 亩，占全村面积的 33%。汤堆村地处干热河谷地，四面环山，村民收入以农业为主，人均耕地面积 1.3 亩。粮食作物以青稞、小麦、土豆为主，经济作物以橘子、苹果为主。兼有饲养业、运输业、手工业等，其中黑陶制品的销售收入是当地村民最主要的经济收入。

（张卓亚）

霞给村

霞给村隶居于香格里拉市红坡村委会。位于香格里拉市建塘镇红坡村委会东部，普达措国家公园旁，距香格里拉市区 17 千米。自然环境宜人，植被保存完好，全村分布于属都冈河西岸。由于特殊的区位优势和地理环境，至今保存和流传着古老而独特的宗教文化、婚丧习俗、歌舞风俗礼仪、民族服饰等，被誉为“高原第一村”。从古至今，全村的民居住房一直保持着高原藏区传统的土木结构藏式二层土掌房木板屋面建筑。

霞给村全村有农户 22 户。在香格里拉旅游东环线柏油路旁村口，建有一座大型藏传佛教白塔。村内建有各种家庭民族手工艺作坊和规模宏大的“香格里拉印经院”，主要是藏文经典刻版印刷。

霞给村临香格里拉旅游东环线，交通便利具有很强的可达性。村内道路设置合理，路面铺有沥青或石块，与周围环境相协调。是一个典型的融自然景观和人文景观为一体的藏民族自然村落。霞给村依山傍水，风光如画，南临属都冈河，北面临霞给山，村庄东西两侧为农田，周围是天然的原始森林。浓郁的民风民俗，宁静的高原牧场，膘肥的牛羊，诠释着霞给村人与自然的和谐。

（张卓亚）

霞给村　（张卓亚　提供）

理论研究

THEORY STUDY

论文选载

“两山”理念云南实践

在全国生态文明建设现场推进会上，环境保护部命名浙江省安吉县等13个地区为第一批“绿水青山就是金山银山”实践创新基地，推进深入探索可复制可推广模式，示范引领全国生态文明建设工作。该“两山”理念实践创新基地导向具体为：1.积极探索绿水青山转化为金山银山的有效途径，提升生态产品供给水平和保障能力，创新生态价值实现的体制机制，打造绿色惠民、绿色共享品牌。2.建立组织领导机制，进一步明确目标、重点任务、进度安排、配套政策、保障措施、预期成果等内容，确保工作有力推进。创新推进机制，组织开展理论研究和实践探索。3.开展跟踪评估，并及时总结典型做法与经验在全国推广。

此举激发了各地以国家创新试点示范区建设为抓手的生态文明建设工作，本文从理念朔源，以剑川县申请试点工作为案例，分析存在的困难，提出了初步性的推进意见和建议，供有关方面参考。

一、“两山”理念的科学内涵

在马克思主义世界观中，人与自然是一个统一的有机整体，人是自然的一部分，人与自然不是孤立或对立的存在，人是自然存在物，靠自然产品才能生存繁衍，自然界是人的无机的身体，而人在劳动中再生产了自然，产生了与动物不同的主观能动性。

习近平提出“绿水青山就是金山银山”的两山理念，指出生态环境是人类生存最为基础的条件，是全国持续发展最为重要的基础，“天育物有时，地生财有限”，生态环境没有替代品，用之不觉，失之难存，实质上是把良好生态环境看作经济社会持续发展的最根本基础，要求走生态优先的绿色发展道路，发展生态经济，回答了什么是生态文明、怎样建设生态文明等一系列重大理论和实践问题，是对马克思主义生态辩证法和生态经济学的丰富和发展，是习近平新时代中国特色社会主义思想生态文明观的基本理念。

二、理念形成过程

“两山”理念是实践的经验总结，是对可持续发展的科学探索成果。浙江省安吉余村是一个山清水秀的山区小村，在改革开放的背景下，余村利用当地的资源优势，开始发展采矿业和水泥业。但是，在经济发展和生活水平提高的同时，当地的环境污染也日益严重。痛定思痛，余村关闭了采矿场和水泥厂，决定通过发展乡村旅游等绿色经济的方式来实现生产发展、生活富裕、生态良好的目标，结果取得了不俗的成绩。2005年8月15日，时任浙江省委书记的习近平同志在考察余村时，根据这一经验提出了“绿水青山就是金山银山”的理念，并且随后发表了《绿水青山也是金山银山》的短评。短评提出：们追求人与自然的和谐、经济与社会的和谐，既要绿水青山，又要金山银山。

“两山”理念是面向国际、面向人类、面向未来的绿色宣言。2013年9月7日，习近平总书记在哈萨克斯坦纳扎尔巴耶夫大学发表演讲并回答学生们提出的问题，在谈到环境保护问题时他再次指出：“我们既要绿水青山，也要金山银山。宁要绿水青山，不要金山银山，而且绿水青山就是金山银山。”

三、“两山”理念在生态文明建设中的作用

“两山”理念的指导下，在党和政府大力推进生态文明建设态度鲜明、决心坚定。采取了一系列措包括：

要按照尊重自然、顺应自然、保护自然的理念，贯彻节约资源和保护环境的基本国策，其中二十世纪八十年代初，保护环境列为基本国策；进入新世纪，又把节约资源作为基本国策。

在党的十八大报告中提出：把生态文明建设融入经济建设、政治建设、文化建设、社会建设各方面和全过程。

把生态文明建设摆在更加突出的位置，坚持绿色发展观，各方面和全过程融入建设，携手共建地球美丽家园，建设美丽中国，努力走向社会主义生态文明新时代。

阐明以下观点：

良好生态环境是最普惠的民生福祉。恩格斯在《自然辩证法》一书中就深刻指出，“我们不要过分陶醉于我们人类对自然界的胜利。对于每一次这样的胜利，自然界都对我们进行报复”。自然界是人类社会产生、存在和发展的基础和前提，人与自然是相互依存、相互联系的整体，保护自然环境就是保护人类，建设生态文明就是造福人类。经济发展不应是对资源和生态

环境的竭泽而渔式的掠夺，生态环境保护也不应是舍弃经济发展的缘木求鱼式的退却，而是要坚持在发展中保护、在保护中发展，实现经济社会发展与人口资源环境相协调，不断提高资源利用水平，加快构建绿色生产体系，大力增强全社会的节约意识、环保意识、生态意识。同时，自然资源的不可替代性决定了生态补偿的必要性。

保护生态环境就是保护生产力。保护自然，首先要承认自然的资源价值，而且从可以再生的角度看具有资本价值也同时具有生产力价值，从而保护自然就是增值自然价值和自然资本的过程，就是保护和发展生产力。

提出具体做法：

以系统工程思路抓生态建设。一是牢固树立生态红线的观念，优化国土空间开发格局，加快实施主体功能区战略，严格实施环境功能区划，构建科学合理的城镇化推进格局、农业发展格局、生态安全格局，保障国家和区域生态安全，提高生态服务功能。二是全面促进资源节约，建设生态文明必须从资源使用这个源头抓起，把节约资源作为根本之策。三是加大生态环境保护力度，实施重大生态修复工程，增强生态产品生产能力，推进荒漠化、石漠化综合治理，扩大湖泊、湿地面积，保护生物多样性，提高适应气候变化能力。

实行最严格的生态环境保护制度。包括：完善经济社会发展考核评价体系，建立体现生态文明要求的目标体系、考核办法、奖惩机制，使之成为推进生态文明建设的重要导向和约束；建立责任追究制度。对领导干部实行自然资源资产离任审计，建立生态环境损害责任终身追究制；建立健全资源生态环境管理制度；健全自然资源资产产权制度和用途管制制度，加快建立国土空间开发保护制度，健全能源、水、土地节约集约使用制度，强化水、大气、土壤等污染防治制度，建立反映市场供求和资源稀缺程度、体现生态价值和代际补偿的资源有偿使用制度和生态补偿制度，健全环境损害赔偿制度，强化制度约束作用。

四、云南省试点申请案例——剑川

（一）申请的背景

1. 保护为基础，做好理论实践创新发展的准备

剑川县坚持“绿水青山就是金山银山”的生态文明发展理念，把生态环境作为第一资源、最大优势，坚定不移守护绿水青山，大力推进经济发展转型，严守资源消耗的上限、环境质量的底线、生态保护的红线。在2011～2013年度财政部、环保部生态环境质量考核中剑川县为全国23个“轻微变好”的县域之一，2014～2016年“保持稳定”，2017年“轻微变好”。2015年4月，中国环境报第3版专题报道剑川县生态文明建设典型做法。2015年8月，剑川县在全国国家重点生态功能区县域生态环境质量监测评价与考核工作培训班会议上作了交流发言。

以上工作是该县以“生态立县、绿色强县”为发展方向，统筹全县，切实推进生态文明建设进程，强化国家重点生态功能区保护、重点流域水污染防治和扎实做好生态保护、生态创建，取得的良好保护成效，为做好理论创新发展实践做好基础工作。

2. 加强组织领导，坚定不移推进生态文明建设

为加快推进生态文明建设步伐，剑川县于2015年成立生态文明建设委员会，由县委书记和县人民政府县长担任主任，县委副书记、县人大常委会主任、县政协主席、县人民政府副县长为副主任，相关职能部门为成员，切实把生态文明建设放在更加突出的位置，融入到经济建设、政治建设、文化建设、社会建设、党的建设各方面的全过程。

3. 强化管理体系建设，切实提高生态环境监管能力

县委常委会每半年听取一次生态文明建设汇报，研究解决工作中的重大问题，并根据需要进行重点部署；县人民政府常务会每季度研究一次生态环境保护工作，督办督查生态治理、环境保护项目。成立剑川县剑湖湿地省级自然保护区管理局，在县森林公安局内增设省级自然保护区环境保护治安大队，在县环境监察大队增设剑湖湿地省级自然保护区环境监察中队，成立剑湖湿地省级自然保护区综合保护工作站和老君山生物资源多样性保护管理所。不断理顺生态环保监管体制，逐步形成办事高效、运转协调、行为规范、监管统一的行政管理运行机制，切实提高生态环境监管能力。

4. 狠抓重点工作，解决关键问题

组织了剑川县金龙河入湖口湿地修复关键技术研究与示范项目、剑川县澜沧江上游剑湖流域水环境综合治理工程PPP项目等重点生态建设工程，开发共性关键技术、解决污染核心问题，加快生态修复建设。

其中剑川县金龙河入湖口湿地修复关键技术研究与示范项目建设核心示范区100亩，示范推广区820亩、辐射带动区9345亩，项目预算总投资1600万元，含科技经费200万，到位资金1330万元，其中：单位自筹1200万元，省科技项目经费130万元；以减少金龙河入湖携沙量、减少剑湖泥沙淤积、恢复剑湖湿地生物多样性、恢复滨湖生态系统的完整性和连续

性、保护候鸟重要栖息地、提升剑湖湿地保护管理能力为目的，对成熟的栖息地修复、生态尘沙、生态驳岸、水生经济作物栽培和生态水源保护关键技术开展应用研究与示范推广。

剑川县澜沧江上游剑湖流域水环境综合治理工程PPP项目主要建设内容包括：入湖河道水环境综合治理工程、环剑湖截污治污工程、剑湖污染底泥疏浚工程和湖滨缓冲带修复工程四个大项，估算总投资153750.50万元，存量资产2414.85万元，该项目于2017年8月通过公开招标确定项目中标社会资本方为中国电建集团联合体。采用DBOT（设计－建设－运营－移交）+ROT（改建－运营－移交）模式，合作期限25年（含建设期）。

（二）试点工作设计

指导思想：理论指引，立足实际，通过“两山”理念实践创新基地试点创建工作，守护绿水青山，聚集人才人气，打造生态产业，铸就“金山银山”，勇当“两山”理念的忠诚实践者和创新排头兵。

主要目标：围绕滇西北高山峡谷生态屏障生物多样性保护区建设，营造美丽环境、发展生态经济、传承和弘扬生态文化，释放剑川发展潜力、壮大剑川综合实力、彰显剑川文明魅力。

主要任务：夯实生态本底，保值增值绿色资产；做大金山银山，构建绿色经济体；护美绿水青山，树立环境质量标杆；深化制度改革，提升绿色发展水平；共享绿水青山，实现绿色富民惠民。

工作步骤：分为准备阶段、申报阶段、验收阶段、巩固阶段。

保障措施：加强组织领导，全员参与创建；健全协作机制，强化政策统筹，建立健全密切协作、多方联动、全民参与的工作机制；分步组织实施。根据实施方案，制订阶段性实施计划，明确各阶段目标任务、时间节点和工作要求，实行项目化、清单化、责任化管理，确保按时完成；加大财政保障。每年在财政预算中设立“两山”理念实践创新基地试点建设专项基金，以保证资金的落实。发挥公共财政的引导作用，积极争取国家和省州以及社会各界对剑川县生态文明建设的资金支持；强化督查考核。

（三）案例分析

1. 目标分析

试点的核心是保护，重点是发展生态经济，发展立足点在于一方面解决好发展与保护的关系，落实惠民，另一方面是解决对内对外发展不充分不均衡问题，缩小城乡差距、城际差距，实现创新跨越发展。

从这个角度来说，强化生态保护，同期应该配套实施生态扶贫。依靠生态补偿机制，实施生态建设工程以工代赈；充分发挥生态资源禀赋优势，研发与培育“绿色、高质、安全、高产”产品，通过规模化、标准化、专业化、生态化建设，培育并壮大生态产业，通过帮扶、合作经营、劳动就业等手段，促进区域企业生态化专业化发展，扩大就业人数和收入。

剑川县2016～2017年，城乡收入比为3.5∶1，农村居民人均纯收入由于基数低，虽增长率持平全省，但绝对数尚未能实现目标，仍然在脱贫攻坚中。需要加快推进乡村振兴战略，统筹城乡协同发展。用好全国土地确权试点政策，推进农村土地集体所有权、农户承包权、土地经营权“三权分置”改革和抵押贷款，完善农村土地流转平台；用好云南省电子商务进农村试点机会，努力培育农业电商、农业互联网等新业态，促进农村一二三产业融合发展；统筹推进美丽乡村建设项目，抓好乡村基础设施完善和环境卫生综合整治；有重点地建设特色建制镇、小集镇，坚持以人为本的城镇化，主动融入滇西城市群发展布局；坚持以城镇带乡村、以乡村为腹地、以产业为联结，激活城乡联系，健全城乡发展一体化。

2. 困难分析

问题一：绿色资产如何增值

生态建设与修复的要求：保护其完整的生态系统和珍稀濒危动植物资源，构建滇西生态安全屏障和生物多样性宝库。

生态红线要求：自然保护区、水源地等特殊区域不得开发，风景名胜区限制开发，守护耕地红线，确保林地面积和森林覆盖率不下降、森林资源总量有增长，受保护国土面积比例不降低。

对标执行，使剑川县70%的国土面积纳入高限制范围，其他30%面积承当耕种、居住和其他建设任务，绿色资源如何发挥可再生、可利用的资产特性，成为理顺发展关系的关键。

同时，在保护的过程中，生态安全格局构建需要放在更大空间、地域范围内进行考虑和设计，就保护而保护，一方面激发一些社会矛盾，另一方面也会使保护目标局限于行政工作任务而实际上被降低。

问题二：如何做大金山银山

剑川县通过调整产业结构，培育新兴战略性产业，三次产业结构由2015年的21.9∶44.7∶33.4调整到2017年的20.3∶44.4∶35.3，其中以旅游业为代表的服务业快速发展，2017年旅游业总收入49.13亿元；农业通过优势比较，拟将剑川打造为滇西北高原特色良种繁育生产基地、高原中药材生产基地、季差蔬菜供应基地；工业持续深入推进工业产业绿色转型。

从发展的趋势看态势良好，从总量上看尚不足够显著，如何推进发展是剑川面临的实现问题。

3. 支撑点位分析

生产力的发展水平是由科学技术发展的程度决定的，科学技术是社会经济发展的基本动力。

走绿色发展道路需要绿色科技作为支持手段，进一步优化产业结构，淘汰落后产能，构建绿色经济体系。

鼓励对工业副产物的有效利用，发展循环经济，逐步解决传统工业的遗留问题。

全力探索“A级景区+特色小镇+乡村旅游”发展模式，加快从景点景区旅游向全域旅游转变、单一门票经济向综合产业经济转变，发展持续服务业。

以现代农业建设为中心，着力培植粮食、蔬菜、中药材、制种四大产业，做好出口农产品质量安全示范、“三品一标”认证工作，发展高原特色生态农业。

积极参与发展电商网企、“互联网+”等新业态新模式，培育发展新动能。

倡导绿色生活方式，建立设低碳生产、生活模式，落实节约资源、环境友好方针。

4. 小结

剑川县是少数民族聚居山区，丰富的生物资源培育了优美的民族文化、简单朴素的和谐自然思想，因为也出现了发展速度不高，与外界交流不够等问题；剑川位处六大水系源头，是滇西北地区“山水林田湖草”生态系统的重要组成部分，自然生态环境保护意义重大，但极强的保护需求，使自然资源的保护成为任务、责任和压力，明显存在发展与保护关系协调不到位，生产力释放不足等问题，存在理论目标与实际情况存在落差问题，需要通过开拓、践行来走通一条新型发展道路。同时剑川状况特点也是云南省状况的缩影，剑川的试点应能找出可示范可复制的成功模式，剑川的生态化发展对云南省的生态文明建设具有良好的促进意义。

五、进一步加强“两山”理念创新实践运用的建议

（一）加强理论学习，以践行方式不断提高认识、收获

从认识论的角度来看，未知趋于无穷，认识越多则能够发现的未知也就更多，实践与认知是相互促进的辩证关系。因而要实践“两山”理念，首先是对理念深入学习，认真把握理念中对保护与发展相互关系的定位、优先以及相互促进谋求和谐的精髓；其次，及时掌握实践中出现的问题，以问题为导向，综合平衡，实现保护效果突出、生态经济发展、人民获得感满意目标。

（二）创新抓特点，因地制宜，发挥好后发优势

“只有民族的，才是世界的”。剑川是白族聚居地，白族文化以“赛歌会”形式代代相传。剑川古城自明代建成以来，一直是进入“三江并流”腹地必经之重镇，是滇藏茶马古道上重要的驿站，距今已有六百多年的历史，为历史上滇西北最为坚固的城池之一，被誉为“三江名城”。剑川木雕，世代接连，薪火相传，传承千年而不衰。2014年6月12日，农业部在北京召开新闻发布会，公布了第二批中国重要农业文化遗产名单，全国有20家传统农业系统入选，剑川稻麦复种系统榜上有名。民族文化的积淀是剑川创新发展的土壤，也显示出经过历历史检验、具有独特地缘特征的文化产品、农业产品是剑川发展核心竞争力所在，未来的生态产品也会在丰富的生物资源、民族传承中有较高的美学和文化价值部分中开发，方能在云南省及同类地区具有较强的示范带动能力，在活态性、适应性、复合性、战略性、多功能性和抢救濒危性等方面具有显著特征。

（三）外引内聚，加快创新科技资源汇聚，服务发展

生产力的发展水平是由科学技术发展的程度决定的，科学技术是社会经济发展的基本动力。科学技术的发展，催生新产业新产品、提高技术水平，改革生产工艺、提高全社会从业者素质、提高管理和决策水平、改善经济环境和发展方式。为了实现现有技术经济水平下的问题突破，能够“先后棋”一起下、“加减法”同步做、“长短账”整体算，需要采取开放的策略，充分吸纳先进技术扩散，除了培养好自己的人才队伍、企业队伍，更要利用好生产力梯级转移发展需求，加快人才、资本、平台等创新科技资源汇聚，为推动生态环境持续好转奠定了坚实基础，做好准备。

（四）充分利用试点条件，对促进发展的重要体制机制积极探索，争取上升为政策

在试点过程中生态补偿机制、绿金考核机制如何设置和实施，生态文明建设公共财政投入多少合适，均可以积极探索，争取上升为政策。在改革试点示范走在全省前头，总结出可以全省示范的经验，促进经济社会持续健康发展。

（云南省科学技术发展研究院　马　兰
云南大学　浦江　陈双荣）

新时代云南发展环保产业的战略机遇

当前中国特色社会主义进入新时代，中国社会主要矛盾已经转化为人民日益增长的美好生活需要和不平衡不充分的发展之间的矛盾。这个重大政治判断是推进当代中国生态文明建设的总依据和大背景，它对准确把握当前生态文明建设主要矛盾的重要价值和指导意义在于：其一，改革开放以来日益突出的生态环境问题给人民群众身心健康带来的伤害不容忽视。其二，随着物质生活水平和消费水平的不断提高，人民群众对美好生活和美丽生态环境的向往、对生态环境权益的维护、对环保产业发展的渴望、对公共生态环保产品的需求与生态资源环境的承载力、环保产业发展和生态环保公共产品不足、生态环境保护严峻形势之间的不协调日益突出，在某种程度上正呈现出向主要矛盾或矛盾的主要方面演化、发展的态势。其三，2008 年国际金融危机后，为了促进全球经济复苏和应对气候变化、能源资源危机等挑战，全球范围特别是西方主要发达国家纷纷提出和推行“绿色新政”“绿色经济”“绿色增长”，并演化成为一场新的国际话语权的斗争。实践证明，人类在创造和享受现代文明的同时，也饱尝破坏生态环境带来的苦果：生态退化、环境恶化、气候变化、灾害频发等。

马克思、恩格斯认为，人与人的关系同人与自然的关系、人与人的和谐同人与自然的和谐具有高度统一性。作为自然界的有机组成部分，人的解放，只有在保障自然界完整和繁荣的基础上、在最大限度地减少自然灾害对人类的影响的基础上才能真正实现。因此，中国共产党带领全中国人民最终追求的未来共产主义社会就是实现人的全面解放的社会，同时也是人与自然高度和谐的社会。生态是指生物之间以及生物与环境之间的相互关系和存在状态，亦即自然生态。生态文明反映的是人与自然之间的和谐程度，它是一个历史范畴，是工业文明发展到一定阶段的产物，是人类社会进步的重大成果。生态文明建设是指人类在利用自然、改造自然的过程中，积极改善和优化人与自然的关系，建设健康有序的生态运行机制和良好的生态环境。

习近平总书记在十九大报告中指出：“建设生态文明是中华民族永续发展的千年大计。”这一战略定位，把生态文明建设、节能减排绿色发展和新兴环保产业提到了前所未有的高度。围绕这一战略定位，习近平总书记将“坚持人与自然和谐共生”纳入新时代坚持和发展中国特色社会主义的基本方略，提出要牢固树立社会主义生态文明观，推动形成人与自然和谐发展现代化建设新格局，描绘了到 21 世纪中叶把中国建成富强民主文明和谐美丽的社会主义现代化强国的宏伟目标，并倡议建设持久和平、普遍安全、共同繁荣、开放包容、清洁美丽的世界，为全球生态安全做出贡献。以上这些论述是习近平新时代中国特色社会主义思想的重要组成部分，从理论和实践的结合上系统回答了新时代中国特色社会主义生态文明建设的一系列重大问题。

生态文明是中华民族永续发展的千年大计，当代中国的生态文明建设，越来越成为国内政治、经济、文化、社会治理和国际治理、全球博弈交织在一起的综合性问题，成为衡量“五位一体”总体布局是否全面、协调的重要内容。2015 年新春伊始习近平总书记到云南考察，提出“云南努力成为生态文明建设排头兵”的要求，云南必须发挥好云南特有的自然生态环境优势，像爱护自己的眼睛一样加强生态环境保护、大力发展环保产业，抢占战略性新兴产业和绿色发展的高地。

一、发展环保产业是强劲动力和重要引擎

党的十八大以来，中国坚持“保护生态环境就是保护生产力，改善生态环境就是发展生产力”的绿色发展理念，生态环境明显改善，党的十九大胜利召开标志着“生态文明”“绿色发展”和“美丽中国”的三大理念必将对新时代中国特色社会主义现代化建设产生重大影响。

基于对国际和国内大局的认知、对现实和未来态势的把握，习近平总书记明确了社会主义现代化建设的“绿色属性”，指出我们要建设的现代化是人与自然和谐共生的现代化，既要创造更多物质财富和精神财富以满足人民日益增长的美好生活需要，也要提供更多优质生态产品以满足人民日益增长的优美生态环境需要。这一论断的首要内涵，就是不能进行“异化的生产”“异化的消费”，即不能以牺牲自然资源和破坏生态环境为代价换取不可持续的物质财富和社会经济增长。

十九大将“必须树立和践行绿水青山就是金山银山的理念”写入报告。“绿水青山就是金山银山”，重心在和谐、共生，核心在绿色发展、循环发展、低碳发展和可持续发展，强调通过现代化的绿色产业体系实现国民经济的绿色化和可持续化。十九大报告对社会主义现代化建设的新界定和对绿色发展理念的新诠释，揭示了生态文明的核心要义，具有重要的自然辩证法价值。从这个意义上说，云南在推动新时代建设中国特色社会主义现代化、实现生

态文明建设的进程中发展战略性新兴环保产业不仅仅是一种绿色发展理念的弘扬，更是一场涉及云南社会经济和人与自然全面协调发展的生产方式、生活方式、思维方式和价值观念的绿色革命性变革，功在当代、利在千秋。

党的十九大报告对近年来中国在生态文明建设方面取得的历史性成就予以高度评价，并系统性地对生态文明建设作出了具有全局性、前瞻性、战略性的部署，特别是明确坚持人与自然和谐共生是构成新时代坚持和发展中国特色社会主义的基本方略之一，把“美丽”作为社会主义现代化强国的第五个关键词，提出了实现中国梦第二个百年奋斗目标两个阶段的生态环境保护目标，部署了推进绿色发展、治理突出环境问题、加大生态系统保护和改革生态环境监管体制四大任务，这为中国做好当前和今后一个时期的生态环境保护指明了前进方向，提供了根本遵循。

十九大报告明确指出，人与自然是生命共同体，人类必须尊重自然、顺应自然、保护自然。新时代中国特色社会主义建设的现代化是人与自然和谐共生的现代化，既要创造更多物质财富和精神财富以满足人民日益增长的美好生活需要，也要提供更多优质生态产品以满足人民日益增长的优美生态环境需要。云南在新时代站在生态文明建设排头兵的高度，把云南建成中国最美丽省份，必须进一步加快环保产业发展，坚持节约优先、保护优先、自然恢复为主的方针，形成节约资源和保护环境的空间格局、产业结构、生产方式、生活方式，还自然以宁静、和谐、美丽。

云南与全国一样自新中国成立以来特别是改革开放以来，随着人口的急剧增多、工业化和城市化的快速推进，发达国家在现代化进程中遇到的生态环境保护问题程度不同地暴露出来，在有的地方已成为制约经济社会健康、可持续发展的障碍甚至瓶颈。由此可见，大力发展环保产业解决生态环境问题不仅仅是一个经济问题，还是一个社会问题、政治问题，其解决过程同时是不断深化社会发展内涵、提升社会发展品质的过程。

因此，云南省未来将聚焦重点，彰显特色，全力打造世界一流的“绿色能源”“绿色食品”“健康生活目的地”这“三张牌”，形成几个新的千亿元产业，培育发展新动能；新时代中国特色社会主义给云南环保产业带来前所未有的发展机遇，而大力发展战略性新兴环保产业是推动云南实现新时代社会经济跨越式发展强劲动力和支撑云南努力成为生态文明建设排头兵把云南建成中国最美丽省份的重要引擎。

云南努力成为新时代中国特色社会主义生态文明建设的排头兵，大力发展战略性新兴环保产业、建设生态文明，不是在云南经济发展相比全国发达的省份严重滞后的今天要放弃全面提升云南社会经济发展的工业文明，更不是要回到云南过去的原始生产、生活方式，而是以云南多样性的资源环境承载能力为基础，以云南高原山地的自然规律为准则，以云南社会经济可持续发展、人与自然和谐发展为目标，建设一个以战略性新兴环保产业支撑带动社会经济全面发展的、绿色清洁美丽的云南。因此，云南生态文明建设把环保产业作为战略性的新兴产业给予大力培植和发展不仅仅是一种绿色发展理念的实现，更是一场涉及云南努力成为新时代中国特色社会主义生态文明建设的排头兵在生产方式、生活方式、思维方式和价值观念的绿色革命性变革，功在当代、利在千秋。

云南大力发展环保产业促进生态文明建设的核心就是在新时代云南社会经济全面跨越式发展实现各族人民与云南高原多样性的自然生态环境和谐相处。习近平总书记提出的“人与自然是生命共同体”论断以及“坚持人与自然和谐共生”基本方略，是对马克思主义生态文明建设思想的继承、坚持、创新和发展，对云南大力发展战略性新兴环保产业促进生态文明建设具有现实的指导意义。

生态文明建设的核心，是正确处理人与自然的关系，实现人与自然的和谐相处。因此，云南大力发展战略性新兴环保产业建设生态文明，不是要放弃现在正在支撑云南社会经济发展的传统工业，更不是放弃现代工业文明回到过去原始的生产、生活方式，而是以云南高原多样性的资源环境承载能力为基础，以云南高原山地特有的自然规律为准则，以战略性新兴环保产业支撑实现云南社会经济全面跨越式发展的各大产业节能减排及升级改造、促进全省社会经济全面的可持续发展、人与自然和谐发展为目标，建设一个经济全面繁荣、清洁美丽的云南。

习近平总书记在党的十九大报告中指出，“人与自然是生命共同体，人类必须尊重自然、顺应自然、保护自然。人类只有遵循自然规律才能有效防止在开发利用自然上走弯路，人类对大自然的伤害最终会伤及人类自身，这是无法抗拒的规律。”这就要求云南在社会经济发展过程中必须始终牢记：破坏自然就是损害人类自己，保护自然就是保护人类自己，云南要建设绿色强省把经济发展活动控制在云南高原山地自然能够承载的限度内，实现云南人与自然和谐共处、经济与自然和谐发展。

思想的高度决定了认识的深度，云南在大力发展战略性新兴环保产业的过程中，必须将习近平总书记新时代中国特色社会主义思想中关于树立和践行“绿水青山就是金山银山”的基本理念和“坚持人与自然和谐共生”的基本方略，纳入云南全省社会经济跨越式发展必须坚持节约资源和保护环境的基本国策，像对待生命一样对待云南高原独特脆弱多样性的生态环境，统筹云南高原山水林田湖草系统治理，实行最严格的云南高原脆弱生态环境保护制度，形成云南特有的绿色发展方式和绿色生活方式，坚定走适合云南生产发展、生活富裕、生态良好的文明发展道路，建设美丽云南，为云南各族人民创造良好的生产生活环境，努力成为全国生态文明建设的排头兵和标杆，为美丽中国生态安全做出贡献。这既是新时代对云南生态文明建设大力发展环保产业的新定位，也是新时代对云南生态文明建设大力发展环保产业的新要求。

云南发展环保产业建设生态文明，贵在创新，重在建设，成在持续。大力发展环保产业建设生态文明在价值观念上，强调以平等态度和充分的人文关怀关注和尊重生态环境，使经济社会发展与资源环境相协调；在实现路径上，走出一条适合云南社会经济绿色发展的资源节约和大力发展环保产业促进生态环境保护的新道路，倡导和推行自觉自律的生产生活方式，基本形成节约能源资源和保护生态环境的绿色产业结构、增长方式、消费模式，全面推进云南经济社会的绿色繁荣；在目标追求上，注重增进云南全省广大各族人民群众的社会经济福利和生态环境权益，促进云南社会和谐；在时间跨度上，是长期艰巨的建设过程，云南既要补上节能减排对传统产业升级改造、创新发展和全面进行深化供给侧改革实现现代工业文明的课，又要走好大力发展战略性新兴环保产业绿色发展建设生态文明的路。

与全国一样，云南建设生态文明的重点任务主要包括：一是加快转变经济发展方式，大力发展绿色经济、循环经济和低碳技术，培育壮大节能环保产业，形成资源节约、环境友好的产业结构、生产方式和消费模式。二是更加注重保障和改善民生，大力发展战略性新兴环保产业、加强生态环境保护、着力解决损害群众健康的突出环境问题。三是深化节能减排，加大水、大气、土壤等污染治理力度，强化核与辐射监管能力，明显改善生态环境质量。四是切实加强农村生态环境综合整治，实现城乡生态环境基本公共服务均等化。五是加强生态保护和防灾减灾体系建设，构建生态安全屏障。六是健全激励和约束机制，构建有利于建设生态文明的政策法规和体制机制。七是加强宣传教育，在全社会树立和弘扬生态文明理念。八是积极应对气候变化、特别是云南独特的生物多样性保护等全球性环境问题。

由此可见，环保产业作为云南确立的战略性新兴产业，涉及云南社会经济建设绿色发展的方方面面，对传统产业进行生态化的升级转型改造，大力发展节能环保等战略性新兴产业，使绿色经济、循环经济和低碳技术在云南整个社会经济结构中占较大比重，推动经济绿色转型。从激励与约束机制看，必须建立完善的生态文明制度。把生态环境公平正义的要求体现到云南经济社会决策和管理中，加大制度创新力度，建立健全法律、政策和体制机制。从红线底线角度看问题，确实保障可靠的生态环境安全。有效防范生态环境风险，及时妥善处置突发资源开发生态环境事件和自然灾害，维护生态环境状况稳定，避免重大生态环境危机。从根本目的看，必须持续改善生态环境质量。

让云南广大的人民群众看到阳光明媚的蓝天，喝上干净的水、呼吸上新鲜的空气、吃上放心的食物。在大力发展环保产业建设生态文明的价值取向、长远目标、基本原则、主要途径和保障举措等方面，从云南省委省政府出台的“十三五”规划和加快促进环保产业发展的意见，已经形成生态文明建设完整的认识成果：其核心就是人与自然和谐共生、经济社会与资源环境协调发展。必须深刻把握新时代新使命新征程，切实把思想和行动统一到党的十九大精神和云南省委省政府高举努力成为生态文明建设排头兵的旗帜、走绿色发展之路的各项决策上来，牢固树立起新时代中国特色社会主义生态文明观，以最严格的制度保护云南的生态环境和绿色家园，以最优先的对策加快云南环保产业和绿色经济发展，以最有力的举措加大云南全省的污染治理、监测和防控，以实实在在的环保产业和绿色经济发展成效顺应人民群众对良好生态环境产品和实现美丽云南的新期待。

二、发展环保产业是云南实现新时代社会经济跨越式发展的必要途径

绿水青山就是金山银山系统理念对环保产业的需要，统筹山水林田湖草就是系统综合治理对环保产业的要求，大力发展环保产业建设生态文明，顶层设计是前提，实践践行是根本。树立和践行绿水青山就是金山银山的理念，像对待生命一样对待生态环境，努力建设新时代中国特色社会主义现代化美丽中国，云南有着得天独厚丰富的自然资源优势，云南不仅可以

通过大力发展战略性新兴环保产业努力成为生态文明建设的排头兵，也可以通过大力发展环保产业实现云南聚焦重点、彰显特色、全力打造世界一流的“绿色能源”“绿色食品”“健康生活目的地”这“三张牌”，形成几个新的千亿元产业、培育发展新动能的战略目标补齐“资源开发利用生态环境短板”的当务之急。

云南要努力成为生态文明建设的排头兵，就必须体现在以绿色引领发展。2018 年，云南省将把发展产业作为建设现代化经济体系的重要抓手，加快构建“传统产业 + 支柱产业 + 新兴产业”迭代产业体系。云南加快发展战略性新兴环保产业，是云南全面调整经济结构、转变经济发展方式的内在要求，是推动传统工业节能减排，发展绿色经济和循环经济，建设资源节约型环境友好型社会，积极补齐“资源开发利用生态环境短板”，抢占战略性新兴产业未来竞争制高点的战略选择。

云南作为一个典型的资源环境多样性丰富大省，是中国和南亚、东南亚地区的“水塔”，是全球生物多样性最为富集的地区之一，素有“动物王国”“植物王国”的美誉。云南水资源非常丰富，横跨长江（金沙江）、珠江（南盘江和北盘江）、元江（红河）、澜沧江（湄公河）、怒江（萨尔温江）、大盈江（伊洛瓦底江）6 大水系，均为源头和上游；并有滇池、洱海 9 大湖泊，人均占有水资源比全国人均占有高出 3 倍，由于云南高原的特殊地形河流高大的落差形成巨大的水能。云南高原多样性的气候类型，复杂的地形地貌，孕育了多样的生物种类，茂密的森林及植物种类的繁多，又为各种动物提供了生存繁衍的良好生态环境。

云南是全国植物种类最多的省份，被誉为植物王国；热带、亚热带、温带、寒温带等植物类型都有分布，古老的、衍生的、外来的植物种类和类群很多；在全国 3 万种高等植物中，云南占 60% 以上，列入国家一、二、三级重点保护和发展的树种有 150 多种。云南动物种类数为全国之冠，素有动物王国之称；有脊椎动物 1638 种，占全国该类品种的 53%；昆虫 13000 种，占全国该类品种的 52%；兽类 250 种，占全国该类品种的 53%；鸟类 766 种，占全国该类品种的 65%；被国家列为一、二级的保护动物和濒危物种，云南占一半以上，其中 2 科（象科和鼷鹿科）13 属和 66 种在国内仅分布于云南，如亚洲象、白掌长臂猿、熊猴、犀鸟等。

云南地质现象种类繁多，成矿条件优越，矿产资源极为丰富，尤以有色金属及磷矿著称，被誉为有色金属王国，是得天独厚的矿产资源宝地。云南矿产资源的特点：矿种全，已发现的矿产有 143 种，已探明储量的有 86 种；分布广，金属矿遍及 108 个县（市），煤矿在 116 个县（市）发现，其他非金属矿产各县都有；共生、伴生矿多，利用价值高，全省共生、伴生矿床约占矿床总量的 31%。云南有 61 个矿种的保有储量居全国前 10 位，其中，铅、锌、锡、磷、铜、银等 25 种矿产含量分别居全国前 3 位。

云南虽然资源丰富，但是自然资源和地理区位优势还没有真正转化为经济优势，云南省 GDP 总量处于全国中下水平，2016 年位列全国第 23 位，人均 GDP 不到全国平均的 60%，排名第 30 位，仅好于甘肃。相比 1996 年，这两项排名分别下降 6 位和 7 位。二十多年过去，云南省的经济陷入了“后面追兵越来越少、前面标兵越来越远”的窘境。资源特而散弱，开发成本高；优而无势，缺乏核心竞争力；丰而不富，未能变成真金白银；高新技术人力资源储备较弱，欠缺战略性新兴环保产业等高端发展要素。这些因素导致了云南省经济发展相对落后、发展质量不高、发展不平衡的现状。

由此可见，云南社会经济还未能摆脱资源导向、资源消耗的发展路径，“资源开发利用生态环境短板”十分突出，很多产品和产业都与自然资源禀赋有关，经济增长对投资依赖程度高；要充分发挥云南的后发优势，要破解实现跨越发展的难题，云南必须牢记习近平总书记关于生态文明建设排头兵的定位，充分发掘丰富的生态资源；把绿色发展、生态文明和服务经济、后工业社会发展阶段大力发展战略性新兴环保产业作为跨越发展路径。

云南发展绿色经济、推进战略性新兴环保产业、补齐云南生态文明建设的“资源开发利用生态环境短板”、加快打造云南的生态品牌、抢占生态发展的制高点、保护好现有的自然生态环境将具有不可替代的经济价值和可持续显现的后发优势：

1. 把高原九大湖泊治理作为头等大事，把云南高原的大小湖泊治理责任划分到人全面建立湖长制，全面落实依法治理、系统治理、科学治理、集约治理；

2. 把高原六大流域管理作为头等大事，全面深化河长制、全面推进全省河道流域生态管控和补偿机制建设；

3. 把高原自然生态和生物多样性保护作为头等大事，珍惜大自然赐予云南良好生态和生物多样性，始终坚持绿色发展理念，构建系统完整的生态文明体制机制，实施生态立省战略，让全省人民从良好的生态中不断获得幸福感和满足感；

4. 把高原生态环境保护和绿色植被修复作为头等大事，率先推行地方政府生态资源资产负债表审计，全面推进山水林田湖草综合治理，以更加坚定的决心、更加明晰的规划、更加务实的举措，使彩云之南的天更蓝、地更绿、水更清；

5. 把高原污染治理和节能减排作为头等大事，从“只有创新才有未来”角度打造适合云南环保产业发展的科技教育创新支撑体系，从战略抢滩的高度尽快推进云南战略性新兴环保产业的创建发展，始终坚持综合施策、标本兼治，促进生态环境根本好转，努力以生态底色绘制美丽云南的未来发展蓝图。

三、发展环保产业是夯实云南环保产业发展的基础

十九大报告勾画的“绿色路线图”全面阐述了加快生态文明体制改革、推进绿色发展、建设美丽中国的战略部署，中国开启了生态文明建设新时代。云南在改变社会经济发展严重滞后的进程中，必须树牢社会主义生态文明观，谋篇布局进一步加快发展战略性新兴环保产业，建成人与自然和谐新格局的示范标杆，找准推进云南“供给侧改革”的重要突破口。在世界经济深度调整和国内“三期叠加”的大背景下，近年来云南经济增速放缓，看似有效需求不足，实则有效供给不足，结构失衡、供需错配才是深层症结。影响云南经济增长的主要矛盾是结构性问题，矛盾的主要方面在供给侧，主要表现在有效供给总量、供给结构不能适应需求总量、需求结构变化。具体来看——工业经济方面烟草占比达36%、能源占12%、以冶金为主的重化工业约占36%，这三块加起来超过全省工业的80%以上。云南必须认清当前形势，切实增强紧迫感、责任感和使命感，在适度扩大总需求的同时，着力加强供给侧结构性改革，从根本上解决云南经济发展深层次矛盾和问题，调整优化产业结构，促进经济转型升级，奋力实现赶超跨越，进一步加大生态文明建设和环境保护力度，积极促进经济结构转型升级，提高经济发展质量和效益，为人民群众提供更多优质生态产品，推动形成人与自然和谐发展的现代化建设新格局。

云南积极主动适应经济发展新常态，要着力培育包括环保产业在内的战略性新兴产业，推进供给侧结构性改革，认真践行创新、协调、绿色、开放、共享的发展理念，深入贯彻落实中央关于推进供给侧结构性改革的总体部署，坚持供给侧改革和需求端管理两端发力、新动能培育和传统动能提升双轮驱动、市场主导和政府引导紧密结合、立足当前与着眼长远有机统一，优化供给结构，扩大有效供给，着力提高供给体系质量和效率、提高全要素生产率、提高投资有效性，培育壮大新的发展动能，改造提升传统比较优势，增强持续增长动力，加快推进由低水平供需平衡向高水平供需平衡的跃升，使供给能力更好地满足广大人民群众日益增长、不断升级和个性化的物质文化和生态环境需要，为闯出一条跨越式发展路子、与全国同步全面建成小康社会提供坚强有力保障。要着力抓好“三去一降一补”，切实做好去粗取精去产能、分类施策去库存、稳妥有序去杠杆、多措并举降成本、扭住关键补短板，确保供给侧结构性改革有力有序向前推进。

云南产业发展要着力加快新旧发展动能持续转换，实施创新驱动发展战略，坚持加快培育新动能与改造提升传统动能两手抓，打造动力强劲的“双引擎”。要着力深化体制机制创新，坚持运用市场机制纠正供需结构错配和要素配置扭曲问题，充分发挥市场在资源配置中的决定性作用，更好地发挥政府的引导作用，进一步激发市场活力和社会创造力。

云南发展包括环保产业的战略性新兴产业要着力发挥企业主体作用，让企业做主动作为的“棋子”，敏锐把握新机遇，下出先手棋、赢得主动权，通过创新来创造新供给、满足新需求，提高供给质量和效率。要守住民生底线，履行好保基本、保底线、保民生的兜底责任，增强民生工作针对性、实效性、可持续性，保障群众基本生活、保障基本公共服务。

云南发展环保产业要着力加强云南特有的高原生态文明建设和云南高原独特的生态环境保护，推动形成人与自然和谐发展的现代化建设新格局，努力当好全国生态文明建设排头兵。在深入落实党的十九大报告、推进供给侧结构性改革工作中，将坚持问题导向抓落实，打好发展战略新兴环保产业带动传统产业转型升级组合拳，提高供给结构对新时代云南社会经济发展需求变化的适应性和灵活性；坚持改革统领抓落实，充分发挥市场在资源配置中的决定性作用，更好地发挥政府作用，加大重点领域和关键环节改革攻坚力度；坚持守住和谐民生和美丽云南这一底线。

云南发展战略性新兴环保产业，找准推进供给侧结构性改革的突破口，是适应云南生态文明建设绿色发展新时代、新常态的必然要求，是贯彻“创新、协调、绿色、开放、共享”五大发展理念的重大举措，是解决云南省绿色经济发展深层次矛盾和问题、调整优化产业结构、加快转型升级的重大机遇，也是当前和今

后一个时期云南省绿色发展和经济建设的重中之重。

2017 年云南为推进供给侧结构性改革促进县域特色产业绿色化，发布的《云南省人民政府办公厅关于促进县域创新驱动发展的实施意见》就明确提出推进全省供给侧结构性改革，促进县域创新驱动发展。《实施意见》从加快产业培育和转型升级、培育壮大科技型企业、加快培育集聚创新创业人才、加强创新创业载体建设、促进县域社会事业发展、实施科技扶贫示范、加大科学普及力度、落实和完善科技创新政策等方面，明确了促进县域创新驱动发展具体内容。

在加快产业培育和转型升级方面，云南省将支持重点生态功能区以保护和修复生态环境、大力发展战略性新兴环保产业、以提供优质的生态产品为首要任务，因地制宜地发展不影响主体功能定位的适宜绿色环保产业，引导超载人口逐步有序转移。发展知识密集型产业，突破技术、贸易壁垒，促进县域特色产业绿色化、品牌化、高端化。

在促进县域社会事业发展方面，云南省将加大污染治理、生态修复、生态安全保障、资源循环利用等领域核心关键技术转化应用力度，加强生态环境治理和生物多样性保护，建设可持续发展实验区。加强新技术、先进适用技术的引进、集成创新和推广应用，大力推进新农村建设、新型城镇化建设。

2018 年，云南省省长阮成发在第十三届人民代表大会第一次会议作政府工作报告时表示，云南省将聚焦重点，彰显特色，全力打造世界一流的“绿色能源”“绿色食品”“健康生活目的地”这“三张牌”，形成几个新的千亿元产业，培育发展新动能。

未来，云南省将紧扣把绿色能源产业打造成云南省重要支柱产业的目标，加快建设干流水电基地，加强省内电网、西电东送通道、境外输电项目建设，拓展省内外和境外电力市场。加快发展新能源汽车产业，引进新能源汽车整车和电池、电机、电控等零配件企业，尽快形成完整的产业链。

在发展高原特色现代农业方面，云南省将着力打造“绿色食品牌”，把产业兴旺作为乡村振兴的重点方向，把高起点发展高原特色现代农业作为今后一个时期传统产业优化升级的战略重点，用工业化理念推动高质量发展，突出绿色化、优质化、特色化，围绕茶叶、花卉、水果、蔬菜、核桃、咖啡、中药材、肉牛等产业，打造具有云南特色、高品质、有口碑的农业“金字招牌”，扩大云南农产品的影响力和市场份额。

在打造“健康生活目的地牌”方面，云南省将大力发展从“现代中药、疫苗、干细胞应用”到“医学科研、诊疗”，再到“康养、休闲”全产业链的“大健康产业”，支持中国昆明大健康产业示范区加快发展。按照“世界一流”的标准打造国际医疗健康城，经过几年努力，把昆明建设成为国际先进的医学中心、诊疗中心、康复中心和医疗旅游目的地、医疗产业集聚地。

此外，云南省还将加快旅游产业转型升级，围绕“国际化、高端化、特色化、智慧化”目标，以“云南只有一个景区，这个景区叫云南”的理念打造全域旅游，以“一部手机游云南”为平台打造智慧旅游。在推进特色小镇建设中，紧扣“特色、产业、生态、易达、宜居、智慧、成网”七大要素，杜绝滥竽充数和变相房地产开发，坚持高质量、高标准建设，使云南的蓝天白云、青山绿水、特色文化转化为发展优势，成为世人健康生活的向往之地。

“人民对美好生活的向往就是我们的奋斗目标。”十九大报告首次提出建设“富强民主文明和谐美丽”的社会主义现代化强国的目标，比十八大提出的“富强民主文明和谐”有了进一步拓展。“美丽中国”一词，在习近平总书记的报告中三次出现，这意味着生态文明建设已经上升为新时代中国特色社会主义的重要组成部分。

如今，中国美好生活的目标中，“美丽”分量越来越重。强调“美丽”，正是针对这一痛点，继“生态文明建设”写入十八大党章后，大量明晰、可操作的生态环境保护细节，首次出现在十九大报告中；“绿水青山就是金山银山”的发展理念，被细化为多方面的具体部署；对这一目标的实现路径，十九大报告亦有更具体、可落实的安排。中国正在形成不同于西方的、基于东方智慧的生态环境系统治理方案，对解决全球环境问题的作用日益突出。

当前，全球经济仍然处于国际金融危机后的深度调整期，不稳定因素较多。走进新时代、新常态的云南与全国一样正面临着很多前所未有的新矛盾、新问题和新挑战。在周期性和结构性因素的影响下，经济增长出现减速趋势，进入增长速度换挡期、结构调整阵痛期和前期刺激政策消化期的特殊时期，到了爬坡过坎的紧要关口。

与此同时，云南由于经济发展滞后，社会经济发展中不平衡、不协调、不包容、不可持续等矛盾依然非常突出，统筹稳增长、促改革、调结构、惠民生、防风险的每一项任务，各级地方政府担子都不轻，所面临的改革任务十分艰巨。

从供给侧来看，云南第二产业以批发业、烟草制品业、有色金属冶炼和压延加工业为主，商品以烟草制品、有色金属、矿产资源、电力、建材等资源类的初级产品为主，供给结构仍然处于行业低端水平。多数行业产品加工度低、附加值和科技含量较低、结构单一、核心竞争力较弱。以化工、有色为主的重化工及钢铁等占云南规模以上工业增加值比重高达55%，产业结构特点决定了云南结构减排压力突出，加之由于云南现有工业基础薄弱，传统产业化解产能过剩风险、增强结构调整动能、释放创新驱动潜力、保障民生期盼等重点问题，依然需要通过切切实实的供给侧改革来加以推动，更需要大力发展环保产业为云南传统产业升级改造提供支撑。

另外，云南省供求贸易失衡十分问题突出：2010年到2014年，第三产业累计贸易逆差较大，超过6100亿元，并且进一步扩大的趋势明显；第二产业累计贸易顺差虽然达到6900多亿元，但存在增速较慢且发展质量不高的问题；仅有第一产业累计贸易顺差超80亿元，总额较小但是增速较快，并且比较优势较大。

可以说，不深化供给侧改革，云南社会经济发展就难有活力、难有成效、难以可持续；不深化供给侧改革，云南社会经济发展存在的问题就可能更严重，甚至存在拖国家"全面实现小康"后腿的风险。改革过去、现在都是云南最大的红利，改革依然是云南发展的最大动力和关键一招。

云南未来把发展产业作为建设现代化经济体系的重要抓手、加快构建"传统产业+支柱产业+新兴产业"迭代产业体系，促进云南社会经济发展提质增效、行稳致远，必须培育千千万万的改革促进派，坚定不移地推进供给侧改革，坚决破除各种利益的藩篱和体制机制的弊端，充分释放改革新红利。习近平总书记发表重要讲话强调，供给侧结构性改革的根本目的是提高社会生产力水平，落实好以人民为中心的发展思想。

云南经济过去多年来的高速增长很大程度上得益于资源要素驱动和投资驱动，但是，今天云南社会经济发展进入新时代、新常态后，要素红利渐行渐远，投资驱动风光不再。"十三五"时期云南要继续挖掘云南特有的绿色经济的巨大潜能和发挥绿色发展的强大优势，必须加快转变依靠现有传统产业支撑现有经济的发展方式，大力发展包括环保产业的六大战略性新兴产业，着力推进供给侧结构性改革，坚定不移实施创新驱动发展战略，在生态文明建设的绿色发展过程中提高人与自然和谐发展的质量和效益，加快培育形成包括环保产业在内的战略性新兴产业作为云南社会经济新的增长动力。

云南发展环保产业具有自身的地域优势。云南是中国面向南亚东南亚的辐射中心，是中国－东盟自由贸易区建设和大湄公河次区域合作的前沿，在构筑面向东南亚和谐的国际合作环境和保障国家生态安全中具有重要的战略地位。

开拓大湄公河次区域、孟中印缅地区环保市场，云南省具有距离近、信息灵、产品实用对路且价格低廉等优势条件，可以优先考虑由云南环保企业进入次区域国家环保市场，支持企业"走出去"，来共同促进云南环保对外贸易的发展，扩大云南与周边国家经贸关系。

同时，云南多年来实施绿色经济强省建设、新型工业化、"七彩云南保护行动"以及生态文明建设等重大战略，为发展环保产业奠定了坚实的基础。

当前，云南环保产业发展正进入新阶段。在这个阶段，环保产业作为治理污染的重要支撑和科技创新的重要领域，不仅承担改善环境质量的重任，更是逐渐发展成为云南战略新兴产业经济新的增长点。"绿水青山就是金山银山"。

党的十八大以来，绿色发展观念日渐深入人心，利好政策出台、执法力度加大、市场需求释放，推动了云南环保产业发展高速发展。环保产业已经在污水、大气、固废处理处置以及环境服务等重点领域，以省会城市昆明为轴心形成了全省范围的涵盖环境咨询、环保设备、工程设计、设施运营维护的多元化产业格局。

过去，云南环保产业主要为环境保护提供物质和技术支撑，现在，环保产业是推动经济发展的新动能，成为云南国民经济新的经济增长点，在稳增长、调结构、惠民生过程中的作用日益突显。如果说，环保产业的技术创新解决了怎么办的问题，那么，模式创新则对环保产业发展产生了更为根本性的影响。

近年来，PPP模式席卷环保产业领域，包括PPP在内的模式创新，一定程度上解决了地方政府资金不足的问题，撬动社会资本参与环境治理，也为环保产业发展打开了更广阔的市场。

云南省自2013年启动PPP工作以来，一直走在全国前列；截至2017年1月，共有440个项目进入财政部PPP项目库，总投资额10610亿元。

云南省仅2017年推介的106个列入国家财政部的PPP示范项目、省级PPP示范项目、全省范围内的PPP重点项目，总投资额达3996亿元，其中属于环保产业的水环境循环综合建设和生态环境建设和保护项目就有10个，投资规模达117亿元。

在生态文明理念指引下，云南省人民政府出台《关于加快发展节能环保产业的意见》标志着云南环保产业迎来发展新纪元。

云南《关于加快发展节能环保产业的意见》明确，自2016年起，全省节能环保产业产值年均增长15%以上，到2020年，总产值达到1000亿元。建设1～3个技术先进、配套健全、发展规范的节能环保产业示范基地，打造一批拥有知识产权和竞争力的装备和产品，形成以骨干企业为龙头、广大中小企业为配套，研发、生产、推广、运营、服务等上下游协同推进、配套健全的产业发展格局，使节能环保产业成为云南省新的经济增长点。

《意见》提出，牢固树立生态文明理念，坚持生态立省、环境优先，把加快发展节能环保产业作为推动产业转型升级增效、促进经济平稳持续发展的一项重要任务，围绕做实产业基础、做大产业总量、提高技术水平和产业竞争力，以企业为主体、以市场为导向、以工程为载体，利用内外资源，发挥自身优势，释放市场潜在需求，形成新的增长点，为实现节能减排目标，争当全国生态文明建设排头兵做出贡献。

《意见》要求，要充分发挥云南省区位条件、资源禀赋、特色产业等优势，抓住当前国内外产业融合、共同发展的机遇，突出抓好一批重点工程，积极培育一批知名品牌，进一步夯实产业发展基础。加大人才培养力度、加快技术创新步伐，重点研发和引进一批节能环保关键技术和装备，推广节能环保产品，推行市场化新型节能环保服务业；凝聚产业优势，打造节能环保产业特色园区，发挥龙头企业的辐射带动作用，加快产业集聚发展。

充分发挥市场在资源配置中的决定性作用，以市场需求为导向，建立健全支撑体系，提供良好的政策环境和公共服务，积极培育市场主体，释放节能环保产品、设备、服务的消费和投资需求，调动企业、社会力量和公共机构参与的积极性，推动云南环保产业发展。

只有在发展中解决好环境问题，才能实现真正的可持续发展。而在新时代中国特色社会主义现代化建设中人民对更高生活品质的追求，都是倒逼参与转型升级、促进环境改善的动力。相信环保产业将在云南的社会经济的可持续发展中扮演越来越重要的角色，承载越来越多的期望。

四、发展环保产业是带动云南产业结构调整的重要着力点

“建设生态文明是中华民族永续发展的千年大计”十九大报告表明新时代中国特色社会主义现代化建设的绿色发展将迎来新的战略机遇。十九大报告首次提出，到21世纪中叶，把中国建成富强民主文明和谐美丽的社会主义现代化强国。这一目标设定，凸显出生态文明、人与自然和谐、美丽中国的有机统一，是统筹推进“五位一体”总体布局、协调推进“四个全面”战略布局的必然要求。“美丽”是一种契合自然、舒张自如的状态，也是人们孜孜以求的境界。新时代云南在实现新时代社会经济跨越式发展的进程中，为把云南建设成为中国最美丽省份，必须把握好发展环保产业这一新兴战略机遇，做大做强云南的环保产业。

在经济、生态、文化、政治和社会“五位一体”发展格局中，云南经济发展差距最大，表现出五个方面的特征：第一是“山区、边疆、民族、贫困”问题明显，历史欠账多、发展基础差；第二是自然资源相对富集，但经济发展相对落后；第三是面临后面追兵越来越近、越来越少，前面标兵越来越多、越来越远，“慢进也是退”的危机；第四是外在形象有待提升、内在实力不强；第五是机遇与挑战并存，优势与机遇同在。

云南面对当前更加复杂的经济形势、更大的下行压力和更加激烈的竞争挑战，在适度扩大总需求的同时，着力加强供给侧结构性改革，大力加快云南产业结构调整的步伐：

一是云南产业结构调整必须加快新旧发展动能接续转换。抓住创新驱动这个根本，坚持加快培育象环保产业这样的战略性新兴产业的新动能与推动节能减排增值增效为目标的传统产业改造提升的传统动能两手抓，实施创新型科研机构、创新型园区、创新型企业、创新型项目、创新型产业集群发展重大行动，加速科技成果转化，推动大众创业、万众创新，构建产业链、创新链、资金链有机融合的体制机制，推动新技术、新产业、新业态、新机制融合发展，加快新旧发展动能接续转换，打造动力强劲的“双引擎”。

二是云南产业结构调整必须深化体制机制创新。坚持改革统领，把配套的体制机制改革放在突出位置，加大国企、非公经济、投资、价格、财税、金融等重点领域和关键环节改革攻坚力度，着力完善基本经济制度、现代产权制度和现代市场体系，坚持运用市场机制纠正供需结构错配和要素配置扭曲的问题，实现优胜劣汰和市场出清，提高资源配置效率，充分发挥市场在资源配置中的决定性作用。

三是云南产业结构调整必须发挥企业主体作用。供给侧结构性改革的主体是企业，下好供给侧结构性改革这盘大棋，关键要看企业是否真正动起来、干起

来。云南产业结构调整要坚持需求引领、供给创新，通过创新来创造新供给、满足新需求，通过技术改造、内部挖潜，提升管理绩效和全要素生产率，提高供给质量效益。敢于做减法、大胆做减法，也要做"加法""乘法""除法"，做"四则混合运算"，当退则退、该进则进，培育优势企业。

四是云南产业结构调整必须守住民生底线。要深入细致地研究和实施配套措施，履行好保基本、保底线、保民生的兜底责任。在云南产业结构调整的过程中，更加关注就业问题，创造更多就业岗位，落实和完善援助措施，通过鼓励企业吸纳、公益性岗位安置、社会政策托底等多种渠道，帮助就业困难人员尽快就业，确保零就业家庭动态"清零"。当前，要把人员的安置作为处置"僵尸企业"、化解过剩产能的重中之重，能培训的培训，能转岗的转岗，确实不能转岗的要做实做细托底工作。

五是云南产业结构调整必须加强生态文明建设和环境保护。进一步加大生态文明建设和环境保护力度，大力发展涉及多个行业、多个领域与其他产业部门相互交叉渗透的战略性新兴环保产业，积极开展云南产业结构调整、促进经济结构转型升级，提高经济发展质量和效益，为人民群众提供更多优质生态产品，推动形成人与自然和谐发展的现代化美丽云南建设新格局。

为加强生态文明建设和生态环境保护，推动形成人与自然和谐发展的现代化美丽云南建设新格局，促进云南产业结构调整、转型升级，培育绿色经济增长点，加快发展云南省战略性新兴环保产业，2015 年 10 月 20 日云南省政府印发了《关于加快发展节能环保产业的意见》（下称"意见"）。

《意见》勾勒出节能环保产业目标，即建设 1 ~ 3 个技术先进、配套健全、发展规范的节能环保产业示范基地，打造一批拥有知识产权和竞争力的装备和产品，形成以骨干企业为龙头、广大中小企业为配套，研发、生产、推广、运营、服务等上下游协同推进、配套健全的产业发展格局，使节能环保产业成为云南省新的经济增长点。为此，云南省将重点在新能源装备、高效燃烧器、节能机电、环保装备、资源综合利用装备等领域，培育 10 户生产经营规模大、市场竞争力强、产业辐射带动作用明显的龙头企业。

加快发展生态环境修复、环境风险与损害评价、排污权交易、绿色认证、环境污染责任保险等新兴环保服务业，培育节能环保服务行业和再制造服务产业龙头企业。

1. 支持有条件的企业立足省内、面向全国、辐射南亚东南亚，承揽各类节能环保工程和服务项目；

2. 支持符合条件的节能环保企业上市或进入"新三板"挂牌交易，通过债券、股权基金、保险资金等渠道获得融资；

3. 支持节能环保企业利用资本市场进行并购重组，进行产业整合。

公务用车要优先采购 1.8 升以下（含 1.8 升）燃油经济性达到要求的小排量汽车和新能源汽车，择优选用纯电动汽车，推广天然汽车。据了解，云南省将开展政府机关、事业单位采购节能环保服务试点，加快新能源汽车示范推广，发展车用锂电池产业，开展私人和公共机构购买新能源汽车和新能源出租车、物流车补贴试点，鼓励私人采购新能源汽车，推进公共服务领域新能源汽车示范。

《意见》提出，打造节能环保产业基地，吸引国内外企业、科研机构入驻园区，对省级及以上工业园区开展节能和循环化改造，打造一批节能、循环经济示范园区。

1. 自 2015 年起，政府投资的学校、医院、博物馆、科技馆、体育馆等建筑及昆明市内单体建筑面积超过 2 万平方米的机场、车站、宾馆、饭店、商场、写字楼等大型公共建筑全面执行绿色建筑标准；凡 2 年内新建建筑规模大于 200 万平方米的新区，要按照绿色、生态、低碳理念进行规划设计。

2. 战略性新兴环保产业涉及多个行业、多个领域与其他产业部门相互交叉渗透，大力发展环保产业可以促进云南产业结构调整、促进经济结构转型升级，提高经济发展质量和效益。

由此可见，环保产业是带动云南产业结构调整的重要着力点。

在云南成功跻身 GDP 万亿俱乐部之后，如何培育和发展经济新增长点，也成了迫在眉睫考虑的新命题。云南根据中央《决定》和战略性新兴产业的特征，立足云南省情和科技、产业基础，结合自身实际，将现代生物、光电子、节能环保、新材料、新能源、高端装备制造等六大产业确定为战略性新兴产业。其实，发展战略性新兴产业，云南早在"十二五"就有了准备和底气。

在云南规划发展的 6 大战略性新兴产业中，环保产业主要是指国民经济结构中为污染防治、生态保护与修复提供产品和服务支持，以满足人的环境需求，促进经济社会可持续发展的产业。应该说，环保产业顺应了环境保护、经济发展以及公众福利的需要，是有潜力、有市场、有前景的战略性新兴产业。

从环境管理与污染治理来看，环保产业为污染治理、环境监管、生态恢复和保护提供技术手段和工艺设备，是环境保护的物质基础和技术保障，是推进污染减排的重要支撑。

从经济与环境发展的互动协调来看，环保产业本身是经济发展的一部分，是环境优化经济发展的结合点。加快发展环保产业，不仅有利于加大污染防治力度、解决环境问题，同时也是倒逼结构调整和转型升级、优化环境资源配置、缓解资源环境压力的关键举措，对于应对金融危机、转变发展方式、推进生态文明建设都具有重大意义。

由此可见，环保产业是培育云南高新技术产业经济新增长点的有力举措。

习近平总书记视察云南时提出，云南要“闯出一条跨越式发展的路子来”。那么，未来云南经济跨越发展要如何实现?

首先是要坚持进一步解放思想，探索跨越发展之路、谱写新时代中国梦云南篇章的信心不动摇；抢抓机遇、直面挑战，砥砺奋进推进云南对传统产业升级改造和大力推进战略性新兴产业的行动不放松；改善和优化绿色经济发展环境的措施不马虎。

其次，要充分发挥云南自然资源丰富和倡导绿色经济强省的后发优势；高起点起步，借鉴国外先进发达国家和国内先进发达省份的成功经验，少走弯路；引进国外发达先进国家和国内先进发达省份的技术、设备和资金；激发加快绿色经济强省走绿色发展之路的强烈愿望。

第三，要破解实现跨越发展的难题，尤其是资金不足与建设成本高、人均投资少且投资回报低等难题，充分发挥云南高原独特自然资源的比较优势，避免云南现有的比较优势由于资源低价值开发陷阱所导致的“富饶的贫困”问题；要破解云南经济发展一般性发展要素比较丰富和独特但战略性高端发展要素相对稀缺的难题；要破解云南现有潜在的自然资源和地理区位优势没有充分转化为现实的绿色经济发展优势的难题；要通过供给侧改革调整云南现有传统产业不合理的产能释放和低端产品比重大的结构问题。

第四，要通过大力发展战略性新兴产业破解云南“富生态”与“穷经济”并存的尴尬局面，要通过战略性新兴环保产业培育云南高新技术产业经济新增长点破解云南现行经济发展存在的资源开发与环境保护成本收益不对等的难题；要通过进一步提高云南战略性新兴研发创新能力，破解云南支柱产业被锁定在传统产业价值链低端，现行产业经济存在的多数产品缺乏市场竞争优势和定价权的难题。

从《云南省战略性新兴产业发展“十二五”规划》的具体内容来看，除节能环保产业本身之外，其他五大产业都或多或少涉及到环保产业，也就是说，作为一个产业，它区别以往的第一个特征是它的综合性，体现为跨产业、跨领域、跨地域，与其他经济部门相互交叉、相互渗透。其产业结构的鲜明特征在于其需要建立在原有产业基础之上。第二个特征是，环保几乎涉及所有部门组织，因而既有公共性也有商业性。因此，它必将引发新的治理问题。作为环保产业，自然要彰显其商业性，但是公民个人、政府、社会非政府组织甚至跨国组织都会参与其中，环保作为一个全球治理的公共问题，如何处理与市场的关系，是考验未来云南努力成为生态文明建设排头兵、进一步提高生态环境保护和治理能力的一个重要方面。

因此，云南在发展战略性新兴产业进程中需要转变产业理念，充分提高环保产业的战略认识：

一是要将环保产业发展为一个具有国际竞争力和代表未来发展趋势的产业；

二是环保产业区别于其他战略性新兴产业，有其自身发展的特色。站在建设生态文明实现云南经济社会良性发展的角度做好环保这个产业，使环保产业真正成为培育云南高新技术产业经济新增长点的有力举措。

云南环保产业培育成为高新技术产业经济新增长点有以下五大优势：

一是环保产业与传统产业互相渗透、互相交融、边界模糊，且带动系数大，能够促进相关产业发展；

二是环保产品的市场需求大，且能够持续相当长时间；

三是环保产业比较优势大，能够形成区域特色；

四是环保产业对经济增长贡献大，能够成为经济增长的主导力量；

五是环保产业对经济拉动力度大，能够促进经济社会良性循环。

在云南在发展环保产业上充分利用现有区位优势和地区间存在的差别，发挥比较优势，优化资源配置，推进区域经济在新一轮创业中协调发展，进一步把经济增长的重心坚决地放在提高对外开放水平，增强国际竞争力上。把调整和完善所有制结构，坚持云南环保产业多种经济成分共同发展，加快云南环保产业国有经济战略性调整与重组。

作为构筑新经济增长点的重大举措，努力寻找能够极大促进社会生产力发展的公有制实现形式，充分发挥国有经济主导作用。以提高资产质量、降低企业负债率作为企业重组目标，从云南环保产业各类企业的现状出发，尽可能集中各种力量，优先向重点企业、重点项目和重点产品倾斜，培育出在国内、国际市场上有竞争力，能支撑国民经济发展的大型企业集团和“小巨人”企业，提高云南省经济发展的综合实力。

以市场需求为导向，积极调整环保产业的结构、档次和流向，提高云南环保产品在国内外市场的占有率；同时，从政策和法规上扶持市场发育，为企业开拓市场创造良好的外部环境。调整和优化云南环保产业在云南区域经济结构要坚持“发挥优势，突出特色，分工互补。联动发展”的原则。积极参与全国环保产业分工，建成外向型经济发达、科学技术先进、产业结构合理、可持续发展的产业繁荣带。同时，在产业转移、资本运营等方面努力探索新途径。

以技术创新为核心，加快科技进步和高新技术产业化进程；强化主导产业和其他产业的关联度，以获得前向和后向的关联效应，既是新经济增长点的重要内容，又是对各种新经济增长点的有力支撑。

从云南实际出发，以环保产业产业作为新经济增长点，首先要同云南传统产业的重点产业紧密结合起来，突出带动性强的项目；其次，对支柱和重点产业内部结构和具体项目要进行精选细化，着力培育和发展一批云南环保产业的骨干企业（集团）与拳头环保产品，特别要大力发展对提高经济素质作用大的环保产业以及对经济增长拉动力强的环保产业。

1. 优化云南环保产业的发展布局。以昆明为龙头，建设滇中环保产业火炬带，使其成为带动全省环保产业发展的主要聚集地和辐射源。确保优势地区环保产业的核心地位，以带动云南全省其他地区环保产业的发展。

2. 突出环保产业的发展重点，加快推进重点环保高科技领域的产业化步伐。重点要抓好二到三个国家级科技重点工程建设，加快实施十环保产业科技创新工程，建设云南环保产业经济信息化工程，加快用环保产业高新技术改造传统产业的步伐，提高云南环保产业的区域市场竞争力。

3. 制定大力发展云南环保产业的保障措施。进一步完善环保产业的投融资政策，扩大环保产业的融资渠道。围绕云南环保产业建设的需要，加强科技体制改革，要在结构调整、人才分流、转变机制三个方面下功：推进云南环保产业科技体制向纵深发展，积极扶持环保产业的进一步发展壮大，把云南环保产业培育成为云南高新技术产业经济新增长点的有力举措真正夯实。

（西南林业大学　郎南军　张卓亚　刘芝芹）

完善生物多样性保护法律体系，推进生态文明建设

一、生物多样性是生态文明的物质基础，是实现美丽中国目标的重要内容

生物多样性是人类生存与发展的物质来源，是人类文明延续和发展的重要基础。地球上的动物、植物、微生物为人类提供了生存所必需的食物和生产生活资料，遗传基因的多样性使物种得以保存和进化发展，海洋、森林、草原、冰川等生态系统提供了生命所必需的空气、土壤、气候、水流等自然条件。物种、基因、生态系统三个层面的生物多样性是实现和增进人类福祉的重要保障。生物多样性与人类是不可分割的生命共同体，保护生物多样性就是保护生命共同体，保护人类自身。

人类社会几千年的发展经历了农业文明、工业文明，一系列全球性的生态危机促使各国不断反思人与自然的关系。2007 年党的十七大提出建设生态文明就是要重塑人与自然的关系。党的十九大报告进一步指出：“人与自然是生命共同体，人类必须尊重自然、顺应自然、保护自然。”物种、基因和生态系统构成的生物多样性是生态文明的物质基础。因此，建设生态文明必须从国家顶层设计着手，树立全新的生态发展观，平衡经济发展与生态保护的关系，将山水林田湖看作一个整体，完善生物多样性保护法律与政策，督促全社会都自觉加入到生物多样性保护行动中来。全社会共建共享、和谐自然、万物共生、生态平衡的家园，正是美丽中国的目标和题中之意。

二、云南率先出台生物多样性保护地方条例的立法过程及现实意义

《云南省生物多样性保护条例》(以下简称《条例》，于 2018 年 9 月 21 日云南省第十三届人大常委会第五次会议通过，将于 2019 年 1 月 1 日正式施行。这是中国第一部专门保护生物多样性的法规，云南省也是全国第一个制定生物多样性保护地方性法规的省份。由于生物多样性保护涉及面广，基于环境资源要素划分的生物多样性行政管理模式涉及职能部门较多，职能分散，割裂生态系统整体性，不利于生物多样性整体保护。由于没

有上位法作为指引，也没有同类法规提供参考，云南省牵头制定一部专门的生物多样性地方法规，存在较大的难度和挑战。2011年云南省生态环境厅（原云南省环境保护厅）牵头开展立法研究，西南林业大学接受委托，召集多位知名法学、生物多样性专家组成课题组进行专项研究。草案经过多轮专家论证、反复征求社会各界和相关部门意见，2017年云南省政府将该条例列入立法计划。2018年9月《条例》正式通过云南省人大常委会审议，立法前后历时7年，可见云南省人大、云南省委、省政府对这一开创历史的立法工作之重视与慎重。云南省在全国范围内率先制定生物多样性保护法规，具有重要的历史意义和现实价值：

（一）完善云南省生物多样性保护法规体系

由于云南省境内高低起伏、纵横交错的地质地貌、多样的气候，孕育了云南丰富的生物多样性，云南省分布的野生保护动物、植物种类占全国总数一半以上，其中许多仅存在于云南。云南是中国重要的生物多样性宝库和西南生态安全屏障。由于生境分布破碎化，加上人口激增、气候变化、环境污染等原因，云南省生物多样性也是全球34个物种最丰富且受到威胁最大的生物多样性热点地区之一。

云南省委、省政府高度重视生物多样性保护的制度建设，2008年，省政府出台了《云南省人民政府关于加强滇西北生物多样性保护的若干意见》（云政发〔2008〕43号）、《滇西北生物多样性保护行动计划（2008～2012年）》《滇西北生物多样性保护规划纲要（2008～2020年）》等文件。2012年4月，云南省生物多样性保护联席会议发布《云南省生物多样性保护西双版纳约定》，2013年5月，省政府批准实施的《云南省生物多样性保护战略与行动计划（2012～2030年）》。为了摸清家底，明确生物多样性保护对象，云南省率先发布《云南省生物物种名录（2016版）》《云南省生物物种红色名录（2017版）》。为了将各项生物多样性保护制度和措施落到实处，为保护工作提供法律保障，《云南省生物多样性保护条例》吸收了以往生物多样性保护的经验，将保护措施和保护原则写入法规，结合已颁布的《云南省自然保护区管理条例》《云南省野生动物保护条例》《云南省珍贵树种保护条例》《云南省森林条例》《云南省环境保护条例》等地方性法规，共同构成云南省生物多样性保护法规体系，为云南省生物多样性保护提供更加完善的制度保障。

（二）践行云南省生态文明建设排头兵定位的重要举措

党的十九大报告对加快生态文明体制改革做出了重大部署。云南省要实现生态文明建设排头兵的光荣使命，就要把贯彻落实党的十九大关于生态文明建设的重大决策部署同深入贯彻习近平总书记考察云南重要讲话精神紧密结合，进一步加快生态文明体制改革，强化生态文明建设的制度保障。云南省作为生态大省，一直坚持“环境优先”“保护优先”的发展思路，2014年《条例》立法工作被列入《省委全面深化改革领导小组工作要点》，开展《条例》立法就是云南省创新生态文明制度、践行生态文明建设排头兵、树立生态保护标杆的重要举措，为下一步国家和其他省份开展相关立法提供经验和样本。

（三）彰显中国政府履行生物多样性保护国家责任的决心和能力

中国是最早加入《生物多样性保护公约》的国家之一，中国也是第一个制定《中国生物多样性保护战略与行动计划》（2011～2030年）的缔约国，积极履行公约的国家保护义务。2020年《生物多样性公约》缔约国第15届大会（COP15）将在中国召开，中国作为大会的东道国，将在制定未来生物多样性保护目标和行动方案方面发挥重要引领作用。纵观世界各国，尚未有任何国家制定专门的生物多样性保护法律法规，《云南省生物多样性保护条例》的制定开创历史先河，向世界展示中国长期在生物多样性保护方面的成绩，阐明生态法治的中国模式、中国经验、中国智慧。

三、《条例》结构和主要内容

《条例》共7章40条，分别为“总则、监督管理、物种和基因多样性保护、生态系统多样性保护、公众参与和惠益分享、法律责任、附则”。“总则”规定生物多样性保护基本原则、保护对象、适用范围、保护责任主体内容，确立《条例》基本框架。“监督管理”进一步确立县级、州（市）级、省级环境保护管理部门、相关自然保护地管理机构的具体职责；“物种和基因多样性保护、生态系统多样性保护”两章明确规定，应当对物种、基因、生态系统三类保护对象采取就地保护、迁地保护、离体保护措施；“公众参与和惠益分享”规定政府应当采取措施鼓励公众参与保护，制定规范实现遗传资源和传统知识的惠益分享；“法律责任”重点规定地方政府未履行制定和保护生物多样性保护规划的法律责任、违法引入和放生外来物种的单位和个人的法律责任；“附则”对《条例》中的专有名词进行法律界定，明确《条例》生效时间。

《条例》以《生物多样性保护公约》（1992）、《环境保护法》等法律为立法依据，准确界定生物多样性概念和外延，严格遵守《生物多样性保护公约》要求的保护方式，与上位法保持一致。同时《条例》突出云南省的保护重点，体现云南省的地方特色。

四、《条例》创新与亮点

（一）体现保护优先、损害担责原则

面对生物多样性保护与经济发展之间的矛盾，《条例》明确规定，保护优先的前提下，实现自然资源可持续利用。《条例》始终贯彻这一原则，紧紧围绕“保护”目的，明确政府保护责任，具体规定对物种、遗传资源、生态系统的保护措施，落实政府保护责任，采取激励措施鼓励企业与公众加入保护行列。

中国现已构建生态环境保护的法律责任体系，对破坏生物多样性、造成生态环境损害的违法行为，建立包括民事、行政和行政责任在内的责任追究制度，构筑生物多样性法律保护网络。《条例》要求各级政府落实编制和执行生物多样性保护规划责任，对弄虚作假或不作为的将追究法律责任。

（二）建立政府主导、社会参与的生物多样性保护格局

生物多样性保护关系到人民的基本物质生活条件的满足、关系到经济社会可持续发展、关系到民族文化的传承发展，保护生物多样性就是要满足经济不发达地区人民群众日益增长的对美好生活的需求与发展不平衡不充分的矛盾，这是党和政府面临的主要任务。《条例》明确规定：各级人民政府应当对本行政区域内的生物多样性保护负责，同时具体规定了各级人民政府和相关政府部门应当采取各项保护措施、激励政策、监督和执行法律法规，引导企业采取绿色生产方式、使用有利于生物多样性保护的产品，鼓励公民增强保护意识，自觉采用绿色生活方式等，建立以政府为主导、企业和公民共同参与的生物多样性保护格局。

（三）明确保护责任，实现保护措施法制化

《条例》建立以各级人民政府直接负责、环境保护主管部门综合管理、相关政府部门监督管理的生物多样性管理体制。根据《环境保护法》第六条规定：地方各级人民政府应当对本行政区域的环境质量负责。生物多样性是环境要素的组成部分，是衡量环境总体质量最重要的指标。因此，各级人民政府是本行政区域内生物多样性保护的直接责任人。林业、农业、水利、住房建设、发改、园林等部门行使相关的监督管理职能，环境保护主管部门作为生物多样性综合管理部门，在当地政府的领导下开展统筹协调工作，督促、监督有关部门履行管理职能。《条例》规定了环保部门生物多样保护的专项职能：协调开展生物多样性专项联动执法、检查工作，组织编制生物多样性保护规划或者计划、组织编制生物和生态系统保护名录、审批建设项目环境影响评价报告等。这是首次以法规的方式明确环保部门的生物多样性保护职能。

《条例》将云南省多年来在生物多样性保护的成功经验和做法上升为法规，将各级人民政府的保护职责写进法规条文。各级人民政府应当通过建立自然保护区、保护小区、种质资源保护区、划定禁猎（渔、采、伐、牧）区，规定禁猎（渔、采、伐、牧）期等形式进行就地保护，或建设完善植物园、树木园、繁育中心、野生动物驯养基地等迁地保护网络和种质资源库、动物细胞库、畜禽基因库等离体保存设施，通过多种方式构建起就地保护、迁地保护、离体保存相结合的生物多样性保护体系和保护网络。对珍稀濒危物种、极小种群物种实施抢救性保护，对云南特有物种和在中国仅分布于云南的物种实施重点保护，划定生物多样性保护优先区域、生态保护红线，严格控制外来物种引入，加强区域协作，建立健全生物多样性保护的信息共享、预警预报、应急处置、协同联动等工作机制等。《条例》重点列举地方各级人民政府的保护职责，将技术措施转化为法律条文，为督促政府履行职责提供了法律依据。

（四）突出重点，体现地方特色

《条例》重点突出外来物种监管、遗传资源和传统知识的保护与惠益分享。云南省与东南亚多国边境接壤，外来物种入侵形势严峻，对云南的生物多样性、经济发展造成极大破坏。《条例》明确规定当地环境保护、林业、农业、卫生等行政主管部门或者相关自然保护地管理机构承担外来物种监管职责，应当建立对外来物种生态风险预警和应急响应机制。《条例》加大违法引入外来物种行为的处罚力度，最高可以处以15万元罚款。

云南省丰富的生物多样性也孕育了丰富的传统文化，云南境内26个少数民族在长期的生产实践中掌握大量地方性知识，对于保护和开发生物资源、发展中医药、培育动植物新品种、传承民族文化具有重要的指引作用。《条例》规定县级以上人民政府及相关部门应当调查、搜集、整理与生物多样性保护相关的传统知识、方法和技能，支持通过法律保护传统知识，制定遗传资源惠益分享制度，将惠益分享制度与减贫相结合，保护当地社区和传承人的合法权益。这也是中国首次规定遗传资源和传统知识惠益分享制度的地方性法规。

法律的生命重在实施，《条例》将在2019年1月1日生效。未来有关部门应当加大对《条例》的宣

传和学习，让公众都知晓内容，落实各级人民政府保护职责，制定和执行生物多样性保护规划，对违反相关法律法规、《条例》的违法行为追究其法律责任。同时，有必要进一步细化《条例》有关内容，制定包括遗传资源和传统知识惠益分享实施细则等在内配套办法，共同构筑起生物多样性保护的法律屏障。

（西南林业大学文法学院　陈　悦）

贵州、福建、江西生态文明建设的经验给云南的启示

一、贵州、福建、江西生态文明建设的经验

（一）贵州经验

贵州省历届省委、省政府高度重视可持续发展与生态文明建设。近年来，贵州省生态文明建设呈现“高、快、实”的特点，多措并举深入推进生态文明体制改革，为生态文明建设探新路、作示范，持续释放“生态红利”，促进了绿水青山和金山银山的和谐，百姓富和生态美的共生。2016年，贵州省获批建设首批国家生态文明试验区，给予一系列含金量很好的政策支持，体现了国家对贵州省生态文明建设的高度重视，为贵州省在新的起点上推动绿色发展创造了有利条件，注入了更加强大的动力。

1. 不断推进生态文明制度建设和体制机制创新

一是完善法律法规，依法保障生态文明建设的顺利开展。二是加强执法监管，严厉打击、查处各类破坏生态环境的违法行为。三是完善生态补偿机制，建立良好的区域发展统筹体制。四是深化改革，创新体现生态文明建设要求的考核制度。

2. 构建生态产业体系，推动产业结构优化升级

一是依托特色资源优势，大力发展节能环保、新材料、生物、高端装备制造业、新能源、新一代信息技术产业和新能源汽车等战略性新兴产业。二是山区生态农业稳步发展，现代山地特色高效农业已呈现出前所未有的发展前景，并成为推进脱贫攻坚的强劲动能。三是充分发挥资源优势、区位优势、政策优势，紧紧围绕市场需求，使大健康新医药产业成为贵州省继大数据产业之后的又一张亮丽名片。四是一方面坚持旅游开发与生态环境建设、历史文化遗产保护和开发同步规划、同步实施，另一方面注重推进文化与旅游融合发展，建设多彩文化旅游发展创新区，全域生态旅游蓬勃发展。

3. 大力加强生态文化建设，构建生态文明教育体系

贵州省大力实施生态博物馆和文化生态保护试验区建设项目。在自然生态环境整体保护较好、具有民族传统文化典型特征和代表性的民族村寨，建设非物质文化遗产生态博物馆和村寨博物馆。在生态文化遗产丰富、保持较完整的区域，建设一批生态文化保护区，维护生态文化多样化。另外，贵州省提倡生态文明教育从孩子抓起，全面推进大中小学生生态文明教育，开展形式多样的生态文明知识教育活动。

4. 扩大对外开放，加强交流与合作

“生态文明贵阳国际论坛”是中国唯一以生态文明为主题的国家级、国际性高端论坛。主要通过高规格论坛一方面对外宣传贵州，另一方面向世界宣传贵州生态文明的先进理念。贵州省充分发挥“生态文明贵阳国际论坛”在推动全球生态文明建设中积极而独特的作用，积极加强与生态文明相关国际组织和机构的信息沟通、资源共享和务实合作。

（二）福建经验

曾在福建工作过17个年头的习近平总书记，殷切嘱咐福建干部群众：“生态资源是福建最宝贵的资源，生态优势是福建最具竞争力的优势，生态文明建设应当是福建最花力气的建设。”不忘初心，牢记嘱托。多年来，绿色发展的接力赛，福建一直没有停步。加快建设新福建，生态文明建设既是发展目标，也是发展的强劲引擎。福建省深入实施生态省战略、加快生态文明先行示范区建设以来，在7个方面取得了明显成效，形成了比较成熟的做法经验、工作体系和制度机制，具有重要的示范推广价值。

一是落实主体责任，实行生态环境保护党政同责。福建牢固树立“绿水青山就是金山银山”的理念，坚持绿色发展，守住“环境质量只能更好，不能变坏”的底线，建立党政领导生态环境保护目标责任制，切实强化党政同责、落实属地责任，采取强有力措施保护生态环境，全省生态环境质量持续向好。

二是围绕“机制活、产业优、百姓富、生态美”主线，推动经济绿色化。“十二五”期间在全省地区生产总值年均增长10.7%、人均GDP达10915美元的同时，能源资源消耗强度保持全国先进水平，森林覆盖率达65.95%，连续37年保持全国第一，成为水、大气等环境质量总体优良的省份。

三是坚持“多措并举、上下游联动”，实施流域水生态环境综合整治。推出包括河长制、重点流域生态补偿、山海协作等在内的“组合拳”，打造水清、河畅、岸绿、景美的水生态环境。

四是弘扬“长汀经验”，全面推进省域水土流失

综合治理。从2012年起，福建将长汀经验推广至全省范围，加大水土流失治理力度，取得了明显成效。至2015年底，全省水土流失率降到8.87%，处于全国先进水平。

五是突出“筹资金、抓建设、保运行”，建立健全农村污水垃圾治理长效机制。把农村生活污水垃圾治理作为全省流域水环境整治、美丽乡村建设的重要内容，因地制宜选择处理工艺或模式，在资金保障、建设模式、常态运行机制等方面，探索出了可借鉴、可推广的经验，形成了有效管用的做法。

六是以“多规合一、一张蓝图”厦门试点为契机，促进空间协同管控和服务管理优化。目前，厦门的“多规合一”已成为一个平台、一套机制、一张蓝图，初步解决了空间规划冲突的问题，并划定了生态控制线，有力地促进了生态文明建设，同时再造了审批流程，提高了政府办事效率。

七是加强生态环境保护与司法衔接，实现设区市生态环境审判庭全覆盖。紧紧围绕先行示范区建设和生态文明体制创新，运用司法力量加快推动绿色发展，为建设青山常在、绿水长流、空气清新的美好家园提供有力司法保障。

（三）江西经验

近年来，江西省委、省政府高度重视经济社会与生态环境的协调发展，坚持立足生态，着眼经济，科学开发，综合治理的方针，在推进生态文明建设方面做了大量行之有效的工作，并取得了良好成绩。

一是领先的生态制度保障了江西省生态文明建设的实施。江西省省在全国率先推进了生态文明法规制度建设。各项制度和法律法规的出台和实施，形成了江西省建设生态文明的有力法制保障体系。二是“鄱阳湖经济生态区”建设夯实了江西省生态文明建设的基础。鄱阳湖生态经济区规划实施近10年来，在“五河一湖”水环境综合治理、生态补偿试点、生态农业和生态工业园建设、森林城乡建设等方面作了大量探索，为江西省全面建设生态文明积累了先行经验并打下坚实基础。三是环境质量改善佐证了江西省生态文明建设的成绩。在保持经济较快发展的同时，江西省上下不遗余力开展净空、净水、净土行动，积极开展生态环境整治，稳步推进环保体制改革，持续加强环境执法，大力提升基础能力建设，全省生态环境优势进一步巩固。

二、贵州、福建、江西生态文明建设的经验给云南的启示

分析上述可持续发展及生态文明建设的典型经验，可以发现其共同点集中于以下方面：一是政府在生态环境保护中发挥着重要的引领作用；二是生态文明建设与发展离不开健全完善的法律法规体系保障；三是实行与倡导循环经济模式、强调与重视资源与废弃物的高效利用，已成为工业化进程中推进生态文明建设的重要途径；四是在生态文明建设进程中，需不断强化公民的生态文明观念教育、充分发挥环保组织等社会团体的作用。这些有益经验，给予我们如下启示：

（一）必须加快转变经济发展方式，建立健全绿色循环低碳发展的经济体系

要按照党的十九大报告和省第十次党代会报告的要求，坚持绿色经济是实现可持续发展的有效途径，推动经济绿色、循环、低碳发展，抓好绿色经济试验示范，提升绿色发展水平。一是把节约资源作为保护生态环境的根本之策，深入推动全社会节能减排，推进水、土地、矿产等资源节约集约利用。二是构建绿色产业体系，发展节能绿色环保、清洁能源产业，推动生产性和生活性服务业低碳发展。三是发展壮大循环经济，促进生产、流通、消费过程的减量化、再利用、资源化，推动企业循环式生产、产业循环式组合、园区循环式改造，提高全社会资源产出率。

（二）必须推动绿色科技创新，强化生态人才支撑

要按照党的十九大报告提出的构建市场导向的绿色技术创新体系要求，在实施创新驱动发展战略过程中，面向市场需求促进绿色技术的研发、转化、推广，用绿色技术改造形成绿色经济。加快构建与生态文明建设相适应的技术创新体系，在生态修复治理、新能源、高效节能、先进环保、资源循环利用等特色优势领域，努力突破一批重大技术瓶颈，掌握一批关键核心技术。加强创新平台建设，强化企业技术创新主体地位，完善科技创新成果转化机制。建立健全人才使用激励机制，培养本地区生态文明“人才库”，加强生态文明建设急需专业人才引进，发挥高校院所科技人才的作用，建设相关领域人才“小高地”，为生态文明建设提供强有力的智力支撑。加快推进高新技术产业化，逐步扩大高新技术产业在经济结构中的比重，缩小资源依赖性产业的比重，从本源上实现资源节约和环境保护。

（三）必须深化生态文明体制改革，建立健全生态文明制度体系

完备的法律法规体系是节约资源和保护环境的基石，只有加快完善有利于节约能源资源和保护生态环境的法律和政策，形成条款详尽、结构完善的生态文

明建设法律法规体系，才能为云南省生态文明建设提供可靠的制度保障，为建设美丽云南提供体制机制保障。强化对领导干部自然资源资产离任审计，促使各级领导干部牢固树立正确的政绩观，坚定不移地走“生态立省、环境优先”的生态文明发展道路。取消生态脆弱地区的 GDP 考核，在绿色发展考核中，增加和加大高原特色现代农业推进、旅游产业发展、生态环境保护等的指标和权重。尽快编制自然资源资产负债表和加快自然资源资产产权制度改革步伐，拓宽生态补偿渠道，将受益企业更多纳入补偿主体。建立部门联席会议制度，土地、水利、森林、矿产、审计、统计、环保等部门协同推进，形成改革合力。

（四）必须大力繁荣生态文化，提高全民生态文明意识

充分发挥文艺作品的传播效应，积极开展以宣传生态文化为主题的文学、影视、戏剧、书画、摄影、音乐等多种艺术创作，宣传倡导树立生态文明价值观，唤起公众的生态意识和生态正义，使公众自觉承担生态责任和生态义务，带动全社会生态文明意识提升。运用多种教育手段和传媒工具，广泛宣传与普及资源节约与环境保护的法律法规、方针政策，大力倡导绿色消费和适度消费，形成爱护生态、崇尚自然的社会风尚，营造有利于生态文明建设的社会氛围，使环境保护、节约资源内化为每个社会成员的共同价值观与自觉行动。在全体公民中大力倡导简约适度、绿色低碳的生活方式，使绿色消费成为每一个公民的自觉意识和主观意愿，从自身做起，从每一件小事做起，自觉为美丽云南建设做贡献。严厉打击、严罚重惩破坏生态环境的行为，形成不敢破坏生态环境的高压态势、不能破坏生态环境的体制机制、不想破坏生态环境的社会氛围。

（五）必须加强跨省区和国际合作，共建生态文明大格局

主动学习生态文明建设成效较好的兄弟省区的成功经验，加强与毗邻省区在森林、湿地、河流生态环境保护和石漠化、水土流失综合治理、地质灾害防治等方面的合作。加强同越南、缅甸、老挝、泰国等国在水污染综合治理、森林病虫害防治和防火、生物多样性保护、动物疫情防治等领域的双边或多边合作。加强与国际社会在资源开发利用、生态环保产业、节能减排、应对气候变化等生态文明领域的对话交流，引进先进技术装备和管理经验，开展国际合作。举办“可持续发展昆明国际合作峰会”，汇聚政府、商界、学界精英及其他民间有志之士共同开展可持续发展及生态文明建设交流与合作，传播生态文明理念与经验，为跨领域、跨行业、跨地区、跨国界合作提供桥梁，使各方增进相互了解、建立互信，找到利益汇合点，共商解决方案，共同应对可持续发展面临的挑战，形成国际、地区、行业议程，共建生态文明大格局。

（云南省委党校　谭　鑫）

云南省生态治理与修复研究综述

2007 年，云南全面启动“七彩云南保护行动”。2012 年 12 月 28 日，七彩云南生态文明建设研究与促进会议在昆明召开。2013 年 8 月 7 日，云南省人民政府下发《中共云南省委、省人民政府关于争当全国生态文明建设排头兵的决定》。2015 年 1 月 20 日，习近平总书记在考察洱海边的大理市湾桥镇古生村后，提出的“绿水青山就是金山银山”“山水林田湖是一个生命共同体”“要像保护眼睛一样保护生态环境，像对待生命一样对待生态环境”等一系列新思想、新观点、新要求就成为云南省绿色发展的风向标。2015 年 11 月 12 日，中央宣讲团与云南省干部群众座谈交流，深切阐释习近平同志在党的十八届三中全会上提出的“山水林田湖是一个生命共同体，人的命脉在田，田的命脉在水，水的命脉在山，山的命脉在土，土的命脉在树”的科学论断。2018 年 7 月，云南省委书记陈豪在全省生态环境保护大会上指出，要研究把握“把云南建设成为中国最美丽省份”。青藏高原南缘生态屏障、哀牢山—无量山生态屏障、南部边境生态屏障、滇东—滇东南喀斯特地带、干热河谷地带、高原湖泊区和其他点块状分布的重要生态区域为核心的“三屏两带一区多点”生态安全屏障等符合云南省绿色发展特点的新思想及新理念，得到了云南各高校和科研机构的重视与支持。

姜海凤和张金屯[1]在《云南省生态足迹与可持续发展评价》一文中对云南省 1992 ~ 2003 年的生态足迹进行了时间序列的测度，提出了未来云南省可持续发展的可选途径。2016 年梁苑慧通过对有关云南省生态文明建设研究的相关文献的梳理与分析可知，省内外学者对云南省生态文明建设的研究主要涵盖了制度建设、生态文化、生态经济、生态安全、生态治理与修复、生态社会六个方面，为创建具有云南特色的生态文明模式的理论和实践提供了借鉴[2]。然而，目前，省内外学者对云南省生态治理与修复的研究成果比较分散，视点也不同，重新梳理云南省生态治理

与修复已有的研究成果，有利于推进美丽云南向纵深发展。

一、生态治理与修复研究成果

（一）生态治理与修复的理论发展

1. 理念

依据生态学的原理，应当优先考虑生态系统的结构和功能特点，其次考虑云南省生态治理建设程度，真实、客观、全面地反映云南省各个生态治理建设区生态修复的分异规律，在借鉴小流域综合治理的成功经验的前提下，目前衍生出了生态分区治理与修复的理念，它是以生物措施为主，工程性措施为辅，适当采用农业措施。学者们分别在云南省风电区、公路区、湖滨区、矿区、水土保持区、森林区、石漠化区、岩溶区和自然风景区等方面进行了长期的积极探索研究，成果丰硕。

80年代初水利部提出以小流域为单元进行综合治理，1994年《中国二十一世纪议程》将中国水土保持与生态建设有关的工作列入生态建设工程项目，其主要内容包括森林、水土保持、荒漠化防治、草地资源、生物多样性等[3]。2000年以后，“水土保持生态修复”一词在中国出现，并且逐渐被人们广泛认识，2002年，水利部在全国128个县市、区开展了“全国水土保持生态修复试点工程”[4]。恢复生态学理论认为，退化生态系统依靠自然恢复或通过人工措施，采用适当的工程方法和植被重建，可恢复退化的生态系统[5]，且恢复后的生态系统具有自我维持和自我调节能力。2006年，昆明市环境保护部门根据滇池及流域空间分异特征，提出了“一湖三圈”（即包括滇池、生物防护圈、引导利用圈、水源涵养圈）的治理思路[6]。2009年胡小冬等人的研究指出湖滨带具有蓄积洪水、调节洪峰、生长水生动植物、净化水质等不可替代的生态功能[7]。2013年张伟等人提出了公路水土保持与生态恢复应遵循以下原则：以接近自然景观为原则、遵循植物自然演替规律、生态效应与景观效应相结合、植物措施与工程措施相结合、可操作性原则、遵循经济、实用原则[8]。这些理念不断更新与发展，加快了建设美丽云南的步伐。

2. 关键技术

云南生态治理与修复综合采用了软件技术和硬件技术、生物修复技术与工程性稳定技术。2005年苏成西[9]和2007年吕小玲[10]均在云南大姚试点工程效益监测研究中应用了传统监测技术和“3S”技术分别建设监测站点和基础地理信息系统。2009年胡小冬等人在云南高原湖泊的生态环境生态修复过程衍生了生物—生态工程技术[11]。2013年李建红等人以建水锰矿地质环境修复为例，提出了香根草修复技术[12]。2014年杨忠兴采用植被修复技术[13]，云南十八连山省级自然保护区生态修复效果显著。

（二）生态治理与修复的研究

1. 风电区

在借鉴小流域综合治理的思路的前提下，在不同分区布设具有不同生态功能的生态措施与工程措施是普遍做法。2005年徐旌等人在云南漫湾水电站水电开发环境问题成因分析的基础上，提出了生态修复治理措施和人工辅助措施，其主要内容有：生物多样性保护措施；封山育林工程；永久性禁牧育草；修建拦沙坝、排洪沟、陡槽、塘堰；落实退耕还林措施；营造防护林与经济林；改造中低产耕地[14]。2017年刘胜等人从恢复生态学角度，对云南省风电建设区进行了生态修复区划研究，划分了3个一级和7个二级修复分区，提出了水源涵养、石漠化治理、城镇生态屏障维护、水土保持、生物多样性保护、脆弱生态系统修复等生态修复方向，并明确了各区的生态修复定位和策略[15]。

2. 公路区

公路周边环境生态治理与修复注重安全化、生命化和资源利用化。2013年张伟等人以普炭（普者黑至炭房）公路为例，针对普炭公路现状设计运用挡土墙工程、工程手段与植物措施相结合、植被复耕等水保与生态修复措施，将水土保持与生态恢复分为弃土弃渣场、取土场、施工便道、施工场地几个部分，并分别在各个部分布设工程性措施和生物性措施，最终取得了良好的生态修复效果：植被恢复率99.15%、减少水土流失量49982吨、水土流失控制率97.93%，这为公路建设区的水土保持与生态修复及其周边环境资源开发利用提供科学依据。

3. 湖滨区

湖滨生态修复侧重对湖泊基底环境生态修复，其中源头生态治理是关键，净化水质是目标，生物－生态工程技术是保证。2002年张晴基于波湖滨带及基底现状和湖滨带主要环境问题及其对基底的影响，提出湖滨带生态恢复及基底修复总方案[16]。2004年叶春等人针对洱海湖滨带在物理、生态和景观结构设计方面对生态修复进行了探讨，分析了洱海湖滨生态功能和人类开发利用状况后，提出了8种生态修复模式[17]。2007年李荫玺等在江川县城大街河，将河湾4.5公顷农田退耕修复湖滨湿地，并建设三道导流埂布水；在湖湾内浅水区恢复挺水植物、浮水植物、飘浮植物和沉水植物15公顷，对湖河水进行深度净化，全程大断面自流，净化大街河水每年317.8×104立方米[18]。2009年胡小冬等人针对云南高原湖泊存在的生态问题，提出高原湖泊生态修复与生态保护措施如下：治理水土流失，恢复湖滨带；控制源头；健全湖泊水生态监测网络体系；保护高原湖泊濒危鱼类物种；采取综合生态工程措施治理湖泊富营养化；面源污染控制；采取有关的生物—生态工程技术。1980～2010年湖泊水体总磷、总氮、透明度、叶绿素、生化需氧量及营养状况指数等均指标和记录了近30年来云南典型高原湖泊富营养化特征及演化过程，近年来富营养化水体水质好转大多只是季节性或区域性迹象，云南高原湖泊整体上乃处于持续的富营养化和污染状态，部分湖泊因为周边农业用地和建设的扩展已经导致湖泊处于不可恢复状态，抚仙湖、阳宗海等湖泊周边因开发需水量大，导致湖泊水位出现快速下降和湖容大量减少。

4. 矿区

矿区的重金属污染比较严重，目前，以生物修复技术为核心；以构建丰富的种群为目标；矿区生态景观模式应运而生。2013年李建红等人以云南建水锰矿地质环境修复为例，引入香根草生物修复技术，香根草生长1年后，地表以上形成了厚达73厘米的柔性保护层，各修复区的土壤流失量比对照区减少约80%。2013年付登高等人针对滇池流域富磷区退化山地进行了马桑－蔗茅群落研究，其结果表明：在生态修复过程中，通过增加马桑、蔗茅的数量，使二者之间达到空间正关联性，群落结构的完善不仅可以有效地抑制紫茎泽兰的入侵，还可以进一步提高对退化山地面源污染的防控效能[19]。2014年胡柳在云南省个旧市锡矿区生态景观修复的探究中提出了个旧锡矿区废弃地的发展模式：原生态景观恢复的发展模式、景观生态型、景观游憩型、矿区工业遗址保护型[20]。2017年邓晓霞等人应用火山石、钙镁磷肥、有机肥和叶面硅肥在云南个旧矿区Pb污染稻田土壤进行了土壤钝化修复研究，其结果表明，土壤酸可提取态Pb降低45.5%，糙米Pb含量降低80.4%、且远低于国家食品卫生标准（GB2762～2012）[21]。

5. 水土流失区

提高水土流失区的林草乔灌覆盖率是稳定渗率的保证。2005年崔鹏等人以中国科学院东川泥石流观测研究站为研究区，根据立地条件和植物生物学特性，提出了荒坡地乔灌草恢复性生态修复模式和坡耕地农、林、牧开发性生态修复模式，结果表明：通过生态修复，林草地地表径流量降为裸地的14.9%，泥沙流失量降为裸地的6.4%；修复灌草地稳渗率为每分钟0.58秒，裸地稳渗率为修复灌草地的62%，退化灌草丛地为修复灌草地的84%；植物品种由10余种发展到30多种，土壤种子库密度由每平方米300余粒增加到每平方米1217–1450粒，动物种类增加10多种[22]。2006年朱晓柯在新平县水土保持生态修复工程规划与施工研究中，取得了良好的成效，其中土壤侵蚀模数每年每平方千米减少816.67吨、林草覆盖率为95.21%。

6. 森林区

目前，人们对森林区的生态治理与修复关注和投入比较少，丰富林木种群数量和扩大专业的林业管护人员是当前的关键任务。2013年饶来庆总结了云南省大理白族自治州南涧彝族自治县周边近年来实施的生态修复，其主要内容有：落实调查造林地块；确定了造林树种；在山头地块架设5000米的水管，建造了5个蓄水量200立方米的蓄水池，修建了3700米防火通道，3座防火瞭望塔；聘请专业的林业人员[23]。

7. 岩溶区

岩溶区的生态治理与修复宜从调节畜牧业与草地生态平衡的关系、人居环境与岩溶生态环境和谐的关系。2008年张泽军在全面分析云南岩溶地区地形地貌的基本特征、社会经济状况的基础上，提出岩溶地区综合治理最主要的措施是发展草地畜牧业；确立了云南岩溶地区生态修复和发展草地畜牧业的主要模式，即滇东、滇北采用“退、改、复”草地生态修复模式，建立以肉牛、肉羊、绵羊为主的草地畜牧业产业带；滇中、滇西采用“封、围、建”草地生态修复模式，建立以肉牛、奶牛为主的草地畜牧业产业带；滇南采用“除、替、引”草地生态修复模式，建立以肉牛、肉羊、奶水牛为主的草地畜牧业产业带[24]。基于莫剑锋等人对黔滇桂岩溶山区退化土壤环境生态修复的探讨，提出了其治理措施如下：封山育林与人工造林（适地适树）相结合的生物工程；砌墙保土，坡改梯工程；沼气工程；蓄水工程，如云南的竹编小水窑[25]。

8. 自然风景区

加强对植物抗逆性的研究，提高林木的经济价值和观赏价值有利于打造精美的自然保护区。2014年杨忠兴根据云南十八连山省级自然保护区现状和植被修复经验，结合恢复原森林生态系统结构、提高林分抗逆性等植被修复目标，提出了重度受害区植被修复模式、中度受害区植被修复模式、重要经济价值树种营建模式、珍贵树种扩繁模式、防火通道景观配置模式等5种植被修复技术模式。2015年宋永全等人针对云南陆良彩色沙林国家沙漠公园范围内存在的自然退化、人为干扰及规划缺失等现实生态问题，结合沙漠公园生态旅游景观的建设需求，提出在不同地块上分别实施沙地保育、植被保护与重建以及核心景观自然风貌修复还原等措施[26]。

二、生态修复未来发展策略

在横向上注重不同区域对比研究，在纵向上注重生态环境的历史演替规律和生态修复理论的更新变化。应用多学科交叉研究方法，紧密地结合生态学、物理学、化学、生物学、行政管理、环境史学、政治学、地理学、民族学、农学、林学等专业。多角度、均衡研究并结合云南省的特殊性，如少数民族地区水土流失严重、石漠化严重、岩溶地区生态环境和生态系统恶化、生物多样性锐减等问题。在合理分配专项资金的前提下，采用近自然的生态修复技术应用于云南省“山”“水”“湖”“林”“路”和“草”等方面的治理，有利于推进云南省成为全国生态文明建设的排头兵。

参考文献：

[1] 姜海凤，张金屯．云南省生态足迹与可持续发展评价[J]. 北京师范大学学报：自然科学版，2006（5）:526-529.

[2] 梁苑慧．云南省生态文明建设研究综述[J]. 昆明理工大学学报（社会科学版），2016，16（05）:26-35.

[3] 朱丹．国家水土保持生态修复云南大姚试点工程效益监测研究[D]. 昆明理工大学，2005.

[4] 朱晓柯．滇南中度流失区典型流域生态修复效益研究[D]. 昆明理工大学，2006.

[5] 喻理飞，朱守谦，祝小科等．退化喀斯特森林恢复评价和修复技术[J] 贵州科学，2002，20（1）:7-12.

[6] 郑茜，段立曾．云南典型高原湖泊富营养化及其生态修复研究[J]. 吉林水利，2014（03）:1-9.

[7] 胡小冬，刘威．浅谈云南高原湖泊的生态修复和保护[J]. 人民珠江，2009，30（03）:33-34.

[8] 张伟，苏一波，唐江，杨自全，罗金辉，甄晓云．云南普炭公路水土保持及生态修复研究[J]. 公路交通科技（应用技术版），2013，9（03）:304-307.

[9] 苏成西．国家水土保持生态修复云南大姚试点工程效益监测研究[D]. 昆明理工大学，2005.

[10] 吕小玲．国家水土保持生态修复云南大姚试点工程效益监测研究[D]. 昆明理工大学，2007.

[11] 胡小冬，刘威．浅谈云南高原湖泊的生态修复和保护[J]. 人民珠江，2009，30（03）:33-34.

[12] 李建红，王晓全，韩慕萍．云南建水锰矿地质环境破坏评价及其修复技术[J]. 云南地质，2013，32（04）:463-467.

[13] 杨忠兴．云南十八连山省级自然保护区雨雪冰冻灾害区植被修复技术[J]. 林业调查规划，2014，39（02）:88-91+97.

[14] 徐旌，陈丽晖．大型水电站建设的环境影响及生态修复——以云南漫湾水电站为例[J]. 云南环境科学，2005（04）:14-18.

[15] 刘胜，顾小华．云南风电建设区生态修复区划及对策研究[J]. 环境与可持续发展，2017，42（01）:122-125.

[16] 张晴波．云南洱海湖滨带生态恢复工程基底修复方案研究[J]. 水运工程，2002（10）:45-47.

[17] 叶春，金相灿，王临清等．洱海湖滨生态修复设计原则与工程模式[J]. 中国环境科学，2004，24（6）:717-721.

[18] 李荫玺，胡耀辉，王云华，祁云宽，唐芳，刘俊，杨林．云南星云湖大街河口湖滨湿地修复及净化效果[J]. 湖泊科学，2007（03）:283-288.

[19] 付登高，何锋，郭震，阎凯，吴晓妮，段昌群．滇池流域富磷区退化山地马桑－蔗茅植物群落的生态修复效能评价[J]. 植物生态学报，2013，37（04）:326-334

[20] 胡柳．云南省个旧市锡矿区生态景观修复的探究[D]. 北京林业大学，2014.

[21] 邓晓霞，黎其万，米艳华，段红平，陈璐，张文波，魏茂琼．云南个旧矿区 Pb 污染稻田土壤钝化修复[J]. 环境工程学报，2017，11（08）:4831-4837.

[22] 崔鹏，王道杰，韦方强．干热河谷生态修复模式及其效应——以中国科学院东川泥石流观测研究站为例[J]. 中国水土保持科学，2005（03）:60-64.

[23] 饶来庆．云南南涧彝族自治县县城周边森林培育及生态修复[J]. 中国城市林业，2013，11（06）:25-27.

[24] 张泽军．云南省岩溶地区生态修复与草地畜牧业发展的思考[J]. 草业科学，2008（09）:87-92.

[25] 莫剑锋，田昆，常凤来，陆梅．黔滇桂岩溶山区退化土壤环境生态修复的探讨[J]. 贵州林业科技，

2005（02）:15-18.

[26] 宋永全，李维．云南陆良彩色沙林国家沙漠公园自然风貌的保护与修复[J]. 林业调查规划，2015，40（02）:102-105.

（西南林业大学生态与水土保持学院　凌宏伟　李小英）

浅析基于脱贫攻坚战略下生态补偿机制的建立

一、中国生态补偿政策的实施背景

改革开放以来，中国经济社会快速发展，为满足生产生活的需求，人类对自然资源的开发日益增加，对生态环境的破坏持续加重，由此带来了一系列严重的环境问题。而这些环境问题也使人们开始注重生态环境的保护。党和政府给予了高度的重视，把环境保护作为基本国策。党的十七大和十八大分别提出了建设生态文明的宏伟目标，把生态文明建设与经济建设、政治建设、文化建设、社会建设并列，提出统筹推进“五位一体”总体布局，十九大报告中提出“人与自然是生命共同体”，建设人与自然和谐共生的现代化社会。

但是地区之间发展不平衡和城市发展所带来的巨大压力，以及科技对人类生活的影响，也不可能让人们接受放弃经济发展而只关注生态环境，甚至回到工业文明之前的观点[1]。另一方面，中国长期盛行着自然资源没有价值的理论观点，自然资源并未得到应有的价值补偿，造成了自然资源的配置效率较低，加剧了自然资源的供需不平衡，一定程度上阻碍了经济与自然资源的协调发展[2]。因此必须寻求一种新的发展模式来处理好经济发展与环境保护间的关系，而生态补偿正是通过对生态利益的重新分配达到“绿水青山”保护者与“金山银山”受益者之间的利益平衡，建立社会经济发展和环境资源保护之间的矛盾协调机制[3]。

二、生态补偿机制的内涵及意义

（一）生态补偿的内涵

在国内外理论界，对于生态补偿的内在含义大致存在两种理解，一是平等主体间的交易或服务，二是对损害的补偿或对损失的补偿[4]。虽然在不同的学科领域对生态补偿有不同的解释，但有一点是共同的：生态补偿的内涵是从最初的自然生态补偿渐渐演变为促进生态环境保护的经济手段和机制，即从原先的一种自然现象，渐渐演变为一种社会经济机制[5]。

（二）生态补偿的意义

将生态补偿机制与云南省的实际情况相结合，云南地处长江水系、珠江水系等国内重要江河的上游，同时也处于东南亚的红河、湄公河等几条重要河流的上游，是下游地区重要的生态屏障，因此云南在全国以及东南亚地区都有着重要的生态安全战略地位[6]。习近平总书记在云南考察时强调一定要着力推进生态环境保护，努力建设生态文明排头兵。而云南同时也是全国贫困人口最多、贫困面最广、贫困程度最深的省份之一。党的十八大以来，以习近平同志为核心的党中央打响了脱贫攻坚战，将脱贫工作放到了新的历史高度来抓。习近平总书记在云南时提出“要坚决打好扶贫开发攻坚战，加快民族地区经济社会发展”。

将生态补偿机制与脱贫攻坚战略联系起来，把保护生态环境带来的正外部效益换算成财富补偿给山区贫困群众，这样既能保护生态环境又能实现区域脱贫，是实现到2020年所有贫困县摘帽和全面建成小康社会目标的重要手段。

三、怒江州生态补偿实践

（一）怒江州概况

怒江国土面积为10248平方千米，国境线长449千米。境内居住着白、怒、独龙、藏、傈僳、汉等22个民族，少数民族人口占总人口的91.3%。该区98%以上的国土面积是高山峡谷，坡度大于25°的土地面积占总面积的84%，区域内60%的面积为自然保护区[7]。据统计在2016年时怒江州贫困发生率为41.63%，居全国之首。由于其特殊的地理环境、社会发育程度以及生产力发展水平，形成了集边疆、民族、贫困、山区为一体的特殊的“怒江问题”[8]。

1. 水能资源

怒江水能资源十分丰富，仅怒江干流水能资源可开发总量，就相当于三峡电站的发电量[9]。干流落差达4.84千瓦，水能资源丰富，怒江流域水能资源理论蕴藏量高达4474万千瓦，技术可开发量达3200万千瓦[10]。怒江州所具有的这些水电优势，使其成为一座水电资源的富矿。据预测，用于怒江13个梯级电站开发的总投资达896.5亿元，在巨额的投资下，将增加更多的就业机会从而带动怒江流域的经济发展，怒江水电资源的开发无疑将成为怒江人民脱贫致富的一个重要手段。

一直以来，怒江水电的开发都受到社会各界的关注，所引起的争议不断。反对开发的观点主要是考虑到其生态系统脆弱，自我恢复能力较差。另一点则是由于怒江地处三江并流核心区，在亿万年的地质活动过程中，塑造了一批极具特点甚至在世界上独一无二的地质地貌景观[11]，怒江水电开发项目因此暂停。

2. 森林资源

怒江州地处“三江并流”世界自然遗产核心区，是全球生物多样性最为丰富的地区之一，其保护区面积占全州面积的比例达27.2%，公益林占全州森林的比例为65.4%。全州林地面积1265566公顷，占国土面积的86.77%，自然保护区的面积达400129公顷，占全州国土面积的27.43%[12]。

（二）怒江生态补偿机制

1. 生态补偿的建立

怒江地处“三江并流”世界自然遗产保护区腹地，被誉为“自然地貌博物馆”“生物物种基因库”“动植物王国明珠”，因此环境保护任务十分艰巨。而作为极度贫困的区域，怒江丰富的自然资源却难以得到开发利用，人均可耕地面积少，人地矛盾突出。在中国还未建立健全生态补偿机制的情况下，这些都限制了当地人民的生存和发展。而通过对当地居民进行生态补偿，既符合生态文明建设的要求又符合全面建成小康社会的时代要求。

2. 生态补偿的形式

根据怒江州人民政府于2018年发布的《怒江州脱贫攻坚政策宣传手册》，可看到怒江州人民政府正通过多方面的努力进行生态脱贫。其主要为生态护林员补助政策，即将当地有劳动能力的部分贫困人员转为护林员等生态保护人员，利用专项资金对他们进行补助。生态护林员管护补助标准为：泸水市、兰坪县补助标准均为8400元/人·年，福贡县为每年每人10800元，贡山县为每年每人10000元；新一轮退耕还林政策，除每亩1500元的补助外还配有退耕后营造的林木，凡符合国家和地方公益林区划界定标准的，分别纳入中央和地方财政森林生态效益补偿等配套政策；公益林生态效益补偿政策以及天保工程政策等。

3. 生态补偿的成果

根据中国绿色时报的相关报道，2011年天保工程二期启动后，全州有282.27万亩公益林纳入生态效益补偿，所获得的补偿资金接近3亿元，直接获益人口达31万人，基本覆盖了全州所有的贫困人口。天保工程实施以来，全州纳入森林管护面积84.25万公顷，投入资金57703.24万元，聘用管护人员1500多人，人均管护面积540公顷；退耕还林工程2000–2015年，累计完成5.55万公顷，总投资61750.83万元，工程覆盖全州所有乡镇的206个村，惠及43496户共15.8万人；生态公益林补偿2009～2015年全州兑现生态效益补偿资金20093.21万元，惠及7.6万农户31万人[13]。

4. 讨论分析

有研究学者认为中国贫困人口的分布状态与生态脆弱区具有高度的一致性[14]，怒江州的情况正是如此。随着国家生态保护力度的不断加强，怒江州可以依赖的自然资源越来越有限。怒江州虽然有着丰富的自然资源但这些资源却难以得到开发利用，“端着金饭碗讨饭吃”成为怒江的一大特点。随着怒江州实施生态扶贫政策以来对脱贫与生态保护工作都产生了积极的作用。近6年来怒江州农民人均纯收入逐年增加，最高时为5871元，而根据怒江州生态护林员的补助政策补助标准最低为每年每人8400元（泸水市、兰坪县）、最高为每年每人10800元（福贡县），此标准远高于怒江州农民人均纯收入。云南省农民人均纯收入是衡量是否脱贫的重要指标，怒江州农民人均纯收入远低于云南省整体水平，按照上述怒江州2018年补偿标准对较为贫困的区域补偿已超过2017年云南省农民人均纯收入，由此可看出生态补偿机制对部分贫困户脱贫是切实有效的。

随着退耕还林、公益林生态效益补偿政策以及天保工程的实施，虽然每年人工造林面积有所波动但人工造林面积还是在不断扩大的，森林覆盖率也由2012年时的72.96%提高至75.31%。这也充分地体现出在一系列生态脱贫政策下充分调动了当地居民的积极性，森林生态环境得到了较好的保护和改善。

但由此也可看出目前怒江州的生态补偿形式还较为单一，主要为森林生态系统生态补偿。而怒江州有着丰富的自然资源，如水能资源、矿产资源等。这些自然资源都能产生巨大的外部价值，若将这部分资源纳入到生态补偿机制的范畴，除使当地居民拿到更多应有的补偿外更能使怒江脆弱的生态环境和丰富的自然资源得到保护。

四、结论与建议

（一）建立以政府为主体，社会广泛参与的生态补偿机制

近年来生态补偿资金力度不断加大，但补偿资金仍然不足，有限的资金难以满足人们美好生活的愿望同时也难以满足生态可持续发展的要求。就目前市场经济而言政府在生态补偿中的地位肯定是主要的，但紧紧依政府是远远不够的也是不合理的。特殊的地理位置及良好的生态环境限制了云南的经济发展，应积极争取省际之间的生态补偿，即处于下游的中、东部经济发达的区域应对云南省进行相应的生态补偿。而其他在环境保护中的“受益者”也应当对为保护环境

而牺牲利益的居民进行补偿。除必要的经济补偿外还应该加强科学技术的支持实现补偿制度由“输血型”向“造血型”补偿方式转变。

（二）健全生态补偿机制相关法律法规

近年来，地方政府及其相关部门不断积极探索生态补偿机制的建立，现已逐渐形成了生态补偿的地方政策体系但目前中国还没有形成生态补偿专项的法律，生态补偿机制缺乏基本的法律保障。国家和地方应出台相应的法律法规，明确生态补偿机制实施的主体和客体。同时，由于每个地方情况各不相同，各地方也应因地制宜地出台相应的地方法规。

（三）完善评价监督机制

在跨区域经常会出现责任不清的情况，导致保护者无法得到应有的补偿。应建立跨行政区域以及跨政府部门协调机构，建立跨省市的协调机制，完善对跨区域的监督监测机制。以此来解决不同行政区域间的环境资源纠纷和相关生态补偿的问题。同时，对实施生态补偿的区域应当加强监察监督，实施差异化补偿，对生态环境保护良好的区域应加大补偿力度以此激励当地寻求更有效的方法保护生态环境。

（四）加大宣传教育力度

应加大生态环境保护的宣传教育力度，让生态补偿的主体和客体接受相关的宣传教育，让主体和客体都意识到保护生态环境的重要性，同时也可以让生态补偿的客体意识到自己的权利，其次也让受益者意识到自己应当履行的义务。由此可以转变片面追求经济发展的错误观念，同时也充分调动生态补偿区域内群众的积极性成为推动生态补偿过程的重要力量。

参考文献：

[1] 陈铭 . 中国省域生态补偿标准研究 [D]. 北京林业大学，2015.

[2] 桂小丹 . 国内外生态补偿政策研究综述 [A]. 中国环境科学学会 .2008 中国环境科学学会学术年会优秀论文集（上卷）[C]. 中国环境科学学会：中国环境科学学会，2008:9.

[3] 张晓晴，万宝春，耿幸雅 . 生态环境保护部门在生态补偿机制建设中的职责与任务研究 [J/OL]. 河北农业科学，2018（04）:1-3[2018-10-26].https://doi.org/10.16318/j.cnki.hbnykx.2018.04.027.

[4] 黄春潮 . 生态补偿基本理论探析 [A].《决策与信息》杂志社、北京大学经济管理学院 .“决策论坛——管理决策模式应用与分析学术研讨会”论文集（下）[C].《决策与信息》杂志社、北京大学经济管理学院 :《科技与企业》编辑部，2016:4.

[5] 周念平 . 中国重要生态功能区的生态补偿机制研究 [D]. 昆明理工大学，2013.

[6] 陈辞，刘建文 . 云南省建立完善生态环境与资源补偿机制研究 [J]. 全国商情（理论研究），2014（06）:18-20.

[7] 李益敏 . 怒江峡谷基于人居环境的反贫困模式研究 [J]. 国土与自然资源研究，2011（02）:73-75.

[8] 溥德书，杨晓骞 . 关于建立“怒江民族和生态统筹发展试验区”的思考 [J]. 中共云南省委党校学报，2010，11（05）:50-53.

[9] 段斌 . 关于怒江开发与保护问题的研究 [J]. 中共云南省委党校学报，2007（5）:76-79.

[10] 高悦，罗士琴，钟小辉 . 对怒江水电开发中环境影响评价问题的探讨 [J]. 华商，2008（15）:128.

[11] 徐瑞春，周建军，王正波 . 怒江水电开发与环境保护 [J]. 三峡大学学报（自然科学版），2007（1）:1-6.

[12] 陈俊松，张加龙 . 怒江州林业资源保护利用及可持续发展对策 [J]. 绿色科技，2018（5）:133-136.

[13] 王生 . 怒江州森林生态系统服务功能价值与生态补偿研究 [J]. 山东林业科技，2017，47（2）:64-68.

[14] 冷志明，丁建军，殷强 . 生态扶贫研究 [J]. 吉首大学学报（社会科学版），2018，39（4）:70-75.

（云南大学　刘凌言　陆轶峰）

民族旅游社区参与低碳旅游的模式与路径构想

社区参与旅游发展在学界一直是热门话题，累积了丰富的研究成果与经验。低碳旅游作为绿色旅游、生态旅游以及旅游产业生态化发展的新方向，作为一种新兴的旅游方式，在应对全球气候变暖、生态环境恶化的背景下备受关注。社区作为目的地系统的微观空间，与诸多景区存在交互、重叠、共生、依存的关系。因此，社区全民全过程参与也是践行低碳旅游的应有之义。有研究显示，航空部门的碳排放量占整个二氧化碳的 2%[1]。此外，旅行和旅游产生的温室气体也占到了人类温室气体总排量的 3%。据世界旅游组织和联合国环境规划署估计，到 2035 年每年都会以 2.5% 的速度递增 [2]，也就是说，旅游活动所产生的温室气体到 2035 年会超出 2005 年的 75%。倡导低碳旅游，一是回应旅游活动导致碳排量逐年上升这一现实问题；二是践行中国对在哥本哈根会议上庄严承诺的践行；三是符合中国生态文明建设的要求，同时也是中国应对气候变化负责任的选择。

旅游业对环境影响、旅游碳排放影响因素与碳足迹、旅游交通如何影响碳排放受到关注，而如何测度旅游业的碳排放、如何实施低碳旅游则是趋势所在[3]。在碳税方案有待论证、碳中和技术有待提升的背景下，节能减排成为源头控制碳排放的首选。但在新能源技术尚不能较为成熟地运用而解决交通碳排放问题、低碳旅游践行面临瓶颈的形势下，旅游社区各参与主体树立节能减排意识并积极践行是目前开展低碳旅游的折中和必然选择。依据利益相关者理论制定“政府、企业、社区、游客”四位一体协调发展低碳战略被视作重要举措之一[4]。因此，文章从民族旅游社区这一微观空间出发，将其视为开展低碳旅游的重要场所，探究其具体的参与模式与实施路径，以期为低碳旅游在民族地区基层推进提供参考。

一、民族旅游社区具备开展低碳旅游的基本条件

民族旅游基本是由民族文化旅游与民族生态旅游这两种形式构成。一般认为，民族生态旅游是“在民族旅游中进行生态旅游开发”，是对民族传统和乡土文化破坏性旅游开发的批判和修正，要求在民族旅游中保护民族原生态文化，同时兼顾自然生态资源的保护利用。并且，民族生态旅游包含两个层面：其一是具有民族旅游特性的社会文化生态，其二是生态学意义上的自然生态[5]。民族旅游社区的自然景观与人文景观具有原生态特色，赖以生存的土地和自然资源被赋予了特殊的意义，人、土地、自然千百年来都处于相对和谐的状态[6]。

民族旅游社区作为民族旅游的重要实践场所，其特殊的自然地理环境孕育了天然的自然生态与文化生态。民族村寨与所处的自然环境形成了天然和谐的画卷，也是理想的生活—生态格局。在旅游需求的 3N（nature，nostalgia，nirvana，自然、怀旧、重生）要素中，亲近自然是一支重要的力量。民族村寨与城市的密集状态不同，属于较为自然的聚居地，生态属性也较强。基于社区的生态旅游（Community-BasedEcotourism，简称 CBE）原本指“由当地社区所有和管理的生态旅游企业，进一步来说，是当地社区关心照顾他们的自然资源从而通过经营旅游企业来获取收入、改善社区成员的生活。它包括了保育、商家企业和社区发展。”[7]可以看出，民族旅游社区一直被视作开展社区生态旅游的理想之地。大部分民族旅游社区都具有优美的生态环境，社区与自然构成了和谐的“天人合一”般的画卷。再者，少数民族居民自身传统里有着深刻的生态观念，敬天法祖，尊重自然。迪庆藏区的藏族人民与西双版纳的傣族人民都有着不乱砍伐神树这一信条，且食物、资源的获取也多来源于自然，助推了社区的生态环境保护。

社区参与最早在墨菲（Murphy）的《旅游——一种社区方法》一书中作为旅游规划的一种思路和方法提出，主张将社区居民的意见纳入规划重点考虑内容[8]。随着社区参与逐步成为研究热点且其意义受到广泛认可，其参与内容、形式、条件与限制条件、成功经验与面临的挑战、问题逐步进入大众视野。低碳旅游具有极强的普惠性，作为“负责任旅游”的一种新形式，社区参与作为支撑社区行动的重要力量，有着重要意义。持续有效的社区参与可以帮助他们更好地保护自己的自然资源，并且为当地居民带来收益[9]。

低碳旅游是以可持续发展与低碳发展理念为指导，采用低碳技术与材料，合理利用资源，实现旅游业的节能减排与社会、生态、经济综合效益最大化的可持续旅游形式。发展低碳旅游是旅游业应对全球气候变化与能源安全、生态文明建设与产业节能减排的战略选择。低碳旅游与生态旅游一脉相承，其核心更多关注在旅行的各个环节尽量减少碳排放或实现零排放，以相应节能减排、应对全球气候变暖这一号召。可以看出，民族旅游社区不仅是民族文化旅游的理想之地，也是生态旅游和低碳旅游的实践地，具备开展低碳旅游的环境基础，社区居民也有良好的生态意识。

二、社区参与相关模式的引介及启示

（一）相关模式引介

社区参与模式典型代表有：洛克泰尔湾的“分红利”模式、厦门黄厝村的“股份合作制”模式、贵州平坝“天龙屯堡”的“政府＋公司＋旅行社＋协会”模式[10]以及“政府主导＋社区主体＋企业经营＋第三方力量介入＋法制规范”模式。在“政府主导＋社区主体＋企业经营＋第三方力量介入＋法制规范”模式中，社区居民是当地旅游发展的核心力量；政府是社区参与的支持和倡导主体，社区参与是政府有所作为的天地；社区参与对于中国及西部农村的意义需要高度认识；旅游企业与社区是互惠互利的利益共同体，企业应该平视社区[11]。各利益相关者及多方力量收到关注，各自的职责分工与功能也较为明确，是宏观层面较为系统的社区参与模式。社区参与型旅游产品的“IDPC”（identification，design，promotion，culture，认同、设

计、推广、培训）模式也被提出[12]。

（二）社区参与模式对社区参与低碳旅游模式构建的启示

1. 社区居民的主体地位是社区有效参与旅游发展的重要前提

社区参与模式的共同特点是都尊重旅游区当地社区居民的主体地位，如社区参与型旅游产品“IDPC”开发模式首要就是要获得当地居民的认同，孙九霞的社区参与旅游开发的模式也强调了当地居民的主体地位，张波横向比较的三种社区参与旅游发展的模式中当地社区居民也是旅游开发中的重要力量。

2. 当地社区与旅游发展的利益共享是社区参与旅游发展的关键

在上述成功的社区参与旅游发展典型模式中，社区居民收益与当地旅游发展都紧密联系在一起。如洛克泰尔湾除了当地居民享有旅游收益的按比例分配的红利资金外，其余资金主要用于社区公共事业建设，如改善学校环境、道路状况等；又如福建东海岸的黄厝村以保护当地生态环境为基础发展生态旅游，同时又将生态旅游的受益反哺社区，促进旅游企业与社区的二次发展；“天龙屯堡文化”也注重旅游收益分配以促进了当地乡村文化旅游的持续发展。昆明的寻甸天湖岛旅游区也吸纳当地居民成为公司员工，并通过土地租金分红实现了当地农民的增收致富，并解决了失地农民的就业问题，奠定了相对和谐的旅游发展基础。

3. 各利益相关者的职责、权利与相互制衡是社区参与旅游发展必须重视的问题

孙九霞构建的社区参与旅游发展的有效模式中明确了各利益相关者的职责与权利，并提出了政府与NGO、NPO为主的第三方两股制衡力量。南非洛克泰尔湾当地居民对运作管理当地旅游红利的信托基金会也享有监督权并能决定其存亡，厦门黄厝村的股东大会与职工大会实行民主决策制度赋予当地居民一定决策权，各主体间的相互监督与制衡必不可少。“天龙屯堡文化”模式中各主体的职责分工也非常明确。

三、社区参与低碳旅游的模式构建及解读

（一）模式构建

低碳旅游发展路径应从利益相关者角度出发，构建以政府、旅游企业、旅游者为主体，围绕旅游吸引物、旅游设施、旅游体验环境以及旅游消费方式等旅游发展的过程要素，通过营造低碳旅游吸引物，建设低碳旅游设施，倡导低碳旅游消费方式，培育碳汇旅游体验环境来加以实现[13]。在培育碳汇旅游体验当中，旅游者以及社区居民是重要的碳排放体，又是低碳旅游环境建设与维护的重要载体。如果排放的碳能通过景区或目的地的碳汇机制予以吸收和储备，实现碳中和或碳平衡，旅游景区不仅成为“零排放”的旅游景区，还是区域性的碳汇地[14]。这也是在低碳旅游模式实践中提倡社区参与、重视旅游者和当地居民参与以及社区环境营造的意义所在。

基于以上社区参与模式的分析以及相关经验启示可以看出，保障居民的主体地位的同时吸纳多方利益相关者及专业人士参与、明确各方的责、权、利、促进社区发展与旅游发展的互惠共生、有效的多方监管制衡以及成熟的技术支持，是保证持续有效的社区参与低碳旅游的重要前提。再者，根据低碳旅游持续发展所需的生态环境依赖性、生活方式渗透性等特点，需要兼顾生态环境保护、低碳生活方式植入、环境责任意识导入，文章从主要目标、各主体责任与任务、支持保障体系等角度构建了理想的社区参与低碳旅游模式。

（二）模式解读

社区参与低碳旅游理想模式主要包含三个部分：顶层的主要目标、核心的主体要素及其责任、起到支撑作用的支持与保障体系。

1. 主要目标

社区参与低碳旅游的总体目标是通过低碳旅游的经济、社会、环境、文化效益反哺社区，实现低碳旅游发展与社区发展的良性互动。具体目标包含四层含义：（1）实现社区旅游产业生态化。微观空间的社区，其旅游产业的供应链更为清晰，碳排放、碳使用、碳中和、碳减量几个环节也较为清晰，采用低碳策略的3R（Reduce，Reuse，Recycle，减少原料、重复使用、回收利用）原则往往也有助于实现地方旅游产业的生态化。（2）实现社区与低碳旅游同步发展。具有市场企业属性的旅游开发经营者往往关心所开发的低碳旅游带来的收益，但唯有实现开发商收益与社区发展同步，旅游也才会被作为一种持续性的产业选择而保留。低碳旅游本身是一项多方有益的选择，于开发商而言可以节约能源成本，塑造良好的企业形象；于旅游者而言可以体验到更为自然生态的旅行方式；于当地社区而言可以最小程度地降低环境影响，但需基于各方对低碳旅游有充分的正确认知基础。（3）营造生态宜居社区。良好的社区环境是低碳旅游得以持续开展的基石。社区参与低碳旅游要调动全部社区居民的积极性来维持良好的社区生态环境与卫生环境，从

而营造生态宜居社区，建设美丽乡村、和谐家园。（4）促进社区参与旅游发展。社区参与旅游发展需要充分的参与机会、参与空间与参与形式。低碳旅游无疑提供了一种新型的参与方式，也使得当地居民可以拥有更多选择来参与旅游发展。

2. 主体要素及其责任

社区参与低碳旅游的主体主要有社区居民、旅游者、开发经营者、专家学者以及其他人员。各自的职责有相通之处也有典型差异。针对各自的主要责任提出了相应的具体措施，如表1所示。

表1　社区参与低碳旅游的各主体要素、责任与具体方法

主体要素	主要责任	具体措施
社区居民	制定低碳公约；保护社区内部及周边生态环境；宣传低碳知识；践行低碳生活	提供社区低碳旅游交通工具；保持环境卫生，减少环境污染；不随意砍伐，注重美化绿化，保护生态环境，维护绿色生态；积极运用新能源，节能减排；示范低碳生活
旅游者	体验低碳旅游；践行低碳生活；响应生态保护	选择低碳交通工具出行，降低碳排量；支持低碳旅游产品，参与低碳旅游项目；内化树立生态、低碳意识，形成低碳生活方式与环境保护意识
开发经营者	经营并推广低碳旅游产品与项目；践行低碳生活；响应生态保护	采用环保材料，就地取材，减少物资运输环节；设计废弃物循环或回收系统，节约能源，推广新能源；建设经营低碳旅游设施、产品与项目；从设计、生产、包装、营销、销售，实现全程无污染、无害化、低碳化经营
专家学者	设计低碳旅游产品与项目；设计可为低碳旅游所用的其他生态旅游产品与项目；提供环境教育及专业建议	制定低碳旅游或生态旅游规划以及社区发展规划；设计低碳、生态旅游产品；制定旅游者及当地居民的环境教育方案；提供社区低碳旅游技术支持、制定社区减排计划、环境保护任务书、支持与其他产业融合，提供专业建议

从上表可以看出，社区内部及周边生态环境的维护是社区低碳旅游得以长期运行的基础，是低碳旅游活动开展的依托，也是社区旅游景观的重要构成部分。保护社区内部及周边是生态环境是当地居民的主要任务。而旅游者通过体验低碳旅游、低碳生活，参与减碳公益行动，形成低碳生活理念与环境保护意识，是低碳旅游对社会公众影响最为深远的意义。开发经营者从设计、生产、经营、管理低碳旅游产品与项目或设计可为低碳旅游所用的生态旅游产品、项目等低碳旅游的核心吸引物是其核心要务。而专家规划设计低碳旅游线路、产品及项目、提供技术支持与专业指导是其核心要务。整体而言，所有相关者、参与者通过低碳知识的宣传、碳排放的影响机理演示、低碳旅游的意义呈现及环境教育，在认识低碳旅游、低碳生活同时践行低碳旅游、低碳生活，树立绿色生态的环保意识，是最为期待的结果。

3. 支持保障体系

社区参与低碳旅游的支持保障体系主要有四个部分构成：政府、行业协会、非政府组织以及相关政策法规。政府的功能与角色历来是各地旅游发展中学者讨论的焦点。社区参与旅游发展的有效模式中，政府的主导地位得到认可 [11]；作为旅游管理部门，政府参与是必不可少的关键环节 [15]。但政府是主导还是引导，要是具体情况而定。在地方内生力量不足时，政府往往需要发挥主导作用，科学指导、扶助当地居民开展低碳旅游；但在经济基础较好、社区精英力量强大的社区，政府应扮演引导者、协调者与监督者角色，制定相关规则，并提供政策引导与支持，协调各方利益关系，并监督各自职责的履行，从而保证社区参与的公正性与持续性，不参与争利，鼓励当地居民自主发展。行业协会主要是负责管理协调旅游经营活动过程中各主体如当地居民、旅游者、经营者、开发商等之间的关系，制定相应的行业规范，形成内部约束机制，打造社区整体良好的旅游形象。行业协会是促进行业自律的重要机构，低碳旅游作为一种公益性的旅游形式应积极取得行业协会支持，利用行业协会宣传覆盖面广的优势广泛宣传推广。旅游协会、导游协会、饭店业协会等应积极发挥带头作用，积极宣传低碳旅游的重要意义并提供专业指导。非政府组织主要是指介入的 NGO 和 NPO 组织。由于其较强的国际影响力与不以获取经济利益为主要目标，往往具有良好的社会公信力，与社区关系也较为友好，因而可以保持相对较公正的第三方立场。开展低碳旅游，也可争取环保类 NGO 的支持，以便获得相关咨询及援助，同时考虑将其作为第三方来评价社区参与低碳旅游过程中的问题并提出相关建议。政策法规涉及两部分内容，一是指涉及社区旅游资源产权、环境保护、旅游法规等

法律法规，二是社区传统中具有约束力的民族地区习惯法、村规民约等，均可成为社区参与低碳旅游的约束力量。就目前的旅游发展政策来看，多数以宏观层面的发展规划、实施方案居多，而调动社区内部的自我约束力与参与积极性，考虑居民发展权以及旅游收益分配，则是微观社区旅游发展应当要重视的问题。

4. 各部分之间的互动关系阐释

主要目标是主体要素、主体责任与支持保障体系的共同目标。其中主体要素通过履行各自的功能与职责，产生经济、社会、文化、环境效益以及特殊体验回馈社区与各参与主体，如良好的社区环境回馈民众、有益的低碳旅游项目既是开发经营者与当地居民的收益来源，也是旅游者特殊的旅游体验，同时也是政府形象良好的支撑要素，利益相关者均可从中收益。支持保障体系主要通过对主体要素及其职责履行、实施效果的监督反馈、约束调节、记录监测、技术支持来保证社区参与低碳旅游的正常开展。支持保障体系还通过监督制度的公正性、分配的合理性与关系的协调性从而保证社区居民积极性的维持，进而保证居民的收益性与旅游的持续性。简言之，这是一种“主体责任明确、多方支持参与、有效管理监督”的模式。

四、社区参与低碳旅游的路径分析

低碳旅游方法策略主要围绕低碳旅游各环节、旅游产业六要素低碳化、低碳旅游系统以及创建低碳旅游景区、减少碳足迹等其他方面几个方面展开讨论。从旅游设施运营过程来看，旅游设施建设与经营是主要的碳排放源，其中交通设施与食宿设施是主要来源；从游客体验过程来看，碳排放主要涉及出行方式、游赏形式与生活方式等环节和内容。旅游交通、旅游住宿、旅游食品、旅游活动都会对碳排放造成影响，而其中旅游交通是旅游业的第一大碳排放源。碳汇旅游环境的培育需要政府、旅游企业、旅游社区等多方的共同培育[15]。当地社区居民是低碳旅游资源的重要保护者，他们在享受低碳旅游资源创造的良好的生态环境的同时日常生产生活行为也要在一个低碳标准内，因而他们对待低碳旅游的态度也是低碳旅游景区评价的重要标准之一[16]。低碳旅游吸引物、低碳旅游景区的创建尤其离不开社区居民的支持与配合。通过对低碳旅游参与路径与方法的梳理，结合社区作为旅游产品供给者与维护者的角色，综合考虑整个旅游产业要素与旅游系统，文章总结了社区参与低碳旅游的以下7条路径：

（一）社区参与提供景区低碳交通方式

交通是旅游行业的碳排量大户，因而是低碳旅游首当其冲需要解决的问题。社区居民参与提供景区低碳交通方式是社区居民可以根据当地实际情况选择提供马车、骡车或简单的马匹、骡子、毛驴、人力三轮车、自行车租用、观光电瓶车等人力或畜力交通工具服务，既是低碳的交通工具，又是饶有趣味的怀旧式交通体验。同时，这也为社区参与提供了新的选择。

（二）社区参与低碳旅游产品的建设与供给

主要可围绕旅游产业六要素展开。（1）食：发展生态农业和生态畜牧业，在保证食品安全的前提下为游客提供本土的原生态的时令果蔬和原生态饮品。提倡素食主义和节俭主义。（2）住：自主设计开发提供生态低碳或乐活居所，就地取材、使用原生态或选择环保建筑材料，崇尚简朴健康主义。（3）行：倡导绿色骑行、公共交通，清洁能源等，将人力、畜力交通方式作为重要体验方式绿色出行。（4）游、娱：在户外空间进行开放式参与娱乐活动歌舞汇演、才艺展示，避免搭建大型舞台或其他一次性建筑；创设低碳情境体验场景，如减碳效果对比测试、新能源主题公园或游乐设施；提供场地让旅游者亲自栽种纪念林，并知晓其低碳贡献等。（5）购：尽量提供本土简易包装、手工制作如草编、竹编、手工编织物、手绘、雕刻等制作简单，又能体现本土特色。

（三）社区参与低碳旅游设施与环境的维护

低碳旅游社区会有各类低碳旅游服务设施、公共设施，或企业及私人投资的低碳环保设施。除此以外，良好的生态环境也是低碳旅游开展的基础。低碳设施、低碳旅游吸引物以及整体的生态环境也需要长期的维护与保育。社区居民作为社区主人，可在专业人员指导下，维护低碳旅游设施。一是进行日常维护与更新，如清洁卫生保持、用植物、花卉美化绿化环境、集中处理生活垃圾与污水等；二是在专业人员指导下对专业设施进行维护、讲解等。

（四）社区参与低碳旅游景区的创建

民族旅游社区往往与景区紧密相连或与景区互为一体。因此，社区居民既是景区旅游资源的主人，也是景区旅游资源的受益者，应为低碳旅游景区创建而努力。包括支持低碳旅游发展、参与低碳旅游项目、提供低碳旅游产品等。民族旅游社区创建低碳旅游社区，可更突出其知名度与品牌形象，突出其“深生态”特点，知名度提高后也更有利于当地居民旅游收入的增加，符合双赢的原则。

（五）丰富社区低碳知识，强化宣传

在一些边远民族传统社区，其土著知识体系中有许多可为低碳旅游所用的内容。如在一些热带亚热带地区

用芭蕉叶做简易的食品包装，竹篾篮做购物篮等，哈尼梯田的“三犁三耙”耕作制度也可以称之为生态农业、有机农业的构成要素，一些少数民族地区也有利用本地特有植物防治病虫害，不用或少用化学合成农药。古朴的土著知识现今依旧有着不息的生命力。低碳旅游在寻求先进科学技术支撑的同时，也可反观传统的农业文明和自然哲学，兴许能为当下的低碳事业找寻到一些宝贵的知识财富。当地居民首先需要对低碳知识有较好的理解与把握，才可向旅游者宣传低碳知识，这也是社区居民关注生态、重视环保从而提升素养的机会。此外，低碳知识展板、自然要素的低碳功能介绍、运行机理，也可以是低碳知识宣传的途径和内容。

（六）社区参与低碳生活示范

在社区具备开展低碳旅游的条件之后，社区参与低碳生活示范也构成了低碳旅游景区吸引力要素的重要组成部分。真实的低碳生活展示和示范，可以起到“春风化雨”的作用，从而带动更多人参与践行。民族旅游社区本真简朴的生活、自给自足的生活方式本身也是一种理想的低碳生活方式，也与当下流行的“乐活”“极简主义”理念相通。各低碳旅游景区和社区可充分挖掘本地资源，在不影响社区居民生活质量与方便的同时最大限度的实施低碳生活，并提供低碳旅游资源。

（七）社区参与旅游产业链条本土化

旅游产业链条的本土化可以减少物资采购、运输等环节，从而实现节能减排的低碳效应。旅游产业链条的本土化要求社区乃至多方社区的参与，需要清晰具体的各部分工，同时通过多元的生产或经营形式形成旅游发展中良性互补而非激烈的竞争关系，再通过合理的平台将不同分工的旅游收益以一种合理的形式实现均等化，即“一体多元”的分工形式实现发展旅游的共同富裕。旅游产业链条本土化的意义是减少对外界物资的完全依赖从而减轻相应的物资运送过程中所产生的不必要的碳排放，也有助于充分发挥本土社区的内生动力与积极性，提供更多的参与机会，营造良好的发展氛围。

五、结语

民族旅游社区参与低碳旅游只能解决景区内部或社区内部的碳排放问题，而并不能减少整个旅游过程当中其他环节的碳排放。当然，这也是整个低碳旅游面临的最大瓶颈。但社区作为微观空间及基本的聚落单元，通过全民参与的良性示范，积极争取外界支持，带动更多的旅游者、经营者等更多的群体参与到低碳旅游、低碳生活中来，进而辐射影响更大人群，是研究的主旨与期待。

参考文献：

[1]IPCCSpecialReportonAviationandtheGlobalAtmosphere（1999）andIPCCFourthAssessmentReport（2007）.

[2]ClimateChangeandTourism:RespondingtoGlobalChallenges，UNWTO/UNEP/WMO，October2007.

[3]韩慧，王泽宇，赵国浩.国际低碳旅游研究进展及启示——基于科学知识图谱可视化方法分析[J].经济问题，2017（10）:102-108.

[4]唐承财.低碳旅游：促进生态文明建设与节能减排的可持续旅游形式[J].旅游学刊，2014，29（3）:10-12.

[5]石坚.深生态视野下的民族生态旅游－以贵州省黔东南苗族为例[J].西南民族大学学报：人文社科版，2011，32（10）:109-114.

[6]曹兴平.民族村寨旅游社区参与的内生动力研究[M].成都：西南财经大学出版社，2015.

[7]SprouleKW，Lindberg，EnriquezJ，etal.Community-basedecotourismdevelopment:identifyingpartnersintheprocess[J].1995，3（3）:260－261.

[8]Murphy，PeterE，1985.Tourism:ACommunityApproach[M].NewYorkandLondon:Melhuen，1985.

[9]LesegoS.Sebele.Community-basedtourismventures，benefitsandchallenges:KhamaRhinoSanctuaryTrust，CentralDistrict，Botswana[J].TourismManagement，2010，（31）:136－146.

[10]张波.旅游目的地“社区参与”的三种典型模式比较研究[J].旅游学刊，2006，21（7）:69-74.

[11]孙九霞.旅游人类学的社区旅游与社区参与[M].北京：商务印书馆，2009，7.

[12]王丽华，张宏胜.社区参与型旅游产品开发的“IDPC”模式研究[J].财经问题研究，2004，（6）:60-64.

[13]蔡萌，汪宇明.低碳旅游：一种新的旅游发展方式[J].旅游学刊，2010，25（1）:13-17..

[14]汪宇明.倡导低碳旅游，推进发展方式转型[J].旅游学刊，2010，25（2）:11-12.

[15]郑琳琳，林喜庆.试论“低碳旅游”模式的构建——气候变化条件下旅游业的应对[J].襄樊职业技术学院学报，2010，9（1）:40-43.

[16]谭锦，程乾.论低碳旅游景区评价体系的构建——以四川贡嘎燕子沟景区为例[J].经济研究导刊，2010，（11）:117-118.

（云南财经大学　刘宏芳　明庆忠；昆明学院　鲁　芬）

构建云南特色生态伦理教育体系的思考

目前，许多国家都在探讨建设生态文明的发展战略。当代中国社会主义发展新时代背景下的“社会主义生态文明”，是迄今为止人类历史上的最高级文明形态，是对人类文明发展经验的科学总结。继党的十六届四中全会明确提出“建设社会主义和谐社会”以来，党的十七大首次提出“建设社会主义生态文明”“使生态文明观念在全社会牢固树立”之后，进一步提出了建设“美丽中国”实现民族复兴的伟大构想。“实现伟大梦想，必须建设伟大工程；实现伟大梦想，必须推进伟大事业。”。推进社会主义新时代背景下的“美丽中国”建设，其中一项重要任务就是公民生态意识的培育和生态文明观的树立，即如何在全社会树立新的生态文明观成了关键，据此作出如下分析当是理论工作者的责任和义务。

一、生态文明观结构展示

生态文明观即生态文明观念，是生态文明精神成果的一种形式，是对人类生态文明的主观反映和理性提升，也就是人们对生态文明的基本观点和总的看法。生态文明观念的构成要素既包括内容性要素，也包括制度性要素，还包括行为性要素。

首先，生态伦理观，是生态文明的重要观念，也是生态道德、生态价值的核心内容。确立生态伦理观念，实践生态伦理原则和规范，在建设生态文明的全过程中具有重要理论和实践意义。生态伦理观至少包含：生态忧患意识、生态效益意识、环保意识、绿色政绩观、生态成本观、生态消费观、生态生产力观等。生态道德观、生态伦理观（生态价值观）驱动着人们的生态意识和行为自觉性、自律性与责任感。人们生态道德水准的高低，生态伦理观念的强烈与否，直接影响生态环境的优劣。

其次，还有四个平行的文明：（1）生态意识文明，包括生态思想、生态心理、生态道德以及体现人与自然平等、和谐的价值取向（内容要素）；（2）生态法制文明，包括生态法律、生态制度和生态行为规范（制度要素）；（3）生态行为文明，包括人们一切具有生态文明意义的参与和管理活动。特别是对生态文明建设主体的生态文明意识和生态文明行为能力的培育（行为要素）；（4）生态教养文明，包括：生态知识教养、生态伦理教养、生态审美教养、生态行为教养（社会文化要素）。

二、生态伦理教育与生态伦理教育体系的基本阐释

所谓“生态伦理教育”，就是指在当代生态道德原则和生态道德规范要求下，通过宣传、实践、课程教学等活动，有组织、有计划、有目的地向社会成员施加影响，把人与人、人与自然的生态价值准则灌输进社会成员的思想和意识，使之转化为个人内在道德伦理的一种教育行为。由于教育在观念和意识形成中的重要性和不可或缺性，不少国家都在不同的环节中加入了生态伦理的教育内容。生态伦理教育通过教育的手段，让人们能够重新了解和认识人与自然的关系，提高人们的生态伦理意识、思想观念、生态情感，并能够自觉运用生态伦理准则要求和规范自己的行为，从自身着手，协调人与自然的关系，最终解决生态危机、实现保护环境的目的。

至于对“生态伦理教育体系”的理解，就会稍显复杂些。

首先，体系，是指在一定范围内或同类事物按照一定的规律和相互间的联系组合而成的有特定功能的有机整体。在科学研究领域，不同的学科由于属性的要求，必然也有其特殊的构成体系，这样才能在学科的理论与实践中充分发挥每一个组成元素的作用。

其次，在全球生态形势严峻以及谋求国家可持续发展背景下，生态伦理教育良好作用的形成，内在依赖于一个生态伦理教育的有机体系。所谓“生态伦理教育体系”就是指相互联系的有关生态伦理的教育系统。

第三，生态伦理教育体系，主要包括生态伦理教育理论体系和实践体系两大部分。在生态伦理教育理论体系中应该包含生态伦理教育的理论基础、构建原则以及内容体系等；在生态伦理教育实践体系中包含生态伦理教育的方法措施、实施路径、保障体系、制度体系、开展形式等。通过两大组成部分的相互影响和作用，形成一个由确立目标→明确内容→选择路径→形式组织→制度监管的一个实际运用体系，实现生态伦理教育的系统化，推动生态伦理教育发展规范化，提高其针对性和实效性。

由于生态伦理教育既属于伦理教育又属于生态学的特殊性，伦理与生态的交叉，赋予了它在生态文明建设中的特殊使命，既要求人们处理好人与自然的特殊伦理关系，尊重自然、保护自然，与自然共处；又要求人们在自身活动中以科学的生态伦理观为引导，履行好自己所处生态链位置的职责和义务。

三、开展构建云南特色生态伦理教育体系研究的价值和意义

（一）理论价值

1. 体现时代气息

由于生态危机的强烈影响，使得全人类不得不面

对人类自身的生存危机，又由于生态危机的产生和克服都不是孤立的，必须以系统方法才能解决，因此，人们应该选择和坚持什么样的生态文明观，如何倡导中国特色社会主义新时代所要求的科学的生态文明观，如何发挥我党动员和组织一切力量，开展有效的社会教育，促成社会成员观念形态塑造方面的独特优势，构建云南特色生态伦理教育体系就成为必须展开科学研究的问题。

2. 填补研究空白

首先，构建生态伦理教育体系是树立生态文明观的重要途径。目前，关于结合生态文明建设实践成果、民族文化底蕴传承教育与促进生态文明观的树立的研究尚未充分展开，研究成果稀少，未形成系统的、明晰的理论体系和实践机制。

随着全球生态危机的日趋严重，各国都开始部署可持续发展战略，中国共产党从十七大开始，正式提出并不断探索、发展和完善建设社会主义生态文明、在全社会树立生态文明观念的新举措。在现阶段，国家和政府采取了一系列改善中国生态环境的措施，广大学者对生态伦理教育的理论与实践也展开了积极探索和研究。人们发现，生态危机的实质是人与自然的危机，是一种只靠政治、经济、技术、法律等等任何单一途径都无法应对的观念危机。我们必须认识到：现在全球生态危机，是由于我们的贪婪、过度的利己主义以及认为科学技术可以解决一切的盲目自满造成的，换句话说，是我们的价值体系错误导致了这场危机。如果我们再不对我们的价值观和信仰宗旨进行反思，其结果将是环境质量的进一步恶化，甚至最终导致全球生命支持系统的崩溃……在人类发展史中，无论是哪一个时期、哪一个阶级，想要在社会中树立一种观念，都离不开教育，同时，教育也是观念形成和发展的重要途径。而“观念”“态度”“价值观”的改变和塑造，正是道德伦理教育的作用所在。“保护环境，教育为本；环境教育，德育为先”。生态伦理教育作为一种全新的道德伦理教育，超越了传统德育的局限，把道德伦理的调节功能从人与人、人与社会；扩展到人与自然，期望通过生态伦理教育，在人与自然之间建立一种有道德内涵的行为规范，从生态伦理价值观上引导和约束人们的行为，使受教育者具备生态伦理素养，树立科学的生态文明观，进而自觉投身于生态文明建设，促进生态文明社会的构建与发展。

其次，构建生态伦理教育体系可以为生态文明建设得以顺利开展提供理论支撑。在前人对生态伦理学以及生态伦理教育研究基础上，通过对生态伦理教育的内容、形式、目标、方法等诸方面的基础研究，探索和建构适用于当今中国所需的生态伦理教育本土化教育体系，以实现生态伦理教育在教育实践中的价值，以及对实现全体公民生态观念转型、促进生态文明事业发展、建设“美丽中国”的努力，是当前乃至将来一个较长时期理论工作者和教育工作者的神圣职责。

（二）实际运用价值

1. 解决新问题。“建设生态文明”虽然写进了党的十七大报告，也历经党的十八大以来社会各界的大力推进和党的十九大以来的进一步规划，但在现实中人们究竟把生态文明摆到何等地位，以及如何在云南推进生态文明建设，使其真正成为一种文明趋势，尚任重道远。伟大的事业，亟需大批具有现代生态文明观的优秀人才，怎样依赖云南已经取得的生态文建设成果，依托已经具备的在人才培养方面的独特优势，挖掘云南独特的优秀民族文化底蕴等区位优势资源，借助国家“西部大开发”“桥头堡战略”以及“一带一路”发展战略先机，顺应时代呼唤，探索构建云南特色生态伦理教育体系，不仅是个理论问题更是一个极具实践价值的时代课题。

2. 增强运用性。构建云南特色生态伦理教育体系的研究，不仅探索当代云南树立生态文明观的途径与方法，拓展云南争当生态文明建设排头兵的大视野，对建设社会主义生态文明的理论认识和寻求建设社会主义的中国特色生态文明建设的实践路径，还可以加深对党自十七大以来提出的一系列建设社会主义生态文明战略理论和实践的系统论证，增强实践操作效果。

（1）构建生态伦理教育体系，是其教育理论与实践得以延伸的重要基础。中国的生态伦理教育起步时间不长，虽然在有关生态伦理教育的研究上已取得了一些成果。但独立系统的生态伦理教育体系还没有形成；从实践层面看，现阶段，生态伦理教育在政府和社会层面中已开始得到重视，但实际生态伦理教育的开展也基本局限在相关部门的一般性宣传和部分学校教育当中，且大多只是知识、信息等介绍性的内容，远未普及到教育的全过程以及社会生活的各个角落。

（2）构建生态伦理教育体系，有助于解决云南生态教育与公民道德教育实践的现实问题，如：公民对生态环境问题的关注不高；生态文明道德意识薄弱；公民参与生态文明建设水平较低；公民生态消费意识淡薄；公民的生态文明意识呈“政府依赖型”……构建生态伦理教育体系赋予社会教育崭新的时代内容，提高社会教育的时效性，为各级政府在生态文明建设实践中提供理论支撑和实践参考。

四、建立健全云南特色的生态伦理教育体系初探

（一）生态伦理教育的理论体系素描

需要强调的是，无论是对马克思主义生态思想的研究、西方生态伦理教育的研究、对中国古代和云南少数民族生态伦理思想的研究，还是构建本土化的生态伦理教育体系，都是为了能在教育实践活动中充分发挥其理论支撑的作用。为此，笔者在借鉴国内外优秀文化的同时，融合云南地区各民族已有的传统生态思想，兼顾云南生态文明建设发展水平不平衡和地理环境各异等诸多因素，研究和探索适合云南发展的生态伦理教育的实践体系并呈现于下。

（二）云南特色的生态伦理教育实践体系要素分析

生态伦理教育体系的实践要素主要包括：方法措施、实施路径与主要形式。

1. 生态伦理教育的方法措施

生态伦理教育方法是生态伦理教育体系中的基本要素，不仅为其他要素搭起桥梁，而且调动不同要素间的参与和活动，直接影响生态伦理教育的结果。其包含基础理论认识方法、思想引导方法，以及教育的监管评估方法。

（1）基础理论认识方法

生态伦理教育中，理论知识是基础，基础理论认识方法就是指教育者根据教育内容和目标的要求对受教育实施的理论知识教育的方式和手段。

①课堂灌输法

几乎在所有类型的教育方法中，都包含有理论灌输的方法，普遍又常见，但却是最直接的教育方式。在生态伦理教育的方法里，课堂灌输法就是让不同类型，不同特征的受教育者集中起来，以课堂形式进行讲授式的生态伦理教育。

尽管这种教育方法是以教育者为主导地位进行的，向受教育者传递生态伦理知识、意识、观念、规范的教育方法，但是也要遵循一定的教育规律。首先，受教育者在生态知识接受的过程中，具有主观能动性，会对教育者传递的内容进行分析、接受和内化。那么在这个过程中，教育者一方面要严格按照生态伦理教育的目标和内容执行教育，另一方面还要充分考虑受教育者的认知能力和接受能力，不可进行单一的“填鸭式”教育。其次，在教育中，教育者要使用理论联系实际方法，把实际的生态事例融入到理论教育中，帮助受教育者把抽象的理论知识通过案例转化为具体的观念和态度。

②实践教育法

实践教育法包含两层意思：其一，将生态伦理教育扩展到实际生活，通过一切人类活动来反映和搭建生态伦理知识的学习。在教育学中，把这一类型的方法形象地称之为教育的“第二课堂”。生态伦理教育涉及人类生活的每一个方面，因此，无论有无教育形式，生态伦理的相关知识都体现在我们生活的每一个角落，所以，教育就要充分利用这一资源，让人们在生活中学习，在学习中体验。这种类型的教育可以在大街上的各类生态标语、宣传告示、生态知识网站建设，以及各单位的生态指标和学校中的各类生态竞赛等等中体现出来，都是生态伦理教育方法的具体形态。其二，让受教育者参与实践活动，通过实际参与体验，增进生态伦理教育的知识、意识和观念。在这一方式中，主要的目的是让人们能够通过实践活动，亲自进入到与生态相关的氛围中，通过陶冶，寻找情境的体验，在特殊的“第二课堂”教育中，感受到自然的美好，以及生态遭到破坏后的不堪景象，积极参与生态节日，通过教育者以及实际状况的引导，自主发现生态环境中的美与丑，在实践中再认识。

（2）思想引导方法

在思想教育上要选取适当的方法，来引导思想的正确走向。

①思想疏导法

生态伦理教育的思想疏导法在运用中要注意几个理念和原则：其一，思想疏导要注重思想教育，把灌输的单向转为交流的双向。其二，把握人性疏导，为思想引导做好准备。其三，在思想疏导中关注教育对象差异性，因材施教。其四，开展对应的心理活动。其五，采取精神激励和物质奖励相结合的方法开展，促进思想疏导的有效进行。

②典型教育法

典型教育法的对象来源一般分为三种：第一种是先进典型教育和反面典型教育，通过列举生态伦理中优秀事例和反面教材来进行教育。第二种是英雄、伟人的榜样教育，通过榜样示范，树立正面典型，弘扬生态保护的精神。第三种是受教育者周围环境的示范教育对学生来说，包含家长、教师以及周边同学，对社会人群来说，包含了单位同事、社区邻居、亲戚朋友、路人等，只要涉及生态思想和行为，都会给受教育者带来无论正面还是负面的思想启发。因此，教育者在选择典型时，还要注意典型对象的先进性、楷模性、时代性，以及学习典型的要求和目的，否则就会导致近朱者赤、近墨者黑的现象发生。

③自我教育法

自我教育法，是受教育者有效接受教育内容，并将其内化的直接手段。在教育者的指导下，受教育者

通过自我认识、自我体验和自我控制，吸收生态伦理知识，在意识的控制下，产生积极的生态观念，形成良好的生态情感，继而由思想转变为事迹行动。自我教育法，能够由受教育者充分调动起身体的每一个部位，共同参与思想接受和转化，培养责任心，养成生态习惯，协助外部教育共同实现生态伦理教育目标。

（3）生态伦理教育的监管评估方法

生态伦理教育的监管和评估都是在对受教育者进行一段时间的教育后，就教育的效果进行的反馈、监测、调节、评估和总结。生态伦理观念的教育中一般使用知识信息考核法、实践行为考查法、社会生态信息收集法（通过收集目前生态环境中的现象、行为、发展状况来分析受教育在教育后的行为发展趋势），对一定阶段教育中教育内容的要求是否达标进行评估和考查，教育工作者在掌握了教育动态后，及时分析存在的问题，合理调整和优化教育方法和结构，逐步提高生态伦理教育的系统化、科学化、时代化。

2. 生态伦理教育的实施路径

生态伦理教育的实施是一个有机结合整体，要通过社会各个领域的共同协助才能完成，在生态伦理教育的实施中，主要包括学校、家庭和社会教育三个路径。同时，三个领域的教育并不是独立行动的，而是在协调统一环境下并进实施的。

（1）生态伦理教育的基础——家庭

家庭，是每一个人出生到成长接触到的第一环境。在家庭环境中，必然会受到家庭中新鲜事物的影响，家中新鲜事物的影响，家庭成员的思想素质和行为规范也会对子女思想意识、观念的形成和发展有所影响。子女不仅依赖父母生存，同时子女对父母有着不同于他人的信任感和敬重感，从父母身上看到的和学到的是子女踏入社会环境之前接受和模仿最多的来源对象。

①家庭教育的特点

家庭教育具有几个特点：首先，早期性和长久影响性，家庭是每个人都要接触和长期接触的最早也是最久的社会单元，伴随每一个人从出生到死亡。其次，潜移默化性，家庭成员由于长期接触家庭中的其他成员，以及受到每个家庭不同环境影响，久而久之，耳濡目染后就会进行模仿，潜移默化到自己的意识和行为中。再次，尊重性和权威性，在家庭中，父母是长辈，在对子女的关心和教育中，会在子女心中建立父母的威信，这是其他教育者无法达到的境界。家庭教育在特殊的环境下形成，能够帮助生态伦理教育随时开展、随时进行，因此生态伦理教育要充分利用之一资源对受教育者实施基础生态思想教育。

②生态伦理教育对家庭教育的要求

“家庭是人们接受教育最早的地方，高尚品德必须从小开始培养，从娃娃抓起。要在孩子懂事的时候深入浅出地进行道德启蒙教育；要在孩子成长的过程中，循循善诱，以事明理，引导其分清是非、辨别善恶”。家庭生态伦理教育主要依靠父母长辈的言传身教，以及成员间的相互影响。家庭教育要想起到作用，首先，就要求家庭中的权威者和引导者自身要具有一定的生态伦理观念，要不断提高其自身的生态素质，以达到对受教育者的榜样示范作用。其次，要求家庭成员之间在生态行为上相互影响、相互效仿、相互监督，营造良好的热爱环境、保护环境的氛围。再次，要在家庭生活中开展绿色家庭活动，培养家庭成员的绿色生活方式，从衣、食、住、行着手，协助家庭在吃、穿、行上养成节约资源、保护环境的绿色意识和行为。

（2）生态伦理教育的实施主场——学校

学校，是个体进行系统学习，获得知识、培养情感、形成观念的主要场所。完善和加强生态伦理教育中的学校教育是现实的需要，也是生态伦理教育目标实现的需要。

①生态需求中的学校教育

中国现在建设的生态伦理，如果在各阶段的学校教育中融入生态伦理教育的内容，使广大青年学者从小就开始学习生态伦理知识，唤起生态良知，将来走入社会必将有所效益。同时在学校教育中加大生态伦理的法制法规教育，让学生在学校教育阶段就清楚社会对国民行为的生态要求，在走出校园生活后，也能严格要求自己，积极参与到环境保护的行列中。

②生态伦理教育对学校教育的运行要求

生态伦理教育想要在学校中运转，必然对学校自身的基础条件有所要求。对学校的管理层来说，生态伦理教育要求学校领导及行政管理人员要不断提高自身的生态伦理素质，才能依照国家建设的实际要求对管理和建设生态校园提出可行的政策和制度。对学校教育的教授者来说，生态伦理教育要求学校要定期对教育者进行培养，一是丰富教育者的生态伦理专业知识和技术，其次是提高教师的道德水平，能为学生提供能够学习模仿的先进榜样。对教育的第二课堂来说，在加强校园生态建设的基础上，为学生提供更多的生态实践空间和丰富的课外活动，让学生在活动中陶冶情操，健全人格，全面发展学生包含生态情感在内的综合素质。

③生态伦理教育在学校教育中的管理

学校要对学生进行生态伦理教育，首先，要建设一个良好的校园生态环境，以景怡情，一方面，通过优美的校园环境，让学生感受到绿色和生态，感受美好生态环境下人的心情和情感。另一方面，在环境中通过设施和建筑的设计，提醒学校成员保护环境，养成良好的学习、生活习惯。其次，在学校里，教师和学生都是校园环境中的主体，校园环境的保持，需要靠每一个校园成员来维护，他们不仅拥有互相监督和管理校园的权利，还有为校园的生态环境提出意见和建议的义务。激发每一个成员的积极性和主动性，把校园当成第二个家，才能保证生态伦理教育目标的实现。第三，要将生态伦理教育的内容渗透在学校教育的每一个环节和课程，甚至让生态伦理教育变成一门独立的必修课。同时，重视课外生态教育活动，积极开展校园生态活动，如知识竞赛、生态小发明、环境卫士评选、城市义工等等，根据学生的不同年龄段开展合适的生态活动，引导学生在实践中体验，通过多种形式，直接对学生进行生态文明、生态伦理、生态观念的宣传和教育。

（3）生态伦理教育的运营平台——社会

目前绝大多数公民获取生态伦理知识的来源是社会活动和公众传媒。一方面，生态工作者可以利用这一资源，完善社会中的生态伦理教育体系，扩大生态伦理教育的实施范围；另一方面，也要防止社会中不良的生态道德对社会公民的影响，阻碍生态伦理教育的实施和国家公民生态素养水平的提高。

①生态伦理教育中社会教育的分类

根据社会成员所属的性质和工种的不同，以及他们在社会实践活动中对生态伦理知识的不同应用，生态伦理教育在社会教育中主要就分为：工业生产中工人的生态伦理教育、农业生产中农民的生态伦理教育、政府机关中领导干部和管理人员的生态伦理教育、社区生活中的居民生态伦理教育、企事业单位中的员工生态伦理教育以及社会群体中特殊人群的生态伦理教育。社会教育分类的目的，在于对不同的社会人群教育都能够发挥针对性教育的优势，把生态文明建设的要求通过生态伦理教育充分体现到社会不同行业、事业的发展建设中，由小及大，带动国家生态事业的发展。

②社会生活中生态伦理教育的主要方法

第一，利用公众传媒，广泛宣传生态伦理的知识、思想和观念。在党的十六届六中全会中就已经指出，促进社会和谐的其中一个重要因素便是思想舆论的正确导向，这其中就包含了新闻出版、文学艺术、广播影视等在内的公众传媒。如果能对人们进行正确的引导，必然能为生态文明建设营造良好的社会氛围。但是，公众传媒既是当前生态伦理教育最有效的环节，也是最薄弱的环节。公众传媒通过新闻传播、公益广告、网络宣传方式向社会公民宣传生态保护知识，提倡生态生产、生活观念的同时，国家和政府的有关机关还要严格对其进行把关，建立传媒的规范制度，设置舆论监督功能，形成正态发展趋势。

第二，构建绿色生产、生活环境。与绿色家庭和生态校园一样，绿色生产、生活环境一方面会给人们带来视觉上的绿色冲击，另一方面也可以激起人们对美好生态环境的保护欲。在生产环境中，通过融合良好的工作环境、生产工具、人际关系，再加上具有生态伦理意识的领导干部，能在关注生态环境前提下引导员工按照合理的规范和制度进行生产，不断保持人与自然的和谐发展，资源的可持续发展。在生活环境中，构建生态社区。到目前为止中国已经在多个生态保护重点城市开展创建绿色社区的举措，配备了符合环保要求的硬件设施，制定了较完善的生态管理制度和居民参与机制，收到了培养社区居民生态伦理思想和观念养成的良好反馈。与过去的社区相比，生态社区不仅关注社区环境的生态建设，也更加注重对社区居民的生态生活要求，让公民在不知不觉的在普通生活中接受生态伦理教育，改善人们的生活质量，协助可持续发展的生态文明建设。

第三，提倡和扩展生态环境保护组织建设。这种环境组织目前在国际环保机构中被称为 NGO（Non-government Organization），主要是指以保护环境为主，不以盈利为目的，为社会开展公益活动的民间环保组织和机构。生态环境保护组织是公民直接参与到国家、社会生态建设和环境保护的一种形式体现，不仅能够协助国家和政府进行义务的生态伦理宣传和生态行为管制，而且能从基层民众自己的角度启发和带动身边的亲朋好友共同加入到环境保护的行列中，互相监督，互相引导。社会中广泛的事实证明，大力提倡和扩展生态环境保护组织的建设，为实现生态伦理教育中的社会教育提供了新的教育平台，促进了生态伦理教育事业的发展。

第四，利用已有生态文明建设设施，如已建成使用的澄江抚仙湖生态展示中心加强宣传教育力度。

3. 生态伦理教育的主要形式

在生态伦理教育中，教育者在知识教育的前提下，利用五官和四肢的共同参与，把需要教授的生态知识运用到教育形式中，会为教育留下长期价值和影响。

（1）课堂形式

生态伦理教育的课堂形式以在校学生为主要对象，是受教育者获取生态知识、信息的主要来源。在课堂教学中，教育者要利用课堂优势、多种教学工具，给受教育者在特定环境中创建生态伦理情景，传授生态伦理的相关知识和信息。

（2）讲座形式

讲座形式也是把受教育者集中到一个空间接受教育。讲座形式的特点在于，其一，讲座形式能给已经告别学校，走向社会的各行各业的社会人提供接受生态伦理知识、信息教育的场所和专业性教育；其二，讲座普遍以专家、有为学者为主讲人，但受到时间和地点的限制，讲座内容都具有较强的针对性，通常以专题讲座为主要形式。

（3）影像形式

生态伦理教育的影像形式主要是利用社会传媒中媒介的功能和作用来开展。主要表现为电视传媒中关于生态环境的新闻、纪录片、纪实片、公益广告、电影等，报纸杂志中关于生态环境的报道、图片等，广播中新闻的传播和生态环境的声音传播等，互联网中生态环境网站的建设和生态信息的推广，以及单位社区内的宣传展板、告示等。

（4）实践活动形式

生态伦理教育的实践活动形式就是通过具体活动，让受教育者在实践中学习和领悟生态伦理的教育内容。主要形式有：

第一，竞赛类，通过开展不同形式有关保护环境的竞赛活动，丰富受教育者的生态伦理信息，例如环保知识问答、手工发明、节能环保比拼等。

第二，劳动类，一方面，针对生态节日组织相关活动，如植树节的植树活动，爱鸟周的护鸟活动，无车日的步行活动等；另一方面，让受教育者参与环境保护的社会实践中，例如社会义工、环保卫士等。

第三，情景类，通过进入大自然，感受大自然，以及建立生态实践基地，让受教育者在实际环境中，将身心融入自然，感受自然，继而热爱自然、保护自然。

（云南师范大学　宋锡辉）

云南省美丽乡村建设研究

2012年11月8日，党的十八大报告首次提出了“把生态文明建设放在突出地位，融入经济建设、政治建设、文化建设、社会建设各方面和全过程，努力建设美丽中国的任务和目标”[1]。2017年10月18日，党的十九大报告指出“加快生态文明体制改革，建设美丽中国”[2]。大会中对美丽中国建设提出了推进绿色发展、着力解决突出环境问题、加大生态系统保护力度、改革生态环境监管体制等四方面做了详细的报告。美丽中国的建设农村建设需与城市建设互相推进。建设美丽中国其首要任务就在于农村建设。自2013年中央1号文件提出“推进农村生态文明建设，努力建设美丽乡村”至今，已有多个省市展开美丽乡村的建设[3]。

云南省深入贯彻落实党的十八大精神，建设美丽云南奋力推进云南美丽乡村建设。云南省美丽乡村建设需要结合云南多民族的实际情况，因地制宜的建设云南美丽乡村[4]。云南省美丽乡村建设不仅要实现人居环境美，还要实现生态美、人文美、民族美、生活美和发展美。

一、云南省美丽乡村建设优势

（一）云南地理环境

云南地处中国西南边陲，位于东经97° 31′至106° 11′，北纬21° 8′至29° 15′之间，属低纬度内陆地区。东部与贵州省、广西壮族自治区为邻，北部与四川省相连，西北部紧依西藏自治区，西部与缅甸接壤，南部和老挝、越南毗邻。境内有：滇池、洱海、抚仙湖、程海、泸沽湖、杞麓湖、星云湖、阳宗海、异龙湖等九大淡水湖泊；金沙江、珠江、元江、澜沧江、怒江、大盈江等六大水系。独特的地理位置和地形造成了云南气候的多样性，主要气候为：中亚热带、北热带、南亚热带、北亚热带、暖温带、中温带和高原气候区等7个温度带气候类型[5]。云南省地形类型多样，地势为阶梯式，主要以高原山地为主，平地较少。最高点位于梅里雪山，海拔为6740米，最低点位于红河，海拔为76.4米，最大的平坝为陆良县。高低不平的地形，连绵不断的山势造成了云南复杂多样的地理环境[6]。

（二）云南生态环境优势

云南被称为“彩云之南”，蓝天白云、青山绿水都是其生态环境优美的象征。普达措、苍山、洱海、玉龙雪山这些让人流连忘返的地方也为云南生态环境贡献了不可小觑的力量。众所周知，云南不仅具有多样性的气候也具有多样性的植物和多样性的动物，因此，云南也享有“动物王国、植物王国、蝴蝶王国”的美誉。优美的自然环境，丰富的物种让云南美丽乡村建设具有较为丰富的生态环境基础[7]。

（三）云南民族优势

中国是一个多民族的国家，而位于中国边陲的云南是中国具有少数民族最多的省份，共有回族、拉祜族、佤族、纳西族、瑶族、彝族、白族、哈尼族、壮族、傣族、景颇族、布依族、普米族、苗族、傈僳族、藏族、怒族、阿昌族、德昂族、基诺族、布朗族、独龙族、满族、水族、蒙古族等25个少数民族[8]。丰富多彩的民族文化、民族建筑、民族特色给云南的乡村建设增加了丰富多彩的元素。根据民族特点云南的美丽乡村建设可以做到千村万寨不重样，从而使云南的美丽乡村建设中的“美丽”更具生命力。

二、云南省美丽乡村建设重点

云南省美丽乡村建设是贯彻落实习近平新时代中国特色社会主义思想的必经之路，也是建设精神、文化、生态、物质共有的美丽中国的最佳释义[9]。美丽乡村的建设需要从多方面入手，不同省份美丽乡村建设也千差万别。浙江省安吉县美丽乡村建设是打造“宜居、宜业、宜游”的“生态县”。云南省美丽乡村建设是打造“村寨新、产业新、生活新、环境新、发展新、文化新”的特色乡村。对云南来说，人居环境改造、陋习改造、产业发展、文化建设尤为重要[10]。

（一）人居环境改造

美丽乡村建设需着眼农村人居环境中的“堵点、痛点、盲点”，按照云南省“村寨新、产业新、生活新、环境新、发展新、文化新”的要求，结合习近平总书记系列重要讲话和考察云南重要讲话精神，在全省农村深入实施“住房改造、道路改造、水电改造、厕所改造、圈房改造”计划。根据云南省少数民族住房特色，设计建造通用性强，民族特色明显的居民住房并建设投入使用。贯彻落实农村建房管理，彻底消除农村违规建房现象。实行全村建设居民点，统一住房，拆除危房，使农村面貌焕然一新，实现美丽乡村中的人居环境美；将村内道路升级改造，实现路面硬化、标识明显、宽度增加，使农村道路畅通度提高；实施水源工程建设、电路工程建设，因地制宜的改造农村水电设施，杜绝乱挖乱拉现象，提高人民生活基础设施完整度；建设公用厕所，实现居家厕所建设，改变农村露天厕所遍地的状况，使农村环境整洁干净；建设用于饲养的附属房或采取集中饲养的方式实现人畜分离，提高人民生活幸福感、获得感。生态环境建设是人居环境建设的一部分，实现“水源清洁、田园清洁、家园清洁”是生态环境建设的重点。倡导农民护水、护山、护家园，将生态环境建设放到人居环境建设当中[11]。打造绿水青山的美丽乡村，让人们仿若置身于“榆柳荫后檐，桃李罗堂前”的美好环境中。人居环境是美丽乡村建设的关键点，人居环境美化将会为村民提供一个“山清水秀、天蓝水净”的自然环境。

（二）陋习改造

文化多元是多民族云南的一个典型特征，各民族拥有不同的民风民俗[12]。比如：回族的开斋节、摩梭人的走婚、彝族的抢亲、苗族的游方等民风民俗。民族文化是一个民族的根基，优秀的文化会让一个民族的根基越来越深，而糟糕的文化会动摇一个民族的根基。在云南，一些陈旧的观念和陈规陋习对美丽乡村建设产生了较大的影响。比如：大锅饭、闹房、丧葬仪式等都会给人民的生活带来消极的影响[12]。陈规陋习是生产力发展的一个表现，在一定程度上反映了一个民族的落后，对陈规陋习加以改革，使人民逐步进入小康社会，让云南美丽乡村建设更具人文魅力。

（三）产业发展

产业发展是美丽乡村建设的前提，产业发展促使经济发展，经济发展促使人民生活提高，人民生活提高促使美丽乡村建设高效、高质量。云南省传统的产业是农业、林业，随着生态文明理念的产生，生态农业的转换也迫在眉睫。围绕生态文明理念结合云南省的实际情况，因地制宜的发展云南特色产业[13]。加快科技农业、生态农业、有机农业的发展，实现农业高效化、产业绿色化、食物健康化。农业生产方式的转换必然带动经济方式的转换，人们生活水平提高了，需求便有所改变。从原始的温饱需求到现在的物质享受，这也从一定程度上要求产业应当向人类精神享受发展。美丽乡村建设中的产业发展更需要加快乡村旅游业的发展，加快农村新型农业经营主体的发展。云南省积极响应国家生态文明乡村建设，产业发展的号召，并取得了一定的成效。各式各样的森林小镇、旅游小镇遍布于云南各个州市[14]。较为成功的有：弥勒可邑小镇、红河“东风韵”小镇、建水西庄紫陶小镇、弥勒太平湖森林小镇、建水临安古城、红河水乡、玉溪澄江广龙旅游小镇、喜洲古镇、巍山古城、丽江古城、大理古城、元阳哈尼梯田小镇、沙溪古镇、屏边滴水苗城、临沧翁丁葫芦小镇等小镇[15]。产业的发展提高了人民的物质享受，精神享受。

对于一个国家而言，文化是国家的根基；对于一个民族而言，文化是一个民族的根基。中国文化使中国屹立不倒，让中国繁荣昌盛。要想实现美丽中国建设、美丽乡村建设，文化建设必须放在首要位置[16]。云南省具有丰富的民族文化，因此，云南省美丽乡村文化建设在美丽乡村建设上就显得举足轻重。挖掘云南省各民族、各乡镇的传统艺术、物质文化遗产、非物质文化遗产、技艺、民俗、民风等优秀文化对于打造具有“彩云之南”特色的美丽乡村起着至关重要的作用。人文美是云南省美丽乡村建设的核心，大力推进民族文化建设、打造农村文化支柱产业，逐步实现文化美的云南省特色民族乡村建设。

三、云南省美丽乡村建设难点

（一）多元的民族文化

云南少数民族较多，每个民族都有自己的民族特色，多元民族文化是云南的一个特色。从目前云南美丽乡村建设现状分析，云南美丽乡村建设没有固定的模式可寻，缺乏较为合适的参考模式。因此，云南美丽乡村建设工作只能摸着石头过河，而后因地制宜地探索出一条适合云南美丽乡村建设的特色道路。

（二）硬件设施

各个民族的民居都有其自己的特色，比如：大理白族民居、红河彝族苗族民居[17]。在美丽乡村创建工作中住房改造是一个重点也是一个难点。做好住房改造工作大力提高人居环境，结合云南少数民族民居住房特色，按照云南省美丽乡村建设要求，规划设计具有当地特色又符合政策的居民环境。同时，按照规划要求对其他硬件设施进行规划改造。

（三）群众认识度与参与度

美丽乡村建设，由于文化多元，语种较为复杂，沟通难度大，导致美丽乡村建设工作者难以入手，从而致使美丽乡村建设工作宣传力度不够，人民认识度也低。绝大部分人只停留在“改造人居环境”的低层次认识上。对于此问题，乡村建设工作可聘请当地少数民族干部参与到美丽乡村的规划与建设中，并对村民进行更深层次的“生态文明建设，美丽乡村建设”讲解介绍，提高人民的认识度与参与度积极，号召村民积极参与到美丽乡村建设工作之中。

（四）工作团队建设

云南省美丽乡村建设是一项重大的工程，需要各级政府、各有关部门以及社会力量的积极参与，同时也需要人民的积极参与[18]。在这个团队的建设中，需要有统一的机构协调组织，也需要相关政府部门的政策支持。按照美丽乡村建设的要求，将建设工作明确分工，党政一把手狠抓落实，确保云南省美丽乡村建设工作条理有计划地进行。

（五）建设工作方法创新

为落实贯彻党的十八大，十九大精神，各级部门积极参与到生态文明建设中。目前，工作方法陈旧的问题仍然存在。当前的工作方法，主要是由上级部门决定，下级部门执行的[19]。这种方法存在一定的弊端，不能全面发觉当地特色，容易造成美丽乡村建设与实际情况不符。针对此问题，云南省美丽乡村建设工作中应将建设工作权力放到当地政府手中，由当地政府规划设计适合当地的特色乡村建设规划，省级监督执行。美丽乡村建设工作应理论联系实际，一切从实际出发实事求是地创建云南省美丽乡村。

四、云南省美丽乡村建设案例分析

云南省部分乡村已经实现了美丽乡村建设，云南省红河屏边县是云南特色美丽乡村建设较为成功的例子。屏边苗族自治县位于云南省南部，是云南省红河哈尼族彝族自治州管辖下的一个少数民族县、是云南的边疆县、也是云南的一个贫困县。其管辖内共有苗、汉、彝、壮、瑶、拉祜、回、哈尼等17个民族，是最具云南特色的县之一。屏边县文化多元、地形复杂、山势连绵、发展落后的薄弱基础给屏边美丽乡村建设带来了巨大的挑战。基础薄弱是一把双刃剑，处理得好可以让屏边县美丽乡村的建设效果更突出。屏边县深入贯彻党的十八大和十八届三中、四中、五中、六中全会以及习近平总书记系列重要讲话和考察云南重要讲话精神，牢固树立创新、协调、绿色、开放、共享的发展理念。坚持“生态立州、环境优先”，以生态文明建设为主线，以创建美好乡村为载体，以改善生态、改善民生为总任务[20]。提出了“创绿色家园，建富裕新村”的主题要求，以改善生态环境、提升环境绿化水平为目标，以绿化、美化为重点，切实提升乡村景观的整体形象。2017年度，屏边县全面启动各乡镇的绿化工作，着力于使屏边乡镇街道绿起来，促进屏边乡村与青山相协调。针对美丽乡村建设，屏边县对住房、道路、饲养圈、水电、网络、厕所、灶炉等进行了相应的改造。在政府与村民的共同努力下，屏边县取得了美丽乡村建设的初步成果。“美丽苗乡·森林屏边”苗族特色精品旅游小镇是生态文明建设理念的完美体现。

五、云南省美丽乡村建设愿景

通过对云南省美丽乡村建设重点、难点、案例分析，探索一套云南美丽乡村建设特色路。强化领导团队建设，增强宣传力度，提高人民认识度与参与度深入贯彻落实生态文明建设的方针政策。落实部署，党政机关一把抓，着力打造“碧水蓝天，山美水美”的新型彩云之南美丽乡村。加强推进云南省生态文明建设，使森林覆盖率持续上升，使人居环境更为优美，使美丽乡村建设达到“人与自然和谐共处”的境界，从而增加人民的“幸福感、获得感”。

参考文献：

[1] 郑向群，陈明．中国美丽乡村建设的理论框架与模式设计[J]. 农业资源与环境学报，2015（2）:106-115.

[2] 田志婵．以生态文明理念推进美丽乡村建设进入新时代[J]. 河南农业，2017（32）:64-64.

[3] 吴理财，吴孔凡．美丽乡村建设四种模式及比较——基于安吉、永嘉、高淳、江宁四地的调查[J]. 华中农业大学学报（社会科学版），2014（1）:15-22.

[4] 云南省美丽宜居乡村建设行动计划[N/OL]. 云南日报．2016-2-1.

[5] 陈红，张坚．云南省区位态势及其区域发展空间结构研究[J]. 玉溪师范学院学报，2006，22（7）:50-53.

[6] 南仁永，张钊，胡兴超，等．云南省地形格

局对人口地理分布的影响[J].楚雄师范学院学报，2010，25(6):73-76.

[7]张伟，蒋洪强，王金南，等.科技创新在生态文明建设中的作用和贡献[J].中国环境管理，2015，7(3):52-56.

[8]郭家骥.云南创建中国民族团结进步边疆繁荣稳定示范区的实践与探索[J].云南社会科学，2014(5):106-110.

[9]黄蕾.多中心治理视角下呈贡区美丽乡村建设研究[D].2017.

[10]于洋."美丽乡村"视角下的农村生态文明建设[J].农业经济，2015(4):7-9.

[11]黄杉，武前波，潘聪林.国外乡村发展经验与浙江"美丽乡村"建设探析[J].华中建筑，2013(5):144-149.

[12]阿拉坦.剖析陈规陋习和旧观念的历史渊源[J].中国民族，1986(11):24.

[13]张壬午.倡导生态农业建设美丽乡村[J].农业资源与环境学报，2013，30(1):5-9.

[14]邓云霞.绿色发展视角下云南贫困区美丽乡村建设对策研究[J].昆明学院学报，2017，39(1):59-68.

[15]王奇.云南省创意农业与美丽乡村建设研究[J].安徽农业科学，2014(20):6668-6669.

[16]舒川根.文化创意与新农村建设的有机结合——以安吉县创建"中国美丽乡村"为例[J].浙江社会科学，2010(7):120-122.

[17]杨庆.云南民族民居建筑:人与自然和谐的象征[J].昆明理工大学学报(自然科学版)，2007，32(6):38-42.

[18]刘彦随，周扬.中国美丽乡村建设的挑战与对策[J].农业资源与环境学报，2015(2):97-105.

[19]王愚.美丽乡村建设中存在的问题及措施[J].房地产导刊，2015(11).

[20]何少琪.云南省康养旅游市场发展研究[J].合作经济与科技，2018(15).

（西南林业大学　杨双娜　王世超　朱贵青　巩合德）

绿色发展观视角下建设美丽云南

党的十八大以来，习近平总书记高度重视生态文明建设，强调绿色发展，将创新、协调、绿色、开放、共享作为五大发展理念，加快生态文明体制改革，建设美丽中国。绿色发展观贯穿于五大发展理念之中，使绿色成为中国发展模式的主色调，是推动中国生态文明的建设与发展，更好地建设成为富强、民主、文明、和谐、美丽的社会主义现代化强国的中坚力量。

一、绿色发展观的发展历程与实践价值

（一）绿色发展观的发展历程

绿色发展是传统发展基础上的创新模式，建立在生态环境容量和资源承载力的约束条件下，将效率、和谐、持续作为目标，将环境保护作为实现可持续发展作为支柱，追求经济增长和社会发展一种新型发展模式。

绿色发展在2002年由联合国开发计划署提出"让绿色发展成为一种选择"，2008年，联合国环境规划署倡议"全球绿色新政及绿色经济计划"，2009年，以哥本哈根会议召开为契机，"低碳"与"绿色"成为多国新的发展目标[1]。

清华大学国情研究院院长胡鞍钢，提出人类的发展观念经历了"黑色发展""可持续发展"以及"绿色发展"三个阶段。提出"绿色发展"是"前人种树后人乘凉"的发展模式，是对生态环境进行持续的生态投资，不断积累生态资本。

中国"绿色发展"的理念是在改革开放后高速工业化与城市化进程中，生态环境矛盾的日益突出，才逐渐被受到重视。在"十二五"规划中，"绿色发展，建设资源节约型、环境友好型社会"首次被单列为重要篇章。习近平总书记指出："我们既要绿水青山，也要金山银山。宁要绿水青山，不要金山银山，而且绿水青山就是金山银山。"走绿色发展之路是应对中国日益严峻的生态问题的迫切需要，是中国发展之路的主旋律。2015年，党的十八届五中全会将"绿色"列入了五大发展理念；同年发布的"十三五规划"建议中，"绿色发展"已然成为重点发展对象。2017年，党的十九大报告再次将"坚持人与自然和谐共生"列入了新时代中国特色社会主义思想和基本方略。

（二）绿色发展观的实践价值

绿色发展不是代表着我们彻底"返璞归真""回归自然"，也不是代表着要牺牲经济发展。实现绿色发展，就是要以资源节约和保护环境为导向，在促进物质生产和财富积累的同时，在生产、流通、消费以及废弃后的处理和再生过程中，坚持低消耗、低排放，把自然资源与环境承载力作为一种刚性约束，作为发展的物理边界，达到人、社会、自然三大系统的和谐统一。绿色发展是兼顾经济可持续增长与保护生态环境二者之间的平衡。绿色发展蕴含社会公平性与成果共享应有之意。

习近平总书记多次强调，保护生态环境就是保护生产力，改善生态环境就是发展生产力。只有通过发展，

不断积累起强大的物质财富和技术能力，才能不断加强市场投入和技术创新，才有可能提高效率、减少排放、治理污染，最终提高综合国力和竞争力。注重处理好发展与环境关系，体现了绿色与发展之间的辩证统一，是对人类社会发展规律认识的不断深化。坚持绿色发展，其收益将惠及全社会，为每一个社会成员所共享，是全体人民过上全面小康生活的重要体现。

习近平总书记2017年在山西考察工作时的讲话中指出"坚持绿色发展是发展观的一场深刻革命。要从转变经济发展方式、环境污染综合治理、自然生态保护修复、资源节约集约利用、完善生态文明制度体系等方面采取超常举措，全方位、全地域、全过程开展生态环境保护。"因此，在实现绿色发展时必须尊重自然、顺应自然、保护自然。推崇简约、绿色低碳的生活方式，反对奢侈浪费和不合理消费；开展技术创新与技术革命，创新技术，循环利用，节水、高效、节能、低耗、节材、节地，推进绿色发展。

二、习近平绿色发展思想在云南的实践路径

（一）绿色发展思想在云南的解读

云南拥有良好的地理优势和资源优势，有"植物王国""动物王国""药林宝库""有色金属王国""香料博物馆"等众多美誉。蓝天白云、山清水秀、优质空气、丰富的基因库、古老的少数民族文化是云南的生态优势，丰富的动植物资源、矿产资源、清洁能源和旅游资源是云南的发展支撑。但是，云南又是生态环境相对脆弱敏感的地区，自然资源和生态环境的保护责任重大。在党的十八大会议上，中国生态文明建设放到前所未有的高度。在结合云南省的现状思考后，云南率先在全国提出建设绿色经济大省和强省。要在"生态文明排头兵建设"的目标下，全面践行"走向生态文明新时代，建设美丽中国，实现中华民族伟大复兴的中国梦"的精神，着重全力把云南打造为世界一流的"绿色能源""绿色食品""健康生活目的地"。

（二）云南绿色发展实践路径

人类发展至今，物质文明的发展已经达到前所未有的高度，当人类陶醉于对自然界的征服与利用时，生态危机已经开始逐渐威胁到人类的生存与发展。顺应时代绿色发展的号召，结合云南发展现状，从经济发展方式，政治制度建设，绿色文化建设，人们生活方式，都应加快向绿色发展的实践方向转变。

1. 经济发展方式

2014年习近平总书记在中央经济工作会议上指出"生态环境问题归根到底是经济发展方式问题，要坚持源头严防、过程严管、后果严惩，治标治本多管齐下，朝着蓝天净水的目标不断前进。这是利国利民利子孙后代的一项重要工作，决不能说起来重要、喊起来响亮、做起来挂空挡。"因而，在绿色发展进程中，生态经济占据重要地位。近年来，云南经济稳中有进，2017年三大产业结构比例为14.0 ∶ 38.6 ∶ 47.4，综合考虑云南未来5年要大力发展的八大产业，生物医药和大健康产业、旅游文化产业、信息产业、物流产业、高原特色现代农业产业、新材料产业、先进装备制造业、食品与消费品制造业，努力在生态经济发展上做好产业部署和合理规划，努力实现绿色发展。

2. 生态农业

中国在2015年起连续出台了一系列重大的政策措施，全方面推进农业的生态转型，才使得生态农业得到了社会的广泛认可和关注。生态农业是一种积极采用生态友好方法，全面发挥农业生态系统服务功能，促进农业可持续发展的农业方式[2]。中国的土壤污染范围高达40%，土壤协会估计有十分之一的耕地受到影响。并且调查结果显示污染最严重的地区是云南、四川、湖南、安徽和贵州。依据2015年，云南省氮肥、农药、农用薄膜用量估算排入水体和遗留到土体的含量分别为12.6万吨；0.59万吨；2.23万吨大量施用化肥、农药、农用薄膜对环境造成很大程度的污染[3]。

如果在污染严重的土地上坚持粗放的发展模式，不注重农业生态平衡，没有正确处理好发展生产和保护生态环境、资源开发利用和资源保护之间的关系，将导致农业生态状况日益恶化，加速土壤恶化速率。因而，在云南省的生态农业发展进程中要大幅提高绿色有机生态农业的比重，推进绿色营销，打造享誉国内外的云南绿色生态有机农产品"金字招牌"，推进高原特色农业现代化。同时要学会因地制宜的发展农业，改善农业资源的利用状况是提高农业发展的途径。学习乌蒙山区的创新农业，将各项自然资源整合协同社会优势，开展山区立体生态农业，带动地区经济的发展[4]。

3. 生态工业

云南省工业化发展的起步相对较晚，主要五大支柱产业为烟草加工业、生物资源开发创新产业、旅游业、矿产业、以水电为主的电力产业。在绿色发展观的引导下全面启动40个重点工业园区，对10大工业行业进行整合，重组了资源性企业，将优势资源向优势企业集中，引导粗放型发展向集约化发展[5]。同时，云南工业在发展的过程中不仅要推崇绿色生产，以"绿色化"引领产业转型升级，丰富绿色产品，打造云南绿色工业品牌，还应当采用绿色科技创新，支撑和保障云南发展绿色产业。在企业内部推行绿色制造，建

立法律、规章体系加以管制，对外加大环保宣传力度，倡导可再生资源的循环利用，加快生态工业进程[6]。例如，东风本田构建市场导向的绿色技术创新体系，推进资源全面节约和循环利用，在涂装工艺、外气冷却模式等方面，成功探索新技术，降低生产成本。

此外，生态工业园在云南的建立将具有重大的里程意义。生态工业园区，依据循环经济理论和工业生态学原理而设计成的一种新型工业组织形态，是生态工业的聚集场所，以绿色、低碳、循环发展为理念，积极建设资源节约型环境友好型社会，是解决工业园区环境问题，实现转型和区域经济可持续发展的主要途径之一。

4. 生态旅游

云南自然风光旖旎，山河壮丽，地貌丰富素有“自然博物馆的”美誉。目前开展的旅游活动中仍存在大量破坏环境的行为，生态旅游产品的开发还处于初级阶段[7]。未来旅游发展中要大力发展生态旅游，积极探索现代服务业发展新模式，依托云南绚丽的物质文化和非物质文化遗产，发展原生态旅游、民族风情文化体验游、康疗养生和农业休闲旅游等具有云南特色的生态文化旅游产品；规划建设森林公园、湿地公园、生物多样性博物馆、民族生态博物馆、文化遗址等生态主题公园；加快生态旅游的发展步伐[8]。同时，云南作为一个农业大省，丰富的自然资源，良好的生态环境、绚烂的民族文化，诱导了生态农业旅游的发展。将农业和旅游业结合起来，利用田园景观、农业生产活动、农村生态环境和农业生态经营模式，吸引游客前来观赏、品尝、作习、体验、健身、科学考察、环保教育、度假、购物等的一种新型的旅游开发类型，是促进促进云南山区农业经济发展的有效途径。

5. 生态环境保护

云南生态区位重要、生物多样性丰富、景观资源富集，与此同时生态十分脆弱，经济社会发展相对滞后。“十二五”后，着力推进“森林云南”建设，努力构建生物多样性宝库和西南生态安全屏障。截至 2016 年，云南林地面积 3.75 亿亩、森林蓄积量 17.68 亿立方米，居全国第二位；森林覆盖率达 55.7%，居全国第七位。同时，云南在政策的推行中，首先确立了生态环境保护“算大账、长远账、整体账、综合账”的理念，将生态环境保护上升为云南省生态文明建设及树立绿色发展新理念的首要任务。逐步树立“保护生态环境就是保护生产力”的绿色发展理念，着重采用低碳技术，发展绿色经济、循环经济[9]。2016 年发布《云南省国民经济和社会发展第十三个五年规划纲要（草案）》明确地提出了云南绿色发展的新目标，尊重、顺应、保护自然，推进绿色、循环、低碳发展，保持和扩大云南的生态优势等，推进云南资源的节约循环高效利用、加强生态治理修复、加强生态安全屏障建设等思想。

因此，在云南的绿色发展进程中要不断地优化自然资源的利用，对生态敏感区和脆弱区加以保护修复；开展生态绿色经济发展，围绕生态工业、生态农业、生态旅游业进行产业的改进创新，并且还需要认真践行绿色发展观时还应当构建生态文明制度体系，在制度作用下保护经济绿色发展，是绿色发展的根本保障；建立健全绿色金融体系，提供融资支持是绿色发展的强力助手；强化生态文明教育，倡导绿色生活方式是绿色发展的持久保障，构建魅力云南。

参考文献：

[1] 秦小丽，刘益平 . 绿色发展研究述评 . 社会科学家 .2018.4（4）:70-73.

[2] 骆世明 . 农业生态转型态势与中国生态农业建设路径 [J]. 中国生态农业学报，2017，25（1）:1-7.

[3] 张钟 . 绿色发展视角下云南省种植业转型发展研究 [J]. 农业科技通讯，2018（1）:8-11.

[4] 聂坤慧，张玲，贺旖达，等 . 云南山区立体生态农业创新发展模式研究——以乌蒙山区为例 [J]. 价值工程，2018，37（16）:280-283

[5] 徐家存 . 云南山区生态工业发展分析与对策 [C]// 中国地理学会学术年会西南片区会议 .2013.

[6] 田娟丽，戴娟，胡持平，等 . 推行生态工业促进云南经济发展 [J]. 环境保护科学，2008，34（4）:37-39

[7] 杨春燕 . 云南生态旅游与经济可持续发展研究 [J]. 经济师，2012（11）:223-224.

[8] 木永顺 . 云南生态旅游的思考 [J]. 知识经济，2014（4）:113-113.

[9] 周琼 . 云南省绿色发展新理念确立初探 [J]. 昆明学院学报，2018（2）.

（云南省设计院集团　张　虹
昆明理工大学　许　曦）

基于绿色发展视角下的云南贫困区美丽乡村建设研究

在新时期背景下，云南贫困区美丽乡村建设需要从绿色发展视角出发，并且其是云南美丽乡村建设的一个重要组成部分。云南贫困区具有良好的生态环境、丰富的资源、保存相对完整的文化，但是在建设过程中也面临着一定的问题，如经济发展落后、贫困人口较多等。而建设美丽乡村需要注重绿色发展，培养绿色发展意识，创建绿色发展体系，利用绿色产业，促进云南贫困区的扶贫工作。在此同时，需要加强贫困区基础设施的建设，对乡村文化进行积极培育与发展，从而促进美丽乡村建设的绿色发展。本文针对绿色发展视角下，云南贫困区美丽乡村建设进行深入分析。

一、基于绿色发展视角下的云南贫困区美丽乡村建设的优势

（一）云南大部分贫困区自然环境相对良好

云南贫困区主要在滇东北和滇西以及滇西南区域，滇中的贫困区较少，大部分区域的自然环境和自然景观良好。在滇东北，景观审美形态较为丰富，具有立体景观特点；在滇西，该地区山高谷深、有多条河流，生态环境良好；在滇东南，虽然部分区域石漠化，但是从整体来讲，森林的覆盖率在百分之五十以上，局部可以达到百分之七十五。云南的这些区域具有良好的自然环境，为建设美丽乡村奠定坚实基础。

（二）云南贫困区具有丰富的绿色发展资源

目前，云南贫困区的经济水平较为落后，但是从某种意义上来看，其具有较强的后发优势[1]。只要对该地区的绿色发展资源进行充分利用，积极发展该地区的绿色产业，可以有效转变目前的经济情况，从而加强乡村经济的绿色发展。例如，云南部分生态条件较好的区域，具有大量的旅游资源，其中包括人文旅游资源、自然旅游资源，那么该地区可以把旅游产业的发展作为重点内容，从而促进当地的绿色经济发展，转变当地的经济结构，实现脱贫。再如，墨江县，该地区气候宜人、环境优美，具有悠久的历史文化，是边疆少数民族文化和中原文化的交融点，在这样的环境下，有效促进了该地区的旅游业发展。

（三）大部分贫困区工业化程度较低，具有生产美的内容

云南大部分贫困区，因为受到各种因素的影响，工业生产的总值较低，部分县市的工业产值处于三大产业的最后一位。因此，这些区域的环境影响程度较低。例如，澜沧县，该地区 2017 年的工业增加值大约在 15 亿元左右，其在 GDP 中的占比大约为 27%，工业规模较小。再如，景东彝族自治县，在 2017 年，该县总人口数是 38.6 万人，其中农业人口数是 33.2 万人，非农业人口数是 5.4 万人。从这些现象来看，云南大部分贫困区的工业化程度较低，适合进行美丽乡村建设。

二、基于绿色发展视角下云南贫困区美丽乡村建设存在的问题

（一）缺乏绿色发展意识，绿色产业自主发展能力较弱

目前，云南个别地区为了摆脱贫困，做出一些破坏生态环境的行为和决策[2]。在这样的行为和决策下，尽管在短时间内摆脱了贫困，但是从长远角度来讲，又突出了生态环境问题。并且，部分贫困区的企业，缺乏环境保护意识，在管理方面不够仔细，以至于相关部门进行环境监管时存在较大的难度。与此同时，乡村居民也缺乏绿色发展的意识，在环境保护和生态建设方面，参与的积极性较低。云南大部分贫困区都具有丰富的矿产资源和旅游资源，但是这些资源都没有得到有效的开发和利用，经常出现滥砍滥伐的情况。从产业方面分析，云南一些贫困区的绿色产业体量较小，以至于传统经济模式处于主导位置，绿色产业没有得到良好的发展。

（二）人类活动强度增加，在生态损坏、环境污染方面存在较大风险

根据相关调查显示，云南澜沧江流域的生态环境，严重受到人类活动的干扰，从而增加了景观生态风险指数[3]。和澜沧江紧邻的就是澜沧县，该地区具有丰富的矿产资源，并且有重金属采选冶炼的工业，再加上其他的采矿选矿冶，该地区成了污染防控区，存在较为严重的重金属污染问题。最近几年，部分贫困区为可以快速摆脱贫困，对当地的森林资源进行大力开发，例如林化工、林纸等等，从而使森林资源的压力过大。并且，贫困区的环境污染问题也逐渐突出。例如，部分贫困区出现了被垃圾包围的情况，例如滇中贫困区。此外，云南贫困区的禽畜粪便和生活污水以及农药化肥等污染也逐渐突出。因为村级的经费过于紧张，并且存在注重建设忽略管理的思想观念，云南部分贫困区出现了公共基础设施有人建没人管的情况，从而导致了边污染边治理的情况。并且污染的呈现较为分散，在治理方面存在较大的难度。

（三）生态环境遭到破坏，从而影响了绿色发展

云南部分贫困区因为受到人为因素和自然因素的影响，植被被破坏，存在严重的水土流失情况，从而恶化了生态环境，并且由于地区的生产自然条件较差，在摆脱贫困以后，容易出现返贫的情况，想要再次摆脱贫困较为困难。此外，云南部分贫困区还面临着由于土地利用不够合理引起的环境土地的矛盾问题，主要有以下两个表现。其一，用地矛盾逐渐突出，人地关系较为紧张，耕地红线受到了巨大的冲击。为了摆脱贫困，部分贫困区的政府通过各种手段，对各种产业进行开发，从而占用了较多的耕地，使农村耕地红线受到了严重的冲击，使人和地之间的关系变得更加紧张，耕地保护力度不足。其二，土地抛荒严重，大大降低土地的使用效率。在云南贫困地区中，大部分年轻力壮的青年都外出打工，以至于当地严重缺乏劳动力，土地出现了无人耕种的情

况，因此需要加强土地集约化经营。

三、基于绿色发展视角下的云南贫困区美丽乡村建设策略

（一）转变思想认识，树立美丽乡村建设绿色发展的思路与意识

首先，需要转变思想认识，积极认识和面对贫困区绿色发展存在的问题和优劣势，并结合云南当地的实际情况，探索适合的发展路径，抓准魅力乡村建设的重点[4]。其次，需要树立开放的思想观念，积极主动争取各种外部的政策和资金，为绿色发展提供更多的机会。例如，利用创新融资机制，对文化、土地、生态等进行合作式的开发，创建市场机制，从而促进生态文明的建设，把环境保护项目积极落实。最后，需要对当地的资源优势进行充分利用，从而促进绿色产业发展，把此作为基础，促进乡村美丽建设，实现生产、生活、生态美的目标。

目前，云南部分贫困区已经开始转变自身的发展观念，加强美丽乡村建设，积极促进绿色乡村产业的发展。具体表现如下，首先是加大投入，积极主动争取资金。例如云南的西畴县，该地区积极争取项目资金，目前实施了美丽乡村建设项目 100 个，投入资金 3410 万元，已经建设完工将近 50 个，完成投资将近 1000 万元。其次，有计划地建设乡村绿色产业体系。例如，云南的墨江县，从 2013 年开始，该地区就把绿色产业发展和生态建设作为重点内容，建设 4 万公顷高原生态核桃产业基地，并引进了加工核桃企业，目前，该地区核桃年产值可达到将近 18.6 亿元。

（二）创建完善的美丽乡村产业培育机制，构建完善的乡村绿色产业体系

针对云南贫困区来讲，构建完善的乡村绿色产业体系主要有以下几个方面。其一，充分发挥传统绿色产业的优势，对传统绿色产业的产业空间进行不断的扩展，从而提升品牌的影响能力和产品附加产值，使该地区的产业价值链得到明显优化[5]。云南的贫困区自身具有资源优势，例如，澜沧县，该地区在林业和茶产业方面具有较强的优势；文山州，该地区在绿色农业资源和旅游资源方面具有较强的优势，该地区是云南三七产业和三七种植的主要发展区域。这些区域可以根据自身的优势，加强对传统绿色产业的建设和发展，对产业进行升级和换代。其二，加强清洁生产的发展，针对传统重点污染行业，需要进行清洁化改造，严格把关产业准入的环境门槛，结合绿色理念，促进绿色循环工业的发展。其三，创新绿色产业，对融资模式进行不断探索，把政府和社会资本作为重点探索内容，对贫困区的绿色优势进行不断挖掘。

（三）创新约束激励机制，形成美丽乡村建设的动力

首先，需要加大管理力度，提升乡村居民的自主管理水平和意识，使乡村居民积极主动的参与到乡村管理工作中[6]。可以通过广播、报纸、电视、网络，对美丽乡村建设的意义进行宣传，使乡村居民了解美丽乡村建设的重要性，从而提升乡村居民的积极性和主动性，并给予美丽乡村建设真正的理解和支持。并且，可以利用一事一议的形式，激起乡村居民的参与，充分发挥出村党员和村干部的带头作用，根据相关规定，指引乡村居民树立良好的环保意识、公共意识、法制意识，形成良好的行为习惯和生活习惯，促进美丽乡村建设。同时，需要注重已有乡村基础设施的管护，创建长效机制。例如，完善公共厕所、垃圾桶等公共设施，从而使乡村居民形成一个良好的卫生习惯。做好污染治理工作，做畜禽污染防治共组，做好污水处理工作，以防出现后期无人监管的情况。其次，实施环境保护制度。需要对生态保护红线进行划定，提升环境准入门槛，严格把关环境保护，指引其充分发挥出自身的作用和价值，从而促进当地的经济发展。严格根据相关标准，进行环境监管执法，通过严格的制度，保护绿水青山。最后，创建绿色发展奖惩制度。在对贫困区干部进行考核时，需要把绿色发展情况和环境保护情况作为考核的重点内容，把绿色发展作为导向，创建干部任用组织机制，从而使干部树立责任意识与担当精神。

（四）对乡村多元民族文化进行深入挖掘，创建美丽乡村的特色文化

云南属于多民族、山区、边疆三位一体的一个省份，因此，需要加强对该地区乡村多元民族文化建设[7]。针对云南贫困区，在进行美丽乡村建设时，不仅需要突出生态自然，还需要突出民族文化，把各个民族的服饰、民居、节日等和乡村建设相融合，突出民族特点，从而加强各个民族之间的文化叫交流，形成独特的云南美丽乡村文化。基于此，需要加强对当地村落和历史建筑以及民风民俗的保护，对当地的风土人情、历史遗迹、历史文化进行深入挖掘，利用本土化的民族文化，重点体现本土的民族特点、文化、环境，并参考一些优秀的建设点位，充分结合云南多种发展、多种民族、多种人文生态，建设具有独特品位、鲜明特色的民族美丽乡村。并且，需要注重乡村文化设施和文化载体打造，注重文化大院和乡村图书

馆的建设，从而满足乡村居民基本文化的需求。此外，需要加强自律组织的建设，使当地的乡风乡俗更加文明健康。

四、结语

总而言之，在新时期背景下，促进云南贫困区美丽乡村建设的绿色发展是非常重要的，其是促进新农村建设的关键。美丽乡村建设属于一个系统性的工程，其可以促进当地的生态文明建设，也可以美丽中国建设的重要内容，因此，云南贫困区在乡村建设时，需要从绿色发展视角出发，充分结合生态文明建设，对云南贫困区的自然资源和自然环境进行充分利用，加强对土地和产业的规划，对各方力量和资金进行协调，加强对当地环境的保护，从而促进云南贫困区美丽乡村建设的绿色发展。

参考文献：

[1] 潘文良，陈丽娟 . 云南民族地区美丽乡村建设的成功经验与乡村振兴战略基础 [J]. 智富时代，2018（1）.

[2] 蒋昕芸 . 绿色发展理念下衡阳市美丽乡村建设的发展策略研究 [J]. 山西农经，2017（21）:42-43.

[3] 陈润羊 . 美丽乡村建设中环境经济协同发展研究 [J]. 福建农林大学学报（哲学社会科学版），2016，19（4）:21-27.

[4] 陈润羊 . 美丽乡村建设中环境经济的协同发展研究——基于系统论视角的分析 [J]. 兰州商学院学报，2016，32（3）:106-112.

[5] 余丹 . 新形势下闽北绿色发展实践模式探析——以建阳区黄坑镇美丽乡村建设为例 [J]. 现代经济信息，2016（13）.

[6] 郭岚 . 基于绿色发展理念的上海美丽乡村建设 [J]. 检察风云，2018（3）:37-38.

[7] 张月昕 . 以绿色发展引领乡村振兴——浅析新时代美丽乡村建设的行政路径 [J]. 中国行政管理，2018（7）.

（西南林业大学外国语学院　张侯祥）

高原森林城市与水源涵养功能分析——以昆明为例

一、森林城市的提出及基本概念

“森林城市”最初由美国、加拿大的专家首先提出，在 20 世纪末由北美国家向外传播。20 世纪 50 至 60 年代，在世界各地“绿色运动”的影响下，欧洲、北美及日本等国开始了生态城市的理论研究和生态城市的建设。1962 年，美国肯尼迪政府在户外娱乐资源调查时，首次使用“森林城市”（urban forest）这一词汇[1]。1965 年，加拿大多伦多大学 Erik Jorgensen 教授提出“城市林业”的概念，同年，美国林务局具体制定了城市森林发展计划，美国森林城市的建设从此开始。1975 年，美国生态学家理查德·雷吉斯特创建了城市生态学研究会，随后展开生态城市建设的实践与探索，在全球产生了广泛又深刻的影响，极大地推动了世界各国对森林城市建设理论和实践的探索。1991 年，日本提出在全国建设“森林城”的构想[2]。20 世纪 80 年代末期，中国城市森林的建设开始萌芽，虽然起步相对较晚，但当时就受到各级政府和有关部门的重视，城市森林的理论研究与实践得以迅速发展。自 2004 年起，中国每年召开一次“中国城市森林论坛”[3]。在国家政策的引导下，全国各地城市积极参与到森林城市的建设队伍中，先后实施了一系列的措施，进行森林城市的创建工作[4]，如国家林业局于 2005 年颁布的《“国家森林城市”评价指标（试行）》，并在 2007 版中进行补充与修改[5]。森林城市的创建已经成为新时期全国推进城乡生态建设和国土绿化的一项重大创新工程。“森林城市”是基于“城市森林”的理念创新发展而来的，这二者基本没有区别，所以又有学者称“森林城市”是“城市森林”在中国本土化的体现。

自“森林城市”一词提出以来，经过近半个世纪的不断探索，“森林城市”的概念不断演变和深化，不同阶段的学者从结构、组成、范围和功能等不同角度对“森林城市”概念进行了解读。例如，美国学者 Miller 对“森林城市”具有代表性的定义，他认为森林城市是人类稠密地区和周围所有植被的综合体，其范围包括郊区和大都市；植物、动物、微生物及它们赖以生存的土壤与气候等自然因素的总称，城市的园林内、水体、草坪以及生长植物的其他开放地域，组成城市森林总体。张庆费则指出森林城市基于城市生态环境的改善，以乔木为骨架，以木本植物作为主要部分，利用地带性自然森林群落的种类组成、结构特点及演替规律，艺术地再现地带性群落特征的城市绿地。马锦义则认为森林城市是指在城市及其周边范围内以乔木为主体，达到一定的规模和覆盖度，并且能够对周围的环境产生重要影响，具有明显的生态价值和人文景观价值等的各种生物和非生物的综合体[6]。

从国内外对森林城市的定义来看，它不仅是指一般意义上的森林。从狭义上讲，市区内以林木为主的片林、林带、散生树木等各种绿地构成了城市森林主体；而从广义上讲，城市森林作为一种生态系统，以各种林地为主，另外还包括城市水域、果园、草地、苗圃等组成成分，与城市景观建设、公园管理及城市规划密切相关。

二、昆明森林城市现状

昆明作为云南省政治、经济与文化中心，素有“春城”之美誉，地处于云贵高原中部，东经 102° 10′ ~ 103° 40′，北纬 24° 23′ ~ 26° 22′，平均海拔 1700 ~ 2800 米，土地面积约为 21473 平方千米，丘陵山地约占总面积的 90%，为典型的高原山地城市。属北纬低纬度亚热带 – 高原山地季风气候，受印度洋西南暖湿气流的影响，年平均气温 15℃左右，平均日照 2200 小时左右，无霜期超过 240 天，年降水量约 1035 毫米，85% 的降水量集中在 5 至 10 月份的雨季，形成干湿季节分明、阳光充足、雨量充沛、四季如春的特点。

中国是一个极度缺水的国家，人均水资源占有量不足世界平均值的三分之一，而昆明又是全国典型缺水严重的城市。舒适宜人的环境吸引着人们到昆明定居生活，但由于水资源的局限，导致人均水资源严重不足。近些年来为满足城市发展的需要，一系列市政基础建设的实施如道路修缮、楼房修建等，越来越多的地面被“硬化”，降水无法入渗，地下水无法得到补给，水源难以涵养。此外，昆明辖区内斜坡较多，许多斜坡上森林植被较少，土壤质地较为疏松，当暴雨、地震发生时，容易产生崩塌、滑坡和泥石流等自然灾害。因此，昆明又是泥石流、滑坡多发地带。据统计，滇池流域水土流失面积占总面积的 36.83%，面积约 965 平方千米，昆明市东川区被誉为“世界泥石流博物馆”，河谷切割得很深，山体高大而陡峻，光泥石流沟约 107 处，泥石流面积达到 1199.1 平方千米，占该区国土面积的 64.5%[7]。森林是地球上的大水库，它有涵养水源的作用，所以要想蓄水必须先植绿。因此，创建森林城市不仅仅是为了美化环境，还有为城市蓄水、缓洪补枯的目的。

2008 年昆明市委、市政府提出建设“森林昆明”。2010 年 12 月，《昆明市国家森林城市总体规划》完成。2011 年 1 月，正式启动创建国家森林城市。2013 年 9 月 27 日，在以“城市森林 · 生态文明 · 美丽中国”为主题的中国城市森林建设座谈会（南京）上，昆明市与江苏省南京市、山西省长治市及内蒙古赤峰市等 16 个城市一起，被全绿化委员会、国家林业局授予“国家森林城市”的称号[8]。2015 年，遵照习近平总书记要把云南省建成全国生态文明建设排头兵的指示，昆明市先后颁布《加快发展节能环保产业》和《加强环境监测执法》的政策法规，积极践行生态建设、引导昆明向绿发展。2016 年，国家森林城市建设已经成为国家重要发展战略之一。近几年昆明森林城市建设再次被推向高潮，争取在各方的共同努力下到 2020 年实现城市绿地面积达市区面积的 55%，城市中心区绿地率达 45% 以上，绿化覆盖率达到 50% 以上，人均公园绿地面积达到 15 平方米以上的目标[9]。

三、城市森林涵养水源功能分析

（一）拦蓄降水

森林降水截留主要有三方面：一是树冠截留，森林水文的一个重要过程。降水进入森林后，林冠将降水拦截。一方面可以减少降雨到达地面，减少地表径流；另一方面，可以减少雨滴的溅蚀和对地表径流的扰动，降低地表径流侵蚀能力。二是森林凋落物层对降水的拦截。凋落物作为森林生态系统中特有的结构层次，具有良好的吸水能力和透水性，有增加土壤水分入渗量的作用。同时，凋落物有效增加地表的粗糙程度，从而降低地表径流的流速，起到拦蓄径流和过滤泥沙的作用。三是土壤层储水。森林土壤是森林系统拦截雨水的主体，其总量大，质地疏松，孔隙度较高，蓄水能力又强。降水进入土壤表层后，通过渗透进入土壤层，部分被吸收贮存；另一部分会由于重力作用而在地表形成径流。由于森林的这些蓄水功能，减少了流水量，降低了水流速度，进而减少了洪涝灾害的发生[10]。

（二）补给河水

森林涵养的水源逐渐渗向地下，成为地下水，最终流入河流以补充河水，防止河水断流。在昆明的雨季，森林通过各种组织的大量孔隙吸收水分，以减少水流。大部分入渗的水都将暂时储存在石缝以及土壤中，慢慢流入河流和水库，从而使河流和水库的流量更加均匀。在旱季，这些流入的水流可以增加河流流量，稳定水位，起到调节江河流量的作用。

（三）净化水质

森林有净化水质的作用，水蒸气吸收空气中的一些杂质，这些杂质最终会随着降水落到地面。经过森林林冠层、凋落物层、土壤层的淋洗淋溶和过滤吸附作用后，雨水中的污染物会得到移除[11]。可以说，对水质的净化是评价森林涵养水源能力的重要指标。

（四）调节区域小气候

森林生态系统研究的主要内容包括森林与气候的关系。通过对滇中高原地区典型植被林内外小气候的观察，发现由于林冠层具有改变到达林内的辐射量、降低对地面长波辐射以及枯枝落叶物的覆盖等作用，林内的光照强度明显低于林外，地表温度也明显低于林外，林外空旷地空气相对湿度比林内空气相对湿度低，林下土壤水分的蒸发量也得到降低。

四、昆明森林城市建设的思考和建议

（一）改变原有指导思想，与生态学理论相结合

通过观察发现，目前昆明市城市森林的规划与大多数森林城市一样，仍然是“建筑优先，绿地填空”的状态[12]。虽然对城市森林生态环境的建设做出了规划，但指导思想上城市建筑仍居于首要地位，城市森林的作用主要是修补及美化建筑区周围的空白区域。因此，城市森林的建设规划不应该只局限于近期，而应该是一个先进的、适合长期发展的规划。应该从城市生态建设的需求出发，考虑森林绿地的配置和布局，尽快解决绿化用地和建筑用地之间的矛盾。

（二）丰富城市绿地结构，保证生物多样性

水泥、沥青、混凝土、砖石等地面硬质铺装透水性差、含水量低。降雨后，地表径流增加，但很难将水储存在地面上，雨水很快从排水管中流失。此外，城市森林中生物多样性未能充分体现，与“植物王国”的称呼很不相称，根据昆明市的自然条件，园林植物物种应该更加丰富多彩。在城市森林的建设中，避免选取单一的绿化植物材料，可适当增加乔灌藤草的栽植模式，遵循以绿色植物为主体，乔木以常绿树为主，速生树种与慢生树种相结合，再配合花卉等具有视觉色彩的植物，满足物种多样性原则[13]。各种植物根系在土壤中交织，能有效避免雨水冲刷，减少地表径流，防止水土流失。

（三）遵循因地制宜与师法自然的原则

由于光、热、水、土、气条件的不同，每个地区的自然条件都有其独特性，所以应该根据实际情况分析，结合城市特有的文化背景与地方特色进行建设。根据昆明创建森林城市的实际情况，建议采取“保护优先，保护与发展兼顾，保护与促进相结合”的建设策略。师法自然要求在创森过程中尊重本地物种，以当地的天然生态系统为参考，选择本土特色物种，进行合理的配置，确定科学管护模式[14]。

（四）加强城市内涵和文化建设

构建和谐可持续发展的森林城市，既要符合森林城市建设标准，又要注重城市内涵建设。统筹城乡共同发展，保障城市人群的身体健康和生活质量，大力宣传城市森林生态文化，提高全体公民的城市保护和森林保护意识。因此，在建设森林城市的同时，要积极挖掘和建设森林城市的文化内涵，发展森林生态旅游文化，建立青少年科普基地和生态教育基地，提高城市生态文明水平，增强公民的生态文明意识。

五、小结

森林城市是衡量城市文明发展程度的重要标准之一，而森林城市建设又是城市生态文明建设中不可或缺的一部分。昆明的森林就像城市的两叶“肺”，昆明城市森林的建设不仅影响着旅游大省的整体形象，而且直接影响着当地居民的健康、生活和生存。“让城市走进森林，让森林拥抱城市”，改善城市森林环境，维护城市森林安全，提高城市居民的生活质量，提升城市文化品位和形象，促进城市生态文明建设。

参考文献：

[1] 张庆费，徐绒娣．城市森林建设的意义和途径探讨 [J]. 大自然探索，1999(2):82-26.

[2] 王文波，姜喜麟，田禾．国家森林城市创建中的若干问题探讨 [J]. 森林工程，2015，31(4):13-17.

[3] 崔从光，宋宁．论城市森林发展与国家森林城市创建 [J]. 现代农业科技，2009，21:199-200.

[4] 巴雪艳．生态文明建设视阈下的云南森林城市建设研究 [J]. 保山学院学报，2017，36(6):1-8.

[5] 李新平，李文龙．森林城市的研究进展 [J]. 山西林业科技，2011，40(2):33-36.

[6] 费世民，徐嘉，孟长来，等．城市森林的兴起及其概念 [J]. 四川林业科技，2010(3):37-42.

[7] 金钱荣，吴志晖．昆明市城市森林建设思考 [J]. 内蒙古林业调查设计，2008，31(5):1-3.

[8] 黄海燕，戴益源，孙亚丽．云南创建国家森林城市浅述 [N]. 云南林业，2015(4):62-63.

[9] 赵建新．森林城市建设与森林昆明思考 [J]. 林业建设，2017，4:38-40.

[10] 郭世武．凤城市森林涵养水源功能分析及保护对策 [J]. 吉林林业科技，2018，47(3):20-28.

[11] 周佳雯，高吉喜，高志球，等．森林生态系统水源涵养服务功能解析 [J]. 生态学报，2018，38(5):1679-1686.

[12] 彭镇华．城市森林 [M]. 北京：中国林业出版社，2014:36-41.

[13] 周庆宏．构建楚雄州地区特色的森林城市 [J]. 现代园艺，2017(11):150.

[14] 刘涟，戚智勇．国家森林城市创建存在的问题及其对策 [J]. 中外建筑，2018，(10):46-49.

（西南林业大学　生态与环境学院
李　洁　刘芝芹　黄靖涵）

论文摘要

建设美丽云南，共享生态文明

作者： 胡晓蓉 1，孙风 2，王德 2，谭正 2

单位： 1. 云南日报社；2. 云南省生态环境厅

摘要： 生态环境是云南的宝贵财富，也是全国的宝贵财富。云南良好的生态环境和自然资源是全国乃至全世界的“瑰宝”。绿色是云南最亮丽的底色，也是云南享誉四方的“名片”。

关键词： 生态环境；云南

摘自：《环境教育》2018 年 12 期

自然保护区在云南生态文明建设中的作用与地位

作者： 宗春森，郭贤明，王兰新

单位： 云南西双版纳国家级自然保护区科学研究所

摘要： 云南省是中国自然资源最丰富的地区之一，截至 2015 年底，云南省共建立各级自然保护区 159 个，总面积为 282 万公顷，这些保护区涵盖了各个领域，形成了较为完善的保护区网络体系，在保护云南的生物多样性、维护地区生态安全方面起到了很大的作用，具有明显的生态服务价值，同时也促进了云南省生态旅游的发展。

关键词： 自然保护区；生态文明建设；生物多样性；生态旅游

摘自：《安徽农业科学》2018 年 34 期

改革开放四十年云南生态文明建设实践

作者： 马兰

单位： 中共云南省昆明市委党校科研处

摘要： 2018 年 5 月 18 日，习近平总书记在全国生态环境保护大会上强调生态环境的保护对于一个国家的可持续发展具有重要意义。改革开放 40 年，是云南经济社会快速发展的 40 年，也是云南生态文明建设探索发展的 40 年。特别是 2015 年初习近平总书记考察云南后，云南更是把生态环境保护放在更加突出位。

关键词： 改革开放；生态环境；保护；云南

摘自：《社会主义论坛》2018 年 12 期

论生态文明建设法律保障体系的构建——以云南洱海地区为例

作者： 张莉

单位： 云南大学马克思主义学院

摘要： 近年来，生态文明建设作为“五位一体”总布局中重要的一环愈来愈受到社会各界的关注和重视，公众也逐渐认识到建设生态文明不仅需要理论和价值追求，还需要强有力的法律保障，尤其需要构建因地制宜的生态文明建设法律保障体系。基于此，以云南洱海地区为例，从生态文明建设法律保障体系的必要性出发，分析该地区生态文明建设法律保障体系的现状及可能存在的问题，进而提出相应的对策，以葆洱海的好风光，从而实现社会主义生态文明建设的重要目标。

关键词： 生态文明建设；法律保障体系；洱海

摘自：《普洱学院学报》2018 年第 5 期

构建生态文明体系，作好美丽云南文章

作者： 陈国兰

单位： 西南林业大学绿色发展研究院

摘要： 在 2018 年 5 月举行的全国生态环境保护大会上，习近平总书记提出要加快构建生态文明体系，建立健全以生态价值观念为准则的生态文化体系，以产业生态化和生态产业化为主体的生态经济体系，以改善生态环境质量为核心的目标责任体系，以治理体系和治理能力现代化为保障的生态文明制度体系，以生态系统良性循环和环境风险有效防控为重点的生态安全体系。生态文明体系涵盖文化、制度、发展方式、生活方式等各方面和全过程。

关键词： 生态文化体系；制度体系；安全体系

摘自：《社会主义论坛》2018 年 09 期

云南少数民族贫困地区生态文明建设的关键因素研究

作者： 姚石，杨红娟

单位： 昆明理工大学管理与经济学院

摘要：生态文明建设关键因素的遴选有助于少数民族贫困地区集聚有限的资源，在保护其脆弱的生态环境的同时，高效开展生态文明建设。根据少数民族贫困地区的特点，构建了少数民族贫困地区生态文明建设评价指标体系，运用 BP 法计算直接关联矩阵，再用 DEMATEL 法计算中心度和原因度，然后根据摆

幅置权法计算综合重要度，最后借鉴二八定律将影响因素指标中综合重要度较高、出现频次较多的因素确定为关键因素。选择云南 8 个典型的国家级少数民族贫困自治县进行实证分析。结果表明，少数民族贫困地区生态文明建设的 4 个关键因素为二氧化硫排放量、单位地区生产总值能耗、初中毛入学率、贫困对象人口下降率。从生态文明意识、行为、制度三方面提出了建设措施。

关键词：环境学；关键因素；BP ~ DEMATEL；摆幅置权法（SW）；生态文明建设；少数民族贫困地区

摘自：《安全与环境学报》2018 年 04 期

划定并严守生态保护红线，筑牢西南生态安全屏障

作者：张纪华

单位：云南省环境保护厅

摘要：划定并严守生态保护红线，是以习近平同志为核心的党中央作出的重大决策部署，是推进国土空间用途管制、守住生态安全底线、建设生态文明、推进绿色发展的基础性制度安排。习近平总书记强调，良好生态环境是最普惠的民生福祉，生态文明建设已进入提供更多优质生态产品以满足人民日益增长的优美生态环境需要的攻坚期。划定并严守生态保护红线，是贯彻落实习近平生态文明思想。

关键词：生态保护红线；生态文明思想

摘自：《环境保护》2018 年 15 期

生态文化自信的确立与云南生态文明建设

作者：潘文良；李佳

单位：大理大学民族文化研究院

摘要：在倡导和实践生态文明建设的进程中，中国提出生态文明概念并逐步实现理论化，终于突破西方话语霸权，构建起生态文明中国话语权，从而自然地具备了生态文化自信。要继续领跑人类生态文明建设，需要深入发掘马克思主义和中国传统文化及少数民族文化中的生态文化资源，不断提升系统化、理论化水平，张扬生态文化自信，发挥生态文化引领。就云南而言，还需要弘扬少数民族生态文化，善于用少数民族生态智慧推进当地生态文化建设，持续开展生态文化宣传，积极推动绿色生活方式，在绿色发展中践行生态文化自信、推进生态文明建设。

关键词：生态文化自信；生态文明建设；云南

摘自：《中共云南省委党校学报》2018 年 03 期

制度创新：云南省生态文明先行示范区建设新路径

作者：赵林 1，任秀芹 2

单位：1. 云南财经大学经济制度与经济政策研究所；2. 云南财经大学传媒学院

摘要：党的十九大绘制了加快生态文明体制改革、建设美丽中国的新蓝图。云南省作为生态文明建设先行示范区，如何彰显出对新时代命题的关切，是目前学术界的紧迫任务。本文的目的是，以国家特殊赋予云南的生态文明先行示范区建设为契机，重点构建云南省生态文明先行示范区制度创新的指标评价体系。解决问题的方法及过程是，以“人与自然和谐共生”思想为方法论，探析云南省先行示范区建设考评制度化方面的新路径。主要结果及结论是，用指标评价体系的制度化，筑牢“美丽云南”支柱。生态文明建设考评制度化路径是本文的创新、独到之处。

关键词：云南省；生态文明；体制改革；制度创新

摘自：《经济研究导刊》2018 年 14 期

云南省绿色发展新理念确立初探

作者：周琼

单位：云南大学西南环境史研究所

摘要：“绿水青山就是金山银山”的绿色发展新理念，是云南省推进生态文明排头兵建设的主要措施之一，确立了生态环境保护要“算大账、长远账、整体账、综合账”“保护生态环境就是保护生产力”“一定要像保护眼睛一样保护生态环境”三个核心理念，与努力成为生态文明建设排头兵、生态建设与长远发展相结合、“留得住青山绿水，记得住乡愁”等理念的普及共同推进，是当下云南省生态文明建设的主要思想理念。

关键词：绿水青山；金山银山；绿色发展；生态保护；新理念

摘自：《昆明学院学报》2018 年 02 期

生态文明视域下云南高原特色现代农业研究

作者：张鹏琦

单位：云南农业大学马克思主义学院

摘要：2007 年党的十七大报告提出要建设生态文明，2012 年党的十八大将生态文明从建设“美丽中国”的高度置于贯穿五大文明建设的始终，2017 年党的“十九大”提出“加快生态文明体制改革，建设美丽中国”，生态文明建设成为关系人民福祉，关乎民

族未来的中国特色社会主义事业建设的重要内容。云南高原特色现代农业作为全面贯彻生态文明理念的现代农业建设的典范，本文分析了云南高原特色现代农业的定义及发展现状。

关键词：现代农业；现代农业产业体系；高原特色现代农业

学习贯彻党的十九大精神，为建设美丽云南砥砺前行

作者：张纪华

单位：云南省环境保护厅

摘要：绿色是生命的象征和大自然的底色，代表了人们对美好生活的希望和期盼，良好的生态环境是云南的宝贵财富和靓丽名片。建设美丽云南，努力成为中国生态文明建设排头兵，让云南的天更蓝、地更绿、水更清、人与自然更和谐，是我们的时代责任和光荣使命！为此，我们必须深入学习党的十九大关于生态文明建设的新要求和新部署，必须牢记习近平总书记对云南建设生态文明建设排头兵的殷切嘱托，充分认识云南生态文明建设和生态环境保护的重大意义。

关键词：美丽云南；生态环境

摘自：《西南林业大学学报》2018 年 01 期

加快新时代美丽云南建设步伐

作者：郎南军

单位：西南林业大学

摘要：“加快生态文明体制改革，建设美丽中国”，在党的十九大报告中单独成篇，表明共产党对新时代中国特色社会主义建设规律从认识到实践达到崭新的高度。党的十八大以来，中国坚持“保护生态环境就是保护生产力，改善生态环境就是发展生产力”的绿色发展理念，生态环境明显改善，“生态文明”“绿色发展”和“美丽中国”三大理念必将对新时代中国特色社会主义现代化建设、经济社会可持续发展产生重大影响。开启生态文明建设新时代。

关键词：美丽云南；生态文明；绿色发展

摘自：《社会主义论坛》2018 年 01 期

浅析少数民族传统生态文化的科学性

作者：范彦晓；王传发

单位：西南林业大学马克思主义学院

摘要：长期的生产生活实践，使众多少数民族形成了与环境和谐相处的朴素生态思想，其生态思想以一定的生活方式、制度形式以及精神文化表现出来，蕴含着无可比拟的优越性和科学性。本文阐述了少数民族的饮食习惯、传统民居、生产实践以及宗教信仰，揭示其中蕴含的科学思想，为少数民族传统生态文化的继承和保护提供依据，为当前的生态文明建设提供参考。

关键词：生态思想；精神文化；少数民族；生态文化；生态文明建设

摘自：《西南林业大学学报》（社会科学版）2018 年 05 期

云南省旅游经济的时空演变及主导因素分析

作者：王永成；刘承娇；宋子亮；崔苗茹；黄晓园

单位：西南林业大学生态旅游学院

摘要：旅游产业的发展能有效带动地方经济的发展，探索区域旅游经济的时空演变特征，便于合理布局并推动全域旅游业的发展。用标准差和空间自相关分析法，分析云南旅游经济时空差异格局和演进特征后发现：云南旅游经济收入总体绝对差异较大且有继续扩大趋势，但相对差异呈逐渐缩小的趋势；省旅游经济整体呈离散分布格局，空间关联性较弱；各州、市间旅游经济发展水平差异较大，昆明、大理、丽江、西双版纳等处于高－低聚集区，说明旅游经济发展水平处于优势地位，表现出了相对稳定的空间演化特征。结合云南旅游经济的时空差异格局和演进特征，分析影响云南旅游经济演变的主导因素，以期为推动云南旅游经济的协调发展提供参考依据。

关键词：旅游经济；时空演变；空间自相关；云南省

摘自：《西南林业大学学报》（社会科学版）2018 年 05 期

生命共同体理念下云南自然保护区与民族社区关系研究

作者：朱波

单位：西南林业大学习近平新时代中国特色社会主义思想研究中心

摘要：以习近平总书记关于生命共同体重要思想为指导，基于生命共同体理念，从构建共同体的角度对区域发展问题进行探索性研究。分析了云南自然保护区与周边民族社区关系现状及在资源保护与利用、土地权属争议、野生动物肇事等方面存在的主要矛盾，探讨构建自然保护区和民族社区和谐共处的关系，进而从自然保护区、民族社区、自然资源三者利益主体的角度提出构建自然保护区与社区和谐关系的建议，

对推进生态文明建设和实现美丽云南具有重要意义和作用。

关键词：生命共同体；保护区；民族社区；关系

摘自：《西南林业大学学报》（社会科学版）2018 年 04 期

云南纳帕海湿地冬季景观格局动态

作者：刘强；蒋文静

单位：西南林业大学湿地学院国家高原湿地研究中心

摘要：云南纳帕海湿地是黑颈鹤中部种群的主要越冬地，探究其景观格局时空动态过程对濒危物种的保护和管理具有重要意义。以环境减灾卫星（HJ-1A）影像为数据源，使用 RS、GIS 技术并结合景观生态学的分析方法，对 2009 年冬季纳帕海湿地的景观格局季相动态进行了研究。结果表明：研究区域内景观类型包括湿地类景观和非湿地类景观 2 种，其中湿地类景观为水体、沼泽、湿草甸和猪拱地，在冬季变化剧烈，表现为水体和沼泽持续减少，湿草甸和猪拱地持续增加；非湿地类景观为耕地和草地，景观较为稳定。落水洞泄水是纳帕海湿地景观格局发生剧烈变动的主要驱动力，家猪的翻拱作用是主要的扰动因素，加剧了沼泽干涸的速度；落水洞泄水可导致水体转化为沼泽，增加了黑颈鹤的适宜生境面积，而家猪翻拱则将沼泽转化为黑颈鹤的不适宜生境。家猪放养对沼泽湿地具有显著的破坏作用，对黑颈鹤越冬具有极不利的影响，建议保护区管理部门采取措施控制家猪的放养强度。

关键词：纳帕海；湿地；冬季；景观格局；家猪

摘自：《西南林业大学学报》（自然科学版）2018 年 04 期

香格里拉普达措国家公园的发展状况及生态补偿机制

作者：章忠云

单位：云南省社会科学院民族学研究所

摘要：通过对普达措国家公园建成十年来的运行状况进行分析，重点探讨了以旅游反哺社区和适当保留传统农牧业生产来解决生态环境和原住民生活的生态补偿模式，发现补偿模式仍以经济补偿为主，存在较多问题，并从企业参与国家公园建设、国家公园保留原住民社区、改变生态补偿模式、强化国家公园管理局的定位以及制定民族生态服务补偿条例五个方面进行讨论，为解决中国国家公园建设、运行、管理方面存在的问题提供参考。

关键词：普达措国家公园；生态补偿；旅游反哺；生态环境；香格里拉

摘自：《西南林业大学学报》（社会科学版）2018 年 03 期

普洱边境民族地区村庄内生秩序探析

作者：张丽辉

单位：普洱学院教师教育学院

摘要：以普洱市边境地区少数民族聚居区为研究对象，围绕着“恒常”的行为准则展开研究，着力对行为准则的内容进行梳理。结果发现：村庄内生秩序主要分为教化行为准则、公共秩序准则、互助行为准则三个方面，行为准则构成了“习惯自在调整系统”，是乡村秩序正常运转的保证，也是乡村治理中自我管理的一部分；内生秩序的行为准则是人们在长期的生产生活中形成的，其传承方式是以长带幼的代际传承，这种潜移默化和日积月累的传承与执行方式非常的实际和有效。

关键词：内生秩序；行为准则；内容；约束力

摘自：《西南林业大学学报》（社会科学版）2018 年 03 期

云南蒙自长桥海钳嘴鹳时间分配与活动节律

作者：杨旭，刘强，雷宇，刘慧，杨俊杰

单位：西南林业大学

摘要：2015 ~ 2016 年采用瞬时扫描法研究云南蒙自长桥海钳嘴鹳的行为时间分配和日活动节律，分析其在蒙自的适应性和扩散的可能性。结果表明：休息行为是钳嘴鹳日间的主要行为类型，时间分配比例达 61.2%，而觅食时间仅占 18.6%，理羽、移动和其他行为的时间分配比例分别为 12.2%、7.8%、0.2%；各行为季节性差异显著，其中觅食比例最高的季节是春季，其次为冬季、秋季，夏季最低；在行为日节律上，钳嘴鹳在早晨和傍晚觅食比例最高，中午最低，休息行为则与之相反；通过与原分布地的研究对比发现，钳嘴鹳在蒙自的觅食时间要明显低于印度。本研究丰富了钳嘴鹳在中国的生物学资料，为该新分布种的科学管理提供了依据。

关键词：钳嘴鹳；时间分配；活动节律；蒙自

摘自：《西南林业大学学报》（自然科学版）2018 年 03 期

传统村落的空间形态分析

作者：马聪，陈莺

单位：西南林业大学园林学院

摘要：通过调查户撒乡芒东村阿昌族聚居独特的自然与人文环境，结合村落的实际情况，建立芒东村空间特征指标体系，运用层次分析法，总结出芒东村的空间格局及组织形态主要是受到了自然环境中的气温、耕地、林地、地理等因素影响；传统风貌则是受到土地利用中的公共建筑因素影响。

关键词：芒东村；传统村落；空间形态；层次分析

摘自：《西南林业大学学报》（社会科学版）2018年02期

大戟科一新种——元江海漆

作者：吕亚娟；杜凡；李娟；肖明昆

单位：西南林业大学林学院

摘要：描述了采自云南省元江县的大戟科海漆属新种——元江海漆。新种形态上接近云南土沉香，不同点在于新种叶常绿、近对生、薄革质，叶柄较长，托叶阔三角形；花序粗且长，花着生密集，苞片顶端急尖，腺体位于腹面基部；花药肾形；果棱显著凸起。

关键词：元江海漆；大戟科；新种

摘自：《西南林业大学学报》（自然科学版）2018年02期

西双版纳热带森林景观破碎化地形差异性分析

作者：魏莉莉；寇卫利；向兰兰；梁昌献

单位：西南林业大学大数据与智能工程学院

摘要：以西双版纳2015年Landsat8OLI和DEM为基础研究数据，采用基于像元的分类方法，经试验对比分析筛选出了森林提取的最佳指数，运用多种景观指数对西双版纳热带雨林在海拔、坡向及坡度的破碎化程度进行分析。结果表明：以NDVI为指标，能够有效提取热带森林的空间分布（精度为95.66%）；2015年西双版纳的森林盖度为77.8%，森林面积在海拔及坡度上呈现出正偏态分布，在坡向上分布较为均匀；森林景观在地形上的破碎化程度差异性较大。海拔低于500m及平坡处的森林破碎化程度最为严重；随着海拔的上升及坡度的增加，PD值不断下降、AI值持续上升，森林破碎化程度逐渐降低。坡向上以北坡向的PD值最高、AI值最低，森林景观破碎化程度明显高于其他坡向。

关键词：遥感；Landsat8；地形因子；景观破碎化；西双版纳

摘自：《西南林业大学学报》（自然科学版）2018年02期

云南乡规民约的发展演变及社会功能研究

作者：木基元；沈卡祥

单位：西南林业大学社会科学管理办公室

摘要：乡规民约是特定地区内居民共同遵守的行为规范。经过明清以来的曲折发展，云南乡规民约鲜明的地域性和民族性日益凸显。通过综述云南乡规民约在协调族际关系、维护地方稳定、促进经济发展、维护生态平衡、加强国家治理和推动地方自治方面所产生的社会功能，指出乡规民约有其存在的合理性和必要性，对其持续发挥其作用提出了参考意见。

关键词：云南；乡规民约；演变；社会功能

摘自：《西南林业大学学报》（社会科学版）2018年01期

大湄公河次区域（GMS）交通运输合作问题探析

作者：张强；邵琛霞

单位：西南林业大学文法学院南京审计大学法学院

摘要：通过阐释了交通运输与经济发展的关系，重点分析了大湄公河次区域交通运输合作的制度现状及存在的问题，提出各国应当在共同利益基础上从国家主权让渡、法律制度建设、争端解决机制等方面来改善次区域交通运输合作法律环境的建议。

关键词：大湄公河；次区域；经济合作；一带一路；交通运输；法律制度

摘自：《西南林业大学学报》（社会科学版）2018年01期

云南旅游景区空间格局演变及驱动力研究

作者：黄晓园；王永成；宋子亮；韩旭

单位：西南林业大学生态旅游学院

摘要：基于2000～2015年云南国家A级旅游景区数据，采用平均最近邻、空间自相关及核密度分析等方法，分析云南省国家A级旅游景区的地理空间分布及特征、地区分布差异及空间相关性、空间格局演变及驱动力。结果表明：云南景区分布存在明显的差异，滇西北、滇中旅游资源开发程度较高，而滇东北、滇东相对较低；随着时间的发展，在地理空间分布上呈现更加聚集的变化趋势，各地区间的景区分布差异总体上呈逐渐缩小的趋势；各地区旅游景区在空间分布上均呈现以空间离群特征为主，且随时间变化呈“N”型变化，其位于H～H型、L～H型的州市逐渐增多，L～H型、L～L型逐渐减少；旅游格局从最初的“滇中有昆明、滇南有版纳”的双核式发展格局演变至“一带双片区，一极三核”的格局；旅游政策、旅游资源、交通条件和社会经济等因素是云南旅游景区分布差异及旅游格局演变的重要驱动力。

关键词：旅游；景区；分布；空间格局；驱动力；云南省

摘自：《西南林业大学学报》（社会科学版）2018 年 01 期

基于游客视角的旅游小镇品牌资产的构成维度及形成路径研究

作者：董静；李小龙；邱守明

单位：西南林业大学生态旅游学院

摘要：通过丽江大研古镇 300 份调查数据，研究基于游客视角的旅游小镇品牌资产构成维度和形成路径。研究结果显示，旅游小镇的品牌资产由品牌知名度、品牌形象、感知价值、感知质量和品牌忠诚五个维度构成。旅游小镇品牌资产由 4 条路径形成：品牌知名度可直接形成品牌忠诚；品牌知名度通过品牌形象、感知价值的中介形成品牌忠诚；品牌知名度通过品牌形象、感知质量的中介形成品牌忠诚；品牌知名度通过品牌形象、感知质量、感知价值的中介形成品牌忠诚。

关键词：游客视角；旅游小镇；品牌资产；维度；路径

摘自：《云南农业大学学报》（社会科学版）2018 年 06 期

乡村振兴背景下云南休闲农业内涵式发展的对策建议

作者：朱炫屹；包函可；宋丽华；蒲凯

单位：云南农业大学

摘要：休闲农业能够有效推动农村产业深度融合，成为国家乡村振兴战略规划中乡村产业体系构建的重点工程之一，休闲农业的提质增效和优化升级是未来发展的核心。经过 5 年多快速发展，云南休闲农业已提升到一定规模和水平，但发展中存在农业支撑后劲不足、缺乏动力、基础不完善、创意创新不足、效益不高、同质化严重、营销管理和品牌建设滞后等问题。内涵式引领的优质发展，是突破当前云南休闲农业发展瓶颈和促进产业持续健康发展的有效途径，实施乡村振兴战略规划将进一步推动云南休闲农业优化升级，从而有效助力于云南乡村振兴事业。本文从提升休闲农业多功能、多业态、高效益、高层次、高品位等方面提出多措并举发展云南休闲农业的对策建议。

关键词：休闲农业；乡村振兴；内涵式发展

摘自：《云南农业大学学报》（社会科学版）2018 年 06 期

云南实施乡村振兴战略的路径探析

作者：李长生

单位：上海财经大学公共经济与管理学院

摘要：云南作为西部地区欠发达的省份，实现乡村振兴的任务尤为艰巨。产业振兴和治理有效是云南乡村振兴的重点和难点，而农村人才、农村产业及保障制度是云南产业振兴和有效治理的三大着力点，直接影响云南乡村战略的实施效果。因此，本论文根据云南实际，结合云南新时代发展方向，依次在构建具有云南特色的农村人才体系、农村产业体系及乡村振兴的保障制度等方面提出了具体的改革措施和政策建议，对云南乡村振兴战略的推进提供理论参考价值。

关键词：乡村振兴；制度构建；发展路径

摘自：《云南农业大学学报》（社会科学版）2018 年 06 期

基于聚落量化分析下澜沧县拉祜族村落空间形态研究

作者：李东徽；徐聪聪；杨磊；阮彦蓉

单位：云南农业大学园林园艺学院

摘要：以澜沧县五个典型拉祜族聚落的空间形态特征为着眼点，以期为拉祜族聚落空间形态提供更为精准的数据化形态描述。利用澜沧县拉祜族自治县农村人居环境提升规划项目，通过聚落平面形态的量化分析及聚落公共空间的数理分析两个方面，将定量方法与定性分析相结合，对澜沧县拉祜族典型村落进行空间形态研究。结果表明：拉祜族是依山而居的民族，从而导致五个拉祜族聚落形态多为带状倾向聚落，且公共空间复杂多样，这一自然原生特征使其具有较强的空间结构性。拉祜族聚落空间形态特征的归纳研究可利用定量分析方法作为参考依据，在此基础上进行定性的分析指导，以作为聚落原生特性研究与评价的科学依据。这一研究使得拉祜族聚落空间形态得到更好地保留与发展，也对拉祜族聚落的变迁、保护、发展、营建等方面具有一定参考意义。

关键词：拉祜族村落；边界形状；空间形态特征；聚落量化分析

摘自：《云南农业大学学报》（社会科学版）2018 年 06 期

云南高原湖泊湿地湖滨区木本植物的多样性

作者：叶媛；项希希；吴良早；雷苑；张亚男；吴兆录

单位：云南大学生态学与环境学院暨云南省高原山地生态与退化环境修复重点实验室

摘要：种植绿色植物是湖滨区生态修复的重要内容。本文探讨木本植物的组成特点。在云南 24 个湖泊湿地湖滨区选择 149 个样点设置 1.0 公顷样方调查木本植物，划分植物生长型、来源、栽培 / 野生类型，计算样点内木本植物丰富度、均匀度、Shannon-Wiener 指数等，并分析海拔、经纬度、湖泊面积与物种多样性的关系。共记录到木本植物 72 科 155 属 250 种，其中，乔木 126 种占较大优势（占比 50.4%）、灌木 108 种（占比 43.2%）、藤本 16 种（占比 6.4%）；本地物种 193 种（占比 77.2%）、外来植物 57 种（占比 22.8%）、栽培物种 206 种（占比 82.4%）、野生物种 44 种。云南湖泊湿地水陆交界的狭长湖滨区，储存着丰富的木本植物（特别是乔木）种质资源，这些物种具有以本地、栽培物种为主的特点。外来木本植物呈从滇中地区或从人为干扰大的地方向外蔓延态势，应该注意控制和减少物种入侵风险。

关键词：木本植物；物种多样性；湖滨区；湖泊湿地

摘自：《云南农业大学学报》（自然科学版）2018 年 06 期

云南省泥石流灾害时空分布规律及典型区域孕灾特点分析

作者：孔艳；王保云；杨昆；魏保；郑璐；张祝鸿

单位：云南师范大学

摘要：通过整理 2006 ~ 2016 年云南省泥石流灾害数据，分析了云南省泥石流灾害发生的时空分布规律，并选取了怒江傈僳族自治州、德宏傣族景颇族自治州以及昆明市东川区三个典型区域对其孕灾特点进行详细研究。研究结果表明，云南省泥石流灾害在时间上与降雨量变化有显著的正相关性，空间上主要集中在年降雨量较多的州市、水网密集区以及海拔落差较大的沟谷地带。然而，由于各州市地形地貌、水系分布以及人类活动的不同，泥石流灾害的分布及孕灾特点又具有较大的区域差异性。通过掌握云南省泥石流灾害的多种孕灾条件，为灾情的防治工作提供重要的理论参考依据。

关键词：泥石流灾害；时空分布；孕灾特点；区域差异

摘自：《云南农业大学学报》（自然科学版）2018 年 06 期

新时代云南建设民族团结进步示范区的实践创新研究

作者：赵新国 1；毛燕 2

单位：云南大学西南边疆少数民族研究中心；四川省委党校社会和文化教研部

摘要：中华人民共和国成立至今，云南省推进民族团结工作成就斐然，形成民族团结“云南现象”“云南经验”，不仅得到了党中央的充分肯定，而且被明确要求要努力成为中国民族团结进步的示范区。新时代，为进一步促进云南民族团结进步示范区建设事业的发展，中共云南省委、省人民政府采取了创新政策举措、创新规划指导、创新示范机制、创新示范工程等独创性的重大政策和举措，不仅增进了民族团结，而且加快了民族地区经济社会的和谐、持续发展。

关键词：新时代；示范区建设；实践创新；主要成效；问题和对策

摘自：《云南民族大学学报》（哲学社会科学版）2018 年 06 期

高原特色农业助推脱贫攻坚的探索及其启示

作者：杨美萍

单位：云南大学民族学与社会学学院

摘要：云南省是高原农业大省，地处老、少、边、贫地区，经济发展滞后，是脱贫攻坚的重中之重。根据云南省农业发展的资源优势与区位优势，结合云南省高原特色农业发展的战略思路，对昆明市禄劝、寻甸、东川三个国家级贫困县进行调查，探讨高原特色农业助推脱贫攻坚的基本做法、主要成效及其启示。

关键词：产业扶贫；高原特色农业；脱贫攻坚

摘自：《云南农业大学学报》（社会科学版）2018 年 05 期

精准扶贫攻坚阶段云南脱贫攻坚的政策调适与模式创新

作者：李辉

单位：云南民族大学党委办公室

摘要：云南省贫困人口众多，贫困群众地域分布十分广泛，深度贫困人口比较多，如何让有劳动能力的贫困人口到 2020 年按时脱贫，不仅事关云南能否与全国同步进入小康社会，还事关中国梦的如期实现。

云南的扶贫工作取得了重要成就，但仍然存在很多问题，诸如：在政策设计、政策实施方面的合理性、规范性不够，贫困人群的参与性不足，社会力量参与扶贫效果不佳，大扶贫格局没有真正形成等问题。为此，需要云南全省上下各种扶贫主体以习近平新时代中国特色社会主义思想为指引，创新脱贫攻坚模式和方法，确保按期实现脱贫攻坚目标。

关键词： 精准扶贫；脱贫攻坚；扶贫绩效；政策调适；模式创新

摘自：《云南民族大学学报》（哲学社会科学版）2018 年 04 期

云南省入境旅游与进出口贸易互动关系研究

作者： 刘晓佳；朱晓辉；张施伟

单位： 云南财经大学

摘要： 基于 1996 ~ 2016 年海外旅游者入境旅游人次与进出口贸易额的年度数据，对云南省入境旅游与进出口贸易的互动关系进行实证研究。结果表明：入境旅游与进出口贸易之间存在长期稳定的均衡关系；入境旅游与进口贸易互为格兰杰原因，入境旅游与出口贸易之间不存在格兰杰因果关系；入境旅游的冲击对进出口贸易的影响较大，促进作用显著，入境旅游对进出口贸易的冲击以正向响应为主，进出口贸易对入境旅游有明显拉动作用；入境旅游与进口贸易的发展主要依赖于其自身贡献，出口贸易的发展受入境旅游与进口贸易影响较大。根据实证检验结果，提出云南省发展入境旅游与进出口贸易的建议。

关键词： 入境旅游；进出口贸易；协整检验；格兰杰因果关系检验；脉冲响应函数

摘自：《云南农业大学学报》（社会科学版）2018 年 03 期

云南少数民族地区精准扶贫大数据智能分析模型

作者： 何俊 1；张德海 2

单位： 1. 昆明学院信息技术学院；2. 云南大学软件学院

摘要： 通过分析云南少数民族地区贫困人口的主要特征属性，提取导致精准扶贫“不精准”的主要影响因素，对贫困对象存疑、扶贫措施不精准、动态退出不客观等问题进行分析，研究少数民族地区贫困人口特征、识别校验规则、帮扶措施信息、扶贫过程特征量等数据的特征规则库建立方法，探索贫困对象识别可靠性模型、精准帮扶措施模型、贫困动态评价指数模型的实现思路、数据分析、模型训练和验证方法，对少数民族深度贫困地区的精准扶贫大数据智能分析模型建设和实现具有实际指导意义。

关键词： 大数据；精准扶贫；智能分析模型

摘自：《云南民族大学学报》（哲学社会科学版）2018 年 03 期

云南健康扶贫的现状分析、实施困境与路径完善

作者： 李春亭 1；颜明 2

单位： 1. 云南大学历史与档案学院；2. 云南民族大学资产管理处

摘要： 实施健康扶贫工程，啃下“因病致贫、因病返贫”硬骨头，对云南打赢脱贫攻坚战意义重大。深入推进云南健康扶贫，要坚持健康优先，切实把健康融入所有政策；实施“靶向”治疗，提升健康扶贫的精准度和满意度；补齐贫困地区医疗卫生服务能力短板，让医疗卫生事业发展更加平衡和充分；强化政策衔接和产业培育，使健康扶贫的成效更加持久；要坚持预防为主、防治结合，完善贫困地区公共卫生体系；评估健康扶贫政策成效，深化扶贫领域调查研究，以问题为中心整合学科，把握好健康扶贫的方向、节奏和力度，在破解问题中提升边疆民族地区健康治理体系和治理能力现代化。

关键词： 精准扶贫；健康扶贫；健康云南；因病致贫；“靶向”治疗

摘自：《云南民族大学学报》（哲学社会科学版）2018 年 03 期

云南省典型高原湖泊流域耕地自然质量等空间分布特征研究

作者： 樊凯；裴文娟；余凤娇；张建生；余建新；陈运春；曾维军

单位： 云南农业大学

摘要： 为了解高原湖泊流域耕地利用情况，为流域耕地保护、农业结构优化和生态环境改善提供科学依据。采用空间分析、统计分析等方法，对滇池、洱海和抚仙湖三大高原湖泊流域耕地自然质量等在不同尺度上的空间分布特征进行研究。结果表明，流域尺度：滇池流域耕地等别以 7 ~ 9 等、13 ~ 15 等为主，等级以中等为主；洱海流域耕地等别以 6 ~ 7 等、14 ~ 15 等为主，各等级分布相差不大；抚仙湖流域耕地等别以 8 ~ 9 等、15 ~ 16 等为主，等级以中等为主。县域尺

度：滇池、洱海和抚仙湖三大湖泊流域耕地主要分布在昆明主城、大理市和澄江县，平均等最高的区县分别为昆明主城（12.6 等）、宾川县（15.9 等）和江川县（11.8 等）。三湖流域耕地等别都呈“双峰值”特征，峰值范围主要在 6 ~ 9 等、13 ~ 16 等之间，谷值范围主要在 10 ~ 12 等之间，洱海流域低、中、高等地分布较均匀，其余两大流域均以中等地为主；中、高等地大多分布在流域内的缓坡丘陵或河谷平坝地区。

关键词：典型；高原湖泊流域；耕地自然质量等；空间分布特征

摘自：《云南农业大学学报》（自然科学版）2018 年 03 期

云南民族地区分类规划乡村振兴战略初探

作者：潘文良 1；张国平 2

单位：1. 大理大学民族文化研究院；2. 云南省德宏州委党校

摘要：云南民族地区的乡村振兴战略，可以基于美丽乡村建设分类推进的工作经验，根据不同乡村的具体情况，划分为以扶持支柱产业为主的稳健成长型、以公共财政支持为主的快速打造型（视觉工程类、经济贡献类、政治保障类）、以基本民生为限的公共财政兜底型等 3 层 5 类，采取分类规划推进的策略。

关键词：乡村振兴战略；美丽乡村建设；边疆民族地区；分类推进

摘自：《云南农业大学学报》（社会科学版）2018 年 02 期

西南民族地区农业外向化的特殊性与统筹性分析

作者：隋博文

单位：钦州学院经济管理学院

摘要：从跨境农产品供应链的角度出发，西南民族地区农业外向化的全面协调可持续发展，既要注重其农业外向化资源“点、线、面、体”的特殊性，又要注重其农业外向化发展“点、线、面、体”的统筹性。西南民族地区农业外向化进程中面临的诸多困境，在于没有深入揭示和系统认识该地区农业外向化特殊性与统筹性的问题。鉴于此，本文深入探讨和论述了西南民族地区农业外向化特殊性和统筹性的含义，剖析在这两大问题上中国—东盟农业互联互通中存在的一些模糊认识。

关键词：西南民族地区；农业外向化；特殊性；统筹性；跨境农产品供应链

摘自：《云南农业大学学报》（社会科学版）2018 年 02 期

云南边疆多民族地区公共文化建设跨越式发展研究

作者：刘佳云

单位：云南大学文学院

摘要：尽管云南省在推进现代公共文化服务体系建设进程中取得了可喜的成绩，但是，无论在公共文化基础设施建设、产品与服务供给、服务效能提升、体制机制创新、人才队伍建设等方面依然存在诸多问题。要实现云南边疆多民族地区公共文化建设跨越式发展，必须坚持政府主导，科学规划，逐步推进；加大政策倾斜与投入力度，加强标准化建设；以重点地区为突破，推进均等化实现；同时，整合资源，统筹推进社会化，并在服务效能提升、体制机制创新、人才队伍建设等方面实现新突破。

关键词：边疆多民族地区；公共文化建设；跨越式发展

摘自：《云南民族大学学报》（哲学社会科学版）2018 年 02 期

滇池流域水体氮磷富营养化试验研究

作者：黄俊 1；张朝能 2；宁平 3；李跃勋 4；和树庄 4

单位：1. 昆明市环境监测中心；2. 昆明理工大学环境科学与工程学院；3. 昆明市环境科学研究院；4. 云南大学生命科学学院

摘要：采用对比试验及入滇池河道水经絮凝沉淀、过滤处理后接种滇池外海北部蓝藻进行试验，总磷浓度大于 0.050mg/L 时，河道水颜色 5d 内全部变绿，此时叶绿素 a 相应也大于 0.025mg/L；而总磷浓度小于 0.050mg/L 时，虽然总氮浓度达到试验最大值 5.934mg/L，但经过 30d 自然静置，藻类不会过度繁殖，水质清澈，说明水体中以磷为主的污染物是导致滇池蓝藻水华爆发的一个主要原因，初步说明作为滇池富营养化限制因子的总磷浓度限值为 0.050mg/L。

关键词：富营养化；水华；滇池；营养盐

摘自：《昆明理工大学学报》（自然科学版）2018 年 06 期

澜沧江小湾水坝运行前后大型底栖动物群落及水质评价

作者：李晋鹏 1；彭明春 2；董世魁 3；李春青 4、王丽珍 4

单位： 1. 交通运输部水运科学研究所；2. 云南大学生态学与地植物学研究所；3. 北京师范大学环境学院；4. 云南大学生命科学学院

摘要： 为探究大型河流建坝前后大型底栖动物群落动态及水生态系统的变化情况，选取澜沧江中游小湾水坝库区及下游河段为研究区，结合流域梯级水坝建设规划，分别于 2008 年、2010 年、2011 年和 2016 年开展大型底栖动物定点采样调查，分析水坝运行前后大型底栖动物群落物种组成、密度、生物量、功能摄食群的变化，并开展水质评价和库区总生物量分析。结果表明：大型底栖动物群落优势种由适应自然河流急流生境的昆虫纲蜉蝣目、襀翅目和毛翅目（EPT 种类）演变为适应水库静水环境的双翅目摇蚊科和寡毛纲种类；密度和生物量与蓄水前相比显著降低，表现为坝前静水区低于上游过渡区的分布格局；功能摄食群由掠食者种类占优势演变为收集者占优势；基于 Goodnight-Whitley 指数的水质评价结果表明，库区水质相比蓄水前有逐渐变差的趋势，坝前静水区与过渡区相比水质相对较差；库区大型底栖动物总生物量显著低于蓄水前自然河流时期。研究显示，由于澜沧江小湾水坝蓄水后生境条件的变化，库区大型底栖动物群落及其分布格局发生了明显变化，同时受澜沧江上游河段梯级开发的影响，库区大型底栖动物群落还处于动态变化过程中。

关键词： 大型底栖动物；水质评价；小湾水坝；澜沧江

摘自：《环境科学研究》2018 年 11 期

云南省新平县野生绿孔雀伴生鸟兽多样性及关联性分析

作者： 王方 1；蒋桂莲 1；张志中 1；汤永晶 1；姚冲学 2；张宏雨 2，3；刘德军 4；陈明勇 1

单位： 1. 云南大学生命科学学院；2. 云南哀牢山国家级自然保护区新平管护局；3. 新平县劳动与社会保障局；4. 云南森林自然中心

摘要： 2017 年 1 ~ 6 月，利用红外相机对云南省新平县野生动物进行连续监测。经统计，33 台红外相机累计工作 3836 个工作日，捕获独立有效照片和视频 1853 组，其中鸟类 1473 组，兽类 380 组。经鉴定，拍摄到的鸟类有 13 种，隶属 5 目 8 科 13 属；兽类有 8 种，隶属 5 目 8 科 8 属。其中，国家Ⅰ级保护动物有 2 种，分别为绿孔雀和黑颈长尾雉，国家Ⅱ级保护动物有 5 种，分别为原鸡、白鹇、白腹锦鸡、猕猴、鬣羚，IUCN 红色名录濒危种有绿孔雀。采用 G-F 指数计算鸟兽多样性指数，定量分析红外相机拍摄的鸟兽科间、属间的多样性，鸟类的 GF 指数高于兽类，这表明在该地区的鸟类多样性比兽类多样性高。鸟类相对丰富度较高的 3 个种是绿孔雀、原鸡和白鹇；兽类相对丰富度较高的 3 类是鼠类、赤腹松鼠和豹猫等。

关键词： 野生绿孔雀；红外相机；鸟兽多样性；关联性分析；新平县

摘自：《野生动物学报》2018 年 04 期

云南孟连竜山自然保护区植被类型研究

作者： 曹建新 1；王焕冲 2；叶罕根 2；罗庆 3；杨斌 1

单位： 1. 云南省林业科学院；2. 云南大学生命科学学院；3. 孟连县林业局

摘要： 采用样地调查法对云南孟连竜山自然保护区植被进行了调查，按照《中国植被》的植被分类系统，将保护区植被划分为季雨林、暖性针叶林、稀疏灌木草丛 3 个植被型，其下又分为 5 个植被亚型、6 群系、6 群丛。石灰山季雨林是保护区植被的主体，有较多剑叶龙血树分布，具有极高的保护价值。

关键词： 竜山自然保护区；植被类型；剑叶龙血树

摘自：《西部林业科学》2018 年 04 期

基于生态文化资源理论的云南历史文化村镇保护与更新研究

作者： 李洋；杨大禹；余穆谛

单位： 昆明理工大学

摘要： 云南至今仍遗存有众多历史文化村镇，不仅类型丰富、村镇空间构成形态独特，还承载和表征着各民族丰厚的历史文化信息，具有多重的研究探讨价值。面对当前中国中小城镇的快速发展，一方面，国家加快立法，增投资金保护遗产；另一方面，传统聚落和民族建筑遗产正在迅速消失。如何有效地保护这些遗存至今的珍贵文化遗产，文章以云南 12 个国家级和 16 个省级历史文化村镇为研究对象，借鉴文化规划的思想，结合人居环境科学和可持续发展的理论，系统分析其所面临的历史文化村镇聚落的自然生态景观、整体格局、街巷空间、传统风貌遭到不同程度破坏，原村民外迁空心化严重，民俗文化逐渐衰退等诸多现实问题，提出了坚持参与性、整体性、原真性、协同性保护和灵活性互促的保护与更新原则，以及文化标绘、社区营造、整体格局、传统建筑保护与更新等，基于生态文化资源的历史文化村镇保护与更新的具体策略。

关键词：历史文化村镇；生态文化；文化规划；保护；更新

摘自：昆明理工大学学报（社会科学版）2018 年 04 期

云南剑湖发现猎隼分布

作者：罗旭 1；曲聪 2

单位：1. 西南林业大学；2. 云南电网公司

摘要：2016 年 12 月至 2017 年 11 月，在云南省大理白族自治州剑川县剑湖湿地 7 次记录并拍摄到一种大型隼类，经比对图鉴，鉴定为猎隼。经查阅相关文献，均未记载猎隼在云南省有分布记录。在 2016 年发布的云南省生物物种名录中，猎隼被列入，经核实来源为观鸟年报信息。因此，对猎隼在剑湖的发现过程进行报道，作为猎隼在云南省分布的确凿证据和新分布记录。

摘自：《动物学杂志》2018 年 06 期

云南省林下产业扶贫典型案例研究

作者：窦亚权；李庆磊；李明虎；李娅

单位：西南林业大学经济管理学院

摘要：文章以云南省泸水市鲁掌县和昭通市大关县 2 个典型村为例，在对其实地调研的基础上，从云南省林下产业扶贫的现实基础出发，分析 2 个案例村的贫困原因、扶贫措施以及扶贫成效，找出林下产业扶贫中存在的问题，提出相应的对策建议，从而促进林农增收致富，实现全面建成小康社会的目标。

关键词：林下产业；扶贫效果；对策建议；云南省

摘自：《经济林研究》2018 年 11 期

云南省澄江县抚仙湖湿地植物调查研究

作者：杨普秋；潘曲波

单位：西南林业大学园林学院

摘要：通过对澄江县抚仙湖区域范围内的各型湿地植物进行调查，结果表明：抚仙湖区域范围内的湿地植物共 88 科 185 属 223 种，其中蕨类植物 5 科 5 属 6 种，裸子植物 7 科 9 属 9 种，被子植物 76 科 171 属 208 种；科的主要分布区有世界分布区和泛热带分布区，属的区系分布类型是因世界分布、泛热带分布、热带亚洲和热带美洲间断分布、热带亚洲和热带大洋洲分布、北温带分布为主，反映出抚仙湖区域湿地植物属的区系具有明显的过渡带；抚仙湖流域湿地范围内主要湿地植被划分为 3 个植被型组，9 个植被型，21 个群落，草本植物群落在群落类型中占绝对优势；入侵湿地植物或外来植物较多，其中紫茎泽兰、满江红、鬼针草的危害最为严重，一定程度上影响了湿地植物的多样性。通过调查可以为今后对抚仙湖湿地植物的保护提供基础资料。

关键词：抚仙湖；湿地植物；区系

摘自：《现代园艺》2018 年 23 期

云南自然森林分类系统及地理分布研究

作者：曾觉民

单位：西南林业大学

摘要：通过对近半个世纪云南全省森林植被的调查和相关科技文献资料的参阅、类比、查证，联系云南森林实情，运用中国森林分类的原则和系统对云南森林类型进行整理和分类，建立云南自然森林群落类型的分类系统。结果表明：云南自然森林系统分为 4 个森林林纲组、16 个森林林纲、328 个森林林系和若干森林林型（类型）。同时分析云南的自然地理环境和其成林原因，提出了分布规律，进而阐明云南森林类型及地理分布的多样、复杂、独特和系统特点。

关键词：云南；森林类型；分类系统；分布格局；多样性；独特性；系统性

摘自：《西南林业大学学报》（自然科学版）2018 年 06 期

昆明翠湖公园植物空间对老年人行为影响研究

作者：张勇强；张云

单位：西南林业大学

摘要：本课题从昆明翠湖公园的植物造景形式、植物空间、植物特征、植物文化等角度出发，结合老年人的行为活动特征来探讨昆明翠湖公园植物空间对老年人行为的影响。研究发现：规则式绿篱对老年人具有引导作用，自然式植被密度、林荫效果、景观的可视性影响老年人的活动选择；开敞式植物空间有助于老年人活动参与，半开敞半封闭植物空间满足了老年人安全需要和交流愿望；植物颜色、香味分别对老年人具有辨别引导和促进活动参与的作用；植物文化满足了老年人的精神追求。最后，基于调研结果为昆明翠湖公园植物空间的完善提出建议。

关键词：植物空间；老年人；翠湖公园；行为活动

摘自：《山东林业科技》2018 年 04 期

云南少数民族贫困县林业扶贫策略研究

作者：窦亚权；余红红；王雅男；李娅

单位：西南林业大学

摘要：云南省贫困问题严重，扶贫资源有限，林业发展在扶贫开发工作中发挥着不可替代的作用。文章选取云南省17个少数民族贫困县，以各贫困县的森林覆盖率和林业产值为基础，运用K-Means聚类法进行分析，将17个贫困县分为4个类型；在此基础上，根据各县的林业资源禀赋以及林业经济发展水平提出相应的扶贫策略，以期促进贫困县林业发展，实现贫困人口脱贫致富。

关键词：林业扶贫；发展策略；K-Means聚类；少数民族贫困县

摘自：《林业经济》2018年10期

浅析少数民族传统生态文化的科学性

作者：范彦晓；王传发

单位：西南林业大学马克思主义学院

摘要：长期的生产生活实践，使众多少数民族形成了与环境和谐相处的朴素生态思想，其生态思想以一定的生活方式、制度形式以及精神文化表现出来，蕴含着无可比拟的优越性和科学性。本文阐述了少数民族的饮食习惯、传统民居、生产实践以及宗教信仰，揭示其中蕴含的科学思想，为少数民族传统生态文化的继承和保护提供依据，为当前的生态文明建设提供参考。

关键词：生态思想；精神文化；少数民族；生态文化；生态文明建设

摘自：西南林业大学学报（社会科学）2018年05期

云南核桃种质资源调查初报

作者：杨从华1；肖良俊2；宁德鲁3；熊利权1；吴涛2；陈少瑜2；贺娜2

单位：1. 西南林业大学；2. 云南省林业科学院

摘要：为了探清云南省核桃资源数量与分布，推动区域性良种选育，促进云南省核桃产业转型升级及可持续发展，2015年云南省林业科学院对全省16个市（州）进行了核桃种质资源调查，共收集种质资源1364份，涵盖了胡桃科3属9种，并完成了核桃种质资源初步评价、种质资源标本库、信息库及资源圃建设等工作。以期在核桃种质资源收集、保存的基础上，加强核桃种质资源研究，发挥资源优势，促进核桃产业健康及可持续发展。

关键词：云南核桃；种质资源；调查；收集；保存

摘自：《西部林业科学》2018年05期

云南墨江极小种群物种铁竹的种群结构与群落特征

作者：喻丁香；杜凡；石明；杨聪；代俊

单位：西南林业大学林学院

摘要：铁竹分布在云南南部局部区域，其数量少，分布范围狭窄，为云南省极小种群物种。对铁竹野生种群结构及其所在群落特征进行研究可以为了解其濒危机制提供科学依据，也可为其保护提供前期研究基础。该研究通过对墨江铁竹野生资源的调查，从物种组成、种群密度、种群存活曲线和死亡因素等方面，分析铁竹的种群结构及其所在群落特征。结果表明：（1）墨江铁竹种群所在群落的外貌、物种组成均具有山地雨林的特征；（2）墨江铁竹种群密度为每平方米2.04株；铁竹种群的存活曲线介于Deevey-I型和Deevey-II型之间；铁竹种群的净增殖率（R0）为1.10，表明铁竹种群处于增长阶段；（3）导致铁竹死亡的原因有人为砍伐、自然枯立、退笋及昆虫啃食，其中人为砍伐所占比例最大；（4）铁竹为南亚热带森林竹种，属中型竹类，节间长度从基部3～4节起突然伸长，最长超过1m，在竹类植物中居于前列，这与其适应热带山地雨林环境密切相关。

关键词：铁竹；物种组成；种群数量；节间特征；墨江

摘自：《植物生态学报》2018年09期

自然生态观在云南少数民族传统民居建筑中的体现

作者：李楠；包蓉

单位：西南林业大学设计学院

摘要：云南少数民族传统民居建筑从最初的圈地盖房到建筑落成处处体现着其独特的自然生态观。这一生态观反映了云南少数民族顺应自然，追求建筑与自然和谐共处的传统民居建造观念。在这一观念的指导下，分别从规划选址、空间布局、构造方式和就地取材四个方面探索云南少数民族传统民居建筑中自然生态观的表现方式，并以云南哈尼族、彝族、藏族等11个少数民族为例，详细阐述云南少数民族传统民居建筑的生态特征，为当代建筑的可持续发展提供借鉴。

关键词：自然生态；少数民族；传统民居；建筑

摘自：《美与时代》2018年08期

高黎贡山百花岭国内观鸟游客行为特征及满意度研究

作者：岳茂伟；杨建美；肖乾丽；姚凤贵；周雄峰

单位：西南林业大学

摘要：随着经济的发展，近年来中国观鸟游客数量逐年增加，本文对到高黎贡山百花岭的国内观鸟游客行为特征及其满意度进行了探究。百花岭国内观鸟游客的行为特征主要表现为：男性居多；46 岁及以上年龄段人数偏多；多数人受教育程度高，收入较高；互联网和朋友是其获取观鸟信息的主要渠道；通常选择结伴出行；逗留多为 1～3 天；重游率较高。观鸟游客大部分来自以云南以外其他省市，以摄影摄像为主要目的；消费支出主要是食宿、交通和鸟塘鸟棚方面；影响旅游满意度的主要因素包括鸟种丰富性、自然环境和观鸟设施等。基于以上结论，本文对云南提升观鸟旅游发展提出了相应的建议与思考。

摘自：《旅游丛刊》2018 年 08 期

生态兴衰与文明兴衰的历史观照

作者：张海夫

单位：西南林业大学马克思主义学院

摘要：生态兴则文明兴，生态衰则文明衰。把文明进程与生态的兴衰相依作为今天生态文明建设的重要理念和原则，揭示了历史进程的必然规律性。生态文明是人类发展到一定阶段上新的文明形态，它内在地包含着工业文明和农业文明的优秀成分，又通过生态文明的科学理念来提升工业文明和传统农业文明，使之成为人类新文明的现代基因，从而形成具有历史承袭关系的当代文明形态。

摘自：《社会主义论坛》2018 年 07 期

云南藏区土地利用的地方性知识研究

作者：李建钦 1；李飞飞 2；张永林 3

单位：1. 西南林业大学中央民族大学；2. 中国环境科学研究院；3. 迪庆州林业局

摘要：云南藏民对以农地为主的土地资源的多样性利用和管理构成了云南藏区农户生计持续发展的资源基础。本研究通过调查云南藏民对土地性质的认知和多样性利用的地方性知识，认为正是各类传统农业生物多样性管理的技术被广泛应用于农牧生产的各个环节，才使得生存于高原脆弱生态环境中的藏族最大限度降低了各种自然和社会风险所带来的影响，实现了对当地自然资源的高效、综合利用，保证了生计的存续和发展。

关键词：云南藏区；土地利用；地方性知识；民族生态学

摘自：《凯里学院学报》2018 年 03 期

云南森林及近自然森林经营关键技术应用

作者：王卫斌；张劲峰；杨德军

单位：云南省林业科学院

摘要：云南是中国的森林资源大省，由于长期忽视森林经营，导致云南省森林资源质量效益不高、局部地区生态系统退化、生态功能不强等问题突出。本文在进行云南森林资源现状质量评价以及多功能近自然森林经营的理念、理论、目标、对象和技术与传统森林经营比较分析的基础上，针对制约云南多功能近自然森林经营的关键技术瓶颈，提出开展云南省林地立体分类与质量评价、建立省级森林经营长期科研试验基地、开展森林多功能近自然经营技术集成与示范推广、加强科研基础条件平台和技术标准体系建设等技术创新重点领域的建议。

关键词：多功能近自然森林经营；关键技术

摘自：《西部林业科学》2018 年 01 期

珍稀濒危植物蒜头果资源保护与产业化发展瓶颈研究

作者：徐德兵；陈福；郭晓春；廖永坚；袁其琼；张林涛；贾代顺；宋顺超

单位：云南省林业科学院

摘要：在调查和试验的基础上，分析了云南省广南县珍稀濒危植物蒜头果资源的现状及其在保护和开发利用中遇到的资源匮乏、种群数量少且消失速度快、种子自然传播萌芽困难、种群自然更新能力差、人工良种基地化栽培尚未取得突破性进展、产业前期基础薄弱、可持续开发利用困难等瓶颈。因此，提出建立自然保护小区、种质资源收集圃，开展良种选育工作；建立种苗快繁育体系，开展原生地回归种植，扩大种群数量；突破人工良种化基地建设瓶颈，建立标准化生产基地，全产业链合理规划布局等建议。

关键词：蒜头果；珍稀濒危；资源保护；开发利用

摘自：《林业经济问题》2018 年 03 期

亚太森林资源可持续发展探析

作者：张婉洁；潘瑶；王俊；苏凯文；沈立新

单位：西南林业大学亚太森林组织昆明培训中心

摘要：森林资源是地球上最重要的资源之一，是生物多样化的基础，但随着人口增加、环境破坏、土地开发等，全球森林资源不断减少，其中亚太地区约占全球森林面积的 18.3%。通过对南亚、东南亚、太平洋、东亚、中亚次区域的森林资源现状进行概述，分析了亚太地区森林资源保护与利用中存在的主要问题，提出了亚太区域森林资源可持续发展的建议，对该地区森林资源发展提供参考。

关键词：区域林业；森林管理；森林退化；砍伐

摘自：《西南林业大学学报》（社会科学版）2018 年 02 期

云南省林业三次产业内主要涉林产业的竞争力

作者：赵会杰；赵璟

单位：西南林业大学经济管理学院

摘要：为提高云南省林业产业的竞争力，采用动态－偏离份额分析法，研究 2007 ～ 2014 年云南省林业三次产业（第一、第二和第三产业）内主要涉林产业的结构及竞争力。结果表明：云南省林业第一、第二产业内主要涉林产业结构较合理且竞争力较强，第三产业内主要涉林产业结构不合理且竞争力较弱。建议加强主要涉林产业的带动作用，拓宽林业产业发展新途径，以提高云南省林业产业的竞争力。

关键词：林业；产业结构；偏离份额分析法；云南

获奖成果

2018 年度云南省有突出贡献优秀专业技术人才名单（115 人）

序号	姓名	单位	等次
1	卢光盛	云南大学	二等奖
2	邱建备	昆明理工大学	二等奖
3	张荣平	昆明医科大学	二等奖
4	苟　潇	云南农业大学	二等奖
5	叶建州	云南省中医医院	二等奖
6	马　勇	云南省社会科学院	二等奖
7	何玉华	云南省农业科学院粮食作物研究所	二等奖
8	严　亮	普洱茶研究院	二等奖
9	张国辉	云南交投集团公路建设有限公司	二等奖
10	马　仪	云南电网有限责任公司电力科学研究院	二等奖
11	普世坤	云南临沧鑫圆锗业股份有限公司	二等奖
12	高江云	云南大学	三等奖
13	夏雪山	昆明理工大学	三等奖
14	陈文慧	云南中医学院	三等奖
15	周　伟	云南财经大学	三等奖
16	杨　军	云南艺术学院	三等奖
17	吴学东	大理大学	三等奖
18	李　瑛	云南民族大学	三等奖
19	谭　鑫	中共云南省委党校（云南行政学院）	三等奖
20	李　军	云南林业职业技术学院	三等奖
21	杨晓春	云南机电职业技术学院	三等奖
22	孟　强	云南省第一人民医院	三等奖
23	董旭东	云南省第一人民医院	三等奖
24	徐　健	昆明医科大学第一附属医院	三等奖
25	邓丹琪	昆明医科大学第二附属医院	三等奖

续表

序号	姓名	单位	等次
26	李高峰	云南省肿瘤医院	三等奖
27	聂建云	云南省肿瘤医院	三等奖
28	汤小虎	云南省中医医院	三等奖
29	赵世文	云南省疾病预防控制中心	三等奖
30	王志勇	云南省科学技术情报研究院	三等奖
31	白玉宝	云南省文化馆	三等奖
32	雷启云	云南省新闻出版广电局无线台站管理中心	三等奖
33	李　西	云南省地震局	三等奖
34	来国防	云南省食品药品监督检验研究院	三等奖
35	田树魁	云南省水产技术推广站	三等奖
36	张文东	云南省动物疫病预防控制中心	三等奖
37	刘云彩	云南省林业科学院	三等奖
38	谌爱东	云南省农业科学院农业环境资源研究所	三等奖
39	李锦红	云南省德宏热带农业科学研究所	三等奖
40	冯　云	云南省无线电监测中心	三等奖
41	蒋成兴	云南省地质调查局	三等奖
42	杨志华	云南省城乡规划设计研究院	三等奖
43	田卫群	云南省公路科学技术研究院	三等奖
44	邓旭东	云南省公路科学技术研究院	三等奖
45	韩云峰	云南省水利水电勘测设计研究院	三等奖
46	陈丹晖	云南省计量测试技术研究院	三等奖
47	张从金	云南机器三厂有限责任公司	三等奖
48	梅文周	云南黄金矿业集团股份有限公司勘查院	三等奖
49	李四全	云南省有色地质局勘测设计院	三等奖
50	张溯柳	云南日报报业集团新闻网络信息中心	三等奖
51	胡昌义	昆明贵金属研究所	三等奖
52	莫　峰	云南锡业股份有限公司	三等奖
53	李云驹	云南磷化集团有限公司	三等奖
54	汪云华	云南冶金集团创能金属燃料电池股份有限公司	三等奖
55	朱锦辉	云南省后所煤矿	三等奖
56	王明聪	云南建设基础设施投资股份有限公司	三等奖
57	杨　林	云南省建设投资控股集团有限公司	三等奖
58	陈云丰	云南省设计院集团	三等奖
59	安　全	云南白药集团股份有限公司	三等奖
60	邢志华	玉溪大红山矿业有限公司	三等奖
61	陈海强	昆明船舶设备集团有限公司	三等奖
62	向能军	云南中烟工业有限责任公司技术中心	三等奖
63	周　罕	中国有色金属工业昆明勘察设计研究院有限公司	三等奖
64	赵志勇	中国电建集团昆明勘测设计研究院有限公司	三等奖
65	王红军	中国水利水电第十四工程局有限公司	三等奖
66	徐　鹏	中国科学院西双版纳热带植物园	三等奖
67	王　珏	昆明市第一幼儿园	三等奖
68	周丽蓉	昆明市第三中学	三等奖
69	段渝波	昆明铁路机械学校	三等奖

续表

序号	姓名	单位	等次
70	付　义	昆明市中医医院	三等奖
71	冉江华	昆明市第一人民医院	三等奖
72	张顺发	寻甸县第一中学	三等奖
73	范云鹰	云南滇科涂镀层材料有限公司	三等奖
74	张　晶	云南枭润科技服务有限公司	三等奖
75	曾清贤	昭通市林业科学研究所	三等奖
76	李云国	昭通市水果技术推广站	三等奖
77	张云书	威信县第一中学	三等奖
78	周红庆	曲靖市第一人民医院	三等奖
79	高春国	曲靖市畜禽改良工作站	三等奖
80	施维江	曲靖市马龙区通泉中学	三等奖
81	王鹏云	云南中翼鼎东能源科技开发有限公司	三等奖
82	王树明	玉溪市植保植检站	三等奖
83	张友存	玉溪市江川区水产技术推广站	三等奖
84	段金枝	通海县职业高级中学	三等奖
85	吴光耀	玉溪新兴钢铁有限公司	三等奖
86	罗林勇	云南若水建筑设计有限公司	三等奖
87	杨　淳	保山中医药高等专科学校	三等奖
88	李国生	保山市农业科学研究所	三等奖
89	杨明芹	保山市隆阳区幼儿园	三等奖
90	曹云春	云南省楚雄金鹿中学	三等奖
91	王元章	楚雄州人民医院	三等奖
92	毕　用	禄丰县农业技术推广中心	三等奖
93	孔祥福	红河州经济作物技术推广站	三等奖
94	楚永兴	红河州林业科学研究所	三等奖
95	陈保艳	弥勒市弥东中学	三等奖
96	赖庆国	红河金易文化产业发展有限责任公司	三等奖
97	刘　娜	文山州农业科学院	三等奖
98	罗荣武	文山市第一初级中学	三等奖
99	吕学菊	砚山县农业技术推广中心	三等奖
100	马鸿丽	墨江县城小学	三等奖
101	罗晓荣	景洪市土壤肥料工作站	三等奖
102	朱　二	勐海县农业技术推广中心	三等奖
103	杨文高	大理州民族中学	三等奖
104	张金莲	大理州农业科学推广研究院	三等奖
105	刘荣斌	洱源县植保植检站	三等奖
106	番华芬	德宏州水利水电站建设工程质量监督站	三等奖
107	赵见明	瑞丽市林业科技推广站	三等奖
108	和平根	丽江市农业科学研究所	三等奖
109	曾金梅	丽江市水土保持生态环境监测站	三等奖
110	木　瑾	丽江市古城区人民医院	三等奖
111	周光良	怒江州农产品质量安全监督检验中心	三等奖
112	杨国强	怒江州畜禽品种改良站	三等奖
113	赵素梅	迪庆州幼儿园	三等奖
114	尹文跃	维西县农牧和科学技术局植保植检站	三等奖
115	李育东	临沧市人民医院	三等奖

摘自《云南省人民政府关于2018年度云南省有突出贡献优秀专业技术人才和享受政府特殊津贴人员的决定》

2018年度云南省享受政府特殊津贴人员名单（100人）

序号	姓　名	单位
1	冯　卓	云南大学
2	周应揆	云南大学
3	罗永明	昆明理工大学
4	吴映梅	云南师范大学
5	吴宝璋	云南师范大学
6	方　菁	昆明医科大学
7	毕玉芬	云南农业大学
8	姜　茸	云南财经大学
9	陈德顺	云南民族大学
10	刘苏荣	曲靖师范学院
11	杨林军	丽江师范高等专科学校
12	张爱山	云南交通职业技术学院
13	王正荣	云南能源职业技术学院
14	廖支新	云南师范大学附属中学
15	李启艳	云南省第一人民医院
16	尹　勇	云南省第二人民医院
17	郭光萍	云南省妇幼保健院
18	马岚青	昆明医科大学第一附属医院
19	韩雁冰	昆明医科大学第一附属医院
20	张　玮	昆明医科大学第一附属医院
21	吴海鹰	昆明医科大学第一附属医院
22	柯亭羽	昆明医科大学第二附属医院
23	孙传政	云南省肿瘤医院
24	施　静	云南省中医医院
25	张体伟	云南省社会科学院
26	王莉花	云南省农业科学院生物技术与种质资源研究所
27	经艳芬	云南省农业科学院甘蔗研究所
28	陈天友	云南省土壤肥料工作站
29	黄梅芬	云南省草地动物科学研究院
30	杨德军	云南省林业科学院
31	温庆忠	云南省林业调查规划院
32	杨志军	云南省教育科学研究院
33	陈庆云	云南省科学技术发展研究院
34	张筱鹏	云南省环境科学研究院
35	赵洪春	云南省新闻出版广电局曲靖691台
36	尤子荣	云南省新闻出版广电局无线台站管理中心
37	龙贵祥	云南省北教场体育训练基地
38	杨　军	云南省地震局
39	陈见尧	云南省文联
40	孙云凤	云南省城乡规划设计研究院
41	普文云	云南省交通运输厅工程质量监督局
42	李建伟	云南省水利水电勘测设计研究院
43	代兴兰	云南省水文水资源局曲靖分局
44	车国富	云南省标准化研究院

续表

序号	姓　名	单位
45	何　灿	云南省有色地质局三〇八队
46	曹云祥	云南建投安装股份有限公司
47	朱文伟	云南建投钢结构股份有限公司
48	杨泽龙	云南省交通投资建设集团有限公司
49	王海波	云南世博旅游控股集团有限公司
50	闻　明	贵研铂业股份有限公司
51	黄迎红	云南锡业研究院有限公司
52	张　晖	云南磷化集团有限公司
53	张建伟	云南白药集团股份有限公司
54	毕红兴	云南永昌硅业股份有限公司
55	司大军	云南电网有限责任公司电网规划建设研究中心
56	周　华	华能澜沧江水电股份有限公司黄登口大华桥水电工程建设管理局
57	李自冲	中国电建集团昆明勘测设计研究院有限公司
58	李金柱	武钢集团昆明钢铁股份有限公司技术中心
59	李世荣	沈机集团昆明机床股份有限公司
60	王　超	中国铁路昆明局集团有限公司昆明车辆段
61	张颖君	中国科学院昆明植物研究所
62	秦云华	云南中烟工业有限责任公司技术中心
63	陈晓屏	中国兵器工业集团第211研究所
64	朱志刚	昆明市第一中学西山学校
65	陈燕玲	昆明市人民政府机关第三幼儿园
66	肖曙芳	昆明市儿童医院
67	杨云燕	昆明聂耳交响乐团
68	岳开国	昆明云内动力股份有限公司
69	秦　选	昆明云内动力股份有限公司
70	王　宏	昆明亚灵生物科技有限公司
71	尹宗义	昭通市教育科学研究所
72	尹　坤	曲靖电视台
73	何　俊	曲靖市疾病预防控制中心
74	黄吉美	曲靖市农业科学院
75	李雪华	曲靖经济技术开发区第一中学
76	柏家渭	玉溪体育运动学校
77	张锡光	云南省玉溪市人民医院
78	景　明	玉溪市中医医院
79	杨和团	保山市经济作物技术推广工作站
80	何春荣	楚雄州中医医院
81	谷家明	楚雄州农业科学院
82	王跃强	红河州第一人民医院
83	丁和平	石屏县地震局
84	杨万春	红河县第一中学
85	李　梅	元阳县水产工作站
86	田　波	建水县陶茶居紫陶文化传播有限公司
87	王卫红	文山州幼儿园
88	杨　聪	文山州人民医院
89	赵水灵	文山州农业科学院
90	杨海慧	普洱市人民医院

续表

序号	姓　名	单位
91	王　震	西双版纳州人民医院
92	张亮山	大理州白剧团
93	李　江	大理州农业科学推广研究院
94	李　军	大理市第一人民医院
95	余　健	洱源县宁湖第二小学
96	张国荣	瑞丽市荣丰民族文化传播有限公司
97	兰碧瑛	丽江市文化馆
98	周　芳	怒江州民族中等专业学校
99	提　布	迪庆州种子管理站
100	阿瓦琪	德钦中学

摘自《云南省人民政府关于2018年度云南省有突出贡献优秀专业技术人才和享受政府特殊津贴人员的决定》

2017年度云南省科学技术奖励项目（人、组织）名单

科学技术杰出贡献奖（1人）

姓名	工作单位	主要贡献
张克勤	云南大学	在植物病原线虫生物防治研究领域作出杰出贡献

自然科学奖一等奖（5项）

序号	项目名称	主要完成人员
1	藏鸡、藏獒和藏猪低氧适应的生理与遗传机制	苟潇（云南农业大学），张浩（中国农业大学），杨舒黎（云南农业大学），毛华明（云南农业大学），严达伟（云南农业大学），鲁绍雄（云南农业大学），鲍海港（中国农业大学）
2	矿物晶体表面弛豫机制及流体包裹体浮选效应	文书明（昆明理工大学），邓久帅（昆明理工大学），刘建（昆明理工大学），先永骏（昆明理工大学），曹沁波（昆明理工大学），刘四清（昆明理工大学），柏少军（昆明理工大学）
3	Si基纳米光电子材料制备科学与性能研究	杨宇（云南大学），王茺（云南大学），杨杰（云南大学），王荣飞（云南大学），邱锋（云南大学）
4	线聚焦太阳能光热电耦合及能量传输转化与贮能研究	李明（云南师范大学），张鹏（上海交通大学），唐润生（云南师范大学），肖鑫（上海交通大学），季旭（云南师范大学），李国良（云南师范大学），王云峰（云南师范大学）
5	非人灵长类基因编辑与神经系统疾病模型研究	季维智（昆明理工大学），牛昱宇（昆明理工大学），陈永昌（昆明理工大学），司维（昆明理工大学），王宏（云南中科灵长类生物医学重点实验室），康宇（云南中科灵长类生物医学重点实验室），司晨洋（云南中科灵长类生物医学重点实验室）

自然科学奖二等奖（12项）

序号	项目名称	主要完成人员
1	中国西部高温、高盐极端微生物系统学及生态学研究	李文均（中山大学），蒋宏忱（中国地质大学〔武汉〕），职晓阳（云南大学），唐蜀昆（云南大学），周恩民（中山大学）
2	水稻适应进化的基因组变异机制研究	胡凤益（云南大学），王文（中国科学院昆明动物研究所），张石来（云南大学），徐讯（中国科学院昆明动物研究所），吕俊（中国科学院昆明动物研究所）
3	重要野生蘑菇的系统亲缘、多样性与新资源研究	杨祝良（中国科学院昆明植物研究所），吴刚（中国科学院昆明植物研究所），李艳春（中国科学院昆明植物研究所），葛再伟（中国科学院昆明植物研究所），戴玉成（北京林业大学）

续表

序号	项目名称	主要完成人员
4	中国植物DNA条形码研究	李德铢（中国科学院昆明植物研究所），杨俊波（中国科学院昆明植物研究所），李洪涛（中国科学院昆明植物研究所），高连明（中国科学院昆明植物研究所），葛学军（中国科学院华南植物园）
5	复杂数据的统计推断	唐年胜（云南大学），朱宏图（美国北卡罗来纳大学），李会琼（云南大学），赵普映（云南大学），赵慧（云南大学）
6	云南地方猪肉品特性形成及营养调控机理	葛长荣（云南农业大学），贾俊静（云南农业大学），赵素梅（云南农业大学），陶琳丽（云南农业大学），潘洪彬（云南农业大学）
7	家蚕等鳞翅目昆虫茧丝进化机制及基因资源挖掘	王文（中国科学院昆明动物研究所），相辉（华南师范大学），李昕（中国科学院昆明动物研究所），陈垒（中国科学院昆明动物研究所），董扬（云南农业大学）
8	52种云南民族药用植物及内生真菌活性成分研究	胡秋芬（云南民族大学），周敏（云南民族大学），高雪梅（云南民族大学），江志勇（云南民族大学），李干鹏（云南民族大学）
9	滇池典型环境内分泌干扰物的污染特征与生物效应研究	潘学军（昆明理工大学），黄斌（昆明理工大学），刘晶靓（云南省能源投资集团有限公司），王彬（西南科技大学），万幸（昆明理工大学）
10	云南有毒动物新型肽类毒素发现与功能解析	张云（中国科学院昆明动物研究所），李文辉（中国科学院昆明动物研究所），向阳（中国科学院昆明动物研究所），李盛安（中国科学院昆明动物研究所），张勇（中国科学院昆明动物研究所）
11	Notch信号通路介导少突胶质细胞成熟及其在脊髓损伤中的作用与机制	王廷华（昆明医科大学），肖志成（昆明医科大学），刘佳（昆明医科大学），邹宇（昆明医科大学），刁杨彦彬（昆明医科大学）
12	肿瘤坏死因子受体Ⅱ在视网膜新生血管发生发展中的作用机制研究	袁玲（昆明医科大学第一附属医院），余洪华（中山大学中山眼科中心），李燕（昆明医科大学第一附属医院），陶奕瑾（昆明医科大学第一附属医院），唐仕波（中山大学中山眼科中心）

自然科学奖三等奖（17项）

序号	项目名称	主要完成人员
1	辣椒种质资源部分重要性状的机理研究	邓明华（云南农业大学），文锦芬（昆明理工大学），邹学校（湖南省农业科学院）
2	西南新近纪环境演变及植物多样性演化	周浙昆（中国科学院西双版纳热带植物园），苏涛（中国科学院西双版纳热带植物园），黄永江（中国科学院昆明植物研究所）
3	粗叶木属植物分类学研究	朱华（中国科学院西双版纳热带植物园）
4	DNA分子光谱及其在茶花等植物物种及品种鉴定中的应用	邱璐（楚雄师范学院），杨海艳（楚雄师范学院），刘鹏（楚雄师范学院）
5	非线性波动力学多样性研究	刘俊（曲靖师范学院），戴正德（云南大学），罗红英（曲靖师范学院）
6	具有光、磁性质配合物的合成与研究	成飞翔（曲靖师范学院），杨玉亭（曲靖师范学院），贺池先（曲靖师范学院）
7	模拟玻色爱因斯坦凝聚态的高效数值方法及其在相关物理学中的应用	王汉权（云南财经大学）
8	日冕磁流体力学波、喷流和暗条爆发活动观测研究	申远灯（中国科学院云南天文台），郑瑞生（山东大学〔威海〕），刘煜（中国科学院云南天文台）
9	基于高效、绿色的合成方法学在构建有机含氮及含氧化合物中的应用	谷利军（云南民族大学），李干鹏（云南民族大学），黄相中（云南民族大学）
10	微萃取技术在食品环境安全检测中研究及应用	杨亚玲（昆明理工大学），李小兰（广西中烟工业有限责任公司），孟冬玲（广西中烟工业有限责任公司）
11	复杂调度优化问题的混合智能求解理论与方法	钱斌（昆明理工大学），王凌（清华大学），胡蓉（昆明理工大学）
12	民族文化视觉计算的基础理论与关键技术研究	徐丹（云南大学），普园媛（云南大学），钱文华（云南大学）

续表

序号	项目名称	主要完成人员
13	新型铂类抗肿瘤药物的设计、合成和抗癌作用研究	刘伟平（昆明贵金属研究所），楼丽广（中国科学院上海药物研究所），谌喜珠（昆明贵金属研究所）
14	消化道肿瘤侵袭转移及干性表型的分子机制	宋鑫（昆明医科大学第三附属医院〔云南省肿瘤医院〕），李真（昆明医科大学第三附属医院〔云南省肿瘤医院〕），葛春蕾（昆明医科大学第三附属医院〔云南省肿瘤医院〕）
15	小分子抗菌活性肽对泌尿系感染的临床前期研究	申吉泓（昆明医科大学第一附属医院），张白羽（昆明医科大学第一附属医院），赵晖（昆明医科大学第一附属医院）
16	马蹄香抗病毒性腹泻的成份分析及其机制研究	黄永坤（昆明医科大学第一附属医院），王承宇（中国人民解放军军事医学科学院军事兽医研究所），董坚（昆明医科大学第一附属医院）
17	人类脐血干细胞移植对大鼠外伤性视神经损伤的疗效	李云琴（云南省第二人民医院），肖丽波（云南省第二人民医院），邹悦（云南省第二人民医院）

技术发明奖一等奖（2 项）

序号	项目名称	主要完成人员
1	元江普通野生稻渗入系创制及其应用	程在全（云南省农业科学院生物技术与种质资源研究所），黄兴奇（云南省农业科学院生物技术与种质资源研究所），殷富有（云南省农业科学院生物技术与种质资源研究所），肖素勤（云南省农业科学院生物技术与种质资源研究所），钟巧芳（云南省农业科学院生物技术与种质资源研究所），蒋聪（云南省农业科学院生物技术与种质资源研究所），杨久（云南省农业科学院粮食作物研究所），付坚（云南省农业科学院生物技术与种质资源研究所），余腾琼（云南省农业科学院生物技术与种质资源研究所）
2	骨科个性化精准内固定核心技术发明与应用	熊鹰（昆明市延安医院），徐永清（成都军区昆明总医院），王成焘（上海交通大学），赵烽（昆明市延安医院），普淇（昆明市延安医院），张仲子（昆明市延安医院），肖甲宇（昆明市延安医院），耿承奎（昆明市延安医院），谢宏辉（天津市威曼生物材料有限公司）

技术发明奖二等奖（1 项）

序号	项目名称	主要完成人员
1	大型沸腾氯化法钛白粉产业化关键技术研发	刘建良（云南冶金新立钛业有限公司），马翔（云南冶金集团股份有限公司），李建军（云南冶金新立钛业有限公司），王洪江（云南冶金集团股份有限公司），江书安（云南冶金新立钛业有限公司），杨光灿（云南驰宏资源综合利用有限公司），杨易邦（云南冶金新立钛业有限公司）

技术发明奖三等奖（6 项）

序号	项目名称	主要完成人员
1	腾冲有机高山乌龙茶生产方法	杨明彦（云南腾冲极边茶业股份有限公司），康耀昌（腾冲市茶桑技术推广工作站），张月强（腾冲市明光镇农业技术推广站），周新孝（腾冲市茶桑技术推广工作站），孙存芬（腾冲市农产品质量安全中心）
2	基于多层熔融共挤的石头纸关键技术开发与应用	严杨（云南昆钢石头纸环保材料有限公司），刘海国（云南昆钢钙镁熔剂有限公司），刘玉新（昆明理工大学），刘瑞铭（云南昆钢石头纸环保材料有限公司），邵国卫（云南昆钢石头纸环保材料有限公司）
3	锌电积用铝基复合阳极材料制备关键技术及应用	郭忠诚（昆明理工大学、昆明理工恒达科技股份有限公司），黄惠（昆明理工大学），陈步明（昆明理工大学），李四光（云南金鼎锌业有限公司），刘亚建（巴彦淖尔紫金有色金属有限公司）
4	新型烟草制品产业化关键技术开发及应用	缪明明（云南中烟工业有限责任公司），陈永宽（云南中烟工业有限责任公司），朱东来（云南中烟工业有限责任公司），汤建国（云南中烟工业有限责任公司），杨柳（云南中烟工业有限责任公司）

续表

序号	项目名称	主要完成人员
5	狭窄河谷地区水电工程缆机布置创新研究与实践	薛宝臣（中国电建集团北京勘测设计研究院有限公司），郑爱武（华能澜沧江水电股份有限公司），范建章（中国电建集团北京勘测设计研究院有限公司），陈江（华能澜沧江水电股份有限公司），代振峰（中国电建集团北京勘测设计研究院有限公司）
6	氟利昂无害化及资源化利用技术	刘天成（云南民族大学），贾丽娟（云南民族大学），宁平（昆明理工大学），高红（昆明理工大学），殷梁涛（昆明理工大学）

科学技术进步奖特等奖（4 项）

序号	项目名称	主要完成人	主要完成单位
1	普洱茶产业关键技术创新与应用	盛军，周红杰，闫希军，龚加顺，王宣军，严亮，赵明，方崇业，吕才有，郝淑美，罗朝光，张勇，李亚莉，王兴华，黄业伟，彭春秀，秦向东，李姝谚，高应敏，刘俊辉，贾黎辉，高峻，崔廷宏，周安凡，杨瑞娟，王天权，董祖祥，杨军，田稳荣，王乐观	云南农业大学，普洱茶研究院，云南大学，天士力帝泊洱生物茶集团有限公司，普洱茶树良种场，普洱市茶产业发展科技服务中心，云南东方不老生物技术有限公司，普洱祖祥高山茶园有限公司，云南柏联普洱茶庄园有限公司，云南滇红集团股份有限公司，保山昌宁红茶业集团有限公司，西双版纳勐海国艳茶厂
2	水力式升船机成套技术创新与应用	马洪琪，张宗亮，胡亚安，袁湘华，李自冲，李中华，向泽江，马仁超，吴一红，李云，艾永平，凌云，宣国祥，肖海斌，朱国金，马经春，张步斌，刘义发，刘展华，刘锦，宫必宁，张蕊，陈兆新，谢思思，王新，梁秀华，钏毅民，曹以南，黄群，刘金堂	华能澜沧江水电股份有限公司，中国电建集团昆明勘测设计院有限公司，水利部交通运输部国家能源局南京水利科学研究院，中国水利水电科学研究院，中国葛洲坝集团股份有限公司，中信重工机械股份有限公司，华电郑州机械设计研究院有限公司，中国水利水电建设工程咨询中南有限公司，西安航天自动化股份有限公司，河海大学
3	阳宗海湖泊水体原位除砷技术及工程应用	陈景，张曙，杨项军，黄章杰，王世雄，王尧，韦群燕，肖军，张艮林，常军，向星，王娟，蒋峰芝	云南大学
4	肝脏移植缺血再灌注损伤与免疫损伤的防治	曾仲，刘作金，黄汉飞，龚建平，李金政，杨世昆，吴涯昆，龚俊华，段键，李珍，张海燕，林杰，晋力，李智涛	昆明医科大学第一附属医院，重庆医科大学附属第二医院

科学技术进步奖应用技术项目类一等奖（10 项）

序号	项目名称	主要完成人员	主要完成单位
1	切花月季新品种选育与产业化关键技术集成示范	唐开学，张颢，王其刚，蹇洪英，邱显钦，晏慧君，李淑斌，陈敏，周宁宁，张婷，李慧敏	云南省农业科学院花卉研究所，云南锦苑花卉产业股份有限公司，云南尚美嘉花卉有限公司，云南鑫海汇花业有限公司，云南丽都花卉发展有限公司，云南云科花卉有限公司
2	十字花科蔬菜根肿病生物防控技术研究与示范	何月秋，姬广海，吴毅歆，李兴玉，岳艳玲，何鹏飞，胡靖锋，罗树荣，蒋仕波，赵志国，王树明	云南农业大学，云南省农业科学院园艺作物研究所，云南星耀生物制品有限公司，云南省微生物发酵工程研究中心有限公司
3	观赏蝴蝶规模化人工养殖及彩蝶飞舞景观构建关键技术	陈晓鸣，周成理，史军义，石雷，姚俊，丁伟峰，冯颖，唐宇翀，易传辉，胡劭骥，李承哲	中国林业科学研究院资源昆虫研究所，云南中林生物资源科技有限公司，大理旅游集团有限责任公司蝴蝶泉公园分公司，昆明中林观赏昆虫科技开发有限公司，云南省林业科学院，云南大学
4	贫细杂难选胶磷矿资源化利用关键技术集成与工业示范	李耀基，夏敬源，杨稳权，刘丽芬，沈政昌，方世祥，张晖，史帅星，谢国先，张朝旺，赵凤婷	云南磷化集团有限公司，北京矿冶研究总院

续表

序号	项目名称	主要完成人员	主要完成单位
5	三七标准化与产业发展关键技术研究及应用	崔秀明，魏均娴，苏豹，黄璐琦，官会林，杨兆祥，刘大会，郝南明，饶高雄，宋流东，张铁	昆明理工大学，云南白药集团股份有限公司，昆明医科大学，昆药集团股份有限公司，文山学院，中国中医科学院中药资源中心，云南师范大学，云南中医学院，云南七丹药业股份有限公司
6	膀胱癌综合诊疗理论和技术创新及临床应用推广	王剑松，李翀，范祖森，王海峰，颜汝平，詹辉，柯昌兴，杨明莹，丁明霞，杨德林，方克伟	昆明医科大学第二附属医院，中国科学院生物物理研究所
7	生物材料植入感染研究及临床医用	雷玉洁，陈颖，赵光强，杨堃，徐玉善，林兴，叶联华，王小燕，汤琦，丁晓洁，王曦	昆明医科大学第三附属医院（云南省肿瘤医院），昆明医科大学第一附属医院，福建省立医院
8	云南省结直肠肿瘤防治、康复新技术体系的建设及推广应用	董坚，李云峰，袁瑛，张苏展，杨之斌，杨军，程先硕，珠珠，南琼，张洪涛，高屹	昆明医科大学第三附属医院（云南省肿瘤医院），浙江大学医学院附属第二医院，昆明医科大学第一附属医院
9	云南名老中医治疗皮肤病学术思想及应用示范	叶建州，欧阳晓勇，杨雪松，杨恩品，黄虹，秦国政，孙虹，李丽琼，潘莉虹，朱智生，尹平	云南中医学院第一附属医院
10	复杂山区公路边坡灾害全过程防控新技术及应用	张玉芳，刘永才，廖小平，房锐，魏少伟，李果，谢忠，万军利，李春晓，李健，郭彪	云南省交通规划设计研究院，中国铁道科学研究院，中铁西北科学研究院有限公司，云南省交通投资建设集团

科学技术进步奖科技创业类一等奖（1 人）

序号	姓名	工作单位
1	芮茂能	丽江三川实业集团有限公司

科学技术进步奖科技创新团队类一等奖（2 项）

序号	团队名称	所属单位
1	云南省花卉研究创新团队	云南省农业科学院花卉研究所
2	云南省稀贵金属电接触新材料及制备技术创新团队	贵研铂业股份有限公司

科学技术进步奖二等奖（27 项）

序号	项目名称	主要完成人	主要完成单位
1	云瑞甘蔗亲本创制及其杂交花穗规模化生产关键技术研发应用	经艳芬，董立华，桃联安，朱建荣，安汝东，边芯，周清明，张永港，郎荣斌	云南省农业科学院甘蔗研究所，德宏傣族景颇族自治州甘蔗科学研究所
2	云南蔬菜小菜蛾可持续绿色防控关键技术研发与集成应用	谌爱东，李向永，李永川，尹艳琼，赵雪晴，李振宇，杨明文，黄春芬，马永翠	云南省农业科学院农业环境资源研究所，广东省农业科学院植物保护研究所，云南省植保植检站，中国农业科学院蔬菜花卉研究所，浙江省农业科学院植物保护与微生物研究所，临沧市农业技术推广站，通海县植保植检站
3	豌豆种质资源收集评价创新与新品种选育及应用	何玉华，包世英，吕梅媛，宗绪晓，朱振东，王丽萍，杨峰，于海天，孙素丽	云南省农业科学院粮食作物研究所，中国农业科学院作物科学研究所，保山市农业科学研究所，曲靖市农业科学院，玉溪市农业科学院，丽江市古城区农技推广中心，昭通市农业科学院
4	云南藏区优质酿酒葡萄产业化关键技术研发与应用	舒世平，崔可栩，曹建宏，王家逵，张艳，培布	香格里拉酒业股份有限公司

续表

序号	项目名称	主要完成人	主要完成单位
5	橡胶树抗寒高产品种云研 77-2 和云研 77-4 的选育与应用	和丽岗，梁国平，肖再云，刘忠亮，张长寿，宁连云，李明谦，孙小龙，胡永华	云南省热带作物科学研究所
6	金沙江下游梯级水库地震监测分析系统研究与应用	樊启祥，孙柏涛，胡斌，吴海斌，常廷改，毛先进，苏立，雷红富，尚红	中国三峡建设管理有限公司，中国地震局工程力学研究所，中国水利水电科学研究院，云南省地震局，中国地震应急搜救中心
7	云南省中低产田治理关键技术及应用	余建新，刘淑霞，曾维军，张耿杰，李成学，郭晓飞，葛兴燕，龚涛，陈飞林	云南农业大学，云南远科土地整治规划设计有限公司
8	云南个旧锡铜多金属矿床找矿预测	赵鹏大，童祥，陈守余，武俊德，张寿庭，莫国培，陈建平，胡光道，沈思联	云南锡业集团（控股）有限责任公司，中国地质大学（武汉）
9	烟草中重要碳水化合物调控工艺技术及装置研发与应用	刘春波，孔维松，刘志华，张凤梅，叶灵，何沛，廖臻，徐世涛，李忠	云南中烟工业有限责任公司
10	近红外光谱分析物联网系统构建及其应用	王家俊，冯斌，段焰青，陈剑明，陈康宁，陶鹰，刘秀明，李源栋，胡群	云南中烟工业有限责任公司
11	多物料浆体管道网和分级顺序输送关键技术研发及应用	赵永平，马军，普光跃，潘春雷，刘弘伟，吴建德，王远，瞿承中，赵增佳	云南大红山管道有限公司，昆明理工大学，昆明钢铁控股有限公司
12	高品质大规格钛扁锭无锻造短流程轧制成卷关键技术开发及产业化	严锡九，苏鹤洲，张玉勤，史亚鸣，李志敏，卞辉，曹占元，蒋业华，刘昆	云南钛业股份有限公司，昆明理工大学，昆明钢铁控股有限公司
13	低品位高杂铜精矿双顶吹清洁冶金关键技术开发与应用	顾鹤林，兰旭，宋兴诚，徐建炎，付伟岸，杨建中，唐都作，蔡兵，张成明	云南锡业股份有限公司，中国恩菲工程技术有限公司，中国瑞林工程技术有限公司
14	RT 系列（承载 40-200 吨）精密重载数控回转工作台研发及产业化	王全宝，彭梁锋，杨甫，赵建华，周亚雄，朱祥，孙薇，张力，武记超	沈机集团昆明机床股份有限公司
15	模糊综合评价方法在云烟品牌加香加料中的应用	王明锋，朱保昆，廖头根，周国福，张翼鹏，杨乾栩，雷声，李超，李先毅	云南中烟工业有限责任公司
16	输变电设备物联网关键技术与应用	曹敏，李剑，黄星，高文胜，刘通，郝艳捧，朱青，郭创新，戴栋	云南电网有限责任公司，南方电网科学研究院有限责任公司，重庆大学，清华大学，华南理工大学，浙江大学，湖南大学
17	新型绿色超缓凝混凝土的研发与应用关键技术	李章建，刘国强，梁丽敏，李世华，沈家文，马敏超，李翔，田帅，林培仁	云南建投绿色高性能混凝土股份有限公司，云南省建设投资控股集团有限公司
18	废弃石屑制备混凝土关键技术与标准化研究及工程应用	李昕成，黄文君，梁丽敏，李章建，许国伟，党玉栋，王模弼，李世华，李东林	云南省建筑科学研究院，云南建投绿色高性能混凝土股份有限公司，云南省建设投资控股集团有限公司
19	高土石坝安全监测仪器研发及关键技术研究	张宗亮，邹青，谭志伟，张礼兵，冯业林，何宁，赵志勇，胡灵芝，汪璋淳	中国电建集团昆明勘测设计研究院有限公司，水利部交通运输部国家能源局南京水利科学研究院
20	云南省地中海贫血的基础和区域性防控研究	朱宝生，杨昭庆，贺静，张杰，褚嘉祐，陈仕平，章锦曼，程乐，苏洁	云南省第一人民医院，中国医学科学院医学生物学研究所
21	骨髓炎骨缺损治疗新技术的研究和临床应用	徐永清，陈庆华，李福兵，黄桂华，颜廷亭，朱跃良，石健，唐辉，金涛	成都军区昆明总医院，昆明理工大学，山东大学
22	儿童听力障碍综合防治关键技术体系的建立及应用	张铁松，马静，阮标，林垦，高映勤，陈泉东，李书聆，明澄，周丽娟	昆明市儿童医院，昆明医科大学第一附属医院

续表

序号	项目名称	主要完成人	主要完成单位
23	龙血竭应用基础研究及其重大产业化	张荣平，胡松谋，于浩飞，余晓玲，赵荣华，熊磊，王继陈，胡炜彦，张兰春	昆明医科大学，云南云河药业股份有限公司，昆明市中医医院，云南中医学院
24	主动脉A型夹层诊治技术的应用	龚昆梅，常谦，肖乐，张剑，李柔刚，郭世奎，尚雷，欧阳一鸣，胡刚	云南省第一人民医院
25	西双版纳州登革热应急综合救治体系的建立及推广应用	单西云，马志强，张复春，李丽华，马得宏，王震，刘平华，谭行华，白春海	西双版纳州人民医院，广州市第八人民医院
26	心脏再同步化治疗改善慢性心力衰竭患者疗效的研究与应用	赵玲，蒲里津，华宝桐，杨萍，骆志玲，李锐洁，郭涛，王钰，彭云珠	昆明医科大学第一附属医院
27	强震山区千米级跨径悬索桥关键技术研究与工程应用	常文，许晓峰，余显全，刘德敬，王高，朱桂荣，张李，马赟，黄福伟	云南省交通投资建设集团有限公司，招商局重庆交通科研设计院有限公司，中交公路规划设计院有限公司，云南省交通规划设计研究院，重庆交通大学

科学技术进步奖三等奖（108 项）

序号	项目名称	主要完成人员	主要完成单位
1	山地玉米抗逆简化栽培技术研究与应用	黄吉美，王朝武，倪留双，蒋先林，王明义，法庆元，浦军，	曲靖市农业科学院
2	高海拔粳稻新品种“凤稻25号”“凤稻26号”选育与推广	宋天庆，赵慧珠，何张伟，梁燕，郑金龙，张洁，段江华	大理白族自治州农业科学推广研究院
3	云南高原水稻高产高效栽培技术创新与应用	杨从党，李贵勇，李刚华，吴叔康，王勤，何清兰，龙瑞平	云南省农业科学院粮食作物研究所，南京农业大学，云南省农业技术推广总站，保山市隆阳区农业技术推广所，永胜县农业局农业技术推广中心
4	优质抗病烤烟品种云烟100和云烟105的选育及示范推广	李永平，焦芳婵，吴立著，吴兴富，曾建敏，张谊寒，肖志新	云南省烟草农业科学研究院，云南省烟草公司曲靖市公司，云南省烟草公司保山市公司
5	云南杧果优势产业支撑技术体系研究与示范	尼章光，罗心平，解德宏，陈于福，张翠仙，张发明，柏天琦	云南省农业科学研究所热带亚热带经济作物研究所，云南金坑果业科技有限公司
6	云南小粒咖啡产业化关键技术研发与应用	刘光华，闫林，黄家雄，程金焕，李锦红，文志华，李亚男	云南省农业科学院热带亚热带经济作物研究所，中国热带农业科学院香料饮料研究所，云南省德宏热带农业科学研究所，云南省农业机械研究所，保山锦庆热作科技有限公司
7	云南甘蔗高产高效养分管理技术与应用	刘少春，郭家文，刀静梅，代光伟，高欣欣，杨云忠，黄丕忠	云南省农业科学院甘蔗研究所，临沧南华糖业有限公司，大理州大维肥业有限责任公司，云南省昌宁恒盛糖业有限责任公司
8	魔芋新品种选育及良种高效繁育技术创新与应用	王玲，马继琼，孙道旺，尹桂芳，杨奕，李勇军，孙涛	云南省农业科学院生物技术与种质资源研究所，西双版纳傣族自治州农业科学研究所，云南省农科院富源魔芋研究所，曲靖富力发展有限责任公司
9	干制加工型专用萝卜新品种云萝卜1号、2号选育与应用	李石开，陶婧，汪骞，袁艺，李桂红，毛荣波，张振林	云南省农业科学院园艺作物研究所，禄丰县经济作物工作站，石屏县园艺技术推广站
10	云南旱地绿肥养地与化肥减施技术集成研究及应用	郭云周，刘建香，杜东英，曹卫东，解燕，闫辉，官会林	云南省农业科学院农业环境资源研究所，中国农业科学院农业资源与农业区划研究所，曲靖市土壤肥料工作站，云南省烟草公司曲靖市公司，云南师范大学

续表

序号	项目名称	主要完成人员	主要完成单位
11	玉米新品种华兴单 7 号选育及应用	董云武，代同兴，施德林，秦婧，侯贵琼，周阿文，梁万华	玉溪市种子管理站，云南盛衍种业有限公司
12	云南桑园主要病虫害综合防控关键技术研发与集成应用	罗雁婕，柴建萍，杨振国，黄平，谢道燕，江秀均，倪婧	云南省农业科学院蚕桑蜜蜂研究所，鹤庆县茶桑果药站，陆良县蚕桑站，祥云县茶桑工作站，曲靖市沾益区经济作物技术推广站
13	普洱烤烟绿色生产技术集成与示范	赵正雄，杨明，王学坚，刘剑金，张俊，刘子仪，卢振辉	云南省烟草公司普洱市公司，云南农业大学，云南大学，杭州万泰认证有限公司
14	蚕豆新品种“彝豆 1 号”选育及应用	孙永海，善从锐，张中平，赵德胜，周丕才，张文明，何劲	楚雄彝族自治州农业科学研究推广所
15	山地油菜避灾高效栽培技术研究与集成应用	杨进成，瞿观，张钟，封军华，刘坚坚，陈向东，张云明	玉溪市农业科学院，元江哈尼族彝族傣族自治县农业技术推广站，玉溪市红塔区农业技术推广站，峨山彝族自治县农业技术推广站，易门县农业技术推广站
16	多抗高产优质小麦品种云麦 52 号选育及应用	李绍祥，段其忠，李宏生，丁明亮，张翼亮，刘琨，顾坚	云南省农业科学院粮食作物研究所，保山市种子管理站，云南省镇雄县植保植检站，临沧市种子管理站，楚雄彝族自治州种子管理站
17	高产广适苦荞麦国审新品种云荞 2 号选育与应用	王莉花，卢文洁，王艳青，李春花，孙道旺，尹桂芳，何成兴	云南省农业科学院生物技术与种质资源研究所，昭通市农业科学院，富源县农业技术推广中心，贵州师范大学
18	早熟高产多用途油菜品种云花油 9 号选育与应用	李根泽，符明联，张晓兰，袁琼芬，俎峰，周丕才，铁朝良	云南省农业科学院经济作物研究所，保山市隆阳区农业技术推广所，云南农业职业技术学院，楚雄彝族自治州农业科学研究推广所，寻甸回族彝族自治县农业局农业技术推广工作站
19	多功能生防菌剂与生物多样性协同控制烟草真菌病害的研究与示范应用	张立猛，田泽华，计思贵，焦永鸽，朱书生，陈德鑫，赵进龙	云南省烟草公司玉溪市公司，云南农业大学，中国农业科学院烟草研究所
20	基于生物炭的植烟土壤改良技术研究与推广应用	计思贵，张立猛，李江舟，乔志新，代快，卜令铎，黄智华	云南省烟草公司玉溪市公司，沈阳农业大学生物炭工程技术研究中心，中国农业科学院农业环境与可持续发展研究所
21	早熟油菜品种保油 7、8 号选育及栽培技术集成创新与应用	杨和团，符明联，杨家贵，牛文武，杜新雄，陶加进，杨兆春	保山市农业科学研究所，云南省农业科学院经济作物研究所，腾冲市农业技术推广所，保山市隆阳区农业技术推广所
22	高黎贡山优质烟叶开发与生态保护关键技术研究及应用	周锋，胡志明，刘芮，李家瑞，马二登，孙加利，蔺忠龙	云南省烟草公司保山市公司，云南省农业科学院农业环境资源研究所，云南省烟草农业科学研究院
23	云南矿山损毁地植被恢复技术研究与示范	方向京，李贵祥，邵金平，周金星，和丽萍，柴勇，张正海	云南省林业科学院，北京林业大学
24	DpwCPV 制剂研发及松毛虫可持续控制技术集成与应用	陈鹏，槐可跃，袁瑞玲，王艺璇，冯丹，杜春花，梁文君	云南省林业科学院
25	云南热区珍贵树种无土育苗技术研究与应用	李娅，景跃波，赵永红，庞静，卯吉华，常恩福，暴江山	云南省林业科学院
26	曲靖市生猪提质增效关键技术集成与应用	高春国，尤如华，陈克开，沈元春，卢建富，张建林，余宗寿	曲靖市畜禽改良工作站，陆良县畜禽改良工作站，麒麟区畜禽改良工作站，宣威市畜禽改良工作站，富源县大河种猪场
27	小反刍兽疫、非洲猪瘟和蓝舌病三种重要动物疫病检测技术与应用	周晓黎，花群义，李华春，艾军，杨云庆，杨俊兴，曹琛福	云南出入境检验检疫局检验检疫技术中心，深圳出入境检验检疫局动植物检验检疫技术中心，云南省畜牧兽医科学院

续表

序号	项目名称	主要完成人员	主要完成单位
28	云南奶山羊生产关键技术研究与示范推广	胡钟仁，洪琼花，赵彦光，李卫娟，栾建启，倖华林，戴宏	云南省畜牧兽医科学院，陆良县草山饲料站，石林县畜牧兽医总站，泸西县农业和科学技术局，昆明龙腾生物乳业有限公司
29	西南地震应急对策新模式与关键技术研究	李永强，曹彦波，方盛举，胡斌，赵春盛，李敏，张方浩	云南省地震局
30	大高差矿区空间定位技术研发与应用	张东明，吕翠华，杨万枢，张春良，顾德茂，俞艳波，赵鹏辉	昆明冶金高等专科学校，玉溪矿业有限公司大红山铜矿
31	高品质三氯氢硅制备技术的开发及应用	李仕勇，赵生艳，陈丽娟，罗平，宋东明，王金，李俊朝	云南冶金云芯硅材股份有限公司
32	畅销优质卷烟定量解析与云产卷烟品质提升体系构建及应用	秦云华，张承明，申钦鹏，庞永强，叶灵，许永，刘巍	云南中烟工业有限责任公司，国家烟草质量监督检验中心
33	贵金属载体催化剂及其废料中铂钯铑的准确测定技术	方卫，赵云昆，马媛，任传婷，冯丰，贺小塘，徐莲	贵研铂业股份有限公司，昆明贵研催化剂有限责任公司，贵研检测科技（云南）有限公司，贵研资源（易门）有限公司
34	工业硅系列国家标准研制及应用	杨毅，高珺，赵德平，刘英波，刘维理，周娅，赵建为	昆明冶金研究院，云南永昌硅业股份有限公司，云南冶金云芯硅材股份有限公司，包头铝业有限公司，云南硅储物流有限公司
35	高致密抗氧化铜基电子浆料制备关键技术研发及产业化	朱晓云，曹梅，朱孝钦，陈映义，吴友龙，张维峰，龙晋明	昆明贵信凯科技有限公司，昆明理工大学，汕头市瑞升电子有限公司
36	提高二次锌资源综合回收利用技术研究与应用	王家仁，张安福，朱国邦，杨丽菊，杨恩垒，何永兴，姜自林	云南永昌铅锌股份有限公司
37	出口型甜椒罐藏食品深加工火烤与杀菌关键技术及产业化开发示范	赵骊鑫，何波，赵素留，赵树宝，李永顺，姚建文，李灵勇	昆明王国食品集团有限公司
38	带自检功能的电子皮带秤	李亚林，徐信荣，孔昭龙，罗清敏，张浩，王帆，白炜	云南昆船电子设备有限公司
39	澳斯麦特熔炼炉放样制作及安装技术研究与工程应用	蒋黎刚，王喆，张绍铭，张宗华，葛艳彪，郝仕华，刘晓伟	十四冶建设集团云南安装工程有限公司，云南省建设投资控股集团有限公司
40	连续卷盘绿色烟标生产工艺体系创新与产业化关键技术研究	王超，何邦贵，罗英，吴云峰，杨朝丽，王玉娟，杨军	云南省印刷技术研究所，昆明理工大学，云南九九彩印有限公司，昆明彩印有限责任公司
41	香精香料关键识别技术研究与应用	李智宇，冒德寿，王凯，何靓，刘秀明，李源栋，高莉	云南中烟工业有限责任公司
42	云烟品牌新制丝线工艺技术开发与应用	邹玉胜，徐永康，龙明海，资文华，罗勇，陈云娇，李文渊	红云红河烟草（集团）有限责任公司，云南瑞升烟草技术（集团）有限公司
43	青花椒精深加工技术研究及产品开发	赵孔发，孙晓明，张锋伦，马世宏，张卫明，单承莺，荀仕坤	昭通市大成农业开发有限责任公司，中华全国供销合作总社南京野生植物综合利用研究院
44	背压式热风干燥咖啡豆关键技术研发与应用	陈治华，罗映山，匡正鹏，李学俊，宋国敏，周艳飞，杜华波	云南农业大学，临沧凌丰咖啡产业发展有限公司
45	R744（CO_2）空气源热泵热水机组 CkYRS-70 Ⅱ	杜培俭，杨晓川，罗会龙，刘曲，李永亮，张梅，严永波	昆明东启科技股份有限公司
46	电网稳定仿真分析智能平台开发与应用	司大军，肖友强，钱迎春，钱纹，游广增，李玲芳，陈姝敏	云南电网有限责任公司电网规划建设研究中心
47	基于昭通高原季风立体气候的高压输电线路覆冰监测的研究及应用	徐云水，沈龙，邱平，何兴平，李锐，熊文贤，崔光鑫	云南电网有限责任公司昭通供电局，国网电力科学研究院武汉南瑞有限责任公司，云南昶丰科技有限公司

续表

序号	项目名称	主要完成人员	主要完成单位
48	大电网调度运行智能决策支持关键技术及工程应用	汪际峰，朱涛，段荣华，赵川，蒋亚坤，李文云，胡荣	云南电网有限责任公司，中国南方电网电力调度控制中心，南京南瑞继保电气有限公司，易能（中国）电力科技有限公司，华北电力大学
49	巨型水电厂运维关键技术研究与实践	向泽江，鲁俊兵，张洪涛，乔进国，赵晓嘉，曹一凡，齐巨涛	华能澜沧江水电股份有限公司小湾水电厂
50	35kV干式空心并联电抗器烧损原因研究与新型设备研制	崔志刚，颜冰，谭向宇，彭庆军，黄星，陈宇民，王耀龙	云南电网有限责任公司电力科学研究院，北京电力设备总厂有限公司—特种电器厂，哈尔滨理工大学，重庆大学，昆明理工大学
51	“云南通”党政融媒体综合应用系统	邓泉，鲁晓艳，叶勤，陈辉，施霖，黎雷，袁海娣	大型枢纽机场新华通讯社新闻信息中心云南中心，浙江新华移动传媒有限公司
52	信息系统研发、集成与应用	刘林海，孙劲晖，刘嘉，龙明武，危兵，唐嘉，范怀炜	昆明船舶设备集团有限公司，昆明新机场建设指挥部，傲创电子科技（北京）有限公司
53	云南省应急指挥技术支撑体系建设与应用	陈建华，李树屏，袁宏永，师伟，韩少平，陈涛，张建民	云南省人民政府办公厅应急管理办公室，清华大学公共安全研究院，云南电信公众信息产业有限公司，中国电子科技集团公司第五十四研究所，北京辰安科技股份有限公司
54	云移公务员平时考核绩效管理系统	韩梅，徐远芳，曾衡峰，高明顺，陈旭，刘绍鸿，袁丽辉	云南省移民开发局
55	一种大流量高水头新型胶凝砂砾石过水围堰研究与应用	薛宝臣，艾永平，周华，范建章，陈江，顾伟，迟福东	华能澜沧江水电股份有限公司，中国电建集团北京勘测设计研究院有限公司，水利部交通运输部国家能源局南京水利科学研究院，四川大学，武汉大学
56	高速POC型干式煤气柜制作安装技术的研究及应用	华志宇，王伟，沈家文，李文，曹云祥，谢应聪，张正东	云南建投安装股份有限公司，云南省建设投资控股集团有限公司
57	高烈度区高层住宅建筑隔震技术研究及应用	刘国强，李振雄，钟阳，钟娅，廖云昆，龙云刚，许卫宏	云南省建设投资控股集团有限公司，云南省城乡建设投资有限公司，云南震安减震科技股份有限公司，云南省地震工程研究院，昆明有色冶金设计研究院股份公司
58	高拱坝库盘变形监测技术及作用效应研究	赵志勇，张礼兵，邱小弟，杨姗姗，谭志伟，余记远，胡灵芝	中国电建集团昆明勘测设计研究院有限公司，华能澜沧江水电股份有限公司
59	高海拔山区长距离引调水工程关键技术研究及应用	李云，何伟，朱国金，沈晓，王自高，孙文杰，全再永	中国电建集团昆明勘测设计研究院有限公司，云南省牛栏江—滇池补水工程建设指挥部，中国科学院武汉岩土力学研究所，天津大学，武汉大学
60	高水头超大型大厚度高强钢岔管制作安装技术	王建利，彭贵军，刘和林，龚金兰，张兴元，周玉龙，陈忠敏	中国水利水电第十四工程局有限公司
61	植物—微生物联合去除农田退水硝态氮技术及工程化应用	李昆志，吴文卫，陈丽梅，赵磊，李转寿，徐慧妮，武孔焕	昆明理工大学，云南省环境科学研究院，通海县环境保护局
62	滇池流域农村面源污染系统研究与防控技术集成创新及示范	段昌群，和树庄，刘嫦娥，支国强，张国盛，陆轶峰，李元	云南大学，昆明市环境科学研究院，云南省环境科学研究院（中国昆明高原湖泊国际研究中心），云南省农业科学院农业环境资源研究所，中国农业科学院农业资源与农业区划研究所
63	云南省地质灾害气象风险精细化预警技术研究及应用	李华宏，胡娟，许迎杰，闵颖，杨竹云，杨素雨，李磊	云南省气象台

续表

序号	项目名称	主要完成人员	主要完成单位
64	灾害心理援助的系统研究与应用	冯江平，叶存春，陈虹，樊倞，张月，张晓燕，罗国忠	云南师范大学
65	云南省居民食用盐碘含量新标准研究及推广应用	黄文丽，叶枫，王安伟，张海涛，李加国，郭玉熹，吴鹤松	云南省地方病防治所
66	新型纳米级基因工程疫苗构建的关键技术及应用	马雁冰，黄惟巍，刘存宝，孙文佳，杨旭，白红妹，姚宇峰	中国医学科学院医学生物学研究所
67	心脉隆注射液二次开发、后续产品研发及产业化	邵维在，万德生，段治尚，阙玉玲，周永斌，段兆炜，郭彩萍	云南腾药制药股份有限公司
68	云南特色中药民族药饮片标准研究示范及应用	周志宏，马晓霞，刘宝，谭文红，杨竹雅，刘佩华，杨天亮	云南中医学院，普洱淞茂滇草六味制药股份有限公司，云南云河药业股份有限公司，云南省陇川县章凤制药厂
69	结核快速诊断试剂盒研制及临床应用研究	李晓非，汪亚玲，杨永锐，刘红伟，欧阳兵，梁桂亮，黄山	昆明市第三人民医院，国家传染病诊断试剂与疫苗工程技术研究中心
70	基于胸痛中心模式急性心肌梗死治疗策略的优化和应用	郭瑞威，杨丽霞，石燕昆，李云波，张维，王利民，保春萍	成都军区昆明总医院，云南省急救中心
71	亚高原地区临床病原微生物基因芯片快速检测研究与应用	瞿良，姜昌丽，李雪梅，王惠萱	成都军区昆明总医院
72	穿支皮瓣移植术围手术期护理流程的创新设计与应用	徐晓燕，白艳，李霞，周智，董凯旋，李俊竹，杜晶晶	成都军区昆明总医院
73	云南西南边境少数民族HBV进化动力学及感染人群的遗传异质性研究	沈涛，高建梅，严新民，赵倩，贺军栋，王金丽，李丽	云南省第一人民医院
74	泌尿外科疾病出血精准治疗体系的建立与应用推广	方克伟，王家平，李炯明，刘建和，王剑松，陈伟康，杨德林	昆明医科大学第二附属医院
75	精准解剖性肝切除（R0）根治肝胆恶性肿瘤规范的建立及应用推广	付必莽，张捷，魏东，唐继红，唐波，付仕锋，张思良	昆明医科大学第二附属医院
76	四肢骨巨细胞瘤的生物学行为研究及个体化治疗	张晶，杨祚璋，张林，杨翠萍，李东奇，李晓娟，袁涛	昆明医科大学第三附属医院（云南省肿瘤医院），昆明市儿童医院，中国科学院昆明动物研究所
77	乳腺癌相关基因CCDC8、CDK11作用机制研究的临床应用	聂建云，陈德滇，黄胜，杨庄青，汤琦，杨晓娟，王佶	昆明医科大学第三附属医院（云南省肿瘤医院）
78	治疗肺癌的特异性肿瘤/DC细胞杂交瘤疫苗的基础及临床应用	宋鑫，张鸿青，刘志敏，葛春蕾，陈晓丹，李瑞蕾，张志伟	昆明医科大学第三附属医院（云南省肿瘤医院），昆明市第一人民医院
79	CT冠脉成像对左心功能及冠脉斑块的定量评估及临床应用	段慧，韩丹，曹晶茗，王元玲，文亮，单可记，黄益龙	昆明医科大学第一附属医院
80	主动脉外科领域应用诱发电位技术进行脊髓保护的应用研究	段玉印，孙立忠，张桂敏，潘旭东，夏健明，余松华，杨伟	昆明医科大学第一附属医院
81	云南特色花粉变应原制备关键技术及其在诊断和脱敏治疗中的应用	余咏梅，阮标，汤勇，程晟，邱吉蔚，蔡晶，郃先艳	昆明医科大学第一附属医院
82	高分辨率磁共振用于系统性红斑狼疮早期脑损害识别的技术建立与应用	徐健，余红军，程宇琪，刘爽，许秀峰，陈伟，赖爱云	昆明医科大学第一附属医院，昆明市第一人民医院

续表

序号	项目名称	主要完成人员	主要完成单位
83	MSC联合移植修复面神经及MR活体示踪研究与应用	吴莉，刘流，王福科，韩丹，赵娴，何波，袁瑞红	昆明医科大学第一附属医院
84	医学实验室质量管理体系建设与关键技术研究及应用	段勇，单斌，刘子杰，陈正辉，李娅，郭翀，何成禄	昆明医科大学第一附属医院
85	口服降糖药格列本脲和抗病毒药奥司他韦的胎盘透过性研究与应用	张峻，黄桦，姚勤，柳汝明，王晶晶，郑巧玲，田玉芹	昆明医科大学第一附属医院
86	甲型副伤寒沙门菌MLVA分子分型及应用	姚颖波，王树坤，刘劼，曾丽萍，吴强，左顺武，杨汝松	玉溪市疾病预防控制中心
87	玉溪市乙型病毒性肝炎防控体系的建立及应用	吴强，马运葵，祁昆，吴丽清，王邦华，李廷学，余庆福	玉溪市疾病预防控制中心，玉溪市中心血站
88	传染病监测防治技术策略研究及应用	李顺祥，张洪军，张红强，赵金仙，鲁建波，余绍清，李世福	玉溪市疾病预防控制中心
89	玉溪市1989-2014年暗娼HIV流行的监测、综合干预与应用	付金翠，陈良，李世福，朱永芬，赵金仙，陈静文，凌剑波	玉溪市疾病预防控制中心
90	鼠疫耶尔森菌Pla蛋白应用于鼠疫诊断的研究	杜春红，宋志忠，王鹏，石丽媛，唐雪，董珊珊	云南省地方病防治所
91	飞秒时代角膜屈光手术的术式选择及视觉质量评价	梁刚，胡竹林，李俊，马蓉，李跃祖，张媛媛	云南省第二人民医院
92	胸腔镜微创技术与新靶点发现在肺癌治疗中的应用研究	彭俊，徐天瑞，毛新，陈新隆，王惠萍，宁显谷，徐艺	云南省第一人民医院，昆明理工大学
93	灾难及突发事件应急救护技术的规范化培训与应用	金丽芬，侯绍芬，杨顺秋，秦亚辉，余天燕，梁桂仙，杨明莹	云南省第一人民医院，云南省护理学会，昆明医科大学第一附属医院，昆明医科大学第二附属医院
94	GLP-1受体激动剂治疗非酒精性脂肪性肝病的应用及机制研究	李燕，李晓波，李树德，王砚，温建平，傅志青，王科化	云南省第一人民医院，昆明医科大学
95	T2*值在健康成年人脑铁含量与年龄及性别的相关性研究	王波，吴昆华，马莎，安鸿飞，陈渝晖，任丽香，龚霞蓉	云南省第一人民医院
96	2型糖尿病心脏自主神经病变及其与无症状低血糖关系的探讨	牛奔，苏恒，王砚，薛元明，马杉，李晓鹭	云南省第一人民医院
97	基于静脉用药调配中心的合理用药体系的建立及应用	李雪松，吴晖，邓杨林，钱斌，李小军，陈蔚，张敏	昆明医科大学第一附属医院
98	肝切除肝脏血流常用阻断方法与肝癌术后复发相关性研究	王峻峰，孙志为，唐建中，王军，晋云，张新俊，杨超	云南省第一人民医院
99	多模态超声心动图新技术在心脏病血流动力学、结构及功能评价的研究	丁云川，陈剑，王庆慧，戴海龙，张瑜，李建华，罗庆祎	昆明市延安医院
100	HIV核酸检测分析技术在艾滋病防治中的运用及作用	陈敏，马艳玲，贾曼红，陆林，杨朝军，杨利，陈会超	云南省疾病预防控制中心
101	彝医水膏药疗法	杨本雷，余惠祥，许嘉鹏，倪志坚，高金荣，刘春贵，李洪燕	云南省彝族医药研究所（楚雄彝族自治州彝族医药研究所）

续表

序号	项目名称	主要完成人员	主要完成单位
102	腹腔镜下经胆囊管胆道镜胆总管探查取石临床应用	杨杰华、张谦，顾永芳，王伟，李友仙，李兵，陈明浩	曲靖市第二人民医院
103	铁路局货运综合查询系统	余燕钟，王雷，赵雁峰，陶樯，杨彦忠，吴自虹，欧阳昱明	中国铁路昆明局集团有限公司，中国铁路昆明局集团有限公司信息技术所
104	螺杆式空气压缩机检测试验设备	陈炯，李华，张涛，杨贵荣，张忠琇，宁德昆，周世金	昆明铁路局集团科学技术研究所
105	SS3B固定重联机车网络部件综合试验台	尹少凡，郭为华，赵光波，李洪伟，方伟，吴大平	中国铁路昆明局集团有限公司昆明机务段
106	复杂地质条件下桥隧工程地质探测与结构检测方法应用研究	刘浩，许厚泽，王运生，苏建坤，许强，胡祥云，代柳娟	云南航天工程物探检测股份有限公司，中国地质大学（武汉）
107	隧道口路面与桥面沥青混合料凝冻防治技术研究及应用	张贤康，周彬，朱宝林，严世祥，彭余华，魏道新，刘和开	云南省公路科学技术研究院，交通运输部科学研究院，长安大学，云南麻昭高速公路建设指挥部
108	七彩云南智慧出行云服务平台	梅国新，张璐，杨临润，刘华，王治辉，李贵文，王雅宁	云南省交通科学研究院，云南省道路运输管理局

摘自《云南省人民政府关于2017年度科学技术奖励的决定》

云南省第二十一次哲学社会科学优秀成果获奖项目名单

一等奖（按学科分类排序）（15项）

序号	项目名称	主要完成人	主要完成单位
1	马克思生态哲学思想与社会主义生态文明建设	苗启明，谢青松，林安云，等	云南省社会科学院
2	中国话剧艺术史（第六卷）	吴卫民	云南艺术学院
3	异质R&D视角下中国工业部门内生能源节约型技术进步问题研究	何旭波	云南大学
4	中印经济增长比较—基于制度视角的研究	杨怡爽	云南财经大学
5	基于生态文明的少数民族农户低碳行为模式研究——以云南为例	杨红娟	昆明理工大学
6	“心上”的日子：关于西和乞巧的情感人类学	宋红娟	云南大学
7	中国南方古代僚人源流史	李艳峰，等	昆明学院
8	轻逸与永生：论舍勒的死亡现象学	王海东	云南省社会科学院
9	《舜典》三危	罗骥	云南师范大学
10	债务视角下的经济危机	龚刚等	云南财经大学
11	线性混合模型中随机效应与随机误差的协方差结构建模	费宇，潘雅婷等	云南财经大学
12	全球化及其人类学论题	何明	云南大学
13	边界与通道：昆曼国际公路中老边境磨憨、磨丁的人类学研究	朱凌飞，马巍	云南大学
14	他者的想象：西方公众视域下的中国高等教育之“解读”	张睦楚	云南师范大学
15	中国PM2.5污染与社会经济的空间关系及成因	杨昆，杨玉莲，朱彦辉，李岑，孟超	云南师范大学

二等奖（按学科分类排序）（33 项）

序号	项目名称	主要完成人	主要完成单位
1	中西古代审美思维比较研究	吴登云	曲靖师范学院
2	东南亚三国学生汉语趋向补语习得研究	齐春红	云南师范大学
3	西南官话音韵研究	牟成刚	文山学院
4	“非科学”的中国传统舆图：中国传统舆图绘制研究	成一农	云南大学
5	考虑价格波动的存货组合质押贷款研究	李富昌，者贵昌	云南师范大学
6	平等与自由的博弈——西方宪政民主价值冲突研究	陈德顺	云南民族大学
7	专利权交易法律制度研究	马碧玉	云南大学
8	家庭生产与市场抉择——基于云南建水陶的分析	张黎明	红河学院
9	“走出去”传播中国声音——区域性国际合作传播能力建设探究	徐体义等	云南日报报业集团
10	云南省学分银行建设的探索与实践	陈鲁雁	云南民族大学
11	云南省少数民族传统体育文化非物质文化遗产保护与传承研究	刘坚	云南师范大学
12	云南旅游融合发展系列丛书	段跃庆	政协云南省委员会港澳台侨和外事委员会
13	明代戏曲与文化家族研究	殷亚林	玉溪师范学院
14	民族民间宗教问题及其治理研究——以云南边疆民族地区为例	孙浩然	云南民族大学
15	从阿吒力教派出发：问题与范式的讨论	李东红	云南大学
16	文学批评也是一门艺术——论“五四”以来中国“批评文学”	张志平	云南大学
17	龙榆生的唐宋词研究	傅宇斌	云南师范大学
18	创造形式——艺术创作的一种阐释	王卫东，司马倩	云南大学
19	多任务业务外包的激励契约	代建生	昆明理工大学
20	复杂系统 ANP ～ BOCR 立体网络结构建构新方法	孙永河，段万春，李亚群，谢晖	昆明理工大学
21	神话、礼化与商化：云南少数民族茶文化功能变迁探析	邓玉函，葛恒君	云南大学
22	历史记忆与族群认同——对彝族支系他留人聚落的历史人类学考察	杨晓雯	云南大学
23	香格里拉“藏民家访”的文化解读	马翀炜，和爱红	云南大学
24	可以卓越，无法“一流”——“双一流”建设语境下人文学科生长的价值困局	董云川，周宏	云南大学
25	2000 年以来我国中小学教育科研的回顾与展望	褚远辉	大理大学
26	印度处理大国关系原则的历史考察	陶亮	云南大学
27	海上丝绸之路和印度：克服中印认知差异的挑战	朱立	云南财经大学
28	中越两国骆越文化研究的流变与分异	杨健，周智生，熊世平	云南师范大学
29	外派者适应异质文化方向性的潜在效应研究	张颖	云南财经大学
30	云南民营经济发展调研报告	谭亚原等	政协云南省委员会研究室
31	云南省移民开发局公务员平时考核绩效管理体系研究	“云南省移民开发局公务员平时考核绩效管理体系研究”课题组	云南省移民开发局
32	云南推进现代农业发展的路径和对策研究	“云南推进现代农业发展的路径和对策研究”课题组	云南省社会科学院
33	云南面临的非传统安全突出问题与应对政策和策略研究	“云南面临的非传统安全突出问题与应对政策和策略研究”课题组	大理大学

三等奖（按学科分类排序）（136 项）

序号	项目名称	主要完成人	主要完成单位
1	生态正义——基于马克思恩格斯生态思想的研究	廖小明	云南师范大学
2	胡塞尔哲学中的意义问题研究	庄威	西南林业大学
3	马克思分配正义思想研究	张兆民	云南省社会科学院
4	云南佛教史	肖耀辉，梁晓芬 王碧陶	云南省社会科学院
5	语言类型学视野下的泰、缅、越、老、柬语四音格词对比研究	许瑞娟	云南民族大学
6	云南省民族自治州少数民族教师普通话研究	陆惠云等	昆明学院
7	亚洲国家小学英语教材比较研究	王进军，蒋云华等	曲靖师范学院
8	通向彼岸的路：中国现代诗歌中的生存探寻（1917 ～ 1949）	刘纪新	云南师范大学
9	古诗十九首讲录	刘炜	云南大学
10	云南少数民族题材电影研究：边疆想象、民族认同与文化建构	李淼	云南师范大学
11	云南新音乐创作百年史话	申波	云南艺术学院
12	白族舞蹈史	李永惠	曲靖师范学院
13	中国建水紫陶古陶斗美术	孔明	红河学院
14	明清戏曲选本的流变	张俊卿	云南艺术学院
15	唐代社会变革时期的婚姻	孙玉荣	滇西科技师范学院
16	穿越震荡构建和谐—20 世纪云南地震救灾模式研究	杨丽娥	云南开放大学
17	区域文化与社会变迁——威宁石门坎苗族	马玉华	云南大学
18	云南百年留学简史（1896 ～ 2013）第一辑	谢本书	云南民族大学
19	中国西部地区能源产业发展研究	曹荣光，胡峰 黄河	云南大学 中共昆明市委办公厅
20	开放经济下中国货币政策传导及有效性研究——基于金融结构的视角	霍强	中共云南省委党校、云南行政学院
21	知识产权保护的技术创新效应研究—基于技术距离视角	党国英	西南林业大学
22	云南省产业技术创新战略联盟运行模式及管理机制研究	段云龙，刘永松，杨立生	云南财经大学 云南民族大学
23	印度贸易保护主义研究	韩越	云南师范大学
24	中国居民银行储蓄变动趋势及其作用因素——基于资产价格渠道的实证研究	杨玲玲	云南师范大学
25	产业视角下区域物流的空间分析—云南物流业发展报告	耿晓峰，陈方等	昆明理工大学
26	刺激消费政策对云南民族贫困地区民生改善影响研究	张榆琴	云南农业大学
27	企业员工工作疏离感影响因素、形成机制及干预策略研究	黄丽等	云南财经大学
28	乡村治理中村规民约的作用机制研究—基于非正式制度的视角	周家明	云南民族大学
29	基层群体性事件的参与式治理研究	卢瑾	云南大学
30	刑法中的法律拟制	赵春玉	云南大学
31	合同民刑交叉法律问题研究	孙学华	云南警官学院
32	群体性事件后的利益协调与官民关系重建——以云南“孟连事件”为例	杨金东	云南大学
33	跨境婚姻的多维透视：基于云南案例的解析	戴波	云南大学
34	社会资本视角下的云南跨界民族外出务工者研究	孔建勋 邓云斐	云南大学 云南省社会科学院
35	边疆社会非正式控制研究——一种基于民族伦理控制的扩展分析	杨志明等	云南师范大学

续表

序号	项目名称	主要完成人	主要完成单位
36	生态智慧活力乡村——西部村落生态智慧承传与乡村治理结构多元模式研究	高小和等	曲靖师范学院
37	中国户籍制度变迁—个人权利与社会控制	林浩	云南财经大学
38	南海回村——三亚回族的时空观念与社会实践	张亮	云南大学
39	历史与文化融汇的地方味道—云南过桥米线的饮食人类学研究	牟军	云南财经大学
40	《新唐书》与唐朝海内外民族史志研究	陈燕 王文光	云南民族大学 云南大学
41	迪庆州稳定发展的成功实践和基本经验	郭家骥	云南省社会科学院
42	走向世界的纳西文化——20 世纪纳西文化研究述评	甘雪春	红河学院
43	遗产的抉择——文化旅游情境中的遗产存续	吴兴帜等	云南民族大学
44	国家在场：清代滇缅边区的国家治理与地域社会变迁（1723 ～ 1840）	余文兵	云南民族大学
45	云南民族互嵌研究	杨荣	云南大学
46	滇中文化论楚雄盐文化探源		楚雄州社会科学界联合会
47	云茶大典（新编版）	李师程，张顺高	云南省民族茶文化研究会
48	宜良碑刻增补本（上、下册）	周恩福	昆明市宜良县旅游和文化广播电视体育局
49	西南少数民族历史档案保护	刘强	云南大学
50	民族地区基础教育课程改革探索	任京民	云南民族大学
51	云南边境地区民族教育的发展困境与出路——非传统安全的视角	李孝川	云南师范大学
52	中国教师教育史	曾煜	云南师范大学
53	善用 MOOC：“互联网＋教育”视域下的应用模式	甘健侯，赵波，李艳红	云南师范大学
54	云南中小学突发事件应急教育现状调查	黄晓平	云南警官学院
55	中国—东盟能源资源合作研究	李涛，陈茵，罗圣荣	云南大学
56	中国进口油气运输安全研究	舒源	中共云南省委党校、云南行政学院
57	阿诗玛文化遗产传承人口述史	巴胜超等	昆明理工大学
58	边屯文化简明读本	秦正业	丽江市永胜县边屯文化博物馆
59	汉语典籍对外传播理论探究	李志凌	云南民族大学
60	云南区域开发研究——云南区域开发的过程与现状	童绍玉	云南财经大学
61	跨境旅游合作区建设研究	余繁 唐滢等	云南省旅游发展委员会、 云南农业大学
62	云南特种设备安全管理研究	李向春等	云南省社会科学院
63	边疆民族地区网络意识形态建设研究	张戈	云南省社会科学院
64	全面完整科学地坚持马克思主义	张巨成	云南大学
65	中国特色解决民族问题道路的内涵与特征	王德强，毕跃光	云南民族大学
66	消费异化回归生态本位的逻辑解读	孙爱真	保山学院
67	白族民间传统信仰组织莲池会的场域空间与习惯	赵静	云南民族大学
68	《道德经》宏观医疗理念探究	颜文强	大理大学
69	从常住碑记看明末清初云南鸡足山的寺田面积	张庆松	云南民族大学
70	清真寺建筑的象征人类学分析	马海云，晏妮	云南民族大学
71	西双版纳地区傣族佛寺壁画初探	洛婕	中共西双版纳州委党校

续表

序号	项目名称	主要完成人	主要完成单位
72	纳西族群父辈女性亲属称谓的类型及地理分布	和智利等	云南师范大学
73	“形＋X”组合成词的义类特征及其影响因素	赵倩	云南大学
74	认知视域下少数民族语言思维的特征研究——以滇西民族地区汉语方言的语音流变为例	李强	云南民族大学
75	清代云南地方志所载方言概说	乔立智	云南民族大学
76	魏晋文学“失眠”场景的原因及文学史意义	陈志刚	曲靖师范学院
77	格温朵琳·布鲁克斯的黑人大都市书写与美国城市的种族空间生产	史丽玲	云南师范大学
78	从互文性看中国古典抒情诗中的“外故事”	谭君强	云南大学
79	历史视野中的梁代宫体诗	饶峻妮等	西南林业大学
80	云南少数民族迁徙史诗的叙事程式	王淑英	云南民族大学
81	论吉狄马加诗歌的人类学价值	李骞	云南民族大学
82	云南音乐舞蹈图像视觉化的民族音乐形态和结构特征	王玲	云南大学
83	关肃霜民族题材现代戏之管窥	方冠男	云南艺术学院
84	全球化数字田野中的民族音乐——YouTube 网站上中国音乐的分布与流行模式研究	喻辉等	云南大学
85	雨水、瘴疠：腹地自然生态与近代云南口岸贸易的波动	张永帅	云南师范大学
86	清末资政院滇籍议员活动述论——以云南盐斤加价案为核心	唐靖	昭通学院
87	宋代富民阶层成长的制度空间：以交易费用为视角	张锦鹏	云南大学
88	二战前美国黄石国家公园形象的历史演变	王俊勇	西南林业大学
89	农民专业合作社绩效评价及绩效影响因素	娄锋，程士国，樊启	云南大学
90	农民合作社发展顶层设计：政策演变与前瞻——基于中央“一号文件”的政策回顾	张连刚，支玲， 谢彦明，张静	西南林业大学
91	经济动态效率与我国最优消费率：1992 ～ 2013	赵鑫铖，李娅	云南大学
92	生态文明健商指数的提出及其实证分析	付伟 赵俊权等	西南林业大学 云南农业大学
93	资源禀赋差异与地方政府支出偏向	徐琰超等	云南财经大学
94	经济竞争下的地方财政风险：透过债务规模看财政效率	缪小林，史倩茹	云南财经大学
95	基于流动性冲击的商业银行 TCTF 风险网络传导	麦强盛，李谦， 吕秀芬	西南林业大学
96	云计算技术扩散与经济增长——基于 DSGE 的模型分析	刘森等	云南财经大学
97	农户公益林抚育需求意愿及影响因素分析——以天保工程区玉龙县和会理县为例	支玲，魏吴琴， 李谦，朱珊绣	西南林业大学
98	我国食品安全监管体制的多维度解析研究——基于整体性治理的视角	冯朝睿	昆明理工大学
99	中国对东盟投资项目风险生成及防控机制——基于东道国利益相关者的分析	赵德森	云南大学
100	基于双边市场理论的社交网络广告定价分析	叶琼伟，宋光兴 杜萌等	云南财经大学 昆明理工大学
101	旅行社“营改增”的影响预测及对策	官波，刘春花	昆明理工大学
102	国家发展进程中海洋战略的构建	刘俊珂	云南民族大学
103	中国民族国家构建与边疆形态的转型	孙保全	云南大学
104	中国殡葬法制的意外后果	王启梁 刘建东	云南大学 昆明市官渡区地方税务局
105	宽严相济刑事政策视野下的“扒窃”入刑探索	安柯颖等	云南财经大学

续表

序号	项目名称	主要完成人	主要完成单位
106	农业经营主体分化：价值取向及其效益分析	陶自祥	云南民族大学
107	多民族社区自治：互嵌式族际关系构建的实践场域——基于云南农村多民族社区的实证分析	王茂美	云南师范大学
108	少数民族的老龄社会与养老政策研究	杨国才	云南民族大学
109	西部民族地区经济发展的路径演化与新时期战略选择	王峰	云南民族大学
110	明代西南边疆经略中的粮饷供应问题	罗勇	大理大学
111	干旱灾害的西方人类学研究述评	李永祥	云南省社会科学院
112	民族团结视域下云南藏区构建和谐民族关系的实践经验与启示	张应华，李康丽	云南民族大学
113	民族档案学建设的现状、困境及出路	陈子丹，郑宇	云南大学
114	本质性与多元化评价视域下教师状态再解读——兼与杨小秋教授商榷	何顺超等	云南师范大学
115	拓展性——限制性学习：一种工作场所学习的研究框架	杨子舟，荀关玉	曲靖师范学院
116	元明清时期西南土司府衙中的贵族体育研究	李莹 李雨衡	云南民族大学 云南师范大学
117	论少数民族传统体育、舞蹈蕴含的生命观	郑玲玲	云南民族大学
118	音乐句法的加工	马谐，张秋月等	云南师范大学
119	景颇族初中生民族社会化觉察及其特征	尹可丽，包广华，钱丽梅，马霓珊	云南师范大学
120	东盟“N－X”机制及其对“孟中印缅经济走廊”建设的启示	邹春萌，杨祥章	云南大学
121	南亚地区安全：多重层次分析视角	杨思灵	云南省社会科学院
122	印度—东盟贸易合作潜力分析	陈利君 刘紫娟	云南省社会科学院 云南民族大学
123	平均驻留时间对金融市场中羊群效应作用的研究	李江城，李云仙 唐年胜，梅冬成	云南财经大学 云南大学
124	关于云南省边远山区农村留守儿童受教育权保障情况的调查报告——以大理州为例	曾晓阳等	大理大学
125	云南傣族青少年心理健康干预性研究	“云南傣族青少年心理健康干预性研究”课题组	昆明医科大学
126	中国与南亚、东南亚不同合作平台下的税收协调研究	“中国与南亚、东南亚不同合作平台下的税收协调研究”课题组	云南省国家税务局
127	滇池“四退三还”生态效益评估体系研究	徐杉等	昆明学院
128	云南实施质量强省战略研究	张懋功等	云南省人民政府研究室
129	云南省深化科技体制改革的重要举措研究	刘妮妮、陈庆云等	云南省科学技术发展研究院
130	加快金融支持云南高原特色现代农业发展研究	董志伟等	云南财经大学
131	推进我省经济建设的举措研究	“推进我省经济建设的举措研究”课题组	云南省宏观经济研究院（云南省产业研究院）
132	国有集团公司治理与公司价值研究	纳超洪等	云南财经大学
133	云南边疆多民族地区公共文化建设跨越式发展研究	刘佳云等	云南省民族艺术研究院
134	斗南“国际花都”旅游发展专题研究	王思慧	中共昆明市委党校
135	构建慢性病防治的云南农村体育公共服务体系研究	邱良武等	昆明医科大学
136	云南省会展产业“十三五”发展规划研究	陈昕，胡庆忠	云南省特色产业促进会

摘自《云南省人民政府关于云南省第二十一次哲学社会科学优秀成果奖励的决定》

人物

PEOPLE

生态研究专家

番兴明

男，云南省农业科学院，二级研究员，博士，享受国务院政府特殊津贴，现为国家及云南省玉米遗传育种创新团队带头人、云南省玉米产业技术体系首席科学家。入围中国工程院增选有效候选人。

主要经历：1984 年毕业于西南农业大学农学系，1995 年获泰国清迈大学农业系统硕士学位，2007 年获中国农业大学作物遗传育种博士学位。

研究领域：主要从事玉米遗传育种及应用研究工作，成功解决长期困扰玉米生产的一系列重大技术难题。主持选育的热带、亚热带玉米新品种累计推广 1.1 亿亩，新增产值 100 余亿元，取得显著的社会和经济效益，为云南省乃至中国玉米的高产稳产提供强有力的科技支撑，在保障粮食安全和推动畜牧业发展方面做出重要贡献。

研究成果：以第一完成人获国家和省部级科技奖励 20 项，其中国家科技进步二等奖 1 项、中华农业科技优秀创新团队奖 1 项、省级科技一等奖 5 项、二等奖 8 项；以第一作者或通讯作者发表论文 80 余篇，其中 19 篇被 SCI 刊物收录；以第一完成人育成国家和省级审定品种 26 个，获国家植物新品种权 10 个；获发明专利 4 项。

所获荣誉：2004 年获国务院政府特殊津贴，2005 年被评为全国优秀农业科技工作者，2008 年获何梁何利基金科学与技术创新奖，2009 年获全国“五一”劳动奖章，2010 年获“全国先进工作者”称号，2011 年被评为“全国农业科研杰出人才”，2012 年获“兴滇人才奖”，2013 年被评为“百千万人才国家级人选”并获“国家有突出贡献中青年专家称号”，2014 年获由中共中央组织部、中共中央宣传部、人力资源社会保障部、科学技术部授予“杰出专业技术人才”荣誉称号，2014 年获“云南省科技领军人才”荣誉称号，2016 年荣获“第六届中国作物学会科学技术成就奖”，同年获国际合作奖，为国内第一完成人。

宁　平

男，工学博士、博士后、二级教授、博士生导师。现任昆明理工大学环境科学与工程学院院长，国家环境保护工业资源循环利用工程技术中心主任、云南省工业废气净化与资源化利用工程研究中心主任。2019 年度云南省科学技术协会推荐的院士候选人选。

主要经历：1991 年 10 月由原国家教委公派赴德国攻读博士学位，1995 年 3 月获德国凯泽斯劳滕大学化学工程工学博士学位。1995 年 3 月起在德国进行博士后研究，1996 年 8 月回国。

科研领域：主持国家 863 计划、国家发改委高新技术产业化示范、国家基金、云南省重大科技攻关等项目 40 余项，在黄磷尾气、密闭电石炉和炼铁高炉尾气净化及资源化利用方面有深入研究，研究成果在企业应用并取得良好的社会经济效益。科研项目包括《有色炉窑烟气高浓度二氧化硫回收及重金属协同控制技术研究与示范》《典型有毒有害工业废气净化关键技术及工程示范》《矿热冶炼废气中典型还原性杂质催化氧化净化关键问题研究》《农村与农田固体废物循环利用技术研究与工程示范》《农村生活污水生物处理技术研究及示范》《典型大宗工业固体废物环境管理技术体系研究》《高炉煤气的资源化利用关键技术 – 高炉煤气的深度净化及脱氮技术》《滇池底泥 – 水生生物质近 / 超临界水催化气化制燃料气基础研究》《云南个旧多金属矿区周边污染农田生态修复技术示范工程》《云南省执行环境空气质量国家新标准研究》等。

研究成果：发表学术论文 400 余篇，其中 SCI、EI 收录 110 余篇，出版专著、教材 14 部，获省部级奖 7 项，国家技术发明二等奖 1 项，国家教学成果一等奖 1 项，国家授权发明专利 18 项。发明还原气氛下工业废气催化氧化净化的方法，建立低温微氧催化氧化净化工业废气理论体系，研发相应的净化系列技术；研究 CO、CO_2 的变压吸附分离的定向控制及其化学活化，开发 CO、CO_2 专用吸附剂、一碳化工合成气专用催化剂、CO、CO_2 制甲醇专用催化剂等，以及利用工业废气制备一碳化工产品的成套技术和设备。

所获荣誉：国家第三届高等学校教学名师，云南省特聘教授，云南省跨世纪学术技术带头人，国家“百千万人才工程”，2012 年中组部万人计划教学名师，享受国务院特殊津贴。2015 年云南省科技领军人才。2018 年 11 月，获颁何梁何利基金科学与技术奖“区域创新奖”。

盛 军

男，云南农业大学党委副书记、校长。

主要经历：1996 年在日本大阪大学获得博士学位后回国工作，曾任长春生物制品研究所所长、党委副书记、书记，长春医药集团副总裁等职务。2007 年 7 月由中组部选派到云南省挂职，2009 年 8 月正式调入，任云南省普洱市委常委、副市长（挂职）。先后承担国家 863 计划项目 1 项，国家、省部级课题 10 项。

研究成果：申请国际和国内发明专利 17 项（茶叶相关专利 12 项），获国家发明专利 5 项，发表论文 82 篇；培养 40 名硕士研究生和博士研究生、1 名博士后，担任吉林大学兼职教授和博士生导师。

所获荣誉：2004 年入选第一批“新世纪百千万人才工程国家级人选”，2009 年当选第三届“全球普洱茶十大杰出人物”，2010 年入选云南省首批“百名海外高层次人才引进计划”，2010 年荣获全国优秀科技工作者。国家科技进步奖评审专家、国家药监局新药评审专家。

孙 航

男，生于 1963 年，安徽太和人，博士，二级研究员，博士生导师，中国科学院昆明植物研究所所长，云南省植物学会第十二届理事会理事长。

主要经历：1983 年毕业于云南大学生物系植物专业，1994 年在中国科学院昆明植物研究所获理学博士学位。1995 年任昆明植物研究所副研究员，1997 年起任研究员。2014 年 7 月开始担任中国科学院昆明植物研究所所长。

研究领域：主要从事植物分类学、植物区系及生物地理学以及进化生物学等领域的研究。在青藏高原、中国喜马拉雅植物区系以及含羞草科、蝶形花科等植物类群有深入的研究。先后主持国家自然科学基金重大项目、国家杰出青年科学基金、国际自然科学基金面上、重点项目、重大国际合作项目等多项科研项目。

研究成果：主编专著 3 部：《雅鲁藏布江大峡弯河谷地区种子植物》《横断山高山冰缘带种子植物》和《中国自然地理——植物地理》；参编《横断山区维管植物》（上下）、《FloraofChina》《PlantsofChina》《DataMiningforGlobalTrendsinMountainBiodiversity》《中国种子植物区系地理》《种子植物分布区类型及其起源演化》《云南植物志》《云南树木图志》《云南高山花卉》等专著 9 部；在国内外核心期刊上发表论文 200 余篇。主持（或参加）青藏高原、横断山以及西南大部分地区，老挝、乌兹别克斯坦等的考察，采集植物标本共计 20000 余号，10 万余份。

所获荣誉：2006 年获得国家杰出青年科学基金，被评为 2007 年新世纪百千万人才工程国家级人选，2008 年入选中国科学院百人计划。荣获中科院自然科学二等奖 1 项，云南省自然科学一等奖 3 项；中国科学院青年科学家一等奖 1 项，竺可桢野外工作奖。

FloraofPan-himalayas 副主编（2009-），AlpineBotany 编委（2010-），JournalofSystematicsandEvolution 编委（2014-）担任 BotanicalJournaloftheLinneanSociety 副主编（2015-）。

姚永刚

博士，研究员，博士生导师，中国科学院昆明动物研究所所长。

主要经历：1997 年毕业于安徽师范大学生物系获学士学位，2003 年获中国科学院昆明动物研究所理学博士学位，同年 2 月赴约翰霍普金斯大学医学院从事博士后研究工作，2004 年 10 月转至美国国家健康研究院心脏、肺、血液研究所学习和工作，2007 年 12 月回昆明动物研究所工作，2014 年 7 月至今任中国科学院昆明动物研究所所长。

研究领域：为疾病机理遗传学与进化医学学科组负责人，致力于人类疾病机理的遗传机制与进化医学研究。带领团队深入开展神经和免疫系统相关疾病的遗传易感解析和机制研究，通过对阿尔茨海默症、精神分裂症、LHON 等神经精神疾病以及感染性疾病麻风的遗传易感性解析，试图阐明机体神经系统与免疫系统紊乱和病变导致的复杂临床表型的遗传基础与机理。力争将复杂纷繁的科研工作变得“EasierAndFun”。同时，集中开展实验动物树鼩基础生物学和品系创制研究。先后承担中科院战略性科技专项（B 类）（子课题负责人）、973 计划（课题负责人）、基金委重点和面上项目等。

研究成果：在 AmJHumGenet、Autophagy、PNAS、AlzheimersDement、NatCommun 等 SCI 期刊发表论文和评述 200 余篇，被 SCI 引用 5170 多次，h 指数 =38。

所获荣誉：2002 年中国科学院院长奖特别奖，2005 年全国百篇优秀博士论文，2006 年国家自然科学奖二等奖，2009 年获新世纪百千万人才工程国家级人选、国家杰出青年基金和云南省高端科技人才计划，2010 年云南省有突出贡献优秀专业技术人才奖二等奖，2012 年中国科学院朱李月华优秀教师奖，2014 年云南省科学技术奖励二等奖（自然科学奖）。

明庆忠

男，汉族，湖北省黄冈市人，二级教授，博士生导师。现任云南财经大学旅游文化产业研究院首席教授，旅游产业发展云南省哲学社会科学研究基地首席科学家，区域规划与中国西部可持续发展研究中心主任，云南师范大学特聘教授，云南省中青年学术技术带头人，云南省高校教学科研带头人，“高原地理过程与环境变化”云南省重点实验室主任，“地理学”云南省省级重点学科学术带头人，“低纬高原环境变化”云南省省级创新团队学术带头人，“旅游产业发展研究”云南省哲学社会科学研究基地首席专家。云南省高校学术委员会委员。

研究领域：主要从事地理地貌、旅游发展等研究。主持和参与科研项目100余项，包括国家自然科学基金项目《金沙江干热河谷形成时代研究》《长江第一湾形成与金沙江水系发育》《滇西北三江并流区地貌与环境演化研究》《边疆高原山区旅游循环经济的发展战略及对策研究》《云南段河谷——水系形成演化与环境效应研究》等，教育部科学技术重点项目《金沙江中游河谷地貌与水系发育的研究》，云南省科技计划重点项目《三江并流区现代地表过程及其关联效应研究》《横断山中南段干热河谷生态地理环境形成机制与演化研究》，云南省自然科学基金项目《南区域旅游可持续发展评价与产业建设研究》《山区小流域土地资源综合利用新模式试点研究》《中甸旅游地貌开发利用与保护研究》《滇西北高山峡谷区旅游开发影响效应及其调适研究》等。

研究成果：出版书籍10余部，包括《发展旅游循环经济的科技支撑》《旅游循环经济发展研究》《旅游循环经济学》《游旅开发效应研究》《旅游解说系统构建的理论与实践》《三江并流区地貌与环境效应》《旅游地规划》《自然资源学导论》《南昆铁路沿线旅游指南》《中国旅游地理·西南旅游资源区》等。参编书籍10余部，包括《生态旅游》《云南民族体育旅游资源与产业化研究》《云南山水景观论》《前景灿烂的思茅旅游业》《云南大百科全书》《旅游接待综合知识》《迈向2010年的云南》《中国西部环境演变评估》《区域开发规划原理》《可持续发展原理》《文化·社会·环境》《云南石林申报世界自然遗产研究》《鹤庆旅游》。参编教材5部《生态旅游》《旅游地理学》《旅游资源学》《旅游资源开发与鉴赏》《旅游地理学》。

所获荣誉：获奖30余项，包括云南省科技进步三等奖3项，云南省教学成果奖多项，国家教学成果二等奖1项，优秀论文奖多项等。多次被评为先进个人、优秀教师等。2002年开始享受云南省政府特殊津贴。

段昌群

男，生于1966年，陕西镇安人。博士，教授，博士生导师，原云南大学生态与环境学院院长。第十届云南省政协委员，九三学社云南省委青年工作委员会副主任，九三学社云南省委员会副主任委员，云南省政协人口资源环境委员会副主任（兼职）。

主要经历：1983年进入陕西师范大学生物系，毕业后进入云南大学生态学专业师从曲仲湘、王焕校教授攻读硕士学位，师从姜汉侨教授攻读博士学位，在美国西伊利诺大学生物系完成博士后回国任教至今。分别于1995年、1998年破格晋升为副教授、教授，分别在1996年、2000年遴选为硕士、博士研究生导师。2003–2013年历任云南大学生命科学学院副院长、常务院长，先后兼任环境科学与生态修复研究所所长、生态学与地植物学研究所所长、云南省微生物研究所所长。2014年创建云南大学生态学与环境学院，任院长、特聘教授。

研究领域：主要从事环境退化的生态修复及重建、持续污染条件下生物的分化适应与特化等领域的基础研究，开展资源生态、生态安全与生态文明等领域的应用研究，承担国家水污染控制与治理科技重大专项滇池项目面源污染防控研究、长期致力于云南生态文明建设决策支持系列项目和课题，并围绕这些研究培养污染与恢复生态学领域的研究生，为高原湖泊治理、区域生态文明建设的决策提供科技支持。

先后主持完成国家重大科技水专项课题、重大基础研究计划（973项目）专题、国家攀登计划项目、国家自然科学基金项目、教育部和云南省等各类科研项目80余项。多年来一直担任云南大学生态学国家重点学科带头人，2003年该学科入选国家级重点学科，2012年全国生态学评估中全国排名第二，2017年入选国家一流学科建设行列。

研究成果：发表论文260余篇，其中在SCI引文源期刊上发表论文60多篇，获得专利8项，主编及出版学术著作12部，先后取得经鉴定达到国际先进水平的科研成果8项。先后主讲课程8门，3门课程入选为国家精品课程、国家精品资源共享课程、国家视频公开课程，编写的教材先后4部入选国家规划教材，1部被评为国家优秀教材。受邀主持教育部《高等学校生态学专业规范》编制工作，主持创建的环境科学专业入选国家特色专业。培养毕业硕士生60余人，博士20余人，领衔主持的“段昌群名师工作室”为云南省8所高校培养青年教师11人。

所获荣誉：获云南省自然科学成果一等奖1项，

科技进步二等奖3项。获国家教学成果二等奖1次，省级特等奖1次，一等奖2次。

先后提交政协提案或咨询报告60多件，部分建议得到李克强、张高丽等党和国家领导人的高度重视，2项提案被评选为省政协重点提案，3次获得优秀提案奖。被国家八部委授予全国保护母亲河先进个人，被中央统战部评为“各民主党派工商联无党派人士为全面建设小康社会做贡献先进个人”。

宁德鲁

男，汉族，生于1974年4月出生，中共党员，二级研究员，云南省林业科学院经济林木研究所所长，中国木本油料方面的知名专家，云南省木本油料研发的学科带头人和领军人才。

主要经历：大学本科毕业后就职于云南省林业科学院经济林研究所，先后主持木本粮油方面国家、省部级项目20余项。其组建的“云南省木本油料研发创新团队”在全国具有较高知名度，是云南省木本油料领域研发的主力军。其组建的“云南省木本油料工程技术研究中心”和“云南省木本食用油工程研究中心”分别于2012年和2013年通过省科技厅和省发改委的认定和命名，参与组建的“高原木本油料种质创新与利用国家地方联合工程中心”于2017年通过国家发改委命名，并搭建“云南省木本油料产业科技创新服务平台”和“云南核桃品种资源及栽培信息库”2个服务网站。

研究领域：主要从事经济林研究。其主持完成的“云南核桃全产业链关键技术创新与应用”，成果在云南省13个州市63个县市区、6家龙头企业以及四川、贵州、广西等8省区得到广泛应用，建成生产线9条，产品覆盖黑龙江外33个省市区市场，远销东南亚及中东国家。累计推广良种193.64万亩、种植基地提质增效技术应用1013.80万亩，近两年新增销售额168.99亿元；其选育出的4个国家级板栗良种在云南省推广种植4.3万亩，新增产值8905.04万元；主持选育出的3个省级八角良种和总结出的山地八角栽培间套作模式在云南省富宁、广南、屏边、绿春等地推广种植2.9万亩，新增产值9146.81万元；主持选育出的“佛奥”等8个油橄榄良种，为云南省目前生产主要使用的良种，推广面积超过15万亩，基本覆盖云南全省的油橄榄种植面积；编制核桃、油橄榄、板栗等栽培技术实用手册，发放到企业、基层技术人员及农户，指导企业、基层技术人员以及农户用科学的技术引领生产；并以理论教学、深入田间地头现场指导等方式举办各类技术培训班151期，培训人数达1万余人次，为社会培养了大批的专业技能人员。相关成果的推广和应用对云南农业产业结构调整、广大林农脱贫致富、增产增收起到重大的推动作用。

研究成果：主持完成的“云南核桃全产业链关键技术创新与应用”“云夏”等4个板栗新品种选育与“八角专用型良种选育及山地高效栽培关键技术研究与示范”三项研究成果被鉴定为国际先进水平；主持选育出云南省第一批板栗国家级良种4个、第一个油橄榄国家级良种“佛奥”和第一个油橄榄杂交新品种“金叶佛樨榄”，第一批八角省级良种3个以及油橄榄省级良种8个；以第一作者或通讯作者发表科技论文60余篇；主编著作3部；获专利授权7项；登记软件著作权和作品登记证4份；制定或参与制定标准10项。

所获荣誉：获云南省科技进步特等奖1项，云南省科技进步二等奖2项、三等奖6项，州级科技进步一等奖1项。先后荣获云岭产业技术领军人才、云南省突出贡献优秀专业技术人才、云南省先进工作者、云南省技术创新人才、中国林业青年科技奖、西部之光访问学者、UNDP项目优秀科技特派员等荣誉称号。

余迪求

男，生于1964年4月，博士生导师，二级研究员。中国科学院西双版纳热带植物园植物分子生物学研究组组长，中国科学院“百人计划”资助者。美国Idaho大学微生物学、分子生物学和生物化学系，高级访问学者和博士后。

主要经历：先后在中山大学生物工程研究中心植物基因工程国家专业实验室、美国Idaho大学农学院微生物学、分子生物学和生物化学系工作、学习；2002年，在中山大学生命科学学院生物防治国家重点实验室和植物基因工程教育部重点实验室工作，任研究员，博士生导师。2003年至今，在中国科学院西双版纳热带植物园昆明分部工作，任创新基地“植物基因资源与基因功能组学研究组”组长、研究员，博士生导师。

研究领域：主要从事一类参与调控植物逆境胁迫反应的植物特有转录因子WRKY基因家族的分子生物学功能及其所介导的信号通路的研究。同时，系统开展参与调控植物逆境胁迫反应的MicroRNAs的分子生物学功能分析。综合采用分子生物学、分子遗传学、生物化学、植物生理学、基因组学和基因功能分析等学科领域的研究方法和研究技术，系统研究植物抵抗生物和非生物逆境胁迫的分子生物学机制及其信号通路，试图揭示植物逆境胁迫反应建立的分子生物学网络，从中挖掘能有效地改良农作物抵抗外源逆境因子胁迫的重要功能基因及其信号分子。

研究成果：系统地研究植物系统获得抗病性（SAR）建立的信号传导途径及其组成，（1）提出并证实不同植物 SAR 诱导和建立可能存在二种不同的作用机制。（2）鉴定并研究植物 SAR 建立的信号传导途径重要基因转录调控因子 WRKY 超级基因家族和依赖于 RNA 的 RNA 多聚酶（RdRP）的分子生物学功能。

所获荣誉：2003 年荣获第三届云南省青年科技红河奖，2008 年荣获云南省有突出贡献优秀专业技术人才，2010 年荣获国务院政府特殊津贴，2013 年度 WRKY 基因调控植物抗逆境性状建成的分子机制研究，2013 年云南省自然科学奖二等奖，2015 年中国科学院特聘核心研究员，云南省“云岭学者”。

于　黎

于黎，女，汉族，生于 1976 年 12 月，民盟盟员，现任云南大学生命科学学院副院长、研究员。

主要经历：先后就读于辽宁师范大学生物系生物技术专业、辽宁师范大学生命科学学院细胞生物学专业，先后获理学学士、硕士；中国科学院昆明动物研究所动物学理学博士。2005 年 7 月至今，就职于云南大学生命科学学院。

研究领域：从事重要动物类群的起源和演变机制的分子基础研究，取得的原创性成果在国际国内产生重要影响。主持完成 973 项目二级子课题 1 项、国家自然科学基金重点项目 1 项、国家自然科学基金面上项目 2 项和国家自然科学基金国际交流会合作项目 1 项，主持国家自然科学基金重大研究计划 1 项和科技部科技基础性工作专项课题 1 项。主要对中国珍稀动物小熊猫和金丝猴进行研究。

研究成果：成功破解金丝猴适应高原的秘密，并揭示其适应高海拔环境的遗传机制。《NatureGenetics》（IF=32.197）杂志将这一成果作为 2016 年 8 月份的封面文章发表，并被《NatureGenetics》以“Augustissuecover:What’sgoingonhere？”进行专题评述报道。研究成果被 Facultyof1000Biology 推荐和报道。中央电视台 CCTV1 新闻联播以“我国发现金丝猴高原适应遗传机制”报道成果。发表论文 50 余篇，包括《NatureGenetics》《SystBiol》《MolBiolEvol》《CellRes》等本领域顶级刊物。其中，SCI 论文 36 篇。

所获荣誉：2004 年获中国科学院院长优秀奖学金。2004 年获云南省科学技术二等奖。2005 年获“中国遗传学会七届一次青年研讨会优秀论文奖”。2006 年获“中国遗传学会第十届李汝祺优秀动物遗传学论文奖”。2007 年获“云南省科协第八届优秀科技论文（云锡奖）一等奖”。2008 年入选“第十一批云南省中青年学术和技术带头人后备人才”。2015 年获第 19 届“中国青年五四奖章”。2016 年，获“中国生命科学十大风云人物”“中国青年女科学家奖”。入选“国家万人计划”“教育部新世纪优秀人才计划”和“云岭学者”等人才计划。

（甜　江）

王　英

女，生于 1959 年 2 月，山西省沁县人。毕业于西南科技大学。中共党员。1976 年 7 月参加工作，先后就职于昆明幼儿师范高等专科学校、昆明电教中心。现为生态摄影师。

主要经历：2003 年 12 月 13 日加入中国摄影家协会。2007 年被北京摄影函授学院聘为副教授。2004 年参加四川卧龙自然保护区野生羚羊的调查。2006 年参加昆明鸟类协会出访俄罗斯伊尔库斯克红嘴鸥繁殖地的调查。2007 ~ 2008 年，成功申请《描绘我们的湄公河》跨国摄影项目。2009 ~ 2010 年参加三峡库区冬季水禽调查。2010 ~ 2012 年参加胡兀鹫繁殖生态学的调查，其科研论文《青藏高原胡兀鹫繁殖生物学及濒危状况》《青藏高原胡兀鹫与巢域中峭壁生境营巢鸟类的种间互动关系初探》发表在《动物学杂志》《林业科学》。2012 ~ 2014 年参加昆明鸟类协会夜间迁徙鸟类的调查。2014 年参加全国第二次野生动物调查（云南片区）。2015 年参加环保部全国鸟类建册调查（云南片区）。2016 ~ 2017 年参加昆明鸟类协会滇池冬季水禽调查。2018 年参加云南临沧永德大雪山鸟类调查。此外，先后自费赴南极、南非、纳米比亚、肯尼亚、尼泊尔、泰国、马来西亚等国家以及台湾地区，考察拍摄鸟类。

主要成果：2013 年纪录片《候鸟的守望》获云南省首届纪录片大赛入围奖，野生动物摄影作品《候鸟的守望》获云南电视台首届“影像云南”电视入围奖，个人摄影经历曾被中央电视台 10 套（讲述）、旅游卫视（有多远走多远）、云南电视台（经典人文地理），昆明电视台（劳动者风采）报道。

（栩　榕）

年度荣誉

云南省社会救助先进集体和先进个人名单

一、先进集体（88 个）

（一）最低生活保障先进集体（40 个）

昆明市官渡区民政局
昆明市禄劝县民政局
昭通市财政局
昭通市镇雄县芒部镇社会保障服务中心
昭通市大关县民政局
昭通市永善县民政局
曲靖市麒麟区民政局
曲靖市宣威市双河乡社会事务办公室
曲靖市宣威市双龙街道楚圣社区居民委员会
曲靖市沾益区金龙街道社会保障服务中心
曲靖市富源县胜境街道社会事务办公室
玉溪市峨山县民政局
保山市施甸县居民家庭经济状况核对中心
保山市腾冲市民政局
保山市昌宁县民政局
楚雄州双柏县民政局
楚雄州姚安县民政局
红河州民政局社会救助科
红河州蒙自市民政局社会救助股
红河州弥勒市民政局城乡居民最低生活保障管理中心
红河州金平县民政局城乡居民最低生活保障中心
文山州丘北县民政局
文山州丘北县树皮乡人民政府
文山州广南县民政局
文山州富宁县民政局社会救助股
普洱市财政局
普洱市镇沅县民政局
普洱市澜沧县民政局
大理州弥渡县民政局社会救助股
大理州巍山县民政局社会救助股
德宏州盈江县民政局社会救助股
德宏州瑞丽市民政局社会救助股
丽江市玉龙县黎明乡人民政府
怒江州泸水市民政局城乡社会救助中心
怒江州贡山县独龙江乡社会事务办公室
迪庆州德钦县民政局社会救助股
迪庆州维西县民政局社会救助股
临沧市云县民政局
省政府办公厅秘书八处
省财政厅社会保障处

（二）特困供养先进集体（18 个）

昆明市寻甸县中心敬老院
昭通市镇雄县中心敬老院
昭通市盐津县城乡社会福利中心
昭通市水富市民政局
曲靖市宣威市得禄乡次中心敬老院
曲靖市罗平县民政局
玉溪市江川区民政局
玉溪市新平县民政局
保山市隆阳区中心敬老院
保山市腾冲市敬老公寓
红河州开远市社会福利院
红河州石屏县民政局社会救助股
文山州砚山县民政局社会救助股
普洱市宁洱县民政局
西双版纳州勐海县民政局
大理州大理市中心敬老院
丽江市古城区社会福利院
临沧市耿马县民政局

（三）医疗救助先进集体（30 个）

昆明市财政局社会保障处
昆明市东川区民政局
昭通市人力资源社会保障局
昭通市镇雄县林口乡社会保障服务中心
昭通市彝良县民政局社会救助股
曲靖市宣威市民政局
曲靖市马龙区民政局
曲靖市会泽县人力资源社会保障局
玉溪市易门县民政局
保山市民政局社会救助科
保山市腾冲市财政局
楚雄州永仁县民政局
红河州个旧市民政局社会救助股

红河州建水县民政局社会救助股
红河州泸西县民政局社会救助股
文山州西畴县民政局社会救助股
文山州麻栗坡县民政局
普洱市卫生计生委
普洱市医疗保险管理局
普洱市墨江县民政局社会救助股
西双版纳州勐腊县民政局
大理州祥云县民政局城乡医疗救助办公室
大理州南涧县民政局社会救助股
德宏州梁河县民政局社会救助股
丽江市玉龙县太安乡人民政府
怒江州兰坪县民政局社会救助管理中心
迪庆州香格里拉市民政局社会救助股
临沧市双江县民政局社会救助股
省人力资源社会保障厅城乡居民医疗保险处
省卫生健康委医政医管处

二、先进个人（197 名）

（一）最低生活保障先进个人（100 名）

殷　苹　昆明市民政局福利企业管理处处长
邓胜强　昆明市民政局社会救助处科员
唐永昌　昆明市呈贡区民政局社会救助科科长
李文章　昆明市禄劝县民政局社会救助科科长
张世存　昆明市寻甸县民政局社会救助科科长
黄安顺　昭通市民政局副局长
黄晶晶　昭通市民政局社会救助科科长
周昌书　昭通市居民家庭经济状况核对中心工作人员
陈智洪　昭通市昭阳区民政局社会救助科科长
保志超　昭通市鲁甸县社会救助服务中心工作人员
石秉正　昭通市镇雄县社会救助中心工作人员
陈绍军　昭通市镇雄县社会救助中心工作人员
刘　刚　昭通市镇雄县社会救助中心工作人员
申时金　昭通市镇雄县大湾镇社会保障服务中心工作人员
孙麟华　昭通市镇雄县五德镇社会保障服务中心副主任
李应凤　昭通市彝良县民政局社会救助股副股长
张祖培　昭通市威信县民政局社会救助股股长
周龙然　昭通市盐津县民政局副局长
杨陆斌　昭通市绥江县民政局社会救助股股长
李德敞　曲靖市民政局社会救助科科长
杜福燕　曲靖市宣威市民政局社会救助科副科长
李应华　曲靖市宣威市宛水街道社会保障服务中心工作人员
桂腾鹏　曲靖市宣威市热水镇社会事务办公室工作人员
余　燕　曲靖市宣威市海岱镇社会事务办公室主任
吴华芬　曲靖市沾益区民政局社会救助科科长
李伟奇　曲靖市陆良县民政局副局长
焦　勇　曲靖市师宗县民政局副局长
张德林　曲靖市罗平县居民家庭经济状况核对中心主任
李加兵　曲靖市会泽县城市居民最低生活保障管理中心副主任
张　勇　曲靖市经济技术开发区地方事务局局长
饶　亚　玉溪市居民家庭经济状况核对中心副主任
杜红萍　玉溪市通海县民政局社会救助股工作人员
王汝红　玉溪市华宁县青龙镇社会事务服务中心主任
李琼芬　玉溪市元江县民政局社会救助股股长
王　斌　保山市隆阳区民政局社会救助股股长
郑世党　保山市施甸县民政局社会救助股工作人员
黄松胜　保山市腾冲市民政局副局长
赵兴同　保山市腾冲市居民家庭经济状况核对中心工作人员
虞有富　保山市腾冲市滇滩镇人民政府民政助理员
兰燕艳　保山市昌宁县居民家庭经济状况核对中心主任
杨国强　保山市昌宁县温泉镇社会事务办公室主任
李彦泓　楚雄州双柏县法脿镇社会保障服务中心工作人员
王丽华　楚雄州南华县居民家庭经济状况核对中心主任
郭自莉　楚雄州姚安县居民家庭经济状况核对中心主任
林红梅　楚雄州永仁县民政局社会救助股股长
刘　波　楚雄州元谋县民政局社会救助股工作人员
林明伟　红河州民政局社会救助科科长
陈玉珍　红河州财政局社会保障科科长
张振聚　红河州蒙自市民政局社会救助股股长
罗成丹　红河州石屏县民政局社会救助股股长
赵国泽　红河州泸西县民政局社会救助股股长
王　敏　红河州红河县民政局城乡居民最低生活保障管理中心工作人员
杨剑峰　红河州屏边县民政局社会救助股股长
李冬莉　红河州河口县民政局社会救助股股长
季鹏辉　文山州民政局社会救助科科长

刘　璇　文山州财政局社会保障科科员
周艳飞　文山州砚山县民政局社会救助股工作人员
郭明芬　文山州西畴县民政局副局长
汪　声　文山州麻栗坡县民政局副局长
余德福　文山州马关县民政局社会救助股股长
汪　润　文山州丘北县民政局社会救助股股长
蔡绍会　文山州富宁县剥隘镇人民政府民政助理员
何　琪　普洱市政府办公室调研五科科员
刘亚平　普洱市民政局社会救助科科长
范冬海　普洱市思茅区居民家庭经济状况核对中心主任
杨金凤　普洱市宁洱县民政局工作人员
徐世发　普洱市镇沅县民政局社会救助股股长
周重阳　普洱市澜沧县民政局社会救助股股长
赵俊刚　普洱市西盟县民政局社会救助股股长
王　瑜　西双版纳州民政局社会救助科科长
罗振阳　西双版纳州勐海县居民家庭经济状况核对中心工作人员
王道海　西双版纳州勐腊县居民家庭经济状况核对中心主任
李　阳　大理州民政局副局长
张惠萍　大理州漾濞县民政局社会救助股股长
赵　雄　大理州宾川县民政局社会救助股股长
陈廷利　大理州永平县民政局社会救助股股长
张琴英　大理州洱源县居民家庭经济状况核对中心主任
杨云霞　德宏州民政局社会救助科副科长
黄　娟　德宏州芒市民政局社会救助股股长
彭　帆　德宏州瑞丽市民政局社会救助股股长
余　蕾　丽江市民政局副局长
王学军　丽江市永胜县居民家庭经济状况核对中心工作人员
邓太华　丽江市华坪县民政局办公室主任
张平丽　丽江市宁蒗县民政局社会救助股工作人员
段　勇　怒江州老龄委老龄事业发展科科长
丰　妹　怒江州福贡县居民家庭经济状况核对中心工作人员
丰雯煦　怒江州贡山县民政局社会福利中心工作人员
赵南雁　怒江州兰坪县民政局副局长
陶世梅　迪庆州香格里拉市洛吉乡人民政府民政干事
和丽梅　迪庆州香格里拉市建塘镇人民政府民政干事
卓玛永次　迪庆州德钦县民政局社会救助股股长
李燕勤　迪庆州维西县民政局社会救助股办事员
何余庆　临沧市民政局副局长
张天燕　临沧市云县民政局局长
杨文岚　临沧市永德县民政局社会救助股股长
赵梅娟　临沧市沧源县民政局社会救助股工作人员
杨天良　省政府办公厅秘书八处副处长
夭可婕　省民政厅社会救助处主任科员
李　艺　省民政厅社会救助处主任科员
杨　帆　省财政厅社会保障处主任科员

（二）特困救助供养先进个人（39 名）

张小卫　昆明市宜良县社会福利院院长
张海春　昆明市石林县民政局救灾救济与城乡低保科副科长
魏远洪　昭通市民政局社会救助科工作人员
彭治相　昭通市巧家县最低生活保障管理中心副主任
龚成顺　昭通市镇雄县中心敬老院院长
文道炎　昭通市镇雄县泼机片区敬老院院长
严顺军　昭通市大关县民政局社会救助股工作人员
郑光孟　昭通市绥江县居民家庭经济状况核对中心主任
龙云飞　曲靖市宣威市文兴乡社会保障服务中心工作人员
魏　平　曲靖市宣威市羊场镇社会事务办公室主任
王家坤　曲靖市马龙区民政局社会救助股股长
潘双全　曲靖市陆良县民政局社会救助科工作人员
杜世斌　曲靖市会泽县民政局副局长
郭俊江　玉溪市财政局社会保障科副科长
白　婧　保山市隆阳区西邑乡社会事务办公室主任
杨　丹　保山市腾冲市荷花镇社会事务办公室主任
杨菊雁　保山市龙陵县中心敬老院院长
李家祥　楚雄州大姚县石羊镇社会事务办公室主任
尤发芬　楚雄州武定县狮山镇社会事务办公室主任
姜福云　红河州城乡居民最低生活保障管理中心副主任
李曼清　红河州元阳县民政局社会福利服务中心工作人员
白英俊　红河州绿春县民政局社会救助股股长
李继琼　文山州砚山县民政局社会救助股工作人员
黎占鹏　文山州广南县民政局副局长
周正华　普洱市景谷县益智乡社会事务办公室主任
苏　丽　普洱市墨江县中心敬老院院长
魏振绪　西双版纳州景洪市勐养中心敬老院院长

杨竹娥　大理州民政局社会救助科副科长
李　华　大理州剑川县居民家庭经济状况核对中心主任
张翠槐　德宏州芒市遮放镇社会事务办公室主任
蒋金凯　丽江市古城区民政局社会救助股工作人员
和崇宝　丽江市玉龙县民政局副局长
周丽宣　怒江州兰坪县民政局社会福利中心工作人员
赵玉芳　迪庆州维西县民政局社会救助股工作人员
陈民秀　临沧市民政局社会救助科科长
王雄燕　临沧市临翔区民政局社会救助股股长
刘霏霏　省政府办公厅直属机关工会七级职员
李　智　省民政厅福利与慈善事业促进处主任科员
李汉磊　省财政厅社会保障处副处长

（三）医疗救助先进个人（58名）

王红艳　昆明市财政局主任科员
何高明　昆明市东川区民政局社会救助科科长
赵桂琼　昆明市官渡区民政局社会救助及救灾科科长
伍晓敏　昭通市民政局社会救助科工作人员
耿远亮　昭通市昭阳区民政局社会救助科工作人员
项　颉　昭通市镇雄县南台街道社会保障服务中心副主任
何　艳　昭通市永善县民政局副局长
周光敏　昭通市水富市民政局社会救助股股长
李贵鹏　曲靖市居民家庭经济状况核对中心主任
夏琼仙　曲靖市麒麟区居民家庭经济状况核对中心主任
许尚敏　曲靖市宣威市民政局局长
李配德　曲靖市宣威云峰医院董事长
赵惠仙　曲靖市富源县民政局副局长
杨　露　曲靖市师宗县民政局财务规划股工作人员
王海倩　玉溪市红塔区民政局副局长
吴运敏　玉溪市澄江县民政局社会救助股股长
张华梅　保山市隆阳区民政局社会救助股工作人员
王　碧　保山市龙陵县木城乡人民政府民政助理员
余南华　保山市腾冲市民政局社会救助股副股长
刘　艳　保山市腾冲市财政局社保股股长
王世荣　楚雄州楚雄市民政局副局长
李晓艳　楚雄州牟定县民政局社会救助股工作人员
蔡树琼　楚雄州禄丰县金山镇社会事务办民政助理员
冯　薇　红河州民政局社会救助科工作人员
张太华　红河州医疗保险管理局局长
周亚萍　红河州个旧市民政局城乡居民最低生活保障管理中心主任
赵维彪　红河州弥勒市民政局副局长
付兴艳　红河州金平县民政局社会救助股工作人员
刘承文　文山州医疗保险管理局副局长
覃　贵　文山州城乡居民家庭经济状况核对中心工作人员
李永丽　文山州文山市民政局社会救助科工作人员
王光武　文山州马关县民政局社会事务股股长
黄雷永　普洱市思茅区社会事务办公室主任
张　健　普洱市景东县民政局工作人员
邱土艳　普洱市江城县居民家庭经济状况核对中心工作人员
彭　芳　普洱市孟连县民政局工会主席
杨文英　西双版纳州勐海县居民家庭经济状况核对中心工作人员
李　勇　西双版纳州勐腊县民政局社会救助股股长
李泽沛　大理州居民家庭经济状况核对中心工作人员
张菊艳　大理州云龙县民政局社会救助股股长
母四德　大理州鹤庆县民政局副局长
刀爱疆　德宏州民政局社会救助科工作人员
邵夙隽　德宏州梁河县社会救助股工作人员
杨连仓　德宏州陇川县社会救助股工作人员
王　勇　丽江市永胜县民政局社会救助股科员
胡德高　丽江市华坪县民政局社会救助股主任科员
杨　明　怒江州泸水市居民家庭经济状况核对中心工作人员
姬秀花　怒江州泸水市民政局日间照料中心工作人员
张仕美　怒江州兰坪县民政局社会救助管理中心工作人员
邓　英　迪庆州香格里拉市民政局社会救助股工作人员
斯那拉姆　迪庆州德钦县民政局社会救助股工作人员
李益川　迪庆州维西县民政局副局长
史　洪　临沧市凤庆县民政局社会救助股股长
穆再美　临沧市镇康县民政局社会救助股工作人员
徐梅玲　省民政厅社会救助处主任科员
魏　莉　省人力资源社会保障厅城乡居民医疗保险处主任科员
杨东学　省卫生健康委医政医管处主任科员
王艳君　省医疗保障局副局长

（摘自《云南省人民政府关于表彰全省社会救助先进集体和先进个人的决定》）

政策法规

POLICIES AND REGULATIONS

云南省人民政府关于环境保护税收入归属问题的通知

各州、市人民政府，省直各委、办、厅、局：

《中华人民共和国环境保护税法》（以下简称环境保护税法）已由第十二届全国人民代表大会常务委员会第二十五次会议于2016年12月25日通过。根据税法授权，云南省第十二届人民代表大会常务委员会第三十八次会议于2017年11月30日通过《关于环境保护税云南省适用税额和应税污染物项目数的决定》（以下简称决定）。环境保护税法和决定自2018年1月1日起施行。

为促进各地保护和改善环境、增加环境保护投入，省人民政府决定，按照属地原则，环境保护税全部为州市、财政省直管县财政收入，省级不参与分享。各州、市原则上应将环境保护税全部划为县级财政收入，增强县级履行环境保护责任的能力。

环境保护税预算及征缴管理规定，由省财政厅等部门制定实施。

云南省人民政府

2018年1月12日

（此件公开发布）

云南省人民政府关于进一步加强非物质文化遗产保护工作的意见

各州、市人民政府，省直各委、办、厅、局：

为进一步做好云南省非物质文化遗产保护工作，根据《中华人民共和国非物质文化遗产法》《云南省非物质文化遗产保护条例》和《中共中央办公厅 国务院办公厅印发〈关于实施中华优秀传统文化传承发展工程的意见〉的通知》（中办发〔2017〕5号）有关规定，现提出以下意见：

一、总体要求

（一）指导思想

全面贯彻党的十九大精神，以习近平新时代中国特色社会主义思想为指导，深入贯彻落实习近平总书记关于加强文化遗产保护的重要讲话和考察云南重要讲话精神，紧紧围绕统筹推进“五位一体”总体布局和协调推进“四个全面”战略布局，牢固树立创新、协调、绿色、开放、共享的发展理念，遵循“保护为主、抢救第一、合理利用、传承发展”的原则，注重非物质文化遗产的真实性、整体性和传承性。巩固和壮大非物质文化遗产保护成果，提高保护能力和水平，开创非物质文化遗产保护传承与经济社会建设相互促进、协调发展的新局面。

（二）主要目标

通过努力，使全省非物质文化遗产保护工作的体制机制更加健全完善，非物质文化遗产保护名录体系更加完备，国家级和省级非物质文化遗产项目得到有效保护，州市级和县级非物质文化遗产项目存续状况得到明显改善，非物质文化遗产项目代表性传承人结构更加合理，民族传统文化生态保护区建设和非物质文化遗产生产性保护大力推进，非物质文化遗产保护利用设施建设进一步加强，保护传承水平步入全国先进行列，非物质文化遗产在云南经济社会发展中的重要作用得到有效发挥。

到2020年，云南省国家级和省级非物质文化遗产保护名录及代表性传承人档案建设全面完成，非物质文化遗产记录和数字化保护工程全面实施，国家级文化生态保护实验区建设稳步推进，省级民族传统文化生态保护区建设全面启动；力争国家级非物质文化遗产保护名录增至130项以上、省级非物质文化遗产保护名录增至500项以上，国家级代表性传承人认定人数达到100人，省级代表性传承人认定人数达到1500人；国家级和省级非物质文化遗产生产性保护基地达到25个，省级民族传统文化生态保护区达到100个，全省非物质文化遗产传承基地和传习馆（所、室）数量达到300个以上。

二、重点任务

（一）深化非物质文化遗产资源调查

将资源调查作为非物质文化遗产保护的基础性工作来抓，统一部署，有序开展，使调查工作常态化、规范化。在充分利用已有调查和研究的基础上，综合运用民族学、民俗学、文化人类学、社会学等学科的调查方法和手段，对各地非物质文化遗产资源的存续状态、生存环境、传承情况和存在问题进行更广泛、深入、系统的调查记录，及时掌握各地非物质文化遗产的动态变化，为保护工作提供决策依据。开展多种形式的非物质文化遗产资源调查培训，不断提高各级非物质文化遗产保护机构工作人员的田野调查能力和水平。更加注重非物质文化遗产保护的理论研究，适时整理出版调查研究成果。（省文化厅负责）

（二）健全非物质文化遗产保护名录体系

逐步调整和完善各级非物质文化遗产保护名录的类别构成、民族构成和地域构成，逐步扩大各级非物质文化遗产保护名录，努力形成以国家级和省级名录为重点、州市级名录分布合理、县级名录基础良好的“金字塔形”结构。加强评审管理，将符合保护条件的项目分别纳入省、州市、县三级非物质文化遗产保护名录体系，积极推荐具有重大保护价值的非物质文化遗产申报国家级非物质文化遗产代表性项目名录和联合国“人类非物质文化遗产代表作名录”。加大监督和检查力度，对因客观环境改变等导致变质变异或不再呈“活态”特性而消亡的省级非物质文化遗产代表性项目，经省文化厅组织专家认定，报省人民政府批准，予以更正或退出名录；对因保护不力或片面追求经济效益而导致省级非物质文化遗产项目存续状况恶化、出现严重问题或使项目所依存的文化场所及其环境遭到严重破坏的单位，经省文化厅调查核实，撤销其保护责任单位资格。（省文化厅负责）

（三）壮大非物质文化遗产传承人队伍

注重宏观调控和政策引导，逐步改善非物质文化遗产项目代表性传承人队伍的民族结构、年龄结构、地域结构和知识结构。实施“非物质文化遗产传承人群研修研习培训计划”，扩大非物质文化遗产传承人群。采取“走出去”“请进来”等方式，组织多种形式的培训、交流、研讨活动，提高非物质文化遗产项目代表性传承人的学习能力、文化素养、审美水平和创新意识。逐步提高各级非物质文化遗产项目代表性传承人的传承工作补助标准，鼓励传承人带徒授艺、组织传习和培训活动。将非物质文化遗产保护纳入国民教育体系，在有条件的普通高等院校、职业院校开设相应专业和课程，并在招生录取上给予照顾，鼓励非物质文化遗产项目代表性传承人参与教育教学，为非物质文化遗产保护培养后继人才。（省文化厅牵头；各州、市人民政府，省教育厅、财政厅配合）

（四）加快文化生态保护区建设

有序推进“迪庆民族文化生态保护实验区”和“大理文化生态保护实验区”2个国家级文化生态保护实验区建设。启动省级民族传统文化生态保护区建设，将符合条件的区域公布为省级民族传统文化生态保护区。鼓励各州、市、县、区人民政府设立民族传统文化生态保护区，将保护区规划纳入当地城乡规划，加强民族传统文化生态保护区与新农村、美丽乡村、历史文化名城（镇、村、街）、中国传统村落、民族团结示范村、中国少数民族特色村寨、旅游小镇、特色小镇等项目规划的衔接协调，注重重点区域的历史风貌保持和传统文化生态保护，让广大群众“望得见山，看得见水，记得住乡愁”。（省文化厅牵头；各州、市人民政府，省委农办，省民族宗教委、住房城乡建设厅、旅游发展委配合）

（五）实施项目和代表性传承人记录工程

对已列入国家级和省级保护名录的项目及其代表性传承人，特别是历史文化价值高、传承困难的民间文学、音乐、舞蹈、美术、戏剧、曲艺、民俗等濒危项目和年事较高的代表性传承人进行抢救性记录。各级非物质文化遗产保护机构要借助信息技术手段，全面、真实、系统地采集记录非物质文化遗产项目及代表性传承人的情况，妥善保存文字、图片、音频、视频等记录成果。利用政府购买服务等方式，支持高等院校、科研机构、社会团体参与项目和传承人记录工作。（省文化厅牵头；各州、市人民政府，省新闻出版广电局、教育厅、民政厅配合）

（六）加强非物质文化遗产数据库建设与信息共享

对接国家非物质文化遗产资源数据库系统，加强统筹协调，建立全省非物质文化遗产资源数据库系统，实现非物质文化遗产资源信息的集成共享。制定非物质文化遗产版权保护政策，在满足信息共享的同时，切实保护代表性传承人和传承群体的权益。（省文化厅牵头；各州、市人民政府，省民族宗教委、财政厅、新闻出版广电局配合）

（七）推进非物质文化遗产资源的合理利用

充分发挥传统音乐、传统舞蹈、传统戏剧曲艺、传统医药、传统体育游艺与杂技类项目在社区、旅游景区（点）等建设中的作用。对具有发展潜力和市场前景的传统技艺、传统美术以及传统医药类项目进行生产性保护。支持家庭作坊式的保护传承，鼓励企业以保护核心技艺为重点的生产性保护传承。鼓励企事业单位与保护责任单位合作，对项目和传承人进行展示宣传；鼓励企事业单位、大中专院校、旅游企业等合理利用非物质文化遗产资源进行文化创意产品开发，发展文化创意产业。创造条件"走出去"，发挥非物质文化遗产在对外文化交流中的作用。（省文化厅牵头；各州、市人民政府，省教育厅、商务厅、卫生计生委、外办、旅游发展委、体育局、文产办配合）

（八）加强非物质文化遗产保护利用设施建设

将非物质文化遗产保护成果展示纳入公共文化服务体系建设内容，实现资源整合、协同发展。加强各级各类非物质文化遗产保护传承基地、传习馆（所、室）建设。建立云南省非物质文化遗产博物馆或活态展示中心，鼓励各州、市、县、区建立非物质文化遗产展示馆或展示中心。促进非物质文化遗产博物馆、展示馆或展示中心建设与民族博物馆建设相结合。选择一批具有较好传承潜力、与当地经济社会发展结合紧密且面临一定困难的非物质文化遗产项目，支持其改善保护、传承和利用的设施条件。（省文化厅牵头；各州、市人民政府，省发展改革委、民族宗教委、财政厅、文产办配合）

（九）提升非物质文化遗产宣传展示展演水平

各级非物质文化遗产保护中心、文化馆、图书馆、博物馆、科技馆和乡镇、社区文化站等公共文化机构，要举办经常性的非物质文化遗产实物展览、图片展示、技艺展演、学术讲座等活动，向大众宣传普及非物质文化遗产知识。教育部门要把非物质文化遗产宣传教育作为学生爱国主义和社会主义核心价值观教育的重要内容。新闻出版广电、旅游发展等部门要加强对非物质文化遗产及保护传承方面的知识普及、宣传报道和景区（点）开放服务，为非物质文化遗产保护营造良好的社会氛围。组织动员非物质文化遗产项目代表性传承人积极参与非物质文化遗产进校园、进社区、进景区（点）活动。在重要节庆、重大活动期间组织开展非物质文化遗产展示展演，进一步扩大影响。（省文化厅牵头；各州、市人民政府，省教育厅、科技厅、民族宗教委、住房城乡建设厅、旅游发展委、新闻出版广电局配合）

（十）加强非物质文化遗产保护管理工作

制定和推行非物质文化遗产保护工作规范和标准，实现非物质文化遗产保护和管理工作的规范化。完善非物质文化遗产保护名录推荐评审和代表性传承人认定标准，规范非物质文化遗产项目调查、申报、评审、公布、建档等程序。制定出台非物质文化遗产田野调查工作规范、非物质文化遗产保护名录及代表性传承人档案建设规范、非物质文化遗产保护名录管理办法、非物质文化遗产项目代表性传承人认定与管理办法、非物质文化遗产保护专项资金管理办法等制度和规定，探索建立非物质文化遗产保护名录和代表性传承人退出机制。加强非物质文化遗产知识产权保护，开展非物质文化遗产知识产权维权援助，依法保护传承人的知识产权和合法权益。完善非物质文化遗产实物、资料的征集和保管制度。（省文化厅负责）

三、保障措施

（一）落实政府责任

各级政府要严格执行《中华人民共和国非物质文化遗产法》和《云南省非物质文化遗产保护条例》有关规定，每年听取 1 次非物质文化遗产保护工作汇报，把非物质文化遗产保护工作列入政府重要议事日程，纳入国民经济、社会发展规划和城乡规划，纳入各级财政预算，列为文化体制改革的重要内容。坚持保护优先、利用服从保护的原则，在有效保护的前提下合理开发利用，促进非物质文化遗产保护利用与当地经济社会协调发展。（各州、市人民政府，省发展改革委、财政厅、文化厅负责）

（二）强化部门职责

各级政府要支持文化部门按照《中华人民共和国非物质文化遗产法》和《云南省非物质文化遗产保护条例》有关规定，依法履行保护工作责任。文化部门要切实做好规划制定、监测评估、保护利用、传承发展、宣传教育和人才培养工作。发展改革、教育、民族宗教、财政、人力资源社会保障、住房城乡建设、卫生计生、旅游发展、文化产业、文物等部门要加强与文化部门的协同配合，形成有效运行的非物质文化遗产保护工作联动机制。（省文化厅，各州、市人民政府牵头；省发展改革委、教育厅、民族宗教委、财政厅、人力资源社会保障厅、住房城乡建设厅、卫生计生委、旅游发展委、文产办、文物局配合）

（三）加大经费投入

各级政府要依法保障非物质文化遗产保护专项经费投入。各级财政部门要加强经费统筹，积极支持非物质文化遗产抢救性保护、档案数据库建设、设施设备配备、调查研究、宣传教育等工作开展，同时，加强资金监管，提高资金使用效益。建立多元投入机制，鼓励和吸引社会资本进入。省级民族传统文化生态保护区所在地县级以上政府应当从每年旅游收入中安排一定比例资金，用于民族传统文化生态保护区的保护和建设。（各州、市人民政府，省财政厅、文化厅、旅游发展委负责）

（四）调动社会力量参与

鼓励和支持个人、企业、社会组织在符合规定的条件下，积极参与非物质文化遗产保护工作。培育非物质文化遗产保护的社会组织，发挥其在非物质文化遗产保护中的积极作用。有条件的地区要成立非物质文化遗产保护协会，团结、动员广大非物质文化遗产保护工作者和志愿者参与非物质文化遗产保护工作。支持企业、民间组织或非物质文化遗产项目代表性传承人设立非物质文化遗产传习馆（所、室），鼓励个人、企业或民间组织向非物质文化遗产保护机构捐资、捐物。（各州、市人民政府，省民政厅、文化厅负责）

（五）加强机构队伍建设

各级政府要根据当地非物质文化遗产资源富集程度和实际工作需要，设立或明确非物质文化遗产保护专门机构，配备与工作相适应的专职人员。民族自治地方应在非物质文化遗产保护机构设置和人员配备上予以适当倾斜。各级文化部门要结合非物质文化遗产保护工作的需要和特点，优化系统内专业人员配置，充实非物质文化遗产保护工作力量。对现有的非物质文化遗产保护工作人员和代表性传承人，要采取培训、进修、研修等方式，提高其文化素养、专业能力和业务水平。省、州市文化部门要结合“三区”（边远贫困地区、边疆民族地区和革命老区）人才计划，安排非物质文化遗产保护专业骨干到县乡锻炼、帮助工作。（各州、市人民政府，省编办、教育厅、文化厅负责）

（六）加大检查考核力度

把非物质文化遗产保护工作作为各级领导班子和领导干部考核评价、年度综合考评的重要参考。建立非物质文化遗产保护工作考评制度，定期对文化部门的非物质文化遗产保护工作开展情况及专项资金使用情况进行检查。推行非物质文化遗产保护责任评估，县级以上政府定期对本行政区域内的非物质文化遗产保护状况进行评估，对非物质文化遗产保护责任单位进行考评，发现问题及时整改。（省委组织部，省考评办，省文化厅牵头；省监察厅、财政厅、人力资源社会保障厅，各州、市人民政府配合）

（七）加强法治建设

严格执行《中华人民共和国非物质文化遗产法》和《云南省非物质文化遗产保护条例》，加大行政执法力度，杜绝有法不依、执法不严等情况。健全和完善非物质文化遗产保护的法规规章体系。将非物质文化遗产法律法规纳入普法教育规划，纳入各级党校和行政学院教学内容。将非物质文化遗产法律法规的宣传普及作为各级文化部门的重要工作任务常抓不懈，不断提高全民保护非物质文化遗产的意识。（省文化厅牵头；省法制办，各州、市人民政府配合）

各州、市人民政府，省直有关部门和单位要按照本意见要求，结合工作实际制定相应的实施办法，认真抓好贯彻落实。

云南省人民政府

2018 年 1 月 23 日

（此件公开发布）

云南省生态保护红线

一、总面积

全省生态保护红线面积 11.84 万平方千米，占国土面积的 30.90%。

二、基本格局

基本格局呈“三屏两带”。

“三屏”：青藏高原南缘滇西北高山峡谷生态屏障、哀牢山—无量山山地生态屏障、南部边境热带森林生态屏障。

“两带”：金沙江、澜沧江、红河干热河谷地带，东南部喀斯特地带。

三、主要类型和分布范围

包含生物多样性维护、水源涵养、水土保持三大红线类型，11 个分区。

（一）滇西北高山峡谷生物多样性维护与水源涵养生态保护红线

该区域位于云南省西北部，涉及保山、大理、丽江、怒江、迪庆等5个州、市，面积3.54万平方千米，占全省生态保护红线面积的29.90%，是全省海拔最高的地区，为典型的高山峡谷地貌分布区。受季风和地形影响，立体气候极为显著。植被以中山湿性常绿阔叶林、暖温性针叶林、温凉性针叶林、寒温性针叶林、高山亚高山草甸等为代表。重点保护物种有滇金丝猴、白眉长臂猿、云豹、雪豹、金雕、云南红豆杉、珙桐、澜沧黄杉、大果红杉、油麦吊云杉等珍稀动植物。已建有云南白马雪山国家级自然保护区、云南高黎贡山国家级自然保护区、香格里拉哈巴雪山省级自然保护区、三江并流世界自然遗产地等保护地。

（二）哀牢山—无量山山地生物多样性维护与水土保持生态保护红线

该区域位于云南省中部，地处云贵高原、横断山脉和青藏高原南缘三大地理区域的结合部，涉及玉溪、楚雄、普洱、大理等4个州、市，面积0.86万平方千米，占全省生态保护红线面积的7.26%。受东南季风和西南季风影响，干湿季分明。植被以季风常绿阔叶林、中山湿性常绿阔叶林等为代表。重点保护物种有西黑冠长臂猿、绿孔雀、云南红豆杉、篦齿苏铁、银杏、长蕊木兰等珍稀动植物。已建有云南哀牢山国家级自然保护区、云南无量山国家级自然保护区等保护地。

（三）南部边境热带森林生物多样性维护生态保护红线

该区域位于云南省南部边境，涉及红河、文山、普洱、西双版纳、临沧等5个州、市，面积1.68万平方千米，占全省生态保护红线面积的14.19%。地貌以中、低山山地为主，宽谷众多，常年高温高湿。植被以热带雨林、季雨林、季风常绿阔叶林、暖热性针叶林等为代表。重点保护物种有亚洲象、印度野牛、白颊长臂猿、印支虎、苏铁、桫椤、望天树、华盖木等珍稀动植物。已建有云南西双版纳国家级自然保护区、云南纳板河流域国家级自然保护区、云南金平分水岭国家级自然保护区、云南黄连山国家级自然保护区、富宁驮娘江省级自然保护区等保护地。

（四）大盈江—瑞丽江水源涵养生态保护红线

该区域位于云南省西部，涉及德宏州，面积0.33万平方千米，占全省生态保护红线面积的2.79%。该区域山脉纵横，地势高差明显，沿河平坝与峡谷相间。受西南季风影响，雨量充沛，全年冷热变化不显著。植被以热带雨林、季雨林、季风常绿阔叶林、中山湿性常绿阔叶林等为代表。重点保护物种有白眉长臂猿、印度野牛、熊猴、云豹、东京龙脑香、篦齿苏铁、云南蓝果树、萼翅藤、鹿角蕨等珍稀动植物。已建有瑞丽江—大盈江国家级风景名胜区、云南铜壁关省级自然保护区等保护地。

（五）高原湖泊及牛栏江上游水源涵养生态保护红线

该区域位于云南省中西部，地势起伏和缓，涉及昆明、玉溪、红河、大理、丽江等5个州、市，面积0.57万平方千米，占全省生态保护红线面积的4.81%，是云南省构造湖泊和岩溶湖泊分布最集中的区域。植被以半湿润常绿阔叶林、暖温性针叶林、暖温性灌丛等为代表。重点保护物种有白腹锦鸡、云南闭壳龟、鱇浪白鱼、滇池金线鲃、大理弓鱼、宽叶水韭、西康玉兰等珍稀动植物。已建有云南苍山洱海国家级自然保护区、金殿国家森林公园、抚仙—星云湖泊省级风景名胜区、石屏异龙湖省级风景名胜区等保护地。

（六）珠江上游及滇东南喀斯特地带水土保持生态保护红线

该区域位于云南省东部和东南部，涉及昆明、曲靖、玉溪、红河、文山等5个州、市，面积1.45万平方千米，占全省生态保护红线面积的12.25%。岩溶地貌发育，是红河、珠江等重要河流的源头和上游区域，以中亚热带季风气候为主。植被以季风常绿阔叶林、半湿润常绿阔叶林、暖温性针叶林、石灰岩灌丛等为代表。重点保护物种有灰叶猴、蜂猴、金钱豹、黑鸢、华盖木、云南拟单性木兰、云南穗花杉、毛枝五针松、钟萼木等珍稀动植物。已建有云南文山国家级自然保护区、石林世界自然遗产地、丘北普者黑国家级风景名胜区等保护地。

（七）怒江下游水土保持生态保护红线

该区域位于云南省西南部，怒江下游地区，涉及保山、临沧等2个市，面积0.32万平方千米，占全省生态保护红线面积的2.70%。地貌以中山山地与宽谷盆地为主，兼具北热带和南亚热带气候特征。植被以季雨林、季风常绿阔叶林、中山湿性常绿阔叶林等为代表。重点保护物种有白掌长臂猿、灰叶猴、孟加拉虎、绿孔雀、黑桫椤、藤枣、董棕、三棱栎、四数木等珍稀动植物。已建有云南永德大雪山国家级自然保护区、镇康南捧河省级自然保护区等保护地。

（八）澜沧江中山峡谷水土保持生态保护红线

该区域位于云南省西南部，澜沧江中下游，涉及保山、普洱、大理、临沧等4个州、市，面积1.07万平方千米，占全省生态保护红线面积的9.04%。以中山河谷地貌为主，降水丰富，干湿季分明。植被以季雨林、季风常绿阔叶林、落叶阔叶林、暖热性针叶林、暖温性针叶林为代表。重点保护物种有蜂猴、穿山甲、绿孔雀、巨蜥、蟒蛇、苏铁、千果榄仁、大叶木兰、红椿等珍稀动植物。已建有临沧澜沧江省级自然保护区、景谷威远江省级自然保护区、耿马南汀河省级风景名胜区等保护地。

（九）金沙江干热河谷及山原水土保持生态保护红线

该区域位于滇川交界的金沙江河谷地带，涉及昆明、楚雄、大理、丽江等 4 个州、市，面积 0.87 万平方千米，占全省生态保护红线面积的 7.35%。以中山峡谷地貌为主，气候高温少雨。植被以干热河谷稀树灌木草丛、干热河谷灌丛、暖温性针叶林等为代表。重点保护物种有林麝、中华鬣羚、穿山甲、黑翅鸢、红瘰疣螈、攀枝花苏铁、云南红豆杉、丁茜、平当树等珍稀动植物。已建有云南轿子雪山国家级自然保护区、楚雄紫溪山省级自然保护区、元谋省级风景名胜区等保护地。

（十）金沙江下游—小江流域水土流失控制生态保护红线

该区域位于云南省东北部，涉及昆明、曲靖、昭通等 3 个市，面积 0.73 万平方千米，占全省生态保护红线面积的 6.17%，是高原边缘的中山峡谷区，四季分明，夏季高温多雨、冬季温和湿润。植被以半湿润常绿阔叶林、落叶阔叶林、暖温性针叶林、亚高山草甸等为代表。重点保护物种有金钱豹、云豹、小熊猫、大灵猫、大鲵、南方红豆杉、珙桐、连香树、异颖草等珍稀动植物。已建有云南大山包黑颈鹤国家级自然保护区、云南药山国家级自然保护区、云南乌蒙山国家级自然保护区、云南会泽黑颈鹤国家级自然保护区等保护地。

（十一）红河（元江）干热河谷及山原水土保持生态保护红线

该区域位于云南省中南部，红河（元江）中下游地区，涉及玉溪、楚雄、红河等 3 个州、市，面积 0.42 万平方千米，占全省生态保护红线面积的 3.55%。以中山河谷地貌为主，降水量少，气温高。植被以季风常绿阔叶林、干热河谷稀树灌木草丛等为代表。重点保护物种有蜂猴、短尾猴、绿孔雀、巨蜥、蟒蛇、桫椤、元江苏铁、水青树、鹅掌楸、董棕等珍稀动植物。已建有云南元江国家级自然保护区、建水国家级风景名胜区、个旧蔓耗省级风景名胜区等保护地。

附件：1. 云南省生态保护红线分布图

2. 云南省生态保护红线空间分布格局示意图

3. 云南省生态保护红线功能类型图

附件 1

云南省生态保护红线分布图

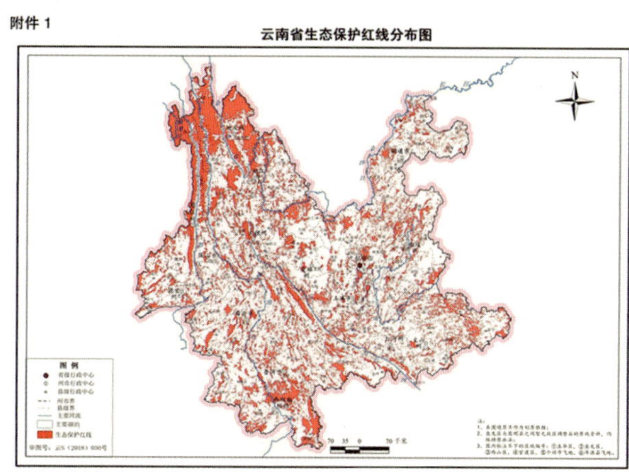

附件 2

云南省生态保护红线空间分布格局示意图

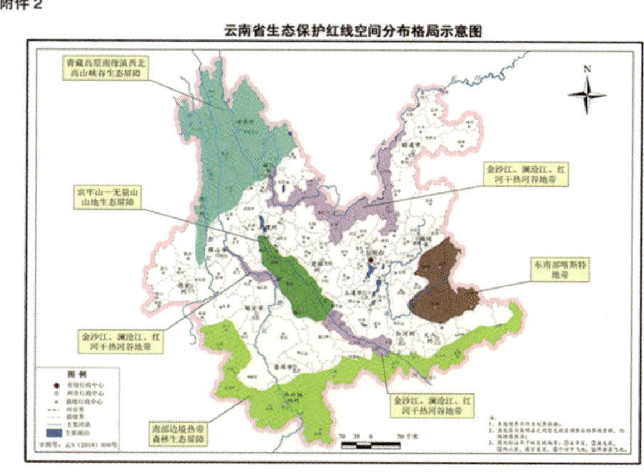

附件 3

云南省生态保护红线功能类型图

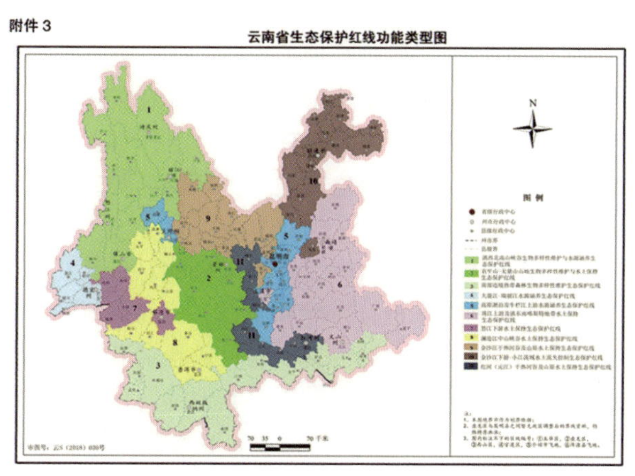

云南省人民政府关于印发云南省加强三江并流世界自然遗产地保护管理若干规定的通知

大理州、丽江市、怒江州、迪庆州人民政府，省直有关部门：

现将《云南省加强三江并流世界自然遗产地保护管理若干规定》印发给你们，请认真贯彻执行。

云南省人民政府

2018 年 7 月 17 日

（此件公开发布）

云南省加强三江并流世界自然遗产地保护管理若干规定

第一条 为深入贯彻党中央、国务院生态文明建设和生态环境保护管理各项决策部署，全面落实习近平总书记“共抓大保护、不搞大开发”的生态保护要求，加快推进三江并流世界自然遗产地生态环境保护工作，争当全国生态文明建设排头兵，根据国家和云南省关于加快推进生态文明建设的总体要求和有关法律法规，制定本规定。

第二条 本规定所称的三江并流世界自然遗产地（以下简称三江并流遗产地），是指已列入《世界遗产名录》，经联合国教科文组织世界遗产中心审议通过的 2010 年边界细化后的特定区域，包括高黎贡山、白马—梅里雪山、老窝山、云岭、老君山、哈巴雪山、千湖山、红山 8 个片区。

第三条 三江并流遗产地所在州、市、县、区人民政府是生态环境保护管理的责任主体，由有关部门依照有关法律法规负责生态环境保护管理工作，承担行政区域内本部门生态环境保护管理工作主要责任，负责组织实施三江并流遗产地保护区的勘测定界、设立界桩和公示牌等保护管理工作。

第四条 省世界自然遗产管理机构对三江并流遗产地保护管理工作进行指导和监督；三江并流遗产地内的风景名胜区和自然保护区，由风景名胜区和自然保护区管理机构负责监督管理；其他部门按照规定的责任分工，履行三江并流遗产地的监督管理职责。

第五条 三江并流遗产地所在州、市、县、区人民政府要严格控制三江并流遗产地内开发强度，防止过度开发建设。在三江并流遗产地内，除必须的保护设施和公共服务设施外，严禁增建其他工程设施。经过批准的各类建设活动应当与三江并流遗产地保护内容相协调，严禁破坏世界自然遗产资源、环境景观，严禁污染环境。

第六条 严禁在三江并流遗产地内进行开山采石、挖砂取土、毁林开荒、围湖造田、建墓立碑、勘查开采矿产资源等破坏自然遗产资源和环境的活动。

第七条 严禁在三江并流遗产地内新设置探矿权、采矿权。对三江并流遗产地内已设置的探矿权、采矿权，依法限期退出。

第八条 三江并流遗产地内拟建的缆车、索道、等级公路、铁路、大型水库、电力设施等对遗产地突出普遍价值可能造成较大影响的重大工程项目，需在项目批准建设前 6 个月将项目选址方案按照要求报国家有关行政主管部门审批或备案。

第九条 三江并流遗产地内已划入生态保护红线的，要按照国家生态保护红线有关规定从严管理。

第十条 三江并流遗产地严格执行《云南省三江并流世界自然遗产地保护条例》规定，涉及风景名胜区的建设项目必须按照《风景名胜区条例》《云南省风景名胜区条例》规定，依法依规按照程序履行有关手续；涉及自然保护区的建设项目必须按照《中华人民共和国自然保护区条例》《云南省自然保护区管理条例》规定，依法依规按照程序履行有关手续。

第十一条 严禁在三江并流遗产地内进行改变水资源、水环境自然状态的活动。三江并流遗产地所有新增中小水电必须严格按照《云南省人民政府关于加强中小水电开发利用管理的意见》（云政发〔2016〕56 号）要求，规划及项目核准审批均应上报省人民政府批准同意。对遗产地内符合规划、已核准建设的中小水电项目，当地政府和主管部门应加强事前事中事后监督管理，做好水土保持、生态修复、环保验收等工作。

第十二条 加强三江并流遗产地的生态保护和治理修复，对受到破坏的要统筹山水林田湖草治理，开展修复工作。

第十三条 建立健全遥感监测系统，实现三江并流遗产地省、州市、县三级长效动态监测机制。

第十四条 省世界自然遗产管理机构应定期对三江并流遗产地资源保护管理情况进行检查和评估，主要包括：

（一）管理机构履职尽责与能力建设；

（二）配套管理制度建设；

（三）三江并流遗产地突出普遍价值和核心资源保护，资源环境监测与科研；

（四）保护管理规划编制与实施；

（五）旅游活动管理、建设活动管控以及其他威胁突出普遍价值重要因素的管理；

（六）遥感监测问题及核查处理情况；

（七）社区参与协调发展；

（八）遗产展示、宣传与教育。

第十五条 三江并流遗产地所在州、市、县、区人民政府要将三江并流遗产地生态环境保护工作纳入重点督查范围，加大专项督促检查力度，推动生态环境保护工作责任和各项决策部署落到实处。

第十六条 省监委对国家机关及工作人员在三江并流遗产地保护管理工作中履责不力、弄虚作假、敷衍应付、失职失责的责任单位和责任人员严肃进行问责；对涉嫌职务违法和职务犯罪的问题，及时立案调查。

云南省人民政府关于加快推进旅游转型升级的若干意见

各州、市人民政府，省直各委、办、厅、局：

旅游业是云南省支柱产业，按照“国际化、高端化、特色化、智慧化”的发展目标和“云南只有一个景区，这个景区叫云南”的全域旅游理念，把云南建设成为世界一流旅游目的地，必须重建良好市场秩序、重构旅游诚信体系、提升旅游供给能力、完善旅游管理机制，推动“旅游革命”，实现转型升级。现提出以下意见：

一、深化旅游市场秩序整治

（一）根除“不合理低价游”

深入落实《云南省旅游市场秩序整治工作措施》，依法严厉查处发布、销售“不合理低价游”产品，组织、接待“不合理低价游”团队，签订“阴阳合同”逃避检查，指定购物场所，擅自变更游览行程，强迫或变相强迫消费，商业贿赂，偷税漏税，虚假宣传等违法违规行为，涉及的旅行社依法吊销经营许可证、导游人员依法吊销导游证、购物店依法予以关停。（各州、市人民政府负责；省旅游发展委、工商局、公安厅，省税务局配合；长期坚持）

（二）加强旅游团队运行监管

旅行社接待旅游团队须制作和填报电子行程计划书，载明团队运行路线、停留地点和时间信息，告知团队全体游客，上报统一管理平台。接待旅游团队的客运车辆须安装车载视频和卫星定位装置，并确保在运营过程中设备正常运行，严格按照行程计划书行驶。通过对旅游团队运行轨迹和导游服务实施全过程监管，确保游客安全和接待服务规范。未按行程计划运行的旅游团队，对有关旅行社、导游和客运企业进行重点检查。（各州、市人民政府负责；省旅游发展委、交通运输厅配合；2018 年 9 月 1 日前启用格式化电子行程计划书，完成安装车载视频和卫星定位装置）

（三）严厉打击涉旅违法犯罪行为

保持对涉旅违法犯罪行为的“高压严打”，发现一起、打击一起。旅游、工商、税务等部门要加强执法合作，严厉查处涉旅案件，一旦发现违法犯罪线索，依法移交司法机关，追究刑事责任。公安机关要完善旅游景区、涉旅场所、游客集聚区治安管理，加强巡逻，及时处置警情；严厉打击商业贿赂、强迫交易、偷税漏税、故意伤害、“酒托、药托、游托”等欺诈行为；严厉打击“黑车、黑导、黑社、黑店”等涉旅涉黑涉恶违法犯罪行为及揽客、拉客等非法经营活动。（各州、市人民政府负责；省法院，省检察院，省公安厅、工商局、食品药品监管局、旅游发展委，省税务局配合；长期坚持）

二、构建云南旅游诚信体系

（四）建立旅游服务“云南标准”

根据国家有关规定，参照国际先进经验，立足云南实际，制定和完善旅游产品业态、旅游要素设施、旅游公共服务、产业运营管理、市场监督管理等领域的云南标准，作为旅游服务提供者的运营指南，作为政府部门和行业协会评价管理的基础依据。（省旅游发展委、质监局负责标准制定，各州、市人民政府负责实施，长期坚持）

（五）建立旅游服务评价体系

建立由规范指数（政府评价）、品质指数（专业评价）、体验指数（游客评价）构成的旅游企业诚信评价体系。由政府有关管理部门对旅游企业的经营行为进行综合评价，重点考评是否合规经营，形成规范指数；通过购买服务委托行业协会或第三方评估机构，对旅游企业的服务质量以暗访体验的方式进行专业评价，形成品质指数；由游客通过网络平台对旅游企业的服务水平进行评价，形成体验指数；3 项指数加权平均形成诚信指数，采用 10 分制记分，诚信分公开发布，作为政府监管依据，并为游客选择旅游企业提供参考。（各州、市人民政府负责，省直有关部门配合，长期坚持）

（六）建立旅游服务动态管理机制

对在云南省开展旅游经营活动的旅行社和导游、旅游景区、旅游餐饮企业、旅游住宿企业、旅游汽车公司等涉旅企业开展诚信评价，形成优胜劣汰机制。对诚信分高的予以宣传、推荐、奖励；对诚信分低于 6 分的企业纳入重点监管名单，限期整改；拒不整改或者整改后诚信分仍不达标的，依法取消经营资格并停止经营活动。（各州、市人民政府负责，省直有关部门配合，长期坚持）

三、提升旅游供给能力

（七）打造品牌旅游目的地

全力推动全域旅游发展，重点实施 50 个国家级和省级全域旅游示范区、25 个特色旅游城市、60 个旅游强县、100 个旅游名镇、50 个国家级和省级旅游度假区、200 个旅游名村、30 个花田（农业）旅游示范基地创建工作，打造一批主题鲜明、交通便利、服务配套、环境优美、吸引力强、受广大游客欢迎的品牌旅游目的地。（各州、市人民政府负责，省发展改革委、住房城乡建设厅、旅游发展委等部门协调推动，长期坚持）

（八）打造高品质旅游景区

积极推动高 A 级景区创建，到 2020 年，创建 5A 级景区 15 个以上，达到 5A 级创建标准的景区 20 个。打造国际水平的特色城镇和全国一流的特色小镇，并争取将其创建成为 4A 级以上旅游景区，力争全省 4A 级以上景区超过 100 个。大幅降低国有景区门票及景区内索道、接驳车船价格，降低旅游线路产品成本。（高 A 级景区创建工作由各州、市人民政府负责，省旅游发展委等部门配合，长期坚持；降低景区价格由省发展改革委负责，各州、市人民政府配合，2018 年 10 月 1 日前完成）

（九）持续推进“厕所革命”

在全省主要旅游城市（城镇）、游客聚集公共区域、主要乡村旅游点、旅游小镇、旅游景区（点）、旅游度假区、旅游综合体、旅游交通沿线新建、改建旅游厕所 3400 座以上。全省 5A 级景区、高速公路沿线、县级以上主要旅游城市旅游厕所全部达到 3A 级标准；4A 级景区，二级以下公路沿线，交通客运站（点），大型旅游娱乐、购物、餐饮经营场所旅游厕所达到 2A 级以上标准；3A 级以下景区、旅游村、旅游类特色小镇旅游厕所达到 A 级以上标准。（各州、市人民政府负责，省旅游发展委、住房城乡建设厅、交通运输厅、商务厅等部门按照职责和计划推进，2020 年底前完成）

（十）完善自驾旅游线路服务配套

围绕全省 32 条精品自驾旅游重点线路规划布局，加快沿线游客休息站、观景平台、旅游厕所、汽车租赁网点、应急救援站等配套公共服务设施建设，实现通信网络信号连续覆盖。全面提升道路通达条件，率先打通、提升改造影响重点旅游线路的断头路、瓶颈点。各地根据当地旅游资源，建设和推出一批各具特色的“最美”旅游线路。（各州、市人民政府负责，省交通运输厅、旅游发展委，省通信管理局等部门配合，按照计划推进，长期坚持）

（十一）加快汽车旅游营地建设

依托全省主要旅游景区、旅游城镇、旅游乡村和交通干线，按照把汽车旅游营地建设成为旅游景区的目标，坚持景区化建设、生态化发展、精细化服务、智能化管理标准，强化旅游体验、综合服务、教育社交等功能，加快推进和优先支持 32 条精品自驾旅游重点线路沿线汽车旅游营地建设。制定出台云南省《汽车旅游营地建设与服务标准》《汽车旅游营地数字化规范》《汽车旅游营地建设配套支持政策》，进一步加大对汽车旅游营地建设管理的规范指导，重点在营地项目立项审批、用地供给、金融服务等方面给予政策扶持。到 2020 年，全省建成不同主题、不同类型、不同规模的汽车旅游营地 200 个以上，培育形成汽车租赁公司10个以上，在省内旅游市场投放各类旅游租赁车辆10万辆以上。（各州、市人民政府负责，省交通运输厅、旅游发展委、省通信管理局等部门配合，按照计划推进，长期坚持）

（十二）提升高速公路服务区旅游功能

围绕全省已建成通车的高速公路，以餐厅、厕所、停车场、便利店、4G网络、绿化景观、建筑外观风貌为重点，加快推进全省高速公路服务区整治提升。2018年全面完成全省所有高速公路服务区新建和改扩建任务，实现昆明—大理—丽江和昆明—普洱—西双版纳2条高速公路人流量较大的服务区配套至少1个国际品牌连锁餐饮店和1个本土特色餐饮店，4G网络、3A级旅游厕所全覆盖。2019年实现全省所有高速公路服务区4G网络、3A级旅游厕所全覆盖，人流量较大的服务区配套至少1个国际品牌连锁餐饮店或1个本土特色餐饮店。2020年实现10个以上高速公路服务区进入全国百佳示范服务区，50个进入全国优秀服务区行列，将高速公路服务区打造成为云南旅游的一张亮丽名片。（省交通运输厅牵头，省商务厅、旅游发展委、省通信管理局等部门配合，各州、市人民政府负责，按照计划推进，2020年底前完成）

（十三）引进和培育知名品牌旅游企业

制定出台优惠政策措施，持续加大对国际知名品牌酒店管理公司引进力度，加快引进一批实力雄厚、善于经营、社会责任感强的国有或民营企业集团和投资机构，以及国际性的旅游营地管理公司、健康管理服务公司、赛事经纪公司、户外运动公司、养生养老机构，全面参与旅游资源开发、项目建设、经营管理和产业整合。按照主业明确、管理规范、竞争优势明显、成长潜力较大的要求，分类选择和培育扶持精品度假酒店、旅游交通运输、旅行社、旅游景区和旅游商品生产销售等旅游要素企业，积极整合行业资源，延伸产业链条，创新经营模式，全面提升管理水平和竞争能力，推动实现品牌化管理、连锁化经营、个性化服务和特色化发展。（省旅游发展委、招商合作局牵头，省国资委、卫生计生委、工业和信息化委、交通运输厅、民政厅、商务厅、体育局配合，长期坚持）

（十四）提升旅游智慧化水平

以“一部手机游云南”建设为抓手，进一步深化云计算、大数据、物联网、移动互联网、人工智能等新一代信息技术与旅游的深度融合，大力发展智慧旅游城市、智慧旅游景区、智慧旅游特色小镇、智慧旅游企业。积极推进智慧旅游信息化基础设施建设和数字化平台建设，加快云南旅游大数据中心、旅游综合服务平台、旅游综合管理平台建设，推动传统旅游发展方式、管理模式、业务流程的优化和提升，推动城市景区资源和名景、名店、名馆、名品等资源全要素上线，实现直播、导游导览、一码通等平台功能在全省3A级以上景区全覆盖，加快推进智慧厕所、智慧停车场、高速公路无感支付等工作，为游客提供最全面、最权威、最方便的智慧化服务。加快互联网基础设施建设，尽快实现全省范围4G网络全覆盖，主要旅游目的地和重点旅游集散地WIFI信号全覆盖。（省旅游发展委，各州、市人民政府负责，省直有关部门配合，长期坚持）

四、重构旅游管理机制

（十五）加强行业自律管理

按照国际通行惯例，推动建立权威高效、结构合理、功能完善、竞争有序、诚信自律、充满活力的旅游行业协会体系。深入推进省级旅游业协会和景区、饭店、旅行社等协会改革，尽快组建省级导游协会，强化协会自律管理；鼓励向行业协会购买服务，支持行业协会在标准制定、专业评价、宣传推广等方面发挥主体作用，引导行业不断提升服务品质。支持行业协会依法独立开展活动，服务会员、严格管理，推动形成约束性行业自律机制，在推进旅游产业转型升级、规范旅游市场秩序、促进旅游行业诚信自律建设中发挥积极作用。（省旅游发展委、民政厅负责，各州、市人民政府配合，长期坚持，2018年10月底前完成省导游协会组建）

（十六）强化属地管理责任

落实属地管理，加强综合监管，服务全域旅游。按照“1＋3＋N＋1”旅游市场综合监管模式，加快建立健全旅游市场监管综合调度指挥中心，根据旅游产业发展实际和工作要求配齐配强指挥中心工作人员，由政府分管副秘书长（办公室副主任）牵头统筹协调指挥，构建全省旅游市场统一监管、分级负责的指挥调度体系，及时处置各类涉旅事务。加强工商和市场监管部门旅游市场执法队伍、旅游警察队伍、旅游巡回法庭建设。充分发挥职能部门专业监管和执法作用，强化旅游执法质监队伍建设，加大旅游行政执法力度。强化旅游监管履职监督检查。（省政府办公厅牵头，各州、市人民政府，省旅游发展委、工商局、公安厅，省法院配合，2018年7月完成）

（十七）构建旅游投诉快速处置机制

建立健全“1+16+129+X”（“1”“16”“129”分别为省级、州市级、县级旅游市场监管综合调度指挥中心，“X”为涉旅企业）旅游投诉处置工作体系。

在全省统一的投诉处置平台上，每一单投诉按照其重大程度和紧急程度，同一时间送达被投诉者和指挥中心，被投诉者在指挥中心指导下处置投诉事宜，并以投诉者的满意度和投诉处置时间作为评价投诉处置效果的主要指标。每级指挥中心的投诉处置工作，都在上级指挥中心监管下进行。每一次投诉的处置情况，都在系统平台上完整记录。（省旅游发展委牵头，各州、市人民政府，省直有关部门配合，2018 年 7 月完成）

（十八）强化旅游综合监管考评

坚持每季度对州、市人民政府监管效能进行量化考评，重点对落实旅游市场综合监管领导责任、建立旅游综合监管机制、涉旅投诉案件处置效率、发生涉旅负面舆情、发生涉旅安全事故、受到上级处理、游客投诉率、游客满意度等情况进行考核。根据旅游市场秩序整治工作推进情况，适时对考评重点和内容进行优化调整，强化考评的针对性、实效性。认真落实综合监管考评连续 3 次处于后 3 位的被约谈、连续 3 次处于末位的被问责的监管机制。考评、约谈、问责情况向全社会公开。（省旅游发展委牵头，省直有关部门配合，长期坚持）

云南省人民政府

2018 年 7 月 24 日

（此件公开发布）

云南省人民政府关于禁止在文山州清水河水利枢纽工程建设征地范围内新增建设项目和迁入人口的通告

文山州人民政府：

为确保文山州清水河水利枢纽工程建设征地和移民安置规划设计工作的顺利实施，依据《大中型水利水电工程建设征地补偿和移民安置条例》和《云南省人民政府关于贯彻落实国务院大中型水利水电工程建设征地补偿和移民安置条例的实施意见》（云政发〔2008〕24 号）等有关规定，现通告如下：

一、自本通告发布之日起，在清水河水利枢纽工程规划征地范围涉及的丘北县天星乡天星、扭倮、廷里、倮黑、笼陶村委会，树皮乡矣得、朦胧、小新寨、树皮村委会；砚山县维摩乡普底、斗果、阿伍、倮可者、维摩村委会，阿猛镇水塘、石板房村委会，干河乡红舍克、碧云村委会，江那镇铳卡村委会；广南县珠琳镇吊井、白泥塘、新寨、羊街、阿卡黑、珠琳村委会等征地红线内（具体征地范围以设计单位现场勘查打桩定界为准），任何单位和个人不得进行各行业规划，禁止一切新建、扩建和改建工程项目，不得开发土地、修建房屋和其他设施，不得新栽种经济果木和植树造林，严禁新葬、迁入坟地和建纪念碑等。违反上述规定的，征地搬迁安置时一律不予补偿，由此造成的后果，均由责任人自行承担。

二、除正常的工作调动、复转军人、婚嫁和大中专院校毕业未被机关、企事业单位录用的人员及刑满释放回原籍人员外，禁止向上述区域迁入人口。自行迁入的，一律不得享受工程建设征地移民有关政策。

三、通告发布后，项目法人应当与工程所在地政府按照经省移民局审查通过的《文山州清水河水利枢纽工程建设征地实物调查工作细则》，依据《水利水电工程建设征地移民安置规划设计规范》（SL290 ~ 2009）《水利水电工程建设征地移民实物调查规范》（SL442 ~ 2009）等有关规定，认真组织实物指标调查工作，做到公开、公平、公正，确保实物指标的真实、全面、准确，确保移民的合法权益。

四、工程征地范围涉及的各级政府要切实加强组织领导，认真开展移民政策法规宣传解释，深入细致做好群众工作，采取有力措施，确保移民安置工作顺利进行，促进工程早日建成发挥效益。

云南省人民政府

2018 年 8 月 10 日

（此件公开发布）

云南省人民政府关于印发云南省打赢蓝天保卫战三年行动实施方案的通知

各州、市人民政府，省直各委、办、厅、局：

现将《云南省打赢蓝天保卫战三年行动实施方案》印发给你们，请认真贯彻执行。

云南省人民政府

2018 年 9 月 11 日

（此件公开发布）

云南省打赢蓝天保卫战三年行动实施方案

为贯彻落实《国务院关于印发打赢蓝天保卫战三年行动计划的通知》（国发〔2018〕22 号）精神，按照《中共云南省委　云南省人民政府关于全面加强生态环境保护坚决打好污染防治攻坚战的实施意见》（云发〔2018〕16 号）的部署安排，为巩固提高全省环境空气质量，打赢蓝天保卫战，制定本方案。

一、总体要求

（一）指导思想

以习近平新时代中国特色社会主义思想为指导，全面贯彻落实党的十九大和十九届二中、三中全会精神，立足努力成为全国生态文明建设排头兵的战略定位，认真落实党中央、国务院决策部署和全省生态环境保护大会要求，坚持新发展理念，坚持全民共治、源头防治、标本兼治，持续开展大气污染防治行动，综合运用经济、法律、技术和必要的行政手段，大力调整优化产业结构、能源结构、运输结构和用地结构，强化区域联防联控，统筹兼顾、系统谋划、精准施策，坚决打赢蓝天保卫战，实现环境效益、经济效益和社会效益多赢，为建设中国最美丽省份提供有力保障。

（二）目标指标

经过 3 年努力，进一步减少主要大气污染物排放总量，协同减少温室气体排放，降低细颗粒物（PM2.5）浓度，减少重污染天数，巩固提高环境空气质量，进一步增强人民的蓝天幸福感。

到 2020 年，全省二氧化硫、氮氧化物排放总量分别比 2015 年下降 1%；地级城市空气质量优良天数比率保持 97.2% 以上，全面完成国家下达的大气环保约束性指标，昆明市城市空气质量优良天数比率达到 99% 以上，城市空气质量排名力争进入全国省会城市前 3 位。

二、调整优化产业结构，推进产业绿色发展

（一）优化产业布局

完成生态保护红线、环境质量底线、资源利用上线、环境准入清单编制工作，明确禁止和限制发展的行业、生产工艺和产业目录。修订完善高耗能、高污染和资源型行业准入条件，制订更严格的产业准入门槛。积极推行区域、规划环境影响评价，新、改、扩建钢铁、石化、化工、焦化、建材、有色等项目的环境影响评价，应满足区域、规划环评要求。

加大区域产业布局调整力度。加快城市建成区重污染企业搬迁改造或关闭退出，重点推动实施昆明、曲靖、红河、普洱、德宏等 5 个州、市政府所在地城市建成区及周边水泥、平板玻璃、焦化、化工、有色、钢铁等重污染企业搬迁改造或关闭退出，加快推进昆明市主城区中国铜业有限公司等企业搬迁。2018 年底前，各州、市人民政府要制定专项计划并向社会公开，2020 年底前完成 16 个州、市政府所在地城市建成区重污染企业搬迁改造或关闭退出。各州、市已明确的退城企业，要明确时间表，逾期不退城的予以停产。

（二）严控“两高”行业产能

严格执行钢铁、水泥、平板玻璃等行业产能置换实施办法。加大落后产能淘汰和过剩产能压减力度。严格执行质量、环保、能耗、安全等法规标准，落实国家《产业结构调整指导目录》。严防“地条钢”死

灰复燃。列入去产能计划的钢铁企业，需一并退出配套的烧结、焦炉、高炉等设备。

（三）强化“散乱污”企业综合整治

全面开展“散乱污”企业及集群综合整治行动。根据产业政策、产业布局规划，以及土地、环保、质量、安全、能耗等要求，制定“散乱污”企业及集群整治方案。实行拉网式排查，建立管理台账。按照“先停后治”的原则，实施分类处置。列入关停取缔类的，基本做到“两断三清”（切断工业用水、用电，清除原料、产品、生产设备）；列入整合搬迁类的，要按照产业发展规模化、现代化的原则，搬迁至工业园区并实施升级改造；列入升级改造类的，树立行业标杆，实施清洁生产技术改造，全面提升污染治理水平。建立“散乱污”企业动态管理机制，坚决杜绝“散乱污”企业项目建设和已取缔的“散乱污”企业异地转移、死灰复燃。全省2019年底前基本完成。

（四）深化工业污染治理

持续推进工业污染源全面达标排放，将烟气在线监测数据作为执法依据，加大超标处罚和联合惩戒力度，未达标排放的企业一律依法停产整治。建立覆盖所有固定污染源的企业排放许可制度，2020年底前，完成排污许可管理名录规定的行业许可证核发，昆明市力争2019年底前完成。

推进重点行业污染治理升级改造。实施火电行业超低排放改造和工业硅烟气治理，按照国家要求，到2020年，完成火电企业燃煤机组超低排放改造任务，完成全省工业硅冶炼企业烟气脱硫工程建设。启动钢铁行业超低排放改造工作。加强火电、钢铁、水泥、平板玻璃等重点行业脱硫、脱硝、除尘设施运行管理，确保治污设施正常运行，污染物达标排放。

强化工业企业无组织排放管控。开展钢铁、建材、有色、火电、焦化、铸造等重点行业及燃煤锅炉无组织排放排查，建立管理台账，对物料（含废渣）运输、装卸、储存、转移和工艺过程等无组织排放实施深度治理，2019年底前，昆明市基本完成；2020年底前，全省基本完成。

推进各类园区循环化改造、规范发展和提质增效。大力推进企业清洁生产。对开发区、工业园区、高新区等进行集中整治，限期进行达标改造，减少工业集聚区污染。完善园区集中供热设施，积极推广集中供热。有条件的工业集聚区建设集中喷涂工程中心，配备高效治污设施，替代企业独立喷涂工序。

（五）大力培育绿色环保产业

壮大绿色产业规模，发展节能环保产业、清洁生产产业、清洁能源产业，培育发展新动能。积极支持企业技术创新能力建设，加快掌握重大关键核心技术，促进大气治理重点技术装备等产业化发展和推广应用。积极推行节能环保整体解决方案，加快发展合同能源管理、环境污染第三方治理和社会化监测等新业态，培育一批高水平、专业化节能环保服务公司。

三、加快调整能源结构，构建清洁低碳高效能源体系

（一）开展燃煤锅炉和燃煤机组综合整治

加大燃煤小锅炉淘汰力度。县级及以上城市建成区基本淘汰每小时10蒸吨及以下燃煤锅炉及茶水炉、经营性炉灶、储粮烘干设备等燃煤设施，原则上不再新建每小时35蒸吨以下的燃煤锅炉，其他地区原则上不再新建每小时10蒸吨及以下的燃煤锅炉。2018年底前，所有州、市政府所在地城市建成区基本完成每小时10蒸吨及以下燃煤锅炉淘汰任务，到2020年底前，所有县级及以上城市建成区基本完成每小时10蒸吨及以下燃煤锅炉淘汰任务。

加大对纯凝机组和热电联产机组技术改造力度，加快供热管网建设，充分释放和提高供热能力，淘汰管网覆盖范围内的燃煤锅炉和散煤。在不具备热电联产集中供热条件的地区，现有多台燃煤小锅炉的，可按照等容量替代原则建设大容量燃煤锅炉。

制定工作方案，淘汰关停环保、能耗、安全等不达标的30万千瓦以下燃煤机组。对于关停机组的装机容量、煤炭消费量和污染物排放量指标，允许进行交易或置换，可统筹安排建设等容量超低排放燃煤机组。

（二）提高能源利用效率

继续实施能源消耗总量和强度双控行动。健全节能标准体系，大力开发、推广节能高效技术和产品，实现重点用能行业、设备节能标准全覆盖。因地制宜提高建筑节能标准，加大绿色建筑推广力度，引导有条件地区和城市新建建筑全面执行绿色建筑标准。推进既有居住建筑节能改造。鼓励开展农村住房节能改造。

削减煤炭消费量，推进煤炭清洁利用。加快推进煤炭消费减量替代，全面推进城乡“煤改气”“煤改电”工程建设。大力发展洁净煤技术，实现煤炭高效洁净燃烧。推进煤炭洗选和提质加工，提高煤炭产品质量，以曲靖市、昭通市、红河州为重点实施选煤设施升级改造，组织开展煤炭优质化加工示范工程建设，实现煤炭精细化加工配送。禁止销售和使用灰分、硫分大

的散煤。

（三）加快发展清洁能源和新能源

到2020年，非化石能源占能源消费总量比重提高到42%左右，全省天然气消费总量达到32亿立方米以上。有序发展水电，优化风能、太阳能开发布局，因地制宜发展生物质能、地热能等。加快省内天然气支线和压缩母站、卫星站、加气站建设，完善城市燃气管网和调峰储备体系，到2020年，全省16个州、市全部实现用管道气，省内天然气主干线网架基本形成。大力推进天然气高效利用，提高天然气利用水平，推动绿色用能。在具备资源条件的地方，鼓励发展县域生物质热电联产、生物质成型燃料锅炉及生物天然气。加大可再生能源消纳力度，基本解决弃水、弃风、弃光问题。

全面完成高污染燃料禁燃区划定。2018年底前，全面完成16个州、市政府所在地城市建成区高污染燃料禁燃区划定，划定范围逐步由城市建成区扩展到近郊。各县级市开展高污染燃料禁燃区划定工作。各州、市要加强对禁燃区的监督管理。

四、积极调整运输结构，发展绿色交通体系

（一）优化调整货物运输结构

大幅提升铁路货运比例。到2020年，全省铁路货运量比2017年增长15.5%。制定实施运输结构调整行动计划。

推动铁路货运重点项目建设，加大货运铁路建设投入。钢铁、电解铝、电力、焦化等重点企业要加快铁路专用线建设，充分利用已有铁路专用线能力，大幅提高铁路运输比例。

大力发展多式联运。依托铁路物流基地、公路港和内河港口等，推进多式联运型和干支衔接型货运枢纽（物流园区）建设，加快推广集装箱多式联运。建设城市绿色物流体系，支持利用城市现有铁路货场物流货场转型升级为城市配送中心。鼓励发展甩挂运输等运输组织方式。降低货物运输空载率。

（二）加快车船结构升级

推广使用新能源汽车。到2020年形成年产新能源汽车30万辆生产能力。加快推进城市建成区新增和更新的公交、环卫、邮政、出租、通勤、轻型物流配送车辆使用新能源或清洁能源汽车。2020年底前，有条件的州、市政府所在地城市建成区公交车全部更换为新能源汽车。在物流园、产业园、工业园、大型商业购物中心、农贸批发市场等物流集散地建设集中式充电桩和快速充电桩，为承担物流配送的新能源车辆在城市通行提供便利。

加速淘汰黄标车。各州、市要合理控制机动车保有量，严格实施机动车强制报废标准规定，公布执行黄标车区域限行、禁行制度，落实黄标车提前淘汰补贴政策，2018年底前全面淘汰黄标车。

大力淘汰老旧车辆。各州、市要制定营运柴油货车和燃气车辆提前淘汰更新目标及实施计划，大力推进国三及以下排放标准营运柴油货车提前淘汰更新，推广使用达到国六排放标准的燃气车辆。

推进船舶更新升级。全面实施新生产船舶发动机第一阶段排放标准，推广使用电、天然气等新能源或清洁能源船舶。

（三）加快油品质量升级

2019年1月1日起，全省全面供应符合国六（B）标准的车用汽油和国六标准的车用柴油，停止销售低于国六标准的汽柴油，实现车用柴油、普通柴油、部分船舶用油“三油并轨”，取消普通柴油标准。

（四）强化移动源污染防治

严厉打击新生产销售机动车环保不达标等违法行为。严格新车环保装置检验，在新车销售、检验、登记等场所开展环保装置抽查，保证新车环保装置生产一致性。取消环保达标公告和目录审批。构建全省机动车超标排放信息数据库，追溯超标排放机动车生产和进口企业、注册登记地、排放检验机构、维修单位、运输企业等，实现全链条监管。推进老旧柴油车深度治理，具备条件的安装污染控制装置、配备实时排放监控终端，并与环境保护等有关部门联网，协同控制颗粒物和氮氧化物排放，稳定达标的可免于上线排放检验。有条件的城市定期更换出租车三元催化装置。

加强非道路移动机械和船舶污染防治。开展非道路移动机械摸底调查，划定非道路移动机械低排放控制区，严格管控高排放非道路移动机械。推进排放不达标工程机械、港作机械清洁化改造和淘汰。鼓励机场、港口新增和更换的作业机械主要采用清洁能源或新能源。推动内河船舶改造，加强颗粒物排放控制，开展减少氮氧化物排放试点工作。

推动靠港船舶和飞机使用岸电。加快港口码头和机场岸电设施建设，提高港口码头和机场岸电设施使用率。新建码头同步规划、设计、建设岸电设施。推广地面电源替代飞机辅助动力装置。

五、优化调整用地结构，推进面源污染治理

（一）开展大规模国土绿化行动

广泛开展沿路、沿河（湖）、沿集镇“三沿”造林绿化活动，在重点交通干线打造一批有特色的林荫

大道、鲜花大道和生态景观大道。推广保护性耕作、林间覆盖等方式，抑制季节性裸地农田扬尘。在城市功能疏解、更新和调整中，将腾退空间优先用于留白增绿。提高城镇面山林木覆盖率，建设城市绿道绿廊，实施“退工还林还草”。大力提高城市建成区绿化覆盖率。

（二）推进露天矿山综合整治

全面完成露天矿山摸底排查。对违反资源环境法律法规、规划，污染环境、破坏生态、乱采滥挖的露天矿山，依法予以关闭；对污染治理不规范的露天矿山，依法责令停产整治，整治完成并经有关部门组织验收合格后方可恢复生产，对拒不停产或擅自恢复生产的依法强制关闭；对责任主体灭失的露天矿山，要加强修复绿化、减尘抑尘。加强矸石山治理。

（三）加强扬尘综合治理

严格施工扬尘监管。2018年底前，各州、市建立施工工地管理清单。因地制宜稳步发展装配式建筑。将施工工地扬尘污染防治纳入文明施工管理范畴，建立扬尘控制责任制度，扬尘治理费用列入工程造价。建立健全城市建筑工地扬尘污染防治网格化监管机制，突出解决城市扬尘污染问题。建筑施工工地要做到工地周边围挡、物料堆放覆盖、土方开挖湿法作业、路面硬化、出入车辆清洗、渣土车辆密闭运输“六个百分之百”，安装在线监测和视频监控设备，并与当地有关主管部门联网。将扬尘管理工作不到位的不良信息纳入建筑市场信用管理体系，情节严重的，列入建筑市场主体“黑名单”。加强道路扬尘综合整治。大力推进道路清扫保洁机械化作业，提高道路机械化清扫率，2020年底前，昆明市城市建成区达到80%以上，其他地级城市建成区达到70%以上，县城达到60%以上。严格渣土运输车辆规范化管理，渣土运输车要密闭。

（四）加强秸秆综合利用和氨排放控制

切实加强秸秆禁烧管控，强化各级政府秸秆禁烧主体责任，严防因秸秆露天焚烧造成区域性重污染天气。坚持堵疏结合，加大政策支持力度，全面加强秸秆综合利用，到2020年，全省秸秆综合利用率达到85%，昆明市秸秆综合利用率力争达到90%。

控制农业源氨排放。减少化肥农药使用量，增加有机肥使用量，实现化肥农药使用量负增长。提高化肥利用率。强化畜禽粪污资源化利用，改善养殖场通风环境，提高畜禽粪污综合利用率，减少氨挥发排放。

六、实施重大专项行动，大幅降低污染物排放

（一）打好柴油货车污染治理攻坚战

以开展柴油货车超标排放专项整治为抓手，统筹开展油、路、车治理和机动车船污染防治，实施清洁运输、清洁柴油车、清洁油品、清洁柴油机行动，确保柴油货车污染排放总量明显下降。加强柴油货车生产销售、注册使用、检验维修等环节的监督管理，建立天地车人一体化的全方位监控体系，实施在用汽车排放检测与强制维护制度。开展多部门联合执法专项行动。

（二）开展工业炉窑治理专项行动

制定工业炉窑综合整治实施方案。开展拉网式排查，建立各类工业炉窑管理清单。落实各类工业炉窑行业规范和环保、能耗标准，加大不达标工业炉窑淘汰力度，加快淘汰中小型煤气发生炉。鼓励工业炉窑使用电、天然气等清洁能源或由周边热电厂供热。将工业炉窑治理作为环保强化督查重点任务。

（三）实施挥发性有机物（VOCs）专项整治方案

制定石化、化工、工业涂装、包装印刷、汽车维修等VOCs排放重点行业和油品储运销综合整治方案。加大餐饮油烟治理力度。开展VOCs整治专项执法行动，严厉打击违法排污行为，对治理效果差、技术服务能力弱、运营管理水平低的治理单位，公布名单，实行联合惩戒，扶持培育VOCs治理和服务专业化规模化龙头企业。

七、强化区域联防联控，有效应对重污染天气

（一）建立完善区域大气污染防治协作机制

建立昆明、曲靖、玉溪、楚雄、红河等5个州、市大气污染联防联控联席会议机制，协调大气污染治理工作；编制《滇中大气污染联防联控工作方案》，统一重污染天气应急响应启动及分级标准；建立大气污染联合执法机制，提升大气污染执法监管能力，实现跨区域联防联控，有效应对重污染天气。

（二）加强重污染天气应急联动

强化区域环境空气质量预测预报中心能力建设，2019年底前，省级预报中心实现以城市为单位的7天预报能力。开展环境空气质量中长期趋势预测工作。完善预警分级标准体系，区分不同区域不同季节应急响应标准，同一区域内要统一应急预警标准。当预测到区域将出现大范围重污染天气时，统一发布预警信息，有关城市按级别启动应急响应措施，实施区域应急联动。

（三）夯实应急减排措施

制定完善重污染天气应急预案，落实污染物减排比例要求。提高应急预案中污染物减排比例，黄色、橙色、红色级别减排比例原则上分别不低于10%、20%、30%。细化应急减排措施，落实到企业、城市

建筑工地各环节，实行“一厂（场）一策”清单化管理。在黄色及以上重污染天气预警期间，对钢铁、建材、焦化、有色、化工、矿山等涉及大宗物料运输的重点用车企业以及城市建筑工地，实施应急运输响应。

八、健全最严制度体系，完善环境经济政策

（一）完善制度标准体系

推动制定云南省大气污染防治条例，研究制定工业硅冶炼企业废气污染物排放地方标准、汽修行业挥发性有机物（VOCs）排放地方标准、餐饮油烟排放地方标准。

（二）拓宽投融资渠道

省财政积极支持大气污染防治工作，各州、市财政要继续加大对打赢蓝天保卫战的支持力度。

支持依法合规开展大气污染防治领域的政府和社会资本合作（PPP）项目建设。鼓励开展合同环境服务，推广环境污染第三方治理。鼓励政策性、开发性金融机构在业务范围内，对大气污染防治、清洁取暖和产业升级等领域符合条件的项目提供信贷支持，引导社会资本投入。支持符合条件的金融机构、企业发行债券，募集资金用于大气污染治理和节能改造。将“煤改电”超出核价投资的配套电网投资纳入下一轮输配电价核价周期，核算准许成本。

（三）加大经济政策支持力度

落实国家各项支持政策。建立省级大气污染防治专项资金安排与州、市环境空气质量改善绩效联动机制。健全环保信用评价制度，实施跨部门联合奖惩。落实燃煤电厂超低排放环保电价，根据国家要求及时调整脱硫、脱硝、除尘等环保电价政策，实行云南电力市场化交易与企业治污设施正常运行挂钩机制。建立高污染、高耗能、低产出企业执行差别化电价、水价政策的动态调整机制，对限制类、淘汰类企业大幅提高电价，支持各州、市进一步提高加价幅度。加大对火电、钢铁等行业超低排放改造支持力度。研究制定“散乱污”企业综合治理激励政策。进一步完善货运价格市场化运行机制，科学规范两端费用。大力支持港口和机场岸基供电，降低岸电运营商用电成本。支持车船和作业机械使用清洁能源。研究完善对有机肥生产销售运输等环节的支持政策。利用生物质发电价格政策，支持秸秆等生物质资源消纳处置。

落实税收政策。严格执行环境保护税法，落实购置环境保护专用设备企业所得税抵免优惠政策。对符合条件的新能源汽车免征车辆购置税，落实对节能、新能源车船减免车船税的政策。

九、加强基础能力建设，严格环境执法督察

（一）完善环境监测监控网络

加强县、市、区环境空气质量自动监测网络建设，2020 年底前，实现监测站点全覆盖，并与省环境监测中心站实现数据直联。省级及以上新区、高新区、重点工业园区及港口设置环境空气质量监测站点。对各州、市政府所在地城市和滇中城市群县级以上城市开展降尘量、环境空气 VOCs 监测。

强化重点污染源自动监控体系建设。排气口高度超过 45 米的高架源，以及石化、工业涂装、汽车维修等 VOCs 排放重点源，纳入重点排污单位名录，督促企业安装烟气排放自动监控设施，2019 年底前，昆明市基本完成；2020 年底前全省基本完成。

加强移动源排放监管能力建设。建设完善遥感监测网络、定期排放检验机构国家—省—州市三级联网，构建重型柴油车车载诊断系统远程监控系统，强化现场路检路查和停放地监督抽测，2019 年底前，建成三级联网的遥感监测系统平台。推进工程机械安装实时定位和排放监控装置，建设排放监控平台。

强化监测数据质量控制。城市和区县各类开发区环境空气质量自动监测站点运维全部上收到省级环境监测部门。加强对环境监测和运维机构的监管，建立质控考核与实验室比对、第三方质控、信誉评级等机制，健全环境监测量值传递溯源体系，建立“谁出数谁负责、谁签字谁负责”的责任追溯制度。开展环境监测数据质量监督检查专项行动，严厉惩处环境监测数据弄虚作假行为。对不当干预环境监测行为的，监测机构运行维护不到位及篡改、伪造、干扰监测数据的，排污单位弄虚作假的，依纪依法从严处罚，追究责任。

（二）强化科技基础支撑

汇聚跨部门科研资源，组织优秀科研团队，开展大气重点行业与污染物排放管控技术、居民健康防护等科技攻坚。大气污染成因与控制技术研究等重点项目，要紧密围绕打赢蓝天保卫战需求，以目标和问题为导向，边研究、边产出、边应用。开展污染排放源头控制、货物运输多式联运、内燃机及锅炉清洁燃烧等技术研究。常态化开展城市源排放清单编制、源解析等工作，形成污染动态溯源的基础能力。开展氨排放与控制技术研究。

（三）加大环境执法力度

坚持铁腕治污，综合运用按日连续处罚、查封扣押、限产停产等手段依法从严处罚环境违法行为，强化排污者责任。未依法取得排污许可证、未按证

排污的，依法依规从严处罚。加强县级环境执法能力建设。创新环境监管方式，推广“双随机、一公开”等监管。严格环境执法检查，加强工业炉窑排放、工业无组织排放、VOCs污染治理等环境执法，严厉打击“散乱污”企业。加强生态环境执法与刑事司法衔接。

严厉打击生产销售排放不合格机动车和违反信息公开要求的行为。开展在用车超标排放联合执法，建立完善环境保护部门检测、公安交管部门处罚、交通运输部门监督维修的联合监管机制。严厉打击机动车排放检验机构尾气检测弄虚作假、屏蔽和修改车辆环保监控参数等违法行为。加强对油品制售企业的质量监督管理，严厉打击生产、销售、使用不合格油品和车用尿素行为，禁止以化工原料名义出售调和油组分，禁止以化工原料勾兑调和油，严禁运输企业储存使用非标油，坚决取缔黑加油站点。

（四）深入开展环境保护督察

将大气污染防治作为省级环境保护督察及其“回头看”的重要内容，统筹安排专项督察，夯实各州、市人民政府及有关部门责任。针对大气污染防治工作不力、重污染天气频发、环境质量改善达不到进度要求甚至恶化的城市，开展机动式、点穴式专项督察，强化督察问责。建立完善排查、交办、核查、约谈、专项督察“五步法”监管机制。

十、明确落实各方责任，动员全社会广泛参与

（一）加强组织领导

各州、市人民政府要把打赢蓝天保卫战放在重要位置，主要领导是本行政区域第一责任人，要切实加强组织领导，制定实施细则，细化分解目标任务，科学安排指标进度，防止脱离实际层层加码，确保各项工作有力有序完成。有关部门要根据本方案要求，按照管发展的管环保、管生产的管环保、管行业的管环保原则，进一步细化分工任务，制定配套政策措施，落实“一岗双责”。建立健全省直有关部门和各州、市人民政府的责任清单，健全责任体系。建立完善“网格长”制度，压实各方责任，层层抓落实，工作落实情况纳入省政府综合大督查和有关专项督查。省环境保护厅要加强统筹协调，定期调度，及时向省人民政府报告。

（二）严格考核问责

将打赢蓝天保卫战年度和终期目标任务完成情况作为重要内容，纳入污染防治攻坚战成效考核，做好考核结果应用。考核不合格的州、市，由省环境保护厅会同有关部门公开约谈州、市人民政府主要负责人，实行区域环评限批，取消省级授予的有关生态文明荣誉称号。发现篡改、伪造监测数据的，考核结果直接认定为不合格，并依纪依法追究责任。对工作不力、责任不实、污染严重、问题突出的地区，由省环境保护厅公开约谈州、市人民政府主要负责人。制定量化问责办法，对重点攻坚任务完成不到位或环境质量改善不到位的实施量化问责。对打赢蓝天保卫战工作中涌现出的先进典型予以表彰奖励。

（三）加强环境信息公开

各州、市要加强环境空气质量信息公开力度。公布地级城市环境空气质量排名，鼓励各州、市对所属县、市、区环境空气质量排名。各州、市要公开重污染天气应急预案及应急措施清单，及时发布重污染天气预警提示信息。

建立健全环保信息强制性公开制度。重点排污单位应及时公布自行监测和污染排放数据、污染治理措施、重污染天气应对、环保违法处罚及整改等信息。已核发排污许可证的企业应按要求及时公布执行报告。机动车和非道路移动机械生产、进口企业应依法向社会公开排放检验、污染控制技术等环保信息。

（四）构建全民行动格局

倡导全社会“同呼吸共奋斗”，动员社会各方力量，群防群治，打赢蓝天保卫战。鼓励公众通过多种渠道举报环境违法行为。树立绿色消费理念，积极推进绿色采购，倡导绿色低碳生活方式。强化企业治污主体责任，省属企业要起到模范带头作用，引导绿色生产。

积极开展多种形式的宣传教育。普及大气污染防治科学知识，纳入国民教育体系和党政领导干部培训内容。建立宣传引导协调机制，发布权威信息，及时回应群众关心的热点、难点问题。新闻媒体要充分发挥监督引导作用，积极宣传大气环境管理法律法规、政策文件、工作动态和经验做法等。

云南省人民政府关于加快推进全省特色小镇创建工作的指导意见

各州、市、县、区人民政府，省直各委、办、厅、局：

根据《国家发展和改革委员会 国土资源部 环境保护部 住房和城乡建设部关于规范推进特色小镇和特色小城镇建设的若干意见》（发改规划〔2017〕2084号）和全省特色小镇创建工作现场推进会精神，结合全省特色小镇创建工作推进实际情况，为进一步精准指导全省各地特色小镇创建工作，现提出以下意见：

一、充分认识特色小镇重大战略意义

（一）特色小镇是实施乡村振兴战略的重要途径

党的十九大报告明确提出实施乡村振兴战略，把实施乡村振兴战略作为解决中国农业、农村、农民问题的根本举措。特色小镇一头连着城市，一头连着农村，是实施乡村振兴战略最佳结合点，建设特色小镇有助于促进城乡融合发展，有助于破解城乡二元结构、缩小城乡差距，推动乡村实现产业兴旺、生态宜居、乡风文明、治理有效、生活富裕。

（二）特色小镇是建设中国最美丽省份的重要抓手

建设特色小镇有助于厚植美丽云南生态优势，有助于提升全省城乡人居环境，有助于把生态优势转化为资源优势、产业优势和发展优势，助推全省走生态优先、绿色发展的新路子，把云南省建设成为生态美、环境美、山水美、城市美、乡村美的中国最美丽省份。

（三）特色小镇是打造健康生活目的地的重要平台

依托云南省多彩的民族风情、深厚的历史文化、众多的古城古镇、绝妙的自然景观、良好的生态环境，通过特色小镇这个平台，能够加快促进旅游与康养、养生、养老融合发展，推动大健康产业加快发展，助推云南省打造世界一流的健康生活目的地。

（四）特色小镇是打赢脱贫攻坚战的重要措施

坚决打赢脱贫攻坚战是党中央向全国人民和全世界作出的庄严承诺，2020年必须如期实现。2017年底云南省还有331.9万建档立卡贫困人口，脱贫任务十分艰巨。通过特色小镇建设这个载体，就近就地吸纳贫困人口就业，带动贫困地区农业、旅游、民族特色手工艺等产业加快发展，既能提高贫困人口的收入水平，也能改变当地群众的思想观念、生产方式和生活习惯，有助于精准扶贫、精准脱贫。

二、高标准高质量推进特色小镇建设

（一）目标定位

瞄准“世界一流、中国唯一”的发展目标，紧扣云南省多样的民族文化、众多的古城古镇、优美的自然风光、良好的生态环境、鲜明的特色产业等元素，紧紧围绕旅游文化产业发展这条灵魂和主线，守住不触碰生态红线、不占用永久基本农田、不通过政府违规举债来建设、不搞变相房地产开发4条底线，聚焦特色、产业、生态、易达、宜居、智慧、成网7大要素，到2020年，全省建成一批具有鲜明的云南特色、达到世界一流水平的特色小镇。

（二）规划引领

坚持规划先行，高起点、高标准编制特色小镇规划。在特色小镇发展理念和思路上、在发展方向和定位上、在用地功能布局上、在具体建设项目策划和建筑设计等方面，进一步提高规划设计质量和水平。投资建设运营主体已经明确的，投资主体要深度参与特色小镇规划编制工作，要引进国内外优秀设计团队和世界级设计大师，在原有总体规划和修建性详细规划的基础上，以国际先进理念进一步修改完善特色小镇规划，用世界一流的规划设计引领特色小镇建设。

（三）企业主体

坚持“政府引导、企业主体、群众参与、市场化运作”，积极引入有情怀、有实力的国内外一流投资主体，避免政府大包大揽。已落实投资主体的特色小镇，要加快推进项目建设，继续引进国内外有实力的企业参与。协调处理好新投资主体和原有投资主体的关系，新投资主体可以通过合资合股、收购原有主体股权等方式参与特色小镇建设，也可在原有投资主体未涉及的领域独立开展有关项目建设。尚未落实投资主体的，要加大招商引资力度，引进国内外一流的投资主体。鼓励多元化投资主体参与特色小镇建设，大力吸引社会资本和当地群众参与特色小镇建设。按照“小政府、大服务”工作思路，建立以市场化为主的运营模式，超前考虑特色小镇今后长期的运营和管理，采取投资主体自身参与运营、实行政企合作，以及引入理念新、实力强、专业化的运营商等多种模式，推动特色小镇建成后的高效运营和可持续发展。

（四）突出特色

打造在全国乃至世界范围内独一无二、不可复制的特色，避免盲目模仿、千镇一面。结合云南省实际，打造田园牧歌、民族风情、历史文化、特色产业、绝妙景观等不同类型的特色小镇。田园牧歌型特色小镇要传承好农耕文化、保留好田园景观，切忌大兴土木。

民族风情型特色小镇要依托云南省世居少数民族，保护传承和深度挖掘民族优秀传统文化，修缮恢复具有代表性的传统民居建筑，确保每个世居少数民族各建成1个以上特色小镇，充分展示云南省多姿多彩的民族风情。历史文化型特色小镇要借助云南省众多的古城古镇和古村落、古村寨，对历史建筑加强保护，修旧如旧，避免拆真建假，传承好历史文脉。产业型特色小镇要依托云南省花卉、茶叶、果蔬、紫陶、民族手工艺等传统特色产业，进一步提升品牌价值和影响力，推动传统产业在新的时代背景下焕发生机。绝妙景观型特色小镇要依托云南省独有的自然景观、优美的生态环境，打造独具魅力和吸引力的特色小镇。

（五）产业建镇

聚焦8大重点产业和打造世界一流的“绿色能源”“绿色食品”“健康生活目的地”这“三张牌”，瞄准产业发展新前沿，顺应消费升级新变化，紧跟科技进步新趋势，细分产业领域、错位竞争，发展“特而强”产业，促进一二三产业融合发展，实现以产立镇、以产强镇、以产富镇。加快特色产业聚集，以企业为主体，建链、补链、强链，延长产业链。瞄准特色产业有关的高端人才、高端资源和高端产品，千方百计引进高端要素，用特色小镇来聚集高端要素，推动新技术、新业态、新经济在特色小镇蓬勃发展，把特色小镇建成特色产业高地。

（六）生态优美

坚持绿色发展，牢固树立“绿水青山就是金山银山”的理念，严守生态保护红线、环境质量底线、资源利用上线管控要求，顺应自然、巧借山水，科学合理规划布局特色小镇的生产、生活、生态空间，打造优美宜人的生态环境。发扬“工匠精神”，精雕细琢、精益求精，把特色小镇打造成为经典之作、传世之作，建设成为世人向往之地。以绿色低碳的理念建设特色小镇，积极推广绿色节能建筑、海绵城市技术等，倡导绿色低碳生活，鼓励特色小镇居民使用节能、环保、高效的产品，为建设中国最美丽省份提供样板。

（七）交通易达

立足特色小镇现有区位和交通条件，因地制宜，加快推进特色小镇与外界连接的公路、铁路、航空、水运等交通基础设施建设，打通“最后一千米”，提高特色小镇对外交通联系通达性和便捷性，组织好特色小镇内部交通，确保特色小镇交通易达、内连外通，“游客进得来，产品出得去”。

（八）宜居宜业

坚持以人为本，完善城镇功能，补齐特色小镇道路、供水、供电、污水、生活垃圾等公共基础设施和教育医疗、商业娱乐、文化体育等公共服务设施方面短板，完善防火、防汛、防涝、抗震等安防设施，建设精品酒店、民宿、特色餐饮等综合配套服务设施，打造宜居宜业的生活环境。留存好原住居民生活空间，防止将原住居民整体迁出，促进人口在特色小镇聚集，提升特色小镇居民的幸福感和获得感。

（九）智能智慧

按照智慧城镇建设理念推进特色小镇建设，促进云计算、大数据、物联网、移动互联网、人工智能、区块链等新一代信息技术与特色小镇的深度融合。特色小镇要全部接入“一部手机游云南”平台，推动特色小镇中名景、名店、名馆、名品等资源全要素上线，实现直播、导游导览、一码通等在特色小镇的全覆盖，加强人脸识别闸机入园、AI识景等功能的推广，推进智慧厕所、景区景点解说、智慧停车等智慧旅游信息化基础设施建设和数字化平台建设，实现免费公共WIFI全覆盖，并提高网速。建设集宣传平台、导游导览平台、诚信平台、购物平台、投诉处理平台于一体的特色小镇智慧化综合性服务平台。

（十）成网一体

从更大区域范围，以更宽广视野，统筹考虑特色小镇与周边特色小镇、周边景区景点、周边城镇的互联互通、产业选择和功能定位等问题，坚持错位竞争、差异发展，避免产业趋同、同质化竞争，力争在全省范围内构建形成定位清晰、功能互补、有机联系、成网一体的特色小镇发展格局。

三、加大特色小镇政策支持力度

（一）继续加大财政支持力度

按照“大干大支持、不干不支持”的工作思路，从2018年开始至2020年，在全省范围内，每年评选出15个创建成效显著的特色小镇，省财政每个给予1.5亿元以奖代补资金支持，项目建成后，授予“云南省示范特色小镇”荣誉称号。对以云南世居少数民族，尤其是人口较少民族和“直过民族”为特色创建的特色小镇给予倾斜支持。经考核评价淘汰退出创建名单的特色小镇一律收回已支持的省财政奖补资金。财政奖补资金必须用于特色小镇规划编制、特色小镇规划范围内的项目前期工作、公共基础设施、公共服务体系、产业发展培育等项目建设，严禁用于房地产开发项目。

（二）保障土地林地要素供给

土地方面，遵循“小而精”的创建思路，坚持节约集约用地原则，结合实际，实事求是，科学划定特色小镇的规划建设区域，不简单套用特色小镇建设面积1平方千米、规划面积3平方千米的用地标准。在特色小镇创建过程中，避免借特色小镇创建之名无限扩大规划建设区域或变相进行“圈地”。在不占用永久基本农田、尽量不占或少占耕地的前提下，开辟绿色通道，对涉及规划调整的特色小镇按照程序开展土地利用规划调整，优先使用城乡建设用地增减挂钩节余指标，规划指标以县、州市为单位调剂平衡，县、州市确实难以保障的，可申请使用省级预留规划指标予以保障。林地方面，对符合使用林地审批条件的，开辟绿色通道，加快林地占用手续的审批办理，予以林地指标保障。

（三）多渠道筹措项目建设资金

通过财政资金引导、企业和社会资本投入、金融机构贷款以及当地居民参与等多种渠道筹措资金。特色小镇投资主体和社会资本方应加大投入，履行好特色小镇建设的投资主体责任。积极支持具备条件的特色小镇投资主体包装好项目和资产，通过发行企业债券进行融资，省发展改革委要开辟绿色通道，指导特色小镇做好企业债券申报、发行等工作。可以政府购买服务的项目，采取单列项目方式向全社会招募建设投资者。鼓励各类金融机构加大对特色小镇信贷支持力度，与各级财政资金、基金、项目业主投入资金形成联动。特色小镇投资项目符合国家支持方向的棚改、联络道路、社会公益项目要积极争取上级给予支持。云南电网公司要将特色小镇供电设施纳入规划，给予投资支持。涉及产权为属地居民的，要采取政府补贴和群众自筹相结合的方式，调动属地居民参与特色小镇建设的积极性。

（四）精准确定特色小镇投资规模

从特色小镇建设的实际出发，进一步梳理特色小镇的投资规模，在每个特色小镇的可研报告批复中予以明确，不受原定30亿元和10亿元投资标准限制。创建期的总投资规模以基本建成为标准确定执行，并将创建期的总投资规模作为特色小镇年度考核和最终验收考核的依据。特色小镇创建工作中要避免为达到投资规模简单拼凑项目，注重提高投资的有效性和精准性。特色小镇建设的规划选址、项目可研、项目环评、土地预审等“四项审批”工作由州、市开辟绿色通道予以审批、核准办理，1个特色小镇1个选址意见书、1个可研报告、1个环评报告、1个用地预审意见。

（五）严格控制房地产化倾向

各地要综合考虑特色小镇吸纳就业、常住人口和农业转移人口聚集规模，完善配套商住功能，合理确定住宅和商业用房比例，控制房地产开发规模，防范“假特色小镇真地产项目”。每个特色小镇房地产开发的建筑面积不得超过特色小镇总建筑面积的30%，政府土地出让收益主要用于特色小镇建设，鼓励企业将房地产开发收益用于特色小镇建设。

四、强化特色小镇各项保障措施

（一）更新思想观念

打破“一亩三分地”思维，牢固树立“不发展是最大的吃亏、不发展是最大的风险”理念，转变观念，敞开胸怀，下大力气做好特色小镇招商引资工作。不能只算小账、短期账，要算好大账、产业账、长远账，积极探索用土地换投资、用景点换产业，实现企业有利润、地方能发展、群众得实惠。各特色小镇所在地的州、市、县、区人民政府主要领导要亲自带队，围绕特色小镇发展方向和定位，有目标、有重点地上门招商、精准招商，提高招商引资工作的针对性和成功率。

（二）加强组织领导

省人民政府将加大特色小镇创建工作协调力度，每半年召开1次全省特色小镇现场推进会，通过实地观摩、交流学习、相互借鉴，推动全省上下进一步提高特色小镇建设水平；每季度召开1次专题会议，通报创建工作进展，研究解决特色小镇创建工作中存在的问题。省特色小镇发展领导小组办公室要发挥好牵头协调作用，修订完善特色小镇评选办法，做好特色小镇规划审查、指导协调、动态管理、考核评价等工作。

（三）压实州县责任

州、市、县、区人民政府是特色小镇创建工作的责任主体，主要领导要亲自抓。建立州、市人民政府领导牵头覆盖每个特色小镇的“一对一”工作机制，明确责任分工、强化工作措施、倒排时间节点，按月进行调度，做好特色小镇规划编制、招商引资、项目建设等工作，做好投资主体推进特色小镇建设的协调服务工作，确保创建工作取得实效。特色小镇所在地的县级政府要高度重视特色小镇创建工作，政府主要领导要亲自挂帅，负责做好每个特色小镇建设的日常推动工作，及时解决好存在的问题。要对特色小镇所有建设项目按月排出建设进度，按月进行工作调度，确保到2020年每个特色小镇如期建成。

（四）形成工作合力

省发展改革委具体承担领导小组办公室的日常工作，做好协调推进特色小镇发展有关工作；省财政厅要及时修订完善特色小镇财税支持政策实施细则，筹集下达省财政奖补资金；省住房城乡建设厅要做好特色小镇修建性详细规划的审查，指导好特色小镇的建设工作，并做好历史文化名城、名镇的保护和监督管理工作；省国土资源厅要做好用地支持政策的指导和落实，在2018年下半年完成土地规划调整审批备案工作；省林业厅要做好林地支持政策的兑现落实，做好特色小镇建设林地指标保障工作；省环境保护厅要指导好特色小镇生态建设和环境保护有关工作；省旅游发展委要将特色小镇全部接入“一部手机游云南”平台，指导特色小镇做好旅游功能提升和特色小镇景区标准化建设；省农业厅要做好农业类特色小镇建设的指导工作，加大资金和项目支持力度，推动特色小镇创建与打造“绿色食品牌”有机融合；省招商合作局要把特色小镇招商引资工作放在更加重要的位置，牵头组织做好招商引资工作；省民族宗教委要指导特色小镇做好民族文化保护传承和弘扬工作，制定好特色小镇民族文化建设的指导意见；省文化厅要指导特色小镇做好历史文化挖掘、传承和保护工作；省工业和信息化委要指导做好特色小镇工业转型升级和信息化建设工作；省科技厅要指导特色小镇做好科技创新工作；省人力资源社会保障厅要做好特色小镇就业指导和培训工作；省商务厅要指导做好电子商务发展及口岸类特色小镇创建工作；省统计局要做好全省特色小镇发展统计监测指标体系的建立工作；省新闻办要牵头做好特色小镇对外宣传工作；云南电网公司要做好特色小镇的电力保障设施建设工作。领导小组其他成员单位要按照职能职责，加强协调配合，加大部门政策、资金和项目的倾斜支持力度，形成合力，加快推进特色小镇创建。（党政机构改革后由承接相应职能部门负责）

（五）加强督查检查

省政府督查室牵头，加大对全省特色小镇创建工作的督查检查力度，对领导不力、工作不实、行动迟缓、推诿扯皮的单位和个人进行通报或约谈。省重点项目稽察特派员办公室要将特色小镇创建纳入稽察工作范围，加强对特色小镇建设项目的稽察。省统计局会同省直有关部门，于2018年底前建立全省特色小镇发展统计监测指标体系。各地各部门要紧紧围绕目标任务，细化实化政策措施，加强督办督查，及时掌握工作进展情况，发现和解决工作推进中存在的困难和问题。

（六）加大宣传力度

充分利用互联网和新媒体等宣传手段，发挥好舆论引导作用，采取新闻发布、专题报道、项目推介、经验交流等多种方式，大力宣传特色小镇创建工作的重要意义、政策措施及成功经验，营造有利于加快推进特色小镇创建的良好社会环境和舆论氛围。

云南省人民政府

2018年10月19日

（此件公开发布）

云南省人民政府关于推动云茶产业绿色发展的意见

各州、市人民政府，省直各委、办、厅、局：

云茶产业是云南的优势产业、特色产业、重点产业。为加快云茶产业提质增效、转型升级，到2022年，实现全省茶园全部绿色化，有机茶园面积全国第一，茶叶绿色加工达到一流水平，茶产业综合产值达到1200亿元以上，现提出以下意见：

一、严格保护古茶树资源

深入开展古茶树资源普查，全面摸清资源分布情况，建立古茶树资源档案库。以集中连片古茶树为核心，结合地理气候、立地条件、产品特性、历史传统等因素划定古茶园（山）保护区域。由当地县级政府制定专门的保护办法，明确管护职责，对保护区进行针对性保护，对代表性植株实行挂牌重点保护。严禁对古茶树进行移植、过度采摘，禁止砍伐茶园中生态树木，保护古茶树资源的遗传多样性与独特性。严禁保护区内挖沙取土、破坏水源、开发建设、污染排放等行为，保护古茶园（山）自然生态环境。规范保护区生产生活、产业开发等活动，减少对古茶园（山）的人为破坏。研究制定《云南省古茶树保护及开发利用条例》，规范古茶树资源科学保护及开发利用，促进可持续发展。（责任单位：省农业农村厅、林草局、司法厅，有关州、市人民政府）

二、茶园全部绿色化

改良低效茶园，通过土壤改良、良种推广、完善设施等措施，提升茶园绿色生产能力。淘汰不合格茶园，对土壤条件、生态环境等达不到绿色要求的茶园全部退出或改种其他作物。改进种植方式，全面推行科学配方施肥，严禁使用未在茶叶上取得登记的农药，大力推广茶园绿色防控技术，实现茶园绿色化生产。依照茶园的地形地貌特点，在茶园周围营造防护林和绿色保护屏障，茶园内配植遮阴树、套种优良树种，构建茶园绿色复合生态系统。加大绿色实用技术培训，使专业合作社及茶农基本掌握绿色生产技术。到2022年，实现全省茶园全部绿色化。（责任单位：省农业农村厅、林草局、水利厅、市场监管局、扶贫办，有关州、市人民政府）

三、持续扩大有机茶园规模

在绿色茶园的基础上，综合考虑产地环境、生产条件、经营主体意愿等因素，合理确定有机茶园建设区域。针对茶园立地条件存在问题，改良水、土等生产条件。大力推广绿色防控技术，有效控制病虫害，替代化学农药使用。鼓励扩大绿肥种植，使用农家肥、有机肥，培肥地力，替代化学肥料使用。根据云南省《有机茶生产技术规范》（DB53/T614 ~ 2014），规范除草、灌溉、施肥、采摘、修剪等田间生产管理过程。指导茶园经营主体制定质量手册、编制岗位作业指导书、完备程序文件，规范企业质量控制流程。建立有机茶严格管理机制，确保产品质量稳定提升。到2022年，全省有机茶园基地面积达到150万亩以上，其中，现代茶园120万亩、古茶山（园）30万亩。（责任单位：省农业农村厅、林草局、水利厅、市场监管局、扶贫办，有关州、市人民政府）

四、茶叶初制所全面规范化

制定《云南省茶叶初制所建设规范》，规范茶叶初制所环境卫生、加工工艺、操作规程、采收管理、购销行为等，确保初制产品质量。推进茶叶初制所配备快速检测设备，把好鲜叶原料质量安全的准入关。鼓励茶叶初制所创新工艺，建立自身工艺体系。鼓励茶叶初制所与专业合作社、茶农建立稳定供货关系。推进茶叶初制所制定产地初制产品标识，赋标销售，标明毛茶的鲜叶来源、加工工艺、品质特征等，并对生产销售的初制产品负责。到2019年底，全省茶叶初制所达到规范标准。（责任单位：省农业农村厅、市场监管局，有关州、市人民政府）

五、提升精深加工水平

支持企业新建、扩建标准化精深加工生产线，引导企业对云茶产品进行开发。规范普洱茶产品标准化生产工艺，大力促进名优滇红、滇绿茶生产工艺创新和技术推广，鼓励多茶类产品开发及茶树资源综合利用，推动企业产品工艺及质量标准体系建设，规范生产过程，提升云茶精制能力。加大精深加工设施、设备的改造提升力度，鼓励企业开展新工艺、新产品、新包装等标准化技术研究。加大快销品、“花果”普洱茶、小包装等产品加工比重，扩大茶多酚、茶多糖、茶色素等功能性成分的提取和利用，加强茶饮料、茶膏、速溶茶、茶籽油等产品研发，加大茶保健品、茶食品、茶日化品等创新开发，促进产品结构多元化发展。创新茶产品的设计、包装理念，使用绿色设计、绿色包装材料，满足消费市场的绿色生活需要。鼓励企业建设普洱茶标准仓，积极推进第三方建设普洱茶“公共仓”，严格按照进仓检验、出仓检验、全程智能化监控、每年抽样检测等程序，做到环境可控、年份可控、质量可控和产品追溯可控，实现科学规范信息化仓储。到2022年，全省规模以上茶叶加工企业精深加工产品比重达到80%以上。（责任单位：省工业和信息化厅、农业农村厅、商务厅、投资促进局，有关州、市人民政府）

六、打造绿色云茶品牌

引导支持各地依据古茶树资源保护区、现代茶园分布所形成的特定地域、特有的自然因素和人文因素等综合要素，积极申报、创建地理标志产品。鼓励茶叶初加工企业根据收购鲜叶产地、独特生产工艺、产品特征等形成初制茶品牌。鼓励企业与茶叶初制所、专业合作社、农户建立紧密利益联结机制，把控原料来源、严格产品质量、加大产品创新、扩大市场销售，打造企业品牌。支持各地积极创建区域品牌，制定本行政区域的品牌管理办法，严格规范管理和保护专属区域品牌。鼓励支持茶企到国内外举办展会、推介会，开展普洱茶文化知识巡讲，加大媒体宣传，扩大品牌影响力和知名度。引导支持各地、有关部门、企业、社会形成合力，巩固提升公用品牌价值。到2022年，全省创建茶叶地理标志、地理标志保护产品30个以上，重点打造区域品牌20个、企业品牌10个，做大做强普洱茶、滇红茶、滇绿茶3个公用品牌。（责任单位：省市场监管局、农业农村厅、商务厅、新闻办，有关州、市人民政府）

七、严格产品质量管控

鼓励支持各地、科研院校及企业制修订云茶标准体系，以建立普洱茶标准体系为重点，对列入国家标准系列的予以适当支持。鼓励支持引进国际、国内权威认证机构，加大认证力度，提高云茶产品质量的公信力。建立完善茶叶主产州、市、县、区质量监管体系，开展风险检测评价，每年抽检1000个以上茶样，实现生产、加工、销售环节全覆盖。引导企业建立企业标准，加大标准的推广应用，提升茶产业标准化生产水平。严格落实茶叶生产企业质量安全主体责任，引导省级以上龙头企业建立产品质量检验室，配备专职检验员，对企业产品进行自检。加大云茶产地、加工、流通、销售全过程产品质量安全可追溯体系建设，推进“云茶标识”推广与应用，实行产品源头赋码、标识销售，产品有检测、过程可追溯，提高消费者对云茶产品的信赖度。到2019年底，全省规模以上茶叶企业建立二维码标识，实现全产业链质量可追溯。（责任单位：省市场监管局、卫生健康委、农业农村厅、商务厅，有关州、市人民政府）

八、加强重大科技攻关

依托国家大叶种资源圃的育种资源，加大普洱茶专用型、抗病性、抗逆性新品种选育，健全完善良种繁育体系。积极构建茶叶种质资源大数据中心，打造云茶公共科技服务平台。开展利用互联网技术构建绿色茶园预警机制及绿色茶园管理生产综合技术模式应用研究，开展茶园生物多样性因子对环境要素形成及茶叶品质影响的研究，为加快推进茶园绿色化提供技术支持。加大普洱茶益生菌发酵机理深度研究，开展普洱茶功能性成分特种功效指向研究，增强普洱茶基础理论的支撑能力。开展普洱茶专业仓储技术体系等重大技术攻关。开展普洱茶绿色靶向食品制造关键技术研究。加大普洱茶加工工艺设备智能化应用研究。依托国家、省级茶产业技术体系及试验站，促进产学研结合，鼓励支持科研院校和茶叶企业建立院士工作站、专家工作站，加大普洱茶重大科技攻关和技术应用。（责任单位：省科技厅，云南农业大学，省农科院，有关州、市人民政府）

九、促进产业深度融合

加快中国普洱茶中心建设，充分体现“展示、交易、仓储、体验、科研、旅游”6大功能，打造世界一流普洱茶博物馆。加大招商引资力度，鼓励采取内引外联、资源整合、股份合作等方式，打造一批茶叶龙头企业。鼓励支持各地各行业及茶企充分依托茶资源，完善交通基础设施，结合当地自然风光、民族风情、民俗美食等，打造一批茶特色小镇、美丽茶乡村、家庭农场、秀美茶园、茶休闲观光主题公园等，形成各具特色的茶文化旅游精品线路，促进茶旅有机结合。引导茶企在茶区建设茶体验场、茶产品展示购物店、茶文化吧等，传播普洱茶文化，拓展茶功能，延伸产业链，提高茶产业综合效益。加快创建国家农村产业（茶产业）融合发展示范园，扎实推进国家现代农业（茶叶）产业园及一批省级现代农业（茶叶）产业园建设，着力打造3个茶产业三产融合示范区，为推进茶产业融合发展奠定基础。促进茶产业与医药、物流、大健康等产业融合发展，积极推动茶产业与涉茶行业深度融合。到2022年，全省评选认定100个美丽茶乡村、秀美茶园，4条茶文化旅游精品线路；打造茶产业综合产值10亿元以上重点县30个，其中，100亿元重点县1个、50亿元～100亿元县2个。（责任单位：省发展改革委、文化和旅游厅、农业农村厅，有关州、市人民政府）

十、加大政策支持力度

（一）支持绿色、有机茶园基地建设

采取“领证后补”的方式，对面积500亩以上，获得国内外具有认证资质的机构绿色认证、有机认证的茶园，省财政分别按照每亩100元、200元标准给予茶园经营主体一次性补助。（责任单位：省财政厅、农业农村厅、市场监管局，有关州、市人民政府）

（二）支持茶叶绿色加工

2019年底前，对达到建设规范标准且验收合格的茶叶初制所，省财政对其配备快速检测设备给予一次性补助1万元，鼓励有关州、市、县、区加大茶叶初制所的支持力度。按照《云南省培育绿色食品产业龙头企业鼓励投资办法（试行）》（云财规〔2018〕3号）有关规定，对企业新增种植、加工、冷链物流等资产性投资10亿元（含）以上的，省财政按照投资额的10%给予一次性奖补；对企业新增种植、加工、冷链物流等资产性投资5亿元（含）–10亿元以下的，省财政按照投资额的5%给予一次性奖补。鼓励有关州、市对企业新增5亿元以下种植、加工、冷链物流等资产性投资，给予相应扶持。（责任单位：省财政厅、工业和信息化厅、农业农村厅、林草局、商务厅、市场监管局、投资促进局，有关州、市人民政府）

（三）支持打造茶叶绿色品牌

对获得云南省“十大名茶”称号的，按照有关规定给予奖励。对基地面积500亩以上，获得国内外具有认证资质的机构认定的绿色食品、有机农产品、农产品地理标志和地理标志保护产品的，其认定费用由省财政全额承担。（责任单位：省财政厅、农业农村厅、市场监管局，有关州、市人民政府）

符合上述（一）至（三）条的新型经营主体，在云南省财政资金支持市场主体综合服务平台上自愿申报（网址：http ：//222.172.224.40:8080）。

（四）加大金融支持力度

鼓励金融机构针对云茶产业开发创新产品，加大

对中小企业的支持力度。鼓励保险公司为茶叶绿色、有机生产设立收益保险。探索“政、银、保、担、企”有机协作模式，构建对云茶产业复合型金融政策支持体系。发挥农业信贷担保公司作用，加大对茶产业信贷支持力度。（责任单位：省地方金融监管局、财政厅，云南银监局、云南保监局，省农业农村厅）

（五）加强重大科技攻关支持力度

加大云茶产业基础研究、新品种选育、新技术新产品研发等投入力度，重点向普洱茶重大科技攻关项目倾斜，优先列项予以支持。（责任单位：省科技厅、财政厅）

省直有关部门和茶叶主产州、市要围绕推进云茶产业绿色发展的总体要求，加强协同配合，制定实施方案，出台配套措施，细化目标任务，落实工作责任，加快云茶产业绿色发展。

云南省人民政府

2018年11月12日

（此件公开发布）

关于政协十三届全国委员会第一次会议第3678号（资源环境类282号）提案答复的函

魏艺红等9位委员：

你们提出的《关于把普洱市作为国家生态文明建设示范市的提案》收悉，经与国家发展改革委认真研究，现答复如下：

生态文明建设示范区创建是一项经中央批准，由环境保护部门组织开展的生态文明建设示范区逐级创建评比、表彰工作。云南省把开展生态文明建设示范区创建作为云南省争当全国生态文明建设排头兵的一项重要工作来推动。通过多年努力，创建成效较为明显，全省已累计建成2个国家生态文明建设示范市县、85个国家级生态文明乡镇，1个省级生态文明州、21个省级生态文明县、615个省级生态文明乡镇。2017年9月，西双版纳州和石林县获得第一批国家生态文明建设示范市县命名表彰。

2013年6月，国家发展改革委函复云南省人民政府同意普洱市建设绿色经济试验示范区以来，在国家有关部委和云南省人民政府的高度重视下，普洱市全力推进绿色经济试验示范区建设，取得了积极成效。目前，思茅区已申报省级生态文明区，待命名；其余9县正在开展省级生态文明县创建工作；全市创建省级生态文明乡镇32个。

下一步，云南省将积极推进普洱市生态文明建设示范市创建工作。省环境保护厅将研究出台《关于深入推进生态创建工作的指导意见》，按照逐级创建的要求，继续支持普洱市省级生态文明乡镇创建，先期推进普洱市基础条件较好、创建积极性较高的县创建成为省级生态文明县，在此基础上，推选符合条件的地区申报国家生态文明建设示范市县。同时，针对2017年未达到国家《水污染防治行动计划》考核目标的“思茅河—莲花乡”断面水质，省环境保护厅将督促普洱市认真分析水质呈恶化趋势的原因及存在的问题，采取切实可行的治理措施，扭转水质恶化趋势，争取早日达到国家考核要求。此外，普洱市将按云南省环境保护治理项目储备库建设工作的要求，积极做好生态文明建设示范项目的前期工作，争取将项目列入项目储备库。省环境保护厅将在项目入库的前提下，积极争取国家和省财政给予普洱市生态文明建设示范项目更多支持。

感谢你们对政府工作的关心和支持。

以上答复，如有不妥，请批评指正。

云南省人民政府

2018年7月30日

关于政协十三届全国委员会第一次会议第 2452 号（农业水利类 229 号）提案答复的函

东宝仲巴委员：

您提出的《关于进一步加强滇西北金沙江上游生态建设的提案》交国家发展改革委、水利部、财政部和云南省人民政府分别办理，现就涉及云南省的办理情况答复如下：

金沙江是中华民族母亲河长江的上游，是长江经济带的重要组成部分。加强滇西北金沙江上游生态建设，对构筑长江上游生态安全屏障，推动长江经济带发展具有非常重要的意义。云南省认真学习贯彻习近平总书记在深入推动长江经济带发展座谈会议上的重要讲话精神，坚持绿水青山就是金山银山理念，按照“生态立省、环保优先”战略部署，积极推进滇西北金沙江上游生态建设。

一、关于在金沙江流域与长江中下游地区之间建立跨流域生态补偿机制的建议

金沙江在云南省境内有 1560 千米，每年为长江注入 500 亿立方米以上优质水源。云南省历来高度重视金沙江流域生态环境保护工作，积极筹措资金，加大对金沙江流域生态环境保护力度。云南省财政在积极争取中央财政转移支付的基础上，统筹中央补助和省级财力，对金沙江流域州、市予以倾斜，加快“森林云南”和水利基础设施建设，扎实推进河长制工作，支持沿江州、市开展生态保护，推进绿色发展。

云南省高度重视生态补偿工作，根据中央关于横向生态保护补偿的有关规定，按照“损害者赔偿，受益者付费，保护者得到合理补偿”的原则开展生态保护补偿工作，并于 2016 年在南盘江流域成功开展了横向生态补偿试点工作。试点工作的基本做法是，在流域相邻州、市就补偿基准选择、标准和方式等达成补偿协议的基础上，在两地交界处设立监测点，若水质达标则下游地区给予上游地区补偿，若水质未达标则上游地区给予下游地区补偿。同时，为调动双方积极性，省财政等额配套资金对受补偿方进行补助。该做法取得了良好成效，为省内其他流域开展横向生态补偿提供了有益借鉴。在国家有关部委的支持下，2018 年 2 月，云南省与四川省、贵州省建立了赤水河流域跨省生态补偿机制，签订了《赤水河流域横向生态保护补偿协议》，对昭通市赤水河流域开展生态补偿试点工作。

云南省发展改革委牵头制定《云南省生态扶贫实施方案》，将探索建立金沙江流域地区横向生态保护补偿机制作为一项重要内容，特别是与长江、珠江水系中下游省区建立横向生态保护补偿机制。同时探索建立省内横向生态保护补偿机制，在全省范围内具有重要生态功能、重要水源地水资源供需矛盾突出、受各种污染危害或威胁严重的典型流域开展横向生态保护补偿试点。省财政厅正抓紧拟定赤水河流域云南省生态补偿机制意见，建立流域生态保护补偿机制的实施方案及促进长江经济带生态保护修复补偿奖励政策工作方案，建立并完善云南省长江经济带生态保护补偿机制制度框架。

下一步，云南省将进一步推进建立金沙江流域地区与长江中下游地区之间横向生态补偿机制，做好金沙江流域生态保护修复有关项目规划和实施方案等前期工作，夯实项目储备基础。同时积极争取中央财政支持，加大对云南省生态功能区转移支付力度，切实推动金沙江上游多层级、全覆盖的横向生态保护补偿机制的形成。

二、关于启动金沙江上游两岸千里生态廊道建设工程的建议

2016 年 7 月，云南省人民政府印发《云南金沙江开放合作经济带发展规划（2016 ~ 2020 年）》，将金沙江流域内 8.27 万平方千米纳入规划范围，规划期到 2020 年，展望到 2030 年，定位为长江上游的重要生态安全屏障、长江上游的重要经济增长极、民族团结进步示范带，主要任务之一就是要建设流域生态廊道，通过退耕还林、天然林保护、防护林系建设、石漠化治理、高原湿地保护与恢复、自然保护区建设、森林公园和沿江国家公园建设等重点生态工程，构建生态安全屏障；通过水污染综合防治、主要污染物减排等工程加强环境保护治理。2016 ~ 2017 年，云南省财政共安排 88 个贫困县退耕还林还草任务 400.26 万亩，中央补助资金 19.64 亿元；安排中央和省级公益林生态效益补偿资金 36.75 亿元。同时，对集中连片特殊困难地区和国家扶贫开发工作重点县安排生态护林员，建立选聘建档立卡贫困户开展生态护林补助机制。2017 年，云南省财政对丽江市新增安排生态护林员补助 1390 万元，积极支持丽江市生态脱贫。云

南省林业厅编制完成《长江经济带云南省森林和湿地生态保护与修复规划（2016 ~ 2020 年）》，进一步推动长江经济带建设有关决策部署贯彻落实。累计安排贫困县林业项目资金 277.8 亿元；批准易地扶贫搬迁项目 475 件、使用林地 2291 公顷、免收森林植被恢复费 2.02 亿元；选聘生态护林员 4.53 万名，带动 18.3 万建档立卡贫困人口稳定增收脱贫。同时，积极争取国家支持丽江市国家储备林基地建设政策性贷款项目，该项目涵盖了丽江市通道和沿江岸线面山绿化、木本油料、森林公园建设、生态扶贫等内容。2018 年 3 月，国家林业局牵头，国家开发银行总行和云南省分行参与的调研组完成对丽江市的前期调研工作，表示将积极支持该项目。

丽江市推广永胜县建设以软籽石榴为主的金沙江百里绿色经济走廊成功经验，结合各县、区实际，积极打造“一县一特”，并在全市选取21个示范点开展“金沙江绿色经济走廊乡村振兴百村行动计划”。云南省林业厅正在编制《云南省长江经济带干流绿色生态廊道质量提升工程实施方案》，范围为金沙江干流 23 个县、市、区，重点支持滇西北金沙江流域地区生态建设，争取国家支持事项包括了金沙江沿岸湿地修复、沿岸码头的绿地恢复、“天窗”林地修复、裸露地绿化美化、滑坡地区美化改造、森林质量提升、堤外绿化质量提升等。云南省林业厅将积极争取将该实施方案纳入长江经济带绿色发展专项资金支持范围。

下一步，云南省将继续加强和国家有关部委的联系沟通，积极推动实施《云南金沙江开放合作经济带发展规划（2016 ~ 2020 年）》，进一步加大贫困地区生态修复与治理力度，扩大深度贫困地区森林生态效益补偿范围，努力争取提高退耕还林补贴标准和公益林补偿标准，促进贫困人口生态补偿收入稳步增长，确保林业扶持政策、项目、资金进一步向深度贫困地区倾斜，推动深度贫困地区与其他地区一道如期脱贫摘帽。

感谢您对政府工作的关心和支持。

以上答复，如有不妥，请批评指正。

云南省人民政府

2018 年 8 月 20 日

云南省人民政府关于印发云南省地方级自然保护区调整管理规定的通知

各州、市人民政府，省直各委、办、厅、局：

现将《云南省地方级自然保护区调整管理规定》印发给你们，请认真贯彻执行。

云南省人民政府

2018 年 5 月 31 日

（此件公开发布）

云南省地方级自然保护区调整管理规定

第一条 为加强全省地方级自然保护区的建设和管理，有效保护地方级自然保护区的环境、资源和生物多样性，大力推进生态文明建设，根据有关法律法规，结合云南省实际，制定本规定。

第二条 地方级自然保护区是指在云南省行政区域内具有代表性的自然生态系统、珍稀濒危野生生物物种的集中分布区、有特殊意义的自然遗迹等保护对象所在的陆地和水体，依法建立的省级、州市级、县级自然保护区。

第三条 本规定适用于云南省行政区域内地方级自然保护区的范围调整、功能区调整及名称更改。

范围调整，是指自然保护区外部界限的扩大、缩小或内外部区域间的调换。

功能区调整，是指自然保护区内部的核心区、缓冲区和实验区范围的调整。

名称更改，是指自然保护区原名称中的地名更改或保护对象的改变。

第四条 省环境保护行政主管部门负责地方级自然保护区调整的综合协调和监督管理工作。省直有关行政主管部门在各自的职责范围内负责地方级自然保护区调整管理工作。

第五条 地方级自然保护区不得随意调整。

调整自然保护区原则上不得缩小自然保护区及其核心区、缓冲区面积，应确保主要保护对象得到有效保护，不破坏生态系统和生态过程的完整性，不损害生物多样性，不得改变自然保护区性质。对面积偏小，不能满足保护需要的自然保护区，应逐步扩大保护范围。

自批准建立或调整自然保护区之日起，原则上5年内不得进行调整。

调整自然保护区应当避免与其他类型保护地、永久基本农田、合法矿业权和国家规划矿区、战略性矿产地产生新的重叠。

第六条 存在下列情况的地方级自然保护区，可申请进行调整：

（一）自然条件变化导致主要保护对象和其生存环境已发生重大改变。

（二）在批准建立之前已存在建制镇或城市主城区等人口密集区，且不具备保护价值。

（三）国家和省级重大工程建设需要。国家重大工程包括国务院审批、核准的建设项目，列入国务院或国务院授权有关部门批准的规划且近期将开工建设的建设项目。省级重大工程包括省人民政府审批、核准的建设项目，列入省人民政府或省人民政府授权有关部门批准的规划且近期将开工建设的建设项目。

（四）在批准建立之前已存在人工林、承包地、自留山等，确需调出自然保护区实验区且不影响自然生态系统完整性。

（五）确因所在地地名、主要保护对象发生重大变化，可申请名称更改。

第七条 主要保护对象属于下列情况的，调整时不得缩小自然保护区核心区面积或对核心区内区域进行调换：

（一）世界上同类型中的典型自然生态系统，且为世界性珍稀濒危类型。

（二）世界上唯一或极特殊的自然遗迹，且遗迹的类型、内容、规模等具有国际对比意义。

（三）国家一级重点保护物种。

（四）云南省具有重要保护价值的极小种群物种。

第八条 确因国家和省级重大工程建设需要调整自然保护区的，核心区、缓冲区原则上不得调出。

建设单位应当开展工程建设生态风险评估，并将有关情况向社会公示。

除国防重大建设工程外，自然保护区因重大工程建设调整后，原则上5年内不得再次调整。

第九条 调整地方级自然保护区范围、功能区或名称更改，由自然保护区所在州、市人民政府或省直有关行政主管部门向省人民政府提出申请。由省直有关行政主管部门提出申请的，应事先征求自然保护区所在州、市人民政府的意见。

第十条 申请地方级自然保护区范围调整，应提供以下材料：

（一）自然保护区范围调整申报书。

（二）自然保护区调整部分的综合考察报告。调整部分占原自然保护区面积1/2以上的，应当提供自然保护区范围调整后的整体综合考察报告。

（三）自然保护区范围调整论证报告。

（四）按自然保护区范围调整后编制的总体规划。

（五）调整后的自然保护区地形图、土地利用图、植被图、动植物资源分布图、水文地质图、功能区划图、规划图、范围调整前后对比图等图件资料。

（六）自然保护区自然景观和主要保护对象的图片及多媒体视频材料（材料应重点反映拟调整部分的情况）。

（七）自然保护区拟调整增加区域自然资源权属证明及有关资料。

第十一条 申请地方级自然保护区功能区调整，应提供以下材料：

（一）自然保护区功能区调整申报书。

（二）自然保护区功能区调整论证报告。

（三）按自然保护区功能区调整后编制的总体规划及有关材料（含功能区调整前后对比图）。

第十二条 因国家和省级重大工程建设需要调整地方级自然保护区范围或功能区的，除按照本规定第十条、第十一条要求提供材料外，还需提供以下材料：

（一）有关工程建设的批准文件。

（二）国家、省直有关行政主管部门的审核意见。

（三）自然保护区管理机构和自然保护区所在地及其周边公众意见。

（四）工程建设对自然保护区影响的专题论证报告。

（五）涉及人员的生产、生活情况及安置去向报告。

（六）生态保护与补偿措施方案及相关协议。

上述材料可作为编制建设项目环境影响评价报告书及项目审批的依据。

第十三条 申请地方级自然保护区名称更改，应提供以下材料：

（一）自然保护区名称更改申报书。

（二）涉及主要保护对象发生重大变化需要名称更改的，还应提供专题论证报告。

第十四条 省级自然保护区评审委员会负责省级自然保护区调整的评审工作。

各州、市人民政府应成立州市级自然保护区评审委员会，由其负责州市级及以下自然保护区调整的评审工作。

第十五条 自然保护区评审委员会在组织材料初审、实地考察、遥感监测过程中，发现存在下列情况的，不予评审，并及时通知申报单位：

（一）申报程序不完备。

（二）申报材料内容不全面、不真实。

（三）自然保护区内存在环境违法行为。

（四）调整不符合本规定有关要求。

第十六条 省级自然保护区范围调整申请，经省级自然保护区评审委员会评审通过后，由省环境保护行政主管部门协调并提出审批建议，报省人民政府批准。

省级自然保护区功能区调整和名称更改申请，经省级自然保护区评审委员会评审通过后，由省直有关自然保护区行政主管部门协调并提出审批建议，报省人民政府批准。

州市级及以下自然保护区范围调整，经州市级自然保护区评审委员会初审并报州、市人民政府同意，报省级自然保护区评审委员会审查通过后，由省环境保护行政主管部门提出审批建议，报省人民政府批准。

州市级及以下自然保护区功能区调整和名称更改申请，经州市级自然保护区评审委员会初审并报州、市人民政府同意，报省级自然保护区评审委员会审查通过后，由省直有关自然保护区行政主管部门提出审批建议，报省人民政府批准。

省级自然保护区调整，应当在批准后的 15 日内，由省环境保护行政主管部门上报国家环境保护行政主管部门备案。

第十七条 地方级自然保护区调整理由、调整方案及评审情况在报省人民政府批准前向社会公示（涉及国家秘密的除外）。

省级自然保护区范围调整申请，经省级自然保护区评审委员会评审通过后，由省环境保护行政主管部门向社会公示。州市级及以下自然保护区范围调整申请，由州、市环境保护行政主管部门向社会公示。

省级自然保护区功能区调整和名称更改申请，经省级自然保护区评审委员会评审通过后，由省直有关自然保护区行政主管部门向社会公示。州市级及以下自然保护区功能区调整和名称更改申请，由州、市有关自然保护区行政主管部门向社会公示。

第十八条 地方级自然保护区范围调整经批准后，由省环境保护行政主管部门公布其面积、四至范围和功能区划图。自然保护区所在州、市和县、市、区人民政府应当在公布之日起 1 年内组织完成勘界立标，予以公告。

地方级自然保护区功能区调整经批准后，由省直有关自然保护区行政主管部门公布其功能区面积、四至范围和功能区划图。自然保护区所在州、市和县、市、区人民政府应当在公布之日起 1 年内组织完成勘界立标，予以公告。

地方级自然保护区名称更改经批准后，由申报单位予以公告。

第十九条 有关单位和个人存在下列行为之一的，由省环境保护行政主管部门或省直有关自然保护区行政主管部门责令限期整改，并依法查处：

（一）未经批准，擅自调整、改变自然保护区的名称、范围或功能区。

（二）未按照批准方案调整自然保护区范围或功能区。

（三）申报材料弄虚作假、隐瞒事实。

因擅自调整导致保护对象受到严重威胁和破坏的，对有关责任人员，省环境保护行政主管部门或省直有关自然保护区行政主管部门可向其所在单位、上级行政主管部门或监察机关提出行政处分建议。

对破坏特别严重、失去保护价值的地方级自然保护区，可按照有关程序报请省人民政府批准，取消其自然保护区资格，并依法依纪追究有关责任人员责任。

第二十条 本规定自 2018 年 7 月 1 日起施行。

云南省人民政府办公厅关于成立云南省打造世界一流“绿色食品牌”工作领导小组的通知

各州、市人民政府，省直各委、办、厅、局：

为深入贯彻实施乡村振兴战略，推动高原特色现代农业高质量发展，打造世界一流“绿色食品牌”，省人民政府决定成立云南省打造世界一流“绿色食品牌”工作领导小组（以下简称领导小组）。现将有关事项通知如下：

一、领导小组组成人员

组　长：阮成发　省长

副组长：宗国英　常务副省长

董　华　副省长

陈　舜　副省长

张国华　副省长

杨　杰　省政府秘书长

成　员：徐　彬　省政协副主席、省科技厅厅长

杨洪波　省政府副秘书长、省发展改革委主任

黄云波　省政府副秘书长、省扶贫办主任

蒋兴明　省政府副秘书长

和丽贵　省政府副秘书长

陈　明　省政府副秘书长

李石松　省工业和信息化委主任

张岩松　省财政厅厅长

杨榆坚　省人力资源社会保障厅厅长

刘佳晨　省国土资源厅厅长

张纪华　省环境保护厅厅长

王云山　省交通运输厅厅长

王敏正　省农业厅厅长

任治忠　省林业厅厅长

刘　刚　省水利厅厅长

赵瑞君　省商务厅厅长

杨　洋　省卫生计生委主任

余　繁　省旅游发展委主任

张荣明　省工商局局长

陈百炼　省质监局局长

省食品药品监管局局长（待局长任职文件下发后自行递补）

李春晖　省金融办主任

杜　勇　省招商合作局局长

张树学　省国税局局长

领导小组下设办公室在省农业厅，办公室主任由和丽贵、王敏正兼任，副主任由杨洪波、李石松、赵瑞君兼任。

省农业厅牵头建立联席会议制度；成立茶叶、花卉、水果、蔬菜、坚果、咖啡、中药材、肉牛8个重点产业专家组，由首席专家、技术专家和经济专家组成，实行首席专家负责制。

各州、市人民政府要参照省级做法，建立相应工作机制。

二、主要职责

领导小组主要职责：贯彻落实省委、省政府决策部署，全面组织、指导、协调和推进打造世界一流“绿色食品牌”工作，研究制定产业发展战略、重大政策措施；统筹协调解决工作中的重大问题；组织开展全省打造世界一流“绿色食品牌”考核评价工作。

领导小组办公室主要职责：承担领导小组日常工作，贯彻落实领导小组决策部署；督促、检查、反馈各成员单位和各州、市人民政府工作推进情况，提出工作建议；统筹做好8个重点产业发展政策措施的研究制定、重点任务实施等工作；完成领导小组交办的其他事项。

重点产业专家组主要职责：研究制定产业发展咨询报告，定期对产业发展进行会商分析，提出意见建议，配合领导小组办公室和各成员单位做好产业发展政策措施研究制定等工作。

三、工作机制

（一）建立月安排、周调度制度

领导小组每月召开1次会议，听取各项工作推进情况汇报，安排部署下一阶段工作。领导小组办公室每月梳理产业推进过程中的困难和问题，形成问题清单，提交领导小组会议研究。联席会议每周召开1次，协调解决工作中的困难和问题。领导小组有关副组长定期不定期召开会议，调度分管部门工作。

（二）建立联络员制度

领导小组各成员单位和各州、市人民政府要明确1名厅级领导干部为工作负责人、1名处级领导干部为联络员。

（三）建立信息报送制度

领导小组各成员单位和各州、市人民政府要定期

不定期向领导小组办公室报送工作推进情况。

（四）建立考核奖惩制度

领导小组制定考核指标体系和考核办法，省政府督查室会同领导小组办公室定期对各地、有关部门工作推进情况进行督查和年度考核，并依据考核情况进行奖惩。

领导小组成员如有变动，由成员单位相应岗位职责人员自行递补，报领导小组备案，不再另行发文。

云南省人民政府办公厅

2018 年 4 月 20 日

（此件公开发布）

云南省人民政府办公厅关于公布云南省第三批省级重要湿地名录的通知

各州、市人民政府，省直各委、办、厅、局：

经核定，省人民政府同意将寻甸横河梁子、永善黑颈鹤栖息地、彝良雨龙山、双柏黄草坝、双柏九天、玉溪抚仙湖、石屏异龙湖、普洱五湖、大理洱海、宾川上沧海、古城九子海、永胜程海、宁蒗泸沽湖、德钦雨崩、德钦祖数通、维西华冉底等 16 处湿地列为第三批省级重要湿地，现予公布。

有关州、市、县、区人民政府要加强管理，设立省级重要湿地界标。各地、有关部门要按照《云南省湿地保护条例》《云南省人民政府关于加强湿地保护工作的意见》（云政发〔2014〕44 号）和《云南省人民政府办公厅关于贯彻落实湿地保护修复制度方案的实施意见》（云政办发〔2017〕131 号）要求，进一步加强湿地保护工作，科学处理好湿地保护和资源合理利用关系，充分发挥湿地生态服务功能。

云南省人民政府办公厅

2018 年 5 月 31 日

（此件公开发布）

云南省人民政府办公厅关于加快发展健身休闲产业的实施意见

各州、市人民政府，省直各委、办、厅、局：

为贯彻落实《国务院办公厅关于加快发展健身休闲产业的指导意见》（国办发〔2016〕77 号）精神，加快云南省健身休闲产业发展，经省人民政府同意，现提出以下意见：

一、总体要求

（一）指导思想

以习近平新时代中国特色社会主义思想为指导，全面贯彻党的十九大精神，以不断满足人民群众日益增长的多层次多样性健身休闲需要为目标，围绕云南省全力打造世界一流的“健康生活目的地”，营造良好发展环境，培育市场主体，开发健身休闲新产品新业态，打造健身休闲产业链条和产业体系，提高健身休闲产业发展质量和效益，把健身休闲产业培育成为推动经济社会发展的新兴力量，努力把云南省建设成为全国知名的健身休闲省份。

（二）发展目标

到 2025 年，创建 3 个以上国家级体育（户外运动）产业园区，建设 20 个国家运动休闲小镇或特色体育小镇；打造 50 个左右国际国内知名的健身休闲和体育旅游品牌项目；力争全省健身休闲产业总规模达到 600 亿元，全省基本形成布局合理、功能完善、门类齐全的健身休闲产业发展格局，市场机制日益完善、消费需求愈加旺盛、环境不断优化、结构日趋合理，产品和服务供给更加丰富、质量和水平明显提高，同其他产业融合发展更为紧密。

二、主要任务

（一）构建特色鲜明的健身休闲产业体系

1. 做大全民健身。贯彻全民健身国家战略，实施《云南省全民健身实施计划（2016 ~ 2020 年）》和“七彩云南全民健身工程”，合理规划布局，增加设施供给，促进健身休闲设施的普惠化和均等化。以系列马拉松赛事为带动，加快发展篮球、足球、骑行、广场健身操（舞）等普及性、参与性强的健身休闲项目，构建覆盖全省的设施网络和活动体系。新建的城市社区普遍建有“15 分钟健身圈”。盘活用好现有体育场馆资源，对适宜收费的体育设施，要采取合理收费开放增加健身供给。加快促进学校体育发展，推进校园篮球、足球、网球全国改革试验区建设，将体育纳入教育督导指标体系。到 2020 年，全省经常参加体育锻炼人数达到 1800 万人。（省体育局牵头；省发展改革委、财政厅、教育厅、住房城乡建设厅，省总工会、团省委配合）

2. 做强高原体育基地群。推进集“高原体育训练、全民健身、体育旅游、体育科研、体育文化交流”为一体的云南高原体育基地群建设。以足球、田径、游泳、山地自行车等项目为重点，提供高原体育训练服务。创新高原体育训练基地管理和运行机制，推动所有权与经营权分离，建立适应市场需求的现代企业管理模式。创新建设模式，推进拓东体育馆片区改造提升，突出健身休闲服务功能，建设集“体育赛事中心、全民健身中心、体育医疗康复中心、体育文化中心”为一体的健身休闲服务综合体，打造云南省体育文化新地标。（省体育局牵头；省发展改革委、财政厅、住房城乡建设厅、国土资源厅、旅游发展委配合）

3. 做精户外运动。发挥云南省山水资源优势，开发攀岩、徒步等山地户外运动产品和漂流、帆船等水上运动产品，适度发展滑翔伞、三角翼、翼装飞行、低空跳伞等低空运动，推进租赁、定制、救援等自驾管理服务系统建设，把云南省打造成为“自驾友好型旅游目的地”示范省和户外运动旅游胜地。（省体育局牵头；省发展改革委、住房城乡建设厅、国土资源厅、旅游发展委配合）

4. 做亮时尚运动。推动足球、高尔夫球两大高原特色时尚运动发展。推进足球运动社会化，开展职业足球、校园足球和社会足球活动，完善高原特色足球赛事体系。鼓励兴办足球学校，推动足球训练基地与旅游休闲度假融合发展。围绕依法取得合法手续、已投入运营的高尔夫球场，推进其与健身休闲、康体养生等业态融合。依托水域资源，推进建设集水上运动、露营、垂钓等功能于一体的健身休闲服务综合体。（省体育局牵头；省教育厅、旅游发展委配合）

5. 做特少数民族体育。挖掘民族体育资源，支持举办民族传统体育节庆活动和赛事，发展民族特色健身休闲项目。鼓励社会资本投资开发民族体育资源，创办民族体育健身俱乐部、民族体育健身中心。推动形成民族体育用品创意、生产、销售、服务产业链。（省体育局牵头；省民族宗教委、旅游发展委、文化厅配合）

6. 做优赛事活动。办好七彩云南格兰芬多国际自行车节、七彩云南高原马拉松系列赛、“七彩云南·一带一路”国际足球公开赛等赛事活动，提升办赛层次和规模。打造足球、网球、高尔夫球国内外高水平赛事。创办“七彩云南·一带一路”国际青少年足球冬、夏令营赛，组织好七彩云南全民健身运动会和面向大众的马拉松、越野跑、自行车赛等健身活动。发挥云南省区位优势，广泛开展面向南亚东南亚的足球、羽毛球、乒乓球、藤球等赛事活动，促进与周边国家的交流。鼓励各地依托资源优势，策划举办一批具有地域特点和自主品牌的健身休闲赛事和活动。（省体育局牵头；省外办，各州、市人民政府配合）

（二）完善健身休闲产业结构和布局

1. 推动集聚发展。以资源、区位、交通、市场等基础条件好、带动作用强的区域为重点，创造条件吸引资金、技术、人才等产业要素集聚发展，推进产品和产业转型升级。打造一批消费吸引力、市场竞争力和产业辐射带动力强的健身休闲企业，培育形成以昆明为核心的健身休闲服务产业经济圈、滇西南沿边跨境体育产业带、滇西北“昆大丽香”体育旅游发展带、滇东北山地户外运动带等 4 个健身休闲产业集聚区。推进“一地一品”工程，加强地区间产业分工和协作。（省体育局牵头；省发展改革委、工业和信息化委，各州、市人民政府配合）

2. 发展特色体育产品。加强科技创新和品牌建设，着力培育一批具有本土优势和较强竞争力的体育用品龙头企业。推动“永子”“云子”围棋生产企业由生产向文创、旅游、培训、举办品牌赛事等领域拓展。扶持企业研发健康管理类智能体育设备和用品、民族体育器材、健身休闲装备、运动服装、功能饮料、保健食品药品等健身休闲产品，拓展产业发展空间。（省体育局牵头；省工业和信息化委、商务厅、文化厅、卫生计生委、食品药品监管局，各州、市人民政府配合）

3. 促进产业融合。推进健身休闲产业与旅游产业深度融合，培育和创建一批体育旅游示范基地、示范景区和示范项目。加强对运动休闲小镇和健身休闲服务综合体的规划和建设统筹，策划和推进健身休闲旅游重点项目建设。培育一批健身休闲旅游新产品，鼓励旅游经营者设计推出健身旅游产品和线路。加快运动健身检测、“运动处方”等服务标准和体系建设，推进健身休闲产业与健康养生产业融合发展。推进健身休闲产业与电子信息产业深度融合，重点培育以健康管理类可穿戴设备、便携式健康监测设备、自助式健康检测设备、智能健康监护设备、健康服务机器人等为内容的研发生产项目。推动健身休闲产业与城镇建设、文化建设、生态建设、商贸建设等融合发展，建设一批优势突出、特色鲜明的运动休闲小镇、特色体育小镇和健身休闲服务综合体。（省体育局、卫生计生委、旅游发展委、住房城乡建设厅、商务厅按照职责分工负责）

4. 实施“互联网 + 健身休闲”。鼓励开发以移动互联网、大数据、云计算技术为支撑的健身休闲服务，提升场馆预定、体质监测、健身指导、运动分析、赛事参与、在线咨询服务等综合服务水平。探索“互联网 + 体育”发展新路径，鼓励、扶持体育生活云平台和体育电商交易平台建设，充分利用“一部手机游云南”平台促进健身休闲产业发展。积极探索体育领域大数据开发开放模式，按照市场化运作方式引导建设体育大数据平台，促进旅游、教育、卫生等大数据的有机衔接。（省体育局牵头；省工业和信息化委、教育厅、卫生计生委、旅游发展委配合）

5. 构建健身休闲产业链。发挥云南省资源优势，以规划为引领，以运动休闲小镇建设、健身休闲服务综合体建设为重要载体，以高原体育训练服务、体育赛事表演、运动休闲旅游、体育健身培训、智能健身服务、健身休闲装备研发制造、民族体育展演等为重点领域，支持企业、科研单位、社会组织等组建跨行业产业联盟，健全和完善健身休闲产业链，努力形成全产业链优势。（省体育局牵头；各州、市人民政府配合）

（三）培育健身休闲市场主体

1. 打造知名企业。实施市场主体培育计划，从政策、资金、技术、人才、信息等方面加大支持力度，高标准培育一批健身休闲企业。鼓励大型国有和民营企业跨区域、全产业链经营，组建健身休闲产业集团。鼓励创建体育产业示范基地、示范健身俱乐部、示范场馆和品牌赛事。扶持一批专业化健身休闲中介企业，推动企业品牌化管理、连锁化经营、人性化服务和特色化发展，着力打造云南省健身休闲知名企业和自主品牌。（省体育局牵头；省工业和信息化委、国资委、商务厅配合）

2. 扶持中小微企业发展。围绕大众创业、万众创新，以新技术引进、新业态培育、健身休闲基地建设等为重点，选择一批具有竞争力和发展潜力的健身休闲中小微企业和俱乐部，作为政府资助、银行信贷重点扶持和服务对象。采取政策引导、资金投入、智力支持等方式，引导中小微企业走“专精特新”的发展之路，扩大企业经营规模，提高企业运营水平。鼓励有条件的州、市组建健身休闲产业孵化平台，孵化一批创新型健身休闲企业。（省体育局牵头；省工业和信息化委、科技厅、商务厅配合）

3. 推动“引进来”与“走出去”相结合。引进一批国际组织分支机构、体育企业总部，知名品牌健身休闲企业、户外运动企业、体育用品生产企业和国际重大赛事落户云南省。鼓励省内具有自主品牌、创新能力和竞争实力的健身休闲骨干企业积极“走出去”开拓市场。（省体育局牵头；省商务厅、招商合作局配合）

三、加大政策扶持

（一）优化消费政策

支持各地创新健身休闲消费引导机制，鼓励将健身休闲活动作为工会奖励和职工福利内容。增加财政投入，加强公共体育设施建设，建立扶持公共体育设施开放、鼓励社会资本投资健身休闲产业机制。加大政府采购健身休闲产品、服务的范围和力度。（省体育局牵头；省总工会，省人力资源社会保障厅、财政厅，各州、市人民政府配合）

（二）简化审批政策

推进“放管服”改革，减少前置条件，简化注册、备案、许可、审批等流程，推行一站式服务和网上注册审批服务，加快项目审批进程。规范高危险性体育项目审批程序。（省体育局牵头；省公安厅、发展改革委、工商局配合）

（三）创新投融资政策

各级政府要整合体育、文化等领域资金，加大对健身休闲产业的投入支持力度。支持国有企业转型投资健身休闲产业，搭建体育资源开发、项目建设、赛事运作投融资平台。引导健身休闲企业通过上市、挂牌、发行企业或公司债券，以及采取知识产权质押、股权质押等方式，拓展融资渠道。鼓励各类保险机构设计发行符合体育消费需求的保险产品，鼓励保险资金通过各种渠道参与健身休闲产业发展。鼓励社会资本采取多种模式参与健身休闲项目建设的投资、运营

和管理。(省体育局牵头;省财政厅、文化厅、金融办,人民银行昆明中心支行、云南银监局、云南证监局、云南保监局配合)

(四)落实土地政策

各级政府要支持将健身休闲产业的项目用地纳入土地利用总体规划、城乡建设规划和年度用地计划。非营利性的健身休闲设施项目用地可按照划拨方式供应土地,鼓励以出让、租赁方式供应项目用地。对使用荒山、荒地、荒滩及石漠化土地建设的健身休闲项目,优先安排新增建设用地计划指标,出让底价可按照不低于土地取得成本、土地前期开发成本和按照规定应收取有关费用之和的原则确定。鼓励企事业单位、个人对城镇现有空闲的厂房、学校、社区用房等进行改造用于健身休闲项目,经规划批准临时改变建筑使用功能从事非营利性健身休闲项目且连续进行1年以上的,5年内可不增收土地年租金或土地收益差价,土地用途暂可不作变更;鼓励以长期租赁、先租后让、租让结合方式供应健身休闲项目建设用地;支持农村集体经济组织自办或以土地使用权入股、联营等方式参与健身休闲项目。(省国土资源厅牵头;各州、市人民政府配合)

(五)落实财税政策

鼓励健身休闲生产和服务企业进行高新技术企业认定,对符合西部大开发税收优惠政策的企业和高新技术企业,减按15%的税率征收企业所得税。对经认定取得非营利组织免税资格的健身休闲类社会组织,依法享受优惠政策。对符合条件的健身休闲企业广告费和业务宣传费,按照规定在企业所得税税前扣除。对符合条件的健身休闲企业创意、设计费用等研究开发费用,依法享受加计扣除政策。对符合条件进行健身休闲产业的捐赠,依法在计算应纳税所得额时扣除。(省税务局牵头;省财政厅、科技厅、体育局配合)

(六)壮大健身休闲社会组织

推进体育类社会团体、基金会、民办非企业单位等社会组织发展,支持其加强自身建设,健全内部治理结构,增强服务功能。引导和鼓励各类社会组织、企业承接体育行业规范和标准制定、行业技术和技能培训、竞赛和活动组织、健身休闲服务等工作。发挥体育社会组织在活动组织、服务消费者、营造氛围等方面的积极作用。(省体育局牵头;省民政厅、工业和信息化委配合)

四、强化保障措施

(一)加强组织领导

各级体育、发展改革、财政、住房城乡建设、国土资源、文化、旅游等部门要加强协调配合,建立多部门合力推进健身休闲产业发展的工作机制,整合资源,落实政策,统筹推进健身休闲产业加快发展。各级政府要切实履行主体责任,将发展健身休闲产业纳入国民经济和社会发展规划。(各州、市人民政府负责)

(二)推进试点示范建设

发挥玉溪、腾冲作为国家体育产业联系点、国家体育产业示范基地的引导示范作用。引导和支持昆明市结合“中国健康之城”和“中国大健康产业示范区”建设,探索设立健身休闲产业综合改革试验区。鼓励各级政府对创建成为国家级体育旅游示范基地、体育(户外运动)产业园区、PPP示范项目的单位和企业给予奖励和扶持。鼓励各地结合自身特点和优势,积极开展不同形式和内容的健身休闲产业发展试点,积极探索发展经验。(省体育局牵头;省发展改革委,各州、市人民政府配合)

(三)加大宣传推广与交流合作

支持各类媒体参与推动和发展健身休闲产业,普及健身知识,传递休闲观念,推广健康的生活方式,引导和激发大众健身休闲消费需求。鼓励新媒体依托品牌赛事和活动,加强宣传营销,扩大赛事活动的知名度和影响力。发挥体育明星、运动达人在健身休闲方面的示范带动作用。深化国际交流,重点加大与周边国家和国际友好城市间的交流与合作。(省新闻出版广电局、外办牵头;省体育局、卫生计生委配合)

(四)加强人才队伍建设

加强健身休闲产业管理、运营和服务人才培养,加大高端人才引进,探索“产学研教”一体化人才培养模式,依托高校培养健身休闲产业人才。严格按照《国家职业资格目录》实施从业人员职业资格许可和认定,落实从业人员薪酬水平与技术等级挂钩有关规定。建立从业人员信用等级制度和社会公告制度,形成优胜劣汰的正向引导机制。将从业人员信用记录纳入全国信用信息共享平台,建立健全跨地区、跨行业的信用奖惩联动机制。(省体育局牵头;省教育厅、人力资源社会保障厅、发展改革委配合)

(五)建立统计制度

以国家体育产业统计分类为基础,探索研究符合健身休闲产业发展特点的统计指标体系,建立健全全面反映健身休闲产业发展的统计制度。强化健身休闲产业的统计调查和数据分析、监测评价,建立统计信息、数据的通报和发布机制。(省体育局牵头;省统计局、工业和信息化委,各州、市人民政府配合)

(六)加强安全监管

各地、有关部门要严格按照《大型群众性活动安全管理条例》（国务院令第505号），做好有关体育活动的安全保障工作。公安机关依法实施安全许可，履行安全管理责任，查处违法犯罪行为。活动承办方作为安全责任人，应加强安全工作方案的制定和组织实施。县级以上政府直接举办的活动，公安机关在当地政府领导下会同有关部门组织、开展安全保障工作。（省公安厅牵头；省体育局，各州、市人民政府配合）

（七）强化督查考核

各地、有关部门要研究制定推进健身休闲产业发展的实施方案，细化目标任务，推动责任落实。省体育局、发展改革委、旅游发展委等部门要会同有关部门，对全省健身休闲产业的推进落实情况实施跟踪督查，制定考核办法和奖惩措施。（省体育局牵头；省发展改革委、旅游发展委，各州、市人民政府配合）

云南省人民政府办公厅

2018年6月28日

（此件公开发布）

云南省人民政府办公厅关于成立云南省打造世界一流“健康生活目的地牌”工作领导小组的通知

各州、市人民政府，省直各委、办、厅、局：

为贯彻落实省委、省政府打造世界一流“健康生活目的地牌”决策部署，省人民政府决定成立云南省打造世界一流“健康生活目的地牌”工作领导小组（以下简称领导小组）。现将有关事项通知如下：

一、领导小组组成人员

组　长：阮成发　省长

副组长：宗国英　常务副省长

陈　舜　副省长

张国华　副省长

李玛琳　副省长

杨　杰　省政府秘书长

成　员：杨洪波　省政府副秘书长、省发展改革委主任

李　微　省政府督查室主任

蒋兴明　省政府副秘书长

和丽贵　省政府副秘书长

陈　明　省政府副秘书长

彭耀民　省政府办公厅副主任

李石松　省工业和信息化委主任

周　荣　省教育厅厅长

徐　彬　省科技厅厅长

孙青友　省民政厅厅长

张岩松　省财政厅厅长

杨榆坚　省人力资源社会保障厅厅长

张纪华　省环境保护厅厅长

马永福　省住房城乡建设厅厅长

王云山　省交通运输厅厅长

王敏正　省农业厅厅长

赵瑞君　省商务厅厅长

李　涛　省文化厅厅长

杨　洋　省卫生计生委主任

李极明　省外办主任

余　繁　省旅游发展委主任

张荣明　省工商局局长

省新闻出版广电局局长（待局长任职文件下发后自行递补）

尹　勇　省体育局局长

省食品药品监管局局长（待局长任职文件下发后自行递补）

李春晖　省金融办主任

杜　勇　省招商合作局局长

唐新民　省税务局局长

曹光中　云南保监局局长

领导小组下设办公室在省卫生计生委，办公室主任由杨洋兼任，副主任由省发展改革委、住房城乡建设厅、卫生计生委、旅游发展委分管负责同志兼任。

省卫生计生委牵头建立联席会议制度；成立重点产业专家组，由首席专家、技术专家和经济专家组成，实行首席专家负责制。

各州、市人民政府要参照省级做法，建立相应工作机制。

二、主要职责

领导小组主要职责：贯彻落实省委、省政府决策部署，全面组织、指导、协调和推进打造世界一流"健康生活目的地牌"工作，研究制定发展战略、重大政策措施，审议重大项目、重要工程、重点工作；统筹协调解决工作中的重大问题；组织开展考核评价工作。

领导小组办公室主要职责：承担领导小组日常工作，贯彻落实领导小组决策部署；督促、检查、反馈领导小组决定事项落实情况，推进各项工作任务落实，组织实施考核评价工作；统筹做好重点产业发展政策措施的研究制定、重点任务实施等工作；梳理汇总工作推进中的困难和问题，研究提出解决方案，及时向领导小组报告；完成领导小组交办的其他工作。

三、工作机制

（一）建立月安排、周调度制度

领导小组每月召开1次会议，听取工作推进情况汇报，安排部署下一阶段工作。领导小组办公室每月梳理工作推进中的困难和问题，形成问题清单，提交领导小组会议研究。联席会议每周召开1次，协调解决工作中的困难和问题。领导小组有关副组长定期不定期召开会议，调度分管部门工作。

（二）建立联络员制度

领导小组各成员单位和各州、市人民政府要明确1名厅级领导干部为负责人、1名处级领导干部为联络员。联络员负责日常工作对接、信息报送等工作。

（三）建立考核奖惩制度

领导小组制定考核指标体系和考核办法。由领导小组办公室组织开展年度考核，考核结果报领导小组同意后，依据考核情况进行奖惩。由领导小组办公室会同省政府督查室定期对工作推进情况进行督查。

领导小组成员如有变动，由成员单位相应岗位职责人员自行递补，报领导小组备案，不再另行发文。

云南省人民政府办公厅

2018年7月17日

（此件公开发布）

云南省人民政府办公厅关于调整云南省环境污染防治工作领导小组的通知

各州、市人民政府，省直各委、办、厅、局：

为进一步加强对打好污染防治攻坚战工作的组织领导，省人民政府决定调整云南省环境污染防治工作领导小组（以下简称领导小组）及组成人员。现将有关事项通知如下：

一、领导小组组成人员

组　长：阮成发　省长

副组长：宗国英　常务副省长

王显刚　副省长

董　华　副省长

陈　舜　副省长

张国华　副省长

任军号　副省长、省公安厅厅长

和良辉　副省长

李玛琳　副省长

杨　杰　省政府秘书长

成　员：孙　灿　省政府副秘书长、办公厅主任

杨洪波　省政府副秘书长、省发展改革委主任

黄云波　省政府副秘书长、省扶贫办主任

李　微　省政府督查室主任

蒋兴明　省政府副秘书长

和丽贵　省政府副秘书长

普建辉　省政府副秘书长

马文亮　省政府副秘书长

陈建华　省政府副秘书长

陈　明　省政府副秘书长

彭耀民　省政府办公厅副主任

黄小荣　省政府办公厅副主任

李石松　省工业和信息化委主任

周　荣　省教育厅厅长

李松林　省科技厅党组书记

李四明　省民族宗教委主任

吉宏龙佳　省公安厅党委副书记

孙青友　省民政厅厅长
商小云　省司法厅厅长
张岩松　省财政厅厅长
杨榆坚　省人力资源社会保障厅厅长
刘佳晨　省国土资源厅厅长
张纪华　省环境保护厅厅长
马永福　省住房城乡建设厅厅长
王云山　省交通运输厅厅长
王敏正　省农业厅厅长
任治忠　省林业厅厅长
刘　刚　省水利厅厅长
赵瑞君　省商务厅厅长
李　涛　省文化厅厅长
杨　洋　省卫生计生委主任
吴绍吉　省审计厅厅长
李极明　省外办主任
余　繁　省旅游发展委主任
罗昭斌　省国资委主任
张懋功　省政府研究室主任
张荣明　省工商局局长
陈百炼　省质监局局长
蔺斯鹰　省新闻出版广电局副局长
王以志　省安全监管局局长
刘本军　省食品药品监管局副局长
张云松　省统计局局长
海文达　省粮食局局长
张宪伟　省法制办主任
李春晖　省金融办主任
丁兴忠　省能源局局长
郭继先　省物价局局长
汤忠明　省煤炭工业局局长
董继理　省滇中引水办主任
向　凯　省法院副院长
施建邦　省检察院副检察长
马文龙　省地矿局局长
饶南湖　省有色地质局局长
王卫国　省测绘地信局局长
卢映祥　省地质调查局局长
陈　钢　省公路局局长
王源明　省煤田地质局局长
王卫斌　省林科院院长
周　凯　云南机场集团有限责任公司董事长
周　荣　中国铁路昆明局集团有限公司董事长
唐新民　省税务局局长
康　川　昆明海关关长
王　彬　省地震局局长
程建刚　省气象局局长
黄锦生　云南煤监局局长
唐芳林　国家林业局昆明勘察设计院院长
吴　灵　国家林业局南方航空护林总站总站长
李　波　人民银行昆明中心支行行长
程　铿　云南银监局局长
林　林　云南证监局局长
曹光中　云南保监局局长
张伟成　中国石化销售有限公司云南石油分公司总经理
赵剑春　中国石油云南销售公司总经理
金彦江　中国石油云南石化有限公司总经理
胡飞跃　核工业云南矿冶局局长
汤寿泉　云南电网公司总经理

二、工作机构

领导小组下设九大高原湖泊保护治理、以长江为重点的六大水系保护修复、水源地保护、城市黑臭水体治理、农业农村污染治理、生态保护修复、固体废物污染治理、柴油货车污染治理等8个标志性战役专项小组和领导小组办公室。

（一）8个标志性战役专项小组

1. 九大高原湖泊保护治理攻坚战专项小组组长由和良辉兼任，办公室设在省水利厅，由省水利厅牵头协调有关工作。

2. 以长江为重点的六大水系保护修复攻坚战专项小组组长由和良辉兼任，办公室设在省水利厅，由省水利厅牵头协调有关工作。

3. 水源地保护攻坚战专项小组组长由王显刚兼任，办公室设在省环境保护厅，由省环境保护厅牵头协调有关工作。

4. 城市黑臭水体治理攻坚战专项小组组长由张国华兼任，办公室设在省住房城乡建设厅，由省住房城乡建设厅牵头协调有关工作。

5. 农业农村污染治理攻坚战专项小组组长由陈舜兼任，办公室设在省农业厅，由省农业厅牵头协调有关工作。

6. 生态保护修复攻坚战专项小组组长由陈舜兼任，办公室设在省林业厅，由省林业厅牵头协调有关工作。

7. 固体废物污染治理攻坚战专项小组组长由王显刚兼任，办公室设在省环境保护厅，由省环境保护厅牵头协调有关工作。

8. 柴油货车污染治理攻坚战专项小组组长由王显刚兼任，办公室设在省交通运输厅，由省交通运输厅牵头协调有关工作。

（二）领导小组办公室

领导小组办公室设在省环境保护厅，办公室主任由张纪华兼任。

三、主要职责

领导小组主要职责：贯彻落实党中央、国务院和省委、省政府的决策部署；全面组织领导和部署安排打好污染防治攻坚战各项工作；研究重大政策措施，协调解决工作中的重大问题。

各专项小组主要职责：贯彻落实领导小组议定事项；制定 8 个标志性战役作战方案并组织实施，督促指导各地、有关部门打好标志性战役；协调解决工作中的重要问题。

领导小组办公室主要职责：负责领导小组日常工作；协调领导小组各成员单位开展污染防治有关工作，督促落实领导小组议定事项；提出打好污染防治攻坚战责任清单、工作成效考核办法建议；完成领导小组交办的其他工作。

四、工作机制

（一）会议机制

领导小组每 2 个月召开 1 次会议，研究工作推进情况，部署安排下一阶段工作。各专项小组、领导小组办公室每月召开 1 次会议，调度工作进展情况。

（二）信息报送机制

各专项小组办公室每月向领导小组办公室通报 1 次工作进展情况，领导小组办公室总结归纳后及时报告领导小组。

（三）督查机制

省政府督查室会同领导小组办公室、各专项小组办公室定期对各地、有关部门工作推进情况进行督查，及时跟踪问效。

（四）联络员机制

领导小组各成员单位明确 1 名人员为联络员，畅通工作联络渠道。

领导小组成员如有变动，由成员单位相应岗位人员自行递补，报领导小组备案，不再另行发文。

云南省人民政府办公厅

2018 年 8 月 22 日

（此件公开发布）

云南省人民政府办公厅关于促进全域旅游发展的实施意见

各州、市人民政府，省直各委、办、厅、局：

为深入贯彻落实《国务院办公厅关于促进全域旅游发展的指导意见》（国办发〔2018〕15 号）精神，按照“国际化、高端化、特色化、智慧化”的发展目标和“云南只有一个景区，这个景区叫云南”的理念，全面推进“旅游革命”，加快全域旅游发展，实现旅游转型升级，把云南建设成为世界一流旅游目的地，经省人民政府同意，现提出以下意见：

一、打造全域旅游精品

（一）创建一批全域旅游示范区

加强全域旅游示范区创建工作，重点推动实施 50 个国家、省级全域旅游示范区创建。（各州、市人民政府负责；省旅游发展委协调推动）

（二）创建一批高 A 级旅游景区

积极推动全省 5A、4A 级旅游景区创建，到 2020 年，创建 5A 级景区 15 个以上，达到 5A 级创建标准的景区 20 个以上。每个县级全域旅游示范区创建单位至少有 1 个以上 4A 级景区，全省 4A 级以上景区超过 100 个。（各州、市人民政府负责；省旅游发展委协调推动）

（三）建设一批国家、省级旅游度假区

加快推动国家、省级旅游度假区创建工作，到 2020 年，力争国家级旅游度假区达到 10 个，省级旅游度假区达到 40 个。（各州、市人民政府负责；省旅游发展委协调推动）

（四）加快创建一批生态旅游示范区

依托国家、省级自然保护区、风景名胜区、森林公园、国家地质公园、国家湿地公园等资源，科学规划发展生态旅游。到 2020 年，推动创建 20 个以上国家生态旅游示范区、旅游循环经济示范区等特色生态旅游产品。（各州、市人民政府负责；省环境保护厅、林业厅、住房城

乡建设厅、文化厅、旅游发展委协调推动）

（五）打造一批自驾游、徒步精品旅游线路

依托旅游景区、旅游城镇、旅游特色村、旅游公路，围绕全省32条精品自驾旅游线路规划布局，改善道路通达条件，提升通信保障能力，加快推进沿线汽车旅游营地和配套公共服务设施建设，加快构建快行慢游的自驾游、自由行、自助游服务体系。到2020年，建成200个以上不同规模和类型的汽车旅游营地，打造推出20条以上精品徒步旅游线路，投放各类旅游租赁车辆10万辆以上。（各州、市人民政府负责；省工业和信息化委、交通运输厅、旅游发展委，省通信管理局协调推动）

（六）建设一批旅游综合体

推动旅游产业与城市建设融合发展，打造一批休闲度假、会展会议、文化娱乐等不同主题的城市旅游业态集聚区，推动建设20个以上旅游综合体。（各州、市人民政府负责；省发展改革委、住房城乡建设厅、国土资源厅协调推动）

（七）创建一批旅游名镇

加快推进城旅融合，依托特色小镇、康养小镇建设，强化旅游功能、完善旅游设施配套和强化管理服务，重点推动创建100个旅游名镇。（各州、市人民政府负责；省发展改革委、住房城乡建设厅、旅游发展委协调推动）

（八）培育一批新产品新业态

培育建设一批体育旅游、医疗健康、航空旅游、文化旅游等新产品新业态，到2020年，力争建成5个以上国家级体育旅游基地，30个山地运动、水上运动和洞穴探险体育旅游基地，打造10个以上国内知名体育旅游品牌；力争建成20个温泉养生养老度假项目、30个不同类型的养生养老示范项目，10个高端医疗健康项目、30个中医药健康旅游示范项目；推动建设20个通用航空旅游产业基地，形成低空旅游航线30条；重点建设10个以上文化旅游产业园区、主题文化游乐园和红色文化旅游区，打造20条以上民族文化休闲街区。（各州、市人民政府负责；省发展改革委、卫生计生委、体育局、旅游发展委、文化厅、商务厅、民航发展管理局协调推动）

（九）加快边境跨境旅游建设

充分发挥沿边开放区位优势，加快跨境旅游合作区、边境旅游试验区建设，进一步完善21条边境旅游线路基础设施，提升出入境通关服务，加快发展边境旅游；强化资源整合和联合营销，新增一批连接南亚东南亚的边境、跨境旅游产品和线路。到2020年，德宏瑞丽、红河河口、临沧耿马和西双版纳等边境旅游试验区，中老、中缅、中越跨境旅游合作区建设取得实质性进展，打造3条以上在国际市场具有一定影响力的跨境旅游黄金线。（各沿边州、市人民政府负责；省旅游发展委、公安厅、商务厅、外办、昆明海关、省公安边防总队协调推动）

（十）创新开发一批特色旅游商品

积极推动旅游商品与农产品加工、传统工艺美术等深度融合，推动研发一批独具特色的“云南礼物”，培育一批创新能力强、品牌影响力大的旅游商品研发、生产、销售企业，提升旅游商品文化、经济附加值。（各州、市人民政府负责；省旅游发展委、文化厅、工商局、工业和信息化委、质监局、农业厅、商务厅、食品药品监管局协调推动）

（十一）大力发展精品节庆、演艺、会展旅游产品

重点培育10个国内一流、国际知名的旅游节庆品牌，20个云南特色节庆活动，10个以上精品演艺品牌；积极争取在云南举办有重大影响力的国际性、国家级大型活动，办好中国（昆明）国际旅游交易会、中国—南亚博览会等国际、国内重要展会；支持西双版纳、德宏、红河、保山等沿边州、市面向周边国家发展会展旅游产品，支持重点旅游城市发展商务会议旅游产品。策划推出一批参与性强、市场认可度高的夜间旅游演艺、文化娱乐活动，推动夜间旅游观光项目建设和产品开发，丰富夜间旅游文化活动。（各州、市人民政府负责；省旅游发展委、文化厅、商务厅，云南国际博览事务局协调推动）

二、大力发展乡村旅游

（十二）推进旅游扶贫和旅游富民

推进旅游与脱贫攻坚、乡村振兴深度融合，重点推动建设怒江全域旅游扶贫示范州、20个旅游扶贫示范县、30个旅游扶贫示范乡镇、500个旅游扶贫示范村；培育10000户旅游扶贫示范户，到2020年，综合带动80万贫困人口增收脱贫。（各州、市人民政府负责；省旅游发展委、扶贫办协调推动）

（十三）创建一批旅游名村

优选一批旅游资源禀赋高、交通便捷、公共服务设施较为完善的自然村，突出乡村观光体验、休闲度假功能，加快旅游名村创建。到2020年，创建200个产业兴旺、生态宜居、乡风文明、治理有效、生活富裕的省级旅游名村。（各州、市人民政府负责；省农业厅、旅游发展委、民族宗教委、住房城乡建设厅协调推动）

（十四）建设一批花田（农业）旅游示范基地

借鉴国际花田（农业）旅游发展经验和做法，积极推进农旅融合，建设一批乡村营地、乡村公园、艺术村、文化创意农园、农家乐、研学旅游基地等，重点创建30个花田（农业）旅游示范基地。（各州、市人民政府负责；省农业厅、文化厅、旅游发展委协调推动）

（十五）建设一批旅游生态农庄

结合现代农业庄园发展，完善旅游接待服务设施，拓展旅游功能，推动建设100个以上农事体验、田园风光、农产品采摘、文化体验等类型的旅游生态农庄。（各州、市人民政府负责；省农业厅、文化厅、旅游发展委协调推动）

（十六）培育一批特色民宿客栈

突出云南特色，打造精品民宿品牌，发展生态、文化、休闲度假等主题民宿，重点培育一批品牌乡村精品民宿。（各州、市人民政府负责；省商务厅、旅游发展委协调推动）

（十七）创建一批星级农家乐

推动10000个农家乐提升改造，新增5000个以上农家乐。开展星级农家乐创建，到2020年，全省星级农家乐达到10000个以上。（各州、市人民政府负责；省农业厅、旅游发展委协调推动）

（十八）培育一批乡村旅游示范户

以特色餐饮、休闲度假、农事体验等为特色，发展一批农家乐、旅游生态农庄、乡村客栈等乡村旅游业态，开发生产手工艺品、农特产品等乡村特色旅游商品，到2020年，培育10000户乡村旅游示范户。（各州、市人民政府负责；省农业厅、旅游发展委协调推动）

三、完善旅游公共服务基础设施

（十九）构建全域旅游交通体系

加快推进连接全省旅游度假区、旅游景区、旅游名镇、旅游名村的旅游公路和环线建设，开通主要景区的旅游专线、打通景区之间连接公路和旅游环线，到2020年，通往全省4A级以上旅游景区连接公路基本达到二级公路及以上水平。推动开辟更多通往南亚东南亚、欧美澳非主要城市和成熟客源地、目的地的航线。完善省内旅游环飞航线，构建覆盖全省主要旅游目的地和集散地的通用通勤航空网络。加强城市与景区之间交通设施建设和运输组织，加快实现从机场、车站、码头到主要景区公共交通的无缝对接。积极推进一批航运设施建设，稳步适度发展水上旅游，推动旅游线路的全域串联，全面提升旅游通达能力。（各州、市人民政府负责；省发展改革委、交通运输厅、民航发展管理局协调推动）

（二十）提升公路服务区旅游功能

加快推进全省高速公路、国道省道、旅游专线公路和景区连接道路等服务区改造提升，规划建设一批观景台、汽车营地、餐饮购物等设施，完善旅游服务功能，提升服务水平。到2020年，实现10个以上高速公路服务区进入全国百佳示范服务区，50个进入全国优秀服务区行列。（省交通运输厅负责；省商务厅、旅游发展委，省通信管理局，各州、市人民政府配合）

（二十一）持续推进“厕所革命”

到2020年，在全省主要旅游城市（城镇）、游客聚集公共区域、主要乡村旅游点、旅游小镇、旅游景区景点、旅游度假区、旅游综合体、旅游交通沿线新建、改建旅游厕所3400座以上，全面实现旅游厕所“数量充足、质量达标、全域覆盖、管理有效、免费开放”的建设管理目标。（各州、市人民政府负责；省住房城乡建设厅、旅游发展委、交通运输厅、商务厅协调推动）

（二十二）加快停车场、旅游标识、无障碍设施建设

围绕旅游目的地、集散地、旅游线路等，加快停车场、旅游标识等配套公共服务设施建设。建设完善机场、车站、码头、景区景点、宾馆饭店等游客主要集散区域无障碍设施。（各州、市人民政府负责；省住房城乡建设厅、交通运输厅、商务厅、旅游发展委协调推动）

（二十三）完善旅游集散与咨询服务体系

在中心城市和重点旅游城市建设25个一级游客服务中心，在重点旅游城镇建设88个二级游客中心，推动景区游客中心改造提升，推进重点旅游村配套建设游客服务点，在商业街区、交通枢纽等游客集聚区分级设立旅游咨询服务中心或旅游咨询点。到2020年，形成以一级游客服务中心为核心，延伸至各主要旅游目的地的游客集散与咨询服务体系。（各州、市人民政府负责；省旅游发展委、住房城乡建设厅、交通运输厅、商务厅协调推动）

（二十四）推进公共休闲设施建设

鼓励中心城市和旅游城市规划建设环城市游憩带、休闲街区、城市绿道、慢行系统、休闲广场等，推动主要旅游目的地规划建设符合国际标准的旅游绿道、骑行专线、登山步道、慢行步道等旅游休闲设施，形成较为完善的“居民休闲、游客分享”公共休闲设施体系。（各州、市人民政府负责；省住房城乡建设厅、

体育局、文化厅、旅游发展委协调推动）

四、提升旅游品质

（二十五）加快旅游标准体系建设

参照国际先进经验，制定完善旅游产品业态、旅游要素设施、旅游公共服务、生产运营管理、市场监督管理等领域的“云南标准”。鼓励支持行业协会、商会、旅游企业、研究机构参与国际、国家标准化研究、制定，推动云南旅游标准上升为行业标准和国家标准，提升“云南标准”的影响力。（省旅游发展委、质监局负责标准制定，各州、市人民政府负责实施）

（二十六）构建旅游服务评价体系

坚持“游客为本”导向，建立由政府评价、专业评价、游客评价构成的旅游服务评价体系，实施旅游服务质量标杆引领计划和服务承诺制度，建立优质旅游服务商名录，创建优质旅游服务品牌，提升云南旅游品质。（各州、市人民政府负责；省直有关部门协调推动）

（二十七）提升标准化管理水平

积极推动国家、省级旅游标准化试点单位创建，推动旅游景区A级创建、旅游接待设施评级、旅游企业品牌创建，推行旅游饭店、旅游景区、旅游交通、旅行社等有关行业的国际服务标准、国际质量认证、国家标准和行业标准，规范服务设施、公共标识系统等外语环境建设，促进旅游经营管理、服务设施和服务标准与国际接轨。（各州、市人民政府负责；省旅游发展委、质监局协调推动）

（二十八）培育壮大市场主体

加快培育和引进一批实力雄厚、善于经营、社会责任感强的企业集团和投资机构，在全省重点打造10个以上综合型龙头旅游企业集团，培育100个以上旅游运输、旅行社、旅游景区、旅游商品生产、购物等专业型骨干旅游企业，优选培育1000个以上成长型旅游中小企业，形成以旅游骨干企业为龙头、大中小旅游企业协调发展的格局。（各州、市人民政府负责；省招商合作局、国资委、交通运输厅、商务厅、工业和信息化委、旅游发展委协调推动）

（二十九）提升旅游智慧化水平

以“一部手机游云南”建设为抓手，加快推进智慧景区、智慧厕所、智慧停车场、高速公路无感支付等旅游公共服务设施智慧化建设，加快推动旅游资源、产品、企业等旅游全要素上线，为游客提供高效便捷、权威诚信的智慧化服务。构建旅游投诉快速处置机制，为游客提供更为便捷有效的投诉受理服务。创新旅游网络营销模式，构建跨区域、跨平台、跨网络、跨终端的智慧旅游网络营销体系。尽快实现全省范围4G网络全覆盖，主要旅游目的地、重点旅游集散地、主要涉旅场所WIFI全覆盖。（各州、市人民政府负责；省旅游发展委、住房城乡建设厅、交通运输厅、工业和信息化委，省通信管理局协调推进）

五、加强全域旅游监管

（三十）强化旅游市场监管

坚持依法治旅、依法兴旅、依法行政，严格执行《中华人民共和国旅游法》《云南省旅游条例》等法律法规，把旅游市场环境治理纳入社会综合治理范畴，加强地区间、部门间、行业间的联动配合。强化属地管理，按照“1+3+ N +1”旅游市场综合监管模式，加快构建全省旅游市场统一监管、分级负责的指挥调度体系，强化工商和市场监管部门旅游市场执法队伍、旅游警察队伍、旅游巡回法庭建设，发挥涉旅部门专业监管和执法作用，强化旅游执法质监队伍建设，建立旅游监管履职监察机制。严厉打击涉旅违法犯罪行为，持续保持高压态势，依法加强行政执法与刑事司法相衔接，对行政执法中发现的强迫消费、商业贿赂、欺诈消费、偷税漏税等涉嫌构成犯罪的行为，及时移交司法机关依法处理。强化旅游综合监管考核。（各州、市人民政府负责；省法院，省旅游发展委、公安厅、工商局、质监局、物价局、省税务局协调推动）

（三十一）强化旅游安全保障

按照谁主管谁负责的原则，落实安全监管职责，加强旅游安全制度建设，开展旅游风险评估，建立安全风险管控、隐患排查长效机制。进一步健全完善各项安全应急预案，定期组织开展应急培训和演练，建立健全政府救助与商业救助相结合的旅游安全救援体系。加强景区最大承载量管理、重点时段游客量调控和应急管理；加强对客运索道、游乐设施以及旅游客运、旅游道路、旅游节庆活动等重点领域、重点环节的安全监管。（各州、市人民政府负责；省质监局、安全监管局、旅游发展委协调推动）

（三十二）强化旅游行业自律

深化旅游行业协会改革，充分发挥行业协会在推进旅游产业转型升级、规范旅游市场秩序、促进旅游行业诚信自律建设中的积极作用；坚持行业协会改革与政府职能转变相协调，培育发展与规范管理并重，改革与建设相一致，强化立法保障，加快政府职能转移，发挥协会联系政府部门、服务会员、推进行业自律的优势功能，建立结构合理、功能完善、竞争有序、诚信自律、充满活力的旅游行业协会体系，促进旅游

产业健康有序规范发展。（各州、市人民政府负责；省旅游发展委、民政厅、工商局协调推动）

（三十三）加强导游管理

加强导游队伍建设和权益保护，指导督促用人单位依法依规与导游签订劳动合同，落实导游薪酬和社会保险制度，明确用人单位和导游的权利义务，构建和谐稳定的劳动关系。创新导游激励机制，增强导游执业荣誉感，切实提升导游服务质量。全面推行导游人员服务质量综合评价办法，提升导游人员素质能力和诚信水平。（各州、市人民政府负责；省旅游发展委、人力资源社会保障厅协调推动）

六、推进旅游共建共享

（三十四）加强旅游资源环境保护

积极推动旅游发展生态化和生态建设旅游化，突出规划控制、空间管控，以生态保护红线、环境质量底线、资源利用上线和环境准入负面清单约束旅游开发建设的空间布局和开发强度。大力推进低碳旅游和旅游业节能减排，创新生态开发模式，因地制宜开发类型多样的生态旅游产品。完善生态旅游社区参与机制，加强生态旅游教育培训，提升社区居民素质和从业技能，促进生态环境保护和旅游融合发展。（各州、市人民政府负责；省环境保护厅、林业厅、住房城乡建设厅、旅游发展委协调推动）

（三十五）推进全域旅游环境整治

以主要旅游城市、旅游乡镇、旅游村为重点，加强生态环境绿化美化和景观提升，开展主要旅游交通沿线风貌整治，推进旅游村“三改一整理”（改厨、改厕、改客房、整理院落）行动和垃圾无害化、生态化处理，全面优化旅游环境。（各州、市人民政府负责；省住房城乡建设厅、交通运输厅、林业厅、环境保护厅、旅游发展委协调推动）

（三十六）实施旅游惠民工程

完善国有景区门票价格形成机制，大幅降低重点国有景区门票及景区内索道、接驳车船价格。落实带薪休假制度，释放旅游消费潜力。推动博物馆、纪念馆、爱国主义教育示范基地、美术馆、公共图书馆、文化馆、科技馆等免费开放。制定针对特殊人群、特殊时段的旅游价格优惠政策，推出更多旅游惠民措施。（省发展改革委负责；省旅游发展委、财政厅、文化厅、科技厅、民政厅，各州、市人民政府协调推动）

（三十七）营造良好社会环境

加强全域旅游发展宣传动员，营造各地、有关部门和全社会广泛参与的全域旅游发展格局。强化居民参与意识、形象意识和责任意识教育，形成“处处都是旅游环境，人人都是旅游形象”的全域旅游共建氛围。加强游客教育引导，倡导文明旅游。组织开展志愿服务公益活动，提供文明引导、信息咨询等服务。（各州、市人民政府负责；省旅游发展委，团省委协调推动）

七、强化政策支持

（三十八）加强规划引领

各地要将全域旅游发展与经济社会发展、城乡建设、土地利用、基础设施建设、生态环境保护、乡村振兴等规划相衔接，编制全域旅游发展规划和创建工作方案，制定旅游公共服务、营销推广、市场治理、重点项目等专项规划或行动计划。建立规划评估与实施督导机制，提升旅游规划实施效果。（各州、市人民政府负责；省旅游发展委、发展改革委、住房城乡建设厅、农业厅、林业厅、国土资源厅、环境保护厅协调推动）

（三十九）加大财政金融支持

积极争取国家财政资金和政策性银行贷款支持，协调金融机构出台支持全域旅游发展的具体措施。制定出台全域旅游发展奖补政策，省财政每年从旅游发展专项资金中安排一定额度的资金，支持全域旅游规划编制、示范创建和公共服务设施建设。各州、市、县、区要加大全域旅游财政支持力度。鼓励有条件的地区通过规范设立产业资金、政府和社会资本合作、特许经营等方式，引导各级各类资金参与支持全域旅游发展。（各州、市人民政府负责；省财政厅、发展改革委、旅游发展委、金融办协调推动）

（四十）强化旅游用地保障

将旅游发展所需用地纳入土地利用总体规划、城乡规划统筹安排，年度土地利用计划适当向旅游倾斜，适度扩大旅游产业用地供给，优先保障旅游重点项目和乡村旅游扶贫项目用地。对符合有关规划的旅游项目，各地应按照项目建设时序，及时安排新增建设用地计划指标，依法办理土地征转手续，组织开展土地供应。依法实行用地分类管理制度，旅游项目中属于永久性设施建设用地的，依法按建设用地管理；属于自然景观用地及农牧渔业种植、养殖用地的，不征收、不转用，按原用途管理；支持使用未利用地、废弃地等建设旅游项目。旅游有关建设项目用地中，用途单一且符合法定划拨范围的，可以划拨方式供应；用途混合且包括经营性用途的，应当采取招标拍卖挂牌方式供应；鼓励以长期租赁、先租后让、租让结合方式供应旅游项目建设用地；农村集体经济组织以外的单位和个人，可依法通过承包经营流转的方式，使用农民集体所有的农用地、未利用地，从事与旅游有关的种植业、林业、畜牧业和渔业生产。支持通过开展城乡建设用地增减挂钩试点，优化农村建设用地布局，建设旅游设施；利用现有文化遗产、大型公共设施、知名院校、科研机构、工矿企业、大型农场开展文化、研学旅游活动，在符合规划、不改变土地用途的前提下，上述机构土地权利人利用现有房产兴办住宿、餐饮等旅游接待设施的，可保持原土地用途、权利类型不变。土地权利人申请办理用地手续的，经批准可以协议方式办理。（各州、市人民政府负责；省国土资源厅、旅游发展委协调推动）

（四十一）实施旅游品牌营销

按照“云南只有一个景区，这个景区叫云南”的全域旅游发展理念，整合宣传、旅游、外事、文化、新闻出版广电等部门和有关企业的宣传资源和渠道，利用微博、微信、移动互联网等新媒体和广播、电视、报纸等传统媒体，打造跨区域、跨平台、跨终端、智慧化、精准化营销体系，形成政府、行业、媒体、公众等共同参与的全域营销机制，形成宣传推广合力，提升“七彩云南·旅游天堂”品牌影响力。（各州、市人民政府负责；省旅游发展委、新闻办、外办、新闻出版广电局、文化厅协调推动）

（四十二）加强旅游人才保障及旅游专业支持

将旅游人才队伍建设纳入重点人才支持计划，加大培养培训力度，深化校企合作，鼓励有条件的地区积极推进涉旅全员培训。加大旅游职业教育发展，优化专业设置，鼓励旅游、规划、建筑、设计、营销等各类专业人才采取到基层挂职等方式帮扶指导全域旅游发展。推动旅游院校、科研单位、旅游规划单位及各类专业规划研究机构服务全域旅游建设。（各州、市人民政府负责；省住房城乡建设厅、旅游发展委、教育厅、人力资源社会保障厅协调推动）

八、强化统筹组织

（四十三）加强组织领导

省旅游产业发展领导小组负责统筹全省全域旅游发展各项工作，加强组织协调、调查研究、跟踪指导，研究解决全域旅游发展的重大问题。各地、有关部门要加强组织领导，牢固树立全局思想，主动整合部门资源，配套完善措施，确保全域旅游发展有序推进。（省旅游发展委牵头；各州、市人民政府，省直有关部门按照职责分工负责）

（四十四）强化绩效考核

将全域旅游发展纳入各级政府年度目标责任制考核。省旅游产业发展领导小组要加强督促检查，对工作突出、成效显著的部门和地区给予表彰，对推进不力的部门和地区进行通报问责。各地要按照年初有计划、年中有检查、年底有考核的总体要求，加强对创建工作的指导和督查，定期汇总情况，及时跟踪问效，及时整改解决存在问题，确保各项工作措施落实到位。（省旅游发展委牵头；各州、市人民政府，省直有关部门按照职责分工负责）

云南省人民政府办公厅

2018年8月27日

（此件公开发布）

云南省人民政府办公厅关于印发云南省加快新能源汽车推广应用工作方案的通知

各州、市人民政府，省直各委、办、厅、局：

《云南省加快新能源汽车推广应用工作方案》已经省人民政府同意，现印发给你们，请认真贯彻执行。

云南省人民政府办公厅

2018年9月5日

（此件公开发布）

云南省加快新能源汽车推广应用工作方案

为深入贯彻落实《国务院关于印发打赢蓝天保卫战三年行动计划的通知》（国发〔2018〕22号）、《国务院办公厅关于加快新能源汽车推广应用的指导意见》（国办发〔2014〕35号）精神，加快云南省新能源汽车推广应用，快速提高新能源汽车保有量，打造好“绿色能源牌”，制定本方案。

一、总体要求

以习近平新时代中国特色社会主义思想为指导，深入贯彻落实党的十九大精神，牢固树立创新、协调、绿色、开放、共享发展理念。突出重点行业领域，通过积极引导新能源汽车私人消费，在政府采购、公共出行、城市物流等公共领域加强推广示范，大力倡导绿色出行，加快完善充电基础设施建设，营造充电便利化环境，激发社会新能源汽车购买热情，促进云南省新能源汽车保有量快速增长，将云南省清洁能源优势转化为经济优势和发展优势，为推动云南省建设成为全国生态文明建设排头兵、中国最美丽省份作出积极贡献。

二、工作目标

2018年全省推广新能源汽车5万辆，使全省新能源汽车保有量占全省汽车总量的1%，达到全国平均水平，充电基础设施满足新能源汽车使用需求。

新能源汽车推广目标。重点围绕私人购车、政府采购、公共出行、城市物流（含邮政，下同）以及旅游等领域，在昆明市、曲靖市、玉溪市、楚雄州、红河州等滇中城市群和重点旅游城市及景区，2018年推广5万辆新能源汽车。其他州、市不下达推广任务，由州、市人民政府结合实际积极推广新能源汽车。

充电基础设施建设目标。按照“桩站先行、适度超前”的原则建设充电基础设施，重点在昆明市、曲靖市、玉溪市、楚雄州、红河州等滇中城市群和旅游城市及景区，加快布局建设充电基础设施，2018年昆明等滇中城市群及城际高速公路新增公共充电桩1.5万个，集中式充电站新增140座以上。其他州、市根据新能源汽车推广情况，积极推进充电基础设施建设。

重点推广和建设区域	2018年推广车辆任务（辆）	2018年新增公共充电桩（个）	2018年新增充电站（座）
昆明市	37000	11000	50
曲靖市	5000	1250	20
玉溪市	3000	900	15
楚雄市	2000	650	10
红河州	3000	900	15
高速公路	–	300	30
全省	50000	15000	140

三、重点任务

（一）积极鼓励私人购买新能源汽车

充分发挥财政补贴、税费优惠、通行优先等政策的引导作用，积极鼓励私人购买新能源汽车。加快推进充电便利化，着力解决私人购买和使用新能源汽车过程中充电难、充电贵等问题。支持省内产品影响力较强的重点车企（经销商）和主要充电设施建设运营商开展新能源汽车体验活动，加强对产品和服务的宣传，提升企业产品知名度和售后服务水平，探索以租代售、经营性租赁等新型商业模式，为私人购买新能源汽车提供整体解决方案，调动公众购买热情。鼓励州、市人民政府结合本地特点，配套出台政策措施，推动私人领域购买新能源汽车。（责任单位：各州、市人民政府，省财政厅、工业和信息化委、能源局、国资委）

（二）促进重点行业领域和重点州、市新能源汽车推广应用

引导支持市政、公共出行及城市物流等重点行业领域和重点州、市加强与新能源汽车生产企业的供需对接，生产符合市场需求的各类新能源汽车，促进重点行业领域和重点州、市新能源汽车应用。以重点行业领域需求带动，进一步释放省内新能源汽车生产企业产能，提高产品市场占有率。（责任单位：省发展改革委、工业和信息化委、交通运输厅、住房城乡建设厅，省邮政管理局，省能源投资集团有限公司，各州、市人民政府）

（三）公共机构带头推广新能源汽车

新增一般公务用车、特定业务用车和固定区域内执法执勤用车，除新能源汽车不能满足功能需要以外，全部采购和使用新能源汽车。新增和更新垃圾清运、道路维护等市政工程用车，全部采购新能源汽车。（责任单位：各州、市人民政府，省住房城乡建设厅、交通运输厅）

（四）扩大公共领域新能源汽车应用规模

1. 全面推进城市公交车、旅游客车、出租车电动化。各地新增或更新城市公交车、巡游出租车中，新能源汽车比例昆明市不低于80%，曲靖、玉溪、楚雄、红河等4个州、市不低于60%。鼓励旅游景区和重点旅游线路新增的营运车辆逐步更新为新能源汽车。（责任单位：各州、市人民政府，省交通运输厅、旅游发展委）

2. 大力推进城市配送领域使用新能源汽车。各地新增或更新城市物流车中，新能源汽车比例昆明市不低于80%，曲靖、玉溪、楚雄、红河等4个州、市不低于60%。（责任单位：各州、市人民政府，省邮政管理局，省交通运输厅）

3. 积极支持公共出行选择新能源汽车。支持各类社会资本进入网约车、租赁等城市共享新能源汽车领域，同步建设智能车联网，实现停车位（桩）智能互动，提升城市交通服务水平。在重点旅游线路、重点景区和主要旅游集散地，引进纯电动分时租赁汽车，打造“一部手机游云南”绿色出行版。（责任单位：省交通运输厅、工业和信息化委、旅游发展委，各州、市人民政府）

（五）鼓励老旧车辆更新为新能源汽车

全面限制黄标车上路，强力淘汰黄标车，确保年底前完成黄标车淘汰任务。加强新能源汽车政策宣传和服务，积极引导淘汰报废的老旧车辆更新为新能源汽车。鼓励州、市研究出台政策，推动市民提前报废老旧车辆并购买新能源汽车。（责任单位：省公安厅、工业和信息化委、交通运输厅、环境保护厅，各州、市人民政府）

（六）建设新能源汽车配套充电设施

将充电基础设施建设用地纳入城乡建设规划，优先统筹解决公共充电设施新增土地利用计划指标，将充电基础设施建设纳入建设用地规划条件，鼓励各地划拨部分土地建设示范充电站。完善全省充电基础设施配套电网建设与改造规划，加强电网接入服务，优先满足公共桩建设电力接入需求。进一步简化现有建设用地改造、加装、新建充电设施的审批手续。支持省内有实力的国有企业带头示范，引进省外资本和技术，带动各类社会资本参与，重点围绕公共充电服务领域，加快推进城区、居民小区、高速公路、景区等停车服务区域的充电基础设施建设。将全省公共充电设施纳入统一监控，推动省内充电基础设施互联互通，实现全省公共充电设施建设标准化、收费规范化、服务智能化。（责任单位：省能源局、国土资源厅、国资委，云南电网公司，省交通投资建设集团有限公司、省能源投资集团有限公司，各州、市人民政府）

四、政策措施

（一）实施新能源汽车财政补贴政策

省财政按照中央财政同期补贴标准，对省内上牌的新能源汽车配套补贴25%，州、市财政再配套补贴25%。对公共充电桩按直流桩500元/千瓦、交流桩200元/千瓦进行补贴，省财政和州、市财政各补贴50%。（责任单位：省财政厅、工业和信息化委、能源局，各州、市人民政府）

（二）落实新能源汽车税费优惠政策

全面落实国家对新能源汽车的购置税、车船使用税减免政策。（责任单位：省税务局、省公安厅，各州、市人民政府）

（三）推行新能源汽车差异化交通管理

鼓励州、市人民政府结合实际研究制定新能源汽车差异化交通管理政策，交通高峰期间允许新能源汽车使用城市公交车道，放开新能源物流车进城限制；各地在制定汽车限行、限购等交通管理政策时，新能源汽车不受限制；在不妨碍交通的情况下，鼓励有条件的城市利用空闲道路资源规划停车位，专门用于新能源汽车充电、停放或限定时段停放；2020年底前，国有资本管理的停车场对新能源汽车2小时内免收停车费。（责任单位：各州、市人民政府，省公安厅、国资委）

（四）实行新能源汽车充电价格优惠政策

全面执行国家和省、州市对新能源汽车的充电基础设施电价政策。进一步规范全省充电服务价格，2020年底前，经营性充（换）电站向用户收取的充电服务费不超过0.8元/度。鼓励州、市人民政府出台支持充电服务企业加快充电设施建设政策，采取多种措施降低企业建设和运营成本。鼓励具备条件的政府部门及公共机构对内部车辆及职工购买的新能源汽车实行免费充电。（责任单位：省物价局、能源局，各州、市人民政府）

五、组织保障

（一）加强组织领导

成立以省长为组长、常务副省长和分管副省长为副组长，省发展改革、工业和信息化、财政、科技、公安、交通运输、住房城乡建设、环境保护、能源、旅游发展、物价等部门及有关国有企业为成员的省新能源汽车产业发展工作领导小组（以下简称领导小组），领导小组下设办公室在省工业和信息化委，统筹推进云南省新能源汽车产业发展和推广应用各项工作。各州、市也要建立由州、市人民政府主要负责同志牵头、各职能部门参与的新能源汽车推广应用工作协调机制。

（二）落实工作责任

省工业和信息化委要发挥牵头统筹作用，省能源局要牵头做好充电基础设施建设工作，省财政、交通运输、住房城乡建设、公安、物价等部门要根据职责细化工作实施方案，主动作为，加强协作，确保完成新能源汽车推广应用和充电设施建设目标任务。各州、市人民政府要切实履行主体责任，充分发挥主体作用，明确牵头部门，制定实施方案，细化支持政策和配套措施，狠抓工作落实。

（三）加强督促检查

建立新能源汽车推广应用和充电设施建设情况报告制度，各州、市人民政府和省直有关部门要将工作情况定期报送领导小组办公室，各州、市工作方案及时报省人民政府。建立新能源汽车产业发展督导机制，省政府督查室要加强工作指导和督促检查，领导小组组织开展专项督导，确保国家和云南省有关扶持政策落到实处。建立新能源汽车发展考核评价机制，将新能源汽车推广应用、充电基础设施建设等工作有关指标纳入省级综合考核，制定完善奖惩措施，对工作推动扎实、成效显著的地区，给予政策倾斜；对工作推动不力、进展缓慢的按照有关规定追究责任。

（四）加强宣传引导

省直有关部门、各级政府、行业机构、市场主体要采取互联网、广播、电视等多种形式，加大政策宣传力度，开展多层次、多样化的宣传活动，充分发挥媒体舆论导向作用，提高社会对新能源汽车的认知度，进一步优化云南省新能源汽车使用环境，形成有利于新能源汽车消费的良好社会氛围。

云南省人民政府办公厅关于印发云南省深入实施兴边富民工程改善沿边群众生产生活条件三年行动计划（2018 ~ 2020年）的通知

各州、市人民政府，省直各委、办、厅、局：

《云南省深入实施兴边富民工程改善沿边群众生产生活条件三年行动计划（2018 ~ 2020年）》已经省人民政府同意，现印发给你们，请认真贯彻落实。

云南省人民政府办公厅
2018年9月13日

（此件公开发布）

云南省深入实施兴边富民工程改善沿边群众生产生活条件三年行动计划（2018 ~ 2020 年）

前言

2015 年，省委、省政府制定实施《云南省深入实施兴边富民工程改善沿边群众生产生活条件三年行动计划（2015 ~ 2017 年）》，对抵边的 373 个行政村（社区）进行综合扶持，边民生产生活条件大幅改善，沿边各族群众凝聚力和向心力显著增强。但受特殊的历史、地理和复杂的周边环境等因素影响，沿边一线发展滞后，依然是全省脱贫攻坚、乡村振兴、美丽云南建设的重点和难点地区之一。

为贯彻落实习近平总书记在云南考察时要求云南“主动服务和融入国家发展战略，闯出一条跨越式发展的路子来，努力成为中国民族团结进步示范区、生态文明建设排头兵、面向南亚东南亚辐射中心”的重要指示精神，按照党中央加大对边民支持力度促进守边固边的部署，以及《国务院办公厅关于印发兴边富民行动“十三五”规划的通知》（国办发〔2017〕50 号）和《云南省人民政府关于印发云南省兴边富民工程“十三五”规划的通知》（云政发〔2017〕25 号）要求，以沿边乡镇为范围，以沿边城镇化为重点，制定新一轮兴边富民工程改善沿边群众生产生活条件三年行动计划，既是云南省沿边地区发展实际需要，也是国家稳边固边需要，是云南主动服务和融入国家发展战略的重要举措，具有重大的政治意义。

一、总体要求

（一）总体思路

以习近平新时代中国特色社会主义思想为指导，深入贯彻落实党的十九大精神和习近平总书记考察云南重要讲话精神，坚持改善沿边群众生产生活条件与精准脱贫攻坚、民族团结进步、乡村振兴、美丽云南建设、稳边固边相结合，进一步加强沿边地区发展的整体性、协同性、精准性，围绕兴城镇、夯基础、强产业、惠民生、促开放、固边境实施六大任务和工程，增强沿边小城镇辐射带动作用，强化基础设施保障，夯实产业发展基础，提高基本公共服务水平，促进沿边各族群众增收致富，增强群众的获得感、幸福感，使边民留得住、早脱贫、富起来，打好守边强基攻坚战，确保沿边一线与全国全省同步全面建成小康社会，使沿边地区在新时代更有新气象。

（二）基本原则

——政府主导，整体推进。各级党委和政府要切实履行主体责任，加强领导，加大投入力度，动员社会各界积极参与，引导边民自力更生、艰苦奋斗，形成合力，共同建设美好家园。

——加强统筹，协同实施。用好存量政策，创新资金整合使用方式，积极争取国家支持，加大资金投入力度，确保政策向沿边一线倾斜、项目向沿边一线靠拢、资金向沿边一线集聚。

——补齐短板，精准发力。解决边民最关心、最直接、最现实的生产生活问题，查缺补漏，补齐短板，加强民生保障，提升城镇和小集镇辐射带动能力，全面改善边民生产生活条件。

——持续发展，稳边固边。促进沿边一线经济社会持续发展，增强边民守土固边的责任感、自豪感和自信心，激发内生发展动力，增强兴边富民辐射作用，增进睦邻友好，助推云南沿边开发开放新高地建设。

（三）实施范围

本行动计划实施范围为保山、红河、文山、普洱、西双版纳、德宏、怒江、临沧等 8 个州市 25 个边境县市的 110 个沿边乡镇 878 个行政村（社区）和 19 个沿边农场，覆盖 9424 个自然村，59.4 万户、235.6 万人。

（四）建设目标

——城镇建设。以距国境线 3 千米以内的 21 个乡镇政府所在地（非县政府所在地）、9 个抵边口岸城镇（除非国境线、县乡政府所在地、与抵边乡镇重合的口岸外）和 18 个常住居民 3000 人以上或 600 户以上的抵边小集镇为重点，巩固提升基础设施、公共服务、特色产业等。到 2020 年，城镇功能更加完备，辐射带动能力进一步增强，成为边民就地就近创业和就业、产业发展和商品流通、守土固边和睦邻友好的支点。

沿边城镇建设主要指导性指标

序号	指标内容（%）	2020 年
1	城镇人口占总人口比例	30
2	镇区生活垃圾处理设施覆盖率	100
3	镇区生活污水处理设施覆盖率	100
4	镇区自来水供水设施覆盖率	100
5	有文化活动广场	100
6	镇区道路硬化率	100
7	集镇通四级以上公路	100
8	集贸市场普及率	100
9	小镇光纤网络覆盖率	100
10	学校达标率	100
11	卫生院达标率	100
12	幼儿园达标率	90

——村寨建设。按照“五通八有三达到”目标，对 373 个抵边行政村（社区）、19 个沿边农场进行巩固提升，对 505 个非抵边行政村（社区）按照“缺什么补什么”原则进行建设。到 2020 年，沿边建档立卡贫困户精准脱贫，农村常住居民人均可支配收入增幅达到全县平均水平，交通出行、饮水安全等基础设施进一步改善，特色产业促进就业和增收能力进一步增强，沿边一线行政村（社区）全部实现“五通八有三达到”目标。

沿边一线行政村（社区）群众生产生活条件改善指导性指标

分类	序号	指标内容（%）	2020 年
五通	1	通路：20 户以上自然村通村道路硬化	80
	2	通电：自然村农网完成改造升级，群众生产生活用电有保障	100
	3	通水：采取集中式或分散式供水，集中供水率	85 以上
	4	通广播电视：广播电视进村（社区）	100
	5	通电话、4G 网络：自然村通电话、网络	100
八有	6	村（居）委会有合格村级组织活动场所	100
	7	村（居）委会有标准卫生室	100
	8	垃圾有效治理率	95 以上
	9	4 类重点对象有安全稳固住房	100
	10	人均有 1 亩高稳产农田地	80
	11	人均有 1 亩经济作物或经济林果	100
	12	人均每年出栏 1 头牲畜	90
	13	每个劳动力掌握 1 门实用技术	100
	14	行政村（社区）综合贫困发生率	低于 3
三达到	15	农村常住居民人均可支配收入	增福达到或超过所在县、市平均水平
	16	基本公共服务水平	达到或超过所在县、市平均水平

二、主要任务和重点工程

（一）支持沿边集镇建设

1. 优化城镇发展布局和形态。加快抵边乡村建设规划编制，统筹落实乡村建设规划目标、乡村用地、乡村重要设施、乡村风貌、农房建设管理、村庄整治等任务。打造一批休闲旅游、商贸物流、民族文化、民族风情等服务农村、带动周边的特色抵边乡镇。发展一批具备一定人口规模和集市功能、交通便利，且周边 10 千米范围内无城镇的特色小集镇。

2. 增强城镇市政功能和产业支撑。完善抵边乡镇基础设施和基本公共服务设施，提升综合配套服务能力，打造宜居宜业环境。推动村镇建设与特色优势产业发展相结合，因地制宜发展旅游、商贸、物流、文化、加工等产业。

（二）加强基础设施建设

1. 道路建设。加快通村路、巡逻路、产业路、旅游路建设，推进抵边自然村通硬化路建设，到2020年末完成沿边一线20户以上自然村通硬化路目标。实施沿边一线危桥改造、县乡道改造、窄路面公路扩宽改造、县乡客运站改造等工程，力争边境乡镇公路达到四级公路标准。

2. 电网改造。加快沿边一线电网改造升级工程建设，进一步提高农村地区供电可靠率和综合电压合格率，提升沿边一线电力服务质量和水平。贯彻落实《云南省城乡居民生活用能实施电能替代价格方案》，实施以电代柴，逐步实现农村家庭电气化。

3. 水利建设。加快水源建设，实施高效节水灌溉、山区“五小水利”和农村饮水安全巩固提升等民生水利工程，提高沿边一线农村水利条件。加快边境县、市中小河流治理项目建设。加快建设一批乡镇集中供水工程，对分散供水或水质不达标的供水点实施升级改造。对人口相对密集、距离城镇化供水管网较近的村庄，通过实施扩容改造和管网延伸工程集中供水。

4. 通信网络。加强信息和网络基础设施建设，拓展宽带和4G网络覆盖广度和深度，推进实施边境乡镇行政村（社区）通宽带、自然村和重要交通沿线通信信号覆盖工程。完善边防边控通信设施，提高应急通信保障能力。实现边境乡镇行政村（社区）广播电视网络全覆盖，不断提高农村地区通信接入能力。加强行政村（社区）邮政设施建设，实现建制村100%通邮。

5. 危房改造。鼓励沿边常住居民抵边居住，加快推进沿边一线农村危房改造工程建设，聚焦解决低保户、农村分散供养特困人员、贫困残疾人家庭和建档立卡贫困户等4类重点对象的危房改造问题。按照消除直接危险，同步提高房屋整体强度的要求，科学实施危房改造，确保质量安全。加大力度支持沿边一线公立医疗卫生机构医务人员、乡村学校教师周转房及配套设施建设。

（三）培育特色优势产业

1. 特色优势农业。加强中低产田地改造和高标准农田地建设，大力推进水源（水库）工程建设。推进农产品优势资源开发，大力发展特色种植业。大力发展特色经济林和林下经济，人均建成1亩以上特色高效的经济作物或经济林果。提升沿边特色畜禽和水产养殖产业，人均每年出栏1头以上牲畜。稳步发展农民专业合作组织，巩固壮大农村集体经济。加强农业科技示范建设，实施“互联网＋农村服务”行动，打造世界一流的“绿色食品牌”。

2. 特色加工制造业。培育壮大农林牧产品产地加工，大力发展珠宝玉石、木材、农产品、橡胶等特色资源深加工产业，因地制宜发展轻纺服装、少数民族手工艺品、乡村旅游商品等加工产业，培育带动力强、受益面广的增收致富产业。

3. 特色服务业。打造沿边民族文化品牌，培育一批具有地域特色、民族特色的旅游景区、民宿、乡村生态民俗和特色餐饮，办好民族风情节，大力发展沿边旅游和跨境特色旅游。以重点口岸为依托，支持发展口岸边贸、商贸物流产业。发展农村电商，支持边境地区农产品申报地理标志产品保护，做好产品的宣传推介和品牌打造，形成一批产业电商示范村。

（四）完善基本公共服务

1. 提升基础教育质量。加大对沿边一线农村学前教育的支持力度，实施“一村一幼”“一乡一公办”工程。全面改善沿边地区义务教育薄弱学校基本办学条件，保留抵边自然村小学教学点，加强乡镇寄宿制学校建设。加强沿边一线义务教育师资队伍建设，探索“县管校聘”机制，落实好边境沿线从事教育教学的教师职称评定政策，实施好乡村教师差别化生活补助政策。在不通汉语地区的幼儿园和小学低年级推行双语教育。

2. 完善基本医疗服务。推进边境地区县、乡、村三级医疗机构一体化管理，加强乡镇卫生院、村卫生室的医疗服务能力提升和基础设施建设，每个村（居）委会卫生室不低于60平方米，配备基本药品和医疗设备。协同推进乡镇一级“一站式”即时结算工作。鼓励公共卫生人才向基层流动，培养壮大基层医疗卫生人才队伍，每个村（居）委会有具备相应资质的乡村医生。

3. 推进文化科技兴边。加强沿边一线文化公共设施和服务体系建设，深入实施基层综合文化站建设工程，新建或扩建乡镇综合文化站，实现贫困县村级综合文化站建设全覆盖。培养乡土民族文化能人和民族民间文化传承人。完善沿边农村科技信息服务体系，建设科技活动室，培养当地科技带头人。

4. 提高社会保障水平。提升居家社区和农村养老服务水平，加快沿边乡镇养老中心建设。对低保对象、特困人员、建档立卡贫困人口等困难群众参加城乡居民基本医疗保险的个人缴费给予补贴，实现沿边一线建档立卡人口基本医疗保险、大病保险全覆盖。加大对沿边一线贫困人口临时救助、慈善救助力度。对抵边行政村（社区）内群众购买人身意外伤害险等保险产品给予补助。

5. 促进边民就地就近就业创业。开展沿边群众就业技能培训、岗位技能提升培训和创业培训。着力培养懂农业、爱农村、爱农民的“三农”工作队伍，加强就业援助，对就业困难边民实行分类帮扶，做好零就业家庭帮扶工作。护边员、护林员、外事界务员、联防员等岗位同等条件下优先聘用沿边一线边民。对边民自主创业实行“零成本”注册。

6. 打好沿边深度贫困脱贫攻坚战。围绕“两不愁、三保障”目标，突出守土固边、居边脱贫致富，着力推进易地扶贫搬迁、产业就业扶贫、生态扶贫、健康扶贫、教育扶贫、能力素质提升、农村危房改造、贫困村提升、兜底保障、守边强基等十大工程，加大脱贫攻坚政策措施向沿边贫困地区的倾斜力度，确保沿边贫困村、贫困人口如期脱贫出列。

（五）提升开放活边水平

1. 加强边境互市点、边民集市点建设。加强互市点及其周边基础设施建设，有序推进边民互市点发展升级。鼓励互市点完善“二级市场”，形成专业化的仓储、物流、集散、加工中心。改善边民贸易条件，建设一批边民集市点。探索互助合作社、“边民互市 + 加工”“边民集市 + 加工”等发展模式。

2. 口岸（通道）基础设施建设。加快口岸（通道）和通关便利化基础设施建设，以联检设施、物流仓储、查验货场等为重点，推进新开口岸和重点通道建设，提高管理水平、服务质量和通行效率。重点建设瑞丽、河口、磨憨、猴桥、清水河等一类口岸，继续加大勐满、关累等拟新开口岸建设和木城、龙富等通道建设投入力度。

3. 开发开放平台建设。加强重点开发开放试验区、边（跨）境经济合作区、综合保税区建设。加大招商引资力度，推动一批企业在沿边一线落户发展，按照区位和资源优势，将各类开发开放平台建设成为集加工贸易、特色农产品商品交易、物流仓储、跨境旅游、跨境电子商务等于一体的综合经济功能区。

（六）加强稳边固边建设

1. 民族团结进步示范建设。深入开展爱国主义和民族团结宣传教育，扎实推进民族团结进步示范村、民族团结进步示范户等建设。贯彻党的宗教工作基本方针，引导宗教团体、宗教活动场所和广大信教群众为稳边固边和沿边一线发展服务，鼓励开展和谐寺观创建活动。推进“互联网 + 民族团结”，加大对民族类宣传媒体支持力度。

2. 沿边一线基层治理。发挥基层党组织的战斗堡垒和党员的先锋模范作用，积极引导边民树立爱国爱党守土固边的责任感和荣誉感。配强驻村工作队，发挥其带领群众学习现代生产技能、培养健康文明生活方式的作用。对沿边一线所有行政村（社区）选派第一书记。推进村民小组活动场所建设，确保每个村民小组都有可供使用的活动场所。

3. 社会帮扶协作。鼓励和组织国有企业、民营企业、社会组织、公民个人到沿边地区兴业创业、吸纳就业、捐资助贫，开展各类经济技术交流活动，积极参与沿边一线建设。加强行业扶贫重点帮扶、社会扶贫协同帮扶，发挥沪滇粤滇扶贫协作、中央单位定点扶贫、军队和武警部队参与扶贫的优势，动员社会力量广泛参与，形成资源整合、力量集成的扶贫合力。

4. 生态环境保护。强化沿边一线重点生态建设，加强地质灾害综合防治。实施退耕还林还草工程，实现“应退尽退”。生态管护岗位优先安排沿边一线建档立卡贫困边民，落实好管护任务和补助资金。加强沿边动植物疫病防控，防范动植物疫情跨境传播。加强城乡环境综合整治，加大农业面源污染防治。强化沿边一线环境监管能力建设。

5. 农村环境综合整治。大力治理村庄垃圾，加强垃圾和污水处理等工程建设，完成较大规模非正规垃圾堆放点整治。开展农村公用卫生厕所建设和改造，同步实施厕所污水和粪便治理，厕所污水和粪便得到处理或资源化利用。提升进村入户通达水平，实施村庄建筑风貌整治及亮化美化绿化工程。

6. 平安沿边建设。加强边防信息化建设，加大对边防检查设施和装备的投入力度。建立边民身份认证制度和边民补助动态调整机制，巩固沿边一线群众基础。加强群众性管边队伍建设，落实好护边员、外事界务员等管边护边队伍的经费补助。支持友好村寨建设，加强边民法制宣传，加大对沿边一线反恐、禁毒、打击非法出入境和走私力度。

7. 军警民融合发展。广泛开展爱国守边教育，依托公安边防派出所和边防执勤点、边防哨所、观察站等，建立抵边居民点和生产点，合理布局边境警民服务站。加强军地联合、军民融合，党政军警民合力强边固防，支持边民脱贫增收，防范和打击各类敌对破坏活动及违法犯罪行为。

8. 加强边境沿线边防基础设施建设。加快推进边境沿线的物理隔离设施、智能监控系统、抵边警务室等边防基础设施建设，推动立体化边境防控体系建设，有效维护沿边地区的安全稳定与良好秩序。

以上6项任务38项工程，3年总投入1261090万元。

三、组织实施

（一）加强组织领导

成立云南省深入实施兴边富民工程改善沿边群众生产生活条件三年行动计划工作领导小组，下设办公室在省民族宗教委。成员单位由省直有关部门和中央驻滇有关单位、云南省军区、省公安边防总队组成。领导小组成员单位及时安排部署三年行动计划建设任务，指导和督促边境州、市、县落实到位。边境州、市、县人民政府要进一步完善沿边三年行动计划工作领导小组，确保三年行动计划如期完成。边境县、市人民政府承担主体责任，县、市长为第一责任人，负责行动计划的落实。

（二）加大资金投入

省财政筹措资金支持抵边小城镇、集镇建设，同时积极争取中央财政加大对边境地区财政转移支付力度。省直有关部门将有关工程资金投入任务及时纳入本部门年度计划优先安排。边境州、市、县统筹各级各部门资金，加大对沿边地区支持力度。引导社会资金加大投入，发挥群众建设主体作用，发动边民投工投劳。

（三）健全机制保障

建立工作推进会议制度，省深入实施兴边富民工程改善沿边群众生产生活条件三年行动计划工作领导小组适时召开工作推进会议，领导小组办公室每年定期、不定期召开工作协调会议，部署和推进工作。建立规划先行制度，围绕三年行动计划目标和任务，边境州、市要制定实施意见，边境县、市要制定实施计划，边境乡镇要制定建设规划。完善对口帮扶和社会帮扶机制，深入实施东西部扶贫协作，推动东部地区人才、资金、技术向沿边一线贫困地区倾斜支持。

（四）强化督查考核

省深入实施兴边富民工程改善沿边群众生产生活条件三年行动计划工作领导小组办公室商省政府督查室，负责对行动计划实施情况开展监督检查和考核，每年对省直有关部门和边境州、市、县人民政府任务完成情况进行考核，考核情况专题报告省人民政府，对完不成任务的省直部门和州、市、县人民政府给予通报批评。加强计划年度目标任务完成情况督查，组织开展计划实施情况评估，定期向省人民政府报告。每季 1 通报，每年 1 考核，3 年总考核，确保如期完成三年行动计划确定的目标任务。

云南省人民政府办公厅关于印发云南省开展政策性粮食库存数量和质量大清查工作实施方案的通知

各州、市人民政府，省直各委、办、厅、局：

《云南省开展政策性粮食库存数量和质量大清查工作实施方案》已经省人民政府同意，现印发给你们，请认真贯彻执行。

云南省人民政府办公厅

2018 年 9 月 17 日

（此件公开发布）

云南省开展政策性粮食库存数量和质量大清查工作实施方案

根据《国务院办公厅关于开展全国政策性粮食库存数量和质量大清查的通知》（国办发〔2018〕61号）要求，结合云南省实际，制定本方案。

一、总体要求

（一）指导思想

以习近平新时代中国特色社会主义思想为指导，深入贯彻落实党的十九大精神，认真落实党中央、国务院和省委、省政府决策部署，进一步查清全省政策性粮食库存实底，坚决堵塞漏洞，强化依法治理和责任落实，依法严惩违法违规行为，确保粮食安全。

（二）清查原则

问题导向，底线思维。聚焦政策性粮食库存管理中的突出问题和薄弱环节，切实守住库存粮食数量真实、质量良好、储存安全的底线。

全面清查，突出重点。对纳入清查范围的企业粮食库存，坚持有仓必到、有粮必查、有账必核、查必彻底、全程留痕；突出重点品种、重点区域、重点企业，加大清查力度和重要问题线索核查力度。

完善机制，压实责任。把建立完善长效机制贯穿大清查全过程，落实逐级分工负责制，对检查结果实行责任追究制；认真落实承储企业的主体责任、当地政府的属地管理责任和行政管理部门的监管责任。

（三）清查范围与内容

1. 清查范围。各类企业存储的政策性粮食，以及存储政策性粮食企业的商品粮。政策性粮食包括中央储备粮、最低收购价粮、国家临时存储粮、国家一次性储备粮、地方储备粮等。

2. 清查内容。

库存粮食数量。纳入清查范围的粮食库存实物数量、品种和粮权归属情况，以及不同年份、不同性质、不同品种粮食分仓（货位）储存管理情况。承储企业粮食库存实物与保管账、统计账、会计账、银行资金台账的账实相符、账账相符情况。

库存粮食质量。政策性粮食质量指标、储存品质指标，以及食品安全主要指标。

对企业执行国家粮食收购政策、储备粮轮换管理、政策性粮食库贷挂钩、财政补贴拨付等情况进行同步检查，验证库存粮食的真实可靠性。

二、清查时点、方式及步骤

2019年3月末（统计结报日）为全国统一清查时点。云南省清查工作采取县级和企业自查，州市级全面普查，省级复查等方式开展。同时，积极做好迎接国家抽查有关准备工作。

（一）清查前准备

2019年3月底前，做好粮食库存统计数据分解登统、检查人员动员培训、检查器具配备、文件资料梳理等准备工作。纳入清查范围的各类粮食承储企业要实事求是反映粮食库存情况，对已销售出库的粮食要及时按照规范要求进行账务处理，核减当月统计账，未回笼的销售货款计入相应结算账户，不得以任何理由虚增库存，严禁以虚购虚销方式掩盖亏库。具体要求：

1. 制定工作方案。各州、市要结合自身实际，细化制定大清查工作方案，并于2018年11月底前报省粮食主管部门备案。

2. 开展动员和培训。2019年3月10日前，省粮食主管部门要完成全省大清查工作的动员部署，并对参加省级复查、州市级普查人员进行培训；2019年3月底前，各州、市要完成动员部署，并对参加州市级普查、督导企业进行自查的检查人员进行培训。

3. 做好登统资料准备工作。按照有关程序、时限等要求，中储粮集团云南分公司要提供明细到储存货位的中央储备粮、国家临时存储粮和直属企业库存商品粮统计报表，各类政策性粮食管理文件、制度和规范，以及轮换、销售计划等资料；各级粮食主管部门、承储企业要备齐有关文件、账务和报表资料，提前准备工作底稿，对不规则货位进行形态整理，备齐经质量技术监督部门校正的称重、计量和质量扦样等检查工具；州、市、县、区农业发展银行及分支机构要向同级粮食主管部门提供具体到承贷企业的银行贷款明细和台账资料（分品种、分性质）。

（二）企业自查

2019年4月10日前，各县、市、区要组织督导本行政区域内纳入清查范围的所有政策性粮食承储企业，严格按照大清查各项要求进行自查。中储粮集团云南分公司直属企业对其管理的本库、分库及租赁库点的自查结果进行审核，并报中储粮集团云南分公司备案；省级政策性粮食承储企业对本企业及租赁库点自查结果进行审核，并报省粮食主管部门备案；州市级和县级政策性粮食承储企业对本企业及租赁库点自查结果进行审核，并报上一级粮食主管部门备案。质量检查原则上由企业对库存粮食逐货位自行扦样检验，逐货位建立企业质量档案数据库；企业不具备扦样检验能力的，可委托有资质的专业检验机构派员实施扦样检验。

自查阶段，企业法定代表人是本企业自查的第一责任人，租赁库点的自查结果由承租企业负责。中储粮集团云南分公司直属企业对其管理的本库、分库及租赁库点的自查结果负全责，中储粮集团云南分公司负连带责任；其他政策性粮食承储企业对本企业及租赁库点自查结果负全责，上一级主管单位负连带责任。有关企业要按照要求认真填写各类工作底稿、汇总表格和有关资料，准备与检查当日粮食库存实际情况一致的货位平面图、货位明细表，以及分仓保管账、保管总账、统计报表、会计报表、辅助账表、原始凭证等账务资料，合同、运单、发票等反映粮食出入库业务的凭证，粮食测温、测湿、熏蒸等作业记录，为后续普查、复查、抽查做好准备。

（三）州市普查

2019年5月10日前，各州、市要组织粮食等部门，按照“统一抽调、混合编组、集中培训、综合交叉、本地回避”的原则，择优安排检查人员，分组对本行政区域内纳入清查范围的承储企业库存粮食逐货位进行检查。中储粮集团直属库本库、分库及租赁库点，由中储粮集团云南分公司牵头检查，州、市、县、区有关部门配合。其他承储企业及租赁库点，由州、市统一组织检查，中储粮系统参与配合。普查阶段粮食质量扦样比例按照不低于被检查企业政策性粮食库存数量的10%掌握，并突出对重点品种、重点企业和问题多发地区的质量检查。普查期间要保留完整的工作底稿、原始记录等资料。各州、市于2019年5月20日前将清查结果和工作报告提交省粮食主管部门，同时提交本行政区域内所有政策性粮食承储企业明细到存储货位的粮食数量和质量数据库。

普查阶段，中储粮集团云南分公司牵头的普查组对中储粮集团直属库本库、分库及租赁库点的普查结果负主要责任，中储粮集团云南分公司负连带责任；州、市粮食等部门牵头的普查组对本行政区域内其他政策性粮食承储企业及租赁库点的普查结果负主要责任，州、市人民政府和有关部门负连带责任。

（四）省级复查

2019年6月10日前，省级组织工作组分组对重点地区、重点企业和重点环节进行复查，复查比例为全省纳入检查范围粮食库存总量的30%以上。质量复查的抽样代表数量为被复查企业所承储中央储备粮、国家临时存储粮和地方储备粮库存量的20%以上。复查样品由省级大清查工作机构指定检测单位实行定点检验。2019年7月初，省粮食主管部门要将牵头汇总的清查结果（包括全省所有政策性粮食承储企业明细到存储货位的粮食数量和质量数据库）和草拟的工作报告上报省人民政府，7月底前以省人民政府名义报国家粮食和物资储备局。

复查阶段，实行组长负责制，各组组长对复查结果负责。

（五）迎接国家抽查

国家有关部委将适时派出联合抽查组，采取“四不两直”和“双随机、一公开”方式，对重点地区、重点企业自查和普查情况进行抽查。国家质量抽查扦样比例将按照不低于被抽查企业政策性粮食库存数量的10%掌握，并突出对重点品种、重点企业和问题多发地区的质量检查。省直有关部门和各州、市人民政府要高度重视，精心组织，早做准备，积极配合国家抽查组开展大清查工作。

（六）汇总整改

各地、有关部门要根据大清查结果建立分区域、分品种、分性质的粮食数量和质量状况数据库；对大清查发现的问题，及时督促有关企业和部门狠抓整改落实，建立整改台账，明确整改时限和要求。

三、保障措施

（一）建立协调机制

省人民政府成立由分管副省长任组长，分管副秘书长及省粮食局、中储粮集团云南分公司主要负责同志任副组长，省发展改革委、粮食局、财政厅、农业厅、统计局和农业发展银行云南省分行、中储粮集团云南分公司分管领导为成员的全省政策性粮食库存数量和质量大清查工作领导小组（以下简称领导小组），主要负责按照国务院的统一部署，组织领导全省大清查工作，协调解决重大事项和问题。领导小组下设办公室在省粮食局，主要负责牵头组织实施各项具体工作。各州、市、县、区人民政府要建立由政府分管领导牵头、有关部门和单位参与的大清查工作协调机制，确保大清查工作顺利展开。

（二）创新工作方法

各地要聚焦重点品种、重点区域、重点企业，加大对重要问题线索和涉粮案件的核查力度；加强政策性粮食“三个异常”（交易异常、资金异常、运输异常）监测，拓宽问题线索发现渠道；从严掌握实物库存检查方法，强化对银行信贷和财政补贴资金的账务核查；运用大数据、智能粮库等信息化手段，提高大清查效率；充分发挥“12325”全国粮食流通监管热线作用，建立有奖举报制度，强化社会舆论监督。

（三）严明纪律规矩

各地要选派政治素质高、业务能力强的人员参加大清查工作。检查人员要严格落实中央八项规定及实施细则和云南省实施办法精神，不得参加可能影响大清查工作的任何活动。对违反纪律、不担当、不尽责的，要依法依规严肃查处问责。要履行保密责任，防止发生失泄密事件。

（四）加强案件核查

各地要高度重视大清查期间的举报案件受理、查处工作，建立案件处理有关制度和预案；抽调精干力量，严肃查处涉粮举报案件，做到“有诉必应、有案必查、有查必果、有责必问、有错必纠”；对重大违纪违法案件，要按照有关规定及时移送纪检监察机关和司法机关处理。

（五）落实经费保障

各地、有关部门要按照勤俭节约、降低成本的原则，安排落实大清查工作经费。中央事权粮食库存数量和质量清查工作经费，由中央财政承担。省级大清查工作经费由省财政承担，列入省粮食局部门年度预算。各地发生的大清查工作经费由当地财政列入本级粮食行政管理部门预算予以保障。

（六）注重宣传引导

各地要及时向社会公布大清查的政策规定和方法步骤，提高透明度，鼓励群众参与，接受社会监督。加强舆论宣传，正确引导市场预期，维护社会和谐稳定。

云南省人民政府办公厅关于印发云南省科学数据管理实施细则的通知

各州、市人民政府，省直各委、办、厅、局：

《云南省科学数据管理实施细则》已经省人民政府同意，现印发给你们，请认真贯彻执行。

云南省人民政府办公厅

2018 年 9 月 28 日

（此件公开发布）

云南省科学数据管理实施细则

第一章　总　则

第一条　为贯彻落实《国务院办公厅关于印发科学数据管理办法的通知》（国办发〔2018〕17 号）精神，进一步加强和规范云南省科学数据管理，保障科学数据安全，提高开放共享水平，更好支撑全省科技创新、经济社会发展和国家安全，制定本细则。

第二条　本细则所称科学数据主要包括在自然科学、工程技术科学等领域，通过基础研究、应用研究、试验开发等产生的数据，以及通过观测监测、考察调查、检验检测等方式取得并用于科学研究活动的原始数据及其衍生数据。

第三条　政府预算资金支持开展的科学数据采集生产、加工整理、开放共享和管理使用等活动适用本细则。

任何单位和个人在云南省境内从事科学数据相关活动，符合本细则规定情形的，按照本细则执行。

第二章　组织管理

第四条　科学数据管理工作实行全省统筹、各部门分工负责的制度，构建由不同部门、不同学科领域科学数据组成的全省科学数据管理共享服务系统。

第五条　省科学技术行政管理部门牵头负责全省

科学数据的宏观管理与综合协调，主要职责是：

（一）宣传贯彻落实国家科学数据管理政策，组织起草制定省科学数据管理相关政策和标准规范；

（二）协调推进全省科学数据规范管理、开放共享及扶持监督工作；

（三）统筹推进省科学数据中心的建设和发展；

（四）负责推进省科学数据网络管理平台的建设和运行。

第六条　省直有关部门（以下统称主管部门）在科学数据管理方面的主要职责是：

（一）宣传贯彻落实国家及省科学数据管理政策，建立健全本部门科学数据管理政策和制度，加强和规范科学数据管理；

（二）根据部门职能分工，规划建设科学数据库，视需要和条件建设部门数据中心，为数据库（中心）提供相关条件保障，做好科学数据保密和安全管理工作；

（三）对部门主管的科技计划（专项）项目，在项目管理中明确对科学数据管理的相关要求；

（四）组织编制科学数据资源目录，指导所属法人单位及时将有关目录和数据汇交到相关科学数据中心，推动科学数据开放共享。

第七条　有关科研院所、高等院校和企业等法人单位（以下统称法人单位）是科学数据管理的责任主体，主要职责是：

（一）宣传贯彻落实国家及省科学数据管理政策，建立健全本单位科学数据相关管理制度；

（二）按照有关标准规范，组织开展科学数据采集生产、加工整理、审核汇交和长期保存等工作，确保数据质量；

（三）按照有关规定做好科学数据保密和安全管理工作；

（四）建立科学数据管理系统，公布科学数据开放目录并及时更新，积极开展科学数据共享服务；

（五）保障本单位科学数据管理所需软硬件设施、资金和人员。

第八条　省科学技术行政管理部门委托有条件的法人单位建设省科学数据网络管理平台，协助开展云南省科学数据日常管理工作，主要协助起草制定云南省科学数据资源目录格式以及科学数据标准规范；受省科学技术行政管理部门委托，指导主管部门科学数据库（中心）建设，指导和督促科学数据中心做好科学数据管理和共享工作。

第九条　科学数据中心是促进科学数据开放共享的重要载体，由主管部门委托有条件的法人单位建立，主要包括省科学数据中心和由部门、法人单位建设的科学数据中心。主要职责是：

（一）承担全省相关领域科学数据的整合汇交工作；

（二）负责科学数据的分级分类、加工整理和分析挖掘；

（三）保障科学数据安全，依法依规推动科学数据开放共享；

（四）在省科学数据网络管理平台的指导下，将数据通过省政务服务平台向社会和有关部门开放共享；

（五）开展省内外科学数据方面交流与合作。

第十条　省科学技术行政管理部门在条件好、资源优势明显的科学数据中心基础上，围绕云南省重点产业、重要领域及重点学科建设发展需求，布局建设省科学数据中心。

第三章　数据采集、汇交与保存

第十一条　引导和鼓励科学数据中心、法人单位等在科学数据管理中使用区块链等新技术。以区块链技术进行数据采集、交汇和共享，使数据不可篡改、不可撤销，实现科学数据的安全管理。

对有条件的科学数据中心，在建设中有计划地部署区块链数据采集与管理基础设施，建设相关技术流程和标准，以区块链技术建设形成分布式、多元化的科学数据中心。

第十二条　法人单位及科学数据生产者要按照云南省科学数据资源目录格式以及科学数据标准规范组织开展科学数据采集生产和加工整理，形成便于使用的数据库或数据集。

第十三条　政府预算资金资助的各类科技计划（专项）项目所形成的科学数据，项目牵头承担单位应先汇交科学数据至对应的科学数据中心，再验收科技计划（专项）项目。项目验收后产生的科学数据也应进行汇交。

第十四条　利用政府预算资金资助形成的科学数据撰写并在发表论文时需提交相应科学数据的，论文作者应在论文发表前将科学数据上交至所在单位统一管理。

第十五条　社会资金资助形成的涉及国家秘密、国家安全和社会公共利益的科学数据必须按照有关规定予以汇交。

鼓励社会资金资助或自有资金投入形成的其他科学数据向相关科学数据中心汇交。

第十六条 法人单位应加强科学数据人才队伍建设，安排专人负责科学数据工作，在岗位设置、绩效收入、职称评定等方面建立激励机制。

第四章 数据共享与利用

第十七条 鼓励科学数据中心和法人单位创新利益共享机制，通过市场化运营推动科学数据开放共享。

第十八条 政府预算资金资助形成的科学数据应当按照开放为常态、不开放为例外的原则，由省科学数据网络管理平台统筹，科学数据中心配合，通过省政务服务平台向社会和有关部门开放共享科学数据，同时畅通科学数据军民共享渠道。国家法律法规有特殊规定的除外。

第十九条 鼓励法人单位对科学数据进行分析挖掘，形成有价值的科学数据产品，开展增值服务。鼓励社会组织和企业开展市场化增值服务。

第二十条 主管部门和法人单位应积极推动科学数据出版和传播工作，支持科研人员整理发表产权清晰、准确完整、共享价值高的科学数据。

第二十一条 科学数据使用者应遵守知识产权相关规定，在论文发表、专利申请、专著出版等工作中注明所使用和参考引用的科学数据。

第二十二条 对于政府决策、公共安全、国防建设、环境保护、防灾减灾、公益性科学研究等需要使用科学数据的，法人单位应当无偿提供；确需收费的，应按照规定程序和非营利原则制定合理收费标准，向社会公布并接受监督。

对因经营性活动需要使用科学数据的，当事人双方应以市场化方式，共同协商科学数据共享服务价格，签订有偿服务合同，明确双方的权利和义务。

国家法律法规有特殊规定的，遵从其规定。

第五章 扶持与监督

第二十三条 省科学技术行政管理等主管部门对省科学数据网络管理平台、科学数据中心的建设和运行，给予一定经费补助。

第二十四条 主管部门对所属法人单位、科学数据中心及科学数据使用者科学数据管理有关工作进行监督。对有关违规行为，按照相关规定进行处理。

第六章 附 则

第二十五条 科学技术行政管理部门、主管部门、法人单位、省科学数据网络管理平台、科学数据中心、科学数据使用者及其他有关单位，在科学数据管理工作中均应严格遵守和执行国家及省有关法律法规政策对涉密科学数据的规定，完善相关管理制度，做好科学数据保密和安全工作。

第二十六条 对在科学数据管理工作中，违反国家有关法律法规的单位和个人，依法追究相应责任。

第二十七条 本细则自印发之日起施行。

云南省人民政府办公厅关于加强扶贫项目资金绩效管理工作的通知

各州、市、县、区人民政府，省直各委、办、厅、局：

为贯彻落实《国务院办公厅关于转发财政部 国务院扶贫办国家发展改革委扶贫项目资金绩效管理办法的通知》（国办发〔2018〕35号）精神，切实推进云南省扶贫项目资金绩效管理工作，经省人民政府同意，现将有关事项通知如下：

一、认真开展扶贫项目资金全过程绩效管理

（一）设置扶贫年度总绩效目标

州市、县级扶贫开发领导小组要根据中央、省和本地预算编制规定和要求，聚焦提高脱贫质量和减贫效果，按照本地脱贫攻坚规划明确的年度脱贫工作任务，科学设置本地扶贫资金年度总绩效目标，提高财政扶贫项目资金使用效益，确保本地扶贫任务和年度脱贫计划按期完成。

（二）设置扶贫行业绩效目标

各级行业部门要坚持现行扶贫标准，科学合理测算扶贫资金需求，统筹考虑行业扶贫资金总体产出和效益等情况，设定扶贫行业绩效目标，支撑本地年度总扶贫绩效目标的实现。

（三）设置扶贫项目资金绩效目标

县级有关部门和资金使用单位，应在项目列入县级脱贫攻坚项目库时同步编制扶贫项目资金绩效目

标，从项目的数量、质量、时效、成本，以及经济效益、社会效益、生态效益、可持续性影响和服务对象满意度方面，设定扶贫项目资金绩效目标。通过项目的实施，支撑行业绩效目标实现。

（四）强化绩效监控

预算执行中，州市、县级有关部门应当建立扶贫项目资金绩效目标执行监控机制，充分利用动态监控信息系统，开展目标执行监控。

（五）开展绩效评价

年度预算执行终了，州市、县级扶贫开发领导小组应组织有关部门和资金使用单位开展绩效自评，填报绩效目标完成情况，分析未完成目标的原因并提出下一步整改措施。绩效自评应分扶贫项目资金绩效自评、行业绩效自评和县级扶贫总体绩效自评 3 个层次。

州市、县级有关部门和资金使用单位要尽快开展 2018 年度扶贫项目资金绩效目标申报工作，于 2018 年 10 月底前完成本年度扶贫项目资金绩效目标补填报工作，并按照程序逐级报送项目实际管理行业部门和财政、扶贫部门（涉及预算内投资的事项，还应报送发展改革部门）备案。

二、规范扶贫项目审核与审批

（一）建立扶贫资金的项目决策机制

州市、县级扶贫开发领导小组应当建立和完善扶贫资金项目决策机制，制定扶贫项目遴选标准、规范遴选程序、完善审批流程，根据扶贫开发目标任务，选择最急需实施、能支撑总目标实现的项目。着力强化脱贫攻坚项目库建设，凡计划在下一年度实施的项目均应在本年度内完成前期准备工作，未入库的项目原则上不安排扶贫资金。扶贫项目资金年度绩效目标、扶贫行业绩效目标应在编制年度预算时，一并报送同级人民代表大会审查批准。

（二）完善扶贫资金绩效目标审核机制

州市、县级财政部门应当会同有关部门，依照职责开展项目层面绩效目标审核。各部门审核本行业本领域扶贫项目资金绩效目标指标，具体包括项目的必要性和可行性、绩效目标与脱贫目标的相关性、绩效指标的合理性和可衡量性、与资金的匹配性等内容。各部门先行审核通过的本行业本领域扶贫项目资金绩效目标指标，提交本级财政、扶贫、发展改革部门审核，并报送同级扶贫开发领导小组审定。

三、落实绩效管理主体责任

（一）加强组织领导

各级党委和政府主要负责同志对本地扶贫项目资金预算绩效管理负责，对本地扶贫资金使用效益负责。各部门和单位主要负责人对本部门本单位扶贫项目资金预算绩效管理负责，项目责任人对项目预算绩效负责，对重大项目的责任人实行绩效终身责任追究制，切实做到花钱必问效、无效必问责。

（二）规范项目管理

按照“谁主管、谁使用、谁负责”的原则，州市、县级有关部门应根据本级财政部门规定的内容、格式、时间等要求，审核、编报并正式提交本行业本领域扶贫项目资金绩效目标指标，并对绩效目标指标的设定依据、设定理由等逐项作出说明。

（三）加强协同配合

省财政厅、扶贫办、发展改革委负责统筹全省扶贫项目资金绩效管理工作，在省扶贫开发领导小组的统一领导下，建立工作联席机制，及时研究处理重大问题。省直有关部门应当切实督促本行业实施扶贫项目资金绩效管理，牢固树立绩效管理理念，加强脱贫效果监管，督促本行业扶贫项目实施，建立本行业扶贫项目资金绩效目标体系。

（四）加强监督指导

省财政厅要会同有关部门，在省扶贫开发领导小组的统一领导下，加强对各州、市、县、区扶贫项目资金绩效管理工作的指导、培训和监督检查。

四、强化激励约束与监督问责

（一）建立激励约束机制

各级财政部门要抓紧建立绩效评价结果与预算安排和政策调整挂钩机制，对绩效好的政策和项目原则上要优先保障，对绩效一般的政策和项目要督促改进，对交叉重复、碎片化的政策和项目予以调整，对低效无效资金要一律削减或取消，对长期沉淀的资金要一律收回。

（二）强化监督问责

审计机关要依法对预算绩效管理情况开展审计监督，财政、审计等部门发现违纪违法问题线索，应当及时移送纪检监察机关。有关部门要依法推进扶贫项目资金绩效信息公开，自觉接受人大监督和社会各界的监督，不断提高扶贫项目资金使用绩效。

云南省人民政府办公厅

2018 年 10 月 13 日

（此件公开发布）

云南省人民政府办公厅关于印发云南省示范特色小镇评选办法（试行）的通知

各州、市、县、区人民政府，省直各委、办、厅、局：

《云南省示范特色小镇评选办法（试行）》已经省人民政府同意，现印发给你们，请认真贯彻执行。

云南省人民政府办公厅

2018 年 10 月 19 日

（此件公开发布）

云南省示范特色小镇评选办法（试行）

按照《国家发展和改革委员会　国土资源部　环境保护部　住房和城乡建设部关于规范推进特色小镇和特色小城镇建设的若干意见》（发改规划〔2017〕2084 号）和全省特色小镇创建工作现场推进会精神，结合云南省特色小镇创建工作推进的实际情况，为充分调动全省各地积极性，鼓励先进、鞭策后进，充分发挥示范特色小镇的引领带动作用，制定本办法。

一、评选原则

（一）公开公正

将评选办法公开、评选程序公开、评选结果公开，接受全社会监督。

（二）不搞平衡

充分体现“大干大支持，不干不支持”的政策导向，不按行政区划平均分配名额。

（三）突出重点

将特色、产业、生态、易达、宜居、智慧、成网 7 大要素作为评选考核的重点内容。

（四）定量为主

评选指标以定量为主，定性评价为辅，采取打分制进行云南省示范特色小镇评选，依据得分排序确定奖补名单。

（五）注重实效

2018 年、2019 年注重考核创建过程中投入类和阶段性成效，2020 年注重考核产出效益类成效。

二、评选期和评选对象

从 2018 年开始至 2020 年，每年评选 1 次，全省范围内创建的特色小镇均可作为评选对象。

三、考评内容

（一）坚守“四条底线”

坚守“不触碰生态红线、不占用永久基本农田、不通过政府违规举债来创建、不搞变相房地产开发”4 条底线。

（二）聚焦“7 大要素”

1. 特色。围绕云南省多样的民族文化、众多的古城古镇、优美的自然风光、良好的生态环境、鲜明的特色产业等元素，打造在全国乃至世界范围内独一无二、不可复制的特色，形成具有国际国内影响力的品牌效应。

2. 产业。聚焦 8 大重点产业和打造世界一流的“绿色能源”“绿色食品”“健康生活目的地”这“三张牌”，细分产业领域，培育产业的新模式、新业态，促进产业转型升级，带动当地社会经济发展，人民群众增收致富。

3. 生态。牢固树立“绿水青山就是金山银山”的发展理念，科学布局特色小镇生产、生活、生态空间，打造优美宜人的生态环境，实现生态美、环境美、山水美、城市美、乡村美，把云南建设成为中国最美丽省份。

4. 易达。具有良好的区位优势和交通条件，对外交通便捷，内部交通顺畅，方便游客和产品进出。

5. 宜居。配套完善供排水、污水垃圾处理等公共基础设施和公共服务设施，拥有良好的居住环境，满足当地居民和游客的宜居需求。

6. 智慧。接入“一部手机游云南”平台，实现免费公共 WIFI 全覆盖，提供智能化管理服务。

7. 成网。与周边特色小镇、周边城镇村庄、周边景区景点形成有机联系、功能互补、联动发展的格局。

（三）规划质量

高起点、高标准、高质量进行规划设计，并严格按照规划实施。

（四）投资主体

特色小镇投资建设和运营管理主体，有打造经典之作、传世之作的情怀，有先进的规划建设管理理念，有与特色小镇投资规模相匹配的资金实力和投融资实力，以及有推动特色小镇建成后高效运营管理的能力。

（五）形象进度

特色小镇项目建设进度、已完成投资、建筑风貌、生态建设，以及配套设施建设等总体形象进度。

（六）取得成效

特色小镇实现旅游收入、接待游客、企业主营业务收入、带动就业、引入龙头企业等成效。

（七）州县重视

特色小镇所在地的州、市、县、区人民政府主要领导重视创建工作，亲自部署安排、亲自协调推进，亲自带队招商引资等。

（八）加分项

对以云南世居少数民族，尤其是人口较少民族和“直过民族”为特色创建的特色小镇给予适当加分倾斜。

（九）一票否决项

出现以下情况之一的，一票否决。

1. 触碰生态红线；

2. 占用永久基本农田；

3. 通过政府违规举债来创建；

4. 房地产开发建筑面积超过特色小镇总建筑面积 30%；

5. 违规使用财政资金；

6. 评选年度内发生重大负面事件；

7. 未按照已批复的特色小镇发展总体规划、修建性详细规划进行创建，或与有关上位规划存在重大冲突。

四、评选程序

（一）自查自评

特色小镇所在地的县、市、区人民政府根据特色小镇创建工作的实际情况，开展自查自评，形成特色小镇自查自评报告上报州、市人民政府。

（二）自愿申请

特色小镇所在地的州、市根据县、市、区提交的自查自评报告，采取书面审查和实地查看等多种方式，对特色小镇创建情况进行初审把关，组织开展本地特色小镇初选工作，并自愿向省特色小镇发展领导小组办公室提出书面奖补申请。每个州、市申请奖补的特色小镇数量原则上不超过 8 个。

（三）考核评选

1. 实地考评。省特色小镇发展领导小组办公室会同领导小组成员单位和有关专家，对州、市提出申请奖补的特色小镇，通过实地查看台账资料、实地查看项目建设形象进度和成效等，逐一进行实地考评。

2. 第三方评估。委托第三方评估机构对照评选内容和评选指标，对州、市提出申请奖补的特色小镇，逐一进行独立评估，评估结束后形成第三方评估报告，提交省特色小镇发展领导小组办公室。

3. 综合评价。省特色小镇发展领导小组办公室会同领导小组成员单位和有关专家，结合各县、市、区提交的自查自评报告，州、市提出的书面奖补申请，第三方评估报告，实地考评情况，进行综合考核评价，按照得分高低，每年评选出 15 个云南省示范特色小镇奖补建议名单，上报省特色小镇发展领导小组。

（四）审定发布

云南省示范特色小镇奖补建议名单，经省特色小镇发展领导小组审定后予以公开发布。

五、结果运用

省财政给予每个特色小镇 1.5 亿元以奖代补资金支持，项目建成后，授予“云南省示范特色小镇”荣誉称号。

六、工作要求

（一）明确工作责任

省特色小镇发展领导小组办公室具体负责全省示范特色小镇评选日常组织工作。领导小组成员单位应加强协调配合，形成合力，共同完成好评选工作。各州、市、县、区要高度重视评选工作，积极主动完成本地自查自评、初审把关、申请申报等工作，配合做好第三方评估、实地考评等工作。

（二）提供数据材料

各州、市、县、区有关部门要按照评选指标要求，全力配合提供需要的相应证明材料和数据材料。存在材料和数据造假行为的，一经查实，将直接淘汰出评选名单。

（三）严格考评纪律

各地各部门有关工作人员在评选工作过程中不得利用职权徇私舞弊、失职渎职，工作出现重大失误的，将依照有关法律法规进行严肃处理。

本办法由省特色小镇发展领导小组办公室负责解释。

云南省人民政府办公厅关于切实做好今冬明春火灾防控工作的通知

各州、市人民政府，省直各委、办、厅、局：

按照《国务院安委会办公室关于开展2018年今冬明春火灾防控工作的通知》（安委办〔2018〕25号）要求，为切实做好今冬明春火灾防控工作，严防发生重特大火灾事故，保障云南省经济发展和社会稳定，经省人民政府同意，现将有关事项通知如下：

一、切实增强做好今冬明春火灾防控工作的责任感和紧迫感

冬春季节，风干物燥，人流物流量大，各类活动增多，用火、用电、用油、用气量增加。从历年火灾数据分析，云南省冬春季节火灾亡人数占全年火灾亡人总数的2/3左右，因烤火取暖等原因引发的小火亡人现象较为突出。近年来，丽江古城、香格里拉独克宗古城和大理巍山拱辰楼等多起影响重大的火灾事故，均发生在冬春季节。做好冬春火灾防控工作，对维护人民生命财产安全、确保全年火灾形势平稳具有重要意义。今冬明春也是全省地方机构改革工作的关键时期，部分基层监管部门、行业部门正面临着改制重组、职能调整、人员转隶，消防安全管理容易出现断档甚至空档。各地各部门必须坚持以习近平新时代中国特色社会主义思想为指导，全面贯彻落实党的十九大精神，按照国务院安委会办公室和省人民政府关于冬春火灾防控工作的决策部署，切实提高政治站位，进一步增强责任感和紧迫感，扎实抓好今冬明春火灾防控工作，确保火灾形势持续平稳。

二、严格落实消防工作责任

各级政府要充分发挥主导作用，把消防工作纳入重要议事日程。各级教育、公安、民政、住房城乡建设、交通运输、商务、文化和旅游、卫生健康、应急管理、市场监管等行业主管部门，要督促有关行业单位落实消防安全主体责任，做好火灾防控工作。各乡镇人民政府（街道办事处）要建立健全消防安全组织机构，明确专人负责消防工作，督促村（居）民委员会落实消防工作责任，及时排查、整治和消除火灾隐患，落实源头管控措施。要深入开展大约谈工作，各级政府要重点约谈工作不力、火灾多发的属地政府和行业主管部门、国有重点企业，各行业主管部门要集中约谈问题突出的行业单位，消防部门要分类约谈大型连锁企业集团、火灾高风险单位，督促落实冬春火灾防控责任和措施。对履职不到位或工作不力，导致发生重特大火灾事故，造成重大人员伤亡和经济损失的，要严肃追究有关人员的责任。

三、深入开展火灾隐患排查整治工作

各地各部门要认真研判本地本部门本行业系统火灾形势，查找火灾防控的薄弱环节和主要问题，结合今冬明春火灾防控实际，制定工作方案，周密安排部署，全面开展火灾隐患排查整治工作。要针对云南省实际，统筹兼顾，突出重点，切实加强“城中村”“多合一”场所、小单位小场所和古城古镇、博物馆、文物建筑消防安全管理，有针对性开展重点专项治理工作。要把握重大节日、“两会”等关键节点，组织教育、公安、民政、住房城乡建设、交通运输、商务、文化和旅游、卫生健康、应急管理、市场监管等部门，开展以高层建筑、大型城市综合体、易燃易爆单位、在建工地、文物古建、商场市场、学校、医院、养老福利机构、公共娱乐场所为重点的火灾隐患排查工作。要强化农村火灾防控，认真落实《云南省人民政府办公厅关于加强和改进农村消防工作的意见》（云政办发〔2017〕53号）精神，充分发挥公安派出所、“一委一办三员”、乡镇政府专职消防队作用，排查火灾隐患，提升农村抵御火灾风险能力。消防部门要按照“双随机、一公开”要求开展监督抽查，对检查发现的火灾隐患实行“零容忍”，严格规范执法，坚决督促整改，严格落实重大火灾隐患立案销案、专家论证、挂牌督办和公示曝光制度，已挂牌督办的，要加快整改进程，确保按期销案；对新发现的重大火灾隐患，要及时按要求挂牌督办，明确责任，综合整治；对一时难以整改的，要督促其强化严管严控措施，防止遗患成灾。

四、广泛开展消防安全宣传教育

各地各部门要认真谋划，扎实开展冬春消防安全宣传工作，在主流媒体和政府网站开办专题专栏，刊播消防公益广告，广泛宣传消防安全知识。要围绕“全民参与，防治火灾”主题，深入开展“119消防日”系列宣传活动，在学校、农村、社区等人员密集地区和场所开展宣传活动。要针对火灾易发高发的重点时间、重点人群、重点场所和部位，充分运用报刊、广播、电视、互联网、微信、微博等媒体，积极宣传普及安

全用火、用电、用油、用气和逃生自救等消防安全常识，切实提高全民消防意识。要继续曝光重大火灾隐患和消防安全不良行为，剖析典型火灾案例，警示社会单位和群众，切实提高全社会消防认知水平。要加强消防安全培训，组织各级党政机关、国有企业、社会单位及乡镇（街道）、村（居）委会消防安全责任人、管理人开展消防安全培训，切实培养一批消防安全“明白人”。

五、切实提高应急救援能力

各地各部门要组织对行政区域内的消防水源、消防栓、消防车通道等公共消防基础设施开展1次全面普查，对存在的问题要及时整改。各级消防部门和政府、企业专职消防队要开展冬季业务大练兵，对重要场所、重点区域制定有针对性的灭火作战预案，组织开展实地、实战演练，提高复杂恶劣环境下的实战能力。要坚持“救人第一、科学施救”，力争打早、打小，减少火灾造成的损失。各级政府和有关部门要重视消防技术装备建设，提供必要的经费保障，添置防火灭火和个人防护器材，提高防火灭火能力和抢险救援水平。

各地各部门工作开展情况，请于每月25日前报省消防安全委员会办公室，联系人及电话：寻伟，0871-64569517。

云南省人民政府办公厅

2018年11月22日

（此件公开发布）

云南省人民政府办公厅关于成立洱海保护治理工作领导小组的通知

大理州人民政府，省直各委、办、厅、局：

为进一步加强对洱海保护治理工作的组织领导，确保洱海保护治理取得实效，省人民政府决定成立洱海保护治理工作领导小组（以下简称领导小组）。现将有关事项通知如下：

一、领导小组组成人员

组　长：阮成发　省长

副组长：王显刚　副省长

成　员：杨洪波　省政府副秘书长、省发展改革委主任

李　微　省政府督查室主任

马文亮　省政府副秘书长

李石松　省工业和信息化厅厅长

商小云　省司法厅厅长

张岩松　省财政厅厅长

刘佳晨　省自然资源厅厅长

张纪华　省生态环境厅厅长

马永福　省住房城乡建设厅厅长

谢　晖　省农业农村厅厅长

刘　刚　省水利厅厅长

和丽贵　省文化和旅游厅厅长

任治忠　省林草局局长

李　茜　省新闻办主任

杨　健　大理州州长

领导小组下设办公室在省生态环境厅，办公室主任由张纪华兼任。

二、领导小组、办公室及成员单位职责

领导小组职责：以习近平生态文明思想为指导，牢记习近平总书记的殷殷嘱托，认真贯彻落实习近平总书记关于洱海保护治理的重要指示精神，严格对标对表，统筹部署安排洱海保护治理工作，研究制定洱海保护治理重大政策措施，协调解决工作中的重大问题。

领导小组办公室职责：负责领导小组日常工作；协调领导小组各成员单位做好洱海保护治理相关工作，督促落实领导小组议定事项，及时提出工作意见建议；密切跟踪、调度工作进展情况，加强洱海水质监测分析和洱海流域生态环境监管执法，及时报送工作信息；完成领导小组安排的其他工作。

领导小组成员单位职责：省政府督查室负责组织开展洱海保护治理和生态环境问题整改的督促检查工作。省发展改革委负责组织开展大理州国民经济和社会发展规划的优化调整工作，督促加快推进产业和人口向洱海流域外转移。省工业和信息化厅

负责组织开展洱海流域工业产业结构调整和转型升级工作，把工业发展对洱海的影响减少到最低限度。省司法厅负责组织开展洱海保护管理条例、洱海海西保护条例、苍山保护条例等地方性法规的修订工作。省财政厅负责资金统筹，不断加大对洱海保护治理的投入力度。省自然资源厅负责组织开展洱海流域空间管控工作，指导重新编制大理市城市总体规划、洱海流域空间规划，严厉查处违法违规矿山开发活动，督促做好矿山生态修复工作。省住房城乡建设厅负责组织开展洱海流域截污治污体系完善工作，组织整改与洱海保护治理存在冲突的房地产项目，组织整治洱海流域“两违”建筑。省农业农村厅负责组织开展洱海流域全面禁止使用含氮磷化肥和高毒高残留农药工作，指导进行农业结构调整。省水利厅负责组织开展洱海保护治理规划的优化提升工作；督促落实河（湖）长制，组织抓好入湖河道治理，切实改善入湖河道水质。省文化和旅游厅负责组织开展洱海周边旅游开发管控工作，严禁在保护区范围内违法开展旅游活动，严格限制餐饮客栈数量。省林草局负责组织开展洱海“三线”复绿、补绿、增绿和面山裸露山体植被恢复工作，依法清理整治自然保护区生态环境问题。省新闻办负责组织开展洱海保护治理的宣传工作，营造全民参与保护治理的社会氛围。大理州负责全面落实洱海保护治理主体责任，以洱海保护治理统领经济社会发展全局，全面停止洱海海东开发区建设，抓紧完成洱海“三线”生态搬迁，全面抓好洱海保护治理各项工作。

领导小组成员如有变动，由成员单位相应岗位职责人员自行递补，报领导小组办公室备案，不再另行发文。

云南省人民政府办公厅
2018年12月22日

（此件公开发布）

云南省人民政府办公厅关于进一步做好森林防火工作的通知

各州、市、县、区人民政府，省直各委、办、厅、局：

当前，全省气温回升较快，森林火险等级居高不下，森林火情火灾频发，形势日趋严峻。为进一步做好森林防火工作，经省人民政府同意，现将有关事项通知如下：

一、各级政府要严格落实森林防火工作行政首长负责制，充分认清持续高火险天气对森林防火工作带来的严峻挑战，牢固树立“防范第一”的工作理念，务必把森林防火工作作为当前维护林区和谐稳定的首要任务抓紧抓好，确保队伍、经费、物资、工作措施等落实到位。

二、各级政府要严格野外火源管控，森林高火险期内，森林防火区严禁一切野外用火。要充实巡护力量，增设检查站点，对重点防火区域实行封山管理，对涉林旅游景区实行禁火管理。农业部门要加强农事用火监管，民政部门要做好公墓祭祀管理，气象部门要加强森林火险预测预报，及时发布火险信息，公检法机关要依法严厉打击纵火犯罪，部队、工矿企业等林区单位要落实防火措施，及时清除周边危险可燃物。各单位要加强本行业内各类林区企事业单位、施工作业单位的防火安全管理，落实防火措施，配合防火检查。

三、县级以上政府要及时向社会发布森林高火险期公告、禁火令，进行森林防火全民动员。各级森林防火指挥部成员单位要按照职责分工开展全民森林防火宣传教育。各级电视台、广播电台、通信公司、报刊和网站要及时免费播报和发送森林防火信息，努力营造全社会关心、支持、参与森林防火浓厚氛围。

四、各级森林防火机构和责任单位要严格执行24小时值班带班、有火必报、卫星热点零报告和火情信息归口逐级上报等制度。林区毗邻单位要进一步完善应急联动机制，切实落实联防责任。武警森林部队、森林航空消防、地方专业和应急扑火队要保持战备状态，驻军、武警、公安、消防、人武等部门和单位要按照当地政府的统一部署执行扑火任务，做好扑火准备。一旦出现火情，各级政府要及时依规启动预案，重兵快速扑救，科学处置，严防扑火伤亡事故和死灰复燃。

五、各地、有关部门要深入开展森林防火督查检查，发现问题限期整改，对因责任制不落实、野外火源管控不到位、整改措施不到位、组织扑火不得力等导致森林火灾频发的，要依法依规追究有关领导和人员的责任。

云南省人民政府办公厅

2018 年 3 月 1 日

（此件公开发布）

云南省人民政府办公厅关于成立云南省耕地轮作休耕制度试点工作领导小组的通知

各州、市人民政府，省直各委、办、厅、局：

为进一步加强云南省耕地轮作休耕制度试点工作的组织领导和统筹协调，确保云南省耕地轮作休耕制度试点工作圆满完成，省人民政府决定成立云南省耕地轮作休耕制度试点工作领导小组（以下简称领导小组）。现将有关事项通知如下：

一、领导小组组成人员

组　长：陈　舜　副省长

副组长：和丽贵　省政府副秘书长

王敏正　省委农办主任、省农业厅厅长

成　员：吕　兵　省发展改革委副主任

赵晓静　省财政厅副厅长

赵乔贵　省国土资源厅副厅长

王天喜　省环境保护厅副厅长

王平华　省委农办副主任、省农业厅副厅长

陈智勇　省林业厅厅长助理

和　俊　省水利厅副厅长

龚国富　省粮食局副局长

琚　健　省食品药品监管局食品安全总监

领导小组下设办公室在省农业厅，办公室主任由王平华兼任，副主任由省农业厅种植业处处长王阳和省土壤肥料工作站站长刘友林担任。

二、领导小组及办公室主要职责

领导小组主要职责：统筹协调云南省耕地轮作休耕制度试点工作，研究制定云南省试点工作政策措施，指导督促有关州、市和省直有关部门落实试点工作各项任务，研究解决试点工作中的重大问题，完成省委、省政府交办的其他事项。

领导小组办公室主要职责：承担领导小组日常工作，贯彻落实领导小组决定事项，收集、通报全国及云南省试点县、市、区工作开展情况，分析研究云南省试点工作中存在的突出问题，提出解决意见和建议，编写云南省试点工作年度报告，完成领导小组交办的其他事项。

领导小组副组长、成员如有变动，由副组长、成员单位相应岗位职责人员自行递补，报领导小组备案，不再另行发文。试点工作完成后领导小组自行撤销。

云南省人民政府办公厅

2018 年 3 月 1 日

（此件公开发布）

云南省人民政府办公厅关于成立云南省粮食生产功能区和重要农产品生产保护区建设工作领导小组的通知

各州、市人民政府，省直各委、办、厅、局：

为进一步强化云南省粮食生产功能区和重要农产品生产保护区（以下统称两区）建设工作的组织领导和统筹协调，确保全省两区建设目标顺利完成，省人民政府决定成立云南省两区建设工作领导小组（以下简称领导小组）。现将有关事项通知如下：

一、领导小组组成人员

组　长：陈　舜　副省长

副组长：和丽贵　省政府副秘书长

王敏正　省委农办主任、省农业厅厅长

成　员：吕　兵　省发展改革委副主任

唐文祥　省工业和信息化委副主任

赵志武　省科技厅副厅长

张岩松　省财政厅厅长

刘佳晨　省国土资源厅厅长

杨　渝　省住房城乡建设厅副厅长

李国林　省委农办副主任、省农业厅副厅长

王平华　省委农办副主任、省农业厅副厅长

任治忠　省林业厅厅长

刘　刚　省水利厅厅长

崔　明　省金融办副主任

王建东　人民银行昆明中心支行副行长

杨　民　云南银监局副局长

黄德强　云南保监局副局长

领导小组下设办公室在省农业厅，办公室主任由王敏正兼任，副主任由李国林、王平华兼任。

二、领导小组及办公室主要职责

领导小组主要职责：统筹协调全省两区划定、建设和监督管理工作，研究制定政策措施，指导督促有关州、市和省直有关部门落实各项工作任务，研究解决工作中的重大问题，完成省委、省政府交办的其他事项。

领导小组办公室主要职责：承担领导小组日常工作，根据领导小组决策部署，细化有关工作方案并抓好贯彻落实，收集、通报全省各地工作开展情况，分析研究工作中存在的突出问题，提出解决意见和建议，完成领导小组交办的其他任务。

领导小组副组长、成员如有变动，由副组长、成员单位相应岗位职责人员自行递补，报领导小组备案，不再另行发文。此项工作完成后领导小组自行撤销。

云南省人民政府办公厅

2018 年 3 月 1 日

（此件公开发布）

云南省人民政府办公厅关于成立云南省长江经济带战略环境评价项目协调小组的通知

各州、市人民政府，省直各委、办、厅、局：

为深入贯彻落实党中央对长江经济带发展作出的重大决策部署，推进长江经济带环境质量改善和绿色转型发展，根据《环境保护部办公厅关于印发〈长江经济带战略环境评价工作方案〉的通知》（环办环评〔2017〕83 号）精神，省人民政府决定成立云南省长江经济带战略环境评价项目协调小组（以下简称协调小组）。现将有关事项通知如下：

一、协调小组组成人员

组　长：王显刚　副省长

副组长：马文亮　省政府副秘书长

张纪华　省环境保护厅厅长

成　员：吕　兵　省发展改革委副主任

唐文祥　省工业和信息化委副主任

赵晓静　省财政厅副厅长

李连举　省国土资源厅副厅长

兰　骏　省环境保护厅副厅长
赵志勇　省住房城乡建设厅副厅长
杨　延　省交通运输厅巡视员
左荣贵　省农业厅副厅长
郭辉军　省林业厅副厅长
张新弘　省水利厅副厅长
陈述云　省旅游发展委副主任
吴　涛　昆明市副市长
龙　进　昭通市副市长
黄太文　曲靖市副市长
贺　彬　玉溪市副市长
黄　晓　保山市副市长
张晓鸣　楚雄州副州长
罗荣旭　红河州副州长
李春林　文山州副州长
李　荣　普洱市副市长
吕永和　西双版纳州副州长
傅　希　大理州副州长
李朝伟　德宏州副州长
肖忠万　丽江市副市长
和贵先　怒江州副州长
蔡武成　迪庆州副州长
汤培远　临沧市副市长

协调小组下设办公室在省环境保护厅，办公室主任由兰骏兼任。

二、协调小组及办公室主要职责

协调小组主要职责：贯彻落实党中央、国务院对长江经济带发展作出的重大决策部署，配合开展长江经济带战略环境评价工作，组织编制生态保护红线、环境质量底线、资源利用上线和环境准入负面清单（“三线一单”）。

办公室主要职责：负责协调小组日常工作；协调各成员单位工作，督促落实协调小组议定事项，收集、分析长江经济带战略环境评价有关数据资料，及时提出工作意见建议；完成协调小组安排的其他工作。

协调小组副组长、成员如有变动，由副组长、成员单位相应岗位职责人员自行递补，报协调小组备案，不再另行发文。该项工作结束后，协调小组自行撤销。

云南省人民政府办公厅
2018 年 4 月 2 日

（此件公开发布）

云南省人民政府办公厅关于成立云南省生态环境损害赔偿制度改革工作领导小组的通知

各州、市人民政府，省直各委、办、厅、局：

为贯彻落实《中共中央办公厅 国务院办公厅关于印发〈生态环境损害赔偿制度改革方案〉的通知》（中办发〔2017〕68 号）精神，切实加强对全省生态环境损害赔偿制度改革工作的组织领导，省人民政府决定成立云南省生态环境损害赔偿制度改革工作领导小组（以下简称领导小组）。现将有关事项通知如下：

一、领导小组组成人员

组　长：王显刚　副省长
副组长：马文亮　省政府副秘书长
　　　　张纪华　省环境保护厅厅长
成　员：吕　兵　省发展改革委副主任
　　　　娄垂新　省科技厅副厅长
　　　　胡祖俊　省公安厅副厅长
　　　　赵立功　省司法厅副厅长
　　　　赵晓静　省财政厅副厅长
　　　　李连举　省国土资源厅副厅长
　　　　杨春明　省环境保护厅副厅长
　　　　王云昌　省住房城乡建设厅副厅长
　　　　左荣贵　省农业厅副厅长
　　　　万　勇　省林业厅副厅长
　　　　张新弘　省水利厅副厅长
　　　　陆　林　省卫生计生委副主任
　　　　张　钧　省法制办副主任
　　　　向　凯　省法院副院长
　　　　施建邦　省检察院副检察长

领导小组下设办公室在省环境保护厅，办公室主任由杨春明兼任。

二、领导小组及办公室主要职责

领导小组主要职责：统筹协调全省生态环境损害

赔偿制度改革工作，研究生态环境损害赔偿制度改革的政策措施、重要计划和实施方案，协调解决工作中的重大问题。

办公室主要职责：负责领导小组日常工作；协调领导小组各成员单位的工作，督促落实领导小组议定事项，及时提出工作意见建议；搜集工作信息，编发工作简报；完成领导小组安排的其他工作。

领导小组副组长、成员如有变动，由副组长、成员单位相应岗位职责人员自行递补，报领导小组备案，不再另行发文。该项工作结束后，领导小组自行撤销。

云南省人民政府办公厅

2018 年 5 月 7 日

（此件公开发布）

云南省人民政府办公厅关于加强滇中引水工程输水线路建设征地红线保护的通知

昆明市、玉溪市、楚雄州、红河州、大理州、丽江市人民政府，省直有关部门：

滇中引水工程凝聚了以习近平同志为核心的党中央对云南和云南各族人民的深切关怀，是造福子孙后代的圆梦工程和民心工程，是提升全省经济社会可持续发展潜力的战略性工程。2018 年 3 月，水利部批复同意了滇中引水工程初步设计报告，工程进入全面实施新阶段。为切实做好滇中引水工程输水线路建设征地红线保护工作，经省人民政府同意，现将有关事项通知如下：

一、有关州、市人民政府要严格落实 2015 年 4 月发布的《云南省人民政府关于禁止在滇中引水工程建设征地区新增建设项目和迁入人口的通告》要求，切实履行好滇中引水工程输水线路建设征地红线保护职责，组织有关县、市、区按照滇中引水工程初步设计阶段占地红线切实做好滇中引水工程输水线路建设征地红线保护工作；进一步明确范围，实施地方有关建设项目或开展行业规划时不得占用滇中引水工程输水线路建设征地红线；加强排查监管，制定行政问责机制，对于违法、违规占用滇中引水工程输水线路建设征地红线行为，明确相应责任单位、责任人及时限进行整改，对整改不力的责任单位和责任人严肃问责。

二、省直有关部门在建设项目、行业规划审查审批时，要对照滇中引水工程输水线路建设征地红线，确保建设项目或行业规划不占用滇中引水工程输水线路建设征地红线，并避免与滇中引水工程产生交叉。如无法避免，必须做好与滇中引水工程交叉的有关设计并征得省滇中引水办（建管局）同意，同时督促有关项目业主或规划负责单位认真落实。

三、省滇中引水办（建管局）在同意有关建设项目、行业规划交叉方案前，要组织对设计方案进行研究论证、专家咨询，确保不影响滇中引水工程的建设实施和运营；要及时将滇中引水工程初步设计阶段占地红线图送达有关州、市人民政府和省直有关部门。

四、本通知下发后，若仍有占用滇中引水工程输水线路建设征地红线或有关交叉设计不征求省滇中引水办（建管局）意见，造成滇中引水工程增加投资及有关经济损失的，省滇中引水办（建管局）将按照程序依法追究有关责任单位和责任人责任。

云南省人民政府办公厅

2018 年 7 月 13 日

（此件公开发布）

云南省人民政府办公厅关于2018年度森林防火目标管理责任状考核情况的通报

各州、市人民政府：

2017年冬季至2018年春季，在省委、省政府的坚强领导和国家森林防火指挥部、国家林草局的精心指导下，全省各级、有关部门、驻滇解放军、武警部队、公安消防、森林航空消防和森林防火战线广大干部职工认真贯彻落实“预防为主、防范第一”的森林防火工作要求，积极处置森林火灾，最大限度地减少森林火灾发生及损失。截至2018年6月15日森林防火期结束，全省共发生森林火灾60起，受害森林面积562.46公顷，森林火灾次数和受害面积与近5年均值相比明显下降，未发生重大森林火灾。

按照省人民政府与各州、市人民政府签订的《云南省森林防火目标管理责任状（2016～2020年）》规定，省森林防火指挥部在各地自检自查的基础上进行了考核。经省人民政府同意，现将考核情况通报如下：

一、玉溪市、保山市、丽江市、昆明市、普洱市、曲靖市等6个市考核评定为优秀。

二、德宏州、红河州、怒江州、楚雄州、迪庆州、临沧市、文山州、西双版纳州等8个州、市考核评定为合格。

三、大理州、昭通市等2个州、市考核评定为基本合格。

希望各州、市认真总结经验，再接再厉，进一步采取有力措施，全面加强灾前防控工作，科学安全处置火情火灾，为保护森林资源安全、争当生态文明建设排头兵作出新的贡献。

云南省人民政府办公厅

2018年9月12日

（此件公开发布）

云南省人民政府办公厅关于成立云南省畜禽养殖废弃物资源化利用工作领导小组的通知

各州、市人民政府，省直各委、办、厅、局：

为贯彻落实国务院关于加快推进畜禽养殖废弃物资源化利用的部署要求，加强云南省畜禽养殖废弃物资源化利用工作的组织领导和统筹协调，有力推进全省畜禽养殖废弃物资源化利用工作开展，省人民政府决定成立云南省畜禽养殖废弃物资源化利用工作领导小组（以下简称领导小组）。现将有关事项通知如下：

一、领导小组组成人员

组　长：陈　舜　副省长

副组长：谢　晖　省农业农村厅厅长

张纪华　省生态环境厅厅长

成　员：李　茜　省委宣传部副部长、省新闻办主任

吕　兵　省发展改革委副主任

赵志武　省科技厅副厅长

赵晓静　省财政厅副厅长

李　刚　省自然资源厅巡视员

王天喜　省生态环境厅副厅长

赵志勇　省住房城乡建设厅副厅长

寸　强　省农业农村厅副厅长、省畜牧兽医局局长

阎　楠　省水利厅副厅长

符亚杰　省市场监管局巡视员

张春红　省能源局副局长

王卫斌　省林草局副局长

赵云龙　省地方金融监管局副局长

杨　李　省扶贫办副主任

段雨澜　省税务局副局长

黄德强　云南保监局副局长

杨　波　云南电网公司副巡视员

领导小组下设办公室在省农业农村厅，办公室主任由寸强兼任，副主任由省畜牧兽医局副局长易辉、

省生态环境厅水资源管理处处长高红英担任。

二、领导小组及办公室主要职责

领导小组主要职责：统筹协调全省畜禽养殖废弃物资源化利用工作，研究制定政策措施，指导督促各州、市和省直有关部门落实各项工作任务，研究解决工作中的重大问题，完成省委、省政府交办的其他事项。

领导小组办公室主要职责：承担领导小组日常工作，贯彻落实领导小组决定事项，细化有关工作方案并抓好督促落实，收集、通报全省各地工作开展情况，分析研究工作中存在的突出问题，提出解决意见和建议，完成领导小组交办的其他事项。

领导小组副组长、成员如有变动，由副组长、成员单位相应岗位职责人员自行递补，报领导小组备案，不再另行发文。

云南省人民政府办公厅

2018 年 11 月 9 日

（此件公开发布）

云南省人民政府办公厅关于成立云南省新能源汽车产业发展工作领导小组的通知

各州、市人民政府，省直各委、办、厅、局：

为贯彻落实《云南省人民政府办公厅关于加快新能源汽车产业发展及推广应用若干政策措施的意见》（云政办发〔2016〕131 号）、《云南省人民政府办公厅关于印发云南省加快新能源汽车推广应用工作方案的通知》（云政办发〔2018〕74 号）等精神，统筹推进云南省新能源汽车产业发展各项工作，省人民政府决定成立云南省新能源汽车产业发展工作领导小组（以下简称领导小组）。现将有关事项通知如下：

一、领导小组组成人员

组　长：阮成发　省长

副组长：宗国英　常务副省长

董　华　副省长

成　员：杨洪波　省政府副秘书长、省发展改革委主任

李　微　省政府督查室主任

陈　明　省政府副秘书长

黄小荣　省政府办公厅副主任

李石松　省工业和信息化厅厅长

徐　彬　省科技厅厅长

韩　玉　省公安厅副厅长

张岩松　省财政厅厅长

刘佳晨　省自然资源厅厅长

张纪华　省生态环境厅厅长

马永福　省住房城乡建设厅厅长

王云山　省交通运输厅厅长

赵瑞君　省商务厅厅长

和丽贵　省文化和旅游厅厅长

罗昭斌　省国资委主任

张荣明　省市场监管局局长

丁兴忠　省能源局局长

杜　勇　省投资促进局局长

杨承贤　省机关事务管理局局长

唐新民　省税务局局长

赵和玉　省邮政管理局局长

周光灿　国家能源局云南监管办专员

薛　武　云南电网公司董事长

邱　江　省交通投资建设集团有限公司董事长

邱录军　省能源投资集团有限公司总裁

领导小组下设办公室在省工业和信息化厅，办公室主任由李石松兼任，办公室副主任由省工业和信息化厅副厅长陈云生和省能源局副局长张春红担任。

二、领导小组及办公室工作职责

领导小组职责：统筹推进全省新能源汽车产业发展、推广应用和充电基础设施建设等各项工作，研究制定新能源汽车产业发展及充电基础设施建设运营等政策措施，协调解决工作推进中的重大问题。

领导小组办公室职责：承担领导小组日常工作，贯彻落实领导小组决定事项；协调领导小组各成员单

位工作，加强对各州、市指导督促，推进工作落实；督促落实领导小组议定事项，及时研究提出工作意见建议；完成领导小组安排的其他工作。

领导小组成员如有变动，由成员单位相应岗位职责人员自行递补，报领导小组备案，不再另行发文。

云南省人民政府办公厅

2018 年 11 月 14 日

（此件公开发布）

云南省人民政府办公厅关于印发云南省州市级政府耕地保护责任目标考核办法的通知

各州、市人民政府，省直各委、办、厅、局：

《云南省州市级政府耕地保护责任目标考核办法》已经省人民政府同意，现印发给你们，请认真贯彻执行。

云南省人民政府办公厅

2018 年 8 月 15 日

（此件公开发布）

云南省州市级政府耕地保护责任目标考核办法

第一章　总　则

第一条　为贯彻落实《国务院办公厅关于印发〈省级政府耕地保护责任目标考核办法〉的通知》（国办发〔2018〕2 号）、《中共云南省委　云南省人民政府关于加强耕地保护和改进占补平衡的实施意见》（云发〔2018〕11 号）精神，健全州市级政府耕地保护责任目标考核制度，切实加强耕地保护和改进占补平衡，依据《中华人民共和国土地管理法》《基本农田保护条例》和《云南省土地管理条例》等法律法规的规定，制定本办法。

第二条　各州、市人民政府应与省人民政府签订耕地保护目标责任书，对《云南省土地利用总体规划》确定本行政区域内的耕地保有量、永久基本农田保护面积以及高标准农田建设任务负责，州长、市长为第一责任人，分管副州长、副市长为直接责任人。

第三条　省人民政府对各州、市人民政府耕地保护责任目标履行情况进行考核，由省国土资源厅会同省农业厅、统计局（以下称考核部门）负责组织开展考核检查工作。

第四条　州市级政府耕地保护责任目标考核在耕地占补平衡、高标准农田建设等有关考核评价的基础上综合开展，实行年度自查、期中检查、期末考核相结合的方法。

年度自查每年开展 1 次，由考核部门组织各州、市开展；从 2016 年起，每 5 年为一个规划期，期中检查在每个规划期的第 3 年开展 1 次，由考核部门组织开展；期末考核在每个规划期结束后的次年开展 1 次，由省人民政府组织考核部门开展。

第五条　考核部门会同有关部门，根据《云南省土地利用总体规划》确定的有关指标，以及高标准农田建设任务、重大基础设施建设规划、补充耕地任务、补充耕地调剂流转、生态退耕、灾毁耕地等实际情况，对各州、市耕地保有量、永久基本农田保护面积等提出考核检查指标建议，经省人民政府批准后下达，作为州市级政府耕地保护责任目标。

第六条　全国土地利用变更调查提供的各州、市耕地面积、生态退耕面积、永久基本农田面积、高标准农田建设面积数据以及耕地质量调查评价与分等定级成果，作为考核依据。

各州、市人民政府要按照国家统一规范和各级有关要求，建立耕地质量监测网络，合理布局耕地质量监测网点，加强对耕地、永久基本农田保护和高标准农田建设等情况的动态监测，在考核年向考核部门提交监测调查资料，并对数据的真实性负责。

考核部门依据国土资源遥感监测“一张图”和综合监管平台以及耕地质量监测网络，采用抽样调查和卫星遥感监测等方法和手段，对耕地、永久基本农田保护和高标准农田建设等情况进行核查。

第七条 州市级政府耕地保护责任目标考核遵循客观、公开、公正，突出重点、奖惩并重的原则，年度自查、期中检查和期末考核采用定性与定量相结合的综合评价方法，结果采用评分制，满分为 100 分。考核检查基本评价指标由考核部门依据《中华人民共和国土地管理法》《基本农田保护条例》和《云南省土地管理条例》等共同制定，并根据实际情况需要适时进行调整完善。

第二章 年度自查

第八条 各州、市人民政府按照本办法规定，结合考核部门年度自查工作要求和考核检查基本评价指标，每年组织自查。主要检查本行政区域县、市、区上一年度的耕地数量变化、耕地占补平衡、补充耕地调剂流转、永久基本农田占用和补划、高标准农田建设、耕地质量保护与提升、耕地质量动态监测以及本行政区域年度监测报告编制发布等方面情况。

第九条 各州、市人民政府应于每年 5 月 15 日前向考核部门报送上一年度的自查情况。考核部门根据自查情况和有关督察检查情况，将有关情况向各州、市通报，并纳入州市级政府耕地保护责任目标期末考核。

第三章 期中检查

第十条 州市级政府耕地保护责任目标期中检查按照耕地保护工作任务安排实施，主要检查规划期前 2 年各地耕地数量变化、耕地占补平衡、补充耕地调剂流转、永久基本农田占用和补划、高标准农田建设、耕地质量保护与提升、耕地质量动态监测、耕地保护制度建设等方面情况。

第十一条 各州、市人民政府按照本办法和考核部门期中检查工作要求开展自查，在期中检查年的 5 月 15 日前向考核部门报送自查报告。考核部门根据情况选取部分州、市进行实地抽查，结合各州、市本级自查、实地抽查和有关督察检查等，对各州、市耕地保护责任目标落实情况进行综合评价、打分排序，形成期中检查结果报告报省人民政府，由省人民政府报国家考核部门。

第十二条 期中检查结果由考核部门向各州、市通报，纳入州市级政府耕地保护责任目标期末考核。

第四章 期末考核

第十三条 州市级政府耕地保护责任目标期末考核内容主要包括耕地保有量、永久基本农田保护面积、耕地数量变化、耕地占补平衡、永久基本农田占用和补划、高标准农田建设、耕地质量保护与提升、耕地质量动态监测、耕地保护制度建设等方面情况。涉及补充耕地调剂流转的，考核部门可根据国民经济和社会发展规划纲要以及耕地保护工作进展情况，对其耕地保护目标、永久基本农田保护目标等考核指标作相应调整。

第十四条 各州、市人民政府按照本办法和考核部门期末考核工作要求开展自查，在规划期结束后次年的 5 月 15 日前向省人民政府报送耕地保护责任目标任务完成情况自查报告，并抄送考核部门。州、市人民政府对自查情况及有关数据的真实性、准确性和合法性负责。

第十五条 考核部门对各州、市人民政府耕地保护责任目标履行情况进行全面抽查，根据各州、市本级自查、实地抽查和年度自查、期中检查等情况，对各州、市耕地保护责任目标落实情况进行综合评价、打分排序，形成期末考核结果报告。

第十六条 考核部门在规划期结束后次年的 6 月 15 日前将期末考核结果报送省人民政府，由省人民政府在 6 月底前报国务院。

第五章 奖 惩

第十七条 省人民政府根据考核结果，对认真履行州市级政府耕地保护责任、成效突出的州、市给予表扬；有关部门在安排年度土地利用计划、土地整治资金、耕地提质改造项目和耕地质量提升资金时予以倾斜。考核发现问题突出的州、市要明确提出整改措施，限期整改；整改期间暂停该州、市除脱贫攻坚、重大基础设施和民生保障项目以外的建设用地审批。

第十八条 州市级政府耕地保护责任目标考核结果，列为本级政府主要负责人综合考核评价的重要内容，年度自查、期中检查和期末考核结果抄送省委组织部和省发展改革委、财政厅、审计厅、粮食局等部门，作为领导干部综合考核评价、生态文明建设目标评价考核、粮食安全行政首长责任制考核、领导干部问责和领导干部自然资源资产离任审计的重要依据。

第六章　附　则

第十九条　县级以上政府应根据本办法，结合本行政区域实际情况，制定下一级政府耕地保护责任目标考核办法。

第二十条　本办法自2018年9月20日起施行。2006年11月6日经省人民政府同意、由省人民政府办公厅印发的《云南省州市人民政府耕地保护责任目标考核办法》（云政办发〔2006〕180号）同时废止。

年度报告

ANNUAL REPORTS

关于云南省2018年国民经济和社会发展计划执行情况与2019年国民经济和社会发展计划草案的报告

——2019年1月27日在云南省第十三届人民代表大会第二次会议上

云南省发展和改革委员会

一、2018年国民经济和社会发展计划执行情况

初步统计，全省地区生产总值增长8.9%，固定资产投资（不含农户）增长11.6%，地方一般公共预算收入增长5.7%，居民消费价格指数上涨1.6%，社会消费品零售总额增长11.1%，外贸进出口总额增长24.7%，城镇常住居民人均可支配收入增长8%，农村常住居民人均可支配收入增长9.2%，城镇新增就业51.9万人，农村贫困人口脱贫151万人，人口自然增长率为6.8‰左右，万元地区生产总值能耗下降3%。12项国民经济和社会发展主要指标中，地区生产总值等11项指标完成情况较好，达到或超过计划目标；固定资产投资增速低于2018年预期目标4.4个百分点，增速居全国第三位。

2018年，云南省经济社会发展亮点纷呈。一是经济保持总体平稳、稳中有进态势。全省经济运行在合理区间，没有出现大起大落，增速排名全国前列。二是产业结构调整迈出实质性步伐。产业发展思路更加明晰，以八大重点产业和世界一流“三张牌”为核心的产业发展蓝图绘就、推进扎实。三是脱贫攻坚取得重要进展。33个贫困县申请脱贫摘帽，2298个贫困村出列，全省贫困发生率下降到5.38%。四是发展活力持续释放。“放管服”改革“六个一”行动计划成效明显，月均新设立企业近万户。全年引进省外到位资金突破万亿元大关。五是人民群众有更多获得感。农村低保保障标准统一提高到每人每年不低于3500元。企业退休人员养老金实现“14年连调”。实现跨省异地就医直接结算全覆盖。

（一）着力保持经济平稳健康发展

持续推动投资较快增长。超前编制实施“补短板、增动力”省级重点前期项目行动计划。民间投资、工业投资保持较快增长势头，分别增长20.7%、11.3%。多渠道筹措项目建设资金，争取中央预算内资金265亿元、较2017年增长17%。积极挖掘消费潜力。大力实施消费升级行动计划，持续推进“十大扩消费行动”。降低110个国有景区门票价格，总体降价幅度达33.4%。多措并举稳政策稳预期。出台稳增长22条措施、一季度“开门红”工作方案和积极有效利用外资促进外资增长等一系列政策措施，狠抓政策配套衔接和落细落实。

（二）着力深化供给侧结构性改革

压减粗钢产能27万吨，退出煤炭产能1275万吨。省属非金融国有企业平均资产负债率降至69.0%。商品房库存保持在合理区间。全年为实体经济企业减负952.3亿元。全省民营经济增加值增长9.1%。全省农业龙头企业实现销售收入2733亿元、增长8%。规模以上工业企业主营业务收入和利润分别增长14.6%、21.1%。财政收入结构进一步优化，全省税收收入占比达71.4%。创新创业活力加快释放。新建10家省重点实验室、60个院士专家工作站。新增高新技术企业123家，新认定省级科技型中小企业881家。新认定省级“星创天地”35家、省级众创空间20家。

（三）着力推动产业优化升级

重点产业加快发展。烟草制品业增加值增长1.3%，有色、电力行业增加值分别增长12.4%、18.3%。印发实施生物医药、信息、新材料和先进装备制造4个重点产业“施工图”。信息产业成长为千亿级产业。服务经济倍增计划深入实施。第三产业增加值增长7.6%。打造世界一流“三张牌”开局良好。“绿色能源牌”方面，一批水电铝材一体化项目落地文山、大理，丽江、保山、楚雄等地水电硅材一体化项目加快推进。“绿色食品牌”方面，农产品加工业产值与农业总产值之比由0.67:1提高到1.11:1，评选出2018年绿色食品“10大名品”和“10强企业”“20佳创新企业”。“健康生活目的地牌”方面，“一部手机游云南”智慧旅游平台基本建成并上线运行，全年接待海内外游客人次和旅游业总收入分别增长20.2%和29.9%；特色小镇创建初见成效，落实22.5亿元财政奖补资金支持15个特色小镇。

（四）着力打好三大攻坚战

重大风险防控稳妥有序。银行业金融机构不良贷

款及不良率实现“双降”。完成年度政府存量债务置换。脱贫攻坚有力有效。全年减少贫困人口151万人。新增34.5万建档立卡贫困人口易地扶贫搬迁任务指标落地、政策落实。产业扶贫、教育扶贫、健康扶贫等工作稳步推进。污染防治和生态保护力度加大。全面推进蓝天、碧水、净土“三大保卫战”，打响九大高原湖泊保护治理等“八个标志性战役”。九大高原湖泊水环境质量总体保持稳定。16个州市政府所在地城市环境空气质量优良天数比率为98.9%，森林覆盖率达60.3%。

（五）着力推进城乡区域协调发展

印发实施《云南省乡村振兴战略规划（2018 ~ 2022年）》。全省粮食播种面积6262万亩，总产量达1861万吨。农村土地承包经营权确权登记颁证工作基本完成。88%的自然村对生活垃圾进行了收集处理。全年农林牧渔业增加值增长6.3%。剑川沙溪古镇、弥勒可邑小镇创建成效和经验得到国家部委高度评价。常住人口城镇化率较2017年提升1个百分点左右。评选出2017年度县域经济“10强县”和县域跨越发展“先进县”“进位县”。

（六）着力深化改革扩大开放

关键领域改革稳步推进。“放管服”改革“施工图”印发实施，全省各行业各类证明材料减少90%以上，企业开办时间压缩到8个工作日。全年市场化交易电量达851亿千瓦时、增长21%。居民生活用气临时销售价格每立方米降低0.36元。对内对外开放水平持续提升。中缅经济走廊、中老泰经济走廊和滇老泰合作试验区建设迈出实质性步伐。成功举办第5届中国—南亚博览会暨第25届中国昆明进出口商品交易会。积极参加首届中国国际进口博览会。新引进世界500强企业10家。全年实际利用外资10.6亿美元。

（七）着力加大基础设施补短板力度

交通基础设施方面，实现82个县通高速公路、通车里程达5198千米；铁路营运里程达3856千米，其中高铁达1026千米；通航运营机场达到15个，新开和加密国际航线13条。水利和能源基础设施方面，滇中引水等重大水利工程顺利推进，新开工62件重点水网工程，新增高效节水灌溉面积106.5万亩；新增油气管道460千米。信息基础设施方面，4G网络覆盖99.5%以上的行政村和80%以上的自然村，基本覆盖景区景点和高速公路沿线。物流基础设施方面，昆明、大理、河口、磨憨、瑞丽等地物流枢纽布局和选点扎实推进。城市基础设施方面，开工建设城市地下综合管廊122千米，建成海绵城市50.7平方千米，新建污水配套管网523千米。

（八）着力保障和改善民生

就业形势总体稳定。高校毕业生初次就业率达90.9%。城镇新增就业51.9万人。社会保险体系不断完善。新增补医保药品310个，国家36种谈判药和17种抗癌药已全部纳入医保支付。社会事业全面进步。义务教育巩固率达93.8%，学前三年毛入学率、高中阶段毛入学率分别达79%和80%左右。完成40所县级医院提质达标，乡镇卫生院、村卫生室达标率分别为99.6%、100%。云南博物馆群建设“国门文化”工程启动实施。普洱市等11个地区（单位）被评为全国民族团结进步创建示范区（单位）。社会大局保持和谐稳定。

二、2019年经济社会发展主要预期目标建议

地区生产总值增长8.5%左右，固定资产投资（不含农户）增长12%左右，地方一般公共预算收入增长5%左右，社会消费品零售总额增长11%，外贸进出口总额增长15%以上，居民消费价格涨幅3%左右，城镇常住居民人均可支配收入增长、农村常住居民人均可支配收入增长与经济增长基本同步，城镇新增就业50万人，实现130万农村贫困人口脱贫，人口自然增长率6.8‰左右，完成国家下达的节能减排任务。

三、2019年国民经济和社会发展的主要任务和措施建议

坚持把“巩固、增强、提升、畅通”八字方针作为当前和今后一个时期深化供给侧结构性改革、推动经济高质量发展管总的要求，按照中央经济工作会议和省委十届六次全会部署，对照省政府工作报告，抓好各项工作贯彻落实。重点推进以下八个方面的工作：

（一）积极扩大有效需求，保持经济平稳健康发展

切实稳住有效投资。保持“五网”基础设施、脱贫攻坚、社会事业等短板领域投资力度，聚焦八大重点产业、世界一流“三张牌”扩大工业投资，推动滇中地区、次区域经济中心、产业园区等重点地区投资提速。积极争取中央预算内投资和地方政府专项债券，加快地方政府专项债券发行和使用进度。激发民间投资活力。规范有序推进PPP项目。加强政银企合作，建立重大项目定期通报制度，积极争取信贷支持。大力实施“补短板、增动力”省级重点前期项目计划。激发居民消费潜力。出台完善促进消费体制机制的政策措施。深入实施服务经济倍增计划、消费升级行动计划，增加高品质产品和服务供给。激发农村市场消费潜力，开展优质工业品下乡活动。拓展市场稳外贸。推进中国（昆明）跨境电商综合试验区、县域出口农

产品质量安全示范区建设。支持企业扩大南亚东南亚市场，加快拓展“一带一路”沿线国家、中东、欧洲、澳洲等国际市场。创新发展边民互市贸易。推动跨境动物疫病区域化管理试点工作取得新突破。强化政策供给稳预期。落实好保持经济平稳健康发展22条措施等系列政策。加强政策储备，研究出台推动云南省高质量发展实施意见，系统谋划制造业、服务业、基础设施等领域高质量发展。

（二）继续打好三大攻坚战，为全面建成小康社会打下决定性基础

坚决打好防范化解重大风险攻坚战。完善国有企业风险预警机制，进一步降低国有企业杠杆率。加强政府债务、或有债务和隐性债务动态监控，严控高风险地区债务增长。推进不良贷款存量风险分类处置。坚决打好精准脱贫攻坚战。扎实推进打赢精准脱贫攻坚战三年行动，完成130万贫困人口净脱贫、2457个贫困村出列、31个贫困县摘帽。全力推动迪庆州、怒江州和27个深度贫困县脱贫攻坚。健全完善定点扶贫、东西部扶贫协作、万企帮万村、社会扶贫工作机制。深入开展“自强、诚信、感恩”主题实践活动。坚决打好污染防治攻坚战。持续推进蓝天、碧水、净土“三大保卫战”，全面推进五级河（湖）长责任落实，全力打好以洱海为重点的九大高原湖泊保护治理、以长江为重点的六大水系保护修复等“八个标志性战役”，力争地级及以上城市空气质量优良天数比率达到97.2%以上，劣Ⅴ类水质比例控制在10%以下，受污染耕地安全利用率不低于80%。

（三）加快新旧动能接续转换，推动经济高质量发展

聚焦重点产业推动制造业高质量发展。坚持“两型三化”产业发展方向，聚焦传统产业转型升级和八大重点产业发展，推动传统产业和新兴产业深度融合、先进制造业和现代服务业深度融合、新一代信息技术与实体经济深度融合。实施新一轮技术改造提升行动，大力支持企业实施技术改造，提高装备水平、信息化水平、新品研发应用能力和节能减排水平。完成46户“僵尸企业”出清。持续打造世界一流“三张牌”。“绿色能源牌”方面，加快推进金沙江乌东德水电站等电源项目，推动建设蓄能电站。积极开拓市场，扩大西电东送及外送规模。提升工业用气和输气管道沿线城镇用气比重。全力推进水电铝材一体化、水电硅材一体化在建项目尽快投产、投产项目尽快达产。加快新能源汽车项目建设。“绿色食品牌”方面，落实“抓有机、创名牌、育龙头、占市场、建平台、解难题”各项举措，新增“三品一标”1000个以上，再引进一批投资5亿元以上的大型农业企业。“健康生活目的地牌”方面，加快建设中国（昆明）大健康产业示范区，实施好“一部手机游云南”完善提升等九大工程，力争旅游人次增长20%以上、旅游总收入增长25%以上。大力推动数字经济发展。围绕“资源数字化、数字产业化、产业数字化”，抓紧开展数字经济发展的制度设计、政策制定。启动“数字县城”建设。实施20项智能制造重点示范项目，完成25户骨干企业数字化改造。加快推进创新型云南建设。建立健全研发导向的项目、资金、政策支持机制，加大以企业为主体的全社会研发投入力度。加快推进科技成果示范县、科技成果转化中心建设。深入推进军民融合发展。新培育认定高新技术企业100家、科技型中小企业500家。

（四）深入实施乡村振兴战略，促进城乡区域协调发展

坚持农业农村优先发展。推进《云南省乡村振兴战略规划（2018 ~ 2022年）》落实。深化农业供给侧结构性改革，加快粮食生产功能区和重要农产品生产保护区划定和建设。建设高标准农田200万亩。开展20个“一县一业”示范创建。稳妥有序推进农村集体产权制度改革。大力培育新型职业农民。科学有序推进新型城镇化发展。完善“人地钱”挂钩政策，有序推进农业转移人口市民化。强化昆明的核心作用，以昆明区域性国际中心城市和滇中新区建设引领滇中城市群建设。加强沿边口岸城镇建设。积极推进大理、蒙自、昭通等次区域中心城市建设。推动形成以昆明为核心、以滇中城市群为主体、以沿边口岸城市为支撑的“一核、多中心、网络化、开放型”新型城镇化体系。

（五）推进中国最美丽省份建设，提升生态文明建设水平

抓实最美丽省份建设重点任务。启动实施“美丽县城”建设工程。创建一批园林城市（县城）。深入推进特色小镇创建，评选表彰15个高质量示范特色小镇。启动实施“美丽乡村建设万村示范行动”。高标准打造昆明至丽江、昆明至西双版纳、昆明主城区至长水机场3条美丽公路。推进怒江美丽公路建设。深入推进“厕所革命”。加大生态环境保护力度。严格执行《云南省生物多样性保护条例》。推动主体功能区战略和制度在市县精准落地。统筹推进国土空间生态修复。完成营造林800万亩以上，退耕还林还草和陡坡地生态治理300万亩以上。大力推进绿色发展。

扎实开展生态文明建设示范区创建。深入推进生态环境损害赔偿制度改革、跨界河流生态补偿等工作。探索开展排污权、用能权等交易试点。推进实施生活垃圾分类。

（六）加强“五网”基础设施建设，夯实高质量跨越式发展硬件基础

加快综合交通基础设施网络建设。新增8个以上县通高速公路、通车里程690千米以上。新（改）建农村公路1万千米以上。扎实推进玉磨铁路等8个续建项目建设，确保渝昆高铁年内开工建设。加快昭通机场迁建等19个项目进度，力争开工建设蒙自、怒江等机场。推进水富港扩能改造等9个航运项目建设。加快水利基础设施网络建设。加快推进滇中引水工程、阿岗水库等重大水利工程建设，新开工50件重点水源工程，建成山区“五小水利”工程30万件。加快能源基础设施网络建设。推进乌东德、白鹤滩水电站等在建项目建设，确保中缅电力联网项目开工建设。扎实推进农村电网改造升级、省内骨干电网和天然气支线管道、储气设施建设。加快现代信息基础设施网络建设。推动宽带网络升级，提升4G网络覆盖质量，力争实现边境地区和重点区域4G全覆盖。启动5G网络区域性试点。加快物流基础设施网络建设。加快昆明中心物流基地和瑞丽、河口、磨憨口岸物流基地，以及15个省级重点物流产业园和129个县级物流集散中心建设。

（七）深化改革扩大开放，增强发展动力和活力

持续深化重点领域改革。细化落实国企改革举措，加快构建“1+1+X”国资监管和国企发展新模式。深化天然气等要素价格改革，建立管道天然气门站价格联动机制。深化电力体制改革，力争全年省内市场化交易电量达1000亿千瓦时。深入开展企业上市倍增三年行动。大力营造良好营商环境。落实“营商环境提升年”部署要求，加快建立云南省营商环境评价指标体系。加快推进“一部手机办事通”建设和应用，力争尽快实现政务服务“一网、一门、一次”。落实好国家和云南省各项减税降费政策措施，降低实体经济企业成本900亿元以上。促进民营经济发展。狠抓支持民营经济高质量发展若干政策措施和民营经济健康发展“双10条”政策落实，深入实施民营“小巨人”培育工程、中小企业成长工程。建立健全民营企业融资支持机制，切实缓解中小微企业融资难融资贵。建立健全企业家参与涉企政策制定机制。推动高水平对外开放。主动服务和融入“一带一路”建设，加快建设面向南亚东南亚辐射中心。及时发布实施云南省新时代深化和扩大对外开放政策要点。积极申报建设中国（云南）自由贸易试验区。扎实推进与周边国家基础设施互联互通项目，在中缅、中老、中越经济走廊建设和跨境经济合作区建设方面取得新突破。力争引进省外到位资金1.1万亿元以上、实际利用外资增长10%以上。积极准备参与第二届“一带一路”国际合作高峰论坛、第二届中国国际进口博览会。

（八）更好保障和改善民生，持续提升人民群众获得感幸福感安全感

落实就业优先政策。做好高校毕业生、就业困难人员、退役军人、返乡农民工等重点群体就业工作。打造“双创”升级版，扶持不少于8万人自主创业。完成300万人次农村劳动力培训、1万人次高校毕业生就业培训、1万人次企业职工在岗培训。加强社会保障体系建设。全面推进城乡居民养老保险待遇确定和基础养老金正常调整“双机制”建设。健全社会养老服务体系和农村留守儿童、困境儿童关爱服务保障体系。加快住房制度改革和长效机制建设，促进房地产市场健康发展。实施棚户区改造10万套以上。坚持优先发展教育。确保义务教育巩固率达94%以上。保障好进城务工人员随迁子女教育。推进高中阶段教育普及攻坚，力争高中阶段毛入学率达84%以上。统筹推进“一乡一公办”“一村一幼”建设，力争学前三年毛入学率达83%以上。实施“云上教育”建设工程。加快推进健康云南建设。继续推进40所县级公立医院提质达标建设。加快推进家庭医生签约服务和医联体建设。建设省级全民健康信息平台和预约诊疗平台。继续实施健康老龄化工程。加快推进中医药传承创新发展。推动文化事业繁荣发展。实施现代公共文化服务体系建设行动计划。深入推进文化信息资源共享工程、公共电子阅览室建设、县级文化馆图书馆总分馆制建设。纵深推进民族团结进步示范区建设。实施新一轮“十县百乡千村万户”示范创建工程。大力扶持“直过民族”和人口较少民族，推进少数民族文化保护传承，加强各民族交往交流交融。确保社会和谐稳定。

关于云南省2018年地方财政预算执行情况和2019年地方财政预算草案的报告（节选）

——2019年1月27日在云南省第十三届人民代表大会第二次会议上

云南省财政厅

一、2018年地方财政预算执行情况

2018年，在省委的坚强领导下，在省人大及其常委会的监督指导下，省政府财政部门坚持以习近平新时代中国特色社会主义思想为指导，全面学习贯彻党的十九大和全国“两会”精神，认真学习贯彻省委十届四次、五次全会和省“两会”精神，坚持稳中求进工作总基调，坚持新发展理念，按照高质量发展的要求，规范和加强财政收支管理，深化财税体制改革，突出支出重点，全力服务保障全省高质量跨越式发展大局，圆满完成省十三届人大一次会议确定的收支任务，全省预算执行情况总体较好。

（一）2018年预算收支完成情况

1. 一般公共预算。全省地方一般公共预算收入1994.3亿元，完成年初预算的100.2%，比上年决算数增长5.7%。其中，税收收入1423.2亿元，增长15.3%，占比71.4%，税收收入占比比上年提高了6个百分点。129个县级税收收入占一般公共预算收入比重全部达50%以上，财政收入质量进一步提高。地方一般公共预算收入加上中央补助等收入5050.6亿元，收入总计7044.9亿元。全省地方一般公共预算支出6074.9亿元，完成年初预算的100.3%，增长6.3%。加上一般债券还本等支出758.3亿元，结转支出211.7亿元，支出总计7044.9亿元。

省本级地方一般公共预算收入352.5亿元，完成年初预算的99.9%，比上年决算数增长3.4%。加上中央补助等收入4728.1亿元，收入总计5080.6亿元。省本级一般公共预算支出1101.8亿元，完成年初预算的100.1%，比上年决算数增长0.8%。加上补助下级等支出3895.3亿元，结转支出83.5亿元，支出总计5080.6亿元。

省对下转移支付3145.9亿元，为年初预算的98.6%，比上年增长15.6%。其中：返还性支出129.9亿元，为年初预算的100%；一般性转移支付支出1575.5亿元，为年初预算的100.9%；专项转移支付支出1440.5亿元，为年初预算的96%。主要是中央补助的二级公路化债支出较大幅度减少。

2. 政府性基金预算。全省政府性基金预算收入1287.3亿元，完成年初预算的221.6%，比上年决算数增长75.9%。加上中央补助等收入804.6亿元，收入总计2091.9亿元。全省政府性基金预算支出1266.8亿元，完成年初预算的253.4%，比上年决算数增长106.2%，加上置换专项债务还本等支出552.5亿元，结转结余支出272.6亿元，支出总计2091.9亿元。

省本级政府性基金预算收入115.8亿元，完成年初预算的137.8%，比上年决算数增长26.9%。加上中央补助等收入722.7亿元，收入总计838.5亿元。省本级政府性基金预算支出83.5亿元，完成年初预算的91.9%，比上年决算数增长56.6%。加上补助下级等支出701.8亿元，结转结余支出53.2亿元，支出总计838.5亿元。省本级政府性基金预算支出未完成年初预算的原因是：滇中引水建设工程所需资金受项目审批影响需结转下年使用。

全省及省本级政府性基金预算收支增长较快的原因是：2018年，争取中央新增专项债券大幅增加和土地成交量有所上升，土地出让收入、划拨土地收入增加，相应增加支出安排。

3. 国有资本经营预算。全省国有资本经营预算收入51.6亿元，完成年初预算的192.1%，比上年决算数增长58.8%。加上上级补助等收入4.9亿元，收入总计56.5亿元。全省国有资本经营预算支出36.5亿元，完成年初预算的399.3%，比上年决算数增长10.4%。向一般公共预算调出16.6亿元，结转支出3.4亿元，支出总计56.5亿元。

省本级国有资本经营预算收入43.4亿元，完成年初预算的301.9%，比上年决算数增长198.7%。加上上级补助等收入3.4亿元，收入总计46.8亿元。省本级国有资本经营预算支出25亿元，完成年初预算的750.9%，比上年决算数下降3.4%。向一般公共预算调出13.1亿元，补助下级支出7.8亿元，结转支出0.9亿元，支出总计46.8亿元。

全省及省本级国有资本经营预算收入增加的主要原因是：2018年一次性增加云南白药控股有限公司混改收益28.4亿元，2017年无此类收入。全省及省本级国有资本经营预算支出增加的主要原因是：增加安排资金19.9亿元，用于向相关省属企业注资及解决云南白药控股有限公司历史遗留问题。

4. 社会保险基金预算。全省社会保险基金收入1605.8亿元，完成年初预算的111.2%，比上年决算数下降7.5%。全省社会保险基金支出1267.3亿元，完成年初预算的102.3%，比上年决算数下降13.1%。年末滚存结余2101.5亿元。收支下降的主要原因是：2017年全省大部分地区对2014年以来的机关事业单位基本养老保险进行清算，2018年无此因素。

省本级社会保险基金收入289.9亿元，完成年初预算的133.9%，比上年决算数增长28.4%。省本级社会保险基金支出211.7亿元，完成年初预算的119.4%，比上年决算数增长28.7%。年末滚存结余621.3亿元。

（二）2018年财政政策执行和财政重点工作情况

云南省政府财政部门认真贯彻落实中央和省委的决策部署、省十三届人大一次会议决议、省人大财政经济委员会的审查意见，以及审计提出的意见建议，充分听取省人大代表和省政协委员的建议，按照省政府的各项重点工作安排，积极推动产业发展和财源培育，优化财政资源配置，突出保障支持重点，统筹推进稳增长、促改革、调结构、惠民生、防风险各项工作，财政改革发展取得积极成效。

1. 支持打好三大攻坚战

精准施策支持打好脱贫攻坚第一场硬仗。紧扣“两不愁三保障”，集中财力支持易地扶贫搬迁等十大行动取得扎实进展。一是加大资金投入力度。筹措安排中央和省级财政专项扶贫资金138.9亿元，其中，省级财政资金45.9亿元，增长40.3%，超额完成省级财政投入不低于中央财政专项扶贫资金30%的要求。教育扶贫、健康扶贫等按照现行标准在相关支出中足额安排。二是强化资金整合。在全国率先推进贫困县财政涉农资金省级源头实质性整合，改革资金分配下达方式，破除县级“不敢整、不能整、整不动”等体制机制障碍，整合中央和省级财政涉农资金370.3亿元，下达88个贫困县。三是聚焦深度贫困地区。积极争取中央财政新增资金加大对“三区三州”脱贫攻坚的投入力度，新增资金、项目、政策向深度贫困地区倾斜。重点关注乌蒙山区、曲靖市北部地区、红河州南部山区、普洱市边境一线、文山州石漠化地区等贫困人口较多、贫困程度较深、脱贫难度较大的贫困地区。安排27个深度贫困县的涉农整合资金比上年增长25.1%，其中专项扶贫资金增长69.2%，超过全省平均水平。四是强化资金监管。全面整改专项扶贫资金县级结余结转过大问题。全面实施扶贫资金项目绩效管理。建立扶贫资金动态监控系统，抓好扶贫开发成效考核、审计、巡视等发现问题的整改。

综合施策打好防范化解重大风险攻坚战。地方政府性债务管理在“严堵后门”的同时，积极“开好前门”，全面防范化解重大风险。一是完善管理机构和制度体系。全省14个州（市）本级、91个县（市、区）成立政府性债务管理委员会，实现债务统一归口管理，压实各级政府主体责任。出台防范化解政府性债务风险方案等系列制度。二是从严封堵后门。全面落实政府债务预算管理和限额管理、风险管理和监督管理等各个环节管理制度。搭建云南省财政金融风险防范监测预警信息平台，切实做到风险“早发现、早识别，早预警、早应对”。按照政府债务化解目标，制定一州（市）一县（市、区）一策化债方案。抓好违法违规举债担保和变相举债整改工作。三是积极开好前门。积极向中央争取新增债务限额682亿元，增长30.7%。提前2个月完成全年1567.2亿元政府债券发行任务，其中，新增债券663.8亿元，置换债券903.4亿元，节约利息支出约27亿元，全省存量政府债务平均利率降到4%左右。四是加强财政金融联动。建立财金联动和财金运行动态分析机制，制定出台加强财政金融合作、服务保障经济高质量跨越式发展的政策意见，支持地方金融企业改革。清理规范基金管理、PPP项目和政府购买服务项目。加强担保公司清理核查，全省融资担保机构数量从425户下降到299户，加强呆账核销检查力度，切实防范财政金融风险。

统筹施策支持打好污染防治攻坚战。研究支持生态文明建设系统政策措施，全省财政节能环保支出186.7亿元，支持打好污染防治攻坚战。一是积极支持九大高原湖泊保护治理。研究提出通过发行环保专项债券和实施水质考核激励政策支持九大高原湖泊保护治理的工作思路，形成了全面覆盖九大高原湖泊的财政支持政策体系。支持落实河（湖）长制。筹措安排中央和省级财政资金31.3亿元，支持滇池、洱海、抚仙湖保护治理；通过预算安排和专项债券筹措安排资金22.7亿元，支持异龙湖等其他6大高原湖泊保护治理。九大高原湖泊和六大水系水质保持总体稳定向好态势。二是积极支持“蓝天、碧水、净土”行动。省级财政筹措安排资金8.9亿元，支持推进土地调查和土壤污染状况详查等工作。筹措安排资金6.1亿元，支持完成全省14.7万辆黄标车淘汰任务。三是积极支持森林云南建设。筹措安排资金85.8亿元，深入推进森林云南建设，支持完成退耕还林还草和陡坡地生态治理336万亩，实现国家级和省级公益林生态补偿的同标准和管护的全覆盖。筹措安排资金5.8亿元，落实草原生态保护奖补政策。四是建立生态补偿机制。出台建立健全云南省流域生态保护补偿机制的实施意见，研究制定促进长江经济带生态保护修复补偿奖励政策实施方案和赤水河流域省内横向生态保护补偿实施方案，积极推进跨流域生态补偿。在中央财政支持下，率先与四川、贵州建立赤水河跨省区生态补偿机制。全力配合、积极做好中央环境保护督查“回头看”及高原湖泊专项督查和反馈问题整改工作。

2. 促进经济平稳健康较快发展

出台实施稳增长政策措施。全面落实积极财政政策，着力服务保障高质量经济发展，制定出台实施意见，积极落实省政府促进经济持续健康较快发展22条措施，筹措安排资金195.7亿元，支持工业转型升级、中国制造2025、工业园区、技术改造、降成本等，确保稳增长政策全面落实到位。争取中央车购税和预算内基建投资477.6亿元，发挥投资关键作用，促进固定资产投资持续增长，重点建设“四个一百”和工业转型升级“三个一百”项目加快推进。

积极落实供给侧结构性改革重点任务。筹措中央和省“去产能”奖补资金1.9亿元，支持压减粗钢产能27万吨、淘汰炼铁落后产能107万吨、安置职工915人。筹措安排中央和省保障性安居工程建设资金49.4亿元，支持实施棚户区改造13.9万套、租赁补贴6.8万户。积极支持4户省属国有企业混合所有制改革。筹措安排资金9.8亿元，稳步推进省属国有企业“三供一业”分离移交。筹措安排资金5.8亿元，落实10136名国有企业办中小学、职教幼教退休教师待遇差补助。着力支持基础设施、教育、医疗卫生、文化等领域补短板。

全面落实减税降费政策。配合做好“降成本75条”措施落地，降低企业成本952.3亿元。全面落实增值税税率调整、统一工业商业企业小规模纳税人的标准、宣传文化等行业减免增值税优惠政策，及时完成先进制造业等行业增值税留抵退税15亿元的退税任务。阶段性降低企业部分社会保险费率。停征、免征4项行政事业性收费，降低2项政府性基金征收标准，停征排污费、坝区耕地质量补偿费等。

支持民营经济、实体经济加快发展。落实促进民营经济发展“双十条”措施，采取有效措施推动缓解融资难、融资贵问题。一是扩大中小微企业贷款风险补偿规模。新增安排10亿元，中小微企业贷款风险补偿资金规模达到20亿元，支持金融机构发放中小微企业贷款2.3万余笔、286亿元。二是发挥财政资金杠杆功能。充分发挥省信用再担保公司和农业信贷担保公司作用，构建“政银担”合作和风险分担机制，新增涉农和中小微担保贷款113亿元。三是积极落实普惠金融政策。做好创业担保贷款财政贴息工作，支持新发放创业担保贷款108亿元，全省共扶持创业10.5万人，带动就业28.6万人。筹措安排资金17.9亿元，撬动金融机构发放涉农贷款592.3亿元，全省30家新型农村金融机构、5家基础金融服务薄弱地区金融机构享受到补贴政策优惠。筹措安排保险保费补贴资金5.5亿元，为317.4万头牲畜、2457.4万亩农作物、3.7亿亩森林提供价值1641.4亿元的风险保障。四是支持创业创新和招商引资。筹措安排资金9亿元，支持推进昆明市创业创新基地示范城市建设。支持打造特色载体推动中小企业创新创业升级工作。研究出台招商引资服务保障制度，支持招商引资大数据中心建设、世界500强企业引进等工作。支持昆明市成功申报全国流通领域现代供应链建设示范项目。

统筹支持对外开放。一是支持稳外贸。筹措安排资金5.5亿元专项支持对外贸易，全省外贸进出口保持较快增长。筹措安排资金1.1亿元，支持承接中东部地区产业转移，大力发展加工贸易，积极推动红河、昆明综合保税区等海关特殊监管区建设。二是积极实施“走出去”战略。筹措安排资金4500万元，支持设立30个境外商务代表处，实现对南亚、东南亚国家和与云南省经贸来往密切国家的全覆盖。三是支持通关便利化。推进跨境电子商务公共服务平台和监管场所建设。筹措安排资金2.7亿元，落实“电子商务销售奖励”政策，支持口岸通关便利化，推动口岸提效降费。四是支持各项办展参展活动。做好第5届南博会暨第25届昆交会和首届中国—南亚合作论坛经费保障。积极支持参加中国首届国际进口博览会。2018年，新增争取国家跨境电子商务综合试验区和国家流通领域现代供应链示范项目落户昆明，争取中央补助资金1.3亿元。

3. 助推培育发展新动能

加快构建迭代现代产业体系。坚持把发展实体经济作为支持现代化经济体系建设的重要抓手，促进构建“传统产业＋支柱产业＋新兴产业”的迭代现代产业体系。以“两型三化”为方向，八大重点产业加快培育壮大，支持信息、先进装备制造成长为千亿级产业。工业经济加快转型升级，烟草业稳中有进，有色、电力等行业发展势头良好。信息技术、人工智能和新材料等新兴产业加快发展。筹措安排工业和信息化发展资金 7.5 亿元，支持“三个一百”工业转型升级重点项目、20 项智能制造示范项目、1000 个新一轮技术改造项目、工业园区建设等。

支持打造世界一流的“三张牌”。一是支持打好“绿色能源牌”。紧扣把绿色能源产业打造成云南省重要支柱产业的目标，积极支持推进水电铝材、水电硅材一体化发展。将新能源汽车产业首次纳入省级工业和信息化发展资金支持范围。二是支持打好“绿色食品牌”，筹措安排资金 10 亿元，制定财政奖补支持政策，围绕做大做强做优云南高原特色农业的目标，支持培育壮大绿色食品产业龙头企业。筹措安排资金 5.3 亿元，推动粮食精深加工等，打造高原特色优质粮油产品及品牌。三是支持打好“健康生活目的地牌”，筹措安排资金 5 亿元，重点支持中药生产、标准建设、品种培育、平台建设等，推动中药饮片一二三产业全产业链融合发展。筹措安排重大科技专项（生物医药）资金 1.3 亿元，支持现代生物技术研发、医养平台建设等。筹措安排资金 5 亿元，支持“一部手机游云南”APP 上线运行，推动云南省旅游产业转型升级。

支持实施乡村振兴战略。一是积极推进农业供给侧结构性改革。着力完善财政支农体制机制，筹措农业支持保护补贴资金 40.5 亿元，引导种地农民减少农药、化肥施用量，大力发展节水农业，推进耕地地力保护、提升。筹措安排资金 3.2 亿元，支持开展农村土地承包经营权确权登记颁证工作。二是深入推进农村综合改革试点。筹措中央和省级资金 25.6 亿元，创新开展乡村振兴试点示范和“美丽乡村 + 文化”试点工作，推动美丽乡村建设提档升级。持续推进“一事一议”财政奖补。开展好美丽乡村和村级“四位一体”建设试点，完成 300 个美丽宜居乡村建设任务。深入推进边境县 30 个村级“四位一体”建设和 90 个县（市、区）村级集体经济发展试点。三是积极推进农业综合开发。筹措安排资金 25.8 亿元，支持开展农业综合开发和国土综合整治等工作，建设高标准农田 243.9 万亩。新增 7 个县（市）列入国家级农业综合开发县。四是支持农村组织建设。全省财政筹措资金 64.7 亿元，支持全省 25981 个村民小组活动场所建设，实现村民小组活动场所建设全覆盖。五是支持农村人居环境整治和“厕所革命”。筹措安排资金 2 亿元支持启动实施农村人居环境整治三年行动和全省“厕所革命”三年行动计划。此外，2018 年云南省新增争取 25 个贫困县列入国家电子商务进农村示范县，获得中央补助 4.2 亿元。

支持创新型云南建设。一是加大科技投入。筹措安排资金 16.1 亿元，支持实施创新驱动发展战略，强化“三张牌”的科技支撑能力建设。筹措安排重大专项和重点研发计划 5.4 亿元，聚焦重点产业发展的重大科技需求，支持实施生物医药、新材料、生物种业及农产品精深加工等。筹措安排技术创新及科技型企业培育计划资金 7.2 亿元，调动各类创新主体加大研发投入的主动性、积极性。研究起草云南省财政支持和促进科技成果转化实施意见。深化财政科技资金管理体制改革，建立全省财政科技投入通报制度，激励地方各级政府加大财政科技投入。二是支持人才强省战略。筹措安排资金 2.5 亿元，通过“平台 + 培养 + 引进”三位一体方式支持云南省高层次科技人才建设，支持重点学科技术领域和优势产业发展领域遴选“两类”人才 1911 人，全省 222 家单位引进建立 348 个院士专家工作站等。支持启动云南省“千人计划”“万人计划”，探索建立财政支持人才工作的长效机制。筹措高层次人才生活补贴及培养激励资金 8710 万元，支持“云岭英才计划”实施。

4. 支持重大基础设施建设

支持“五网”基础设施建设。一是支持前期工作。筹措安排省重点项目投资基金省级出资 20 亿元和重大建设项目前期工作经费 5 亿元，助推重大工程项目打牢前期工作。二是支持公路建设。省级财政筹措安排地方高速公路建设资金 75 亿元，助力全省县域高速公路“能通全通”工程建设。怒江美丽公路建设加快推进。省级财政筹措安排资金 44.8 亿元，支持建制村通硬化路、直过民族和沿边地区较大人口规模自然村通硬化路、27 个深度贫困县 50 户以上不搬迁自然村公路建设，保障国省干线和农村公路养护等支出。筹措安排资金 7 亿元，支持农村公路安全生命防护工程建设。筹措安排资金 20.4 亿元，有序化解政府还贷二级公路债务，并争取中央提前较大规模下达 2019 年偿债补助资金 85.8 亿元，比 2018 年增加 67.9 亿元。三是支持铁路民航建设。落实省级铁路建设资金 30 亿元，加快全省铁路网建设。筹措安排资金 5 亿元，持续推动增加国际和地区航线。四是支持水网建设。筹措中央和省级资金 53 亿元，支持滇中引水等水利工程全面推进。筹措安排资金 41.9 亿元，支持加快实施水利灾后薄弱环节建设、完善小型农田水利工程建设体系、推进水生态文明建设、支持防汛抗旱减灾工作等。落实省级水利建设筹资政策，注资省水投公司20亿元，支持全省水利建设。五是支持互联网建设。筹措安排资金2.7亿元，支持云南省电子政务、省党政专用通信二级网建设项目等。

支持城镇基础设施建设。筹措资金支持棚户区改造、地下综合管廊、海绵城市等重点基础设施项目建设。积极开展城市地下综合管廊和海绵城市省级试点。筹措安排资金22.5亿元，对15个特色小镇建设实施奖励。筹措安排资金4亿元，贯彻落实农业转移人口市民化系列财政政策。筹措安排资金6.4亿元，支持城镇污水垃圾处理等基础设施建设。积极支持昭通市入围中央黑臭水体整治示范城市，获得中央补助资金2亿元（详见专栏15）。

5. 着力保障和改善民生

支持教育事业优先发展。全省教育支出达1082.8亿元，比上年增长8.5%。一是促进义务教育均衡发展。省级财政筹措安排资金176亿元，全面落实“两免一补”政策和营养膳食改善计划。省级财政全额负担配套资金23.3亿元，支持88个贫困县全面完成薄弱学校改造任务。省级财政筹措安排资金15.8亿元，支持全省中小学完成C级校舍加固改造。二是支持学前教育和高中教育加快发展。筹措安排资金12亿元，支持学前教育“一村一幼”工程建设和普通高中“扩容提质”工程建设。三是完善高等教育投入机制。筹措安排资金63.4亿元，推进高等教育内涵发展。出台云南省改革完善省属本科高校预算拨款制度实施方案，生均拨款标准提高到1.3万元/年。筹措安排资金9.3亿元，支持云南大学“双一流”建设。四是支持现代职业教育发展。筹措安排资金33亿元，确保省级和州（市）高职院校生均经费达到1.2万元/年，引导各地完善中职学校生均经费政策，加快现代职业教育体系建设。五是完善学生资助体系。支持从学前教育到高等教育的“奖、助、贷、勤、补、免”财政助学政策全覆盖。六是支持教师队伍建设。筹措安排资金13.6亿元，保障农村“特岗教师”计划和中小学骨干教师“国培计划”实施，落实乡村教师差别化待遇政策。省级财政筹措安排资金5000万元，兑现500名乡村优秀教师奖励政策。

支持创业就业。筹措安排资金12.9亿元支持创业就业。一是通过省级就业创业专项资金保障全年“贷免扶补”扶持创业5万人、创业担保贷款扶持创业5万人的任务。二是支持实施“创业孵化基地建设计划”，2018年重点培育建设3个省级创业园示范基地，落实奖补政策，鼓励社会机构将老旧商业设施、仓储设施、闲置楼宇、过剩商业地产转为创业孵化基地，支持社会投资机构通过直接购买或租赁已开发闲置房地产楼盘建立5个创业孵化示范基地和创业示范园区。三是发挥就业补助资金促进就业的作用，帮助城镇失业人员再就业14.9万人，就业困难人员就业12.2万人，开发公益性岗位5.86万个，援助1719户“零就业家庭”至少一人就业，全省“零就业家庭”继续保持动态清零。四是支持就业扶贫、技能扶贫工作，建立农村劳动力实名信息数据库，实现劳动力实时动态监测，实现新增农村劳动力转移就业315.2万人，完成贫困劳动力职业培训174.97万人次。

支持“健康云南”建设。巩固提升基层医疗卫生机构服务能力，筹措安排资金7.3亿元，给予1373个乡镇卫生院、499个社区卫生服务中心（站）、13351个村卫生室等基层医疗卫生机构实施基本药物制度和推进综合改革等补助，对37390名乡村医生按照每人每月300元标准给予补助，积极支持家庭医生签约服务。实施健康扶贫工程，筹措安排资金54.2亿元，落实城乡居民基本医疗保险、大病保险、医疗救助和医疗费用兜底保障“四重保障”政策。筹措安排资金7.8亿元，支持全省新增4所甲等医院、40所县级公立医院提质达标。支持推进公立医院综合改革，探索公立医院运行保障新机制，支持云南省阜外心血管病医院改革试点。筹措安排资金24.6亿元，全省人均基本公共卫生补助经费提高到55元。积极支持关爱妇女儿童健康行动。支持保障全省人民群众饮食用药安全、“四品一械”日常监管和专项整治等工作。

织密社会保障网。一是加快完善社会保障制度体系。全面完成机关事业单位养老保险制度改革。做好养老金提标资金配套工作，同步调整企业退休人员和机关事业单位退休人员基本养老金。筹措安排资金184.9亿元，保障城乡居民基本医疗保险待遇的落实。有效衔接低保和扶贫政策，农村低保保障标准提高到每人每年不低于3500元。提高失业保障水平，切实保障失业人员的基本生活。做好农民工工资支付保障工作。做好基本医疗保险基金收支预算管理和支付方式改革工作。二是支持社会救助体系建设。筹措安排资金107亿元，落实社会救助和保障标准与物价上涨联动机制。进一步完善医疗救助制度，全面实施重特大疾病医疗救助。完善低收入家庭大病保障机制，提升医疗救助分层分类救助水平。筹措安排资金55亿元，支持做好农村危房改造工作。筹措安排资金5.3亿元，支持开展自然灾害生活救助。筹措安排资金3.5亿元，统筹做好残疾人和儿童服务保障，以及残疾儿童康复服务等工作。推进农村留守儿童关爱保护和困境儿童保障，落实建立孤儿生活补助标准自然增长机制。筹措安排资金3.3亿元，支持养老服务体系建设。筹措安排资金32亿元，积极做好优抚安置和退役军人经费保障。

促进文化体育事业繁荣发展。筹措安排公共文化服务体系建设资金11.4亿元，实施文化惠民工程，支持“六馆一站”免费或低收费开放，举办免费公益文体活动等，保障人民群众基本文化权益。加大民族文化遗产保护力度，省级非物质文化遗产传承人的补助标准提高到每人每年8000元。积极支持文艺精品创作和广播电视事业发展等，推动文化事业持续繁荣发展。开展全民健身工程，支持竞技体育和群众体育发展，有效保障上合昆明马拉松、第十五届省运会等重大体育活动。

保障平安云南建设。支持推进国家禁毒大数据云南中心建设。围绕国防和国家安全领域财政事权与支出责任划分改革、公安和司法体制改革、反恐维稳、国防和后备力量建设加强资金保障。积极支持打好第四轮禁毒人民战争、扫黑除恶专项斗争。加大政法综治维稳和公正司法经费保障力度。

支持民族团结进步示范区建设。全面落实《云南省建设中国民族团结进步示范区规划（2016～2020年）》，支持实施民族团结创建工程、民族教育促进工程、民族文化繁荣工程等。“十县百乡千村万户”示范创建工程进展良好，普洱等11个地区和单位成为全国民族团结进步创建示范区和示范单位。支持新一轮兴边富民工程全面启动，兴边富民工程改善沿边群众生产生活条件三年行动计划有效实施。

切实做好应急救灾工作。省级筹措安排资金17亿元，支持实施地质灾害综合防治体系建设，提高地质灾害综合防治能力。成功争取乌蒙山贫困地区国土综合整治重大工程立项，获得中央补助9.1亿元。筹措安排资金8亿元，支持金沙江干流白格堰塞湖抢险救灾和灾后恢复重建。支持麻栗坡县特大山洪泥石流和通海、墨江地震等应急救灾工作。加强三个地震重点危险区域能力建设。

此外，积极支持做好安全生产和第四次全国经济普查等工作。

6. 深入推进财税体制改革

预算管理体制不断完善。建立健全部门预算管理新框架，初步形成中期规划、年度预算和项目库“三合一”的预算管理体系。重塑部门预算编制链条，确立预算权责关系新规范，落实部门预算主体责任。通过“四本预算”实现财力统筹考虑、项目统筹保障、管理统筹推进。突出抓好项目库建设和预算绩效管理。预算公开做到应公开全公开。出台省级项目库建设管理办法，以加强项目库建设为切入点，将零基预算改革、项目支出通用定额标准和专用定额标准体系建设向纵深推进。

省对下财政体制更加注重激励。坚持保障与激励并重，更加注重激励的原则，进一步完善省对下财政体制。研究实施云南省财政税收增收留用及奖补政策，在全省州（市）、县、乡三级全面实施“增收留用，以奖促增”的奖补办法，将省级分享收入增量全部或大部分留给各地，挖掘县乡财源培植和增收潜力。全年对各地兑现留用奖补资金47亿元，激发和调动了各级培植财源、加快发展的积极性，全省税收比去年增加189亿元。研究拟定省与州（市）基本公共服务领域共同财政事权和支出责任划分方案。清理归并省对下专项转移支付。

全力推进税制改革。深入推进增值税改革，全面落实增值税税率调整、统一工业商业企业小规模纳税人的标准等政策。推进资源税从价计征改革，开展水资源税改革试点扩围准备工作。贯彻实施环境保护税法。积极参与个人所得税改革，配合做好个人所得税法修订工作，抓好个人所得税改革相关政策贯彻落实和宣传解读。配合全国人大、财政部做好烟叶税、耕地占用税、车辆购置税等税法立法工作。配合做好云南省国税地税征管体制改革相关工作。

着力保障相关领域改革。支持推进司法体制财物统管改革。完备省以下法院、检察院财物统管机制，构建省级统管与分区域管理相结合的云南模式。制定法检两院经费统管改革职责清单、聘用制书记员经费“双控”管理保障制度。支持公安边防部队改革平稳过渡。积极确保监察体制改革人员转隶期间工作不断档、不脱节、平稳有序推进。积极做好党政机关机构改革中经费划转和保障工作。筹措安排资金2亿元，支持省级机关后勤服务社会化改革。支持稳妥推进事业单位公务用车制度改革。

7. 建设高质量现代财政

提升财政收入质量。强化财政收入质量管理、激励考核督导，制定“一州一策”、“一县一策”工作方案，督促各州（市）政府对照目标任务抓落实，全省财政税收收入占一般公共预算收入的比重超过70%，达到71.4%，129个县（市、区）非税收入占比全部下降到50%以下。

有效规范财政支出。创新预算执行管理办法，实现财政资金监督和使用形成良性互动，预算支出管理实现无缝对接。转变工作方式，改进“约谈”督促方式，主动上门共研问题、共商措施，合力推进预算执行，预算支出进度不断加快，在财政部地方财政预算执行支出进度月度考核排名中持续靠前。

着力提高县级基本财力保障水平。加大省对下一般性转移支付补助力度，按照保工资、保运转、保民生，托底线、促脱贫、奖绩效的思路，将资金测算分配下达到县，省对下均衡性、基本财力、生态等一般性转移支付大幅增加，下达4项主要财力性转移支付增量104亿元，促进县级财政“三保”责任落实，兜住全省“三保”底线。加大基层“三保”工作检查力度，督促落实和保障“三保”支出。依托增收留用和以奖代补政策，鼓励各地积极增收促进财政收支平衡。

健全资金筹措机制。着眼财政内部挖潜，创新财政投入方式，更多更好地吸引社会资金投入发展。规范推广运用PPP模式，云南省进入财政部PPP综合信息平台项目451个，投资额11197.6亿元。列入国家级示范项目数和投资额均居全国首位。充分发挥政策性担保机构服务小微企业、“三农”和民营企业的优势。加大向中央争取力度，云南省获得均衡性、县级基本财力保障、生态功能区、民族等4项主要财力性转移支付增幅高于全国平均水平5.2个百分点。

全面实施绩效管理。研究建立“一个意见+N个办法+1套规程”的预算绩效管理总体制度框架。全面下达项目支出预算绩效目标。扎实开展绩效跟踪管理，改进和完善绩效评价方式，在部门开展专项资金绩效自评的基础上，选取省级工业和信息化发展、重大动物疫病疫苗及重大动物疫病防控补助、广播电视事业发展、省级环境保护和省级就业创业五项专项资金开展了再评价，并将再评价报告提交云南省十三届人大常委会第四次会议参阅。完成51个省级重大项目细化再评审，审减资金1.2亿元。首次组织开展中央对地方专项转移支付绩效自评。开展2019年部门预算绩效目标前置审核试点，规范部门绩效目标编制，提高编制的规范性、准确性。

8. 全面提升财政管理水平

深化“放管服”改革。实施“六个一”便民行动，全面推进云南省财政系统行政审批标准化建设，积极开展“互联网+政务服务”和“一部手机办事通”的上线事项运行推进工作。深入推进行政审批“证照分离”改革，加强对代理记账机构和会计师事务所的事中、事后监管，提升行业服务能力。积极推动法治财政建设，云南省财政厅被列为“全国财政系统法治财政建设示范点”。

阳光财政建设进一步推进。财政资金支持市场主体“网上申报、网上办理、网上公示”的“云财阳光一网通”平台建成上线，累计注册企业1015户，通过平台申报办理财政专项资金8个，发布扶持政策34项，申报项目1089个，总访问量超过11万次，革命性地改变了政府财政资源的分配方式，极大地提高了财政资金分配的规范性和透明度。

强化财政监督检查。通过开展财政收支真实性、政府性债务管理、扶贫资金监管“三大检查”，切实提高财政收入质量和财政支出收益。从36项专项转移支付清单中选取9个项目，开展专项转移支付资金按因素法分配控制项目试点工作，对全省财政资金下达实施预警监督。

规范内控制度执行。提升内控工作效能。建立与财政部驻云南专员办常态化的沟通交流机制，进一步抓好巡视、审计和监督检查发现问题的整改落实。有序推进政府会计改革。财政干部队伍建设得到加强，干部队伍专业化能力逐步提高，工作作风进一步改进。

主动接受人大、政协监督。主动接受人大及其常委会的法律监督、工作监督和政协民主监督，严格执行人大各项决议、决定和审议意见，加强“两会”期间的财政解释说明服务，进一步完善人大代表沟通联系和建议办理机制。选派近50名处级以上干部列席人大会议，听取意见建议，解释预算报告。闭会期间，组织近20个专题小组，分赴16个州（市），向人大代表、政协委员汇报财政工作，听取意见建议。认真办理建议、提案，2018年共办理省人大建议和省政协提案266件，办复率、按时办结率均达到100%。积极配合全国人大常委会调研组开展专题调研，深入推进预算监督联网平台建设，协助财政部联系服务好在滇全国人大代表。

2018年财政改革发展工作取得的成绩，是以习近平同志为核心的党中央正确领导的结果，是习近平新时代中国特色社会主义思想科学指引的结果，是省委坚强领导的结果，是省人大、省政协和人大代表、政协委员们监督指导的结果，是各地各部门和全省各族人民共同努力的结果。在总结成绩的同时，我们清醒地认识到财政和预算管理工作中还存在一些突出问题：一是收入质量有待进一步提升，财政收入增收基础不牢。二是资金使用绩效有待进一步提高，预算部门重分配、轻绩效观念尚未转变，项目库建设滞后，项目前期准备不充分等导致预算执行进度慢的情况仍然十分突出。三是财政保障能力有待进一步增强，特别是基层财政困难状况没有根本转变。全省“五网”建设、脱贫攻坚、教育医疗卫生补短板等支出增加较多，各级财政紧平衡、硬平衡特征依然突出。四是财政监管有待进一步强化，财政收支管理不规范问题依然存在，部分州（市）、县（市、区）政府性债务风险较高，隐性债务风险加大，财政监管还存在手段不多、力度不够、处罚不严等问题。五是改革有待进一步深化，省以下财税体制改革还有待向纵深推进，部分基本公共服务领域财政事权和支出责任划分改革推进缓慢，预算约束机制有待进一步硬化，全面绩效预算管理改革仍需加强。

二、2019 年地方财政预算安排

2019 年是新中国成立 70 周年，是云南决战脱贫攻坚、决胜全面建成小康社会的关键之年。省政府财政部门将进一步提高政治站位，增强“四个意识”，坚定“四个自信”，坚决做到“两个维护”，坚持“财”自觉服从服务于“政”，不折不扣地贯彻落实中央、省委的各项决策部署和省人大的各项决议，为促进全省经济社会健康持续稳定发展和建设最美丽省份作出积极贡献。

（一）2019 年财政经济形势分析

世界面临百年未有之大变局，中国经济运行稳中有变、变中有忧，内外部环境复杂严峻，但经济发展健康稳定的基本面没有改变，支撑高质量发展的生产要素条件没有改变，稳中向好的总势头没有改变，中国仍处于重要的战略机遇期。全面分析 2019 年云南省财政经济形势，机遇与挑战并存，机遇大于挑战。有利的因素：一是国家继续实施积极的财政政策和稳健的货币政策。较大幅度增加地方政府专项债券规模，持续推进供给侧结构性改革，加大基础设施等领域补短板力度将会为云南省加快发展提供有利条件。二是国家经济发展拥有巨大的韧性、潜力和回旋余地，国家出台的支持西部大开发和老少边穷倾斜政策将为云南省带来跨越式发展的巨大机遇，加强生态环境保护有利于发挥云南省绿色发展优势。推进“一带一路”建设为云南省依托区位优势加快“走出去”提供便利。三是云南省传统优势产业持续转型升级，八大重点产业加快成长，“三张绿色牌”、数字经济等新兴产业项目逐步建成投产，“五网”基础设施等重大项目落地，推动制造业高质量发展，现代化经济体系和产业体系不断构建完善，经济持续健康增长的基础更加坚实。四是改革活力持续迸发。深入推进“放管服”改革，影响持续健康发展的结构性问题正逐步得到解决。着力改善营商环境和深化国企国资改革，微观主体活力和创造力不断释放。五是财政税收增收留用及以奖代补政策效益不断显现，各地发展实体经济、培植财源的积极性不断提升，将进一步促进经济增长、财政增收。不利的因素：一是宏观经济面临下行压力，中美经贸摩擦的负面影响逐步显现，防范化解重大风险任务艰巨，财税健康运行环境复杂，财政增收难度大。二是云南省构建支撑经济高质量发展的现代化经济体系步伐不够快，新旧动能接续转换较慢，资源优势、区位优势尚未转化为经济优势，有效需求增长乏力、大项目投资后劲不足。三是更大规模减税降费政策的实施，减税降费力度远超以往，全省税收增长将面临巨大压力，收入质量提升困难。综合判断，2019 年，全省经济发展和财政增收的基础、态势依然较好，但财政税收增长乏力，脱贫攻坚、乡村振兴、基础设施以及教育卫生补短板等刚性支出持续增加，政府性债务还本付息负担较重，全省财政收支矛盾尖锐的状况没有根本改变，基层财政较为困难的现状没有得到根本缓解。

（二）2019 年预算编制的指导思想及原则

2019 年，全省财政工作和预算编制指导思想是：以习近平新时代中国特色社会主义思想为指导，全面贯彻党的十九大和十九届二中、三中全会以及中央经济工作会议精神，遵照习近平总书记对云南工作提出的“一个跨越”“三个定位”“五个着力”等指示要求，认真落实中央经济工作会议、省委十届六次全会和省十三届人大二次会议精神，创造性贯彻落实中央和省委的各项决策部署，统筹推进“五位一体”总体布局和协调推进“四个全面”战略布局，坚持稳中求进工作总基调，坚持新发展理念，坚持推动高质量发展，以供给侧结构性改革为主线，深化财税体制改革，加快建立现代财政制度，全面实施预算绩效管理，牢固树立过紧日子思想，严格压缩“三公”经费等一般性支出，量力而行，尽力而为，统筹用好管好各项财力，突出补短板强弱项保重点，在继续支持打好三大攻坚战的同时，将有限的财政资金投向现代化经济体系建设、科技创新、“五网”基础设施建设、乡村振兴、美丽云南和平安云南建设、保障和改善民生、提高基层财政保障能力等重点领域，努力做好稳增长、促改革、调结构、惠民生、防风险等各项工作，以高质量财政服务保障云南高质量跨越式发展大局，为建设中国最美丽省份做出积极贡献，以优异成绩庆祝新中国成立 70 周年。

按照上述指导思想，2019 年预算编制的基本原则是：一是坚持稳中求进工作总基调。全面落实加力提效的积极财政政策和大规模的减税降费政策，坚持预算安排与经济发展水平相适应，合理确定财政收支水平，推动产业发展和财源培植，着力提高收入质量，严格规范和加强财政支出管理，突出财政支持重点，积极推动经济持续健康较快发展。二是坚持统筹财力办大事要事。牢固树立过紧日子的思想，加大财政资金整合和统筹使用，有保有压、加大对重点领域和关键环节的投入，将财政资源集中投向重大项目、关键环节、短板弱项，集中财力保障中央和省各项决策部署的有效落实。三是坚持深化预算管理制度改革。持续实施全口径预算管理，统筹政府性基金预算和国有资本经营预算、财政存量资金、政府债券资金等资金安排，形成财政资金合力。扎实推进零基预算管理，落实财政资金"能进能退"的决策机制，持续解决政策碎片化、资金分散化等问题。全面落实预算法，加强和规范预算管理。持续强化质量意识、阳光财政和信息化建设。四是坚持全面实施预算绩效管理。将绩效理念融入预算管理的各个环节，构建全方位、全过程、全覆盖的预算绩效管理体系，提高财政资源配置效率和资金使用绩效。促进花钱与办事、绩效与责任深度融合，推动绩效管理覆盖所有财政资金。五是坚持防控风险高质量发展。树立风险底线意识，加强和规范地方政府债务管理，不断提升财政风险防控能力，积极防范化解地方政府债务风险。严格财政预算安排次序，确保"三保"不出问题。不断提高财政收入质量和支出管理水平，不断提高财政服务保障能力和水平。

（三）2019 年全省及省本级收支预算安排

1. 一般公共预算。全省地方一般公共预算收入 2094 亿元，比上年快报数增长 5% 左右。加上中央各项补助等收入 4303.1 亿元，收入总计 6397.1 亿元。全省地方一般公共预算支出 6379 亿元，比上年快报数增长 5%。加上上解中央支出 18.1 亿元，支出总计 6397.1 亿元。收支平衡。

省本级地方一般公共预算收入 370 亿元，比上年年初预算增长 4.8%。加上中央各项补助等收入 4519 亿元，收入总计 4889 亿元。省本级地方一般公共预算支出 1233.2 亿元，比上年年初预算增长 12.1%。加上补助下级等支出 3655.8 亿元，支出总计 4889 亿元。收支平衡。

根据云南省人大常委会决定，2019 年财政部提前下达的新增一般债券收入 255 亿元，已按要求纳入全省及省本级年初预算。

2. 政府性基金预算。全省政府性基金预算收入 1427 亿元，比上年快报数增长 10.9%。加上中央补助等收入 227.3 亿元，上年结余收入 272.6 亿元，收入总计 1926.9 亿元。全省政府性基金预算支出 1681.5 亿元，比上年快报数增长 32.7%，调出资金 119 亿元，结转支出 126.4 亿元，支出总计 1926.9 亿元。收支平衡。

省本级政府性基金预算收入 104.3 亿元，比上年年初预算增长 24.1%。加上中央补助等收入 227.3 亿元，上年结余收入 53.2 亿元，收入总计 384.7 亿元。省本级政府性基金预算支出 142.7 亿元，比上年年初预算增长 57.1%。补助下级等支出 227.8 亿元，调出资金 11.6 亿元，结转支出 2.7 亿元，支出总计 384.7 亿元。收支平衡。

根据云南省人大常委会决定，2019 年财政部提前下达的新增专项债券收入 191 亿元，已按要求纳入全省及省本级年初预算。

3. 国有资本经营预算。全省国有资本经营预算收入 16.2 亿元，比上年快报数下降 68.7%。上年结转收入 3.4 亿元，收入总计 19.6 亿元。国有资本经营预算支出 9.9 亿元，比上年快报数下降 73%。向一般公共预算调出 9.7 亿元，支出总计 19.6 亿元。收支平衡。

省本级国有资本经营预算收入 12.8 亿元，比上年快报数下降 70.4%。上年结转收入 0.9 亿元，收入总计 13.7 亿元。国有资本经营预算支出 6.8 亿元，比上年快报数下降 72.5%。向一般公共预算调出 6.9 亿元，支出总计 13.7 亿元。收支平衡。

全省及省本级收入减少的主要原因：2018 年省本级实现产权转让收入 29.3 亿元，2019 年无此类收入。全省及省本级支出减少的主要原因是：2019 年国有资本经营收益减少，对应安排支出减少。

4. 社会保险基金预算。全省社会保险基金预算收入 1630 亿元，比上年快报数增长 1.5%，其中，保险费收入 1119.2 亿元，财政补贴收入 455.7 亿元。全省社会保险基金预算支出 1384.3 亿元，比上年快报数增长 9.2%，其中，社会保险待遇支出 1359.6 亿元。年末滚存结余 2309.6 亿元。

省本级社会保险基金预算收入 329 亿元，比上年快报数增长 13.5%，其中，保险费收入 134.1 亿元，财政补贴收入 101.5 亿元。省本级社会保险基金预算支出 265 亿元，比上年快报数增长 25.1%，其中，社会保险待遇支出 189.4 亿元。年末滚存结余 678.6 亿元。

按照《预算法》规定，在 2019 年预算年度开始后和省人代会批准预算之前，为保障省本级正常运转，省级财政已将上年度结转的支出以及必需的基本支出提前下达各部门。同时，部分省对下转移支付也按一定比例提前下达1802亿元。

（四）2019年财政支出主要政策及重点支出项目

全面贯彻落实好中央和省委的各项决策部署，积极的财政政策加力提效，充分发挥好财税政策的逆周期调控作用，突出重点保障，突出打基础利长远，突出经济发展和财政发展可持续。

1. 继续支持打好三大攻坚战

坚决打好防范化解重大风险攻坚战。坚持守土有责、守土尽责，积极贯彻中央和省委决策部署，全面落实防范化解政府性债务风险方案，夯实债务风险责任主体，确保完成2019年政府债务化解任务，确保不发生系统性区域性风险。将提前下达的新增地方政府债务限额全部纳入年初预算管理，加快地方政府债券发行和债券资金使用。加强偿债资金管理，省级财政筹措安排资金62亿元，用于省级债务付息支出，确保法定限额内政府债务不出任何风险。持续完善政府债务风险评估预警机制，定期测算评估并及时通报各地区政府债务风险预警结果。严控高风险地区新增债务限额，督促高风险地区通过增收节支、资产处置等短期和中长期措施安排，使债务规模和偿债能力相一致。全面整改违法违规融资担保和变相举债行为。以加强地方国有金融资本管理为基础，强化防控财政金融风险，服务实体经济，深化金融改革。

坚决支持打好精准脱贫攻坚战。严格落实省级专项扶贫资金预算保障责任，筹措安排扶贫资金60亿元，增长30.4%。重点支持解决“两不愁三保障”突出问题。提前足额安排资金，确保完成99.5万建档立卡贫困人口易地扶贫搬迁建设任务。足额安排资金，确保2019年农村“4类重点对象”危房改造“清零”。按照现行标准和目标任务，足额安排教育扶贫、健康扶贫资金。继续增加生态护林员人数，加大生态扶贫力度。新增资金、项目、举措向迪庆、怒江、昭通、曲靖、红河南部山区等深度贫困地区和特殊贫困群体倾斜。重点支持打赢产业、就业、易地扶贫搬迁、生态、教育医疗住房“三保障”五场硬仗。持续深入推进贫困县涉农资金整合，促进扶贫资金精准投放、精准使用。坚持现行脱贫攻坚标准，全面提高脱贫攻坚质量，对准脱贫攻坚目标，优化资金分配方式，加强项目库建设，推动实现扶贫资金审计和绩效评价全覆盖。完善扶贫资金监管方式，加快扶贫资金动态监控机制建设，促进精准高效使用扶贫资金。

坚决支持打好污染防治攻坚战。省级财政安排节能环保支出13.7亿元，比上年年初预算增长32.4%。突出重点、统筹兼顾，开展中国最美丽省份建设三年行动。安排资金6.3亿元，支持打好蓝天、碧水、净土“三大保卫战”和“八个标志性战役”。支持开展城市黑臭水体治理、海绵城市、城市地下综合管廊等建设工程。积极落实财税支持生态文明建设若干政策，安排资金17.9亿元，推进“森林云南”建设。积极争取国家支持扩大新一轮退耕还林还草规模，落实国家退耕还林还草补助政策，继续实施陡坡地生态治理。支持天然林资源保护工程二期方案顺利实施，落实全面停止天然林商业性采伐补助政策。完善森林生态效益补偿机制。省级财政筹措安排资金40.5亿元，支持九大高原湖泊保护治理。加快推进以长江经济带为重点的六大水系保护修复、植被恢复等重点项目建设，深入实施抚仙湖山水林田湖草生态保护修复试点。加强对自然保护区、重要湿地和生态脆弱区域生态保护的支持，研究完善国家公园体制。积极推进长江流域、珠江流域横向生态补偿工作，做好赤水河流域生态补偿机制试点工作。

2. 推动深化供给侧结构性改革

全面落实更大规模减税降费措施。坚持普惠性减税和结构性减税相结合，全面落实好国家各项减税措施，重点减轻制造业和小微企业负担，支持实体经济发展。对小微企业和科技型初创企业实施普惠性税收减免。全面落实较大范围降低社保缴费费率政策，全面停止省级涉企行政事业性收费。适当降低增值税税率，进一步健全抵扣链条，提高小规模纳税人起征点。落实好个人所得税6项专项附加扣除政策，减轻居民税负。加大减税降费政策宣传力度，及时发布相关税收政策、征管措施，扩大政策知晓面，营造良好氛围。支持提升税务机关纳税服务质量，加强减税各项政策培训和业务指导，优化服务流程，为纳税人享受税收优惠政策提供便利，提高纳税人满意度和获得感。

认真落实“巩固、增强、提升、畅通”八字方针。落实“三去一降一补”政策，大力争取中央补助资金，巩固去产能成果，继续推动钢铁、煤炭行业化解过剩产能，做好人员安置工作。坚持结构性去杠杆，推动金融机构服务实体经济发展。因时因地去库存，把去库存与促进农业转移人口城镇化、补齐医疗教育等公共服务短板有机结合。积极支持降成本，继续执行企业阶段性降低社保缴费政策，降低各类交易成本特别是制度性交易成本。积极争取地方政府专项债券，突出补短板强弱项，不断加大医疗、教育等补短板投入力度。

积极支持民营经济和实体经济发展。在全面落实减税降费政策的同时，采取积极有效措施，协同金融机构，着力缓解民营企业、实体经济融资难、融资贵问题，增强微观主体活力。一是支持实施民营“小巨人”培育工程和中小企业成长工程。二是发挥政策性融资担保作用。筹措安排资金13亿元支持建立中小微企业贷款风险补偿资金和融资担保体系建设，充分发挥省信用担保公司和农业信贷担保公司在缓解民营企业、中小微企业、涉农企业融资难、融资贵问题中的作用，深化与国家融资担保基金对接，力争使新增风险担保贷款和政策性融资担保贷款达到500亿元以上。三是全面落实普惠金融支持政策。推动金融机构新增支持民营企业和中小微企业、涉农企业贷款。四是加快组建云南省国有金融资本控股集团。优化国有资本布局，拓展支持民营经济、实体经济和重点项目的规范融资渠道。支持园区和产业聚集化发展，探索建立与工业园区规划布局、重点发展产业紧密结合的财政资金竞争性分配机制。五是进一步完善“阳光云财一网通”平台建设。优化简便程序，支持企业等市场主体的财政资金网上公开办理工作。

3. 支持加快现代化经济体系和产业体系建设

积极支持八大重点产业等加快发展。支持制造业强省战略，推动制造业高质量发展，支持发展智能制造。助推新旧动能持续转换，提高财政投入精准度，抓住传统产业优化升级和新兴产业发展壮大“两大引擎”，财政支出突出投向重点园区、重点行业、重点企业和重点项目。安排资金8.8亿元支持烟草、钢铁、有色、化工、建材等传统产业优化升级，以数字化推动烟草、有色、水电等产业智能化、网络化发展。大力支持生物医药、信息等八大重点产业发展，推动战略性新兴产业不断壮大。强化财政政策和金融政策协同，推进财政资金与社会资本融合，实现财政资金由直接向间接、零碎分散向重点扶持转变，激活市场要素资源，提升实体经济发展内在活力。引导建成一批对工业转型升级具有示范引领、投资带动、产业导向作用的重点项目。

积极支持持续打造世界一流的“三张牌”。突出重点支持打造“绿色能源牌”，做大做强做优云南省绿色能源产业。积极支持把绿色能源产业打造成云南省重要支柱产业，重点支持推进电源电网建设，支持实施农网升级改造。支持水电铝材、水电硅材工程研究中心建设，推动科技研发和科技成果转化，抢占产业制高点。省级财政筹措安排资金4.5亿元，推进新能源汽车产业发展及推广应用。落实相关财税政策，支持石油炼化和天然气等项目加快建设。加大力度支持打造“绿色食品牌”，推动抓有机、创品牌、育龙头、占市场、建平台、解难题。按照“大产业＋新主体＋新平台”发展思路，省级财政增加安排资金10亿元，支持高原特色农产品深加工及品牌打造。聚焦茶叶、花卉、水果、咖啡等8个产业，把创建“一县一业”示范县作为推进打造“绿色食品牌”和培育壮大县域经济的重要着力点，推动质量农业和绿色农业建设。继续支持“十大名品”、绿色食品“10强企业”“20佳创新企业”评选创建，推动农业生产经营数字化。支持高水平建设云南绿色食品国际合作研究中心和中国普洱茶博物馆，支持呈贡斗南花卉交易中心改造提升，推动形成农业与文化、旅游、教育、康养等高度融合的新业态。提质增效支持打造“健康生活目的地牌”，大力构建“大健康＋全域旅游＋康养＋特色小镇”链条。研究实施系统财税政策，积极支持生物医药产业发展和医疗卫生体系建设，推进中国昆明大健康产业示范区和国际医疗健康城建设。筹措安排资金5亿元，持续支持中药饮片产业发展。筹措安排资金5亿元，继续支持“一部手机游云南”工作，推进旅游转型升级，推动智慧旅游和全域旅游发展。

促进创新型云南建设。省级财政安排科学技术支出28.5亿元，比上年年初预算增长12.5%，着力提升全省研发经费（R&D）投入强度和财政科技投入强度。探索建立正向激励机制和企业定制科技创新服务的财政奖补机制，充分调动政府、企业、高校和科研院所重视科技创新的积极性，形成全省上下多元投入新格局。实施更大力度的财政支持政策，按照能放尽放的要求赋予科研人员更大的人财物自主支配权，激励和推动科技成果加快转化。放大创业投资基金使用效益，吸引和培养更多人才，加快创新型企业培育发展。提高科普经费标准，积极支持人才强省战略，建立支持人才工作财政保障长效机制，推进“千人计划”“万人计划”实施。

支持数字经济发展。支持实施智慧云南行动计划，加快建设数字云南。筹措安排资金4.5亿元，支持实施数字经济发展，以数字经济助推“三张牌”，支持以数字化推动农业一二三产业融合发展。支持构建全省一体化的禁毒、反恐、林业、农业、气象等大数据中心体系。支持区块链产业试验区建设，支持工业“互联网＋”和加快发展智能制造。支持社会治理创新。全力支持以“一部手机办事通”引领智慧政务，推动智慧城市、数字乡村、智慧教育和数字化医疗建设发展。

4. 支持实施乡村振兴战略和新型城镇化建设

深化农业供给侧结构性改革。积极落实好各项强农惠农富农政策，坚持质量兴农、绿色兴农，完善财政支农投入稳定保障机制，完善涉农资金整合机制，筹措安排资金21亿元，支持改善农业农村发展支撑条件，提升耕地质量，实施藏粮于地、藏粮于技战略，着力构建现代农业产业体系、生产体系、经营体系等三大体系，推动一二三产业融合发展。加大对农民合作组织、家庭农场、专业大户等各类新型经营主体的支持力度，推进农业结构优化升级。

推进农村综合改革。筹措安排资金10.5亿元，支持农村综合改革，实施新型农村集体经济振兴计划和农村环境综合整治，加快美丽乡村建设。强化农业信贷担保体系建设，鼓励金融机构加大向“三农”领域的信贷投入。省级财政筹措安排资金8亿元，完善农村基层组织经费保障机制，落实村组干部待遇标准提高。支持电子商务进农村综合示范县工作，改善农村电子商务配套设施。

推动加快新型城镇化建设。统筹推进乡村振兴和新型城镇化协调发展。围绕打造“一核、多中心、网络化、开放型”的新型城镇化体系，支持加强市政基础设施、垃圾污水处理设施和公共服务能力建设，提高城镇综合承载能力。支持滇中城市经济圈一体化发展，提升滇中等地区的引领带动能力和可持续发展能力。完善农业转移人口市民化奖补政策，积极推动农业转移人口市民化。完善财政支持特色小镇奖补政策，着力提高城镇综合承载能力。支持城市轨道交通建设。

5. 持续加大“五网”等重大基础设施建设支持力度

筹集财力加快基础设施补短板进程。积极支持以综合交通、水利、能源、信息、物流为主要内容的“五网”基础设施建设。省级财政筹措安排省预算内基建投资和前期工作经费35亿元，支持做好重大项目前期工作和项目建设，支持实施“四个一百”等重点项目建设计划。

持续加力支持综合交通基础设施网络建设。省级财政筹措安排资金100亿元，比2018年增加25亿元，支持县域高速公路“能通全通”工程和美丽公路建设。省级财政筹措安排资金40亿元，比2018年增加10亿元，支持铁路建设。省级财政筹措安排资金38亿元，比2018年增加6亿元，支持农村公路建设及农村公路生命安全防护工程建设。省级财政筹措安排资金19亿元，支持国省干线及农村公路养护，筹措安排资金5亿元，支持航空网建设。

不断加大水利等基础设施投入力度。除继续增加农田水利建设投入外，省级财政筹措安排水利建设资金32亿元，继续做好省水投公司资本金注入工作，加快推进滇中引水、重点水源工程、大中型水库等重大水利工程建设。在发挥市场机制作用的同时，安排一部分财政资金，支持加快能源、信息、物流等基础设施建设。

6. 促进扩大对外开放、区域协调发展和民族团结进步

支持高水平对外开放。充分发挥云南在“一带一路”建设、长江经济带和对外开放战略中的区位优势，筹措安排资金13.8亿元，落实稳外贸、促出口系列政策，抓实绿色食品出口、外贸新增长点培育、加工贸易、跨境电商等举措，支持口岸建设和企业走出去。筹措安排资金0.6亿元，支持打造“永不落幕的南博会”。深化沿边金融综合改革，加大世界银行、亚洲开发银行、国际农业发展基金、亚洲基础设施投资银行、新发展银行等外贷项目争取力度，提升利用外资水平和质量。支持建设完善国际贸易“单一窗口”平台和“智慧口岸”，规范口岸市场化经营性收费管理。推动跨境动物疫病区域化管理试点落地见效。研究实施财政体制、税收和资金支持政策，支持跨境合作区、保税区等对外平台建设和发展。

完善转移支付制度体系。推动转移支付资金向深度贫困地区、民族地区、革命老区、边境地区和管理绩效较好地区倾斜，进一步缩小区域间财力水平差距，推动解决云南省区域发展不平衡、不充分的问题。全面落实增收留用和税收增收以奖代补政策，坚持保障激励并重，更加注重激励、奖惩结合，推动州（市）、县（市、区）因地制宜、利用优势发展产业，壮大财源，增强发展内生动力。优化区域发展政策措施，激励推动昆明、玉溪、滇中新区等加快发展，鼓励推动其他地区实现高质量跨越发展。

促进边境民族团结进步。支持全面实施兴边富民三年行动计划，推动民族团结进步示范区建设。新增安排资金3.5亿元，支持民族团结进步事业发展，支持实施第三轮“十县百乡千村万户”工程。扎实推进第二轮改善沿边群众生产生活三年行动计划，有效改善沿边各族群众生产生活条件。筹措安排资金扶持人口较少民族发展，实施“直过民族”和人口较少民族推普攻坚工程。支持宗教事业和顺有序发展。

7. 支持最美丽省份和平安云南建设

支持建设美丽县城和特色小镇。2019 ~ 2021年，每年安排财政专项资金40亿元、争取中央预算内资金和统筹其他资金60亿元，持续支持实施美丽县城建设三年行动，围绕“干净、宜居、特色”三大要素，

用3年时间对全省县城进行改造提升，对每年获得评选表彰的“美丽县城”实施奖补。持续安排22.5亿元，对每年获得评选表彰的15个高质量示范特色小镇实施财政奖补。

支持实施城乡人居环境综合整治。全面落实城乡人居环境整治三年行动计划的财政支持政策，充分激励调动各方面的积极性，推动城乡人居环境整治提质增效。省级财政加大投入力度，重点支持农村人居环境整治，以农村垃圾污水处理和村容村貌提升等为抓手，支持乡村治理。支持美丽乡村建设万村示范行动、每年3000个美丽乡村建设和村镇规划建设管理。

支持实施“厕所革命”。研究政策措施，鼓励支持城镇实施“厕所革命”，全部消除所有城镇建成区旱厕。结合薄弱学校改造，全面开展学校厕所标准化建设工作。结合支持智慧旅游和全域旅游，实现重点旅游城市A级厕所全覆盖。省级财政筹措安排资金20亿元，重点支持农村“厕所革命”。

积极支持平安云南建设。围绕扫黑除恶专项斗争、公安信息化建设、便民措施、公安体制改革、司法体制改革等重点工作加强资金保障。健全稳定投入保障机制，支持全省开展反恐、重大安保、禁毒大数据中心、反恐大数据中心、边境立体化防控体系建设、强边固防、打好第四轮禁毒人民战争。支持实施食品药品安全放心提升行动，深入开展安全工程三年行动计划。强化防灾减灾能力建设，不断提升防灾减灾救灾能力，构建全方位的公共安全防范体系。

8. 提高保障和改善民生水平

按照财政事权和支出责任划分改革实施方案的要求，省级财政足额或超额安排资金保障省级教育、社保、卫生健康支出责任。

支持有质量的教育优先发展。围绕教育经费“两个增长”，加快补教育短板。省级财政安排教育支出130亿元，比上年增长16.1%。筹措安排资金83亿元，支持推进教育均等化，健全完善义务教育阶段的经费保障机制，将各阶段的生均经费政策和资助政策落实到位，促进各阶段教育均衡发展。贯彻落实教育财政事权和支出责任划分改革方案，省级财政筹措安排资金36.7亿元，对下实施补助。积极推进学前三年行动计划和中小学标准化建设。支持普通高中“扩容提质”。支持加强师资队伍建设，提升中小学师资的素质和水平，继续安排专项资金对农村优秀教师予以奖励。筹措安排资金8亿元，持续支持云南大学“双一流”建设。继续提高本科高校生均经费拨款水平，至2019年达到1.4万元/年，推动省属高校深化改革和内涵式发展。积极支持职业教育发展，着力推动教育扶贫工作。研究实施激励政策措施，支持推动社会办学和职业技术教育。

大力支持就业创业。筹措安排中央和省级资金12.2亿元，完善落实积极的就业政策。支持开展公共就业创业服务提升行动，促进以高校毕业生为重点的青年群体和就业困难人员多渠道就业。支持实施万名青年见习计划，扩大见习补贴范围，提高见习补贴标准。全面落实创业担保贷款贴息及奖补政策。完善农村劳动力转移就业服务保障体系，推动“双创”向新行业新技术新业态扩展。做好去产能职工安置、精准就业帮扶等工作。

持续支持“健康云南”建设。省级财政安排卫生健康支出102.9亿元。筹措安排资金13亿元，支持卫生计生事业发展、公共卫生服务、公立医院综合改革，以及完善国家基本药物制度和持续提升基层医疗卫生机构运行机制等。筹措安排资金4.6亿元，支持实施基层医疗卫生机构服务能力提升工程。支持建立大病、慢病等筛查、预防、诊疗体系建设，继续支持云南阜外心血管病医院，支持引进高质量医疗资源进入云南，支持乡村特别是贫困地区乡村医护人员医德医术的培训提升。支持中医药服务能力体系建设。支持医疗卫生人才队伍建设。继续支持实施关爱妇女儿童健康行动方案。积极支持实施“互联网+医疗健康”服务。继续安排资金2亿元，支持三甲医院建设和县级公立医院提质达标。

强化民生兜底保障。省级财政筹措安排资金46.6亿元，用于支持实施全民参保计划，继续提高城乡居民基本医保的财政补助标准，加大大病保障力度。推进基本医保异地就医联网结算工作。合理提高退休人员养老金水平。支持养老服务体系建设，加快养老服务信息化。多渠道支持残疾人服务保障体系建设。做好城乡困难群众救助保障工作。筹措安排资金5亿元，支持城镇棚户区改造，筹措安排资金30亿元，支持农村危房改造，统筹支持农村“4类重点对象”无力建房户危房改造工作。保障军队转业干部、退役士兵安置工作，严格落实国家优抚政策。

支持文化体育等事业发展。筹措安排资金15.7亿元，支持实施基层文化补短板攻坚工程，加快完善公共文化服务体系，实施文化惠民工程等。加快推进“文化云南”、公共文化服务大数据平台和“国门文化”建设工程，打造“云南文化精品”。筹措安排资金1.6亿元，支持文化产业发展。促进民族文化遗产保护传承。推动云南广播电视事业转型发展。积极支持群众体育和竞技体育发展，落实财政支持足球改革发展相关政策。支持实施全民健身国家战略，完善体育场馆向社会免费或低收费开放补助政策。

9. 帮助基层缓解财政困难

加强对各地财政管理的指导帮助。监督指导各地统筹财力合理安排预算，督促县（市、区）安排不甩硬缺口，确保基层财政“三保”落实到位。大力推进地方财政标准化平台建设，实施财政运行预警分析，及时动态掌握各地预算编制和执行情况，对存在突出问题的地区做到早发现、早预警、早处置，坚决守住基层“三保”风险底线。

放权让利推动县域经济发展。努力打造权责清晰、财力协调的财政管理体制。结合财政事权和支出责任划分改革、收入划分改革情况，明晰各级财政保障责任。完善省与各地财政收入划分，按照建立地方税体系的要求，加大放权让利力度，调动各地加快经济发展的积极性，增强县域经济发展的内生动力、活力。

积极推动财力下沉。紧扣保基本、兜底线的要求，在争取中央财政转移支付支持的基础上，加大对下倾斜补助力度。2019 年省对下转移支付预计增长 7%，增幅高于全省一般公共预算支出增幅 2 个百分点。其中，一般性转移支付增长 8%，专项转移支付增长 6.5%。继续坚持保工资、保运转、保民生，托底线、促脱贫、奖绩效的思路，推动财力向财政贫困地区和绩效管理成效较好地区倾斜，转移支付情况将根据年度执行中收入以及中央补助情况进行调整。

健全完善县乡财政体制。支持鼓励经济发达乡镇、特色镇、工业园区所在乡镇恢复一级独立预算，巩固乡镇财政地位。按照“谁发展、谁受益，发展快、受益多”的原则，采取提高乡镇收入分成比例等手段，提高乡镇积极培财源抓收入的积极性。突出加强乡镇财政建设，推进乡镇财政信息化，提高乡镇财政管理能力和水平。

三、确保完成 2019 年预算目标任务的主要措施

（一）建设高质量财政

不断提升财政收入质量。坚持依法依规组织收入、应收尽收，围绕年初确定的收入预期目标，突出重点税种征管，强化纳税服务和管理。充分发挥稽查“利剑”作用，堵塞收入漏洞，做好各项税收的清缴清算。确保主体税种和附加税种同步征收到位，足额入库，提高财政收入质量。

不断提升预算执行质量。牢固树立过紧日子思想，优化财政支出结构，大力压减一般性支出，严控“三公”经费预算，集中财力办大事。加强预算执行监测分析，提高预算执行效能。完善国库集中支付运行机制，积极推动实现省、市、县、乡四级国库集中支付电子化管理全覆盖。健全财政资金动态监控体系，保障财政资金使用安全高效。加强库款管理。

不断提升公共财政公开透明质量。坚持公开是常态，不公开是例外，切实提升政府预决算、部门预决算公开质量，提高公开的真实性、完整性和及时性。强化部门预决算公开的主体责任，建立完善考核和行政问责制度。

（二）强化财政保障能力

以产业发展和经济发展推动培植财源。完善强化财政支持产业发展和经济发展政策措施，全面落实《云南省财政税收增收留用及以奖代补暂行办法》，对各地大力培植财源、实现地方财政税收增收及加快县域经济发展的给予奖励，并对乡镇增收提高奖励幅度，激励各地强化自我“造血”意识，激发和调动各级政府培植财源、加快发展的积极性。

大力争取中央财政支持。抓住机遇，及时研究国家的各项转移支付补助政策，全面加强向财政部等国家有关部委的汇报请示力度，不断增强向上争取支持的针对性和有效性，千方百计争取更多支持。完善争取中央资金支持目标考核办法，健全激励约束机制，调动各级各部门共同争取中央支持的积极性、主动性。

创新财政投入方式。创新对中小企业发展的投入方式，解决制约其发展的融资难、担保难等“瓶颈”问题。创新财政投融资方式，高质量推进 PPP 项目落地实施，推动实现行业引领、区域带动和创新示范效应。鼓励通过发行债券，构建财政金融高效合作新模式。加大与中国政企合作投资基金的对接，争取更多项目落地云南。健全政策性融资担保体系，吸引信贷资金、社会资本、企业资金投入产业发展和重点项目建设。制定国际金融组织和外国政府贷款的中期发展规划。

（三）加强地方政府债务管控

强化专项债券项目前期准备。合规合法开好支持全省重点项目融资的“前门”，提前做好项目储备，做好专项债券项目实施方案编制、审核以及发行前的准备工作，确保新增政府债务限额下达以后，项目成熟一批、债券发行一批、项目施工一批，推动项目尽早开工建设，加快财政资金支出进度，充分发挥债券资金使用绩效。

夯实化解政府债务风险主体责任。按照防范化解政府性债务风险方案各项要求，压实责任，采取有效

措施，狠抓工作落实，稳妥化解存量债务，确保完成年度政府债务化债目标任务。严格落实属地责任，坚决遏制违法违规举债。

健全政府债务风险防控机制。继续完善政府债务风险评估预警机制，及时向各级政府通报政府债务风险评估和预警结果，对列入风险预警和提示名单的高风险地区，督促多渠道筹集资金消化存量债务，逐步将风险指标控制到警戒线以内。做好政府性债务风险分级响应和应急处置工作，必要时实施政府财政重整计划。

（四）着力深化财税体制改革

推动财政事权和支出责任划分改革。按照体现基本公共服务受益范围、兼顾政府职能和行政效率、实现权责利相统一、激励地方政府主动作为等原则，加快省以下基本公共服务领域，交通、科技等领域财政事权和支出责任划分改革工作。按照中央收入划分改革要求，制定出台省与各地收入划分调整方案。调整完善县乡财政管理体制，出台完善乡镇财政管理体制的指导意见。

深化预算管理制度改革。科学合理做好预算编制，完善基本支出定员定额标准、项目支出通用定额标准和以部门为单位的专用定额标准。健全完善项目库管理，把中央和省的决策部署、云南高质量跨越式发展政策措施、部门履职尽责需安排的重点支出，全部纳入到项目库优先安排，切实扭转“资金等项目”的状况。深化零基预算改革，建立财政资金“能进能出”的决策机制。严格保障省级支出责任，分类分档设置部门预算机动经费，赋予部门预算统筹自主权。规范省级专项资金管理，深化省对下专项转移支付改革，加大赋权力度，充分调动各部门积极性，破除财政资金各自为政、零星分散、结构固化、效益不高的问题。强化中期财政规划管理，做好人员、车辆、资产等基础信息管理。

全力推进税制改革。全面落实减税降负政策，切实降低实体经济成本。做好环境保护税税额标准调整衔接工作，支持生态文明排头兵和最美云南建设。推进深化增值税改革措施，落实好增值税改革，推进增值税实质性减税。按国家统一部署做好水资源税改革工作。落实税收法定原则，配合做好税收立法工作。

（五）深入实施全面预算绩效管理

按照“全方位、全过程、全覆盖”的预算绩效管理要求，更加突出绩效导向，强调成本效益，持续推进预算和绩效管理一体化。

在“全方位”上促落实。实施政府预算绩效管理，提高财政资源配置效率；推进部门和单位预算绩效管理，促进部门整体效能提升；实施政策和项目绩效管理，将支出政策制定、实施和结果纳入绩效管理，关注政策落实及效益、资金分配的科学性、合理性。

在“全过程”上实突破。建立绩效评估机制，对新出台重大政策、项目开展预算审核和事前绩效评估，实现预算绩效管理向预算决策拓展。继续强化绩效目标管理，做好绩效运行监控，健全绩效评价结果反馈和整改制度，与预算安排和政策调整挂钩。

在“全覆盖”上提进程。在覆盖一般公共预算、政府性基金预算的基础上，将范围进一步拓展到国有资本经营预算和社会保险基金预算，并纳入全过程绩效管理。

（六）提高财政管理能力

坚持依法行政依法接受监督。自觉接受人大及其常委会的法律监督、工作监督和指导，严格落实人大各项决议、决定和审议意见，完善建议、提案办理机制。坚决查处各类违反《财政违法行为处罚处分条例》等法律法规的行为。自觉接受政协民主监督和全社会群众监督、舆论监督。

加大审计、监督检查查出问题的整改力度。建立完善“问题整改台账”，盯住问题，边查边纠正，逐项整改。注重举一反三，认真分析查找隐患，经常性组织自查自纠，坚决杜绝屡查屡犯、屡改屡犯等现象。将财政专项扶贫政策执行、扶贫资金安排拨付和使用情况作为财政监督检查的重点，重点关注、重点监督，发现问题及时处理和纠正，建立财政专项资金重点监督和日常监管工作机制。

深入推进法治财政建设。加快制定依法行政、依法理财清单和普法责任清单。结合权责清单动态调整、“双随机一公开”、政府诚信平台建设、联合激励惩戒等，继续做好法治财政建设示范点工作。贯彻实施政府会计改革，确保《政府会计制度》全面实施。围绕“放管服”改革，深化财政系统行政审批改革。

云南省2017年国民经济和社会发展统计公报

云南省统计局 国家统计局云南调查总队

2018年6月

2017年，面对错综复杂的经济形势和防范化解风险挑战，全省各族人民在省委、省政府的坚强领导下，深入学习贯彻习近平新时代中国特色社会主义思想和党的十九大精神，坚定不移地贯彻新发展理念，坚持稳中求进的工作总基调，坚持以脱贫攻坚统揽经济社会发展全局，以深化供给侧结构性改革为主线，投资消费多点发力，改革创新协同推进，全省经济呈现出总体平稳、转型加快、质量提升的良好发展态势。在决战脱贫攻坚、决胜全面小康、开创跨越发展的新局面、新征程中迈出坚实步伐。

一、经济增长

国民经济稳中有进。初步核算，2017年全省生产总值[2]（GDP）达16531.34亿元，比上年增长9.5%，高于全国2.6个百分点。其中，第一产业完成增加值2310.73亿元，增长6.0%；第二产业完成增加值6387.53亿元，增长10.7%；第三产业完成增加值7833.08亿元，增长9.5%。三次产业结构由上年的14.8 ∶ 38.5 ∶ 46.7调整为14.0 ∶ 38.6 ∶ 47.4。全省人均生产总值达34545元，比上年增长8.8%。非公经济增加值实现7798.15亿元，占全省生产总值的比重达47.2%，比上年提高0.4个百分点。

图1 2012~2017年云南生产总值及其增长速度

全省公共财政实力进一步增强。全年财政总收入达3392.08亿元，比上年增长5.8%。全省地方一般公共预算收入完成1886.16亿元，比上年同口径增长6.2%，其中增值税完成522.56亿元，增长29.9%；营业税完成5.35亿元，下降94.6%；企业所得税完成161.19亿元，增长8.4%。全省地方一般公共预算支出完成5712.95亿元，比上年增长13.8%，其中，社会保障与就业支出、医疗卫生与计划生育支出、农林水支出、住房保障支出和教育支出分别增长8.9%、17.4%、-7.1%、-20.3%和15%。

图2 2012~2017年云南地方一般公共预算收入及其增长速度

全年稳定物价成效明显。全省居民消费价格指数（CPI）为100.9，比上年上涨0.9%，其中食品价格下降0.2%；工业生产者出厂价格上涨5.2%，工业生产者购进价格上涨6.2%；固定资产投资价格上涨4.9%；农业生产资料价格上涨0.4%，农产品生产者价格下降1.3%。

表1 2017年云南居民消费价格比上年涨跌幅度

单位:%

指标	全省	城市	农村
居民消费价格指数	0.9	0.8	1.3
食品烟酒	0.4	0.2	0.7
粮食	1.6	1.3	2.0
食用油	-2.5	-3.5	-0.8
畜肉类	-4.6	-4.5	-4.6
衣着	0.2	0.1	0.3
居住	0.8	0.5	1.4
生活用品及服务	0.1	0.1	-0.1
交通和通信	1.3	1.3	1.3
教育文化和娱乐	1.1	0.7	2.0
医疗保健	4.3	4.0	4.7
其他用品和服务	1.6	1.9	0.7

全省就业形势保持稳定。全年城镇新增就业人数49.02万人，年末全省城镇登记失业率为3.2%。2017年全省农民工总量[3]为791.4万人。其中，本地农民工283.9万人，比上年增加10.5万人，增长3.8%；外出农民工507.5万人，比上年增加30.8万人，增长6.5%。

全年全员劳动生产率为54209.80元/人[4]，比上年提高8.3%。

二、农业

2017年，全省农业总产值达3808.84亿元，比上年增长6.0%。其中，农业产值2034.04亿元，增长6.0%；林业产值381.53亿元，增长10.7%；牧业产值1153.36亿元，增长4.5%；渔业产值108.19亿元，增长9.4%；农林牧渔服务业产值131.72亿元，增长6.1%。

全年粮食总产量[5]达1929.5万吨，比上年增长1.4%。油料产量68.39万吨，比上年减少0.16%；烤烟产量82.49万吨，减少6.14%；蔬菜产量2077.76万吨，增长5.54%；园林水果产量683.30万吨，减少1.97%；茶叶产量40.55万吨，增长5.46%；鲜切花产量110.29亿枝，增长9.64%。

全年猪、牛、羊、禽肉总产量[6]达385.3万吨，上涨3.4%；牛奶产量59.9万吨，上涨5.2%；禽蛋产量27.9万吨，增长5.4%。

表2 2017年云南主要农产品产量及其增长速度

产品名称	产量(万吨)	比上年增长(%)
粮食	1929.50	1.4
油料	68.39	-0.2
甘蔗	1718.78	-1.1
烤烟	82.49	-6.1
蔬菜(含食用菌)	2077.76	5.5
鲜切花(亿枝)	110.29	9.6
园林水果	683.30	-2.0
茶叶	40.55	5.5
橡胶	43.79	-2.4
核桃	87.50	3.5
咖啡	16.47	4.0
水产品	104.03	4.0

三、工业和建筑业

工业生产平稳增长。全年全部工业增加值4264.70亿元，比上年增长10.3%。规模以上工业[7]增加值3876.34亿元，增长10.6%。在规模以上工业中，分经济类型看，国有及国有控股企业增长8.8%，集体企业下降3.2%，股份制企业增长7.9%，私营企业增长11.4%。分门类看，采矿业增加值316.35亿元，增长9.3%；制造业增加值2827.82亿元，增长8.5%；电力、热力、燃气及水生产和供应业增加值732.17亿元，增长19.5%。

图3 2012~2017年云南全部工业增加值及其增长速度

全年规模以上工业中，烟草制品业增加值1220.48亿元，比上年增长0.5%；电力热力生产和供应业增加值661.39亿元，增长19.6%。六大高耗能行业增加值1395.70亿元，比上年增长19.0%。其中，化学原料及化学制品制造业增长3.6%，非金属矿物制品业增长15.2%，电力热力生产和供应业增长19.6%，黑色金属冶炼及压延加工业增长8.2%，有色金属冶炼及压延加工业增长6.5%，石油加工炼焦及核燃料加工业增长534.3%。

全年规模以上工业粗钢产量1517.50万吨，增长7.1%；钢材产量1607.38万吨，下降2.9%；十种有色金属产量372.73万吨，增长4.9%；水泥产量11292.89万吨，增长3.0%；卷烟产量717.87万箱，下降3.9%；成品糖产量227.13万吨，增长2.9%。

全年规模以上工业企业累计实现利税2105.78亿元，比上年增长39.6%，其中，实现利润771.99亿元，增长145.9%。

全年全社会建筑业增加值2130.91亿元，比上年增长11.5%。全年全省具有资质等级的总承包和专业承包建筑业企业完成总产值4726.36亿元，比上年增长22.2%；实现利润169.5亿元，增长15.1%；上缴税金160.5亿元，增长3.2%。

表3 2017年云南规模以上工业主要工业产品产量及其增长速度

产品名称	单位	产量	比上年增长(%)
发电量	亿千瓦小时	2730.09	10.6
其中:水电	亿千瓦小时	2277.63	10.5
火电	亿千瓦小时	237.06	0.3
铁矿石原矿量	万吨	2717.46	16.4
粗钢	万吨	1517.50	7.1
钢材	万吨	1607.38	-2.9
十种有色金属	万吨	372.73	4.9
其中:铜	万吨	65.09	7.0
原铝	万吨	129.23	0.6
铅	万吨	41.59	19.2
锌	万吨	125.16	3.8
锡	万吨	10.29	5.5
硫酸(折100%)	万吨	1373.13	5.7
烧碱(折100%)	万吨	23.61	-4.5
化肥(折100%)	万吨	271.98	0.1
卷烟	万箱	717.87	-3.9
成品糖	万吨	227.13	2.9
精制茶叶	万吨	15.93	6.2
中成药	吨	61145.40	8.8
自来水生产量	万立方米	68683.11	4.4
机制纸及纸板	万吨	89.55	14.1
水泥	万吨	11292.89	3.0
平板玻璃	万重量箱	293.85	-19.4
人造板	万立方米	379.37	21.6
发电设备	万千瓦	60.17	1.6
变压器	万千伏安	1733.66	-3.0
汽车	辆	160221.00	5.7

四、固定资产投资和房地产业

全年固定资产投资(不含农户)[8]达18474.89亿元,增长18.0%。分三次产业看,第一产业投资896.00亿元,增长42.4%;第二产业投资2846.90亿元,下降0.1%,其中工业投资完成2846.40亿元,下降0.1%;第三产业投资完成14731.99亿元,增长20.9%。民间固定资产投资5974.87亿元,增长11.0%,占全省固定资产投资的比重为32.3%。基础设施投资完成7364.87亿元,增长32.3%,增速较上年回升3.3个百分点,占全省固定资产投资的比重达到39.9%。

图4 2012~2017年云南固定资产投资(不含农户)及其增长速度

表4 2017年云南分行业固定资产投资及其增长速度

行业	投资额(亿元)	比上年增长(%)
全省	18474.89	18.0
农林牧渔业	1209.03	38.2
采矿业	376.64	-0.6
制造业	1838.50	13.7
#烟草制品业	11.93	-34.8
化学原料及化学制品制造业	81.36	-7.8
医药制造业	83.90	13.0
非金属矿物制品业	256.50	17.7
黑色金属冶炼及压延加工业	33.69	55.3
有色金属冶炼及压延加工业	145.42	73.2
电力、热力、燃气及水的生产和供应	631.25	-26.2
建筑业	1.72	143.2
交通运输、仓储及邮政业	3718.24	45.2
信息传输、软件和信息技术服务业	136.02	-40.5
批发和零售业	380.53	38.9
住宿和餐饮业	358.32	54.4
金融业	8.75	-14.4
房地产开发	2786.25	3.6
租赁和商务服务业	70.26	18.2
科学研究和技术服务业	27.66	52.6
水利、环境和公共设施管理业	3035.39	50.1
居民服务和其他服务业	70.86	27.7
教育	584.85	33.3
卫生和社会工作	288.10	33.7
文化、体育和娱乐业	310.14	66.7
公共管理和社会组织	945.33	85.9

全年房地产开发投资达2786.25亿元,比上年增长3.6%,其中,商品住宅投资1743.91亿元,增长6.6%;办公楼投资144.36亿元,下降9.7%;商业营业用房投资485.77亿元,下降2.3%。

全年商品房施工面积21085.35万平方米,比上年增长2.4%;商品房竣工面积2419.63万平方米,增长14.4%;商品房销售面积4327.18万平方米,增长18.9%;商品房销售额2561.19亿元,增长33.6%。

表5 2017年云南房地产业发展主要指标情况

指标	单位	绝对数	比上年增长(%)
房地产开发投资额	亿元	2786.25	3.6
其中:住宅	亿元	1743.91	6.6
其中:90平方米以下住宅	亿元	450.97	-4.6
房屋施工面积	万平方米	21085.35	2.4
其中:住宅	万平方米	13534.43	1.6
房屋新开工面积	万平方米	4017.34	16.3
其中:住宅	万平方米	2632.02	19.6
房屋竣工面积	万平方米	2419.63	14.4
其中:住宅	万平方米	1554.70	8.4
商品房销售面积	万平方米	4327.18	18.9
其中:住宅	万平方米	3484.49	18.8
本年资金来源	亿元	2808.18	8.4
其中:国内贷款	亿元	487.01	7.4
其中:个人按揭贷款	亿元	393.90	30.5
本年购置土地面积	万平方米	822.61	58.6
土地成交价款	亿元	279.01	90.8

五、国内贸易和对外经济

全年社会消费品零售总额6423.06亿元，比上年增长12.2%。按经营地统计，城镇消费品零售额5534.08亿元，增长12.1%；乡村消费品零售额888.98亿元，增长13.1%。按消费形态统计，商品零售额5475.26亿元，增长12.1%；餐饮收入额947.80亿元，增长13.3%。

图5 2012～2017年云南社会消费品零售总额及其增长速度

在限额以上批发和零售业[9]零售额中，粮油、食品类零售额比上年增长22.1%，饮料类增长19.3%，烟酒类零售额增长9.4%，服装、鞋帽、针纺织品类增长8.9%，化妆品类增长15.1%，日用品类增长14.7%，中西药品类增长14.9%，文化办公用品类增长11.1%，家具类增长27.1%，通讯器材类增长17.5%，石油及制品类增长10.4%，建筑及装潢材料类增长19.4%，汽车类增长12.0%。

全年限额以上单位通过互联网实现的零售额26.38亿元，比上年增长18.0%。

全年外贸进出口总额达233.94亿美元，比上年增长17.6%。其中出口总额114.30亿美元，下降0.5%；进口总额119.64亿美元，增长42.3%。全年对欧盟进出口9.72亿美元，下降2.3%；对东盟进出口130.90亿美元，增长10.7%；对南亚进出口5.87亿美元，增长10.5%。

图6 2012～2017年云南进出口总额及其增长速度

全年共批准利用外资项目215个，比上年增长60.45%。合同利用外资51.6亿美元，增长94.5%。实际使用外商直接投资9.63亿美元。

全年非金融领域对外直接投资额18.23亿美元，比上年增长13.0%。

六、交通、邮电和旅游业

全年交通运输、仓储和邮政业增加值为366.59亿元，比上年增长9.6%。

全年货物运输总量13.74亿吨，比上年增长12.7%。货物运输周转量1798.67亿吨千米，增长14.6%。

表6 2017年云南各种运输方式货物运输量及其增长速度

指标	单位	绝对数	比上年增长(%)
货物运输总量	亿吨	13.74	12.7
铁路	亿吨	1.26	7.5
公路	亿吨	12.41	13.3
水运	亿吨	0.07	3.2
民航	万吨	8.43	-6.6
货物运输周转量	亿吨公里	1798.67	14.6
铁路	亿吨公里	420.62	10.9
公路	亿吨公里	1360.37	16.0
水运	亿吨公里	16.21	6.7
民航	亿吨公里	1.46	-2.5

全年旅客运输总量 4.70 亿人，比上年减少 3.5%。旅客运输周转量 596.70 亿人千米，增长 1.9%。

表7 2017 年云南各种运输方式旅客运输量及其增长速度

指标	单位	绝对数	比上年增长(%)
旅客运输总量	亿人	4.70	-3.5
铁路	亿人	0.60	17.2
公路	亿人	3.86	-6.4
水运	亿人	0.13	3.5
民航	亿人	0.12	0.8
旅客运输周转量	亿人公里	596.70	1.9
铁路	亿人公里	131.90	18.9
公路	亿人公里	308.27	-3.7
水运	亿人公里	2.88	6.4
民航	亿人公里	153.66	1.1

年末全省民用汽车保有量达到 624.17 万辆（包括三轮汽车和低速货车 1.51 万辆），比上年末增长 12.7%，其中私人汽车保有量 569.58 万辆，增长 14.0%。民用轿车保有量 272.28 万辆，增长 11.1%，其中私人轿车 256.23 万辆，增长 11.8%。

全年邮电业务总量[10]1210.26 亿元，比上年增长 119.64%。其中，邮政业务总量 66.24 亿元，增长 32.36%；电信业务总量 1144.02 亿元，增长 128.36%。邮政业全年完成邮政函件业务 1777.82 万件，包裹业务 81.91 万件，快递业务量 22775.76 万件；快递业务收入 36.01 亿元。年末固定电话用户 301.09 万户。其中，城市电话用户 246.97 万户，农村电话用户 54.11 万户。新增移动电话用户 285.65 万户，年末达到 4228.44 万户，其中 3G 移动电话用户 320.32 万户，4G 移动电话用户 2951.43 万户。年末全省固定及移动电话用户总数达到 4529.53 万户，比上年末增加 251.73 万户。固定电话普及率下降至 6.31 部 / 百人，移动电话普及率上升至 88.64 部 / 百人。固定互联网宽带接入用户 812.58 万户，比上年增加 157.27 万户；移动互联网用户 3680.47 万户（含无线上网用户和手机上网用户），增加 378.41 万户。

全年接待海外入境旅客（包括口岸入境一日游）1364.66 万人次，比上年增长 13.8%；实现旅游外汇收入 35.50 亿美元，增长 15.5%。全年接待国内游客 5.67 亿人次，增长 33.3%；国内旅游收入 6682.58 亿元，增长 47.3%；全年实现旅游业总收入 6922.23 亿元，增长 46.5%。

七、金融、保险和证券业

金融市场运行总体平稳。全年金融业实现增加值 1194.67 亿元，比上年增长 6.3%。年末金融机构人民币存款余额达 29963.85 亿元，增长 8.1%，其中住户存款余额 13164.69 亿元，增长 10.3%；年末全省金融机构人民币各项贷款余额达 25398.93 亿元，增长 10.2%，其中，住户短期消费贷款余额 690.95 亿元，增长 29.24%；住户中长期消费贷款余额 3642.95 亿元，增长 18.42%。

全年保险公司原保险保费收入 613.28 亿元，比上年增长 15.85%。其中，财产险业务原保险保费收入 255.14 亿元，增长 13.69%；寿险业务原保险保费收入 260.55 亿元，增长 19.18%；健康险业务原保险保费收入 77.01 亿元，增长 13.59%；意外伤害险业务原保险保费收入 20.58 亿元，增长 11.15%。全年支付各类赔款及给付 218.05 亿元，比上年增长 5.8%。其中，财产险业务赔款 115.06 亿元，增长 3.88%；寿险业务给付 59.27 亿元，增长 5.57%；健康险赔款及给付 37.77 亿元，增长 10.79%；意外伤害险赔款及给付 5.95 亿元，增长 16.67%。

全年云南企业通过证券市场累计融资 583.34 亿元，比上年减少 111.34 亿元。其中，A 股首发融资 42.21 亿元，增加 31.98 亿元，A 股再融资（包括配股、公开增发、非公开增发、认股权证融资）131.77 亿元，减少 28.78 亿元；云南企业通过发行公司债、次级债、中小企业私募债、并购重组私募债、资产证券化产品融资 409.36 亿元，减少 114.57 亿元。年末全省有上市公司 34 家，总股本 567.71 亿股；总市值 5125.98 亿元，比上年增加 1197.33 亿元。

八、教育、科学技术

全年高等教育招生 31.46 万人，比上年增长 12.91%，在校生 94.54 万人，增长 5.52%，毕业生 25.35 万人，增长 11.07%。其中：研究生招生 1.40 万人，增长 25.4%。在校研究生 3.66 万人，增长 10.80%。毕业研究生 1.03 万人，增长 3.25%。其中普通本、专科共招生 23.28 万人，增长 15.43%；在校生 70.59 万人，增长 7.5%；毕业生 17.53 万人，增长 14.97%。成人高等教育本、专科共招生 6.78 万人，增长 3.0%；在校生 20.30 万人，下降 1.65%；毕业生 6.80 万人，增长 3.22%。各类中等职业教育（含技工学校）招生 23.98 万人，在校生 64.18 万人，毕业生 17.10 万人。普通高中招生 29.79 万人，在校生 83.41 万人，毕业生 25.22 万人。初中招生 63.39 万人，在校生 187.28 万人，毕业生 60.54 万人。普通小学招生 63.48 万人，在校生 375.20 万人，毕业生 64.55 万人。学前教育在园（班）幼儿 139.43 万人。

年末共有国家批准组建的工程技术研究中心 4 个、

省级工程技术研究中心122个，国家重点实验室6个，省重点实验室52个，新认定创新型企业42家。全年共登记科技成果1224项，其中基础理论成果80项，应用技术成果1109项，软科学成果35项，有1个项目获得2017年度国家科学技术奖。已建立国家级高新技术产业开发区2个，省级高新技术产业开发区27个。全年专利申请28695件，获专利授权14230件；认定登记技术合同3504项，成交金额达84.99亿元。

九、文化、卫生和体育

年末全省共有各种艺术表演团体101个，文化馆149个，公共图书馆151个，博物馆123个。全省广播、电视人口覆盖率分别达到98.39%和98.66%。中、短波转播发射台51座，广播电台9座，电视台14座，广播电视台124座，有线电视实际用户407.97万户。

年末全省共有医疗卫生机构24688个，其中医院1252个；医疗卫生机构拥有床位数27.48万张，卫生技术人员28.39万人，其中执业（助理）医师9.39万人。疾病预防控制中心153个，卫生技术人员6964人；专科疾病防治院（所、站）30个，卫生技术人员787人；妇幼保健院（所、站）145个，卫生技术人员12066人。卫生院1361个，含乡镇卫生院1355个、街道卫生院6个，床位50165张，卫生技术人员4.14万人。全年全省报告甲类传染病0例，乙类传染病报告发病人数9.3万例，报告死亡2433人；报告传染病发病率195.04/10万，死亡率5.1/10万。

全年云南运动员在国际比赛中获金、银、铜牌14枚；在全国比赛中获金、银、铜牌208枚。

十、资源、环境和安全生产

全年在规模以上工业主要能源消费量中，原煤消费量7111.89万吨，下降4.44%；焦炭消费量858.16万吨，下降3.16%；天然气消费量9.40亿立方米，增长25.84%；电力消费量984.12亿千瓦时，增长2.67%。规模以上单位工业增加值能耗比上年下降5.04%。

全年水资源总量2208亿立方米。全年平均降水量1351.5毫米。年末全省水利工程蓄水总量89.6亿立方米，比上年增长2.25%。全年新增水土流失治理面积4770平方千米，新增实施水土流失地区封育保护面积3873平方千米。

全年全省完成人工造林面积277716公顷；当年新封山育林72461公顷，其中：无林地和疏林地封山育林17956公顷，有林地和灌木林地新封山育林54505公顷；退化林修复面积36972公顷；人工更新面积9公顷；森林抚育面积143332公顷。

林业重点工程营造林完成情况：人工造林135196公顷；无林地和疏林地新封山育林16207公顷，有林地和灌木林地新封山育林50522公顷；退化林修复面积1060公顷；森林抚育75885公顷。

年末城市污水处理厂日处理能力达到349万立方米，城市污水处理率达到90.58%，提高2.29个百分点。全省城市建成区绿地率达到32.86%，提高1.47个百分点。

全年生产安全事故死亡人数为1441人，比上年下降37.67%。亿元GDP生产安全事故死亡人数为0.087人，同比下降44.23%；工矿商贸企业（不含煤矿）生产安全事故死亡人数为305人，同比下降9.76%；煤矿百万吨死亡人数为0.102人，同比下降79.44%。全年共发生道路运输事故1090起，造成1064人死亡，931人受伤，直接财产损失共2144万元。

十一、人口、人民生活与社会保障

年末全省常住人口为4800.5万人，比上年末增加30.0万人。全年出生人口64.8万人，出生率为13.53‰；死亡人口32.0万人，死亡率为6.68‰；自然增长率为6.85‰，比上年提高0.24个千分点。年末全省城镇人口2241.4万人，乡村人口2559.1万人，全省城镇化率达46.69%，比上年提高1.66个百分点。

表8 2017年云南人口数及其构成

指标	年末数（万人）	比重（%）
全省年末总人口	4800.5	100.00
其中：城镇	2241.4	46.69
乡村	2559.1	53.31
其中：男性	2490.9	51.89
女性	2309.6	48.11
其中：0-14岁	864.6	18.01
15-64岁	3502.9	72.97
65岁及以上	433.0	9.02

全年全体居民人均可支配收入[11]18348元，比上年增长9.7%。按常住地分，城镇常住居民人均可支配收入30996元，增长8.3%；农村常住居民人均可支配收入9862元，增长9.3%。城镇常住居民人均消费性支出19560元[12]，增长5.0%。农村常住居民人均生活消费支出8027元，增长9.5%。

图7 2012~2017年云南居民人均可支配收入及其增长速度

年末全省参加城镇职工基本养老保险人数为591.45万人，比上年末增加9.65万人。其中，参保职工420.12万人，参保离退休人员171.34万人。参加城乡基本养老保险人数2258.95万人，增加1.42万人。参加城镇基本医疗保险人数为4463.81万人，增加3300.18万人。全省参加失业保险人数为259.81万人，增加8.65万人。全省参加工伤保险的人数达383.67万人，增加10.92万人。参加生育保险人数达307.92万人，增加12.01万人。

按照每人每年2300元（2010年不变价）的农村贫困标准测算，2017年全省农村贫困人口[13]279万人，比上年减少95万人。

年末全省各类提供住宿的社会服务机构和设施2251个，其中养老服务机构和设施2064个。社会服务床位13.3万张，其中养老床位11.6万张。各类社区服务设施1678个，其中，社区服务中心141个，社区服务站1529个。全年销售社会福利彩票75.8亿元。

注释：

[1]本公报中数据均为初步统计数。

[2]生产总值、三次产业增加值的绝对值按现价计算，增长速度按可比价计算。

[3]农民工总量由国家统计局云南调查总队提供。

[4]全员劳动生产率为GDP（以2015年价格计算）与全部就业人员的比率。

[5]粮食总产量由国家统计局云南调查总队提供。

[6]肉类总产量、牛奶产量、禽蛋产量由国家统计局云南调查总队提供。

[7]规模以上工业企业是指年主营业务收入2000万元及以上工业法人企业。

[8]固定资产投资（不含农户）是指城镇和农村非农户计划总投资500万元及以上的固定资产项目投资和房地产开发投资。

[9]限额以上批发企业是指年主营业务收入2000万元及以上的批发企业，限额以上零售企业是指年主营业务收入500万元及以上的零售企业。

[10]邮政业务总量按2010年不变价格计算，电信业务总量按2015年不变价格计算。

[11]居民人均可支配收入数据由国家统计局云南调查总队提供。居民人均可支配收入指通过住户收支与生活状况调查取得的，调查户在调查期内获得的、可用于最终消费支出和储蓄的总和，即调查户可以用来自由支配的收入，除以家庭常住人口得到的人均收入。可支配收入既包括现金，也包括实物收入。按照收入的来源，可支配收入包含四项，分别为：工资性收入、经营净收入、财产净收入、转移净收入。按常住地分，得到城镇和农村居民可支配收入。

计算公式为：

可支配收入=工资性收入+经营净收入+财产净收入+转移净收入

其中：经营净收入=经营收入－经营费用－生产性固定资产折旧－生产税

财产净收入=财产性收入－财产性支出

转移净收入=转移性收入－转移性支出

[12]居民人均消费支出数据由国家统计局云南调查总队提供。居民人均消费支出指住户在调查期间内用于满足家庭日常生活消费需要的全部支出，包括用于消费品的支出和用于服务性消费的支出，除以家庭常住人口得到的人均支出。根据用途不同，消费支出可划分为食品烟酒、衣着、居住、生活用品及服务、交通通信、教育文化娱乐、医疗保健、其他用品及服务八大类。根据来源不同，消费支出可划分为现金消费支出、实物消费支出（含自产自用、来自单位、来自政府和其他社会组织）。按常住地分，得到城镇和农村居民消费支出。

[13]农村贫困人口由国家统计局云南调查总队提供。

2017年云南省环境状况公报

云南省环境保护厅

一、环境质量

（一）水环境

1. 主要河流水环境质量

按《地表水环境质量标准》（GB3838～2002）和《地表水环境质量评价办法（试行）》评价，全省河流总体水质良好。六大水系主要河流受污染程度由重到轻排序依次为：长江水系、珠江水系、澜沧江水系、伊落瓦底江水系、红河水系、怒江水系。

在145条主要河流（河段）的253个监测断面中，157个断面水质优，符合Ⅰ、Ⅱ类标准，占62%；52个断面水质良好，符合Ⅲ类标准，占20.6%；24个断面水质轻度污染，符合Ⅳ类标准，占9.5%；6个断面水质中度污染，符合Ⅴ类标准，占2.4%；14个断面水质重度污染，劣于Ⅴ类标准，占5.5%。

按断面水质符合水环境功能类别衡量（简称达标），222个断面水质达标，占87.7%，在评价断面增加67个的情况下，全省主要河流水质保持稳定。云南省主要河流（河段）水质的主要浸染指标为总磷、化学需氧量、五日生化需氧量和高锰酸盐指数。

云南省主要河流（河段）断面水质类别表

单位（个）

水系名称	Ⅰ类	Ⅱ类	Ⅲ类	Ⅳ类	Ⅴ类	劣Ⅴ类	合计
长江	6	37	16	15	3	9	86
珠江	2	13	11	6	2	2	36
红河	6	32	9	1	0	1	43
澜沧江	3	35	11	2	1	2	54
怒江	0	16	4	0	0	0	20
伊落瓦底江	0	13	1	0	0	0	14
小计	11	146	52	24	6	14	253

2. 出境、跨界河流水质状况

云南省主要河流26个出境、跨界河流监测断面中，23个断面水质优，符合Ⅱ类标准，占84.6%；4个断面水质良好，符合Ⅲ标准，占15.4%。其中六大水系干流出境、夸界主要断面水质符合Ⅱ类标准，均达到水环境功能要求。

3. 湖泊、水库水质状况

按《地表水环境质量标准》（GB3838～2002）和《地表水环境质量评价办法（试行）》评价，云南省湖泊、水库水质总体良好，优良率为86.0%。与2016年相比提高2.2%。64个开展水质监测的主要湖泊中，43个水质优，符合Ⅰ、Ⅱ类标准，占67.2%，比上一年提高1.1%；12个水质良好，符合Ⅲ类标准，占18.8%，比上一年提高1.1%；1个水质轻度污染，符合Ⅳ类标准，占1.6%，比上一年下降1.6%；4个水质中度污染，符合Ⅴ类标准，占6.2%；4个水质重度污染，劣于Ⅴ类标准，占6.2%，比上一年下降0.3%。

47个湖库水质达到水环境功能要求，达标率为73.4%，较2016年上升2.4%。

主要湖泊、水库水质类别表

单位：个

名称	个数	Ⅰ类	Ⅱ类	Ⅲ类	Ⅳ类	Ⅴ类	劣Ⅴ类	水环境功能达标
湖库	64	6	37	12	1	4	4	47
比例（%）	100	9.4	57.8	18.8	1.6	6.2	6.2	73.4

63 个湖库（水体）开展了湖泊营养状况监测，其中 10 个处于贫营养状态、45 个处于中营养状态、2 个处于轻度富营养状态、6 个处于中度富营养状态。

九大高原湖泊中泸沽湖、抚仙湖水质优，符合Ⅰ类标准；洱海、阳宗海水质良好，符合Ⅲ类标准；程海（氟化物、pH 不参与评价）水质轻度污染，符合Ⅳ类标准；滇池草海、杞麓湖水质中度污染、符合Ⅴ类标准；滇池外海、异龙湖、星云湖水质重度污染，劣于Ⅴ类标准。

滇池草海：滇池草海水质类别为Ⅴ类，水质中度污染，未达到水环境功能要求（Ⅳ类）。超标指标为总磷（Ⅴ类，超标 0.51 倍）、五日生化需氧量（Ⅴ类，超标 0.1 类）。湖库单独评价指标总氮为劣Ⅴ类。营养状态指标为 64.6，处于中度富营养状态。与 2016 年相比，营养状态指数有所上升，高锰酸盐指数浓度上升 17.2%。

滇池外海：滇池外海水质类别为劣Ⅴ类，水质重度污染，未达到水环境功能要求（Ⅲ类）。超标指标为化学需氧量（Ⅴ类，超标 1.09 倍），总磷（Ⅴ类，超标 1.68 倍），高锰酸盐指数（Ⅳ类，超标 0.13 倍）。湖库单独评价指标总氮为Ⅴ类。营养状态指数为 65.2，处于中度富营养状态。总磷浓度上升 47.3%，高锰酸盐指数浓度值上升 28.9%，化学需氧量，浓度上升 12.1%，总氮浓度上升 23.7%。

阳宗海：阳宗海水质类别为Ⅲ类，水质良好，未能达到水环境功能要求（Ⅱ类）。超标指标总磷（Ⅲ类，超标 0.2 倍）、化学需氧量（Ⅲ类，超标 0.1 倍）。湖库单独评价指标总氮为Ⅲ类。营养状态指数为 42.7，处于中营养状态。与 2016 年相比，水质类别无变化。营养状态指数略有上升，氨氮浓度上升 46.1%，总氮浓度上升 19.5%。

抚仙湖：抚仙湖水质类别Ⅰ类，水质优，达到水环境功能要求（Ⅰ类）。湖库单独评价指标总氮为Ⅰ类。营养状态指数为 21.8，处于贫营养状态。与 2016 年相比，水质无变化，营养状态指数略有升高。

星云湖：星云湖水质类别为劣Ⅴ类，水质重度污染，未达到水环境功能要求（Ⅲ类）。超标指标为总磷（劣Ⅴ类，超标 3.52 倍、pH 劣Ⅴ类）、化学需氧量（Ⅴ类，超标 0.74 倍）、五日生化需氧量（Ⅳ类，超标 0.25 倍），高锰酸盐指数（Ⅳ类，超标 0.24 倍）。湖库单独评价指标总氮为Ⅴ类好转为Ⅳ类。营养状态指数为 62.8，处于中度富营养状态。与 2016 年相比，水质类别无变化，营养状态指数略有降低，氨氮浓度降低 45.5%；总氮降低 17.4%，五日生化需氧量浓度降低 21.9%。

杞麓湖：杞麓湖水质类别为Ⅴ类，水质中度污染，未达到水环境功能要求（Ⅲ类）。超标指标为化学需氧量（Ⅴ类，超标 0.63 倍）、五日生化需氧量（Ⅴ类，超标 0.59 倍）、总磷（Ⅳ类，超标 0.64 倍）、高锰酸盐指数（Ⅳ类，超标 0.43 倍）。湖库单独评价指标总氮为劣Ⅴ类好转为Ⅴ类。全湖平均营养状态指数为 61.2，处于中度富营养状态。与 2016 年相比，水质类别无变化，营养状态指数略有降低，氨氮浓度降低 59.9%，总氮浓度降低 27.3%，化学需氧量浓度降低 14.7%。

泸沽湖：泸沽湖水质类别Ⅰ类，水质优，达到水环境功能要求（Ⅰ类）。湖库单独评价指标总氮为Ⅰ类。营养状态指数为 12.9，处于贫营养状态。与 2016 年相比，水质与营养状态均保持稳定。

程海：程海水质类别为Ⅳ类（pH，氟化物不参与评价），水质轻度污染，未达到水环境功能要求（Ⅲ类）。超标指标为化学需氧量（Ⅳ类，超标 0.23 倍）。湖库单独评价指标总氮为Ⅲ类。营养状态指数为 44.9，处于中营养状态。与 2016 年相比，水质类别无变化，营养状态指数有所上升，总磷浓度上升 32.4%。

异龙湖：异龙湖水质类别为劣Ⅴ类，水质重度污染，未达到水环境功能要求（Ⅲ类）。超标指标为化学需氧量（劣Ⅴ类，超标 1.53 倍）、高锰酸盐指数（劣Ⅴ类，超标 0.99 倍）、总磷（Ⅳ类，超标 0.12 倍）。湖库单独评价指标总氮为劣Ⅴ类。营养状态指数为 63.8，处于中度富营养状态。与 2016 年相比，水质类别无变化，营养状态指数略有下降，氨氮浓度降低 34%，化学需氧量浓度降低 28.3%，高锰酸盐指数浓度降低 21.9%。

洱海：洱海水质类别为Ⅲ类，水质良好，未达到水环境功能要求（Ⅱ类）。超标指标总磷（Ⅲ类，超标 0.12 倍）。湖库单独评价指标总氮为Ⅲ类。营养状态指数为 42.4，处于中营养状态。与 2016 年相比，水质类别无变化。

4. 集中式饮用水水源地水质状况

地级城市集中式饮用水水源地

按《地表水环境质量标准》（GB 3838 ~ 2002）表 1 项目和《地表水环境质量评价办法（试行）》评价，42 个集中式饮用水水源地的 46 个取水点均达到或优于地表水Ⅲ类标准，达标率为 100%。与 2016 年年度相比保持稳定。

州市级城市集中式饮用水水源取水点水质类别统计

水质类别	Ⅰ类	Ⅱ类	Ⅲ类	Ⅳ类	Ⅴ类
河流型饮用水源（个）	3	6	–	–	–
湖库型饮用水源（个）	3	26	8	–	–
合计（个）	6	32	8	–	–
比例（%）	13.0	69.6	17.4	–	–

县级城镇集中式饮用水水源地

云南省111个县（市、区）的177个县级城镇集中式饮用水源地开展了水质监测，其中，地表水源170个，地下水源7个。按《地表水环境质量标准》（GB3838 ~ 2002）、《地下水质量标准》（GB/T14848 ~ 93）中Ⅲ类标准和《地表水环境质量评价办法（试行）》评价，173个水源满足或优于Ⅲ类水质标准，达标率97.7%，与2016年相比下降1.1.%。4个水源不能满足水质要求，占2.3%。

县级城镇集中式饮用水水源地水质类别统计

水质类别	Ⅰ	Ⅱ	Ⅲ	Ⅳ	Ⅴ
地表水型（个）	26	118	23	3	–
地下水型（个）	–	4	2	–	1
合计（个）	26	122	25	3	1
比例（%）	14.7	68.9	14.1	1.7	0.6

地下水

云南省地下水动态监测网包括7个监测地区，分别是昆明、玉溪、曲靖、楚雄、大理、开远和景洪，控制面积2872平方千米。

监测控制区域地下水水位

孔隙水：水位保持基本稳定态势。

基岩水：总体呈基本稳定，较2016年度呈强上升趋势的比例有所增加。

监测控制区域地下水水质状况

根据云南省地下水水质监测结果，按照《地下水质量标准》（GB/T 14848 ~ 93），对监测点进行水质综合评价（评价项目包括常规项目等48项）。

孔隙水：优良级占19.45%，良好级占19.45%，较差级占52.8%，极差级占8.3%。与2016年相比，孔隙水总体上水质基本稳定，极个别点因地表水混入严重，由较差级变为极差级。主要超标指标：pH、锰、氨氮、硝酸盐、亚硝酸盐、化学需氧量、氯根、总硬度、细菌总数、总大肠菌群等。

基岩水：优良级占33.65%、良好级占34.55%、较好级占3.6%、较差级占30.9%. 基岩水总体水质基本稳定趋向好，主要超标指标：锰、亚硝酸盐、氨氮、pH、氟化物、化学需氧量、细菌总数、总大肠菌群等。

（二）大气环境

1. 环境空气质量

全省主要城市环境空气质量总体保持良好。16个州市政府所在地城市（以下简称16个城市）按照《环境空气质量标准》（GB3095 ~ 2012）开展监测和评价。

按空气质量指数（AQI）评价，16个城市优良天数比例在95.3%~100%之间，丽江市优良天数比例为100%，昭通、景洪优良天数比例为95.3%，全省平均优良天数比例为98.2%。

云南省出现轻度及以上污染天气累计107天，较2016年增加6天，其中轻度污染104天，中度污染3天，首要污染物以细颗粒物为主，占，60.7%，其次是臭氧，占18.8%。按平均值评价，16个城市均符合二级标准。

2017年云南省16个城市二氧化硫年均值浓度范围为6 ~ 19微克/立方米，平均浓度为每立方米12微克/立方米，最大值出现在楚雄；二氧化氮年平均值浓度范围为12 ~ 32微克/立方米，平均浓度为19微克/立方米，最大值出现在昆明；可吸入颗粒物年平均值浓度范围为27 ~ 58微克/立方米，平均浓度为44微克/立方米，最大值出现在昆明；细颗粒物年平均值浓度范围为10 ~ 34微克/立方米，平均浓度为24微克/立方米，最大值出现在蒙自；一氧化碳日均值浓度范围为0.1 ~ 2.3毫克/立方米，最大值出现在玉溪；臭氧日最大8小时平均值浓度范围8 ~ 219

微克 / 立方米，最大值出现在景洪。

16 个城市的环境空气质量年度排名，空气质量相对较好的前 3 名城市依次为丽江、香格里拉和大理，空气质量相对较差的后 3 个城市分别为昆明、昭通和曲靖。

16 个城市环境空气质量年度排行

城市名称	排名	综合指数	最大单项指数	首要污染物
丽江	1	2.30	0.70	O_3
香格里拉	2	2.31	0.66	O_3
大理	3	2.72	0.76	O_3
文山	4	2.77	0.74	O_3
泸水	5	2.80	0.64	O_3
普洱	6	2.93	0.80	$PM_{2.5}$
保山	7	2.94	0.82	O_3
临沧	8	3.01	0.77	O_3
楚雄	9	3.09	0.72	O_3
景洪	10	3.13	0.82	O_3
蒙自	11	3.27	0.97	$PM_{2.5}$
芒市	12	3.36	0.86	$PM_{2.5}$
玉溪	13	3.41	0.78	O_3
曲靖	14	3.58	0.80	$PM_{2.5}$
昭通	15	3.58	0.89	$PM_{2.5}$
昆明	16	3.73	0.83	$PM_{2.5}$

2. 降水和酸雨

2017 年开展降水酸度监测的 23 个城市中（16 个州市政府所在地和安宁市、宣威市、腾冲市、开远市、个旧市、弥勒市、瑞丽市），降水 pH 年平均值在 4.83 ~ 8.04 之间，4 个城市监测到酸雨，其中楚雄、蒙自、大理 3 个城市虽然出现过酸雨，但降水 pH 年平均值在 5.6 以上，属非酸雨区；个旧市的降水 pH 年平均值为 4.83，最小值为 3.65，属酸雨区。

23 个主要城市中 19 个城市未出现酸雨。4 个出现酸雨的城市中，个旧酸雨频率为 65.8%，楚雄酸雨频率为 6.6%，蒙自、大理酸雨频率均小于 5%。

与 2016 年相比，云南省降水 pH 年平均值由 5.78 变为 6.18，酸雨出现频率由 4.2% 下降为 2.5%，降水酸度及频率都略有下降。仅有个旧的酸雨频率有所上升。

3. 城市声环境

城市道路交通声环境质量状况

2017 年云南省共 22 个城市（16 个州市人民政府所在地和宣威市、开远市、个旧市、弥勒市、瑞丽市、腾冲市）设置了 703 个道路交通噪声监测点，对约 978.6 千米城市道路声环境进行了监测。

全省 22 个城市的路长加权平均声级值在 63.3 ~ 70.5 分贝之间，其中昆明、曲靖等 18 个城市平均声级值未超过 68 分贝，道路交通声环境质量为好；弥勒市、个旧市、腾冲市声级值在 68.1 ~ 70.0 分贝之间，道路交通声环境质量为较好；泸水市声级值为 70.5 分贝，道路交通声环境质量为一般；没有道路声环境质量差和较差的城市。全省路长加权平均声级值 66.2 分贝，道路交通声环境质量总体上为好。

978.6 千米的城市道路中：声级值在 70 分贝以下，声环境质量好和较好的路段有 897.1 千米，占 91.7%；声级值在 70 ~ 72 分贝，声环境质量一般的路段有 33.9 千米，占 3.5%；声级值在 72 分贝以上，声环境质量差和较差的路段有 47.6 千米，占 4.8%。

城市区域声环境质量状况

22 个城市（16 个州市人民政府所在地及宣威市、开远市、个旧市、弥勒市、瑞丽市、腾冲市）共设置 2674 个监测点，对约 796 平方千米的城市区声环境质量进行了监测。

22个城市，平均等效声级值的范围在48.5 ~ 55.9分贝之间。其中：楚雄、腾冲、弥勒、宣威、芒市5个城市平均声级值在50分贝之下，声环境质量好，占城市总数的22.7%；昆明、曲靖等15个城市平均声级值在50 ~ 55分贝，声环境质量较好，占68.2%；瑞丽、文山2个城市平均声级值在55 ~ 60分贝，声环境质量一般，占9.1%。

796平方千米的城市区域，声级值范围在32.8 ~ 72.4分贝之间，最大值出现在泸水市。声音环境质量为好或较好，声级值在55分贝以下的区域占69.7%；较2016年提高4.8%。声环境质量为一般，声级值在55 ~ 60分贝的区域占24.4%；声环境质量为差或较差，声级值在60分贝以上区域占5.9%，比2016年增加0.4%。

城市功能区噪声质量状况

全省21个城市（除临沧市外15个州市政府所在地以及宣威市、个旧市、开远市、弥勒市、瑞丽市、腾冲市6个县级市）设置了121个监测点。

云南省各类功能区昼间达标率96.2%，夜间达标率84.6%，昼、夜平均达标率90.4%。各类功能区声环境质量达标率均是昼间高于夜间

各类功能区监测点位达标率与2016年相比：昼间2类区与4a类区基本没有变化，昼间1类区及夜间1、2、3类区达标率有所上升，昼间3类区（工业、仓储物流区）达标率达到100%。夜间4a类区（交通干线两侧）达标率下降了7.5%，夜间交通运输对城市道路两侧影响较突出。

4. 自然生态环境

森林资源现状及变化趋势

云南省森林面积2273.56万公顷，森林覆盖率59.3%；云南省森林蓄积18.95亿立方米，活立木蓄积19.13亿立方米。与第三次森林资源二类调查结果相比，云南省森林面积增加117万公顷，森林覆盖率从56.24%提高到59.3%；森林蓄积由16.02亿立方米增加到18.95亿立方米，增加18.29%；活立木蓄积由16.12亿立方米增加到19.13亿立方米，增加18.67%。林分每公顷蓄积由84.5立方米增加到94.8立方米，增加12.19%，森林质量得到明显提升。

湿地

云南省有纳帕海、碧塔海、拉什海、大山包4处国际重要湿地，巧家马树等15处湿地被认定为省级重要湿地，申报建设国家湿地公园18个，保护范围达5.96万公顷；建立各种级别的湿地类型自然保护区17处。

自然保护区

云南省已建立各种类型、不同级别的自然保护区161个（其中国家级21个、省级38个、州市级56个、区县级46个），总面积约286万公顷，占全省国土面积的7.3%，基本形成了布局合理、类型较为齐全的自然保护区网格体系。

物种

《云南省生物物种名录（2016版）》共收录有25434个物种。其中，大型真菌2729种，占全国的56.9%；地衣1067种，占全国的60.4%；高等植物19365种，占全国的50.2%，包括苔藓1906种，蕨类1363种，裸子植物127种，被子植物15969种；脊椎动物2273种，占全国的52.1%，包括鱼类617种，两栖类189种，爬行类209种，鸟类945种，哺乳类313种。

5. 辐射环境

云南省辐射环境质量监测涵盖环境伽马辐射空气吸收剂量率、空气、土壤、水体、电磁辐射五大类，监测点位覆盖云南省16个州市，其中国控监测点位51个，省控监测点位89个，监测项目27项。建设在昆明市、保山市、临沧市、德宏州等地的4个辐射环境监测自动站连续伽马辐射空气吸收剂量率（含宇宙射线响应值）测值范围为73.9 ~ 128.9纳戈瑞/小时，处于辐射环境背景正常波动范围。

2017年云南省辐射环境质量保持稳定，辐射环境水平处于正常波动水平范围，重点辐射源周围辐射环境水平正常。

二、措施与行动

（一）全面开展环保督察

强力推进中央环境保护督察问题整改，对中央环保督察反馈的4大类14个方面的具体问题进行细化分解到各州市及省级有关部门，2017年底前应完成的整改事项完成率为97.8%，“中长期类”整改工作正在有序推进。

2017年，云南省成立了4个省委省政府环境保护督察组，分4批对各州市开展省级环境保护督察，实现省级环境保护督察队16个州市的全覆盖，共形成整改落实问题484个。

（二）水、土、气“三大战役”

1. 水污染防治行动计划

印发《碧水青山专项行动计划（2017 ~ 2020年）》；加强重点流域水污染防治，全面完成不达标水体达标方案编制；在南盘江流域开展跨界河流水环境质量生态补偿试点工作；加快推进城市黑臭水体整治工作；

继续强化城镇污水处理厂督查力度。与2016年相比，全省化学需氧量排放量下降3.64%，氨氮排放量下降2.89%，总体完成年度既定目标。

2017年，省政府继续将“九大高原湖泊保护治理”纳入督察重点，计划投资48.11亿元，实际完成投资62.98亿元，投资完成率130.9%。九大高原湖泊流域水环境保护治理“十三五”规划项目共计374项，规划总投资588.52亿元。截至2017年底，完工65项，在建200项，完工率17.38%，开工率70.86%，累计完成投资221.85亿元，占总投资的37.7%。

完成16个州市政府所在地，服务人口共961.84万人的37个州市级以上城市集中式饮用水水源评估工作，2017年度实际取水量7.35亿吨，达标取水量7.28亿吨，取水量达标率90%。按年均值评价，37个水源全部达标，与上年相比保持稳定。2017年，全省均未发生州市级以上城市集中式饮用水突发水源污染事故。

2. 土壤污染防治行动计划

印发《云南省土壤污染防治工作方案》和《云南省净土安居专项行动计划（2017 ~ 2020年）》，全面开展农用地土壤污染状况详查，发布第一批土壤环境重点监管企业名单，积极落实重点行业重金属排放量削减，防范建设用地环境风险，有序开展土壤污染治理和修复。

加强固体废物环境监管，组织开展全省电子废物、废轮胎、废塑料等再生利用活动清理整顿，完成覆盖全省的年度危险废物规范化管理监督考核。严格危险废物经营许可证审查和跨省转移审批，新增危险废物综合经营许可证7份，截至2017年底，云南省有效期内危险废物综合经营许可证67份。

3. 大气污染防治行动计划

制定《蓝天保卫专项行动计划（2017 ~ 2020年）》，开展大气污染防治行动计划实施情况评估工作，重点强化对重污染行业的监督管理，加强对大气污染防治行动计划实施情况的督查督办。2017年度对全省淘汰黄标车5.34万辆，淘汰老旧车9.26万辆。与2015年（考核基准年）相比，全省二氧化硫排放量下降2.1%，氮氧化物排放量下降1.0%，314个省级重点减排项目完成304个，完成国家下达的年度主要污染物总量减排任务。

4. 生态环境保护

生物多样性保护

云南省环境保护厅联合中国科学院昆明分院在全国率先编制并发布《云南省生物物种名录（2017版）》，成立云南省生物多样性保护委员会，16个州市建立了生物多样性保护委员会或领导小组，全省生物多样性保护协调管理机制进一步完善。编制《云南省生物多样性保护战略与行动计划（2012 ~ 2030年）》三年实施方案和《云南省生物多样性保护优先区域规划》。

自然保护区建设

开展《云南省自然保护区管理条例》修订工作，制定《云南省地方级自然保护区调整管理规定》，编制《云南省自然保护区发展规划（2017 ~ 2025年）》。联合林业、国土等7部门，组织开展全省自然保护区专项督查。

按照国家部署，开展“绿盾2017”国家级自然保护区监督检查专项行动，对全省各级自然保护区开展监督检查，并配合国家巡查组完成对云南省的巡查工作。严把涉及自然保护区建设项目准入关，推动自然保护区规范化建设。组织完成全省20个国家级自然保护区2次遥感监测实地核查及37个省级自然保护区1次遥感监测实地核查。

天然林保护及退耕还林

云南省实际森林管护面积2.5亿亩，其中：天保工程区完成森林管护面积15232万亩；非天保工程区完成公益林管护面积4640万亩，扩大天然林保护范围停伐面积5424万亩。完成公益林建设21万亩。完成天保工程抚育137万亩，落实5424万亩天然商品林的管护责任，并开展森林管护工作。

2017年，根据国家的统一安排部署，突出抓好退耕还林完善政策、扩大规模、精准扶贫等重点工作，全面完成国家下达云南省2016年度退耕还林工程建设任务160万亩，完成省级陡坡地生态治理工程建设任务20万亩。

水土保持

完成年度新增水土流失治理面积4770平方千米，水利投入资金3.19亿元，开展国家下达的云南省坡耕地综合治理项目19个、国家重点治理工程24个。完成坡改梯6.25万亩，国家水土保持重点工程治理水土流失面积285.71平方千米。

省级审批生产建设项目水土保持方案78件、组织水土保持设施竣工验收95件，共征收水土保持补偿费1.26亿元。重点监督检查104个水土保持项目，对排查抽查发现的违反涉水法律、法规的问题，及时整改。

完成全省水土流失遥感调查，调查结果显示，全省水土流失面积10.47万平方千米，占全省土地总面积的27.33%，较2004年调查结果减少2.95万平方千米，水土流失面积总体呈现减少趋势。

农村环境保护

建立了农村环境综合整治情况定期调度工作机制，加大农村环境综合整治项目的监督检查，加快推进项目实施进度，全年完成979个建制村环境综合整治。

全省推广测土配方施肥4863.92万亩，绿色防控示范面积25.5万亩，专业化统防统治面积2743.45万亩。完成57个规模化大型沼气工程和1个规模化生物天然气工程建设及9.79万立方米厌氧发酵装置建设。

生态文明体制改革

高位推动生态文明体制改革，建立健全生态文明制度体系，制定《中共云南省委全面深化生态文明体制改革专项小组会议议事规则》，总结2014年以来云南省生态文明体制改革情况，明确下一步改革思路重点。截至2017年底，云南省生态文明体制改革总体实施方案和实施意见中明确的八大类126项改革事项已完成94项，完成率74.6%，云南省生态文明体制改革的“四梁八柱”体系逐步构建。

进一步深化“放管服”改革，按照省委机构编制办公室关于调整设立行政审批处的通知要求，撤销省环境保护厅“环境影响评价处”，设立“行政审批处”，实行“一个窗口受理，一次性告知，一个处室对外”办理行政审批事项。

生态文明建设示范区创建

2017年西双版纳、石林县被环境保护部命名为第一批“国家生态文明示范市、县”，实现云南省国家生态文明示范区创建工作零突破。昆明市五华区等13个县（市、区）及昆明市寻甸县金源乡等185个乡镇（街道），分别作为云南省生态文明县（市、区）及生态文明乡镇获得省人民政府命名。

（三）环境影响评价

2017年，云南省审批建设项目环评文件4377项，涉及投资8750.29亿元，其中环保投资706.54亿元；审批建设项目竣工环境保护验收2734项；组织审查规划环评40项。

（四）环境执法

法规制度

加快推进《云南省环境保护条例》《云南省自然保护区管理条例》和《云南省生物多样性保护条例》立法工作，其中《云南省生物多样性保护条例》草案经省政府第124次常务会议审议通过，并报送省人大审议。

专项行动

开展长江经济带州市级以上城市饮用水水源地环保执法专项行动，并督促完成18项主要存在问题的整改；开展洱海流域环境监督检查与执法，处理违法企业18家，其中移送公安机关行政拘留1起；完成安宁市草铺片区44家重点企业的现场排查；开展纳污坑塘排查，共立案调查3件，罚款41.5万元，对1起涉嫌环境污染责任人实施刑事拘留；开展砖瓦行业环保专项执法检查，共排查砖瓦企业1422家，立案查处违法企业111家，依法关闭72家，停产整治11家，共处罚金308.2万元，移送公安行政拘留1起；开展煤炭行业、钢铁行业专项执法监察，累计排查煤炭企业506家，钢铁企业8家，处罚环境违法行为的企业36家，共处罚金301.13万元。

排污费征收

2017年云南省共征收排污费3.83亿元，解缴中央国库3878万元，解缴省级国库7843万元。

环境行政处罚

2017年，全省环境监察系统共出动监察执法人员102542人次，检查企业34569家次，对2078家企业进行立案查处，共处罚款1.43亿元，查处适用环境保护法及四个配套办法的违法典型案件380件，其中：按日计罚14家，查封扣押生产设施163家，责令限产停产130家，涉嫌污染环境犯罪移送公安机关11起，适用行政拘留移送公安机关62起。

环境突发事件及处理

2017年云南省未发生特大（Ⅰ级）、重大（Ⅱ级）、较大（Ⅲ级）突发环境事件，妥善处置3起一般突发环境（Ⅳ级）事件。

（五）城市环境保护

已建成城镇污水处理厂154座，2017年新建配套管网1000千米，进入住房城乡建设部信息系统和环境保护部在线监测系统的污水处理厂144座，投入运行143座，设备调试1座，运行负荷率86.87%，形成处理能力336.77万吨/日，实现所有现场具备污水处理能力。全省城镇污水处理率达到85.6%，再生水利用率达到26%。

建成生活垃圾处理场128座（卫生填埋场112座、焚烧厂11座），实现全省所有县城生活垃圾处理设施全覆盖的目标，建成渗滤液处理设施75座，形成生活垃圾无害化处理能力19436吨/日，城镇生活垃圾无害化处理率达到85.6 %。截至2017年底，全省城市燃气普及率69%，城市建成区绿地率31.8%。

（六）辐射环境管理

积极推进放射性污染防治工作，由省人民政府办公厅印发云南省核安全与放射性污染防治“十三五”

规划及2025年远景目标实施方案。

开展全省放射源安全检查专项行动，共出动检查人员1639人次，对全省323家涉源单位进行检查。进一步完善省级辐射环境监测网络，在原有52个省控辐射环境监测点的基础上，新增省控监测点位37个。

2017年省环境保护厅共办理辐射类行政许可审批159项。全省未发生辐射事故。

（七）宣传教育

开通“云南省环保厅”官方微博、微信公众号，全年共发布微信549条、微博557条，积极构建全省环保系统“两微”新媒体矩阵；充分利用地球日、生物多样性日、环境日等重要时间节点，开展形式多样的环保宣传活动；组织开展环保设施和城市污水垃圾处理设施公众开放活动，共接待参观公众80批次，共3000余人；与云南省广播电视台开办《环保之声》《关注绿色》《环保一分钟》环保宣传栏目；大力开展绿色学校、绿色社区、环境教育基地创建工作。截至2017年底，已创建各级各类绿色学校3278所，绿色社区570个，环境教育基地79个；在《中国环境报》发表稿件206篇。

（八）环境信访

省级受理理群众来信（含传真、邮件、网上投诉）262件，来信办结率85%；接待群众来访37批97人次，来信来访办结率95%；办理省人大代表建议和省政协委员提案50件，办结率达100%；全省“12369”环保热线、微信及网络平台共受理环保投诉案件4333件，已全部办结，办结率100%；受理申请公开信息65件，回复65件，结办率100%。

（九）环境科技

开展《云南省农村生活污水处理排放标准》《云南省农村生活垃圾小型焚烧点污染物控制技术规范》等9项地方环境标准的制定工作。推广环保先进技术成果32项。云南省环境科学研究院和西双版纳原始森林公园评为国家环保科普基地。组织完成“十二五”滇池、洱海项目3个课题示范工程的技术评估。建成清洁生产信息技术管理平台，依法公布2017年强制性清洁生产企业名单81户，完成44户企业进行强制性清洁生产评审工作。

（十）交流合作

组织开展大湄公河次区域环境合作项目，积极参与澜沧江—湄公河、东盟等区域环境合作，积极推进成立澜沧江—湄公河环境合作中心云南中心，认真执行国际环境公约履约云南示范项目实施。

推动与周边国家开展跨境环保交流合作。落实与老挝南塔、琅勃拉邦两省自然资源和环境厅签署的《合作备忘录》，完成《中国云南省—老挝南塔省环境保护交流合作技术援助项目（2016 ~ 2017）》。推进与缅甸环境保护与林业部开展自然资源及环境保护等领域合作；推进与越南自然资源与环境部开展联合研究。

积极推进“泛珠三角”以及沪滇、滇川、滇台环保合作。重点开展环境监察、环境监测、环境科研、人员培训和机构能力建设等方面合作，签署《2018年上海云南对口帮扶环保合作工作备忘录》，组织参加“2017澳门国际环保合作发展论坛及展览”和“2017香港国际环保博览”。

2017年云南省水资源公报

云南省环境保护厅

现将2017年度全省的水资源量、供用耗水量、江河湖库水质及水资源红黄绿分区状况等情况公告如下：

一、水资源量

降水量。2017年全省年平均降水量1351.5毫米，折合降水总量5179亿立方米，较多年平均偏多5.7%，属平水年。

行政分区中，怒江州年降水量最大，为2422.2毫米；楚雄州最小，为909.4毫米。有11个州（市）年降水量较多年平均偏多，其中：迪庆、文山和西双版纳3个州（市）分别偏多17.7%、17.2%和16.4%；怒江、玉溪、红河、曲靖、昆明、昭通、普洱和楚雄8个州（市）偏多1.8% ~ 13.0%。其余5个州（市）年降水量较多年平均偏少，其中：大理、丽江、德宏、保山和临沧5个州（市）分别偏少7.4%、5.6%、5.5%、5.4%和0.5%。

地表水资源量。2017 年全省地表水资源量 2203 亿立方米，折合径流深 574.8 毫米，较多年平均偏少 0.3%。

行政分区中，怒江州年径流深最大，为 1608.9 毫米；楚雄州最小，为 185.6 毫米。有 8 个州（市）年地表水资源量较多年平均偏多，其中：昆明、西双版纳和玉溪 3 个州（市）分别偏多 18.4%、15.5% 和 11.6%；文山、红河、曲靖、怒江和迪庆 5 个州（市）偏多 1.9% ~ 8.9%。其余 8 个州（市）年地表水资源量较多年平均偏少，其中：丽江、大理和楚雄 3 个州（市）分别偏少 22.5%、20.2% 和 16.5%；临沧、保山、德宏、普洱和昭通 5 个州（市）偏少 2.0% ~ 10.8%。

地下水资源量。2017 年全省地下水资源量 762.0 亿立方米，较多年平均偏少 1.2%。地下水径流模数 19.9 万立方米 / 平方千米。

行政分区中，怒江州地下水径流模数最大，为 45.2 万立方米 / 平方千米；楚雄州最小，为 4.9 万立方米 / 平方千米。有 9 个州（市）年地下水资源量较多年平均偏多，其中：昆明市和红河州分别偏多 35.1% 和 20.4%；文山、西双版纳和玉溪 3 个州（市）分别偏多 17.5%、14.7% 和 12.9%；曲靖、普洱、怒江和迪庆 4 个州（市）偏多 2.2% ~ 5.1%。其余 7 个州（市）年地下水资源量较多年平均偏少，其中：大理州和丽江市分别偏少 26.8% 和 24.9%；临沧、保山和楚雄 3 个州（市）分别偏少 17.4%、14.6% 和 13.0%；昭通市和德宏州分别偏少 5.9% 和 3.6%。

水资源总量。2017 年全省水资源总量 2203 亿立方米，较多年平均偏少 0.3%。全省产水模数为 57.5 万立方米 / 平方千米，人均水资源量 4588 立方米。

2017 年全省入境水量 1684 亿立方米，较多年平均增加 2.1%；从邻省入境水量 1659 亿立方米，从邻国入境水量 24.31 亿立方米；出境水量 3822 亿立方米，较多年平均减少 0.3%，流入邻省 1614 亿立方米，流入邻国 2208 亿立方米。

二、蓄水动态

水库蓄水动态。2017 年全省供河道外用水的 11 座大型水库、235 座中型水库以及小型水库和坝塘的年末蓄水总量 89.08 亿立方米，比上年增加 1.6%，完成年度蓄水任务的 111%，为 2011 年以来蓄水最多的一年。其中，大型水库蓄水量 18.48 亿立方米，比上年减少 2.3%；中型水库蓄水量 40.66 亿立方米，比上年增加 2.8%；小型水库及坝塘蓄水量 29.93 亿立方米，比上年增加 2.7%。

行政分区中，除临沧市和大理州年末蓄水总量较上年减少外，其余 14 个州（市）年末蓄水总量均比上年有不同程度的增加。

九大高原湖泊蓄水动态。2017 年九大高原湖泊年末容水量 293.9 亿立方米，比上年增加 0.3%，为 2011 年以来容水量最多的一年。各湖泊中，滇池、星云湖、洱海和程海年末容水量较上年减少，泸沽湖与上年持平，阳宗海、抚仙湖、杞麓湖和异龙湖较上年有不同程度增加。

三、供用水量

河道外供水量。2017 年全省河道外供水量 156.6 亿立方米，比上年增加 4.3%；其中，地表水源供水量 151.1 亿立方米，比上年增加 4.0%；地下水源供水量 3.679 亿立方米，比上年减少 1.4%；其他水源（污水处理回用及雨水利用）供水量 1.838 亿立方米，比上年增加 51.0%。

地表水源为主要供水水源，占总供水量的 96.5%，地下水源供水量占 2.3%，其他水源供水量占 1.2%。

河道外用水量。2017 年全省河道外用水量 156.6 亿立方米，比上年增加 4.3%。其中，农业用水量 108.5 亿立方米，占总用水量的 69.3%，工业用水量 23.40 亿立方米，占 14.9%，生活用水量 21.67 亿立方米，占 13.8%，生态环境用水量 3.071 亿立方米，占 2.0%。

用水消耗量。2017 年全省用水消耗量 96.66 亿立方米，其中，农业用水消耗量 75.52 亿立方米，工业用水消耗量 8.098 亿立方米，生活用水消耗量 9.970 亿立方米，生态环境用水消耗量 3.071 亿立方米。全省综合耗水率 61.7%。

河湖补水量。2017 年全省水利工程对河湖的生态补水量 8.490 亿立方米，其中河湖补水消耗量 0.5084 亿立方米，河湖补水换水量 7.982 亿立方米。

四、用水指标

2017 年全省水利工程供水量 164.6 亿立方米，水资源开发利用率 7.4%；其中河道外供水量 156.6 亿立方米，河道内的河湖生态补水换水量 7.982 亿立方米。全省河道外人均综合用水量 326 立方米，万元国内生产总值（当年价）用水量 95 立方米，万元工业增加值（当年价）用水量 55 立方米，农田亩均灌溉用水量 360 立方米，城镇居民人均生活用水量 130 升 / 日，农村居民人均生活用水量 77 升 / 日。

五、江河湖库水质

河流水质。2017 年全省监测评价河流 20730.3 千米，其中Ⅰ、Ⅲ类水河长 18748.8 千米，占评价总河长的 90.4%，较上年上升 0.6%；Ⅳ类水河长 747.6 千米，占 3.6%；Ⅴ类水河长 306.2 千米，占 1.5%；劣Ⅴ类水河长 927.7 千米，占 4.5%。

水功能区水质。2017 年全省监测评价水功能区 454 个。按水功能区水质管理目标（2020 年）全因子评价（除水温、总氮、粪大肠菌群三个指标，下同），总体达标率为 66.3%，较上年下降 1.3%；保护区、保留区、缓冲区、开发利用区达标率分别为 70.9%、82.0%、93.3% 和 48.4%。按水功能区水质管理目标（2020 年）双因子评价（指标为高锰酸盐指数、氨氮，下同），总体达标率为 88.8%，较上年上升 3.8%；保护区、保留区、缓冲区、开发利用区达标率分别为 92.7%、95.3%、100% 和 80.1%。

长江流域评价水功能区 153 个，按水质管理目标全因子评价达标率为 58.8%；珠江流域评价 103 个，达标率为 52.4%；红河、澜沧江、怒江、伊洛瓦底江流域评价数分别为 61 个、78 个、29 个和 30 个，达标率分别为 70.5%、83.3%、75.9% 和 83.3%。按水质管理目标双因子评价，长江流域达标率为 88.2%；珠江流域达标率为 82.5%；红河、澜沧江、怒江、伊洛瓦底江流域达标率分别为 91.8%、93.6%、89.7% 和 96.7%。

九大高原湖泊水质程海水质为劣Ⅴ类，营养状态属中营养；泸沽湖水质为Ⅰ类，属贫营养；滇池水质为Ⅲ～劣Ⅴ类，属轻度富营养；阳宗海水质为Ⅲ类，属中营养；抚仙湖水质为Ⅰ类，属贫营养；星云湖水质为劣Ⅴ类，属中度富营养；杞麓湖水质大部分为Ⅴ类、局部为劣Ⅴ类，属中度富营养；异龙湖水质局部为Ⅴ类、大部分为劣Ⅴ类，属中度富营养；洱海水质为Ⅲ类，属中营养。

程海主要超标项目为氟化物和 pH 值；滇池主要超标项目为总磷、五日生化需氧量和 pH 值等四项；星云湖主要超标项目为高锰酸盐指数、五日生化需氧量、pH 值等五项；杞麓湖主要超标项目为总磷、五日生化需氧量、高锰酸盐指数等五项；异龙湖主要超标项目为高锰酸盐指数、化学需氧量、总磷等四项。

水库水质。2017 年参加评价的水库 192 座。全年总体水质为Ⅰ～Ⅲ类的有 182 座，Ⅳ类有 6 座，Ⅴ类有 2 座，劣Ⅴ类有 2 座，总体达标率为 94.8%，主要超标项目为总磷、五日生化需氧量、高锰酸盐指数。

192 座水库中有 176 座水库营养状态处于中营养，13 座处于轻度富营养，3 座处于中度富营养。

11 座大型水库中，松华坝水库、独木水库水质为Ⅰ类，营养状态处于中营养；柴石滩水库、德泽水库、小中甸水库、云龙水库、清水海、毛家村水库、渔洞水库、景洪电站、麻栗坝水库水质均为Ⅱ类，营养状态均处于中营养。

集中式供水水源地水质。2017 年全省监测评价 55 处州市所在地集中式供水水源地，总体达标率为 85.5%。未达标的水源地主要超标项目为总磷、铁、锰、pH 值、溶解氧及五日生化需氧量。

六、水资源红黄绿分区

用水总量管理分区。2017 年云南省及 16 个州（市）完成年度实行最严格水资源管理制度考核的用水总量控制目标。

保山市和昭通市用水总量达到总量控制目标的 97.3% 和 99.1%，昆明市、玉溪市水资源开发利用率分别为 37.2% 和 21.9%，这四个州（市）划分为用水总量管理黄区，其余州（市）为用水总量管理绿区。

水功能区管理分区 454 个全省考核江河湖泊水功能区中，水功能区管理红区 56 个，水功能区管理黄区 103 个，水功能区管理绿区 357 个。

水源地管理分区 195 个全省考核水源地中，水源地管理红区 3 个，水源地管理黄区 33 个，水源地管理绿区 159 个。

与上年比，保山市和昭通市用水总量超过总量控制目标的 95%，新增为用水总量“黄区”管理。水功能区“红区”管理个数占总数的 10.8%，比上年减少 2 个百分点；“黄区”占总数的 17.9%，比上年减少 4 个百分点。水源地“红区”管理比上年增加 1 个，增加 0.5 个百分点；“黄区”管理比上年增加 6 个，增加 3 个百分点。

APPENDIX

他山之石

中共中央国务院关于全面加强生态环境保护坚决打好污染防治攻坚战的意见

良好生态环境是实现中华民族永续发展的内在要求，是增进民生福祉的优先领域。为深入学习贯彻习近平新时代中国特色社会主义思想和党的十九大精神，决胜全面建成小康社会，全面加强生态环境保护，打好污染防治攻坚战，提升生态文明，建设美丽中国，提出如下意见。

一、深刻认识生态环境保护面临的形势

党的十八大以来，以习近平同志为核心的党中央把生态文明建设作为统筹推进“五位一体”总体布局和协调推进“四个全面”战略布局的重要内容，谋划开展一系列根本性、长远性、开创性工作，推动生态文明建设和生态环境保护从实践到认识发生历史性、转折性、全局性变化。各地区各部门认真贯彻落实党中央、国务院决策部署，生态文明建设和生态环境保护制度体系加快形成，全面节约资源有效推进，大气、水、土壤污染防治行动计划深入实施，生态系统保护和修复重大工程进展顺利，核与辐射安全得到有效保障，生态文明建设成效显著，美丽中国建设迈出重要步伐，中国成为全球生态文明建设的重要参与者、贡献者、引领者。

同时，中国生态文明建设和生态环境保护面临不少困难和挑战，存在许多不足。一些地方和部门对生态环境保护认识不到位，责任落实不到位；经济社会发展同生态环境保护的矛盾仍然突出，资源环境承载能力已经达到或接近上限；城乡区域统筹不够，新老环境问题交织，区域性、布局性、结构性环境风险凸显，重污染天气、黑臭水体、垃圾围城、生态破坏等问题时有发生。这些问题，成为重要的民生之患、民心之痛，成为经济社会可持续发展的瓶颈制约，成为全面建成小康社会的明显短板。

进入新时代，解决人民日益增长的美好生活需要和不平衡不充分的发展之间的矛盾对生态环境保护提出许多新要求。当前，生态文明建设正处于压力叠加、负重前行的关键期，已进入提供更多优质生态产品以满足人民日益增长的优美生态环境需要的攻坚期，也到了有条件有能力解决突出生态环境问题的窗口期。必须加大力度、加快治理、加紧攻坚，打好标志性的重大战役，为人民创造良好生产生活环境。

二、深入贯彻习近平生态文明思想

习近平总书记传承中华民族传统文化、顺应时代潮流和人民意愿，站在坚持和发展中国特色社会主义、实现中华民族伟大复兴中国梦的战略高度，深刻回答了为什么建设生态文明、建设什么样的生态文明、怎样建设生态文明等重大理论和实践问题，系统形成了习近平生态文明思想，有力指导生态文明建设和生态环境保护取得历史性成就、发生历史性变革。

坚持生态兴则文明兴。建设生态文明是关系中华民族永续发展的根本大计，功在当代、利在千秋，关系人民福祉，关乎民族未来。

坚持人与自然和谐共生。保护自然就是保护人类，建设生态文明就是造福人类。必须尊重自然、顺应自然、保护自然，像保护眼睛一样保护生态环境，像对待生命一样对待生态环境，推动形成人与自然和谐发展现代化建设新格局，还自然以宁静、和谐、美丽。

坚持绿水青山就是金山银山。绿水青山既是自然财富、生态财富，又是社会财富、经济财富。保护生态环境就是保护生产力，改善生态环境就是发展生产力。必须坚持和贯彻绿色发展理念，平衡和处理好发展与保护的关系，推动形成绿色发展方式和生活方式，坚定不移走生产发展、生活富裕、生态良好的文明发展道路。

坚持良好生态环境是最普惠的民生福祉。生态文明建设同每个人息息相关。环境就是民生，青山就是美丽，蓝天也是幸福。必须坚持以人民为中心，重点解决损害群众健康的突出环境问题，提供更多优质生态产品。

坚持山水林田湖草是生命共同体。生态环境是统一的有机整体。必须按照系统工程的思路，构建生态环境治理体系，着力扩大环境容量和生态空间，全方位、全地域、全过程开展生态环境保护。

坚持用最严格制度最严密法治保护生态环境。保护生态环境必须依靠制度、依靠法治。必须构建产权清晰、多元参与、激励约束并重、系统完整的生态文明制度体系，让制度成为刚性约束和不可触碰的高压线。

坚持建设美丽中国全民行动。美丽中国是人民群

众共同参与共同建设共同享有的事业。必须加强生态文明宣传教育，牢固树立生态文明价值观念和行为准则，把建设美丽中国化为全民自觉行动。

坚持共谋全球生态文明建设。生态文明建设是构建人类命运共同体的重要内容。必须同舟共济、共同努力，构筑尊崇自然、绿色发展的生态体系，推动全球生态环境治理，建设清洁美丽世界。

习近平生态文明思想为推进美丽中国建设、实现人与自然和谐共生的现代化提供了方向指引和根本遵循，必须用以武装头脑、指导实践、推动工作。要教育广大干部增强“四个意识”，树立正确政绩观，把生态文明建设重大部署和重要任务落到实处，让良好生态环境成为人民幸福生活的增长点、成为经济社会持续健康发展的支撑点、成为展现中国良好形象的发力点。

三、全面加强党对生态环境保护的领导

加强生态环境保护、坚决打好污染防治攻坚战是党和国家的重大决策部署，各级党委和政府要强化对生态文明建设和生态环境保护的总体设计和组织领导，统筹协调处理重大问题，指导、推动、督促各地区各部门落实党中央、国务院重大政策措施。

（一）落实党政主体责任

落实领导干部生态文明建设责任制，严格实行党政同责、一岗双责。地方各级党委和政府必须坚决扛起生态文明建设和生态环境保护的政治责任，对本行政区域的生态环境保护工作及生态环境质量负总责，主要负责人是本行政区域生态环境保护第一责任人，至少每季度研究一次生态环境保护工作，其他有关领导成员在职责范围内承担相应责任。各地要制定责任清单，把任务分解落实到有关部门。抓紧出台中央和国家机关相关部门生态环境保护责任清单。各相关部门要履行好生态环境保护职责，制定生态环境保护年度工作计划和措施。各地区各部门落实情况每年向党中央、国务院报告。

健全环境保护督察机制。完善中央和省级环境保护督察体系，制定环境保护督察工作规定，以解决突出生态环境问题、改善生态环境质量、推动高质量发展为重点，夯实生态文明建设和生态环境保护政治责任，推动环境保护督察向纵深发展。完善督查、交办、巡查、约谈、专项督察机制，开展重点区域、重点领域、重点行业专项督察。

（二）强化考核问责

制定对省（自治区、直辖市）党委、人大、政府以及中央和国家机关有关部门污染防治攻坚战成效考核办法，对生态环境保护立法执法情况、年度工作目标任务完成情况、生态环境质量状况、资金投入使用情况、公众满意程度等相关方面开展考核。各地参照制定考核实施细则。开展领导干部自然资源资产离任审计。考核结果作为领导班子和领导干部综合考核评价、奖惩任免的重要依据。

严格责任追究。对省（自治区、直辖市）党委和政府以及负有生态环境保护责任的中央和国家机关有关部门贯彻落实党中央、国务院决策部署不坚决不彻底、生态文明建设和生态环境保护责任制执行不到位、污染防治攻坚任务完成严重滞后、区域生态环境问题突出的，约谈主要负责人，同时责成其向党中央、国务院作出深刻检查。对年度目标任务未完成、考核不合格的市、县，党政主要负责人和相关领导班子成员不得评优评先。对在生态环境方面造成严重破坏负有责任的干部，不得提拔使用或者转任重要职务。对不顾生态环境盲目决策、违法违规审批开发利用规划和建设项目的，对造成生态环境质量恶化、生态严重破坏的，对生态环境事件多发高发、应对不力、群众反映强烈的，对生态环境保护责任没有落实、推诿扯皮、没有完成工作任务的，依纪依法严格问责、终身追责。

四、总体目标和基本原则

（一）总体目标

到 2020 年，生态环境质量总体改善，主要污染物排放总量大幅减少，环境风险得到有效管控，生态环境保护水平同全面建成小康社会目标相适应。

具体指标：全国细颗粒物（PM2.5）未达标地级及以上城市浓度比 2015 年下降 18% 以上，地级及以上城市空气质量优良天数比率达到 80% 以上；全国地表水Ⅰ～Ⅲ类水体比例达到 70% 以上，劣Ⅴ类水体比例控制在 5% 以内；近岸海域水质优良（一、二类）比例达到 70% 左右；二氧化硫、氮氧化物排放量比 2015 年减少 15% 以上，化学需氧量、氨氮排放量减少 10% 以上；受污染耕地安全利用率达到 90% 左右，污染地块安全利用率达到 90% 以上；生态保护红线面积占比达到 25% 左右；森林覆盖率达到 23.04% 以上。

通过加快构建生态文明体系，确保到 2035 年节约资源和保护生态环境的空间格局、产业结构、生产方式、生活方式总体形成，生态环境质量实现根本好转，美丽中国目标基本实现。到本世纪中叶，生态文明全面提升，实现生态环境领域国家治理体系和治理能力现代化。

（二）基本原则

——坚持保护优先。落实生态保护红线、环境质

量底线、资源利用上线硬约束，深化供给侧结构性改革，推动形成绿色发展方式和生活方式，坚定不移走生产发展、生活富裕、生态良好的文明发展道路。

——强化问题导向。以改善生态环境质量为核心，针对流域、区域、行业特点，聚焦问题、分类施策、精准发力，不断取得新成效，让人民群众有更多获得感。

——突出改革创新。深化生态环境保护体制机制改革，统筹兼顾、系统谋划，强化协调、整合力量，区域协作、条块结合，严格环境标准，完善经济政策，增强科技支撑和能力保障，提升生态环境治理的系统性、整体性、协同性。

——注重依法监管。完善生态环境保护法律法规体系，健全生态环境保护行政执法和刑事司法衔接机制，依法严惩重罚生态环境违法犯罪行为。

——推进全民共治。政府、企业、公众各尽其责、共同发力，政府积极发挥主导作用，企业主动承担环境治理主体责任，公众自觉践行绿色生活。

五、推动形成绿色发展方式和生活方式

坚持节约优先，加强源头管控，转变发展方式，培育壮大新兴产业，推动传统产业智能化、清洁化改造，加快发展节能环保产业，全面节约能源资源，协同推动经济高质量发展和生态环境高水平保护。

（一）促进经济绿色低碳循环发展

对重点区域、重点流域、重点行业和产业布局开展规划环评，调整优化不符合生态环境功能定位的产业布局、规模和结构。严格控制重点流域、重点区域环境风险项目。对国家级新区、工业园区、高新区等进行集中整治，限期进行达标改造。加快城市建成区、重点流域的重污染企业和危险化学品企业搬迁改造，2018年年底前，相关城市政府就此制定专项计划并向社会公开。促进传统产业优化升级，构建绿色产业链体系。继续化解过剩产能，严禁钢铁、水泥、电解铝、平板玻璃等行业新增产能，对确有必要新建的必须实施等量或减量置换。加快推进危险化学品生产企业搬迁改造工程。提高污染排放标准，加大钢铁等重点行业落后产能淘汰力度，鼓励各地制定范围更广、标准更严的落后产能淘汰政策。构建市场导向的绿色技术创新体系，强化产品全生命周期绿色管理。大力发展节能环保产业、清洁生产产业、清洁能源产业，加强科技创新引领，着力引导绿色消费，大力提高节能、环保、资源循环利用等绿色产业技术装备水平，培育发展一批骨干企业。大力发展节能和环境服务业，推行合同能源管理、合同节水管理，积极探索区域环境托管服务等新模式。鼓励新业态发展和模式创新。在能源、冶金、建材、有色、化工、电镀、造纸、印染、农副食品加工等行业，全面推进清洁生产改造或清洁化改造。

（二）推进能源资源全面节约

强化能源和水资源消耗、建设用地等总量和强度双控行动，实行最严格的耕地保护、节约用地和水资源管理制度。实施国家节水行动，完善水价形成机制，推进节水型社会和节水型城市建设，到2020年，全国用水总量控制在6700亿立方米以内。健全节能、节水、节地、节材、节矿标准体系，大幅降低重点行业和企业能耗、物耗，推行生产者责任延伸制度，实现生产系统和生活系统循环链接。鼓励新建建筑采用绿色建材，大力发展装配式建筑，提高新建绿色建筑比例。以北方采暖地区为重点，推进既有居住建筑节能改造。积极应对气候变化，采取有力措施确保完成2020年控制温室气体排放行动目标。扎实推进全国碳排放权交易市场建设，统筹深化低碳试点。

（三）引导公众绿色生活

加强生态文明宣传教育，倡导简约适度、绿色低碳的生活方式，反对奢侈浪费和不合理消费。开展创建绿色家庭、绿色学校、绿色社区、绿色商场、绿色餐馆等行动。推行绿色消费，出台快递业、共享经济等新业态的规范标准，推广环境标志产品、有机产品等绿色产品。提倡绿色居住，节约用水用电，合理控制夏季空调和冬季取暖室内温度。大力发展公共交通，鼓励自行车、步行等绿色出行。

六、坚决打赢蓝天保卫战

编制实施打赢蓝天保卫战三年作战计划，以京津冀及周边、长三角、汾渭平原等重点区域为主战场，调整优化产业结构、能源结构、运输结构、用地结构，强化区域联防联控和重污染天气应对，进一步明显降低PM2.5浓度，明显减少重污染天数，明显改善大气环境质量，明显增强人民的蓝天幸福感。

（一）加强工业企业大气污染综合治理

全面整治“散乱污”企业及集群，实行拉网式排查和清单式、台账式、网格化管理，分类实施关停取缔、整合搬迁、整改提升等措施，京津冀及周边区域2018年年底前完成，其他重点区域2019年年底前完成。坚决关停用地、工商手续不全并难以通过改造达标的企业，限期治理可以达标改造的企业，逾期依法一律关停。强化工业企业无组织排放管理，推进挥发性有机物排放综合整治，开展大气氨排放控制试点。到2020年，挥发性有机物排放总量比2015年下降10%以上。

重点区域和大气污染严重城市加大钢铁、铸造、炼焦、建材、电解铝等产能压减力度，实施大气污染物特别排放限值。加大排放高、污染重的煤电机组淘汰力度，在重点区域加快推进。到2020年，具备改造条件的燃煤电厂全部完成超低排放改造，重点区域不具备改造条件的高污染燃煤电厂逐步关停。推动钢铁等行业超低排放改造。

（二）大力推进散煤治理和煤炭消费减量替代

增加清洁能源使用，拓宽清洁能源消纳渠道，落实可再生能源发电全额保障性收购政策。安全高效发展核电。推动清洁低碳能源优先上网。加快重点输电通道建设，提高重点区域接受外输电比例。因地制宜、加快实施北方地区冬季清洁取暖五年规划。鼓励余热、浅层地热能等清洁能源取暖。加强煤层气（煤矿瓦斯）综合利用，实施生物天然气工程。到2020年，京津冀及周边、汾渭平原的平原地区基本完成生活和冬季取暖散煤替代；北京、天津、河北、山东、河南及珠三角区域煤炭消费总量比2015年均下降10%左右，上海、江苏、浙江、安徽及汾渭平原煤炭消费总量均下降5%左右；重点区域基本淘汰每小时35蒸吨以下燃煤锅炉。推广清洁高效燃煤锅炉。

（三）打好柴油货车污染治理攻坚战

以开展柴油货车超标排放专项整治为抓手，统筹开展油、路、车治理和机动车船污染防治。严厉打击生产销售不达标车辆、排放检验机构检测弄虚作假等违法行为。加快淘汰老旧车，鼓励清洁能源车辆、船舶的推广使用。建设“天地车人”一体化的机动车排放监控系统，完善机动车遥感监测网络。推进钢铁、电力、电解铝、焦化等重点工业企业和工业园区货物由公路运输转向铁路运输。显著提高重点区域大宗货物铁路水路货运比例，提高沿海港口集装箱铁路集疏港比例。重点区域提前实施机动车国六排放标准，严格实施船舶和非道路移动机械大气排放标准。鼓励淘汰老旧船舶、工程机械和农业机械。落实珠三角、长三角、环渤海京津冀水域船舶排放控制区管理政策，全国主要港口和排放控制区内港口靠港船舶率先使用岸电。到2020年，长江干线、西江航运干线、京杭运河水上服务区和待闸锚地基本具备船舶岸电供应能力。2019年1月1日起，全国供应符合国六标准的车用汽油和车用柴油，力争重点区域提前供应。尽快实现车用柴油、普通柴油和部分船舶用油标准并轨。内河和江海直达船舶必须使用硫含量不大于10毫克/千克的柴油。严厉打击生产、销售和使用非标车（船）用燃料行为，彻底清除黑加油站点。

（四）强化国土绿化和扬尘管控

积极推进露天矿山综合整治，加快环境修复和绿化。开展大规模国土绿化行动，加强北方防沙带建设，实施京津风沙源治理工程、重点防护林工程，增加林草覆盖率。在城市功能疏解、更新和调整中，将腾退空间优先用于留白增绿。落实城市道路和城市范围内施工工地等扬尘管控。

（五）有效应对重污染天气

强化重点区域联防联控联治，统一预警分级标准、信息发布、应急响应，提前采取应急减排措施，实施区域应急联动，有效降低污染程度。完善应急预案，明确政府、部门及企业的应急责任，科学确定重污染期间管控措施和污染源减排清单。指导公众做好重污染天气健康防护。推进预测预报预警体系建设，2018年年底前，进一步提升国家级空气质量预报能力，区域预报中心具备7至10天空气质量预报能力，省级预报中心具备7天空气质量预报能力并精确到所辖各城市。重点区域采暖季节，对钢铁、焦化、建材、铸造、电解铝、化工等重点行业企业实施错峰生产。重污染期间，对钢铁、焦化、有色、电力、化工等涉及大宗原材料及产品运输的重点企业实施错峰运输；强化城市建设施工工地扬尘管控措施，加强道路机扫。依法严禁秸秆露天焚烧，全面推进综合利用。到2020年，地级及以上城市重污染天数比2015年减少25%。

七、着力打好碧水保卫战

深入实施水污染防治行动计划，扎实推进河长制湖长制，坚持污染减排和生态扩容两手发力，加快工业、农业、生活污染源和水生态系统整治，保障饮用水安全，消除城市黑臭水体，减少污染严重水体和不达标水体。

（一）打好水源地保护攻坚战

加强水源水、出厂水、管网水、末梢水的全过程管理。划定集中式饮用水水源保护区，推进规范化建设。强化南水北调水源地及沿线生态环境保护。深化地下水污染防治。全面排查和整治县级及以上城市水源保护区内的违法违规问题，长江经济带于2018年年底前、其他地区于2019年年底前完成。单一水源供水的地级及以上城市应当建设应急水源或备用水源。定期监（检）测、评估集中式饮用水水源、供水单位供水和用户水龙头水质状况，县级及以上城市至少每季度向社会公开一次。

（二）打好城市黑臭水体治理攻坚战

实施城镇污水处理“提质增效”三年行动，加快补齐城镇污水收集和处理设施短板，尽快实现污水管网全覆盖、全收集、全处理。完善污水处理收费政策，各地要按规定将污水处理收费标准尽快调整到位，原则上应补偿到污水处理和污泥处置设施正常运营并合理盈利。对中西部地区，中央财政给予适当支持。加强城市初期雨水收集处理设施建设，有效减少城市面源污染。到2020年，地级及以上城市建成区黑臭水体消除比例达90%以上。鼓励京津冀、长三角、珠三角区域城市建成区尽早全面消除黑臭水体。

（三）打好长江保护修复攻坚战

开展长江流域生态隐患和环境风险调查评估，划定高风险区域，从严实施生态环境风险防控措施。优化长江经济带产业布局和规模，严禁污染型产业、企业向上中游地区转移。排查整治入河入湖排污口及不达标水体，市、县级政府制定实施不达标水体限期达标规划。到2020年，长江流域基本消除劣V类水体。强化船舶和港口污染防治，现有船舶到2020年全部完成达标改造，港口、船舶修造厂环卫设施、污水处理设施纳入城市设施建设规划。加强沿河环湖生态保护，修复湿地等水生态系统，因地制宜建设人工湿地水质净化工程。实施长江流域上中游水库群联合调度，保障干流、主要支流和湖泊基本生态用水。

（四）打好渤海综合治理攻坚战

以渤海海区的渤海湾、辽东湾、莱州湾、辽河口、黄河口等为重点，推动河口海湾综合整治。全面整治入海污染源，规范入海排污口设置，全部清理非法排污口。严格控制海水养殖等造成的海上污染，推进海洋垃圾防治和清理。率先在渤海实施主要污染物排海总量控制制度，强化陆海污染联防联控，加强入海河流治理与监管。实施最严格的围填海和岸线开发管控，统筹安排海洋空间利用活动。渤海禁止审批新增围填海项目，引导符合国家产业政策的项目消化存量围填海资源，已审批但未开工的项目要依法重新进行评估和清理。

（五）打好农业农村污染治理攻坚战

以建设美丽宜居村庄为导向，持续开展农村人居环境整治行动，实现全国行政村环境整治全覆盖。到2020年，农村人居环境明显改善，村庄环境基本干净整洁有序，东部地区、中西部城市近郊区等有基础、有条件的地区人居环境质量全面提升，管护长效机制初步建立；中西部有较好基础、基本具备条件的地区力争实现90%左右的村庄生活垃圾得到治理，卫生厕所普及率达到85%左右，生活污水乱排乱放得到管控。减少化肥农药使用量，制修订并严格执行化肥农药等农业投入品质量标准，严格控制高毒高风险农药使用，推进有机肥替代化肥、病虫害绿色防控替代化学防治和废弃农膜回收，完善废旧地膜和包装废弃物等回收处理制度。到2020年，化肥农药使用量实现零增长。坚持种植和养殖相结合，就地就近消纳利用畜禽养殖废弃物。合理布局水产养殖空间，深入推进水产健康养殖，开展重点江河湖库及重点近岸海域破坏生态环境的养殖方式综合整治。到2020年，全国畜禽粪污综合利用率达到75%以上，规模养殖场粪污处理设施装备配套率达到95%以上。

八、扎实推进净土保卫战

全面实施土壤污染防治行动计划，突出重点区域、行业和污染物，有效管控农用地和城市建设用地土壤环境风险。

（一）强化土壤污染管控和修复

加强耕地土壤环境分类管理。严格管控重度污染耕地，严禁在重度污染耕地种植食用农产品。实施耕地土壤环境治理保护重大工程，开展重点地区涉重金属行业排查和整治。2018年年底前，完成农用地土壤污染状况详查。2020年年底前，编制完成耕地土壤环境质量分类清单。建立建设用地土壤污染风险管控和修复名录，列入名录且未完成治理修复的地块不得作为住宅、公共管理与公共服务用地。建立污染地块联动监管机制，将建设用地土壤环境管理要求纳入用地规划和供地管理，严格控制用地准入，强化暂不开发污染地块的风险管控。2020年年底前，完成重点行业企业用地土壤污染状况调查。严格土壤污染重点行业企业搬迁改造过程中拆除活动的环境监管。

（二）加快推进垃圾分类处理

到2020年，实现所有城市和县城生活垃圾处理能力全覆盖，基本完成非正规垃圾堆放点整治；直辖市、计划单列市、省会城市和第一批分类示范城市基本建成生活垃圾分类处理系统。推进垃圾资源化利用，大力发展垃圾焚烧发电。推进农村垃圾就地分类、资源化利用和处理，建立农村有机废弃物收集、转化、利用网络体系。

（三）强化固体废物污染防治

全面禁止洋垃圾入境，严厉打击走私，大幅减少固体废物进口种类和数量，力争2020年年底前基本实现固体废物零进口。开展“无废城市”试点，推动固体废物资源化利用。调查、评估重点工业行业危险废物产生、贮存、利用、处置情况。完善危险废物经营许可、转移等管理制度，建立信息化监管体系，提升危险废物处理处置能力，实施全过程监管。严厉打击危险废物非法跨界转移、倾倒等违法犯罪活动。深入推进长江经济带固体废物大排查活动。评估有毒有害化学品在生态环境中的风险状况，严格限制高风险化学品生产、使用、进出口，并逐步淘汰、替代。

九、加快生态保护与修复

坚持自然恢复为主，统筹开展全国生态保护与修复，全面划定并严守生态保护红线，提升生态系统质量和稳定性。

（一）划定并严守生态保护红线

按照应保尽保、应划尽划的原则，将生态功能重要区域、生态环境敏感脆弱区域纳入生态保护红线。到2020年，全面完成全国生态保护红线划定、勘界定标，形成生态保护红线全国“一张图”，实现一条红线管控重要生态空间。制定实施生态保护红线管理办法、保护修复方案，建设国家生态保护红线监管平台，开展生态保护红线监测预警与评估考核。

（二）坚决查处生态破坏行为

2018年年底前，县级及以上地方政府全面排查违法违规挤占生态空间、破坏自然遗迹等行为，制定治理和修复计划并向社会公开。开展病危险尾矿库和“头顶库”专项整治。持续开展“绿盾”自然保护区监督检查专项行动，严肃查处各类违法违规行为，限期进行整治修复。

（三）建立以国家公园为主体的自然保护地体系

到2020年，完成全国自然保护区范围界限核准和勘界立标，整合设立一批国家公园，自然保护地相关法规和管理制度基本建立。对生态严重退化地区实行封禁管理，稳步实施退耕还林还草和退牧还草，扩大轮作休耕试点，全面推行草原禁牧休牧和草畜平衡制度。依法依规解决自然保护地内的矿业权合理退出问题。全面保护天然林，推进荒漠化、石漠化、水土流失综合治理，强化湿地保护和恢复。加强休渔禁渔管理，推进长江、渤海等重点水域禁捕限捕，加强海洋牧场建设，加大渔业资源增殖放流。推动耕地草原森林河流湖泊海洋休养生息。

十、改革完善生态环境治理体系

深化生态环境保护管理体制改革，完善生态环境管理制度，加快构建生态环境治理体系，健全保障举措，增强系统性和完整性，大幅提升治理能力。

（一）完善生态环境监管体系

整合分散的生态环境保护职责，强化生态保护修复和污染防治统一监管，建立健全生态环境保护领导和管理体制、激励约束并举的制度体系、政府企业公众共治体系。全面完成省以下生态环境机构监测监察执法垂直管理制度改革，推进综合执法队伍特别是基层队伍的能力建设。完善农村环境治理体制。健全区域流域海域生态环境管理体制，推进跨地区环保机构试点，加快组建流域环境监管执法机构，按海域设置监管机构。建立独立权威高效的生态环境监测体系，构建天地一体化的生态环境监测网络，实现国家和区域生态环境质量预报预警和质控，按照适度上收生态环境质量监测事权的要求加快推进有关工作。省级党委和政府加快确定生态保护红线、环境质量底线、资源利用上线，制定生态环境准入清单，在地方立法、政策制定、规划编制、执法监管中不得变通突破、降低标准，不符合不衔接不适应的于2020年年底前完成调整。实施生态环境统一监管。推行生态环境损害赔偿制度。编制生态环境保护规划，开展全国生态环境状况评估，建立生态环境保护综合监控平台。推动生态文明示范创建、绿水青山就是金山银山实践创新基地建设活动。

严格生态环境质量管理。生态环境质量只能更好、不能变坏。生态环境质量达标地区要保持稳定并持续改善；生态环境质量不达标地区的市、县级政府，要于2018年年底前制定实施限期达标规划，向上级政府备案并向社会公开。加快推行排污许可制度，对固定污染源实施全过程管理和多污染物协同控制，按行业、地区、时限核发排污许可证，全面落实企业治污责任，强化证后监管和处罚。在长江经济带率先实施入河污染源排放、排污口排放和水体水质联动管理。2020年，将排污许可证制度建设成为固定源环境管理核心制度，实现“一证式”管理。健全环保信用评价、信息强制性披露、严惩重罚等制度。将企业环境信用信息纳入全国信用信息共享平台和国家企业信用信息公示系统，依法通过“信用中国”网站和国家企业信用信息公示系统向社会公示。监督上市公司、发债企业等市场主体全面、及时、准确地披露环境信息。建立跨部门联合奖惩机制。完善国家核安全工作协调机制，强化对核安全工作的统筹。

（二）健全生态环境保护经济政策体系

资金投入向污染防治攻坚战倾斜，坚持投入同攻坚任务相匹配，加大财政投入力度。逐步建立常态化、稳定的财政资金投入机制。扩大中央财政支持北方地区清洁取暖的试点城市范围，国有资本要加大对污染防治的投入。完善居民取暖用气用电定价机制和补贴政策。增加中央财政对国家重点生态功能区、生态保护红线区域等生态功能重要地区的转移支付，继续安排中央预算内投资对重点生态功能区给予支持。各省

（自治区、直辖市）合理确定补偿标准，并逐步提高补偿水平。完善助力绿色产业发展的价格、财税、投资等政策。大力发展绿色信贷、绿色债券等金融产品。设立国家绿色发展基金。落实有利于资源节约和生态环境保护的价格政策，落实相关税收优惠政策。研究对从事污染防治的第三方企业比照高新技术企业实行所得税优惠政策，研究出台“散乱污”企业综合治理激励政策。推动环境污染责任保险发展，在环境高风险领域建立环境污染强制责任保险制度。推进社会化生态环境治理和保护。采用直接投资、投资补助、运营补贴等方式，规范支持政府和社会资本合作项目；对政府实施的环境绩效合同服务项目，公共财政支付水平同治理绩效挂钩。鼓励通过政府购买服务方式实施生态环境治理和保护。

（三）健全生态环境保护法治体系

依靠法治保护生态环境，增强全社会生态环境保护法治意识。加快建立绿色生产消费的法律制度和政策导向。加快制定和修改土壤污染防治、固体废物污染防治、长江生态环境保护、海洋环境保护、国家公园、湿地、生态环境监测、排污许可、资源综合利用、空间规划、碳排放权交易管理等方面的法律法规。鼓励地方在生态环境保护领域先于国家进行立法。建立生态环境保护综合执法机关、公安机关、检察机关、审判机关信息共享、案情通报、案件移送制度，完善生态环境保护领域民事、行政公益诉讼制度，加大生态环境违法犯罪行为的制裁和惩处力度。加强涉生态环境保护的司法力量建设。整合组建生态环境保护综合执法队伍，统一实行生态环境保护执法。将生态环境保护综合执法机构列入政府行政执法机构序列，推进执法规范化建设，统一着装、统一标识、统一证件、统一保障执法用车和装备。

（四）强化生态环境保护能力保障体系

增强科技支撑，开展大气污染成因与治理、水体污染控制与治理、土壤污染防治等重点领域科技攻关，实施京津冀环境综合治理重大项目，推进区域性、流域性生态环境问题研究。完成第二次全国污染源普查。开展大数据应用和环境承载力监测预警。开展重点区域、流域、行业环境与健康调查，建立风险监测网络及风险评估体系。健全跨部门、跨区域环境应急协调联动机制，建立全国统一的环境应急预案电子备案系统。国家建立环境应急物资储备信息库，省、市级政府建设环境应急物资储备库，企业环境应急装备和储备物资应纳入储备体系。落实全面从严治党要求，建设规范化、标准化、专业化的生态环境保护人才队伍，打造政治强、本领高、作风硬、敢担当，特别能吃苦、特别能战斗、特别能奉献的生态环境保护铁军。按省、市、县、乡不同层级工作职责配备相应工作力量，保障履职需要，确保同生态环境保护任务相匹配。加强国际交流和履约能力建设，推进生态环境保护国际技术交流和务实合作，支撑核安全和核电共同走出去，积极推动落实2030年可持续发展议程和绿色“一带一路”建设。

（五）构建生态环境保护社会行动体系

把生态环境保护纳入国民教育体系和党政领导干部培训体系，推进国家及各地生态环境教育设施和场所建设，培育普及生态文化。公共机构尤其是党政机关带头使用节能环保产品，推行绿色办公，创建节约型机关。健全生态环境新闻发布机制，充分发挥各类媒体作用。省、市两级要依托党报、电视台、政府网站，曝光突出环境问题，报道整改进展情况。建立政府、企业环境社会风险预防与化解机制。完善环境信息公开制度，加强重特大突发环境事件信息公开，对涉及群众切身利益的重大项目及时主动公开。2020年年底前，地级及以上城市符合条件的环保设施和城市污水垃圾处理设施向社会开放，接受公众参观。强化排污者主体责任，企业应严格守法，规范自身环境行为，落实资金投入、物资保障、生态环境保护措施和应急处置主体责任。实施工业污染源全面达标排放计划。2018年年底前，重点排污单位全部安装自动在线监控设备并同生态环境主管部门联网，依法公开排污信息。到2020年，实现长江经济带入河排污口监测全覆盖，并将监测数据纳入长江经济带综合信息平台。推动环保社会组织和志愿者队伍规范健康发展，引导环保社会组织依法开展生态环境保护公益诉讼等活动。按照国家有关规定表彰对保护和改善生态环境有显著成绩的单位和个人。完善公众监督、举报反馈机制，保护举报人的合法权益，鼓励设立有奖举报基金。

新思想引领新时代，新使命开启新征程。让我们更加紧密地团结在以习近平同志为核心的党中央周围，以习近平新时代中国特色社会主义思想为指导，不忘初心、牢记使命，锐意进取、勇于担当，全面加强生态环境保护，坚决打好污染防治攻坚战，为决胜全面建成小康社会、实现中华民族伟大复兴的中国梦不懈奋斗。

贵州强力推行生态优先绿色发展

贵州2017年全省森林覆盖率达到55.3%，集中式饮用水水源地水质达标率100%，县城以上空气质量优良天数比例超过97%，公众环境满意度居全国第二位。

贵州省地处长江上游，65.7%的国土面积属于长江流域，是长江上游的重要生态屏障，境内乌江、赤水河是长江流域的重要支流。贵州多山，而且70%以上是喀斯特地质地貌。

贵州认真贯彻落实习近平生态文明思想，结合长江上游生态屏障建设和首批国家级试验区建设，确立围绕大生态战略，强力实施生态优先，绿色发展，着力构建因地制宜发展绿色经济、因势利导建造绿色家园、持续用力筑牢绿色屏障、与时俱进完善绿色制度、久久为功培育绿色文化“五个绿色”为基本路径，大生态与大扶贫、大数据、大旅游、大健康、大开放“五个相结合”为重要支撑的生态文明试验区建设新格局。

为保护赤水河生态，贵州省出台《赤水河上游生态功能保护区规划（贵州境内）》，投入6亿元保护赤水河周边生态环境。贵州省环保部门与茅台酒原产地域25家规模以上的白酒企业签订了主要污染物总量削减目标责任书。2017年，云、贵、川三省形成“三省联动”保护机制，从顶层设计为赤水河生态的长治久安建立可持续的运行机制。

坚守发展和生态两条底线，实现经济与生态“双赢”，是贵州强力推行生态优先、绿色发展的具体实践。

四川严格生态保护倒逼产业转型

地处长江上游的四川境内有大小河流1400多条，围绕把四川建成长江上游生态屏障核心区和绿色发展先行区、长江流域的战略腹地和重要增长极目标，2014年以来，四川先后取消58个重点生态功能区县和生态脆弱的国家扶贫开发重点县地区生产总值及有关考核，全面启动完成自然资源资产确权登记，明确每一处不动产和自然生态空间的所有权、使用权，出台《四川省生态保护红线方案》，全力在绿色上做加法，在污染上做减法。

在绿色加法上，四川把主要分布在川西高原山地、盆周山地的水源涵养、生物多样性维护、水土保持生态功能富集区和金沙江下游水土流失敏感区、川东南石漠化敏感区，空间分布格局呈“四轴九核”，分为5大类13个区块的14.80万平方千米国土面积划入生态保护红线，红线范围占全省国土面积的30.45%。将历年国土绿化政策的重点由此前的消灭荒山荒坡增加绿色调整为体现城乡一体化绿色，注重改善人居环境，计划在2020年前打造成都平原、川南、川西北、攀西4大森林城市群。同时，结合脱贫攻坚主战场高原藏区、大小凉山彝区、秦巴山区、乌蒙山区“四大片区”范围内，将超过全省总量一半以上的现有森林、自然湿地，通过林业政策补助资金、成立造林专业合作社等，积极发展生态旅游，助力脱贫攻坚。

在污染防治减法上，四川在全国第一批开展生态保护红线、环境质量底线、资源利用上线和环境准入负面清单“三线一单”编制试点工作。作为长江经济带11省市中先行者，试验、示范者，四川在“三线一单”中明确生态环境保护与资源利用的“底线”与“天花板”，通过准入清单确定一个地方在“底线”与“天花板”范围内干什么不能干什么。为确保全省产业转型升级、结构调整、经济高质量发展和生态环境质量的持续改善，四川积极发展高效农业、先进制造业、现代服务业，壮大节能环保、清洁能源、清洁生产产业，开展工业园区循环化改造试点示范，对国家级新区、工业园区、高新区等进行集中整治，限期进行达标改造。

通过深入推进供给侧结构性改革，严格的生态环境保护措施正在倒逼传统产业转型升级。“长江第一城”宜宾2018年全面深入建立和实施“河长制”，实现市县乡村四级河段长体系全覆盖。此外，宜宾全面铺开长江经济带专项行动，打响污染防治“三大战役”，先后完成大气污染整治项目164个。7万多亩的蜀南竹海通过一二三产融合发展，2017年已经实现300多亿元的收入，占全市GDP的三分之一以上；李庄古镇拒绝建钢铁厂，依托古镇厚重的历史和抗战文化走出的旅游兴镇之路，白酒、白肉、白糕“李庄三白”成为古镇饮食文化名片。泸州市出台《泸州市2018年供给侧结构性改革实施方案》，积极培育壮大电子信息、航空航天、高端装备制造、新能源新材料、现代医药等新兴产业，改造提升白酒、化工、机械等传统优势产业，全年完成工业技改投资250亿元以上。

湖南绿色发展赢得金山银山

湖南以环境治理留住绿水青山，用绿色发展赢得金山银山，打造新的增长极。围绕“坚持生态优先、绿色发展，着力建设生态强省，努力建设富饶美丽幸福新湖南”目标，湖南先后制定出台《关于坚持生态优先绿色发展深入实施长江经济带发展战略大力推动湖南高质量发展的决议》《湖南省污染防治攻坚战三年行动计划（2018～2020年）》，并同步制定蓝天、碧水、净土保卫战三年实施方案。以洞庭湖“一湖四水”治理为主战场，划定洞庭湖，武陵—雪峰山脉、罗霄—幕阜山脉、南岭山脉，湘江、资水、沅江、澧水，“一湖三山四水”九条生态保护红线，突出抓好湘江保护与治理“一号重点工程”，全面解决水、空气、土壤和农村环境问题。生态保护红线划定面积为 4.28 万平方千米，占全省国土面积的 20.23%。全省森林覆盖率达到 59.6%，位居全国前列，湿地保护率居全国第一。

为确保生态环保各项工作落到实处，湖南出台《湖南省环境保护工作责任规定》和《湖南省重大环境问题（事件）责任追究办法》等一系列法规，对造成生态环境和资源严重破坏的实行终身追责。实现了党委、政府及（纪检）监察、审判、检察机关共 38 个省直相关单位环境保护责任的全覆盖，构建了党委、政府负责，企业为主，全社会共同参与的生态环境保护大格局。在全国首家出台《关于进一步加强党的建设打造湖南生态环境保护铁军的意见》，从五个方面制定三十条具体措施，努力打造一支政治强、本领高、作风硬、敢担当、特别能吃苦、特别能战斗、特别能奉献的湖南生态环境保护“铁军”。着力发展 20 个工业新兴优势产业链，创建“中国制造 2025”示范区，农业大省、文化大省的湖南正大步迈向中部制造业大省。

代表、委员共话长江上游生态屏障

全国政协委员、西藏自治区那曲地委副书记、行署专员敖刘全委员表示：长江源头 80% 的水来自格拉丹东的冰川，为了切实加大格拉丹东冰川保护，果断放弃了实施旅游开发的念头，实行封闭式保护措施，并每年财政收入中支出 20 余万元用于长江源头生态保护工作。

全国政协委员、青海省海西蒙古族藏族自治州德令哈市副市长金花表示：青海作为三江之源，担负着筑牢国家生态屏障的重要职责。习近平总书记在参加十二届全国人大四次会议青海省代表团审议、视察青海时指出，要保护好三江源，保护好“中华水塔”，确保“一江清水向东流”。

全国人大代表、四川省环境保护厅厅长于会文建议：国家能否以嘉陵江试点，建立跨省的水环境补偿机制，流经省份实现信息互联互通、监测数据共享、重大项目会商，生态环境损害赔偿机制，推动形成“谁改善（水质）谁受益，谁污染谁赔偿”的良好氛围。

全国政协委员、重庆市林业局副局长张洪建议：尽快启动长江全域湿地保护行动，在长江上游建立湿地联盟，启动湿地重大修复与湿地恢复，树立“山河湖海”流域一体化和“山水林田湖草”生命共同体理念，制定长江上游流域湿地分区、分类、分级保护和绿色发展战略。同时，推进长江上游湿地资源可持续利用，努力把湿地生态产业与乡村经济发展、湿地资源保护有机结合起来，建立湿地生态经济系统。实施流域区际间湿地生态补偿，有效调动长江上游省市区流域湿地治理积极性。

（李甜江）

资料选辑

生态管理

运用行政、法律、经济、科技与教育手段，预防与禁止破坏生态环境质量，保护生态环境的行为，最终实现经济、社会和生态环境的协调可持续发展的管理活动。生态管理对象涉及大气、水、土壤、生物等自然环境要素，是需要全社会参与的系统工程。云南省环境保护开创以来，主要通过执行“三同时”（指建设项目中防治污染的设施，必须与主体工程同时设计、同时施工、同时投产使用）、环境影响评价、排污收费、环境保护目标责任制、城市综合整治定量考核、排放污染物许可证、污染集中控制、限期治理八项环境管理制度实施生态环境管理。

建立和完善地方法律法规和政策体系。自 1991 年起，云南省先后制定《云南省环境保护条例》《云南省自然保护区管理条例》《云南省珍贵树种保护条例》《云南省农业环境保护条例》《云南省地质环境保护条例》《云南省风景名胜区条例》等 20 多部地方性法规。2006 年，中国共产党云南省第八次代表大会确立“生态立省、环境优先”发展战略后，先后颁布《云南省人民政府关于加强滇西北生物多样性保护的若干意见》《中共云南省委云南省人民政府关于加强生态文明建设的决定》《关于进一步加强自然保护区建设和管理的意见》《关于做好自然保护区管理有关工作的意见》《中共云南省委云南省人民政府关于加强环境保护的意见》《云南省生态乡镇建设管理规定》等一系列生态管理政策性文件，与国家制定的生态环境保护立法一起，形成云南省生态管理法律法规和政策体系。

水生生态系统

以水体介质为主导环境要素，各种水生生物群落与水环境之间相互作用而形成的一类自然生态系统。按水的盐分含量和空间区域特征可分为淡水生态系统和海洋生态系统；按水的流动性可分为静水生态系统（包括湖泊、池塘和水库等）和流水生态系统（如河流、溪流、沟渠等）。水生生态系统是人类赖以生存的重要环境条件之一，也是人类文明起源和发展的重要依托。

云南水生生态系统类型十分丰富，以高原湖泊、大江大河为代表的水生生态系统成为云南自然景观中最具特色的生态类型之一。水生生态系统的稳定性一方面取决于水体生态系统中水生植物、动物、微生物及水环境本身的特征，另一方面依赖它的汇水区或流域的陆地生态系统状况。如果陆地区域过度开发利用或无序发展，就会影响水生生态系统的水资源、水环境，最后导致水体生态系统萎缩，或水环境污染等，这种情形对于高原湖泊这类水生生态系统而言特别突出。云南大于 1 平方千米的高原湖泊有 30 多个，这些水生生态系统大都受到不同程度的破坏和扰动，需要在保护水体生态系统结构功能的同时，约束和限制流域中陆地生态系统的开发和利用规模、方式。

农业生态系统

一定时间和地区内，利用农业生物与非生物环境之间以及与生物种群之间的关系，在人工调节和控制下，建立起来的各种形式和不同发展水平的人工生态系统。不仅受自然制约，也受人类的调控。其生物构成是人类选择的结果，通常只有符合人类经济要求的生物学性状诸如高产性、优质性、抗逆性、便利性等被保留和发展，并只能在特定的耕作条件和农艺措施下才能得到表现。一旦人工提供的环境条件发生变化，或管理措施得不到满足，其生物经济性状就受到影响，导致产量和品质下降。人类的选择往往使农业生态系统生物种类减少，食物链简化或不完整，系统通过不同生物之间的相互制约和相互促进而进行自我调节的能力削弱。所有这些都会导致农业生态系统的不稳定性或波动性。主要特点是：除了利用自然光能外还添加有人工辅助能量，如机械和化学物质的投入，有很强的人工性；仿自然界的生产过程，但生态系统成分不完整，或比例不协调，具有很强的脆弱性和可塑性；由环境系统、生物系统、人功调控系统构成，具有综合性、开放性和高产性的特点。不同的区域、不同人群、不同社会条件下农业活动的组织方式和水平不同，该系统具有很强的地区性和社会性。农业生态系统主要满足人类的食物需求，进而满足人类在纤维、木材、药物、观光、娱乐等多个方面的需要。

云南农业生态系统具有很强的层次性，既有人工投入很大的设施农业，也有投入很少的自然传统农业，不仅提供有重要的农林产品，而且还是重要的新兴旅游资源和传统文化保存的载体。以元阳梯田、罗平油菜花等为代表的特色农业生态系统成为云南重要的旅游资源，傣族的稻作文化、茶文化等成为传承民族文化、实现天人和谐的重要文化现象。按照农业发展规划的要求，云南农业的发展思路主要包括：①新农村建设。通过村庄生态建设和综合开发，进一步优化农业生态布局，促进优势农产品向优势区域集中，形成具有区域优势和地方特色的产业带和产业群。②加强农业基础设施建设。突出抓好水浇地、坡改梯、土地综合整治等重点工程的建设，夯实农业生产条件。③保护耕地。科学退耕，严格执行土地利用规划，控制建设用地规模，确保占补平衡。

自然生态系统

一定时间和空间范围内，依靠自然调节能力维持的相对稳定的生态系统。这是一种根据是否受人为影响或干预程度不同的生态系统分类方式中的一种生态系统类型。①从组成上看，自然生态系统有四个基本组成部分，即非生物环境、生产者、消费者、分解者。②从营养结构上看，食物链和食物网是生态系统的营养结构，生态系统的物质和能量就是顺着这种渠道流动的。自然生态系统内能量的流动是靠各种有机体来转化和传递，能量在顺着营养级序列传递时，大部分用于呼吸，只有 10% 左右输送给上一级。这样便形成了逐级地、急剧地、梯级般的递减图形，即能量金字塔。③从生态平衡上看，自然生态系统的成分相对多样化，营养结构相对复杂，自动调节能力较大，易维持生态平衡，因此，自然生态系统总是在不平衡—平衡—不平衡的发展过程中进行着物质与能量的交换，推动着自身的变化和发展。④以基质进行分类，自然生态系统包括：水生生态系统，即以水为基质的生态系统；

陆生生态系统，即以陆地土壤或母质等为基质的生态系统。在一个区域中，自然生态系统的比例越高，生态环境质量就越好，自然资源就越丰富。由于人类的强大作用，已经没有绝对未受人类干扰的“纯自然”生态系统。

云南是中国自然生态系统维持较好、多样化最突出的省区之一。自然生态系统类型丰富，保存的面积较大，包括多个区域内的森林生态系统、草地生态系统、湿地生态系统、河流生态系统等。在云南的西北地区、西南和南部地区，保存有较好的自然生态系统，如雨林生态系统、季节雨林生态系统、常绿阔叶林生态系统、暖性针叶林生态系统、温性针叶林生态系统等，为维护云南丰富的生物多样性、形成生态安全屏障具有重要的意义和作用。

城市生态系统

城市居民与其环境相互作用而形成的一类生态系统，是人类对自然环境的适应、加工、改造而建设起来的特殊的人工生态系统。其主要特征是：以人为核心，对外部的强烈依赖性和密集的人流、物流、能流、信息流、资金流等，不仅有生物要素和非生物要素，还包括人类和社会经济要素，这些要素通过自然的能量流动、生物地球化学循环及人类物资供应与废物处理系统，形成一个有机体。

城市生态系统的主要特点包括：①以人为主体。人在其中不仅是最大的消费者，而且是整个系统的营造者。②以人为主导。其能量和物质运转均在人的控制下进行，人群所处的生物和非生物环境都已经过人工改造，是人类自我驯化的系统。③以人为核心。城市中人口、能量和物质容量大，密度高，流量大，运转快，与社会经济发展的活跃因素有关。④不完整性和高度依赖性。系统内无法全面完成物质循环和能量转换，许多物质和能量从系统外输入经加工、利用后又从本系统中输出（包括产品、废弃物、资金、技术、信息等），物质和能量在系统中的运动是线性的，依赖城市以外的区域而存在和发展。鉴于城市生态系统需要从其他生态系统中输入大量的物质和能量，同时又将大量废物排放到其他生态系统中去，它就必然会对其他生态系统造成强大的冲击和干扰。如果人们在城市的建设和发展过程中，不能按照生态学规律办事，就很可能会破坏其他生态系统的生态平衡，并且最终会影响到城市自身的生存和发展，形成严重的“城市病”。

云南的城镇化水平较低，不少城市发展具有较强的农业和农村的烙印，城市生态系统总体处于规模不大、层次不高，对系统外的依赖性相对较低的状态，保留有自然生态系统的一些属性，这种亲近自然的特征使这些城市成为现代旅游业发展的重要热点地区。云南高原山地条件下生态脆弱，环境容量小，不适合发展大城市，未来云南城镇发展和城市生态系统的构建需要进一步研究，大中小城市必须协调发展。

绿色食品

产自优良生态环境、按照绿色食品标准生产、实行全程质量控制并获得绿色食品标志使用权的安全、优质食用农产品及相关产品。绿色食品是中国食品行业的重要品牌标志之一，其标志依法注册为证明商标，受法律保护。2001 年 8 月，云南省出台了《云南省人民政府关于进一步加强绿色食品产业发展的意见》，促进云南省绿色食品稳步快速发展，培育和壮大了一批绿色食品生产、加工、销售的产业群。全省 16 个州市均成立或明确了绿色食品管理工作机构，建立起包括产地环境、生产过程、产品质量、专用生产资料等环节的质量认证体系框架。

绿色食品认证

按照农业部《绿色食品标志管理办法》的规定，由中国绿色食品发展中心根据相关法律、法规和标准、程序，对申请使用其依法注册的绿色食品证明商标标志进行授权许可的一系列评定活动。绿色食品认证工作由农业部所属的中国绿色食品发展中心负责实施管理，具体认证操作委托各省级管理机构按照分工进行认证管理。绿色食品认证具体依据是农业部颁布的绿色食品行业标准，包括产地环境质量标准、生产技术标准（或投入品标准）、产品标准、包装和贮运标准四大部分。绿色食品认证程序主要包括认证申请、受理及文审、现场检查及产品抽样、环境监测、产品检测、认证审核、认证评审、颁证等八个主要环节。凡具有绿色食品生产条件的国内外企业均可按程序申请绿色食品认证。

有机食品

根据国际有机农业生产要求和标准生产加工，并经独立认证机构认证的农产品、畜产品和水产品及其加工产品。云南省有机食品的发展起始于 1995 年。良好的气候条件、丰富的绿肥资源及土壤结构、大气、地面水环境质量均符合有机食品生产基地的环境要求，为发展有机食品奠定了基础。

有机食品认证

认证机构根据有机产品认证管理办法规定，按照有机产品认证实施规则，证明相关食品的生产、加工和销售过程符合中国有机产品国家标准而实施的合格评定活动。

1995 年，云南省环境保护局（今省环保厅）筹建云南省首家有机食品认证管理机构，在国家环境保护总局（今环保部）南京国环有机产品认证中心（OFDC）近一年的考察和审核后，1996 年国家环境保护总局有机食品发展中心云南省分中心正式在省环保局挂牌成立，办公室设在云南省环境监测中心站。该中心主要负责云南省有机食品申报、监测和初审工作。主要任务是推动云南有机农业的发展，开发国内外有机食品市场，改善云南农村环境质量，向社会提供高品质的有机食品。

无公害农产品

产地环境、生产过程、产品质量符合国家有关标准和规范的要求，经认证合格获得认证证书并允许使用无公害农产品标志的未经加工或初加工的食用农产品。2001 年 4 月，农业部开始实施“无公害食品行动计划”，相继制定了无公害农业行业标准 307 个。其中，有关产品质量标准 138 个，有关产地环境标准 26 个，有关生产投入品使用标准 33 个，有关生产加工技术标准 8 个，有关技术规程标准 102 个。

无公害农产品认证

依据国家相关的法律法规和技术标准，按照科学、公正的审定程序，对农产品质量及生产体系的质量安全保证能力进行合格评定的活动。无公害农产品认证采取产地认定与产品认证相结合的方式，产地认定是产品认证的基础与前提条件，只有获得无公害农产品产地认定证书后才能申请无公害农产品认证。无公害农产品产地认定由各省级农业行政主管部门负责组织实施，无公害农产品认证由农业部农产品质量安全中心负责实施和颁证。无公害农产品认证体系主要由认证机构、认证人员、认证制度等组成，其中认证人员由检查员、内检员及认证管理人员组成。无公害农产品认证程序包括认证申请，初审、复审、终审（又称专家评审）和颁证等过程。

农村能源建设

因地制宜、合理开发农村各种能量资源的过程，包括对作物秸秆、人畜粪便（制沼气）、太阳能、风能和地热能等的开发利用和省煤节柴灶的使用等。

长期以来，云南农村地区主要以燃烧薪柴获取生活能源。1970 年，云南省人民政府成立农村沼气建设领导小组，启动农村能源建设工程，到 1990 年，全省累计保有沼气 7.79 万户，先后有 23 个县市列入农业部“全国推广省柴节煤炉灶试点县”项目，累计完成农村改灶 197 万户。1991 ~ 2000 年间，通过实施省政府普及农村改灶项目、全国百县农村能源综合建设项目、云南省沼气建设重点县项目，农村沼气和农村改灶迅速扩大规模，全省共有 77 个县先后实施沼气建设重点县项目，新建户用沼气池从 1996 年全年 1.86 万户增加到 2000 年的近 13 万户。1991 年，永胜、澄江两县列入“全国百县农村能源综合建设”项目。1996 年，澄江县荣获“全国农村能源综合建设先进县”称号。1996 ~ 2000 年，安宁市、弥渡县列入全国综合建设县，牟定、华坪两县列为省级综合建设县。2001 ~ 2011 年间，省政府连续 11 年将农村能源列为“民心工程”或“重点工作”内容，以实施国家生态家园富民计划、农村小型公益设施建设、中央资金农村沼气国债项目为契机，促进全省农村能源建设迅速发展，

（江 云 整理）

新设立的国家森林公园

2018 年 12 月 16 日，国家林业和草原局在广州主办“2018 年中国森林旅游节”。会上宣布新设立 24 个国家森林公园、6 个全国森林旅游示范市、28 个全国森林旅游示范县。

河北大青山国家森林公园
山西安泽国家森林公园
内蒙古图博勒国家森林公园
内蒙古神山国家森林公园
辽宁瓦房店国家森林公园
黑龙江七星山国家森林公园
安徽老嘉山国家森林公园
安徽马家溪国家森林公园
江西会昌山国家森林公园
江西罗霄山大峡谷国家森林公园
湖南太白峰国家森林公园
广东中山国家森林公园
广西狮子山国家森林公园
广西龙峡山国家森林公园
四川賨人谷国家森林公园
新疆果子沟国家森林公园
云南墨江国家森林公园
云南观音山国家森林公园

河北怀来国家森林公园
内蒙古敖伦国家森林公园
黑龙江达勒国家森林公园
黑龙江碾子山国家森林公园
江苏南通五山国家森林公园
黑龙江札林库尔国家森林公园

新命名的全国森林旅游示范市

浙江省衢州市
福建省福州市
河南省济源市
湖南省郴州市
广西自治区贵港市
四川省雅安市

新命名的全国森林旅游示范县

河北省围场满族蒙古族自治县、迁西县
山西省安泽县、沁源县
江苏省句容市
浙江省桐庐县
安徽省太湖县
福建省武平县
江西省资溪县、大余县、婺源县
山东省诸城市
河南省修武县
湖北省竹溪县
湖南省洞口县、吉首市
广东省广州增城区、连南县
广西环江县、罗城仫佬族自治县
重庆市城口县、巫溪县
四川省平武县
贵州省江口独山水城县
内蒙古森工莫尔道嘎林业局
长白山森工汪清林业局

（江　云　整理）

我国第一部生物多样性保护地方法规主要看点

2019年1月1日，《云南省生物多样性保护条例》正式施行，这是我国第一部生物多样性保护的地方性法规，开创了我国生物多样性保护立法的先河，在生态保护事业中具有里程碑的意义。

云南地处北半球低纬度高原地带，境内高山耸立，河谷深切，地势险峻，最高海拔6740米，最低海拔76.4米；金沙江、澜沧江、怒江、珠江、红河、伊洛瓦底江六大水系纵贯全省，高原湖泊星罗棋布。在南北间距不过900千米的土地上，有北热带、南亚热带、中亚热带、北亚热带、南温带、中温带和高原气候区7个气候类型，气候的区域差异和垂直变化十分明显，呈现出“一山分四季，十里不同天”的立体气候类型。特殊的地理位置，复杂的地形地貌，独特多样的气候环境，孕育了云南丰富的生物多样性，使其成为我国生物多样性最为丰富的省份，也是全球34个物种最丰富且受到威胁最大的生物多样性热点地区之一，在中国乃至全球生物多样性保护中具有十分重要的生态地位。

一、立法背景

良好的生态环境是云南可持续发展的核心竞争力，丰富的生物多样性资源是云南经济社会可持续发展的前提和保障。云南省委、省政府历来高度重视生物多样性保护，在各级各部门和社会各界的共同努力下，不断加强管理，加大投入，积极保护，云南生物多样性保护工作走在全国前列，取得了明显成效；同时，也面临认识不深、保护意识不强、投入不足、管理不力、法规体系不完善等突出问题。

为进一步完善法规体系，加强生物多样性保护，2008年出台的《云南省人民政府关于加强滇西北生物多样性保护的若干意见》《滇西北生物多样性保护行动计划（2008 ~ 2012年）》《滇西北生物多样性保护规划纲要（2008 ~ 2020年）》等文件，提出要开展生物多样性保护立法。2012年4月，云南省生物多样性保护联席会议发布的《云南省生物多样性保护西双版纳约定》，明确要“颁布施行《云南省生物多样性保护条例》”。2013年5月，云南省政府批准实施的《云南省生物多样性保护战略与行动计划（2012 ~ 2030年）》进一步将“制定《云南省生物多样性保护条例》（以下简称《条例》）”列入优先行动和优先项目。2014年，《条例》立法工作被列入《省委全面深化改革领导小组工作要点》，云南省政府把开展《条例》立法作为生态文明制度建设的主要任务来抓。2018年9月21日，经云南省十三届人大常委会第五次会议审议通过，《云南省生物多样性保护条例》颁布，并将于2019年1月1日起正式施行。

二、立法意义

从2011年云南省环境保护厅着手起草，到2018年云南省人大常委会审议历时8年，《条例》来之不易。《条例》共7章40条，分别为总则、监督管理、物种和基因多样性保护、生态系统多样性保护、公众参与和惠益分享、法律责任、附则。

《条例》是我国第一部生物多样性保护的地方性法规，开创了我国生物多样性保护立法的先河，在生态保护事业中具有里程碑的意义。《条例》的颁布有利于健全我国生物多样性保护法规体系、推动国家开展相关立法尝试，对进一步加强全国生物多样性保护具有深远的历史意义和重要的现实意义。《条例》的施行标志着云南生物多样性保护和管理进入了规范化、法制化轨道，是把云南建设成为中国最美丽省份和全国生态文明排头兵的重要举措。同时《条例》的出台有利于国家履行生物多样性公约，为保护中国乃至全球生物多样性宝库提供法治保障。

三、立法作用

（一）提升保护意识。生物多样性是指生物（动物、植物、微生物）与环境形成的生态复合体以及与此相关的各种生态过程的总和，包含生态系统、物种和基因三个层次。生物多样性具有涵养水源、保持水土、调节气候、防风固沙、维持生态系统平衡等生态服务功能。人类的生产生活与生物多样性密切相关，我们每天的衣食住行都离不开生物多样性。生物多样性是人类赖以生存的条件，是经济社会可持续发展的基础，是生态安全和食物安全的重要保障，也是环境的重要组成部分。国际社会普遍认为，谁拥有丰富的生物多样性，谁就拥有对未来发展更多的选择权。《条例》的宣传贯彻落实有助于云南全省上下了解什么是生物多样性、为什么要保护生物多样性以及如何保护生物多样性。

（二）明确保护重点。现行不少法律法规都有涉及生物多样性保护方面的内容，但通常仅针对某一方面，保护对象单一，保护范围有限。例如，《野生动物保护法》规定的“野生动物”是指珍贵、濒危的陆生、水生野生动物和有重要生态、科学、社会价值的陆生野生动物，除此之外的其他野生动物的保护不适用于该法；《野生植物保护条例》所保护的“野生植物”是指原生地天然生长的珍贵植物和原生地天然生长并具有重要经济、科学研究、文化价值的濒危、稀有植物，除此之外的其他野生植物的保护不适用于该条例；《自然保护区条例》等相关保护地法规规章只适用于依法划定的保护区域，除此之外的区域也不在相关法规规章的保护范围；现行相关法律法规对保护基因多样性等方面的立法十分薄弱，还存在许多空白。对此，《条例》明确要通过建立健全保护地体系、保护网络、保护设施，加强监督管理，着力保护好国家和省重点保护动植物、特有物种、珍稀濒危物种、极小种群物种以及重要的生态系统；强调要建立健全生物多样性保护的规划或计划编制、资源调查与监测评估、损害赔偿与保护补偿、外来入侵物种管理、行政执法、区域与跨境协作、公众参与、惠益分享、宣传教育等方面的制度。《条例》明确的生物多样性保护更全面、更系统，重点更突出。

（三）强化保护责任。针对生物多样性保护主体责任不明确，部门职能交叉重叠等问题，《条例》规定各级人民政府应当对本行政区域内的生物多样性保护负责，明确了保护的责任主体。结合各相关部门的职能职责，《条例》还规定县级以上人民政府生态环境主管部门对本行政区域内生物多样性保护工作实施综合管理，林业、农业、水利、住房城乡建设、自然资源、卫生等行政主管部门依照有关法律法规的规定，对生物多样性保护工作实施监督管理，进一步明晰了环境保护部门和各有关部门在生物多样性保护工作中的职责分工。《条例》进一步强化了政府、企事业单位、公民、社会各界的保护责任，构建了政府主导、企业主体、全民参与的保护体系。对没有按规定编制、执行生物多样性保护规划或者计划的，在自然保护区擅自引入外来物种的，扩散、放生或者丢弃外来入侵物种的，擅自携带和邮寄物种出境的，将追究其法律责任。

（四）推进惠益分享。生物遗传资源是国家生态安全的重要物质保障。我国于2016年成为《生物多样性公约关于获取遗传资源和公正和公平分享其利用所产生惠益的名古屋议定书》（以下简称《议定书》）缔约方。《议定书》明确获取生物遗传资源须得到提供国的事先知情同意，并在共同商定的条件下，公平公正地分享因利用生物遗传资源所产生的惠益。目前，我国发布实施的与生物资源相关的法律法规主要针对部分物种或遗传资源的采集、捕猎、出境进行管理，普遍缺乏共同商定条件和惠益分享的规定，特别是在微生物资源、生物遗传资源相关传统知识等的获取与惠益分享方面存在立法空白，致使相关实践活动无法可依。《条例》要求各级行政机关要建立健全生物遗传资源及相关传统知识的获取与惠益分享机制，实行生态补偿、生态环境损害赔偿，公正分享其产生的经济效益，维护环境与社会的公平正义。

（五）保护遗传资源。生物遗传资源是经济社会可持续发展的战略资源，也是现代生物产业发展的基础，具有巨大的科研价值和商业开发价值，已成为各国研究机构和商业公司争夺的重要资源。云南生物遗传资源十分丰富，特别是在天然植物药、花卉及园艺绿化、绿色食品、生物化工等方面具有良好的开发条件和潜力。长期以来，由于缺乏保护意识，国内外一些科研机构和个人通过多种非正当手段大量获取云南丰富的生物遗传资源并携带出境，导致生物遗传资源流失严重，特别是野生药用遗传资源和农作物野生亲缘植物。例如，国家Ⅰ级保护植物红豆杉，因其树皮能提取昂贵的抗癌物质紫杉醇，美国、加拿大等国对红豆杉进行立法保护，药源地转向了中国等国家。中国80%的红豆杉集中在云南，国内外公司到云南大量收购红豆杉树皮，导致云南的红豆杉资源遭到严重破坏。《条例》规定对生物遗传资源进行收集、科学研究和开发生物技术等活动，不得影响野生生物种群的遗传完整性，造成损害的，应当依法赔偿；加强对境内外组织或者个人对野生生物物种采集、收购、野外考察或者携带、邮寄出境等行为的管理。

（六）防范物种入侵。复杂的气候条件、特殊的地理位置以及人为盲目引种、放生、携带等行为使得云南成为外来物种入侵的重灾区之一。根据原环境保护部联合中国科学院发布的《中国外来入侵物种名单》（第一批至第四批），云南已查明有紫茎泽兰、飞机草、薇甘菊、凤眼莲、非洲大蜗牛、克氏原螯虾、福寿螺、尼罗罗非鱼、巴西龟等入侵物种49种，占名单总数（71种）的69%。外来入侵有害物种对农林业生产造成了重大经济损失，同时对生态环境和生物多样性构成严重威胁。《条例》规定禁止扩散、放生或者丢弃外来入侵物种，要求对外来入侵物种和野生生物疫源疫病开展系统调查、监测、评估、预警等工作，并结合职责建立生态风险预警和应急响应机制，开展外来入侵物种和野生生物疫源疫病防治；对违反相关规定者将追究其法律责任。

（七）弘扬民族文化。云南多民族、多元文化和多种生态环境互为交织、相互融合，形成了天人合一、人与自然和谐共生的生产生活方式，创造了丰富多彩的民族生态文化，成为云南生态环境得以长期良好维持的重要基础，如纳西族的东巴文化，傣族的贝叶文化，哈尼族的梯田文化，傣医药、藏药、苗药文化等。各民族的耕作文化、民族医药、饮食文化习俗、传统生产生活方式和宗教信仰文化与生物多样性紧密联系在一起，与自然和谐共生，有效地促进了云南生物多样性的保护与可持续利用。早在现代自然保护地体系建立之前，各民族就以传统文化信仰为基础建立了民间自然保护体系，藏族的神山、傣族的竜山竜林、汉族的佛教圣地、佤族的色林、壮族的龙山等自然圣境，发挥着重要的“基因库”作用，有效保护了部分地带性生态系统、重点保护野生生物物种。随着工业、城镇化、基础设施建设进程的加快，加之旅游业的迅速发展，少数民族传统的生物多样性资源保护、利用方式和相关传统知识面临着前所未有的冲击，如西双版纳竜山自20世纪70年代之后持续大规模种植橡胶，竜山面积随之急剧锐减。对此，《条例》提出要加强与生物多样性有关的传统知识、方法和技能的调查、收集、整理，保护知识产权，申报民族传统文化保护区域、非物质文化遗产项目及其代表性传承人，弘扬和传承生态文化，充分发挥民族相关传统知识在生物多样性保护中的作用。

（八）促进绿色发展。近年来，云南在保护的前提下，合理开展可持续利用，着力培育生物优势产业，大力打造绿色能源、绿色食品、健康生活目的地“三张牌”，促进绿色发展。生物产业正成为各地竞相培育的重要产业和农民增收的重要来源，呈现出增长速度快、发展势头好的良好局面。经过多年的持续引导和强力推动，生物产业已发展成为云南经济的重要支柱。继云南白药、三七、天麻、花卉、烟草、茶叶、甘蔗、橡胶等传统生物产业之后，咖啡、香料、水果、核桃、中药材等一批食用、药用及观赏类物种资源的利用也逐步深化，生物产业发展前景广阔。依托良好的自然资源和景观开展生态旅游已成为云南旅游业“二次创业”的重点。2017年，云南旅游业总收入达6922亿元，其中丽江、西双版纳、大理、迪庆分别达821亿元、507亿元、647亿元和298亿元。西双版纳野象谷生态旅游示范区、腾冲县银杏村等依托良好的生态环境和丰富的生物多样性资源，大力开展生态旅游。保山高黎贡山百花岭、盈江县石梯村等逐步发展起来的观鸟旅游，有效带动了当地的经济发展。丰富的生物多样性资源为云南发展高原特色农业、发展生态旅游奠定了坚实的基础，大力发展生物产业已成为云南推动绿水青山转变为金山银山的有效途径。《条例》要求行政机关要把生物多样性保护纳入重要议事日程，遵循保护优先、持续利用、公众参与、惠益分享、保护受益、损害担责的原则，科学处理好保护与开发的关系。政府在制定有关规划时，要与生物多样性规划和计划相衔接；新建、改建、扩建建设项目以及开发自然资源的项目，要开展环境影响评价。这为生物多样性可持续利用和绿色发展提供了法律保障。

云南生物多样性保护工作责任重大、使命光荣、任务艰巨，将以《条例》颁布实施为契机，真抓实干，锐意进取，开拓创新，切实加强生物多样性保护，为建设成为中国最美省份和全国生态文明建设排头兵作出新的努力和贡献！

（高正文）

社团简介

云南省社区林业与农村发展学会

云南省社区林业与农村发展学会（以下简称学会）英文名称缩写：YSCFRD。学会由云南省承担社区林业与农村区域发展教学、研究任务的本科院校、科研单位和社会团体，从事社区林业与农村发展研究和管理工作的专家、学者、实际工作者自愿组成。以研究在社会主义市场经济条件下社区林业理论、农村区域发展科学和实践为主要内容的全省性的非营利性的学术团体，具有社团法人资格。云南省社区林业与农村发展学会于2009年7月2日成立，时任西南林业大学地理学院副院长巩合德担任理事长。

学会的宗旨是：在中国共产党领导下，广泛地组织和团结社区林业与农村发展业务的机构、从事社区林业与农村发展理论研究、教学和实际工作者，积极响应国家乡村振兴战略，遵守宪法、法律、法规和国家政策，为提高云南省社区林业与农村发展研究领域的国际国内学术影响、科学和技术水平，为当地社会经济的持续发展服务。

学会的主要业务范围有：

1、开展社区林业与农村发展的相关教育。着重于学生、技术人员、管理人员和农村居民的教学和培训。组织和推动国内外学术交流，推广相关先进经验。

2、组织和举办各种形式和各种类型的相关学术讨论会、报告会、交流会和观摩，促进社区林业与农村发展理论和管理、技术的不断普及、提高。

3、组织和开展相关咨询和技术服务。

4、编辑出版学会有关书籍、资料。

5、通过“云南社区林业与农村发展网”和相关平台，传递社区林业与农村发展信息，普及科技知识。

6、承担政府有关部门委托的工作任务。

目前，学会有本科院校、科研单位和社会团体、大型农业、林业企业的数十名单位会员，有从事社区林业与农村区域发展领域教学、研究、管理工作的专家、学者和实际工作者等100余名个人会员。

云南省生态文明建设研究与发展促进会

经云南省社科联、云南省民政厅批准，云南省生态文明建设研究会于2008年12月7日在昆明召开了第一次会员代表大会暨成立大会。会议选举产生了第一届理事会及领导机构。会议一致推举云南省人大常委会原常务副主任牛绍尧、副主任吴光范为研究会顾问，云南省文史研究馆馆长何宣为会长，云南省政府研究室副主任杨士吉、云南省农科院副院长戴陆园为名誉会长。

2016年1月16日在西南林业大学举行第二届会员代表大会暨换届选举大会。会议一致推举西南林业大学党委书记吴松为第二届理事会会长。会议一致通过将“云南省生态文明建设研究会”更名为“云南省生态文明建设研究与发展促进会”。由于政策原因，云南省人大常委会原副主任吴光范不再担任研究会顾问，杨士吉、戴陆园不再担任名誉会长。

吴松会长表示，促进会将以积极推进生态文明建设为使命，继续贯彻落实中共云南省委、省政府关于努力把云南建设成为美丽中国示范区、争当全国生态文明建设排头兵的决定。同时，加强与各级政府单位、企业、高等院校、科研所，以及促进会内部会员单位间的合作，进一步强化宣传工作，办好《云南生态年鉴》。努力提升促进会自身能力，把促进会建设成为特色鲜明、社会影响广泛的公益性学术团体。

云南省生态文明建设研究与发展促进会曾先后四次承办省社科联的学术年会分论坛。2019年的社科学术年会分论坛主题是“美丽家园 绿色发展”。

（栩 榕）

索　引

INDEX

索引说明

一、本索引采用主题分析法编制。索引范围包括全书条目、专文、文献选辑、大事记、统计表格、附录、图片等。其中，文献选辑、大事记、附录、彩页图片的具体内容未做索引，仅以其编目名称或文献标题标引。

二、本索引按主题词首字汉语拼音音序（同音字按音调）排列，首字为阿拉伯数字或外文字母者，以非音序集中排列在本索引末。

三、索引款目由主题词、修饰词或说明词组成，索引款目后的阿拉伯数字表示该主题内容在书中的页码，a、b 字母则表示该主题内容在该页码的栏目位置（a 在左栏，b 在右栏）。

四、同一主题的内容采用“互见”或“参见”的形式标引，其中在主题词下各占一行排列的为“互见”，在主题词后出现的两个以上的页码为“参见”。

五、本书中的篇目、类目、分目及文献名用黑体字标引，其余用宋体字排印。

A

B

C

D

E

F

G

H

J

K

L

M

N

P

Q

R

S

W

X

Y

Z

非音序

云南生态年鉴
2019